证券法苑

第三十八卷
（2023年5月）

Zheng Quan Fa Yuan

邱 勇 总编
蔡建春 王 红 主编

法律出版社
LAW PRESS · CHINA
北京

图书在版编目(CIP)数据

证券法苑. 第三十八卷 / 蔡建春, 王红主编. -- 北京 : 法律出版社, 2023
ISBN 978 -7 -5197 -8078 -4

Ⅰ. ①证… Ⅱ. ①蔡… ②王… Ⅲ. ①证券法－中国－文集 Ⅳ. ①D922.287.4 -53

中国国家版本馆 CIP 数据核字(2023)第 123253 号

证券法苑(第三十八卷)
ZHENGQUAN FAYUAN
(DI - SANSHIBA JUAN)

蔡建春 王 红 主编

责任编辑 彭 雨
装帧设计 贾丹丹

出版发行 法律出版社
编辑统筹 法律考试·职业教育出版分社
责任校对 王 丰 郭艳萍
责任印制 胡晓雅
经 销 新华书店

开本 710 毫米×1000 毫米 1/16
印张 33 字数 505 千
版本 2023 年 9 月第 1 版
印次 2023 年 9 月第 1 次印刷
印刷 固安华明印业有限公司

地址:北京市丰台区莲花池西里 7 号(100073)
网址:www.lawpress.com.cn
投稿邮箱:info@lawpress.com.cn
举报盗版邮箱:jbwq@lawpress.com.cn
销售电话:010 - 83938349
客服电话:010 - 83938350
咨询电话:010 - 63939796

书号:ISBN 978 - 7 - 5197 - 8078 - 4
定价:102.00 元
凡购买本社图书,如有印装错误,我社负责退换。电话:010 - 83938349

证券法苑 第三十八卷
（2023年5月）

主办单位：上海证券交易所

卷首语

2023 年 2 月，全面实行股票发行注册制启动实施，标志着我国资本市场改革发展迈入新阶段。而全面实行注册制的平稳实施，离不开法治体系的保驾护航。同时，资本市场各项基础制度建设也正在有序推进。为此，我们组织专家学者，围绕证券发行注册制和资本市场基础制度两大主题，继续开展全方位、多层次的研究探讨。本卷《证券法苑》集中刊载了近期的一批优秀研究成果，以飨读者。本卷共分为 6 个栏目，简要介绍如下。

"立体追责"栏目收录了 4 篇文章，涵盖证券市场民事、行政、刑事责任各个层次。贝金欣指出，目前对操纵证券期货市场罪违法所得数额的计算方法尚缺乏统一明确的标准，认为应当以度量操纵违法程度作为价值取向，以操纵行为对证券市场的影响范围作为计算区间，不能以不让违法者得利作为计算标准。林少伟、洪喜琪翻译了关于证券欺诈集团诉讼的域外文献，该文认为以风险实现为标准的损失因果关系认定标准可能导致滥诉，相关损失应当通过股东代表诉讼进行索赔，而非通过代表个人投资者利益的集团诉讼来解决。谭婧、蔡梦琦关注了上市公司实际控制人参与操纵市场问题，建议进一步明确实际控制人操纵市场的认定和量罚标准，强化对实际控制人操纵市场行为的立体追责和从严监管。周学文指出，认定为不适当人选在法律性质上可归为限制从业罚,建议进一步明确适用条件,将再犯可能性考量融入适用标准与任职禁止期限的裁量标准,以现任职务同其他职务的“相似度”作为任职禁止范围的裁量标准,设置听证程序与提前解除程序。

“债券制度”栏目收录了3篇文章。邹青松比较研究了我国《证券法》和德国《债券法》中的公司债券治理机制,认为我国应当借鉴德国的团体法理念,将债券持有人会议、受托管理人分别塑造为债券治理机制的权力机关和执行机关,并融入《公司法》的“公司债券”专章及相关条文中。梁爽、张涛翻译的《破产强硬手段》一文指出,在金融危机前夕,特拉华州法院的一系列裁判导致债权人将不再享有能使其债权免受机会主义侵害的权利,合同法和公司融资的基本原则都无法加以限制,法官需要更严格地应用现有的法律原则来解决这些问题。陈思含认为,试点公募REITs的制度设计存在规则适配困境,建议推进公募REITs专项立法,以基金管理人、机构投资者与大额基金份额持有人三类主体为治理结构的重心,明确原始权益人和外部管理机构的信息披露主体地位;在市场成熟时,允许公募REITs回归传统公募基金结构。

“证券发行注册制信息披露专题”栏目收录了3篇经典文献。美国著名的证券法学者佐哈·戈申和吉迪恩·帕乔莫夫斯基在《证券监管的本质作用》一文中认为,证券监管的本质作用是为成熟的专业投资者和分析师创造一个有竞争力的市场,证券监管降低了信息交易者收集和验证信息的成本,并保护信息交易者免受来自内幕人士的竞争。弗吉尼亚大学法学院终身教授保罗·G.马霍尼的《政治经济学视角下的〈1933年证券法〉》指出,《1933年证券法》中的许多详细条款禁止在特定时期内或使用特定媒体披露关于待发行证券的信息,赋予了政府限制证券零售销售的权力,其净效应是减少了投资银行之间的竞争,保护了分业经营的批发和零售投资银行免受来自综合性公司的竞争。《公众公司强制信息披露论》一文则反思了对公众公司实施强制性信息披露要求的理论根据,认为美国目前对于公众公司的强制性披露要求依旧太少,公众公司的经理层还应披露更多在管理运营过程中实际使用的信息,使投资者能够更有效地监督管理层,并鼓励管理层真正地提高公司价值。

"金融司法案例评注"栏目收录了2篇金融司法案例实务研究文章。肖凯、沈竹莺对鲜某操纵证券交易市场责任纠纷一案作了评注，指出该案系全国首例主板市场交易型与信息型操纵混同的证券操纵赔偿责任纠纷案件，开创了交易型操纵民事赔偿的实践先河，其中对证券市场操纵的基础性法律问题总结归纳的裁量标准可供今后司法裁判借鉴。葛翔对某场外公司债券交易预约之违约责任纠纷案作了评注，指出在证券交易所公开上市交易公司债券的场内交易合同订立具有要式性，债券交易双方在场外达成的交易意向要素如果确定，可以构成预约合同；一方当事人违反预约合同，应当赔偿善意相对方未能缔约的预期利益，承担相应的违约责任。

"制度检视"栏目收录了3篇文章。张欣然通过实证统计研究认为，内部股东减持预披露规则的信号传递功能得到较好地实现，改变了内部股东减持交易计划与节奏，建议适当缩短减持预披露期与设置"预披露—利好信息"联合披露机制。鲍晓晔认为，实践中内幕交易领域投资者救济机制尚无先例，建议我国构建证券内幕交易执法中的公共补偿机制，完善公私法救济的衔接与协调，发挥损害赔偿的惩罚与补偿功能。王志明对内幕信息和强制信息披露标准进行了比较，指出内幕信息重大性在制度功能、规范目的及判断标准等方面均有不同，不应简单根据法律的定性或定量预设直接认定。

"市场观察"栏目收录了3篇文章。《信托制度与金融化》指出，信托制度是一种与金融全球化扩散相连的法律构造，在公司结构融资中成为常用工具，并作为高净值人士财产规划和资产保护装置发挥传统功能。刘运宏梳理了独立董事虚假陈述行政法律责任的归责原则，指出勤勉尽责是独立董事虚假陈述归责的主要原则，相关行政处罚及其司法审查案例对相关制度完善和独立董事履职提供了实践依据。刘胜军、邹赛男指出，双层股权结构中控制股东的控制权与其现金流权严重背离，传统公司内外部约束机制严重弱化，要做好控制权私人利益风险治理应对，应当通过完善内部和外部治理机制来实现。

编　者

2023年3月

【立体追责】

【债券制度】

【证券发行注册制信息披露专题】

Securities Law Review Serial No. 38 (2023)

【立体追责】

《证券法苑》(2023)
第三十八卷,第 1 ~14 页

操纵证券期货市场罪定罪量刑标准之违法所得的计算原则和方法

贝金欣*

摘要:2019 年“两高”出台的关于操纵证券期货市场的司法解释将违法所得数额作为判断犯罪情节的标准。违法所得数额的计算成为部分案件中区分罪与非罪、罪轻与罪重的关键。目前对违法所得数额的计算方法尚缺乏统一明确的标准。对具有定罪功能的违法所得数额的计算,应当以度量操纵违法程度作为价值取向,以操纵行为对证券市场的影响范围作为计算区间,不能以不让违法者得利作为计算标准。在此基础上,赋予执法司法者合理的自由裁量权。

关键词:操纵证券市场　违法所得　计算方法　定罪量刑

操纵证券市场的违法所得,是指行为人通过操纵证券市场非法获取的利益,主要是因股价涨跌变化获取的收益或者避免的损失,包括直接违法所得和间接违法所得,行政法律和刑事法律均规定应当予以没收,并且构成确定行政罚款或刑罚罚金的基

* 最高人民检察院第四检察厅三级高级检察官。

准。2019年“两高”联合下发了《关于办理操纵证券、期货市场刑事案件适用法律若干问题的解释》(以下简称《操纵刑事司法解释》),将违法所得单独作为判断“情节严重”的独立定罪标准予以规定,实施操纵证券、期货市场行为,违法所得数额在100万元以上的,可以认定为《刑法》第181条规定的“情节严重”,1000万元以上则可以认定“情节特别严重”,在特殊情形下500万元以上也可被认定为“情节特别严重”。该司法解释实施后,作为区分罪与非罪的要件,违法所得计算方法的公正、有效且科学意义更为重大。[1] 当前,《操纵刑事司法解释》及其他有关规定未对违法所得计算方法作相应规定,具体认定也尚未形成统一共识,有必要予以统一明确,以确保刑法适用的一致性。

一、违法所得功能的演变

在2019年《操纵刑事司法解释》实施以前,违法所得数额大小与刑法规定的“情节严重”没有关联,只是作为确定罚金数额的基准,违法所得数额不具备定罪标准的功能。刑事司法机关主要以最高人民检察院、公安部《关于公安机关管辖的刑事案件立案追诉标准的规定(二)》(以下简称《立案追诉标准(二)》)作为定罪的标准。但是,立案追诉标准存在两个方面的漏洞,给执法司法活动造成较大障碍。

第一,在涉及交易型操纵的规定中,立案追诉标准侧重于通过持股占比和交易量占比来判断情节严重;在信息型操纵,实际上未规定明确的情节严重标准。以连续买卖操纵为例,《立案追诉标准(二)》第34条第1项规定,行为人持有或实际控制流通股份数占比达到10%以上,且在连续10个交易日内累计成交量占比达到20%以上。只有符合上述量化标准的连续买卖行为,才能认定为情节严重。反之,即使证监会认定连续买卖行为构成操纵,但未达到上述标准,不论违法所得多少,均不能作为犯罪处理。这一量化标准在早前以坐庄方式为主的案件中有适用空间,但随着证券市场成交量不断放大,符合该标准的操纵

[1] 参见谢杰:《市场操纵犯罪司法解释的反思与解构》,载《法学》2020年第1期。

案件越来越少，特别是短线交易操纵无任何可适用空间，导致许多作出行政处罚的重大案件无法进入刑事程序。例如，在北八道公司操纵“江阴银行”案中，北八道在52个交易日内累计买入4.6亿余股（成交额84.7亿余元），累计卖出4.49亿余股（成交额86.5亿余元），即使如此，仍然没有达到前述立案追诉标准。[2] 按照罪刑法定原则，尽管操纵情节及其社会影响十分恶劣，此案仅被证监会作出行政处罚，没有追究刑事责任。

第二，在涉及信息型操纵的规定中，并无关于情节严重的具体标准，以至于难以区分行政违法与刑事犯罪的界限。例如，关于信息优势操纵，《立案追诉标准（二）》第39条第6项规定，上市公司及其董事、监事、高级管理人员、实际控制人、控股股东或者其他关联人单独或者合谋，利用信息优势，操纵该公司证券交易价格或者证券交易量的。第7项对抢帽子操纵则规定，证券公司、证券投资咨询机构、专业中介机构或者从业人员，违背有关从业禁止的规定，买卖或者持有相关证券，通过对证券或者其发行人、上市公司公开作出评价、预测或者投资建议，在该证券的交易中谋取利益，情节严重的。可见，上述规定仅仅明确了相应操纵行为的成立条件，并没有涉及“情节”。行政处罚中认定操纵成立，也需要符合上述规定。但如果将符合上述构成条件的行为直接认定为操纵，显然会过度挤压行政处罚的空间，不符合刑罚谦抑性的要求。这也导致利用信息优势连续买卖操纵立案追诉标准争议的产生，即利用信息优势连续买卖，可直接适用《立案追诉标准（二）》第39条第7项规定，还是仍应符合该条第1项关于连续买卖的量化要求？

针对立案追诉标准的虚置，2019年《操纵刑事司法解释》调整了相关量化指标，在连续（联合）买卖操纵中，其规定操纵者持有或实际控制的流通股份数量占比达到10%以上，并且在连续10个交易日累计成交量占比达到20%以上；在约定交易、洗售操纵中，没有规定持股占

〔2〕 参见中国证监会行政处罚决定书〔2018〕29号。据统计，北八道公司操纵期间，42个交易日买委托量市场排名第一，41个交易日卖委托量市场排名第一。从买入成交占比看，35个交易日超过10%，23个交易日超过20%，10个交易日超过30%，3个交易日超过40%；从卖出成交占比看，27个交易日超过10%，16个交易日超过20%，11个交易日超过30%，3个交易日超过40%。

比标准，但也要求连续 10 个交易日的累计成交量占比达到 20% 以上。[3] 实际上，对特定交易行为所反映的有关供求关系的信息对于股票价格产生的具体影响，根本无法精确量化，只是一种基于“常识”判断的政策定位，免不了被诟病过于机械化。[4] 而且，上述规定仍然未解决操纵者刻意规避造成标准虚置的可能性。为此，《操纵刑事司法解释》又专门单独设立了违法所得标准，只要实施操纵证券市场行为，违法所得在 100 万元以上的，均应追究刑事责任。由此便有效地解决了上述两个问题：交易型操纵违法所得 100 万元以上的，即使不符合交易量化标准，也可定罪处罚；其他操纵违法行为则需要达到违法所得 100 万元以上，才能定罪处罚。据此，违法所得数额便不只是确定罚款或罚金的基准，还具备了独立的定罪功能，其对于刑事案件的重要性不可同日而语。

二、违法所得计算中的主要问题

违法所得计算方法涉及罚款或罚金数额问题，常常成为控辩双方的争论焦点，但是由于不涉及罪与非罪问题，无论是法律规定还是理论研究都关注不多。虽然证监会在行政处罚案件中经常需要计算违法所得，但目前的规定仍较为原则，具体案件中也并未形成一致观点。2007 年证监会制定的《证券市场操纵行为认定指引（试行）》（已废止）就违法所得认定作了规定。该规定指出，违法所得包括持有的现金和持有的证券；违法所得的计算应以操纵行为的发生为起点，以操纵行为的终止、操纵影响消除、行政调查终结或其他适当时点为终点；计算可参考以下公式：违法所得 = 终点日持有证券的市值 + 累计卖出金额 + 累计

---

〔3〕 最高人民法院解释指出，连续 10 个交易日是指证券市场开市交易的连续 10 个交易日，而非对行为人存在交易行为的交易日的累计。参见姜永义等：《〈关于办理操纵证券、期货市场刑事案件适用法律若干问题的解释〉的理解与适用》，载《人民法院报》2020 年 3 月 12 日版。

〔4〕 参见谢杰：《资本市场刑法——市场滥用犯罪规制》，法律出版社 2016 年版，第 271 页。

派现金额－累计买入金额－配股金额－交易费用。证监会的规定主要涉及直接违法所得,不涉及间接违法所得。虽然上述规定明确了直接违法所得的计算方式,但在执法司法实践中,关于具体区间和价格的确定,并未确立规范一致的标准,有时成为案件争论焦点。在执法司法实践中,计算起点和计算终点均面临较大争议。

(一)违法所得计算起点

操纵行为的起点及股票价格的认定,直接影响操纵股票成本价格的计算,是计算违法所得的基准之一。在具体案件中,被调查人有时对操纵行为起点的计算提出异议,而证监会在计算时所采取的标准也不完全一致。本文选取了2个行政处罚案件以供讨论。

案例1:孟某龙操纵证券市场案。孟某龙于2016年3月5日、3月10日通过大宗交易买入股票,并于3月6日至12日实施操纵行为,随后迅速卖出大宗交易买入的股票,从中获利。该案违法所得的计算起点为大宗交易之时。对此,孟某龙认为,违法所得计算应当以操纵行为的发生为起点。证监会则认为,孟某龙买入股票后短时间内操纵市场并卖出,大宗交易买入价格就是计算违法所得的成本价格。孟某龙提起了行政诉讼,一审、二审法院均认可将大宗交易之时作为计算起点,并进一步阐释了认定理由:大宗交易显然是为了建仓,故应排除建仓与拉抬之间受其他因素影响的可能性,大宗交易之时即操纵证券行为的起点。法院在判决书中充分阐明了计算违法所得起点的依据,即相关时间节点与操纵证券市场行为之间是否存在因果关系,是否属于操纵证券市场行为的组成部分。在持有股票时间节点属于操纵证券市场行为的组成部分,建仓行为与操纵证券市场之间存在因果关系的情形下,可以作为违法所得计算起点,因此获取股票的时间即计算违法所得的起点。[5]

案例2:蝶彩资产管理公司等操纵证券市场案。蝶彩资产管理公司实际控制人谢某华与恒康医疗集团股份有限公司实际控制人阙某彬合谋通过"市值管理"的方式操纵股价,帮助阙某彬减持股票。证监会采纳了被调查人的申辩意见,将双方合谋操纵签订"市值管理"协议生

〔5〕 参见北京市高级人民法院(2019)京行终字5211号行政判决书。

效前一日收盘价格作为计算起点。[6] 实际控制人阙某彬长期持有股票,其操纵目的是高位减持,在这种情形下无法以建仓时间作为计算起点。比较以上两个案例,就会发现认定计算起点的标准并不完全一致。在孟某龙案中,建仓行为实际上是进行操纵的预备行为,并非实行行为,因此操纵行为的预备行为付诸实施之时即属于计算违法所得的起点。而在蝶彩资产管理公司操纵证券市场案中,双方合谋通过市值管理之时,实际上也可以视为操纵行为预备行为,若按孟某龙案的做法原则上也可以作为计算起点,何以需要等到协议生效之时。由此可以看出,在计算时点上两个案例存在不一致之处。

禁止操纵行为,意在防止操纵证券市场行为扭曲自由公平证券价格形成机制,从而形成"人为价格"。操纵行为违法所得计算,应符合禁止操纵行为的立法目的。当操纵行为尚未实际发生作用时,虽然操纵行为人的行为具有可责性,但合谋、签订协议等预备行为,对证券交易价格和交易量并不存在任何影响可能性,操纵的实行行为尚未真正发生,将此时点作为违法所得的计算起点,其合理性值得商榷。

(二)违法所得的计算终点

操纵证券市场行为实施后,行为人为了获取非法利益,通常需要借助抛售股票来套现,但由于各种因素影响,抛售的时机选择不一,有的在操纵行为实施过程中存在买入卖出同时进行的情形,有的在操纵行为结束后立即抛售套现,有的会继续持有等待合适时机或者改变主意继续持有,一些案件在立案调查时行为人仍继续持有股票。对这些情形,如何确定计算违法所得的卖出价格,在实践中也颇具争议。

证监会《操纵认定指引》列举了操纵行为的终止、操纵影响消除、行政调查终结或其他适当时点为终点。从规定来看,似乎这四个时点都可以作为计算获利的时间节点。在涉及违法所得争议的行政处罚案件中,确定计算终点的基准也不一致。

案例1:在新理益集团操纵"京东方A"案中,证监会采取了实际所得标准,且此种实际所得计算有利于被调查人。新理益集团提出,两个操纵账户在证监会调查结束后,卖出了余下的"京东方A"股票,应当

[6] 参见中国证监会行政处罚决定书〔2017〕80号。

重新计算。证监会在复核后,按照实际成交情况对违法所得进行调整。[7]

案例2:在吕某、陈某龙操纵证券市场案中,证监会则采取操纵影响消除的标准,采纳了被调查人的意见,在盈利计算中将操纵行为影响消除后卖出剩余股票所得予以扣除,根据被调查人提供的证据对交易费金额进行调整,并对违法所得重新计算。[8]

案例3:在冯某浩操纵证券市场案中,证监会的标准并不清晰。冯某浩采取尾市封涨停、次日反向卖出的方式实施操纵,在涉及"紫光股份"相关违法所得的计算中,冯某浩提出其次日反向卖出时间在10时32分至11时24分卖出,该时间距离开盘时间较长,且不存在影响开盘价格的行为,应予扣除。证监会则认为,"冯某浩"账户在开盘前集中竞价阶段实施虚假申报行为并全部撤销,随后在9时42分至11时24分间陆续卖出,卖出申报是影响股价后的连续过程,应当计算违法所得。[9] 影响股价后的连续过程意义为何,并不明确。

可见,《操纵认定指引》和具体案件中所反映的不同计算时点和基准,对于违法所得的计算结果影响巨大,且价值标准也不一致。不同时间节点对违法者的处罚意义存在明显区别,这就需要考察立法者对于没收违法所得的立法目的。如果基于不让违法者获利目的,应当以实际卖出的收入计量;如果以违法者对市场秩序的扰乱程度为判断基准,则应计算操纵行为停止时的余股账面价值。[10] 从证券法和刑法以及有关司法解释对操纵违法所得的计算缺乏统一规定,处罚的目的也就不甚明了,以至于《操纵认定指引》同时规定了四种完全不同的四种计算标准。

(三)计算方法产生争议的关键

通过上述案例分析可以看到,以不同的标准确定计算违法所得的起点和终点,对结果影响巨大。从规范性文件和具体案件处理方法来看,目前关于违法所得的计算方法,存在以下两个方面的关键问题:一

---

〔7〕 参见中国证监会行政处罚决定书〔2011〕44号。

〔8〕 参见中国证监会行政处罚决定书〔2019〕125号。

〔9〕 参见中国证监会行政处罚决定书〔2018〕13号。

〔10〕 参见陈舜:《操纵市场违法所得的计算方法》,载《中外法学》2005年第6期。

是欠缺统一的价值标准。法学方法不能仅拘泥于对法律概念和逻辑的形式性探讨，而且需要通过法律关系所涉及的社会、经济和道德多重因素进行理性价值判断，从而得出正当解释结论。[11] 但是，同时规定多个计算时点恰恰反映了价值取向的混乱，且在具体案件处理中，虽有价值取向方面的端倪，但未见关于计算方法取向的价值标准方面的深入探讨。实则这是统一规范计算方法的基石，也是回应不同意见的有力论据。二是欠缺统一明确的计算方法。由于价值标准的缺失和法律规定的粗疏，个案差异不可避免地显现出来，增加了法律执行的不确定性。对上述关键问题的缺乏足够重视，在个案中就呈现为处罚逻辑的混乱，使定罪量刑成为缺乏价值导向的机械活动，一旦面对正当性的质疑，便无从作出令人信服的合理解释。

三、违法所得计算的价值标准和基本原则

《操纵刑事司法解释》实施后，违法所得数额计算方法的差异直接关涉操纵者罪与非罪、罪轻与罪重的问题。刑法涉及对被告人的生杀予夺、兹事体大，有必要将理论体系建构得很精巧。[12] 首先需要明确的是，计算违法所得不是单纯的技术方法，同样蕴含着价值判断，与禁止操纵行为的立法目的直接相关。特别是，考虑到违法所得具备定罪量刑功能，违法所得的计算方法应当符合定罪的立法目的，不宜出现明显的价值取向偏差；同时，出于保护国民期待利益的考虑，违法所得的计算方法应当尽可能稳定并予以公开。

关于计算方法价值标准的探讨，在操纵证券市场问题上研究不多，但在内幕交易案件中已经有很多研究，观点也未能一致。内幕交易违法所得数额的计算，主要有实际所得法和市场吸收法，前者以实际所得为内容，后者是关注根据内幕交易不法行为影响范围。[13] 对此，我国

---

〔11〕 参见王利明：《法学方法论》，中国人民大学出版社 2012 年版，第 53 页。

〔12〕 参见周光权：《刑法学习定律》，北京大学出版社 2019 年版，第 55 页。

〔13〕 参见汤欣、高海涛：《证券市场操纵行为认定研究——行政处罚案例的视角》，载《当代法学》2016 年第 4 期。

最高人民法院曾经在内幕交易刑事案件采取以下做法：对已抛售的股票按照实际所得计算，对未抛售的股票按照账面所得计算，但对为逃避处罚而卖亏的股票，应当按照账面所得计算。对于涉案股票暂不宜抛售的，按照查封股票账户时的账面所得计算，但在具体追缴财产或退赔财产时，按最终实际所得认定获利或者避免损失数额。[14] 这一观点代表了我国涉及内幕交易案件中的主要做法，该计算方法表面上采取了双重标准，实际上则强调追缴最终获利，而非根据内幕交易信息影响范围内的获利。内幕交易违法所得数额长期以来作为定罪量刑的标准，个案中不考虑内幕信息的影响范围、单纯以实际所得作为违法所得数额的做法也正在面临挑战，本质上仍然是价值取向混乱所致。

从操纵案件来看，违法所得计算方法也可主要归纳出两种取向：一是不让违法者得利，吐出所有的收益；二是根据违法行为的实际影响确定收益，违法所得的计算应以被滥用优势的价值转化衡量为基本原则。[15] 目前大多数案件都将不让违法者得利作为计算的价值标准。但这样价值标准的正当性值得商榷。

首先，操纵定罪量刑标准的设立应当符合刑法设置操纵证券市场罪的立法目的。不让违法者获利的定罪倾向，不符合禁止操纵证券市场规定的立法目的。禁止操纵证券市场的规定，目的在防范并处置人为干扰证券交易的行为，对于证券市场中正常波动并无处罚之必要。否则就会出现不合理现象，违法者是否被处罚、是否犯罪，不取决于操纵行为本身，而取决于与操纵行为无关的查处行为和股价变化的程度。

其次，操纵定罪量刑标准应充分体现罪责刑相适应的基本原则。罪责相适应，是适应人们朴素的公平正义意识的法律思想，罪责越重、刑罚越重，要求对犯罪分子判处的刑罚与犯罪分子所犯罪行和承担的刑事责任相适应，而罪行本身的轻重是由犯罪的主客观事实所决定。[16] 作为定罪量刑标准的违法所得，应当具备准确评价犯罪嫌疑人

---

〔14〕 参见裴显鼎等主编：《证券期货违法犯罪案件办理指南》，北京大学出版社 2014 年版，第 20 页。

〔15〕 参见刘宪权：《操纵证券、期货市场罪司法解释的法理解读》，载《法商研究》2020 年第 1 期。

〔16〕 参见张明楷：《刑法格言的展开》，北京大学出版社 2013 年版，第 94 页。

罪责的作用。在操纵行为影响消除后,股票价格的变动已经超出了操纵行为的影响范围,同时也超出了操纵行为人主观故意范围。在这种情形下,要求行为人对超出主观故意和客观影响范围之外的结果承担行政责任或刑事责任,特别是当违法所得与刑法上的定罪量刑标准相关联时,基于不让违法者获利的价值考量计算违法所得的观点,值得商榷。比如,某行为人买入股票实施操纵行为后,没有卖出全部股票,在操纵影响消除之后,相关股票价格因其他客观原因出现上涨,如果按操纵影响消除后的时间节点计算违法所得,可能不符合定罪标准;如果按立案侦查时计算违法所得,可能已经符合定罪标准,让行为人因其意志外的因素造成的结果承担刑事责任。

最后,操纵定罪量刑标准应当维护法律适用的可预测性。不确定的违法所得计算方法,会造成司法的随意性。犯罪的成立,应当随着实行行为终结和犯罪后果的产生而确定,不会应后续与犯罪实行行为完全无关联的客观事实再度发生变化。在行为人操纵行为结束后继续持有股票的情形下,因证券市场的客观变化、立案侦查的时机的不同以及行为人事后买卖股票时点的选择不同,一个操纵行为因违法所得计算方法的问题,可能不断面临罪与非罪状态之间的切换,这是不可思议的。可见,基于不让违法者获利的价值取向,在计算具有定罪功能的违法所得数额时,将与操纵行为并无关联的收益均计算在内,不能准确地评价操纵者的罪责。且容易因客观市场环境的变化、犯罪嫌疑人的处理时点、公安司法人员的执法时点等差异,造成罪名成立与否的不确定性。

解决刑法适用中认识和实践分歧,应当结合违法所得在定罪量刑中的功能和刑法立法目的,明确计算方法的价值取向,在此基础上根据证券市场特点确定合理的计算方法。违法所得数额的计算方法应当立足于实现对操纵行为违法程度的合理度量,以操纵行为对证券市场的影响范围作为计算违法所得的区间,这才能使违法所得数额恰如其分地发挥其定罪功能,这也符合禁止操纵的立法目的。

需要指出的是,在民事赔偿或者经济处罚层面,违法所得的追缴可以作为另一层面的问题,进行价值选择,基于不让违法者获利的立场,按照实际所得确定基准日,也具有正当性。例如,《刑法》第 64 条规定

“犯罪分子违法所得的一切财物,应当予以追缴或者责令退赔”,最高人民法院《关于刑事裁判涉财产部分执行的若干规定》第10条第2款规定:被执行人将赃款赃物投资或者置业,对因此形成的财产及其收益,人民法院应予追缴。不问由此产生的收益是否来源于合法活动。这体现了刑法不让犯罪分子从经济上获得利益的价值考量。在美国涉及赔偿的操纵证券市场案件中,赔偿或者没收违法所得目的就是要剥夺违法者基于违法行为获得的任何不公正收益,从而使其违法行为无利可图。[17] 为此,立法者可以通过对违法所得的两种功能予以适当区分和剥离,即在判断是否构成操纵时,只能以操纵行为影响消除之时作为计算终点;但在作出经济处罚时,可采取不让违法者获利的原则计算违法所得。

四、违法所得计算的基本方法

基于以度量操纵行为的违法程度作为计算违法所得的目的,操纵违法所得的计算方法应当围绕操纵行为的具体实施而展开。比如,在以拉抬证券价格为目的的操纵中,应当以行为人具体实行操纵行为前一日的收盘价格作为买入成本,以行为人操纵行为影响消除之日为基准。[18] 但在具体案件中,由于具体情形的不同,计算区间的选择可以根据犯罪嫌疑人的行为特征具体认定,但任何计算区间的选择,都不应脱离具体操纵行为的影响范围。

(一)计算的起点

操纵违法所得计算起点的选择应当以操纵行为对股票价格可能产生实质性影响之时,即操纵行为实行之日的前一日收盘价为准。以操纵实行行为之日的前一日作为计算起点,并不一定造成对行为人的放纵,因为行为人在持有股票之后、实施操纵行为之前,股票的价格仍会

---

〔17〕 See SEC v. Rosenfeld,2001 U. S. Dist. LEXIS 166.

〔18〕 参见刘宪权:《操纵证券、期货市场罪司法解释的法理解读》,载《法商研究》2020年第1期。

自然波动,有可能实施操纵行为之时计算的成本更低,这也是行为人应当承担的后果。在蝶彩资产管理公司案中,计算违法所得的起点应当以"市值管理"约定的具体操纵措施实行之日前一日收盘价格为准,不宜将"市值管理"协议生效之日作为计算起点。在孟某龙案中,法院最终认定的起点没有错误,但理由所涉时间点过于宽泛。法院在孟某龙案判决中所提出的"大宗交易的目的显然是为了建仓,故应排除建仓与拉抬之间受其他因素影响的可能性"理由,存在可商榷之处。该案的特殊之处在于孟某龙在大宗交易买入股票的次日即开始着手实施操纵行为,行为较为连贯,在认定上不易产生争议。但若是孟某龙买入股票后,隔若干时日后再行实施拉抬行为,在证明大宗交易目的是建仓的情形下,以大宗交易之日作为计算违法所得起点就会出现问题,实际上与蝶彩公司按中减持前的状态一样。在大宗交易之后,孟某龙虽然有操纵意图,但未实施操纵行为,此阶段的证券价格亦未受任何人为干扰,若在此阶段孟某龙因持有股票获取收益,难以归责。《操纵认定指引》规定操纵影响消除之日作为计算终点之一,同理可推,在确定起点时也应当以操纵影响产生之日作为计算起点,否则两者的法理基础就会产生冲突。

(二)计算的终点

计算终点的选择应当以操纵行为对市场的影响消除为界限。原则上,在操纵行为影响消除之日前卖出的,按实际卖出股票价格和股票数量作为卖出金额计算;在操纵行为影响消除之日后卖出的,则需要执法司法人员结合行为人的操纵手段及市场情况予以判断,确定用于计算的影响消除之日。在操纵行为影响消除日之前被立案调查、侦查或因其他原因被披露的,则以该事件发生之日作为计算基准。操纵影响之日的确定,一定程度上属于执法司法人员的自由裁量范围,但自由裁量应当具备合理性。在信息型操纵的场合,应当根据信息的影响力持续时间进行判断;在交易型操纵的场合,一般而言,交易行为的结束后期影响力便逐渐消失,间隔不宜过长。比如,有观点指出,对于发生在开盘集中竞价阶段或者盘中阶段的操纵行为,应当限定在日内影响;对于发生在收盘集中竞价阶段的尾市操纵行为,则可以限定在翌日影响。[19] 刘宪权提出,信息优势操纵中只有来源于信息优势的交易利润才能被计算在内,受到其他因素影响的收益不能认定为违法所得。[20] 这一观点可能过于精细化,受多种因素影响的证券价格,可能操纵期间证券价格同时受操纵因素和非操纵因素共同影响,此时便难以从中区分出受操纵因素影响的利润。对于证券市场的复杂性,具体基准日乃至具体时间点的选择都不可能毫无争议,只要在相对合理的范围内,此种不确定的不利后果原则上应当由违法者承担,并可赋予执法司法机关以相应的自由裁量权,在此时不让违法者获利的价值取向可以有限展开。美国法院在涉及违反10(b)条款的案例中,便持此种观点。[21] 必要时,可以通过司法解释或行政命令进行拟制。在前述冯某浩案中,实则可以采取操纵影响消除的标准,进而认定冯某浩卖出交易行为发生之时影响尚未消除,可以作为认定违法所得的基准。

(三)违法所得计算的具体方法

操纵证券市场行为的起点和终点,仅是计算的最基本的基准。在实际操纵行为中,特别是交易型操纵中,操纵者买入、卖出异常频繁,无法形成清晰的一一对应关系,这就需要借助于计算方法。

首先需明确的是,在操纵多只证券的场合,我国证监会在行政处罚时的主要观点是,每只股票分别计算,盈亏互不相抵,违法所得即操纵盈利的综合。比如,在王某铜操纵证券市场案中,王某铜共操纵三只股票,每次操纵均具有独立性,故对其违法所得也应独立计算。[22] 也有被调查人提出申辩,认为应当对多只股票盈亏相抵后计算违法所得数额。这一观点不能成立,每一个操纵行为相互独立,且不受法律保护,因操纵行为造成亏损理应由操纵者承担,因操纵行为产生的获利则应

---

〔19〕 参见谢杰:《市场操纵犯罪司法解释的反思与解构》,载《法学》2020年第1期。

〔20〕 参见刘宪权:《操纵证券、期货市场罪司法解释的法理解读》,载《法商研究》2020年第1期。

〔21〕 See SEC v. Patel,61 F. 3d 137(1995).

〔22〕 参见中国证监会行政处罚决定书〔2018〕104号。另参见廖某沛操纵证券市场案,中国证监会行政处罚决定书〔2017〕98号;苏某翔连续多次操纵市场案,中国证监会行政处罚决定书〔2014〕12号;任某成操纵市场案,中国证监会行政处罚决定书〔2015〕85号,等等。

悉数追缴,两者不应相抵。

在具体计算方法上,实践中计算差价存在先出先入法、后进先出法、加权平均法、最高最低法等多种方式。对此,有的观点则倾向于简化计算方式,把具体计算方法作为程序问题给控辩双方相互博弈的机会,找出相对合理的算法。[23] 在美国的一些判例中,法院认为其对于决定是否没收违法所得以及如何计算违法所得拥有广泛的自由裁量权,只需要基于对违法行为产生利润的合理评估即可,任何计算中的不确定风险应当由违法者承担。[24] 过度的自由裁量权不符合罪刑法定原则,但由于证券市场的复杂性,任何计算公式都不可能确保精准的结果。出于惩处和威慑的目的,自由裁量可能造成的计算上的合理差额由违法者承担,并不违反立法目的。具体计算方法的选择,实则属于会计学范畴,只要确定符合会计标准且相对公允的具体计算公式,一经明示,便具有法律约束力。对执法司法部门而言,至少应当公开计算方法,若计算公式飘忽不定且未予披露,反而容易遭受质疑。

(编辑:宋　澜)

---

〔23〕 参见陈舜:《操纵市场违法所得的计算方法》,载《中外法学》2005 年第 6 期。

〔24〕 See SEC v. First Jersey Sec. ,Inc. ,101 F. 3d 1450(1996).

《证券法苑》(2023)
第三十八卷,第15~41页

证券欺诈集团诉讼中的损失因果关系与风险实现理论*

[美]理查德·布斯**
林少伟　洪喜琪***译

摘要:在SEC 10b-5规则引发的证券欺诈诉讼中,多数法院认为投资者可就公司未披露风险而遭受的损失获得赔偿,但这一风险实现理论会导致投资者获得超额赔偿,进而鼓励滥诉并降低公司自愿性披露的意愿。深水地平线石油爆炸及泄漏事件引发的证券诉讼佐证了这一观点,如果原告获赔金额为事发前的溢价,意味着原告财务状况和在风险被揭示的情况下购买股票时相同。但公司股票价格下跌的主要原因并非发生爆炸及泄漏事件,而是清污、和解等费用流出的预期,被告公司对上述间接损失进行赔偿会导致明显超额,因为这部分损失是非系统性、可分散。此外,因为公司在此类案件是索赔方而不是支付方,应该以代表公司的股东代表诉讼进行,而不是代表个人投资者利益的集团

---

* 本文是"西南政法大学阐释党的十九届四中全会精神理论研究专项(编号:2020XZYB-10)"以及"智能司法研究重庆市2011协同创新(编号:ZNSF2020Y02)"阶段性成果。

** 美国维拉诺瓦大学查尔斯·威吉法学院教授。

*** 译者分别为西南政法大学民商法学院教授和博士研究生。

诉讼。

关键词:证券欺诈集团诉讼　SEC 10b－5 规则　损失因果关系　代表诉讼

引　言

根据 SEC 10b－5 规则,提起证券欺诈诉讼时,原告必须证明其所诉请的损失由虚假陈述所造成。正如美国联邦最高法院裁判所指出,投资者仅证明其购买了因虚假陈述而价格虚高的股票是不足够的,原告还必须进一步证明市场价格会对被隐瞒的真相做出负面反应。[1]

通常情况下,损失因果关系(loss causation)是通过一个与股票价格下跌密切相关的纠正性披露(corrective disclosure)来证明的。但是,大多数巡回法院已经裁定或至少认可,一个揭露被告公司先前所作陈述为虚假陈述的事件之发生可以作为纠正性披露的

[1] See Dura Pharmaceuticals, Inc. v. Broudo, 544 U. S. 336(2005). 可以说,这是一个合理的要求,如果无法证明市场知晓真相时股价会下跌,那么人们很难证明其所购买的股票是溢价的。该证明规则在起诉阶段的要求是,原告应当明确说明价格是如何虚高的。在具体规则缺失的情况下,法院可能会省略因果关系证明的程序步骤。另外,消极消息或积极消息的隐瞒都可能会引起证券欺诈诉讼。前者情形下,原告包括在虚假陈述发生期间购入股票的投资者,而在后者情形下,原告包括在虚假陈述期间抛售股票的投资者。尽管有(卖方投资者起诉的)积极消息相关的典型例子,但绝大多数的证券欺诈集团诉讼(SFCA)都与(买方投资者起诉的)隐瞒消极消息相关。因此,此处讨论的是隐瞒消极消息相关的案例。

替代。[2] 换言之,损失因果关系可以由公司通过虚假陈述所隐瞒的风险之实现(the materialization of a risk)来证明。

应当予以重视的是,如果某个事件成功揭示了先前的陈述是虚假陈述,那么在该虚假陈述指涉的风险实现时,法院通常会判定投资者可以追回全部损失,以免被告公司通过拒绝纠正先前的虚假陈述逃避责任。[3] 因此,投资者可以在纠正性事件(corrective event)发生之后追回

---

〔2〕 See Lentell v. Merrill Lynch Corp. , 396 F. 3d 161 (2d Cir. 2005) (肯认); In re Omnicom Grp. ,Inc. Sec. Litig. , 597 F. 3d 501, 513 (2d Cir. 2010) (适用); In re Vivendi Universal, S. A. ,Sec. Litig. ,838 F. 3d 223(2d Cir. 2016)(适用); McCabe v. Ernst & Young, LLP, 494 F. 3d 418, 428 – 29 (3d Cir. 2007) (肯认); Teachers Retirement System of Louisiana v. Hunter,477 F. 3d 162(4th Cir. 2007)(肯认);Katyle v. Penn Nat'l Gaming, Inc. ,637 F. 3d 462,471(4th Cir. 2011)(肯认);Singer v. Reali, 883 F. 3d 425(4th Cir. 2018)(肯认);Ludlow v. BP PLC,800 F. 3d 674,678(5th Cir. 2015)(明确肯认);Ohio Public Employees Retirement System v. Federal Home Loan Mortgage Corp. ,830 F. 3d 376(6th Cir. 2016)(适用);Ray v. Citigroup Global Mkts. , 482 F. 3d 991,995(7th Cir. 2007)(肯认);Schaff v. Residential Funding Corp. ,517 F. 3d 544(8th Cir. 2008)(适用);Nuveen MHIO Fund v. City of Alameda, 730 F. 3d 1111, 1120 (9th Cir. 2013) (肯认); In Re Williams Securities Litigation – WCG Subclass,558 F. 3d 1130 (10th Cir. 2009) (肯认); Nakkhumpun v. Taylor, 782 F. 3d 1142,1156(10th Cir. 2015)(适用);In re Harman Int'l Indus. , Inc. Sec. Litig. ,791 F. 3d 90,110(D. C. Cir. 2015)(肯认). See also Mass. Ret. Sys. v. CVS Caremark Corp. , 716 F. 3d 229,240(1st Cir. 2013)(讨论到);Lormand v. US Unwired, Inc. ,565 F. 3d 228,264(note 32)(5th Cir. 2009)(讨论到);Hubbard v. BankAtlantic Corp. ,688 F. 3d 713,726(note 25)(11th Cir. 2012)(讨论到). 风险实现理论几乎没有引发议论。但是可参见 Robert N. Rapp, Plausible Cause: Exploring the Limits of Loss Causation In Pleading and Proving Market Fraud Claims Under Securities Exchange Act §10(b) and SEC Rule 10b – 5, 41 Ohio N. L. Rev. 389 (2015); Dorothy Spenner, et al. , *Materialization of Risk in Securities Class Actions*, https://www. law360. com/articles/927937。

〔3〕 See In re Vivendi Universal, S. A. , Sec. Litig. ,838 F. 3d 223,260 – 63(2d Cir. 2016)(讨论被告公司拒绝纠正的可能性).

购买价格与股票结算价格之间的差额。[4] 例如,在深水地平线石油爆炸及泄漏事件之后提起的证券诉讼中,原告认为英国石油公司(钻井平台的运营方)对其生产过程中的安全措施进行了虚假陈述,致使市场低估了其业务中固有的安全风险。当石油爆炸及泄漏发生时,市场知悉英国石油公司隐瞒了其生产安全风险,进而引致股票价格下跌,原告遂起诉要求赔偿损失。[5]

深水地平线石油泄漏案较充分地说明了向投资者赔偿全部损失的做法是一种超额赔偿行为:假设这些风险指控属实,而英国石油公司没有对其安全措施进行虚假陈述,那么该公司股票的事前市场价格会低于其实际价格以反映出被隐藏的额外风险。如果原告知悉该风险而支付较低的股票价格,则其无权就爆炸及泄漏事件的发生提起损害赔偿诉讼。是故,如果原告获赔的金额等同于事发前的溢价部分,则他们的财务状况将与在风险事实被揭露的情况下购买股票时相同。但很大程度上讲,股票价格的下跌并不是因为发生石油爆炸及泄漏事故(风险揭示事件)而直接造成的。而是在事故发生后,公司需要支付清理污染物、修理、罚款以及与相关受害群体和解(settlements)等相关的费用,这产生了资本流出(cash outflows)之预期,同时,公司的资本成本也可

[4] 换言之,损失的认定方法和损失因果关系的证明是不同的概念。See, e. g., In re BP PLC Securities Litigation, 2014 U. S. Dist. LEXIS 69900 (S. D. Tex.), MDL No. 10 - md - 2185, Civil Action No. 4:10 - md - 2185 (May 20, 2014) at ∗66 - 67 (note 4), citing Dura Pharmaceuticals, 544 U. S. at 342 - 43. 事实上,损失因果关系可以通过事件研究法来证明。在一项事件研究中,学者们发现,当虚假陈述的真相曝光时,该公司当日股价的波动要较其正常股价的波动偏离约两个标准差。这种现象是不寻常的。我们可以从统计学上确信,该公司的股价受到了与其相关的特定事件影响而产生了较大的差值,比如说一项早先有关公司前景的披露被曝光为是虚假陈述。See Jill E. Fisch, Jonah B. Gelbach & Jonathan Klick, *The Logic and Limits of Event Studies in Securities Fraud Litigation*, 96 Tex. L. Rev. 553 (2018). 但是,尽管他们采用了事件研究法来进行损失因果关系的证明,该研究法也并未暗示投资者只能对超过两个标准差的损失部分请求赔偿。See id.

[5] See Ludlow v. BP PLC, 800 F. 3d 674, 678 (5th Cir. 2015).

能有所增加。以上这些才是致使股票价格下跌的主要原因。[6] 就上述间接损失(consequential losses)对投资者进行赔偿是一种超额赔偿。此外,假使这些间接损失是可诉的,则它们也只构成公司提起诉讼的基础,应当通过下文所讨论的代表诉讼来予以追究。

以上观点的重要性是不言而喻的:它预示着我们所认知的许多证券诉讼不应由投资者通过集团诉讼直接提起,而应采用代表诉讼来解决。换言之,集团诉讼案件应当比代表诉讼案件更少而非更多。吊诡的是,就上述间接损失而言,投资者仅能根据 SEC 10b－5 规则提起证券欺诈集团诉讼以行使损害赔偿请求权。

一、损失因果关系与诉讼特征

根据 SEC 10b－5 规则,投资者只能针对虚假陈述实际造成的损失进行索赔。[7] 这似乎表明,集团诉讼中的原告最多可以获赔爆炸事故发生前的股票溢价(price inflation),而不是爆炸事件本身所造成的更大损失。由此可见,股票溢价应与虚假陈述所致之损失相称。

除此之外,超出股票溢价的间接损失要么是不可预知的事故所致,要么因英国石油公司无法采用或遵循最佳安全操作规范而生。如果是

---

〔6〕 赔偿这些额外损失的一个有效前提是投资者原本不会购买这些股票。但这与“市场欺诈假说”(FOTM)背道而驰,“市场欺诈假说”假定投资者都是价格接受者(信赖推定)。我们允许集团诉讼个别成员通过证明如果他们知道真相就不会购买股票来放弃这一信赖推定。但是,这样做将阻碍集团诉讼资格之确认(class certification)。实际上,拉德洛法院(the Ludlow court)在英国石油公司案中正是基于该原因而拒绝对集团诉讼资格进行确认。See Ludlow v. BP PLC,800 F. 3d 674(5th Cir. 2015),引用了 Comcast Corp. v. Behrend,569 U. S. 27(2013)(要求损失认定方法要统一适用于整个集团诉讼).拉德洛法院认为,某些集团诉讼成员原本不会购买股票,同时,他们希望放弃市场欺诈假说中的信赖推定,即使这样做会排除集团诉讼资格。目前的观点是,如果市场知道企业固有风险的真相,则投资者最多可以起诉要求赔偿购买时市场价格的溢价部分。该诉请明显满足集团诉讼的要求。除存在损失认定问题之外,拉德洛法院对市场欺诈假说提出了在以下两个方面疑问:(1)考虑某些投资者可能决定不购买的可能性(而不是假定所有投资者都信任市场);(2)将投资者的风险偏好视为是不受股票价格影响的因素。这些问题将在下面进一步讨论。

〔7〕 See Dura Pharmaceuticals,Inc. v. Broudo,544 U. S. 336(2005).

前者,则投资者无权请求赔偿。但若为后者,则投资者应当提起股东代表诉讼,进而公司可出于保护全体股东利益的目的向个别过失者追究责任。[8]

事实上,如果间接损失均是由于未能遵循最佳安全操作规范而造成的,那么股票溢价的损失亦应当通过股东代表诉讼寻求救济,因为如果公司遵循了其所公示的最佳安全操作规范,则该溢价就不会产生。[9] 如此说来,对股票溢价所造成损失的索赔可以视为衍生自对公司损失的索赔。循此路径思考,应认定此类索赔需以代表诉讼而非集团诉讼的形式进行。因为集团诉讼本身并不是一个可以普遍适用的手段,原告只能在不存在更有效的纠纷解决机制的情况下才可以使用。[10] 也就

---

[8] See In re Caremark Intl Inc. Derivative Litigation,698 A. 2d 959(Del. Ch. 1996). See also Stone v. Ritter,911 A. 2d 362,369(Del. 2006)(赞同 Caremark 规则). 根据 Caremark 规则,不采用或不遵循最佳操作规范的行为是可诉的,但在典型案件中,大部分间接损失很可能直接来自罚款和其他法定费用,以及由于信赖丧失而导致的公司资本成本增加。此类索赔通常比 Caremark 规则下的索赔更容易诉请和证明。See Malone v. Brincat,722 A. 2d 5(Del. 1998)(原告股东可以通过举证董事未直接告知或通过公开声明的方式故意向股东隐瞒有关公司事务的信息,从而证明董事违反了信义义务);In re info USA,Inc. Shareholders Litigation,953 A. 2d 963,990(Del. Ch. 2007)(如果可以证明董事在明知信息是欺骗性的或不完整的情况下仍然披露了信息,则可以证成董事违反了信义义务。因为即使股东并没有将知情权付诸行动,股东也有权从董事那里得到完全坦率和真诚的信息披露);Pfeiffer v. Toll,989 A. 2d 683(Del. Ch. 2010),Kahn v. Kolberg Kravis Roberts & Co. LP 案基于其他理由废除了该规则,23 A. 3d 831(Del. 2011)(该案释明了代表诉讼和直接诉讼之间的区别,前者基于证券欺诈和董事内幕交易行为造成的公司财产损失而起诉,后者基于股东损失而提起的损害赔偿或非法所得索赔)。

[9] 诚然,这里有些细微差异。如果英国石油公司负担遵循最佳操作规范产生的可能费用,那么公司的利润可能会有所下降。因此,假定被告确实进行了虚假陈述,则爆炸和泄漏事件发生之前的市场价格确实比原本应当的市场价格略高。另外,市场可能已经察觉到股票价格已高得失真。

[10] FRCP 第23(b)(3)条款规定,以下情形才可以通过集团诉讼要求损害赔偿:"法院认为,投资者共同的法律或事实问题远多于仅影响个别投资者的问题,则集团诉讼应当优于其他可行的救济方法,以公平、有效地裁决争议。"(强调)从技术上讲,代表诉讼是集团诉讼的一种变式。可以理解为股东通过集团诉讼方式敦促公司起诉不法行为。因此,根据 FRCP 第23(b)(2)条款,代表诉讼可以归为禁令救济诉讼。实际上,在1966年之前,代表诉讼与集团诉讼适用相同的规则。但是,1966年的 FRCP 修正案制定了第23.1条款,该条款当前规制着代表诉讼。Cf. Wal - Mart Stores, Inc. v. Dukes,564 U. S. 338(2011)[强调第23(b)(2)和(3)条款下集团诉讼的区别].

是说,代表诉讼在诉讼形式上具有适用优先性。[11]

概言之,风险实现理论的核心观点是揭示风险的事件具有偶发性,即可能发生,也可能不会发生。在风险的实现可以证明损失因果关系的观点下,纠正性事件往往会基于事件本身而产生进一步的间接损失。换言之,股票价格的浮动不仅反映了对先前虚假陈述所造成的错误价格的纠正,还反映了事件本身引致的间接损失(尽管该事件可能不会发生)。[12]

做更进一步的讨论的话,风险实现理论的适用可能是十分困难的。因为纠正性事件往往是有待解释的:原告必须证明该事件的发生确实揭示了被告先前的陈述是虚假的,而非仅仅在错综复杂信息流市场中增添了一条新信息。例如,在 Vivendi 证券诉讼案件中,原告辩称出售 5500 万股库存股票(除其他事项外)的事实证明了该公司有流动性欠缺之虞,并且需要额外资本,即便公司此前公开否认存在此类问题。但是,除此之外,某些(或大部分)股价的跌损毫无疑问是由于出售额外股份造成的股权稀释。[13] 另外,法律明确规定投资者只能就虚假陈述造成的损失索要赔偿,因其他原因造成的损失并未囊括在内。[14]

上述论证证成了在风险实现案件的研究中修正风险实现理论的必要性,即间接损失应当从风险实现事件的总价格效应(aggregate price effect)中予以扣除。[15] 具言之,原告必须证明该事件本身的揭示效果

---

〔11〕 此外,如果价格下跌是公司真实披露后发生的事故引致的,那这是投资者应当承担的情形,投资者可以通过持有多元化证券投资组合来消减这一风险。因此,如果以代表诉讼模式提起诉讼,则不会在投资者保护方面产生消极影响。

〔12〕 我们可以设想出一个不符合这种特征的反例,例如虚假陈述与确定发生的某个事件相关。但事实却是,适用风险实现理论的每个案例(至少在上诉时)都涉及一件可能会或可能不会发生的事件。如果该事件是偶发性事件,则损失将包括股票溢价和间接损失。但是,如果某个事件是肯定会发生的,那么这是事实而不是风险,应该予以披露。

〔13〕 In re Vivendi Universal, S. A., Securities Litigation, 838 F. 3d 223, 262 – 63 (2d Cir. 2016). 另一非常相似的情况,参见 In re Time Warner Securities Litigation, 9 F. 3d 259 (2d Cir. 1993)。

〔14〕 See Dura Pharmaceuticals, Inc. v. Broudo, 544 U. S. 336 (2005).

〔15〕 关于证券欺诈诉讼中事件研究的事实要求,参见 Jill E. Fisch, Jonah B. Gelbach & Jonathan Klick, *The Logic and Limits of Event Studies in Securities Fraud Litigation*, 96 Tex. L. Rev. 553 (2018)。

就足以造成了统计学上显著的股价差异。在 Vivendi 一案中,将被告出售库存股的价格效应与其他公司出售库存股的价格效应相比较,可以一窥虚假陈述对股票价格的影响。但这种情形实属罕见,通常情况下,股票溢价的部分和风险实现造成的损失是难以厘清的。[16]

实际上,在某些情况下,一个事件造成的间接损失还可能是股票价格波动的全部原因。例如,在深水地平线案中,由于石油泄漏,英国石油公司的市值下降了约 600 亿美元,而与泄漏相关的费用也约为 600 亿美元。换言之,事件本身产生的损失可以解释为投资者遭受的全部损失,这表明投资者并没有因溢价购买股票而遭受额外损失。因此,根据美国联邦证券法,投资者不享有任何赔偿请求权。[17]

认识到可诉的股票溢价损失和不可诉的间接损失之间的区别之后,另一个复杂问题又出现了,即事件研究法(event study)可能无法证明损失因果关系,这同样也是法院裁判中面临的实务难题。[18] 例如,在类似英国石油公司案的情形中,法院可能无法确定市场是对被指控的失实陈述作出了反应,还是对事件本身造成的可能损害作出了反应。事实上,由于深水地平线石油爆炸及泄漏,英国石油公司迅速失去了约 600 亿美元的市值。而该公司最后报告也只表明,与该事件有关的总损失约为 600 亿美元。因此,人们可能会质疑,所谓的对安全操作规范相关虚假陈述的纠正是否是有效用的。这个问题与公认存在的多种信息(包括积极信息和消极信息)同时披露的效应区分问题具有相似性。[19] 但是,在风险实现理论情境下,这个问题愈加复杂,因为揭示事件的产生本身也包含了积极和消极两种信息。如此一来,新风险的披

---

〔16〕 See id. at 556,614 - 617. See also Sherman v. Bear Stearns Cos. (In re Bear Stearns Cos., Sec., Derivative, & ERISA Litig.), No. 09 Civ. 8161 (RWS), 2016 U. S. Dist. LEXIS 97784, at *28(S. D. N. Y. 2016)(讨论了事件研究中的干扰项).

〔17〕 此外,如果市场价格下降的数额没有超过事件本身衍生的直接成本,则该公司本身可能并不主张支持代表诉讼:如果市场认为存在可诉的不当行为,比如可能会被罚款或有值得提起的诉讼,那么市场价格想必也会对此予以回应。

〔18〕 See Jill E. Fisch, Jonah B. Gelbach & Jonathan Klick, *The Logic and Limits of Event Studies in Securities Fraud Litigation*, 96 Tex. L. Rev. 553(2018).

〔19〕 See Barbara A. Bliss, Frank Partnoy & Michael Furchtgott, *Information Bundling and Securities Litigation*, San Diego Legal Studies, Paper No. 16 - 219 (November 26, 2016).

露对价格的影响大概就是其风险实现所产生的影响。亦即,如果坏事已然发生,那对于坏事可能发生的担心也就无关紧要了。

最后,对于间接损失的诉求几乎可以确定应以代表诉讼的形式提起以填补公司的损失。从逻辑上讲,风险只有两种,可以通过某种方式控制(或降低)的风险(非系统性风险),以及完全不受公司控制的风险(系统性风险)。如果案件所涉及的风险是公司无法控制的——该事件确实是偶发性事故——则该诉讼应被驳回,或者至少会以原告失败而告终。[20] 另外,如果诉讼是基于公司具有某些控制的事件(至少就其对公司的影响方面而言)提起的,并且公司虚假陈述了其为控制风险或冲抵风险所做的措施,这样的索赔应予肯定。[21] 但这一索赔的请求明显是衍生自公司损失的诉请。理论上讲,任何此类索赔所涉及的虚假陈述都与公司已采取或计划采取的某些可确信的行动相关,但最终公司并未采取所述行动或根本不计划采取该行动。如果这些行动不可确信,那便很难相信市场也会相应地做出反应并抬高股价。实际上,市场反应往往是截然相反的。但是,如果这些行动可确信,则可以预期的是,基于公司采取该行动策略可能获得的净收益,市场会相应地抬高

〔20〕 可以肯定的是,一家公司在知道某种风险确实存在的情况下仍可能会隐瞒称风险不存在,这种猜测是有说服力的。但是,如果风险是公司无法控制的,则它似乎不太可能是公司特有的风险,或者公司并未比投资者更了解该风险,此种情况下损失是不可诉的。See Wielgos v. Commonwealth Edison Co. ,892 F. 2d 509(7th Cir. 1989)(监管政策中变化的风险). 从充要条件的角度看,该事件的发生必须是公司可预见到的才可能是可控的,而反过来说,尽管该事件的发生可能是可预见的,它仍可能是不可控的。但是,在适用风险实现理论时,法院通常仅要求可预见性,而不要求可控性或可管理性。See Lentell v. Merrill Lynch Corp. ,396 F. 3d 161(2d Cir. 2005). 到目前为止,人们可能一直在思考这个问题。

〔21〕 例如,即使该公司可能无法为该事件发生与否采取措施,但是它可以为该风险设置保险。当然,即使公司可以设置保险,其也可能选择不作为。See Reducing Risk Doesn't Pay Off, Wall Street Journal, March 15, 1999, at A18[该文讨论了盈利保险问题,并注意到霍姆斯特克矿业(Homestake Mining)不进行与黄金价格相关的套期保值,而是告知投资者他们可以单独进行保值]. Cf. Litwin v. Allen, 25 N. Y. S. 2d 667 (Sup. Ct. 1940); Brane v. Roth, 590 N. E. 2d 587 (Ind. App. 1992)(两者都涉及对冲失败). 这就提出了另一个问题,即公司是否必须披露其决策。根据 SEC 10b－5 规则,这取决于公司是否选择就该决策进行披露。See In re Time Warner Securities Litigation, 9 F. 3d 259(2d Cir. 1993). 换句话说,如果没有明确的公开要求,公司可以保持沉默。

股价。因此,市场预期的收益(这一造成股票溢价的关键因素)也是一项可以通过代表诉讼获得赔偿的派生损失,因为这是公司声称要采取或已采取的行动策略,是可确信的且已被公司所披露。

同时,对是否构成虚假陈述的认定还取决于该陈述是否是主观故意(scienter)做出的,以及该陈述是否可被认定为虚假陈述。如果管理层确实(并合理地)认为其策略和程序足以完成某项任务,那么就此所做出的陈述就不构成虚假陈述。[22] 至少,不能说该错误陈述是出于主观故意而做出的。[23] 即使他们所采取的策略或程序在事后看来并不充分,也不影响具体认定,因为那只是后见之明罢了。[24]

上述论证意味着我们所认知的许多证券诉讼不应由投资者通过集团诉讼直接提起,而应采用代表诉讼来解决纠纷。换言之,集团诉讼案件应当比代表诉讼案件更少而非更多。故很难理解为何就间接损失所提出的损害赔偿仅能根据 SEC 10b - 5 规则提起证券欺诈集团诉讼。[25]

---

〔22〕 Virginia Bankshares, Inc. v. Sandberg, 501 U. S. 1083 (1991) (代理欺诈); Omnicare, Inc. v. Laborers District Council Construction Industry Pension Fund, 135 S. Ct. 1318, 191 L. Ed. 2d 253 (2015) (1933 Act). 两个案件都判决了披露者对于在其职权范围内的事项所做出的意见表述(statement of opinion)可能会被认定为是对事实的表述(statement of fact)。但是,凡是披露者出于真诚善意而表述的意见(opinion),即使是他所认定的观点是错误的,也不会构成虚假陈述。

〔23〕 因此,如果英国石油公司认为它遵循的是最佳操作规范,但实际效果又不佳,那么即使发现英国石油公司对具体情况进行了虚假陈述,也不得根据 SEC 10b - 5 规则提起任何诉讼。但是,如果此案要予以撤诉处理,则只可能是因为缺乏主观故意(scienter)而撤诉。另外,法院会因为内容不真实而判定某一陈述是虚假陈述(即使是事后角度),这是常理之中的。除此之外,这些陈述也带有主观故意,即披露者意图让目标听众相信陈述是真实的。不管如何,证券欺诈需要欺骗这一主观构成要件。See Santa Fe Industries, Inc. v. Green, 430 U. S. 462 (1977). 简而言之,不能割裂看待证券欺诈诉讼的各个构成因素。

〔24〕 See, e. g., In re Citigroup Inc. Shareholder Derivative Litigation, 964 A. 2d 106 (Del. Ch. 2009); In re The Goldman Sachs Group, Inc. Shareholder Litigation, C. A. No. 5215 - VCG, 2011 Del. Ch. Lexis 151 (October 12, 2011). See generally Joy v. North, 692 F. 2d 880 (2d Cir. 1982) (总体上讨论商业判断规则的合理性,尤其重点探讨了后见之明偏误).

〔25〕 需要明确的是,此处的论点不适用于根据 1933 年法令提出的诉讼,该法下救济的主要手段是交出令。

二、欺诈与管理不当

前述分析表明,风险实现理论允许原告将违反信义义务的诉讼转换为联邦证券欺诈集团诉讼。例如,在 Ohio Public Employees Retirement System (OPERS) v. Federal Home Loan Mortgage Corp. (Freddie Mac)案中,原告声称 Freddie Mac 对其风险管理相关的操作及程序进行了虚假陈述,或者隐瞒了获取抵押贷款方面的有关内容。[26] 本案中,法院裁定原告充分证明了损失因果关系,部分说明如下:

> Freddie Mac 提出,即使法院认可风险实现理论,OPERS 仍未能充分证明损失因果关系。首先,正如地方法院所述,Freddie Mac 的季度和年度披露文件中确实有其所承担风险的相关陈述。然而,如果 OPERS 关于 Freddie Mac 内部系统管理不当的指控是可确信的,则这些陈述是毫无意义的——所有合理的指控都必须要到达这个程度。Freddie Mac 的财务报告强调,严格的承销要求和质量控制标准是信用风险管理的重点领域。而 OPERS 则坚持认为,Freddie Mac 一直以来都不重视内部控制,具体表现包括人为抬高房地产价值以降低贷款对价值比率(loan - to - value ratios)、对其他不合格贷款过度使用例外规则、购买风险越来越高的产品,并依赖过时的评估软件和欺诈探测手段。[27] (引用省略)

上述裁决部分引人注目的是,法院完全没有注意到这样一个问题,即是否应该将原告这一诉请视为仅仅是管理不当之诉。人们着重关注的是所谓的公司风险管理体系及其运行方面的虚假陈述,但其实,该问

〔26〕 Ohio Public Employees Retirement System (OPERS) v. Federal Home Loan Mortgage Corp. ,830 F. 3d 376(6th Cir. 2016).

〔27〕 OPERS ,830 F. 3d at 385 - 86.

题的本质仍在于判定公司管理人员是否真的相信前述体系及其具体实践是充分可靠的,而根据相关事实,显然他们并不如此以为。

众所周知,作为反欺诈条款,SEC 10b - 5 规则要求欺诈故意这一构成要件,并且不能将管理不当或违反信义义务作为诉请的唯一理由。[28] 当然,法院亦裁定,在虚假陈述可被证实确认的情况下,此类诉求也是可以提起的。[29] 然而,一个理性的法律人也难以相信,仅仅因为未披露管理层可能存在违反信义义务的行为,某公司就会被认定为是在进行信息欺瞒行为。[30]

与公司未披露其内部存在未遵循最佳规范的行为相比,将未遵循最佳规范作为诉请理由似乎更为直接,但深究此二者的区别是无意义的。根据 FRCP 的 23(b)(3)条款,有关损害赔偿的集团诉讼比其他争议解决渠道的要求更高。换言之,可通过集团诉讼以外的方式进行裁决的任何争议均须通过集团诉讼以外的方式进行裁决。倘若要在集团诉讼和代表诉讼之间选择一种方式提起诉讼,答案毫无疑问为后者。

然而,选择代表诉讼作为救济方式的重要性却难以受到重视。如果以集团诉讼方式起诉,则投资者将从公司获得赔偿——非投资者股东则承担此笔费用,因为公司价值因支付赔偿而有所降低。事实上,通过回音效应(echo effect)(指负面信息在封闭的市场中会被进一步放大),公司股价会受到需要支付赔偿的预期影响而较本应产生的公允价格进一步下跌。简而言之,集团诉讼无助于公司,反而可能雪上加霜。[31]

---

〔28〕 See Santa Fe Industries, Inc. v. Green, 430 U. S. 462(1977).

〔29〕 See Suez Equity Investors, L. P. v. Toronto - Dominion Bank, 250 F. 3d 87, 99(2d Cir. 2001).

〔30〕 See Virginia Bankshares, Inc. v. Sandberg, 501 U. S. 1083, 1100(note 9)(1991)引用 Gelb, Rule 10b - 5 and Santa Fe — Herein of Sue Facts, Shame Facts, and Other Matters, 87 W. Va. L. Rev. 189, 198, and n. 52(1985), quoting Borden, "Sue Fact" Rule Mandates Disclosure to Avoid Litigation in State Courts, 10 SEC '82, pp. 201, 204 - 205 (1982). Cf. Rosenblatt v. Getty Oil Co., 493 A. 2d 929(Del. 1985)(现金并购中的控股股东不必为了符合整个公平标准而披露保留价格)。

〔31〕 有关该问题的详细讨论以及学者对此的不同回应,参见 Richard A. Booth, *Sense and Nonsense About Securities Litigation*, 21 U. Penn. J. Bus. L. 1(2018)。

相比之下，如果以代表诉讼提起索赔，则公司将获得赔偿并且所有股东都会按比例受益。[32] 事实上，因为公司在诉讼中可以挽回损失，代表诉讼很可能会缓和市场对风险事件实现的过激反应：如果市场有对公司挽回损失的合理预期，那么股价下跌的幅度可能相对较低。[33]

许多学者认为，证券欺诈集团诉讼中判令被告承担与其过错不相当的过高责任可能会造成过度威慑的现象，并消磨公司进行自愿性披露的意愿。[34] 同时，在集团诉讼中，原告实际获赔的赔偿数额是微不足道的。[35] 因此，该诉讼方式对投资者的救济力度是不够的，甚至还不当阻塞公司向市场传递信息的通道，没有比这更糟糕的后果了。但是，通过明晰第 23 条款的要求，在风险实现案件中以代表诉讼方式提

〔32〕 该区别类似于橄榄球中的抄截回攻达阵：对方触地得 6 分加上本方因被抄截损失了得到 6 分的机会，这产生 12 分的潜在分差。即使我们知道公司的保险公司会支付所有和解金，预期获得的赔偿总额也应当视为公司财产，并按照股东出资比例进行分配。See Smith v. Waste Mgmt. ,Inc. ,407 F. 3d 381,386(5th Cir. 2005)(因为存在一份全体利益相关者与被告达成的和解协议，法院依一事不再理原则对原告个人诉讼不再受理).

〔33〕 See Cf. Kamin v. American Express Co. ,86 Misc. 2d 809(N. Y. Sup. Ct. 1976)(这彰显这样一种可能，即股票价格反映公司可获得的预期税收利益).

〔34〕 See,e. g. , John C. Coffee & Jr. , *Reforming the Securities Class Action*: *An Essay on Deterrence and Its Implementation*,106 Colum. L. Rev. 1534(2006); Amanda M. Rose, *Reforming Securities Litigation Reform*: *Restructuring the Relationship Between Public and Private Enforcement of Rule* 10*b* – 5,108 Colum. L. Rev. 1301(2008). See also Wielgos v. Commonwealth Edison Co. ,892 F. 2d 509(7th Cir. 1989)(文章讨论了 SEC 的第 175 条款如何起到鼓励自愿披露的作用，以及为何如此重要). 尽管许多学者已经注意到了过度威慑的问题，但它几乎总是止于想象的讨论中。因此，本文的一个重要贡献是勾勒出一个可以衡量过度补偿的指标。

〔35〕 在某些情况下，可供分配的救济数额非常小，以致从经济效益来看，如此救济并不划算。这种情况下，救济资金可以根据信托法下的类似(cy pres)原则分配给与集团利益不相冲突的替代接收者。在某些案例中，损失赔偿有时会依次重新分配。See,e. g. ,Gaos v. Holyoak(In re Google Referrer Header Privacy Litig.),869 F. 3d 737(9th Cir. 2017),cert. granted,Frank v. Gaos,138 S. Ct. 1697,200 L. Ed. 2d 948,2018 U. S. Lexis 2658(Apr. 30,2018).

起索赔,解决上述难题就变得相对简单。[36]

三、扩展分析

尽管在必须应用风险实现理论的案例中可以很容易地区分出股票溢价与间接损失之间的差异,但在纠正性披露以陈述形式出现的某些经典案例中,此二者并非泾渭分明。

例如,在 Schleicher v. Wendt 案中,被告公司未对投资者披露一项总价值达 9 亿美元的带担保或有负债(contingent liabilities)。[37] 随后,当公司对外披露声称担保条件已经触发之时,投资者方才知晓担保情形并纷纷要求公司予以赔偿。

乍一看,Schleicher 案似乎是典型的证券欺诈诉讼:该公司隐瞒了担保的有关情况,在担保条件被触发时才予以纠正。但通过进一步分析,即使在此情况下,一般人也可以区分股票溢价和间接损失。如果公司在担保条件被触发之前就已经披露了担保的存在,那么对股票价格

---

〔36〕 可以肯定的是,代表诉讼受制于各种复杂的程序性问题,包括公司可能控制诉讼的入口并想方设法进行撤诉。See Zapata Corp. v. Maldonado, 430 A. 2d 779 (Del. 1981). 而集团诉讼也有其特殊的复杂程序性问题,尤其是在证券欺诈背景下,1995 年的《私人证券诉讼改革法案》为以集团诉讼模式提起的证券欺诈诉讼设置了许多限制程序。此外,鉴于代表诉讼几乎都是针对一个或多个公司官员违反了信托义务而提起的,因此,原告必须克服商业判断规则以及可推定的特许章程条款可能设置的障碍。但是,如果可证实被告的行为具有主观故意,那么这些障碍都不在话下。See In re Goldman Sachs Group, Inc. Shareholder Litigation, 2011 Del. Ch. LEXIS 151, 2011 WL 4826104, CA No. 5215 - VCG (October 12, 2011), aff'd, SEPTA v. Blankefein, 44 A. 3d 922 (Del. 2012). 根据 10b-5 规则,主观故意也是提起诉讼的要件,州法律应当在联邦法律允许的任何情况下提供救济措施。因此,在保护范围方面没有差距。但是,由于州法律即使在没有失实陈述的情况下,也会基于管理不当而提出索赔,因而州法律比联邦法律提供了更为周延的救济措施。另外,州法律在主观要件方面与联邦法律的规定不同,州法律未将疏忽大意的过失囊括到主观要件里面。See McPadden v. Sidhu, 964 A. 2d 1262, 1263 (Del. Ch. 2008).

〔37〕 Schleicher v. Wendt, 618 F. 3d 679 (7th Cir. 2010).

的影响肯定会较小。[38]

值得注意的是,普通的证券欺诈案件中虚假陈述往往涉及某些客观事实,全部损失的某些部分是否属于间接损失是难以分辨的。但是,即使在此情形下,计算损失时仍然可能需要注意排除纠正性披露所带来的不利影响。

以上对风险实现理论的分析意在言明,在10b-5规则下因证券欺诈而产生的损害赔偿金额应仅限于股票溢价的部分,任何其他损失应被视为是衍生的(derivative)。也就是说,这种损失认定方法要求将股票溢价部分从间接损失中排除掉。但此方法在可操作性上面临诘难。相较之下,允许投资者针对两种类型的损失直接(单独)要求赔偿显然更为可行,其省去了区分损害赔偿诉讼方式的麻烦,这可能也是法院认为投资者可以收回购买价与纠正事件发生后股票结算价格之间全部差额的原因之一。然而,这并非窃取公司诉权和将债务转嫁给公司的正当理由。[39]

如上所述,在大多数风险实现案例中不必对损失类别予以细分,因为股票溢价通常可以被归纳为衍生的——虚高的价格可能反映了基于错误认知的股票估值,即公司进行了适当的管理,虚高的价格等于公司应当具备的价值。[40] 该逻辑最终适用于普通的证券欺诈案件。投资者只关心未来,他们不关心过去甚至现在,除非它指示了将来可能发生

---

〔38〕 Schleiche案例也值得研究,因为被告试图利用风险实现理论来驳斥损失因果关系。他们主张,应当对债务的支付与担保的存在予以区分:实际上损失产生的导火索是触发担保的事件和支付债务的行为,即风险的实现,而担保本身的存在并非损失产生的原因。据此,无怪乎伊斯特布鲁克(Easterbrook)法官会以"不是法律原则或事实上的任何特殊事实"来驳斥风险实现理论。Schleicher,618 F. 3d at 683. 另外,伊斯特布鲁克法官还强调:"欺诈取决于信息披露时的事件状态,而不取决于后来发生的事情。" Schleicher,618 F. 3d 684. Accord In re Vivendi Universal, S. A., Sec. Litig., 838 F. 3d 223,262-63(2d Cir. 2016). 因此,伊斯特布鲁克法官似乎是有意识地区分了股票溢价与间接损失。

〔39〕 这里可能存在类似橄榄球中抄截回攻达阵的现象。除了存在不正当性外,法院在风险实现案件中也秉持谨慎的态度,就是为了将损失责任范围限制在虚假陈述所隐瞒的风险事件内。See Lentell v. Merrill Lynch Corp.,396 F. 3d 161,173(2d Cir. 2005). 但是,如果索赔只针对股票溢价,则无须考量这一问题。

〔40〕 See text at notes 15 and 16 supra.

的事情。[41] 因此,可诉的虚假陈述几乎总是与某些风险因素相关,即可能发生或可能不会发生的事件概然性,而不是虚假陈述发生时可以确定的客观事实。由此可见,投资者的损失本质而言几乎都是衍生性的,包括上述提及的股票溢价带来的损失。

最后,也许有人会认为计算损失数额是不必要的,因为绝大多数案件均以和解告终。但是,台面之下的"讨价还价"通常都会把诉讼中可能出现的裁判结果纳入考量范畴。因此,潜在的裁判结果是很重要的,因为它决定了各方在和解谈判中所处的地位,这与前文所述之过度赔偿和过度威慑问题完全不同。但最为重要的是,损害赔偿款最终流向公司还是个人投资者是截然不同的。

四、交易因果关系与损失因果关系之界分

除了上文讨论的损失因果关系和损失认定方法的问题外,第五巡回法院在英国石油公司案中对市场欺诈假说(fraud-on-the-market)提出两点质疑:(1)存在某些投资者原本就不会购买股票的情形(而不是假设所有投资者都信任市场);(2)将投资者对风险的偏好视为价格以外的其他影响因素。

关于第一点,第五巡回法院认为,在某些投资者如果知道真相就选择不购买英国石油公司股票的情形下,投资者不可以提起集团诉讼。法院认为,某些投资者即使知道被虚假陈述所隐藏的真相也仍然会购买该公司的股票(只是以一个较低的价格),而某些投资者则会直接拒绝购买。前者只要求赔偿等于股票溢价部分的损失金额,而后者则要求赔偿所遭受的全部损失。因这两类投资者难以分辨,集团诉讼难以进行。[42]

问题在于,第五巡回法院所采用的论点太过笼统了。它所采用的论点适用于所有的虚假陈述案件,即某些投资者即使知道真相也会购

---

〔41〕 See Wielgos v. Commonwealth Edison Co. ,892 F. 2d 509(7th Cir. 1989).

〔42〕 See Ludlow v. BP PLC,800 F. 3d 674,689 -91(5th Cir. 2015).

买股票，而某些投资者则不会。英国石油公司案同样适用该论点。

然而，第五巡回法院却认为英国石油公司案具有特殊性，因为本案中存在揭示真相的事件，风险实现理论得以适用。但即便如此，法院最终还是认为不管真相是如何被揭示的，上文提到的两类投资者的假设及论点依然能适用。[43] 例如，如果公司报告的收益低于预期，某些投资者可能仍会购买（尽管以较低的价格），而另一些投资者则完全不会购买。

关键是，市场欺诈假说不考虑投资者的一切个人动机。所有投资者都被假定为是信任市场中的股票价格而进行交易的。它秉循的逻辑是无论投资者在购买股票时其个人所获知的信息是什么，他们都会依照市场中所呈现的价格买入，只是他们在买入时的市场价格各不相同罢了。否则，市场欺诈假说根本无法成立，每个投资者对虚假信息的信赖都需要作为个案讨论。

前文已述，针对市场欺诈假说所做的阐释大有裨益。如果我们假设所有投资者都将购买股票（即便价格不同），那么间接损失的认定问题就不复存在了。由是，第五巡回法院认可风险实现原则并错误适用市场欺诈假设的做法，生动地揭示了主流损失认定方法中的弊端所在。

上述论证中还存在一个令人困扰的假设，即市场欺诈假说是无法

〔43〕 我们不禁思考，如果将索赔限制在购买股票时支付的溢价上，法院是否会利用原告的贪婪来拒绝集团诉讼的确认。鉴于判令被告承担间接损失的先例有很多，法院似乎没有意识到这里可能存在一种更温和的诉讼。但是，假使法院确实就“集团”的定义问题找到了相应的解决方案，那么司法难题就变成了法院是否有义务使用英国石油公司案中原告提出的损失相关理论来解决纠纷。在两个当事人展开个人诉讼的情形中，法院无须肩负这样的职责：对抗制法庭的核心规则是律师为他们的客户寻找并利用经典案件来进行法庭对抗。但是在集团诉讼情景下，规则可能有所不同。有代表性的原告和律师都是受托人。法院有责任确保该代表原告相对于集团而言有足够的代表性。See FRCP Rule 23(a)(4)（要求代表方公平合理地保护集体利益）. 最高法院裁判，按照第23(c)条款的规定，证明一项诉讼为集团诉讼，初审法院必须确认该案件满足第23条款中规定的条件。See Comcast Corp. v. Behrend, 569 U. S. 27(2013). 此外，第23(d)条款赋予审判法院广泛的权力，以确保在整个诉讼中案件始终满足这些条件。第23(e)条款规定法院有权对以下事项予以批准：包括任何和解、自愿撤诉，或者任何诉请、纠纷的调解，或者集体资格的辩护。See Generally Richard A. Booth, *Who Owns a Class Action*? 58 Vill. L. Rev. Online: Tolle Lege 21(2013).

被推翻的。但事实未必如此,我们的任何理论和假说都存在被推翻的可能性,即使现在我们还尚未了解任何它可能被推翻的情形。市场欺诈假说的推定在未来某一时间点被推翻的可能性是存在的。

联邦最高法院在 Halliburton Ⅱ 案中判定,市场欺诈假说推定是可以由被告推翻的。本案中被告证明了市场价格不受指控的虚假陈述影响。[44] 尽管该判决似乎与损失因果关系的关联性更强,而非与交易因果关系(信赖关系)相关,但其与联邦最高法院在 Basic 案中给出的两个例子之一(做市商知道真相并据此调整价格)却是完全一致的。然而,这并没有改变 Basic 案作为解决损失因果关系认定的基石案件之实。这在侧面上也印证了即便是在联邦最高法院,在此两者的区分问题上仍存困惑。[45]

第二巡回法院在 Lentell v. Merrill Lynch Corp. 案中犯了类似的小错误,该案件被许多人视为诠释风险实现理论的代表性案件。[46] 原告是购买了两只由美林证券(Merrill Lynch)承销的互联网股票的投资者,被告是伦泰尔公司(Lentell),相关损失是肇因于 2001 年互联网泡沫的全面破灭。案件的争议焦点是,原告认为美林证券的明星分析师亨利·布洛杰特(Henry Blodget)提出的建议造成了两只股票(及其他股票)价格的虚高。第二巡回法院认为原告未能证明损失因果关系从而驳回了诉请,法院指出:

> 损失因果关系是被诉的不当行为与原告最终遭受的经济

---

〔44〕 Halliburton Co. v. Erica P. John Fund, Inc., 134 S. Ct. 2398, 189 L. Ed. 2d 339 (2014) (Halliburton Ⅱ). 该案例表明,法院认为信赖推定规则的适用对象是交易因果关系而不包括损失因果关系。See Ludlow, 800 F. 3d at 691:市场欺诈假说没有就损失因果关系提供任何推定,即不能证成虚假陈述造成了损失。本案中,经济损失取决于原告对风险承受能力的态度,损失因果关系不能由推定规则证成,也不能在集团范围内找到,故而损失也难以被界定。

〔45〕 Basic 案中提到的另一个例子(投资者可能被迫出售股票)也有问题,但是问题是基于其他原因,即有观点认为,被迫出售股票的投资者不相信市场设定的价格是公允的,该观点显然不合理。如下所述,市场欺诈假定要求我们忽略投资者的交易动机,这是理性的监管政策应重点关注的,因为市场价格是许多价值要素相互竞争下的结果。

〔46〕 Lentell v. Merrill Lynch Corp., 396 F. 3d 161 (2d Cir. 2005).

损害之间的因果关系……我们已根据侵权行为法中近因的概念解释了损失因果关系,即原告遭受的损失必须是任何某一不实陈述或重大遗漏的可预见后果。但是围绕侵权法所作的类比分析存有罅漏。普通法中可预见的损失是由被告的过错直接造成的,但一般来说,股价的下跌难以被认为是虚假陈述或遗漏行为本身"造成"的,而是被隐瞒或被遗漏的真实情况所致。也即,如果造成损失的风险在失望的投资者所指控的不实陈述和遗漏披露掩盖的风险范围之内,则虚假陈述或遗漏披露是投资损失的"直接原因"。参见 AUSA Life Ins. Co. v. Ernst & Young, 206 F. 3d 202, 238 (2d Cir. 2000) (Winter, J.,不同意)。因此,为了证成损失因果关系,"原告必须指控……被虚假陈述或被遗漏披露的事项本身是造成实际损失的原因",即虚假陈述或遗漏披露对市场隐瞒了某些信息,真正披露时会对证券价值产生不利的影响。否则,有关损失是不可预见的……我们认为,上述段落中提出的诉求原则上既要求损失是可预见的,也要求损失是由被隐藏风险的实现造成的……仅仅指称被告的失实陈述和遗漏披露在证券购买价格与其"真实投资价值"之间造成"购买时价值差异"是不足够的。"无非就是交易因果关系的指控"虽能解释了为何进行一项特定投资,但没有说明欺诈行为与投资损失之间的关系。[47]

应当明确,上文所述之错误指称损失因果关系和交易因果关系之间差异的误认。前述论证可见,(实际上)没有道理认为投资者购买股票是因为其市场价格的上涨,原因是市场价格相对较高这一事实很难成为购买的理由。市场价格上涨的事实仅是相关因素,因为它是投资者提起损害赔偿请求的基础,该损失是所支付的股票溢价和纠正性披

〔47〕 Lentell, 396 F. 3d at 172 – 74. 请注意,与侵权行为比喻有关的第一条带下划线的段落,并指出投资者的损失实际上并非由虚假陈述造成,这与本文的中心论点完全不一致。换句话说,这是完全错误的。See text at notes 5 – 12 supra.

露(或风险事件实现)发生后股票结算价格(较低)之间的差价。

具有讽刺意味的是,英国石油公司案的审判法院是为数不多的几个观点正确的法院之一,该法院认为:

> 原告在购买股票时所支付的溢价对于确定损失因果关系是必要的,但其本身还不足以证成损失因果关系。价格持续上涨期间(投资者)仍然能快速抛掉股票,这意味着原告没有遭受损失。另外,经过很长一段时间后(投资者)亏本出售股票,其间的价格差异诱因存在多种可能,例如"经济环境变化、投资者期望变化、特殊行业或公司的新消息、条件或其他事件"。[48]

尽管这一观点看似浅显易懂,但 Lentell 案给联邦最高法院在几个月后才作出的 Dura Pharmaceuticals 案的判决开了先例。在后一案件中法院判定仅凭股票溢价不足以证成损失因果关系。奇怪的是,尽管联邦最高法院可能在很大程度上参考了上述段落中其所需要的内容,但 Dura Pharmaceuticals 一案在损失因果关系问题上并未引用 Lentell 案。可能原因在于,将股票溢价视为对交易因果关系而非损失因果关系的证成这一判定规则的适用引发了法官的隐忧。他们担心会产生意想不到的后果,但又无法表达其具体担忧所在,一如 1988 年怀特(White)大法官对 Basic 案裁判隐忧之表达。不能说联邦最高法院不同意 Lentell 案确定的规则,Lentell 案的影响已经很清楚了。

---

〔48〕 In re BP PLC Securities Litigation, 2014 U. S. Dist. LEXIS 69900 (S. D. Tex.), MDL No. 10 – md – 2185, Civil Action No. 4:10 – md – 2185 (May 20, 2014) at ∗66 – 67 (note 4), citing Dura Pharmaceuticals, 544 U. S. at 342 – 43. 法院还认为,损失因果关系与证券欺诈诉讼的原告可以追回的损失额之间具有关联性,但从概念层面上讲两者迥然不同。See Robbins v. Koger Props., Inc., 116 F. 3d 1441, 1447 n. 5 (11th Cir. 1997). 例如,在 Dura 案中,法院对为什么需要根据第 10(b) 条款对事件本身造成的损失进行救济展开了释义,但是没有就欺诈引致的损失认定方法予以指示。See Perlmutter v. Intuitive Surgical, Inc., No. 10 – CV – 03451 – LHK, 2011 U. S. Dist. LEXIS 16813, 2011 WL 566814, at ∗5 (N. D. Cal. Feb. 15, 2011). (尽管联邦最高法院在 Dura 案中明确地将总体投资损失与欺诈造成的损失区分开来,但联邦最高法院在该案中并未得出一个辨别两者的有效方法。) Id. at ∗67 (note 5).

关于第五巡回法院在英国石油公司案中提出的第二点问题：风险是价格以外的其他因素。法院认为：

> 此外，市场欺诈假说的推定是可辩驳的，而原告自身的举证说明已足以推翻这一推论。在Basic案中，法院假定投资者信赖是因为(a)有效市场中的所有信息都被转化为了证券定价，并且(b)投资者通常仅根据证券价格做出投资决策。也就是说，如果投资者依凭价格做出投资决策，则其购买任何特定股票时必定会信赖价格中包含的所有信息或错误信息。但是原告认为，他们还信赖了价格以外的其他东西：风险。他们声称如果集团成员知道在墨西哥湾(Gulf)发生事故的真实风险(而不是只观察到受该风险影响的股票价格)，他们可能已经抛售了英国石油公司的股票，亦即原告认为他们的投资决策除了基于价格之外，很大程度上还会考虑其他因素。因此，原告的论证削弱了Basic案中推定信赖的正当性基础。[49]

表面上看，法院的观点是正确的，原告的诉求与市场欺诈假说不一致，因该诉求的论证基于各色各样的投资者动机问题(可能冀以实现损害赔偿数额的最大化)。但实际上，如果法院能够回应释明市场价格已然包罗投资者的所有风险偏好的话，就再好不过了。在一个非扭曲市场中，股价完全由风险(或回报)决定。换言之，对于任何程度的风险，市场皆设置了相匹配的回报率，反之亦然。股价是风险的表现，就像物质是能量的载体一样。[50]

可以确信，不同类型的投资者在风险认知上有天渊之别。但是，这些不同认知的相互碰撞最终产生了有效的市场定价。亦即，市场价格是市场中诸多参与者交易行为的产物，这些交易者包括指数投资者(index investors)、选股者(stock pickers)、介于两者之间的个人投资者，

---

〔49〕 Ludlow, 800 F. 3d at 691.

〔50〕 资本资产定价模型(CAPM)是几乎所有金融经济学家都不可避免要遵循的公式，在该模型下，股票价格就只是风险和收益的函数公式计算而已。See Richard A. Booth, *An Introduction to Business Valuation*.

以及战略投资者(strategic investors)、空头者(short sellers)和其他任何种类的投资者。[51]

在 Schleicher v. Wendt 案中,伊斯特布鲁克(Easterbrook)法官提出了相同的观点:

> 即使集团成员中包括了空头者(许多投资者在交易中多空偏好不定)也是无关紧要的。投资者购买股票(做多)是因为他认为当前股票价格较低并预测后期价格会上涨;反之,投资者也会因股价居于高位而有下跌预期,进而做空股票(在一个早先的时间段卖出股票并在未来的某一时间点买入股票以完成交割)。做空与做多实际上是一体两面的镜像行为。如果多头者(long)可以参加集团诉讼,那么空头者(short)也可以参加。多头者和空头者都受到左右其支付或接受价格的信息之影响。可以发现,空头者并没有遭受可诉的损失(空头者所得应当减去多头者的损失,剩余净值才应视为损失),但这并不意味着集团诉讼有缺陷。……被告方一方面坚称空头者不信赖市场价格,同时质疑作为市场欺诈假说基础的有效资本市场假说(efficient capital market hypothesis)……在有效资本市场假说统摄的任何情景下,空头者都扮演着保持价格与信息相互匹配和一致的角色。无论投资者是否知悉并信赖虚假陈述,即便最终价格本身可能并不准确,此一偏差亦并不能掩盖虚假陈述对最终股价的影响及造成损失的事实。[52]

有观点认为,市场欺诈假定仅适用于特定的投资者,即不对市场上的信息做出独立研究或拒绝遵循任何明确交易策略的投资者,这种观点是荒谬的。反之,在信赖特定策略的投资者不具有赔偿请求权这种观

---

〔51〕 实际上,套利定价理论(APT)是一个均衡模型,通过多个因素相互作用来影响证券价格。Fama - French 三要素模型也是 APT 的另一种简单化模型。See id. at xxx. See generally Richard A. Booth, *Sense and Nonsense About Securities Litigation*, 21 U. Penn. J. Bus. L. 1(2018).

〔52〕 See Schleicher v. Wendt, 618 F. 3d 679, 684 - 85(7th Cir. 2010).

点的指引下，我们必须仔细审查诉讼提起方的动机，以便对证券欺诈集团诉讼进行确认。可见，以上论述推翻了市场欺诈假说中的信赖推定。

每个交易者都依赖市场来准确反映任何特定时刻的集体投资者意见（至少作为背景信息）。然而，每个交易者也都知晓市场价格会发生变化。否则，交易者将不会进行交易。因此，交易者认为市场价格会发生变化并不意味着交易者不信任市场，或甚至以为市场是错误的。

无论如何，至少有一个法院认为市场欺诈假说的信赖推定是可以推翻的。在 GAMCO Investors, Inc. v. Vivendi Universal, S. A. 案中，第二巡回法院肯定了初审法院的裁判，该裁判推翻了所谓的价值投资者的信赖推定。该投资者采用了一种自行估算股票价值的策略（每个价值投资者都有自己独家的投资计算模型）并在该公式下以低于其股票价值的价格购买股票，押赌市场价格在未来会上涨。[53] 第二巡回法院指出，初审法院判决的依据不是投资者认为市场定价错误（或投资者知道欺诈的事实），而是基于一种更狭隘的理论，即纵然投资明知所指控欺诈行为的存在，依旧会选择购买股票（被告以大量证据证明）。[54]

在释明其理由时，第二巡回法院几乎肯认了以下基本观点，即股票溢价是认定投资者损失的唯一方法：

> 地区法院认为事实足以证明……GAMCO ［可能］会购买……即使它知道 Vivendi 在资产流动性方面进行了虚假陈述。然而……法院的观点等同于认可在 Vivendi 充分披露其流动性问题的情况下，Vivendi 的股票对 GAMCO 更具有投资吸引力。GAMCO 表示异议……［尤其是］地区法院注意到实际情况恰恰相反，即 Vivendi 没有进行任何欺诈……Vivendi 的［股票］价格较低的原因是股票价格会随着真相的曝光而

〔53〕 See GAMCO Investors, Inc. v. Vivendi Universal, S. A., 838 F. 3d 214(2d Cir. 2016).

〔54〕 See GAMCO, 838 F. 3d at 218, citing Halliburton, 134 S. Ct. at 2408（该案提出，被告可能会通过以下举证来反驳信赖推定，即证明原告即使知晓股票价格受到了欺诈的影响，其依旧会买入或卖出相关股票）；Kline v. Wolf, 702 F. 2d 400, 403(2d Cir. 1983)（法院在该案中指出，以下举证可以推翻信赖推定，包括证明原告实质上并未信赖市场的统一性，或者证明即使原告知晓被指控的虚假陈述，他们仍然会购买股票）.

> 下跌,故[GAMCO]会将 Vivendi 视为更具吸引力的投资。GAMCO 并未反对以下假设:如果 Vivendi 向市场充分披露其资产流动性问题,那么市场很可能会将这些问题的价值内化,股票价格会下跌,GAMCO 估测的真实价格与市场价格之间的差值会更大。如果完全不存在欺诈,GAMCO 也承认它可能会以较低的价格购买了股票。相反,GAMCO 质疑的是……如果其知道 Vivendi 的许多陈述都是欺诈性的,它是否[还会以相同的价格购买股票]。尽管我们观察到 GAMCO 对适当性调查的论证是富有建设性的,但我们不应轻易认可其观点。假使(arguendo)采纳 GAMCO 所倾向的这种观点,地方法院的结论,即披露 Vivendi 的资产流动性问题不会改变 GAMCO 的购买决策,也不存在明显的判断失误。[55]

尽管上述论述有些杂乱,但其表达的观点是明确的:如果没有欺诈发生而 GAMCO(和市场)知道事情的真相的话,GAMCO 将以更低的价格购买到股票。因此,值得深究的不是 GAMCO 在明知股票溢价的情形下是否还会购买股票,而是如果 GAMCO(和市场)知道了真相,股票价格是否会上涨。[56] GAMCO 会购买股票已然盖棺定论。[57]

---

〔55〕 GAMCO 838 F. 3d at 218.

〔56〕 人们不禁思索,如果 GAMCO 在拥有重大内幕信息的前提下知道了股票价格被高估的情况,那么他们会怎么做。GAMCO 是会支付高涨的价格还是等待市场价格下跌以便以更好的价格购买?(应当注意法律明确规定不能基于内幕信息进行交易。此时无须卖空,只需要耐心等待。)该问题似乎是自问自答。另外,GAMCO 明白等待会付出许多成本,在此情境下它对购买该股票依旧怀有如此大的渴求,这是令人难以置信的。在现实世界中,比较可能的情形是 GAMCO 对股票价格虚高的情况并不知情,并认为现在的市场价格是合理的。还有一种可能的情形是,GAMCO 已经知道了真相(或调查清楚了),并假设市场上的许多主体也已知晓相关事实,故而市场价格已经进行了相应的调整。正如某经济学家所比喻的,他在人行道上看到一张 20 美元的钞票却没有捡起来,因为他认为一定也有人这样做了。

〔57〕 毫无疑问,若上诉法院一方面质疑初审法院采用了错误的标准(提出了错误的问题),但另一方面,上诉法院又认为初审法院实际上作出了正确的回应,那这显然是自相矛盾的奇怪说辞。同时,如果该上诉法院提出另一种有效的解决方法却没有付诸任何行动,这似乎表明法院认为在这种情况下被告有过错但同时也没有造成伤害,因此是可免责的,这种操作也令人疑惑。

除了GAMCO案中法院阐述的观点外,终极问题是真相是否会影响价格。与该问题相关的是损失因果关系而不是交易因果关系(以及信赖推定)。诚然,正如法院在GAMCO案中所指出的,联邦最高法院已经注意到,被告可以通过证明在知道该股票价格不实的情况下原告仍会交易该股票来反驳信赖推定。[58] 结合上下文将有助于理解该段含义,法院的意思是:

> ……Basic案强调,信赖推定是可以反驳的而不是结论性的。具言之,“任何割裂被指控的虚假陈述与原告交易价格之间关联的事实都足以推翻信赖推定,包括原告所接受(或支付)的价格或公平市场价格”。举例来说,如果被告可以证明,无论何种原因,所谓的虚假陈述都不会影响市场价格,或者证明即使原告知道股票因虚假陈述而发生定价错误,但他仍会进行股票交易,则信赖推定规则将不予适用。在这两种情况下,原告都必须证明他直接信赖了被告的虚假陈述而买卖了股票,才能适用信赖推定。[59]

显然,法院在判断市场欺诈假说推定的推翻问题时,同时考虑了损失因果关系和交易因果关系(信赖关系),即使推定本身仅涉及信赖。在Halliburton Ⅱ案中法院认为,被告在集团确认阶段(而不必等到案情进入实质审判阶段)被允许向法院提供证据以表明原告的股票交易未受到价格冲击的影响。此外,法院在Halliburton Ⅱ案中还提出或至少不完全反对该论点,即在市场操纵情形下根本不需要证明信赖。[60]

无论第二巡回法院在GAMCO案中的判决要旨几何,依据其论点得出的结论都太过激进了。若循此观点,我们就会得出一个不合常理的结论:即使是完全信任市场并且未进行任何市场研究的指数投资基

---

〔58〕 Halliburton Ⅱ,134 S. Ct. at 2408.

〔59〕 Ibid.

〔60〕 See Halliburton Ⅱ,134 S. Ct. at 2409. 该案提出,GAMCO案似乎是唯一推翻FOTM原则信赖推定的案例,其依据是被告证明了原告(或称集团成员)实际上并不信赖市场的统一性。无论如何,GAMCO案中法院未引用其他案件作为相关判例。

金,市场欺诈假设的推定也无法作用于他们身上。然而,可以确定的是,指数投资者恰恰正是市场欺诈假定所要保护的对象。[61] 指数基金投资的本质要义是要求投资者高买跌卖,以保持其投资组合相对于市值的平衡。该策略与GAMCO案所涉策略相左,前者明确建构在"市场是正确的"之假设基础上,而不是基于"市场是错误的"之观点上。尽管如此,对于一个虔诚的指数投资者而言,即使他认为股票价格是虚高的,也仍会毫不犹豫地买入该股票。

如果按照本文所述将集团诉讼转换为代表诉讼,则显然不再需要市场欺诈假说的推定原则。因此,前文关于法院如何错误地适用市场欺诈假说的讨论其实都是无关紧要的,也不是本文的重点,修正或者完善对有效市场假说的理解并非本文的意图。相反,本文的研究重点在于厘清市场欺诈假定的解释过程中常被混淆的损失因果关系和交易因果关系之区别,从而证成以下论点:投资者的损失应仅限于其购买股票所支付的溢价,而这一损失通常更适合通过代表诉讼予以追回。此外,实事求是地讲,市场欺诈假说短期内也不太容易被推翻。最有可能是由法院和当事人推翻,前提是他们在证券欺诈集团诉讼中能够较为清晰地辨明诉讼请求指向的损失类别。

五、结语

风险实现理论的出现助推了投资者在证券欺诈诉讼中的损失认定工作,并改进了传统的损失认定方法。多数情况下,纠正性披露后的股票价格下跌通常既包括投资者购买股票时的溢价部分,也包括隐匿的风险实现时引致的更大损失。如果投资者获赔的金额等于其为股票支付的溢价的话,那么他们的利益就得到了保全,因为此时他们被恢复到

---

〔61〕 正如笔者在上文所述,指数投资者均反对提起证券欺诈集团诉讼(SFCA),但同时他们又不能选择退出集团诉讼,因为他们要通过集团诉讼在损害赔偿救济中获取各自的相应份额。同时他们也致力于通过推动选股者(stock - pickers)提起诉讼来收回自身的损失。See Richard A. Booth, *Index Funds and Securities Fraud Litigation*, 64 S. C. L. Rev 265(2012).

了一个等同于以公平的价格购买了股票的状态。但是,如果他们还获赔了风险实现导致的损失,则构成超额赔偿,这将鼓励滥诉并降低公司进行自愿性披露的意愿。另外,如果投资者对风险实现造成的损失提起诉讼,则诉讼方式须是代表诉讼,因为该诉讼形式以某种可诉的管理不当为基础。风险揭示事件本身是一项潜在的非系统性风险,可由投资者通过分散投资策略消除。但是,可诉的管理不当行为导致的损失是公司的损失,所有股东应按比例承担。故以下观点的重要性显而易见:上述论证意味着,为世人所熟知的众多证券诉讼应当以代表诉讼提起而非由股东为维护个人利益而直接提起。本文证立了一个有争议性的观点,即根据 SEC 10b-5 规则提出的大多数(存有例外)证券欺诈集团诉讼应当以代表诉讼方式提出。

(编辑:姜沅伯)

《证券法苑》(2023)
第三十八卷,第 42 ~54 页

上市公司实际控制人参与操纵市场相关行政处罚案例研究*

谭　婧**　蔡梦琦***

摘要:近年来,上市公司实际控制人参与证券市场操纵成为证券监管部门防范和打击的重点。实际控制人凭借资金和持股实力,以及对公司经营管理的影响力,天然具有操纵市场的条件和优势,在某些情形下会产生操纵市场的动机,从事操纵行为。本文梳理了近几年上市公司及非上市公众公司实际控制人及控股股东参与操纵市场行政处罚案件,对认定和量罚等相关问题进行研究,进而提出明确实际控制人操纵市场的认定和量罚标准、强化立体追责、加强宣传引导等建议。

关键词:操纵市场　实际控制人　市值管理

---

* 本文仅代表作者个人观点,与所任职单位无关。

** 现任职于上海证券交易所上市审核中心。

*** 现任职于上海证券交易所巡回审理协作部。

一、上市公司实际控制人参与操纵市场相关案件概况与特点

（一）案件数量及类型

2018年以来，证监会及其派出机构共对18件实际控制人及控股股东操纵市场案件进行了行政处罚，占当年操纵市场类案件的比例分别约为11%、21%、36%、23%、17%。除有1件处罚系实际控制人及控股股东操纵其他公司股票外，均为其操纵自家股票。18件案件中，14件案件系实际控制人个人从事操纵市场行为并承担责任，4件案件系控股股东单位违法并由实际控制人作为责任人员承担责任。这些案件中，有的实际控制人与外部机构和个人内外勾结合谋实施，有的实际控制人则"亲力亲为"开展操纵行为。18件案件中，有9件为内外勾结型案件，有上市公司的外部主体参与或配合交易，外部主体既包括券商交易员、资管公司人员，也包括配资中介、专业"枪手"等，体现了一定的"产业链"特征。

（二）案件特点

1. 从操纵股票来看，涉案期间市值规模普遍较小

18件案件中，6件涉及新三板挂牌股票，8件涉及深市中小板和创业板股票，4件涉及沪市主板股票。涉案期间市值规模普遍较小，仅有2只股票涉案期间市值规模达到百亿元以上，市值不足10亿元的有4只。

2. 从行为动机来看，相较于其他操纵案件更为复杂

实际控制人参与操纵的案件中，半数以上系以实际控制人自身获利为目的，即实际控制人拉高股价并高位减持获利是此类案件的主要动机，这一点与其他操纵案件一致。此外，实际控制人操纵案件在体现前述共性特点的同时也有基于实际控制人身份的特殊动机。

其一，部分案件系通过拉高股价避免质押爆仓风险或承担担保责任。例如，在"金新农"案[1]中，由于金新农股价持续下跌，控股股东股权质押比例不断上升，控股股东决策同意执行事务合伙人进行市值

[1] 参见中国证监会行政处罚决定书〔2021〕125号。

管理,以应对股权质押危机。“中昌数据”案[2]、“金利华电”案[3]等也属于此类。

其二,部分案件系由于个性化需求。例如,新三板的卫东环保和太一云为达到创新层的市值标准[4]、新三板的众益传媒为在重组前拉高被“低估”的股价[5]、大连电瓷拟入主的控股股东谋求做大公司市值[6]。

3. 从操纵模式来看,突出特点是利用信息优势或者进行信息操纵

近年的实际控制人操纵案中约半数利用信息优势或者进行信息型操纵,较为常见的方式是控制增持公告、高送转公告、终止重组公告等股价敏感信息的发布节奏,另有 2 件案件系利用获知股东名册的信息优势。纯粹的信息型操纵或者利用信息优势操纵案件较少,多数案件结合了常见的交易操纵手法,包括利用持股和资金优势连续交易、盘中拉抬、对倒等。在涉及新三板的案件中,还存在与做市商交易员合作拉抬股价的做法。在内外勾结型操纵中,实际控制人更倾向于借助操盘手的交易技术,其配合进行信息发布的情况少于“亲自下场”的非内外勾结型操纵。

二、上市公司实际控制人参与操纵市场的行为认定

(一)市值管理与操纵市场的区分

上市公司“市值管理”是一个中国市场特有的概念,最早于股权分置改革时期被提出,与股票全流通后股东利益与公司市值紧密绑定有关。[7] 由于市值管理表面上与公司股价存在密切联系,容易成为相关

[2] 参见中国证监会行政处罚决定书〔2021〕28 号。

[3] 参见中国证监会行政处罚决定书〔2019〕128 号。

[4] 参见中国证监会行政处罚决定书〔2018〕23 号;北京监管局行政处罚决定书〔2021〕2 号。

[5] 参见中国证监会行政处罚决定书〔2018〕25 号。

[6] 参见中国证监会行政处罚决定书〔2018〕77 号。

[7] 参见蔡奕:《上市公司市值管理法律问题与监管对策研究》,载黄红元、徐明主编:《证券法苑》(第 14 卷),法律出版社 2015 年版。

主体操纵市场的“挡箭牌”。近年来实际控制人参与操纵市场的行政处罚案件，有的明确披着“市值管理”外衣，有的则不加伪装、直接通过交易或信息披露操纵股价。伪“市值管理”本质是上市公司及实际控制人与相关机构和个人相互勾结，滥用持股、资金、信息等优势操纵股价，侵害投资者合法权益，扰乱市场秩序。[8] 从行为表现来看，伪“市值管理”并无明确边界，通常情况下，上市公司控股股东或实际控制人指使或者参与操纵行为是其主要特征之一。

2014 年国务院《关于进一步促进资本市场健康发展的若干意见》首次官方认可了“市值管理”的概念，明确鼓励上市公司建立市值管理制度。根据中国上市公司市值管理研究中心的定义，市值管理是指上市公司基于公司市值信号，综合运用多种科学与合规的价值经营方法和手段，以达到公司价值创造最大化、价值实现最大化和价值经营最优化的战略管理行为。通俗地说，市值管理的目标是提高公司价值，并使股价充分地反映公司的价值。

从相关监管执法实践来看，操纵市场与市值管理行为并不难区分，[9] 其区别至少包括以下几个方面。

其一，行为主体不同。市值管理是上市公司的行为，应由上市公司主导开展，而非由其控股股东、实际控制人或者其他第三方进行。如蝶彩资产、谢某华信息型操纵案的行政判决中，法院指出，“蝶彩资产并未与上市公司恒康医疗签订市值管理协议，而是与恒康医疗的大股东阙某彬签订《研究顾问协议》”，这也是其不被认可为市值管理行为的原因之一。[10]

其二，行为目的不同。市值管理的核心是“价值”，其目标是系统全面综合地提升公司的价值，维护全体股东的权益，而非短期推高股

〔8〕 参见易会满：《坚持稳中求进　优化发展生态　推动证券行业高质量发展新进步——易会满主席在中国证券业协会第七次会员大会上的讲话》，载中国证券监督管理委员会官网，http://www.csrc.gov.cn/csrc/c100028/cec41f02a7e044a06a431cf4402b58614/content.shtml，2022 年 12 月 26 日访问。

〔9〕 参见《2021 年 9 月 24 日新闻发布会》，载中国证券监督管理委员会官网，http://www.csrc.gov.cn/csrc/c100029/c1494133/content.shtml，2022 年 12 月 26 日访问。

〔10〕 北京市第一中级人民法院：蝶彩资产管理（上海）股份有限公司与中国证券监督管理委员会其他一审行政判决书，案号：（2018）京 01 行初 119 号，2018 年 12 月 20 日。

价;而操纵市场则以影响股价为目标,并不涉及对公司内在价值的提升,多数情况下是为了实际控制人、控股股东或其他大股东的利益。例如"中昌数据"案中,公司实际控制人陈某铭称其仅希望将股价稳定在预期之上、并无操纵故意,但证监会在行政处罚中认为,意图将股价稳定在一定预期之上,已足以表明其具有操纵故意。

其三,行为方式不同。市值管理是通过合法规范的方式开展的,既包括公司自身规范经营、发展业务,也包括并购重组、股权管理与投资者关系管理等运作方式。其重要基础是业务开展规范和信息披露合规,确保信息充分对称。而操纵市场则是典型的欺诈行为,或体现为信息披露的欺诈(虚假披露或者控制披露时点),或体现为交易中的欺诈(不当影响交易价量)。

(二)内外勾结操纵市场的行为认定与责任划分

1.未实际从事交易的实际控制人能否认定违法

在内外勾结共同操纵案件中,实际控制人一方往往躲藏在重重幕后,与盘方往来十分隐蔽,可能不直接参与交易下单,甚至没有其与盘方直接接触的证据,企图以此切断其与操纵行为之间的关联。实践中,即便有证据可以证明实际控制人因提供资金等原因涉案,实际控制人也会辩称其行为系合法增持,账户组存在操纵特征纯属操盘手个人所为而与实际控制人或控股股东无关。例如,"金利华电"案中,金利华电实际控制人赵某申辩称交易本质为大股东增持,并无操纵证券市场的主观故意,不知晓具体交易细节,操作人员存在擅自买卖行为;"中昌数据"案中,中昌数据实际控制人陈某铭也辩称本意为合法增持,账户组由操盘手胡某控制,交易决策由胡某作出;"金新农"案中,金新农控股股东大成欣农辩称未直接下单交易,不清楚外部操盘手交易的具体账户和交易方式。

在此情况下,需要综合在案证据进行全面分析,尽可能地还原事实情况,既不能轻易放纵幕后主使,也不能根据不齐备的证据草率认定。通常来看,对于不具体进行交易的实际控制人认定操纵市场,可以参考以下方面综合判断。

其一,资金关联。即操纵市场所使用资金来源于实际控制人或其关联企业,或者由实际控制人参与筹集。但仅有资金关联尚不能证明其有操纵的主观故意,不足以排除实际控制人正常委托投资的可能,尚需结合其他证据认定其主观状态。

其二,指使或知悉操纵行为。即实际控制人表明了操纵股价的意图,或者至少知悉盘方实施操纵的情况。例如,在"中昌数据"案中,陈某铭在通过其控制企业提供资金的同时,具有"将股价稳定在一定预期之上"的意图,且知悉盘方胡某拟拉抬股价的情况。此外,实际控制人即便不参与交易也可能增强操纵账户组的持股优势。在"华仁药业"案中,处罚决定除了指出实际控制人周某俭向外部操盘手提供资金,双方存在合谋之外,还指出周某俭控制的上市公司股份在操纵期间虽未直接参与连续交易或对倒,但起到锁仓作用,进一步增强了账户组持股优势。[11]

2. 共同违法各方的责任如何区分

在内外勾结型操纵中,通常存在实际控制人、公司内部人、操盘方、配资中介等多方主体,为精准监管,需要根据实际情况准确合理地认定各方责任。近年案例在责任划分上呈现以下特点。

其一,实际控制人承担首要责任的情况较多。如果有证据证明实际控制人为起意者、指使者、资金提供者,对违法行为起主要作用,主观恶性深、危害性大,可以考虑由其承担主要责任;如果其利用实际控制人地位控制上市公司信息发布,则性质更为恶劣。从既往案例的处理结果来看,多数实控人的罚款金额达其他涉案主体的1.5倍以上,同时伴有市场禁入等资格罚。

其二,实际控制人手下的公司内部人根据实际情况承担相应责任。公司内部人可能实质性地参与实际控制人主导的操纵行为,配合资金划拨、对外联络等事宜,其承担的责任大小由其参与违规行为的程度决定,责任程度通常低于实际控制人。若内部人实质性地参与操纵市场的决策和执行,体现出配合违法的主观意图,则需要承担较重责任;反之,如果行为人主要参与工作均为执行上级指令,没有证据显示其直接参与了操纵市场的决策等行为,也没有证据证明其在操纵期间发挥了较大作用,则可能不对其进行处罚。例如,阜兴集团、李某卫等操纵

〔11〕 中国证监会行政处罚决定书〔2021〕27号。

“大连电瓷”案中,证监会未处罚负责资金划拨但不知道资金实际用途的公司财务人员,也未处罚仅根据上级指令办理资管产品设立运营的资管公司工作人员。

其三,外部操盘手、配资中介等根据在违法中发挥的作用承担责任。此类案件中,外部操盘手等主体发挥的作用存在较大差别,有的完全承担了交易下单任务,有的则通过自身做市等业务配合操纵行为。在认定责任时,需要考虑其实际发挥的作用大小,予以合理界定。其中,可能出于专业人员行为规范的考虑,证监会对资管公司、做市商等专业机构人员配合操纵的处罚较重。此外,在个别案件(如“中昌数据”案)中,虽然实控人申辩时称操纵行为系由操盘人主导、违背了实际控制人本来意愿,但证监会处罚时还是考虑到其说法并无证据支持,未予认可,仅认定操盘人承担次要责任。

(三)信息型操纵的行为认定

利用信息优势或者进行信息操纵是实际控制人参与操纵相关案件的突出特点。上市公司内部人实施信息操纵危害极大,行为主体一般是内幕信息的知情人或者公司重大事项的决策者或参与者,此类人员实施信息操纵不但隐蔽,而且易被市场接纳,[12]更容易实现违法目的。关于信息型操纵至少有两组概念需要厘清。

其一,区分编造传播虚假信息与信息型操纵。参考证监会新闻稿,信息型操纵包括两大类,一是操纵主体故意编造、传播、散布对证券价格有重大影响的虚假信息,误导投资者的投资决策,以此获利;二是上市公司为配合大股东、高管减持等需要,控制信息发布的内容和时机,以所谓“股价维护、市值管理”方式进行信息操纵。[13] 也有学者基于上述两个基本类型进行全面的类型化研究。[14] 笔者考虑到前者有独立的违法行为类型“编造传播虚假信息”对应,后者则直接对应《证券法》

---

〔12〕 参见蔡奕:《信息型操纵基本法律范畴分析》,载黄红元、卢文道主编:《证券法苑》(第18卷),法律出版社2016年版。

〔13〕 参见《证监会通报近年来市场操纵案件的执法工作情况》,载中国证券监督管理委员会官网,http://www.csrc.gov.cn/csrc/c100028/c1002080/content.shtml,2022年12月26日访问。

〔14〕 参见缪因知:《信息型操纵市场行为执法标准研究》,载《清华法学》2019年第6期。

中操纵的条款，本文的信息型操纵仅指与上市公司信息披露或者信息优势相关的操纵，不包括编造传播虚假信息行为。

其二，区分信息型操纵与利用信息优势连续买卖操纵。前者系单纯利用信息影响投资者交易决策，后者在利用信息优势的同时要有联合或者连续买卖的行为。例如，在“宏达新材”案〔15〕、徐某案〔16〕等案件中，行为人采用公司发布信息与二级市场交易相互配合的手法，相关操纵行为的本质仍是“交易型操纵”而非信息型操纵。监管部门和司法机关对于“信息配合交易”来共同影响证券的，倾向于用交易型操纵的条款进行规制。〔17〕蝶彩资产等操纵“恒康医疗”案〔18〕、何某模操纵“易事特”案〔19〕、孟某山和杨某兴操纵“梅花生物”案〔20〕等为典型的信息型操纵。具体在法律适用上，2014 年《证券法》下信息型操纵没有对应的叙明条款，实践中一般适用第 77 条的兜底条款，而利用信息优势的交易型操纵则适用 2014 年《证券法》第 77 条第 1 项。信息型操纵和利用信息优势连续买卖的操纵这两个概念的区分不但具有法律适用条款的差异，而且导致证明要件以及行政立案和刑事追诉标准等问题上实质性的不同。

在认定逻辑上，信息型操纵与其他类型操纵一致，从主观状态、客观行为、行为影响等要件入手分析，现有案例一般从以下三个方面综合考虑：一是结合案件背景的主客观证据，考察当事人是否存在相关动机

---

〔15〕 中国证监会行政处罚决定书〔2016〕32 号。

〔16〕 山东省青岛市中级人民法院：徐某等操纵证券市场案一审刑事判决书，案号：(2016)鲁 02 刑初 148 号，2017 年 1 月 22 日。

〔17〕 参见范林波：《操纵证券市场行为监管执法问题实证研究——以中国证监会 2015～2017 年三季度行政处罚决定书为视角》，载蒋锋、卢文道主编：《证券法苑：十周年精粹(上)》，法律出版社 2019 年版。

〔18〕 中国证监会行政处罚决定书〔2017〕80 号。

〔19〕 中国证监会行政处罚决定书〔2018〕36 号。

〔20〕 中国证监会行政处罚决定书〔2020〕93 号。

和意图;二是根据信息披露等客观行为的异常性、违法性,判断主观状态;[21]三是客观性的价量变动并非必要条件,而仅仅是判断行为本身具有影响的佐证。[22]

在内外勾结型的信息操纵中,上市公司外部主体没有具体实施信息披露并不影响对其操纵主体的认定,相关人员基于合谋并实施了操纵行为的具体环节,即可构成共同操纵。在蝶彩资产等操纵"恒康医疗"案中,外部主体蝶彩资产及其控制人谢某华提出,其没有控制恒康医疗信息披露从而实施合谋操纵股价的具体行为。行政处罚认为,蝶彩资产、谢某华向上市公司实际控制人提出"市值管理"建议,实际控制人采纳了建议并实施了相应的行为,共同完成了操纵行为。

三、上市公司实际控制人参与操纵市场行政处罚的其他问题

(一)操纵行为与其他违法行为的竞合问题

实际控制人参与的操纵案件中,操纵市场可能与信息披露违法、法人非法借用他人证券账户、超比例持股及短线交易等其他违法行为交叉存在,在处理时需要判断处罚一个还是多个违法行为。主要包括以下三种情形:

其一,"牵连违法",主要涉及信息型操纵与信息披露违法行为、交易型操纵与法人非法借用他人证券账户行为的"牵连"。此种情形下,行为人基于一个违法故意,从事的数个行为之间存在手段行为与目的行为、原因行为与结果行为的牵连关系,应采取吸收原则"从一重处断"。例如在"梅花生物"案中,上市公司信息披露被实际控制人控制,

---

〔21〕 在"梅花生物"案中,实际控制人孟某山与董秘杨某兴为了避免信托亏损及承担担保责任,利用信息发布的优势地位,通过操纵信息发布节奏,以及控制相关交易操纵股价。该案综合以下三个方面认定董秘存在操纵故意,一是实际控制人对董秘作出并履行确保信托产品不亏损的奖励承诺,二是董秘对外部交易人员设定了交易限价,三是董秘控制信息发布节奏、操控账户大量买入"梅花生物",配合信托产品高位减持。参见北京金融法院杨某兴与中国证监会一审行政判决书,案号:(2021)京74行初1号,2022年1月24日。

〔22〕 同前注〔10〕,蝶彩资产案判决书。

成为操纵行为的手段,因此仅处罚了实际控制人孟某山等的信息操纵行为,未再处罚上市公司的信息披露违法行为。

其二,“想象竞合”,主要涉及交易型操纵与短线交易、超比例持股等行为的竞合。行为人的一个行为可能同时触犯上述不同禁止性规定,此时通常亦“择一重处”。例如,“大连电瓷”案和“中昌数据”案在账户组首次持股超过5%和继续增持超过5%时均未公告,且存在频繁反向交易,案件仅处罚了操纵市场行为,未对短线交易和超比例持股行为单独认定和处理。

其三,分别处理,在构成操纵市场与内幕交易违法的情况下,应均予认定,分别处理。在有“利用信息优势操纵市场处罚第一案”之称的“宏达新材”案中,私募机构以“市值管理”为由,与上市公司实际控制人合谋操纵股价,该实际控制人同时还存在泄露内幕信息并明示他人交易的行为,证监会对其操纵市场和内幕交易行为分别认定、处罚。

(二)单位违法与个人违法问题

如何区分是单位违法还是个人违法是此类案件中时常遇到的问题,对于这一问题的不同判断会对责任承担结果产生实质性影响。18件实际控制人参与的操纵案件中,有4件认定为单位(控股股东)违法,包括“卫东环保”案、“大连电瓷”案、“金新农”案、“宜华健康”案,其余案件均直接认定为实际控制人等个人违法。同时,由于个人作为单位违法责任人员的量罚区间远低于其直接被认定为违法主体的责任,实际控制人可能倾向于从控股股东单位违法而非其个人违法的角度申辩,并提出相关资金来源于控股股东、利益归属于控股股东等理由。

单位操纵一般应具备“单位意志、单位名义、单位获利”的要素。即由单位就操纵市场进行决策或者由管理层集体实施,相关操纵行为由单位内部人员或者单位委托的外部主体实施,并由单位从操纵行为中获利。例如,在“金新农”案中,有证据证明由于控股股东大成欣农质押比例不断上升,大成欣农7名主要出资人决策,同意执行事务合伙人王某能进行市值管理,以应对股权质押危机,体现了上述单位违法要素。

实践中,鉴于操纵市场属明显违法行为,一般较难形成“单位意志”。例如“中昌数据”案中,控股股东内部虽有资金划转的审批决策,但并无证据证明其形成了操纵市场的单位意志,该案最终仍被认定为个人行为而非单位行为。从执法目的和效果上来看,此类操纵行为通常系由上市公司实际控制人主导实施,且控股股东通常亦由实际控制人控制、与实际控制人利益一致,为精准打击违法行为,若无证据证明形成了控股股东的单位意志和单位行为,则原则上应认定为相关主体的个人行为。在涂某华等诉中国证监会案中,原告诉称即便构成违法,也应该认定是单位操纵。法院判决指出,认定是否属于单位实施的市场操纵行为,应当看实施该行为是否由单位决策,体现的是否为单位的意志,以及违法所得是否归属于单位,案涉单位并未以公司名义进行投资和经营,公司亦未建立实行相应的公司治理机制及档案制度,相关佣金亦转入个人账户,在案证据不足以证明涂某华的指令系执行公司意志,代表公司的行为,因此,证监会认定本案违法行为系涂某华等五人的个人行为而非元成公司的行为并无不当。[23]

(三)量罚问题

其一,在罚款倍数和金额方面,此类案件有相对其他操纵案件从重的倾向。2014 年《证券法》规定,操纵证券市场的,责令依法处理非法持有的证券,没收违法所得,并处以违法所得 1 倍以上 5 倍以下的罚款;没有违法所得或者违法所得不足 30 万元的,处以 30 万元以上 300 万元以下的罚款。单位操纵证券市场的,还应当对直接负责的主管人员和其他直接责任人员给予警告,并处以 10 万元以上 60 万元以下的罚款。2019 年修订的现行《证券法》进一步提高了违法成本,将倍数罚区间扩展至 10 倍,还增加了定额罚上限,规定没有违法所得或者违法所得不足 100 万元的,处以 100 万元以上 1000 万元以下的罚款。单位操纵证券市场的,还应当对直接负责的主管人员和其他直接责任人员给予警告,并处以 50 万元以上 500 万元以下的罚款。近年来的操纵案件以罚款 2 倍至 3 倍为中位,在无明显从重、从轻情节时,罚款 2 倍的

---

〔23〕 参见北京市第一中级人民法院:涂某华等与中国证券监督管理委员会等一审行政判决书,案号:(2016)京 01 行初 545 号,2018 年 12 月 20 日。

案件数量相对居多。而实际控制人参与的操纵案件中,处5倍罚款较多,罚没款合计金额最高逾5亿元,这与上市公司实际控制人亲自下场操纵的恶性更大有关。

其二,在市场禁入方面,实际控制人参与操纵的案件较多运用资格罚,有7件被采取市场禁入措施,其中5人被终身禁入。值得注意的是,目前市场禁入对象几乎均为在上市公司、非上市公众公司有任职的人员,这主要是考虑到原有禁入措施范围仅涉及从事证券业务和担任上市公司董监高,对外部主体的限制作用不大。而随着新《证券法》第221条新增交易禁入,后续市场禁入的范围和影响面将更广,预计外部违法主体也将被更多纳入市场禁入的范畴。

四、结语与建议

上市公司实际控制人这一特殊主体参与操纵市场,对资本市场秩序和投资者信心的伤害巨大,应当予以从严监管和惩治。由于实际控制人操纵案件存在主体多元、行为隐蔽、违法交织等特定,在认定、量罚和法律适用等方面存在诸多难点。随着证券市场广度、深度的扩展,实际控制人操纵市场的表现方式将更加复杂,手段将更加多样,对惩治此类违法带来新的挑战。结合以上案例研究分析,为了更好地完善对此类行为的监管,建议采取以下三个方面的措施。

其一,进一步明确实际控制人操纵市场的认定和量罚标准。新《证券法》大幅提高了操纵市场行为的行政法律责任上限,给证券监管机关以更大的量罚区间。建议在此区间内,适当从重确定实际控制人参与操纵市场的处罚标准,可考虑将其特殊身份作为从重处罚的情形之一。同时,建议通过发布有关规定或典型案例等方式,进一步明确认定实际控制人构成操纵市场的认定标准、不同主体之间的责任划分标准等。

其二,强化对实际控制人操纵市场行为的立体追责。结合《刑法修正案(十一)》的实施,完善此类行为的行刑衔接机制,对构成犯罪的依法及时追究刑事责任;对于线索明确但行政监管机构由于调查手段限制难以查清的案件,可以通过联合调查或移送等方式及时引入刑事侦查手段,查明事实。同时,畅通民事追责渠道,对于因实际控制人操纵市场行为受到损失的投资者,投保机构可支持其提起民事诉讼,依法向违法主体索赔。

其三,加强对上市公司、实际控制人、董监高的宣传引导。一方面,通过企业培训和正面案例宣传等方式,向上市公司及实际控制人明晰何为真正意义上的市值管理行为,对能够采取的市值管理措施予以正面引导,避免误区,并强化上市公司内控管理和董监高履职教育,避免出现实际控制人随意支配上市公司违法的情况。另一方面,对构成操纵市场并被追究法律责任的典型案例予以宣传解读,引导市场认清操纵市场的违法性和危害性,对潜在违法者形成震慑。

(编辑:宋　澜)

《证券法苑》(2023)
第三十八卷,第55~83页

“认定为不适当人选”监管措施:制度构造与完善路径

周学文*

摘要:“认定为不适当人选”监管措施实施20余年来,发挥了重要监管作用,但其在法律性质、任职禁止范围和期限的裁量标准、实施程序等方面仍存在诸多模糊之处。就法律性质而言,“认定为不适当人选”可归为限制从业罚,但其本质属性应为预防性。建议进一步明确概括授权模式下的适用条件,将再犯可能性考量融入适用标准与任职禁止期限的裁量标准,以职务“相似度”作为任职禁止范围,设置听证程序与对任职禁止的提前解除程序等四个方面,进一步加以完善。

关键词:认定为不适当人选　行政处罚　限制从业　预防性

“认定为不适当人选”是证券监管机构认定在证券市场上担任特定职务的从业人员,在一定期限内不适合担任相应职务或实际履行相应职责的监

* 华东政法大学法律学院2020级宪法学与行政法学博士研究生。

管措施。[1] 近年来,其在监管实践中有着颇高的"出镜率"。比如,在康美药业财务造假案、乐视网财务造假案中,就有多名证券公司投行业务人员因在项目主办过程中未勤勉尽责而被认定为不适当人选。[2] 而伴随股票发行注册制的推行,市场对发行人履行信息披露义务提出更高要求,各类中介机构的职能和作用也将愈加凸显,为压实发行人、中介机构责任,监管机构也意图将"认定为不适当人选"打造为其在未来监管从业人员执业行为的重要"武器"。[3]

然而,较之"认定为不适当人选"越发重要的监管作用,学界对其关注甚少,为数不多的讨论也只是将其置于监管措施的主题下,作为例证一笔带过,[4] 尚无专门且深入的实践考察及学理分析。但事实上,尽管该项措施已实施多年,其法律性质、适用标准等问题仍有待从学理上予以明晰,且在相关法规范作出调整的背景下,更有厘清之必要。比如,2019 年修订的《证券法》第 170 条第 2 款增设监管措施条款,则监管机构可否直接依据该条款适用"认定为不适当人选"? 又如,2021 年修订的《行政处罚法》第 9 条将"限制从业"确立为行政处罚种类,则"认定为不适当人选"应否归入限制从业罚? 再如,2020 年 3 月证监会发布《证券期货市场监督管理措施实施办法(征求意见稿)》(以下简称《实施办法(征求意见稿)》),拟对"认定为不适当人选"的实施规则进行修订,则当前拟定的规则是否妥当? 有无改进空间?

---

〔1〕《证券期货市场监督管理措施实施办法(试行)》第 15 条规定:"认定为不适当人选,是指实施机构认定证券公司、基金公司、期货公司、上市公司以及上市公司股东、实际控制人、收购人的董事、监事、高级管理人员或者其他人员,发行人、保荐人、询价对象、证券服务机构、基金代销机构、资产托管机构的高级管理人员或者其他人员,在一定期限内不适合担任相应职务或者实际履行上述职责的监督管理措施。"

〔2〕参见梁冀:《投行业务重启 广发证券仍面临风控挑战》,载《经济观察报》2021 年 7 月 5 日版;谭楚丹:《乐视网造假案余波未了! 这家券商遭暂停保荐资格 3 个月,4 名责任人被罚》,载证券时报网,https://news.stcn.com/sd/202206/t20220625_4684552.html,2022 年 8 月 20 日访问。

〔3〕参见《证监会有关负责人就创业板改革并试点注册制答记者问》,载中国证券监督管理委员会官网,http://www.csrc.gov.cn/csrc/c100028/c1000717/content.shtml,2022 年 8 月 20 日访问。

〔4〕参见柯湘:《中国证券监管权的行使与制约研究》,知识产权出版社 2015 年版,第 152 页;张红:《证券行政法专论》,中国政法大学出版社 2017 年版,第 87 页。

为此,本文拟抛砖引玉,针对"认定为不适当人选"展开专门探讨,以期为其制度完善提供理论支持。结构上,本文将先予阐述"认定为不适当人选"的制度缘起与演进,明确其创设背景及目的,并考察和评估其运行现状,而后指出该项措施现存的规范与实践问题,最后在界定其法律性质的基础上,对之提出初步的制度完善建议。

一、"认定为不适当人选"的制度概观:缘起、演进与运行现状

(一)"认定为不适当人选"的缘起与演进

因"认定为不适当人选"适用于市场从业人员,故其缘起与演进,与我国证券监管机关对从业人员的监管职能及其监管方式的变迁历程密切相关。

早在证券市场创建初期的1993年,国务院颁行的《股票发行与交易管理暂行条例》就有多处条文授予了当时作为证券监管机关的国务院证券委对从业人员的管理和处罚权限。1995年,为执行该权限,国务院证券委员会下发《证券业从业人员资格管理暂行规定》(已失效),明确从业人员范围及取得从业资格的条件、申请程序等事项,并于罚则部分针对违反证券法规的从业人员设定了"暂停从业资格"的处罚措施。从效果上看,该项措施可被视为认定为不适当人选之"前身",因二者都带有限制从业人员从事业务活动的效果。对应于当时在从业资格上实行的许可制,该项措施应归为"资格罚"。这亦反映了彼时证券监管机关对从业人员的资格管理,乃是一种从事前"资格准入"到事后"资格罚"的监管方式体系。

1998年9月,国务院制定《中国证券监督管理委员会职能配置、内设机构和人员编制规定》("三定方案")确立证监会为"全国证券期货市场的主管部门",承接原证券委职能,包括对从业人员的监管职能。同年12月通过的《证券法》第167条第4项亦规定了证监会对从业人员的监管权,即"依法制定从事证券业务人员的资格标准和行为准则,

并监督实施",[5]并针对部分从业人员的特定违法行为设定"取消从业资格"的资格罚,[6]而对于其他从业人员,当其对所属机构的特定违法行为负有责任时,将受到警告、罚款的行政处罚。[7] 然而,该法设定的处罚措施难以满足证监会监督从业人员遵从行为准则的监管需求。一方面,此类处罚措施仅适用于特定违法行为,无法涵盖更为宽泛的构成违反行为准则的行为;另一方面,处罚措施的类型有限,且对于证监会不具有资格管理权限的从业人员(如律师、注册会计师)与未实行资格许可的从业人员(如上市公司的董事、监事、高管)来说,无法对其设定暂停或取消从业资格的资格罚;同时,警告、罚款的威慑作用亦较为有限,难以规制那些本身已不适宜出任相关职务的从业人员。

当然,彼时证监会的"工具箱"中还有证券市场禁入这一规制包括从业人员在内的市场主体的行政措施。1997 年,尚属证券委执行机构的证监会出台《证券市场禁入暂行规定》,其可依此规定将严重违反证券法律、法规、规章的从业人员认定为市场禁入者。因市场禁入不与从业资格挂钩,可面向所有从业人员而适用,故在一定程度上弥补了《证券法》设定的处罚措施之不足。但市场禁入对从业人员的监管也存在局限:其一,其主要适用于欺诈发行、操纵市场等严重扰乱市场秩序的违法行为,亦未与从业人员违反行为准则形成联结;其二,在禁入范围上,被认定为市场禁入者的从业人员在将在一定时期内或永久被禁止担任上市公司董事、监事、高管或从事证券业务,其法律后果相当严厉,[8]

[5] 结合 1998 年《证券法》第 167 条第 3 项的规定,此处的"证券业务人员"具体可包括证券发行人、上市公司、证券交易所、证券公司、证券登记结算机构、证券投资基金管理机构、证券投资咨询机构、资信评估机构以及从事证券业务的律师事务所、会计师事务所、资产评估机构等组织机构的从业人员。

[6] 参见 1998 年《证券法》第 181 条、第 193 条。

[7] 同时,根据 1996 年《行政处罚法》(已被修改)第 12 条的规定,证监会制定的部门规章也只能设定警告和一定数量罚款的行政处罚。

[8] 参见黄辉、李海龙:《强化监管背景下的中国证券市场禁入制度研究:基于实证与比较的视角》,载《比较法研究》2018 年第 1 期。

且不具有针对性,〔9〕不宜作为常规监管手段。

直至2003年,证监会出台的《证券公司客户资产管理业务试行办法》第62条第2款首次出现“认定为不适当人选”(“认定为不适宜担任相关职务者”)。〔10〕结合语词使用及创设时间,该项措施的引入,其渊源可能是2000年沪、深交易所股票上市规则中针对上市公司的董事、监事设定的纪律处分,〔11〕即交易所在一定情形下“公开认定不适合担任上市公司董事、监事”。

至此,监管机构终于具备一项可供监管任何从业人员,且法律效果适当的监管措施。相比资格罚,认定为不适当人选不关联于资格许可;较之市场禁入,其一般只禁止从业人员在一定期限内担任其原本所担任的职务,故其禁止范围更为精准化。更重要的是,创设“认定为不适当人选”的目的即在于监督从业人员恪守其所任职务之行为准则。比如,2005年《国务院批转证监会关于提高上市公司质量意见的通知》(国发〔2005〕34号)中指出,“要制定上市公司高级管理人员行为准则,对违背行为准则并被证券监督管理机构认定为不适当人选的上市公司高级管理人员,要责成上市公司及时按照法定程序予以撤换”。是故,所谓“认定为不适当人选”,即从业人员因违反其本应恪守之行为准则,致其被监管机构认定不再适合继续担任该项职务及从事与之相关的业务活动。

此后,证监会通过制定部门规章面向各类从业人员(包括上市公司、证券基金经营机构、证券服务机构等的从业人员)设定“认定为不

〔9〕按2021年证监会出台的《证券市场禁入规定》第4条的规定,市场禁入者在禁入期间内,除不得继续在原机构从事证券业务、证券服务业务或者担任原证券发行人的董事、监事、高级管理人员职务外,也不得在其他任何机构中从事证券业务、证券服务业务或者担任其他证券发行人的董事、监事、高级管理人员职务。

〔10〕《证券公司客户资产管理业务试行办法》(已失效)第62条第2款规定:“证券公司、资产托管机构的高级管理人员、直接负责的主管人员和其他直接责任人员违反本办法规定的,中国证监会及其派出机构根据不同情况,对其采取谈话提醒、暂停履行职务、记入诚信档案、认定为不适宜担任相关职务者等行政监管措施。”时至今日,在证监会制定的不同部门规章中仍存在“认定为不适宜担任相关职务者”与“认定为不适当人选”两种规制内容同一的措施名称。

〔11〕参见《上海证券交易所股票上市规则(2000年修订本)》(已失效)第12.2条;《深圳证券交易所股票上市规则(2000年修订本)》(已失效)第12.2条。

适当人选”。又因当时证监会对部分从业人员仍实行任职资格准入,故而在很长一段时期内,出现了“撤销任职资格”的资格罚与认定为不适当人选并存的局面。但近年来,在我国深化“放管服”改革,推动政府职能转变的趋势下,各类任职资格准入被逐步取消,认定为不适当人选逐渐代替撤销任职资格,[12]成为监管机构监督从业人员的重要“抓手”。不仅如此,伴随证券市场专业分工的日趋多元化、精细化,认定为不适当人选所规制的职务类型亦愈加丰富和细致。例如,在近期的一起案件中,某证券公司从业人员因在外兼职并与他人签订相关协议,约定由其管理账户并进行收益分成,违反了证监会部门规章的相关规定,监管机构认定其为不适当人选,禁止其在2年内担任或实际履行“证券公司客户开发服务”相关职务。[13]

(二)“认定为不适当人选”的运行现状

证监会对“认定为不适当人选”的设定及适用迄今已有近20年的历史,则其在监管实践中的运行现状如何?在适用上存在哪些特征?为进一步把握其实施与发展趋向,本文以2014年至2022年8月间证监会及其各派出机构官方网站的公示信息为基础,[14]对此予以考察。

1.适用数量呈现增多趋势。从2014年起至今监管机构共作出了70份“认定为不适当人选”监管措施决定书,因存在并案处理情形,共有78名从业人员被认定为不适当人选。各年度案件数量的分布情况如图1所示:

[12] 例如,因2019年修订的《证券法》取消证券公司董事、监事、高级管理人员的任职资格准入,撤销任职资格被替换为认定为不适当人选。参见程合红主编:《〈证券法〉修订要义》,人民出版社2020年版,第279页。又如,证监会2020年修订的《证券发行上市保荐业务管理办法》取消保荐代表人的事前资格准入,相应将暂停、撤销保荐代表人资格等监管措施调整为认定为不适当人选。

[13] 参见广东监管局《关于对张某采取认定为不适当人选监管措施的决定》(〔2022〕62号)。

[14] 受限于证监会及其各派出机构的信息公开情况,本文以2014年作为数据统计的初始年份。

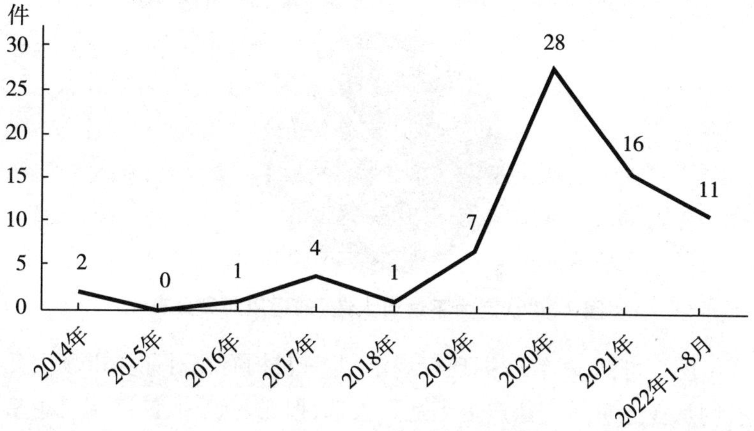

图1　2014年至2022年8月适用“认定为不适当人选”的案件数量

由图1可见，近年来监管机构适用“认定为不适当人选”的案件数量大体呈现增多趋势。其中，2020年与2021年的案件数量，均超过了2014年至2017年间案件数量的总和；2022年前三个季度的案件数量也已达两位数。

此一趋势大体可反映监管机构从严监管从业人员的政策导向。因这一导向的延续性，“认定为不适当人选”的适用数量在未来仍有增长可能。一方面，因事前各类任职资格准入的取消，监管机构将强化对从业人员执业行为的事中事后监管；另一方面，随着注册制改革的深入推进，证券发行的市场化程度持续提高，中介机构作为市场“看门人”的把关责任也愈显重要，为提高监管威慑，监管机构将加大对从业人员实施违法违规行为的惩戒力度。〔15〕

2. 适用对象以证券公司从业人员为主。被监管机构认定为不适当人选的78名从业人员，如依其所属组织机构对其类型加以划分，其适用对象分布如图2所示：

〔15〕　参见《证监会有关部门负责人就创业板改革并试点注册制有关问题答记者问》，载中国证券监督管理委员会官网，http://www.csrc.gov.cn/csrc/c100028/c1000791/content.shtml，2022年8月22日访问。

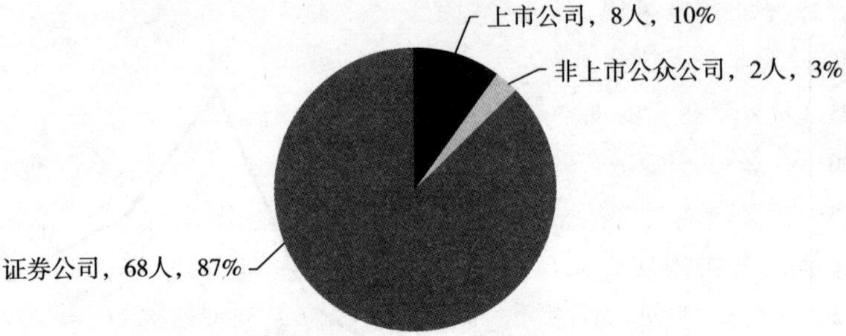

图2 “认定为不适当人选”的适用对象分布

由图2可知,尽管依据现行规定,监管机构有权对证券市场上几乎所有的从业人员适用认定为不适当人选,但在实践中,其适用对象呈现高度的集中化特征。除一部分上市公司、非上市公众公司的从业人员(具体案件中主要为董事、董事会秘书等)外,证券公司从业人员是认定为不适当人选的主要适用对象,其数量占比接近90%。如进一步按职务类型将证券公司从业人员划分为高级管理人员、[16]分支机构负责人、部门负责人与从事特定证券业务的从业人员,[17]其人数分布如图3所示:

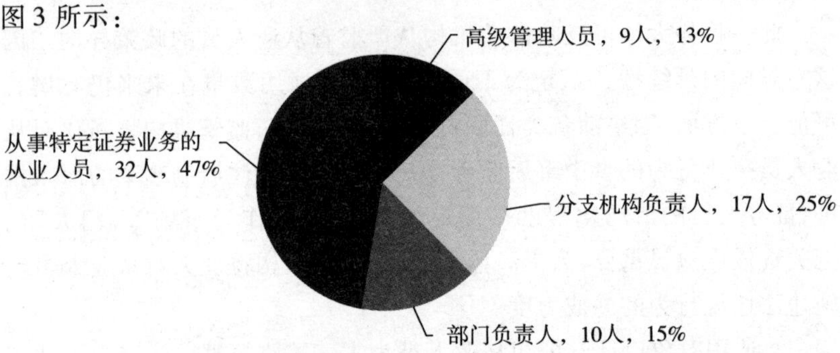

图3 “认定为不适当人选”对证券公司从业人员的适用分布

---

〔16〕 按《证券基金经营机构董事、监事、高级管理人员及从业人员监督管理办法》第2条第2款的规定,包括证券公司的总经理、副总经理、财务负责人、合规负责人、风控负责人、信息技术负责人、行使经营管理职责并向董事会负责的管理委员会或执行委员会成员,和实际履行上述职务的人员。

〔17〕 包括保荐代表人、债券项目主办人、证券投资顾问、财务顾问主办人、投资经理、证券经纪人等。如果证券公司其他职务类型的从业人员同时具有此类从业人员身份的,仅归入相应职务类型加以统计。

缘何证券公司从业人员成为主要的适用对象?究其原因,可能为:其一,业务范围层面,因证券公司承揽了市场上多数且主要的证券业务,天然拥有庞大的从业人员基数;其二,监管关系层面,证券公司从业人员的任职资质、条件等多由证监会作出规定,受证监会的"源头监管",更易成为重点监管对象。相比之下,律师、注册会计师等证券服务机构从业人员的执业行为还受其他行政主管部门、行业协会的监管。另外,实践中监管机构更偏好对此类人员适用"不接受签字人员出具的相关专项文件"的监管措施,事实上也带有限制执业活动的效果。

3. 以行为准则作为必要适用依据。实践中,监管机构通常会援引从业人员所应遵守的行为准则条款,作为适用认定为不适当人选的必要依据。行为准则是对从业人员履职标准的高度概括,是从业人员展开执业活动所应遵循的基本原则。[18] 以之作为适用依据,契合该项措施之创设目的,即监督从业人员依其行为准则行事。具体言之,从业人员所实施的某种行为,不仅受到特定行为规范的约束,还应接受其行为准则的评判。例如,某上市公司董事在知悉公司大股东资金占用事项后,未能立即向公司履行对重大事件的报告义务,构成违规。监管机构以此作为事实基础,指出其同时违反了上市公司董事在信息披露方面的行为准则,[19]决定对其适用"认定为不适当人选"。[20]

值得注意的是,监管机构有时会援引约束组织机构的行为准则来约束从业人员,事实上也将之作为了从业人员的行为准则。例如,某证券公司资管业务部门存在协助证券承销部门销售债券、将资管产品与该公司提供的投顾服务的信托产品进行交易的情形,违反了资管业务应与其他业务分开管理及不得混合操作的规定,监管机构据此判定对

---

〔18〕 "准则"在现代汉语中意为"言论、行动等所依据的原则"。参见中国社会科学院语言研究所词典编辑室编:《现代汉语词典》,商务印书馆2016年版,第1729页。

〔19〕 2007年《上市公司信息披露管理办法》(已失效)第3条规定:"发行人、上市公司的董事、监事、高级管理人员应当忠实、勤勉地履行职责,保证披露信息的真实、准确、完整、及时、公平。"

〔20〕 参见青海监管局《关于对马某强采取认定为不适当人选措施的决定》(〔2017〕4号)。

该违规行为负有责任的资管业务部门负责人违反了证券公司从事资管业务应当维护客户合法权益,避免利益冲突的行为准则。[21]

4. 适用情形的多元化。因行为准则是监管机构适用"认定为不适当人选"的必要依据,故监管机构将基于一定情形,判定从业人员之行为违反行为准则。实践中,此类情形呈现多元化特征,主要包括下列三类事实:

其一,违法违规事实。此为实践中的主要情形,因从业人员出现的违法违规事实多与其行为准则相抵触,故监管机构可以之判定其违反相应行为准则。从实践来看,一案中往往并存多项违法违规事实,包括从业人员自身的违法违规行为或其对所属机构的违法违规行为负有责任。其中,上市公司、非上市公众公司从业人员的违法违规事由集中在信息披露方面,证券公司从业人员的违法违规事由则纷繁多样,结合业务类型,常见事由如表1所示:

表1 "认定为不适当人选"适用的违法违规事由

业务类型	违法违规事由
经纪业务	对赔偿证券买卖的损失作出承诺 为客户之间的融资以及出借证券账户提供中介和其他便利 私下接受客户委托买卖证券 与客户约定分享投资收益 介绍他人进行账户管理
资产管理	对异常交易行为缺乏管控 未有效隔离资管业务与其他业务部门(如投顾业务) 违规新增表外代持 将资管业务与其他业务混合操作 部门岗位人员未有效隔离和管理(债券交易的投资决策、交易执行等关键岗位存在混合操作)

[21] 参见证监会《关于对张某采取认定为不适当人选措施的决定》(2017年7月27日作出)。

续表

业务类型	违法违规事由
投资银行	项目尽职调查不充分、未尽审慎核查义务 出具的发行保荐书存在虚假记载 保荐工作内部控制不足 投资银行业务内部控制存在漏洞(债券承销与资产管理等业务缺少有效隔离)
自营业务	对交易员资格管理及交易行为管控不足 对标的证券和对手方管理不到位 未对相关交易存在的利益冲突进行审批,反映出内部控制不完善
金融产品销售	组织员工擅自代销金融产品
其他履职事项	分支机构负责人擅离职守、从事其他营利性活动、向监管机构提供虚假信息、隐瞒重大事项、授权其他人员代为行使职权 公司印章管理违规 部门合规专员发现违法违规行为后未及时向公司合规部门报告

其二,直接违反行为准则的事实。即监管机构直接根据从业人员的履职表现判定其违反行为准则,与上一情形的主要区别在于,其在法律适用上仅以行为准则作为“认定为不适当人选”的适用依据。例如,监管机构基于保荐代表人出现的尽职调查程序履行不到位、未有效反馈落实内核会议意见要求等情状,判定其违反行为准则中的勤勉尽责义务。[22] 又如,某证券公司分支机构负责人违背监管机构对其提出的保密要求,向被调查对象透露案件调查情况,监管机构遂认定该负责人违反行为准则所要求的恪守诚信义务。[23]

其三,发行人出现的特定事实。在证监会的部门规章中,某些发行人出现的特定事实被作为从业人员违反行为准则的根据,在实践中已有

〔22〕 参见深圳证监局《关于对汪某胜采取认定为不适当人选监管措施的决定》(〔2022〕90号)。

〔23〕 参见内蒙古监管局《关于对赵某信采取认定为不适当人选措施的决定》(〔2017〕7号)。

体现。例如,有2名可转债发行项目的保荐代表人被监管机构认定为不适当人选,其事由系2020年《证券发行上市保荐业务管理办法》第71条规定的"发行人公开发行证券上市当年即亏损"。[24] 结合该办法第75条之规定,从业人员可据以抗辩的核心理由为其已履行勤勉尽责义务,故该类事实的出现,其实质在于推定从业人员违反行为准则中的勤勉尽责义务。

值得一提的是,证监会的部门规章还曾以从业人员多次受到自律组织纪律处分或对公司受到的多次纪律处分负有责任,推定其违反行为准则。[25] 深交所目前亦设定了对于多次受到该所纪律处分的会员董事、监事、高管,报请证监会认定其为不适当人选的纪律处分种类。[26] 但因近期证监会已废止此类规则,该纪律处分种类还有无保留必要,尚待明确。

5. 适用结果集中在1~5年任职禁止期限。监管机构在确定从业人员的任职禁止期限时,倾向于在1~5年的幅度范围内进行裁量。如图4所示,在78名从业人员中,共有58名从业人员被确定1~5年的任职禁止期限,其占比近75%。其中,又以被确定2年任职禁止期限的从业人员数量居多(38人)。如结合职务类型,在此适用幅度范围内的从业人员主要为上市公司、非上市公众公司的从业人员,以及证券公司的高管、分支机构负责人和部门负责人。而对于从事特定证券业务的从业人员,其适用结果呈现"两极分化"。例如,在康美药业财务造假案中,8名为康美药业2014年至2018年的投行项目担任主办人或保荐代表人的广发证券所属从业人员被分别确定10~20年不等的任职禁止期限。但在其余案件中,保荐代表人、财务顾问主办人等从业人员大多被确定3个月到2年的任职禁止期限。

---

[24] 参见证监会《关于对郭某、刘某亮采取认定为不适当人选3个月措施的决定》(2022年3月1日作出)。以发行人出现的事实作为认定为不适当人选的适用情形,还可见于《证券发行上市保荐业务管理办法》(已被修改)第72条。

[25] 参见《证券公司董事、监事和高级管理人员任职资格监管办法》(已失效)第53条。该办法已因2022年证监会出台的《证券基金经营机构董事、监事、高级管理人员及从业人员监督管理办法》而废止。

[26] 参见《深圳证券交易所自律监管措施和纪律处分实施办法》(2022年修订)第46条第1款第12项。

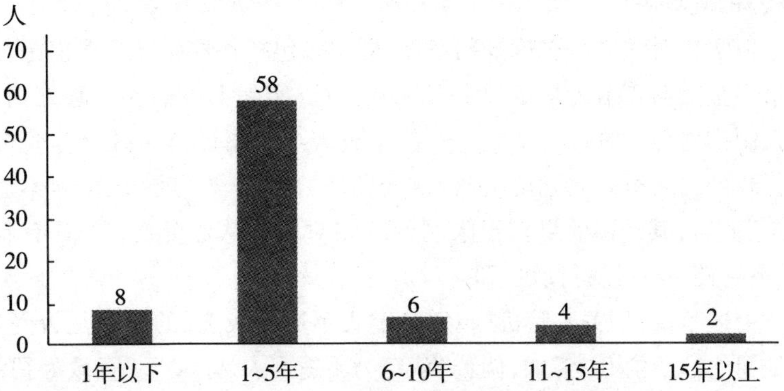

图4 “认定为不适当人选”的适用结果分布

上述基本事实或可表明:监管机构在裁量确定任职禁止期限时,通常较为审慎、适度,除非出现诸如康美药业案中从业人员严重违反勤勉尽责义务等情形,监管机构不轻易确定过长的任职禁止期限。

二、“认定为不适当人选”存在的规范与实践问题

通过上文对“认定为不适当人选”之制度演进与运行现状的梳理、评估,可合理预见该项措施在未来仍将发挥重要的监管作用,成为督促从业人员恪守行为准则之有力保障。与此趋向形成对立的是,虽然该项措施已实施多年,但仍有诸多从相关规范与实践中显露出的问题亟待回应。

(一)法律性质争议

实务界与学界对“认定为不适当人选”的法律性质存在认识分歧。就实务立场而言,证监会向来将包括“认定为不适当人选”在内的监管措施归为一类独立的、有别于其他行政行为形式的执法措施,集中表现为监管机构在采取这类措施时,仅适用《证券期货市场监督管理措施实施办法(试行)》(以下简称《实施办法》)的规定。例如,在近期的一起行政复议案件中,针对复议申请人提出的监管措施应当适用《行政处罚法》的抗辩理由,作为复议机关的证监会重申监管措施不适用《行政处

罚法》的立场。[27]

但学界对该立场多持批判态度,即主张包括各种证券监管措施在内的诸多金融监管措施在定位上并无独立性,实际上可归入行政处罚、行政强制措施等行政行为形式,[28]甚至有观点直指证监会区分监管措施与行政处罚之举有故意规避《行政处罚法》之嫌。[29] 就“认定为不适当人选”而言,其法律效果在于限制行政相对人的从业资格,[30]具有制裁性、最终性,[31]应属行政处罚。

上述争议,事关监管机构对“认定为不适当人选”的实施是否受《行政处罚法》之约束。譬如,倘若“认定为不适当人选”属于《行政处罚法》第9条规定的限制从业罚,则相对人可依法向监管机构申请听证,但《实施办法》并未明确相对人的听证申请权,其实施程序之合法性将因此招致诘问。故认定为不适当人选是否属于行政处罚,有待从学理上加以明晰。

(二)设定及适用依据疑义

如前所述,“认定为不适当人选”最早见诸证监会制定的部门规章,也一直由部门规章加以设定。在上位法中,当前仅有《证券法》第140条针对证券公司董事、监管、高管规定了此项措施,且适用于特定情形。但因其适用将限制相对人担任特定职务的权利,故其设定现状是否符合《立法法》第80条第2款,即“没有法律或者国务院的行政法规、决定、命令的依据,部门规章不得设定减损公民、法人和其他组织权利或者增加其义务的规范”,不无疑问。

对此,证监会可能持有的观点是:《证券法》第170条第2款,即“为

---

〔27〕 参见证监会《中国证券监督管理委员会行政复议决定书(王磊)》(〔2021〕75号)。

〔28〕 参见邢会强:《金融监管措施是一种新的行政行为类型吗?》,载《中外法学》2014年第3期。

〔29〕 参见杨解君、蒋都都:《〈行政处罚法〉面临的挑战与新发展——特别行政领域行政处罚应用的分析》,载《行政法学研究》2017年第3期。

〔30〕 参见孙宏涛、支超颖:《证券期货市场监管措施的法律性质——基于〈证券期货市场监督管理措施实施办法〉第二条的思考》,载《民主与法制时报》2020年4月16日版。

〔31〕 参见杨海静、万国华:《论证券市场公开承诺的监管》,载《证券市场导报》2016年第8期;华东政法大学课题组、吴弘:《证券公司与证券服务机构法律制度完善研究》,载徐明、黄红元主编:《证券法苑》(第10卷),法律出版社2014年版。

防范证券市场风险，维护市场秩序，国务院证券监督管理机构可以采取责令改正、监管谈话、出具警示函等措施”的概括授权，可作为上位法依据。正如证监会在其2020年3月发布的《证券期货市场监督管理措施实施办法（征求意见稿）》（以下简称《实施办法（征求意见稿）》）起草说明中指出，该条款“为证监会实施法律、行政法规规定之外的监管措施提供了明确的制度依据”。事实上，也确有监管机构在相关部门规章并未明确上市公司实控人是否系“认定为不适当人选”之适用对象的情况下，直接依据该条款对实际控制人适用该项措施。〔32〕

以上观点如若成立，无疑将扩张监管机构适用“认定为不适当人选”的权限，因其可直接根据该条款于任何证券领域的违法违规情形下，对任何在其看来属于从业人员的相对人适用该项措施，且不再受部门规章具体规定之限制。则该条款能否作为证监会设定及适用“认定为不适当人选”的概括授权？若持肯定立场，其在适用上又有何限定或特殊之处？殊值讨论。

（三）适用标准有待具体化

当前，监管机构对“认定为不适当人选”的适用存在两种模式：(1)直接适用。如当发行人出现特定事实时认定保荐代表人为不适当人选。(2)选择适用。如《证券公司和证券投资基金管理公司合规管理办法》第32条第1款规定：“证券基金经营机构违反本办法规定的……对直接负责的董事、监事、高级管理人员和其他责任人员，可以采取出具警示函、责令参加培训……认定为不适当人选等行政监管措施。”

在选择适用模式下，监管机构将面临“选择裁量”，即“在各种不同的法定措施中，行政机关根据案件的具体情况选择哪一个”。〔33〕从现行规定来看，该选择裁量标准通常为“情节严重”。〔34〕但因“情节严重”属

〔32〕 参见河北证监局《关于对李某成采取责令改正、认定为不适当人选的行政监管措施的决定》（〔2022〕8号）。

〔33〕 ［德］哈特穆特·毛雷尔：《行政法学总论》，高家伟译，法律出版社2000年版，第125页。

〔34〕 如《创业板首次公开发行股票注册管理办法（试行）》（已失效）第67条第2款规定：“保荐代表人存在前款规定情形之一的，中国证监会视情节轻重，三个月至三年不受理其具体负责的推荐；情节严重的，认定为不适当人选。”

不确定法律概念,其规范内涵由监管机构于个案中加以填补,至于应考量哪些因素予以填补,现行规定尚不明朗,或有导致“同案不同判”的可能。例如,对于组织客户出借证券账户,并为他人融资提供中介或其他便利的违规行为,同一监管机构在两起案件中对从业人员分别适用认定为不适当人选和警示函,区别仅在于一人为分支机构负责人,〔35〕一人为业务管理岗员工。〔36〕当然,鉴于实务中监管机构对决定理由的说明大多较为粗糙,〔37〕不排除其有简化案件情节的可能。但此现象仍可作为提示:以“情节严重”作为适用标准,其规范内涵有待具体化,相对明晰的适用标准也有助于提升监管机构决定的说服力与妥当性。

(四)任职禁止范围和期限的裁量标准尚待进一步明确

“认定为不适当人选”的适用结果包含两部分:任职禁止范围和任职禁止期限。从实践来看,监管机构对这二者的裁量标准有待进一步明确。

乍看之下,监管机构对任职禁止范围的确定无涉裁量问题——从业人员在担任何种职务时违反行为准则,即禁止其担任何种职务。但现实情形却非如此,监管机构在此事项上似乎也在有目的地行使某种裁量权。例如,证券公司分支机构负责人除被禁止担任负责人职务外,往往还被禁止担任证券公司董事、监管和高管(简称董监高),但部分案件的禁止范围又止于前者。〔38〕又如,非上市公众公司的董事除被禁止担任同类公司的董监高外,还被禁止担任上市公司的董监高,〔39〕相反,上市公司的董事一般只被禁止担任上市公司的董监高。〔40〕再如,2名证券公司高管(管委会委员)因印章管理违规被同时禁止担任证券公司董监

〔35〕 参见陕西监管局《关于对杨某采取认定为不适当人选措施的决定》(〔2021〕4号)。

〔36〕 参见陕西监管局《关于对王某光采取出具警示函措施的决定》(〔2020〕36号)。

〔37〕 参见洪艳蓉:《我国证券监管独立性的检讨与制度完善》,载《法律适用》2018年第3期。

〔38〕 参见河南监管局《关于对杨某实施认定为不适当人选行政监管措施的决定》(〔2021〕14号)。浙江监管局《关于对黄某峰采取认定为不适当人选措施的决定》(2021年11月29日作出)。

〔39〕 参见江苏监管局《关于对魏某红采取认定为不适当人选措施的决定》(〔2019〕62号)。

〔40〕 参见江苏局监管局《关于对钱某华采取认定为不适当人选措施的决定》(〔2019〕24号)。

高、分支机构负责人、部门负责人等多项职务。[41] 但监管机构是否享有这样的裁量权，其行使标准又为何，似未明晰。

相对而言，监管机构对任职禁止期限的确定属典型裁量问题。如前所述，监管机构倾向于在1～5年的幅度范围内确定禁止期限，亦存在短至几个月或几年，长至十几、二十年的"两极分化"情形，其典例为不同案件中对保荐代表人的处理。但目前尚无层次化的裁量标准指引和约束监管机构。因此，如何进一步明确和细化禁止期限的裁量标准，或是接下来监管机构应予考虑的问题。

（五）程序设置的诸项议题

实施程序方面，"认定为不适当人选"目前适用《实施办法》对监管措施作出的一般性规定。另外，近期的《实施办法（征求意见稿）》拟对之作出调整和补充。基于这两份文件的规定，有如下程序设置议题值得商榷：

第一，如何适用听证程序？《实施办法（征求意见稿）》第6条第1款拟规定相对人的听证申请权，但第2款又规定监管机构对是否组织听证享有裁量权。然而，若"认定为不适当人选"属限制从业罚，则依《行政处罚法》第63条之规定，相对人如申请听证，监管机构"应当"组织听证。故听证程序的适用方式仍取决于"认定为不适当人选"的法律性质。

第二，应否设置对任职禁止的提前解除程序？根据《实施办法》第47条的规定，相对人在任职禁止期限内如符合解除限制条件的，监管机构可以自行或根据相对人的申请，解除任职禁止。而《实施办法（征求意见稿）》第25条第2款规定，有期限规定的监管措施到期自动解除。可见，二者在可否提前解除任职禁止的问题上存在立场冲突。实务中，监管机构的决定书未涉及此事项，似可推知其对此持否定态度。但因《实施办法》尚属现行有效规范，故该程序设置的去留问题仍有待解决。

第三，如何设置对相对人不履行决定的处置程序？《实施办法（征

[41] 参见深圳监管局《关于对石某燕采取认定为不适当人选措施的决定》（〔2020〕155号）（2020年8月13日作出）。深圳监管局《关于对孙某斌采取认定为不适当人选措施的决定》（〔2020〕154号）（2020年8月13日作出）。

求意见稿)》第25条第3款拟增加对相对人不履行监管措施决定的处置程序,即以警告、一定数量罚款之方式对不履行决定的相对人施以惩戒。该条款系面向所有监管措施种类作出的一般性规定,但不履行“认定为不适当人选”决定具有特殊性,表现为相对人再次担任相关职务,则单纯的警告、罚款是否足以形成威慑并契合“认定为不适当人选”的规制功能,值得探讨。

三、“认定为不适当人选”的法律性质:基于学理和比较法的考察

面对以上“认定为不适当人选”存在的规范与实践问题,应先予澄清法律性质这一基础性问题,作为匹配或完善相应实施规则的前提。而其争议所在业已明了:“认定为不适当人选”究竟是否为行政处罚?若持肯定立场,则行政处罚之定位又是否足以揭示该项措施之本质属性?

(一)实定法项下的学理证成:“认定为不适当人选”属行政处罚

证监会一直将“认定为不适当人选”等监管措施区隔于行政处罚,但判断某项行政措施是否为行政处罚,不取决于其称谓,而取决于其是否符合行政处罚之实体标准。[42] 当前,《行政处罚法》第2条已规定行政处罚概念条款,即“行政处罚是指行政机关依法对违反行政管理秩序的公民、法人或者其他组织,以减损权益或者增加义务的方式予以惩戒的行为”。据此,可归结行政处罚的两项实体标准:其一,针对违反行政管理秩序的行为作出;其二,以减损权益或增加义务的方式予以惩戒,即“制裁性”标准,具体包括客观制裁效果与主观制裁目的。[43] 对照这两项实体标准,应当肯定不适当人选具备行政处罚性质。

首先,“认定为不适当人选”针对违反行政管理秩序的行为作出。一般认为,所谓违反行政管理秩序,即相对人违反行政法律规范为其设定的作为或不作为义务而构成“违法”。但“认定为不适当人选”旨在规

〔42〕 参见王贵松:《论行政处罚的制裁性》,载《法商研究》2020年第6期。

〔43〕 主流观点认为行政处罚的制裁性应包含主观制裁目的,即对违法行为人过去违法行为的谴责、非难。参见王明喆:《行政处罚种类扩张论批判》,载《交大法学》2022年第1期。

制"违反行为准则"的从业人员,则"违反行为准则"与"违法"之间的关系为何?尤其是在监管机构仅援引行为准则作出决定的情形下。应当认为,行为准则确立了从业人员的一般履职标准,是规范其执业活动的基本原则,亦属具有法律拘束力的强制性规范,故违反行为准则即违法。只不过,有别于具体行为规范,因行为准则的原则性,其含义多较为宽泛、抽象,如《上市公司重大资产重组管理办法》第 6 条规定为重大资产重组提供服务的从业人员应当"遵循本行业公认的业务标准和道德规范,诚实守信,勤勉尽责"。其中,"道德规范""诚实守信""勤勉尽责"等均属不确定的法律概念,当行政机关将个案事实与之进行"涵摄"时将享有较大的裁量权,[44]但这无碍行为准则作为"法"的强制性效力。

其次,"认定为不适当人选"具有客观制裁效果。制裁的表现形式为减损权益或增加义务,即"不利益性"。[45]"认定为不适当人选"的法律后果在于禁止原本担任某一职务的相对人,在一定期限内于任何组织机构担任或实际履行相关职务,因而其限制了相对人担任某项职务并依托该职务从事特定业务活动的权利,确属限制从业的制裁效果范畴。[46]此外,其附带的制裁效果还包括:一是剥夺相对人在未来因任职而可获得的预期利益;二是"不适当人选"的否定性评价是为相对人施加的负面标签,[47]加之监管措施决定公开的常态化,不免会对相对人的声誉、职业前景造成影响,因为在优胜劣汰机制的作用下,市场更倾向于选择信誉良好的从业人员。

最后,"认定为不适当人选"具有主观制裁目的。探究一项具有"不利益性"的行政措施有无制裁目的,须考察立法者在创设此项措施时有

---

〔44〕 这或许可以解释为什么证监会的部门规章要以发行人出现的特定事实、多次受到自律组织纪律处分等推定从业人员违反行为准则,因为这样的客观化认定可以尽量控制、减少监管机构的自主裁量判断。

〔45〕 参见熊樟林:《行政处罚的概念构造　新〈行政处罚法〉第 2 条解释》,载《中外法学》2021 年第 5 期。

〔46〕 限制从业包括限制任职身份、限制业务活动。参见马迅:《行政限制从业的角色定位、实效保障与体系协调》,载《行政法学研究》2022 年第 6 期。

〔47〕 参见王瑞雪:《声誉制裁的当代图景与法治建构》,载《中外法学》2021 年第 2 期。

无报应、谴责相对人过去违法行为的主观意图。[48] 因“认定为不适当人选”的创设起源于监管机构监督从业人员遵从行为准则,从而履行其监管职能的现实需要,故从业人员被认定为不适当人选,是其因违反行为准则而承担行政责任的一种方式,故该项措施具有对违法行为加以惩戒、报应的意图。

因此,“认定为不适当人选”符合行政处罚的实体标准,且其制裁效果符合限制从业罚的特征,应将其归为一种限制从业罚。

(二)比较法视野下的审思:“认定为不适当人选”的预防性本质

行文至此,前述部分规范与实践问题似乎可迎刃而解——既然认定为不适当人选是对从业人员的处罚、惩戒,则其适用标准、裁量标准等自然可依循行“以牙还牙”“罚当其过”的报应性逻辑而得以构建。但警告、罚款也是针对违法者的报应手段,且后者直接剥夺违法者的财产权利,其报应性更为强烈。倘若纯粹出于报应目的,证监会也不必在其“工具箱”中添置认定为不适当人选。再者,因惩戒而派生的对违法者和潜在违法者的威慑(deterrence)功能,亦非为该项措施所独有。

那么,使“认定为不适当人选”区别于其他处罚措施的本质属性究竟为何?鉴于美国的监管实践中也存在类似针对从业人员的执业限制或任职禁止措施,因此,透过对美国法的考察,或可得以管窥。

执业限制方面,在美国,对从业人员不当行为的制裁主要由监管机构适用专门的纪律处分程序作出。其中,证券从业人员的执业行为主要受行业自律性组织美国金融业监管局(The Financial Industry Regulatory Authority,FINRA)的监管。在1934年证券交易法的授权下,FINRA制定自律规则规范其成员的行为,由其内设机构国家裁决委员会(FINRA's National Adjudicatory Council,NAC)对违反证券法律和自律规则的公司及相关人员实施纪律制裁(disciplinary sanctions)。对于律师、会计师等专业人士,本应受到各州特许机构和行业协会的管制,但因这类监管机构难以对此类人员在证券业务上实施的不当行为提供充分

[48] 参见詹镇荣:《行政法总论之变迁与续造》,台北,元照出版公司2016年版,第433页。

监管,〔49〕美国证券交易委员会(SEC)遂于 1935 年颁布从业规则 2 号(Rule 2 of the rules of practice),根据 Rule 2(e)(1)的规定,SEC 可对此类人员行使纪律处分权(disciplinary power),即针对特定事项,〔50〕在经调查确认并给予当事人听证机会后,可以谴责(censure)当事人,并根据情况暂时或永久停止当事人在 SEC 前执业的资格。〔51〕

SEC 与 NAC 对制裁措施的确定均享有较大的裁量权,且都将“补救性”(remedial)作为确定制裁措施的基本准则。在 SEC 的纪律处分程序中,“暂停或永久停止当事人在 SEC 前执业”无疑构成对专业人士的执业限制,但因“执业”含义的开放性,SEC 可基于个案情形选择最为适当的制裁措施。〔52〕 实践中,SEC 对制裁措施的确定强调补救(remedy)功能,原则上“仅限于保护公众投资者和 SEC 的程序在未来免受其不当行为的影响”。〔53〕 在一起涉及会计师事务所的案件中,SEC 详细阐述了确定制裁措施时应予考量的因素,包括所涉不当行为或专业失误的严重性;不当行为或其他失误,在多大程度上令人怀疑其将来是否有能力或意愿提供称职、可靠的专业服务等。〔54〕 NAC 亦有权在个案中自主确定制裁措施,为确保裁决的一致性并指导 NAC 确定适当的制裁措施〔55〕,FINRA 出台制裁指南(Sanction Guidelines),指南开宗明义地指出了制裁的补救性:“纪律制裁的性质在于补救,其目的应是防止未来的不当行

〔49〕 See J. Randall Minchew, *The Illusory Statutory Basis of SEC Rule* 2(*e*), Washington and Lee Law Review, Vol. 40, 1983.

〔50〕 包括:(1)未取得代理权的情况下代理他人行为;(2)缺乏诚信基础,或者参与不道德和不适当的专业行为;(3)蓄意违反,或蓄意帮助和教唆违反联邦证券法律、规定和规范。

〔51〕 《萨班斯—奥克斯利法案》进一步确认了该项纪律处分权力。See Sarbanes - Oxley Act of 2002, Sec 602.

〔52〕 例如,在一些涉及律师的案件中,SEC 根据具体案情,分别作出了禁止律师在一项行政诉讼中代表委托人、禁止律师以任何书面、口头的方式为任何公开发行证券的发行人提供建议、禁止律师就联邦证券法提供法律建议的制裁措施。See Daniel l. Goelzer & Susan Ferris Wyderko, *Rule* 2(*e*): *Securities and Exchange Commission Discipline of Professionals*, Northwestern University Law Review, Vol. 85, 1991.

〔53〕 In re Carter, 47 S. E. C. 471, 477 (Feb. 28, 1981).

〔54〕 See In re Ernst & Ernst, 46 S. E. C. 1234, 1273 n. 73 (May 31, 1978).

〔55〕 See Barbara Black, *Punishing Bad Brokers*: *Self - Regulation and FINRA Sanctions*, Journal of Corporate, Financial & Commercial Law, Vol. 8, 2013.

为和提高证券行业的整体业务标准。"[56]因此,包括禁止执业(bar)在内的制裁措施,其性质是补救性而非惩罚性的,旨在预防不当行为的再次发生,保护公众投资者的利益。

任职禁止方面,早期SEC通过向法院申请禁令(injunction)禁止违法者担任公司职务,通常只有当被告的行为足以表明其未来存在"违法的合理可能"时,法院才准予发布禁令。[57] 之后,1990年证券执法救济和小额证券改革法(Securities Enforcement Remedies and Penny Stock Reform Act)授权SEC基于被告违反1933年证券法第17(a)(1)条或者1934年证券交易法第10(b)条的规定之事实,在证明其"严重不称职"(substantial unfitness)的前提下,申请法院作出暂停或永久禁止其担任发行人高管或董事的决定。2002年《萨班斯—奥克斯利法案》(Sarbanes - Oxley Act)则进一步授权SEC启动行政审裁程序,通过禁止令(cease - and - desist order)实现公司任职限制,同时将适用标准降低为"不称职"(unfitness)。

尽管适用标准几经更迭,但再犯可能性一直是法院施加公司任职禁止的核心判准。为提升SEC的执法力度,"严重不称职"标准在理论上要比此前的"违法的合理可能"标准更为灵活,[58]但法院在实践中仍倾向于重点考察被告的再犯可能性,即便在调整为"不称职"标准后,法院也未改变这一倾向,[59]其原因在很大程度上源于"不称职"含义的模糊性,但SEC认为,在禁止令方式下,其只需证明被告未来存在不当行为的"一些风险"(some risk)即可。[60]

由上可见,在美国,针对从业人员的执业限制,监管机构不是出于惩

---

〔56〕 Finra, Sanction Guidelines, at 2(General Principle 1).

〔57〕 See Daniel J. Morrissey, *Sec Injunctions*, Tennessee Law Review, Vol. 68, 2001.

〔58〕 Jayne Barnard教授在1992年提出"六要素测试法"判断被告是否构成"严重不称职"。包括:(1)被告违法行为的严重性;(2)被告的"惯犯"身份;(3)被告从事欺诈活动时的角色或地位;(4)被告的故意程度;(5)被告在违法行为中的经济利益;(6)违法行为再次发生的可能性。See Jayne W. Barnard, *When is a Corporate Executive "Substantially Unfit to Serve"?*, North Carolina Law Review, Vol. 70, 1992.

〔59〕 See Jon Carlson, Securities, *Officer and Director Bars, and the Unfitness Inquiry after Sarbanes - Oxley*, Fordham Journal of Corporate & Financial Law, Vol. 14, 2009.

〔60〕 See Jayne W. Barnard, *SEC Debarment of Officers and Directors after Sarbanes - Oxley*, Bus. Law, Vol. 59, 2004.

罚过去违法行为的意图,而是出于补救和预防的目的来选择和适用相关制裁性措施。也正是为了防止不称职的董事、高管再度违法,法院才需在考量被告再犯可能性的基础上决定是否对其施加公司任职禁止。

诚然,我国没有如美国法那般严格区分一项制裁措施究竟为惩罚性还是补救性、预防性的传统,但既然同属基于从业人员之不当行为作出的执业限制或任职禁止措施,似无理由拒绝同以预防性作为认定为不适当人选的本质属性。并且,从相关规范及制度安排来看,尚有如下具体理据作为支持:

其一,“认定为不适当人选”的适用着眼于从业人员自身的“不适合”。虽然“认定为不适当人选”具有限制从业的制裁效果,但《实施办法》并未简单以“不得”“禁止”等语词加以表达,而是采用了“不适合担任相应职务”的表述。“不适合”带有美国法上“不称职”的某些意蕴,旨在表征从业人员在该职务上存在的违法风险。因此,将某一从业人员认定为不适当人选,其主要目的不在于对其违法行为施以报复、打击,而是确因其“不适合”,有必要以限制从业的方式防止其在该职务上再次实施违法行为,以维护市场秩序和投资者利益。

其二,以预防性作为“认定为不适当人选”的本质属性,契合证监会对监管措施的功能定位。证监会区隔监管措施和行政处罚之举虽饱受学界批评,却不无合理性。证券产品的虚拟性、价格决定的主观性等特点,以及证券市场更为显著的信息不对称和外部性问题,为大量违法行为的发生创造了条件,其危害后果也更易扩散、蔓延。[61] 故带有及时矫正、风险防范功能的各种监管措施应运而生。从风险预防的角度出发,从业人员的依法、勤勉履职是证券市场平稳运行的重要保证,反过来,这亦使得监管机构需格外防范“不适合”的从业人员给市场埋下风险隐患。就此而言,证监会将认定为不适当人选归为监管措施,可能不是有意规避《行政处罚法》,而是确实将其定位为一种预防性措施,弱化其惩戒功能。

其三,只有“认定为不适当人选”的预防性可为关联制度安排提供

---

〔61〕 参见陈儒丹:《证券监管机构行政执法权行使的理论剖析——以证券市场的现实为背景》,载徐明等主编:《证券法苑》(第5卷),法律出版社2011年版。

正当性基础。例如,证券发行人的签字保荐代表人、签字律师、签字会计师等中介机构签字人员被认定为不适当人选且尚未解除的,发行人将被中止相应发行上市审核程序或发行注册程序。[62] 这是因为从业人员被认定为不适当人选,即表明其存在较大的违法风险,所以由其主办的其他服务项目的合法性也有待严加审视,故交易所和监管机构可以中止相关程序,以阻却该风险对投资者利益造成损害。像这样带有制裁色彩的"株连"式程序机制,衍生自"认定为不适当人选"的预防性,难以在"罚当其过"的报应性逻辑中得到解释。

四、"认定为不适当人选"的制度完善建议

综上所述,对照行政处罚的实体判断标准,"认定为不适当人选"应属限制从业罚;同时,预防性是其本质属性,即其主要目的在于预防而非惩戒,故而对该项措施的适用,不应简单遵照纯以惩戒为目的的报应性逻辑。循着这一基本结论,本部分将尝试对前述规范与实践问题作出回应,为认定为不适当人选的制度完善提供些许建议。

(一)进一步明确概括授权模式下的适用条件

前文指出,证监会欲以《证券法》第170条第2款,即"为防范证券市场风险,维护市场秩序,国务院证券监督管理机构可以采取责令改正、监管谈话、出具警示函等措施"作为其设定和实施"认定为不适当人选"的上位法依据。则有待澄清的问题是:其一,该条款是否系对证监会设定和实施此项措施的概括授权?其二,监管机构能否直接以该条款作为适用依据?

对于前一问题,尽管《证券法》第170条第2款并未规定"认定为不适当人选",但从《证券法》的修订经过来看,立法机关在拟定相关条文时,皆明确列举了"认定为不适当人选"等诸种监管措施。[63] 基于此一

[62] 参见《北京证券交易所向不特定合格投资者公开发行股票注册管理办法(试行)》第28条。

[63] 参见《证券法(修订草案一审稿)》第256条、《证券法(修订草案二审稿)》第255条、《证券法(修订草案三审稿)》第182条。

立法背景,可推知立法机关在本次修订过程中自始就有为各类监管措施提供上位法依据的目的。故该条款中的"等"字应解释为"等外等",包括但不限于条文所列举的三种监管措施,还应包括过往证监会已设定的各类监管措施。因此,该条款可作为证监会设定和实施"认定为不适当人选"的概括授权。

对于后一问题,关涉《证券法》第170条第2款的概括授权是否须作进一步具体化。因"认定为不适当人选"属于行政处罚,若按行政处罚设定的一般结构,即"应受处罚的具体行为+处罚种类+处罚幅度",[64]则原则上,只有在部门规章针对某违法违规行为所设定的制裁措施包括"认定为不适当人选"的情况下,监管机构才有权选用该项措施。但若直接以第170条第2款的概括授权作为依据,则监管机构似乎只需在满足"为防范证券市场风险,维护市场秩序"的条件时,便可选用"认定为不适当人选"。

应该说,概括授权模式十分符合"认定为不适当人选"的适用特征。因为该项措施的特殊性在于,其适用情形的实质为从业人员违反行为准则,而具体的违法违规行为仅是证明其违反行为准则的表象,因而理论上该项措施可适用于任何与违反行为准则相关的违法违规行为。[65]因此,采概括授权模式具有可行性。

但是,第170条第2款规定的适用条件过于宽泛,须进一步明确适用条件加以限定。其中,对于适用情形可规定为"从业人员违反行为准则",但须明确何谓"从业人员"?如前文案例涉及的"上市公司实际控制人"是否属于从业人员?尽管上市公司实际控制人并非某种具体职务,而是一种具有法律意义的特殊地位,但从相关规定来看,处于该地位的相对人也受类似行为准则规范的约束。[66]可见,监管机构对从业人员的界定,其标准在于有无专门的行为准则来规范此类人员的行为,如

---

〔64〕 参见俞祺:《行政处罚设定权的"同位保留"原理》,载《中外法学》2022年第4期。

〔65〕 证监会的诸多部门规章中出现的"违反本办法规定……可以采取认定为不适当人选"的宽泛授权,亦可印证这一判断。

〔66〕 《上市公司治理准则》第71条第2款规定:"控股股东、实际控制人及其关联方应当尊重上市公司财务的独立性,不得干预上市公司的财务、会计活动。"

存在,则此类人员可归入从业人员范畴。[67]

除适用情形外,在概括授权模式下还须明确“认定为不适当人选”的适用标准,详见下文讨论。

(二)将再犯可能性考量融入适用标准与任职禁止期限的裁量标准

如前所述,目前证监会的部门规章多以违法违规行为“情节严重”作为“认定为不适当人选”的适用标准,换言之,如未达“情节严重”,则监管机构应采取其他侵益性相对较小的监管措施。因此,以“情节严重”为适用标准,体现的主要是面向过去的、在惩戒目的主导下的报应性逻辑,即违法违规情节越严重,相对人的可非难性就越强,对其施加的报复应当越严厉。

然而,因适用“认定为不适当人选”的主要目的在于面向未来,预防相对人在其职务上再次实施违法违规行为,而预防必要性取决于相对人是否存在一定的再犯可能性。因此,“情节严重”标准应当融入对相对人再犯可能性方面的考量。是故,相对人已实施的违法违规行为不仅仅是其受到惩处的原因,还应作为考量其再犯可能性的客观依据。具体而言,下列三类因素可资参照:

其一,相对人的主观状态。即评估相对人是否有遵从其职务相关义务的意愿,若相对人实施违法违规行为时蔑视相关法律法规、业务规则、行业规范,刻意寻求某种结果的发生,可表明其遵从意愿较低,有比较大的再犯可能性。

其二,相对人的客观能力。即评估相对人是否因能力欠缺而存在再犯可能性,如对于担任专业性职务的相对人,若其对专业事务的处理屡现低级错误并导致违法违规行为发生,则其专业能力将遭到质疑。又如对于担任管理性职务的相对人,若其所任职的公司或部门长期经营管理混乱,最终引发违法违规行为,表明其缺乏应有的管理、领导能力。

其三,相对人过往的违法信息。基于当前违法违规行为可能不足以全面、准确地评估相对人的再犯可能性,还可结合其过往的违法信息作出判断,违法违规行为反复发生的,表明其再犯可能性较大。部分执法

[67] 还有待讨论的问题是:对于这类因特殊地位而具有从业人员身份的相对人,应如何确定其任职禁止范围?因篇幅所限,本文在此不作展开。

实践对此已有所体现,如有监管机构在决定书中写道:“此外,鉴于韩某曾在2018年11月因信息披露违法违规被我局给予行政处罚,本次直接参与违规担保行为,属短期内再次违规……我局决定认定韩某为不适当人选。”〔68〕

另外,由于裁量标准的设定“并不是单纯对法律效果的格次化,也包含着对引起该效果的事实情节的细化”,〔69〕因此,任职禁止期限的裁量标准亦须融入对再犯可能性的考量。可以考虑细化以上三类因素,区分再犯可能性的不同等级,分设不同的禁止期限区间。

(三)以现任职务同其他职务的“相似度”作为任职禁止范围的裁量标准

从“认定为不适当人选”的预防性出发,实践中那种监管机构除禁止相对人担任现任职务以外,还禁止其担任其他职务的做法,可获致正当性解释:如果相对人被认为在某一职务上具有再犯可能性,则基于不同职务类型之间的联系,其亦有可能在担任其他职务时实施类似不当行为。为此,出于充分、有效预防的考虑,应当赋予监管机构裁量确定任职禁止范围的权力。但为控制该裁量权的行使,监管机构应当在考察现任职务同其他职务的“相似度”的基础上,决定有无必要将其他职务一并纳入禁止范围。

具体而言,对“相似度”的考察可围绕两方面展开:其一,职务工作的相似度。即现任职务与其他职务在工作性质、内容上的相似程度。其二,任职要求的相似度。即现任职务与其他职务对任职者提出的要求,包括专业资质、职业素养、相应行为准则等是否相近。举例来说,某一担任证券投资咨询职务的从业人员还被监管机构禁止担任与期货投资咨询相关的职务,〔70〕这是因为证券和期货投资咨询业务均是为高风险的投资决策提供分析、预测或建议,对从业人员的专业能力、职业操守要求

〔68〕 参见新疆监管局《关于对韩某锋采取认定为不适当人选措施的决定》(〔2020〕3号)。

〔69〕 周佑勇:《裁量基准的技术构造》,载《中外法学》2014年第5期。

〔70〕 参见贵州监管局《关于对潘某韬采取认定为不适当人选监督管理措施的决定》(〔2020〕2号)。

也高度重合,[71]故可认定相对人不适宜担任与这两类投资咨询相关的职务。又如,前文提到监管机构禁止2名证券公司高管担任分支机构负责人、部门负责人等多项职务,其合理性在于,因此类职务的工作内容皆与证券公司内部的组织管理活动相关,均要求任职者具备管理、组织、领导能力,以严格保证公司、部门的运转合法合规,故相对人如不适宜担任其中某种管理性职务的,亦不适宜担任其他管理性职务。[72]

(四)设置听证程序与对任职禁止的提前解除程序

因认定为不适当人选属限制从业罚,故按《行政处罚法》第63条之规定,在决定作出前,相对人有权向监管机构申请听证,且相对人提出申请的,监管机构应当组织听证。因此,证监会今后在完善《实施办法(征求意见稿)》时,应保留当前增设的听证程序并修改其适用方式。同时,在操作层面,监管机构应适用证监会出台的《中国证券监督管理委员会行政处罚听证规则》。

此外,有必要设置对任职禁止的提前解除程序,激励相对人改善自身行为,允许其加速回归职位和行业,保护其从业权利。原理上,因相对人存在一定再犯可能性是适用“认定为不适当人选”的前提,则当再犯可能性下降或消除时,监管机构应适时解除任职禁止。鉴于再犯可能性的变化有待长期观察,可将该程序的适用对象限定为被确定较长任职禁止期限的相对人。具体而言,可由相对人向监管机构提出申请,并附上相关证明(如经过一定课时数的业务能力培训),监管机构基于一定方法和指标评估其再犯可能性,以决定是否提前解除任职禁止。

与之相关的是,相对人如不履行决定,意味其无视监管机构的约束再次出任或实际履行相关职务,这本身也是再犯可能性持续存在之证明,在此情形下监管机构除对其施以罚款、警告外,还可停止对其适用提前解除程序。若其在所任职务上再次实施不当行为的,可以考虑适当延长任职禁止期限。

---

〔71〕 参见《证券、期货投资咨询管理暂行办法》第12条、第13条、第19条、第20条。

〔72〕 就此而言,证券公司分支机构负责人被认定为不适当人选后,除禁止其担任分支机构负责人外,原则上还应禁止其担任证券公司的其他管理性职务。

五、结语

本文对“认定为不适当人选”相关议题作了初步分析论证和阐述,提出了制度完善建议。随着今后监管机构进一步提高对该项措施的适用频率,或将呈现更多实践及理论问题有待深入探讨。另外,本文的讨论尚未触及监管体制这一结构性问题。如前所述,在美国,行业自律性组织是从业人员的主要监管主体,包括执业限制在内的纪律制裁也多由其作出。而我国目前主要由证监会及其派出机构担负对从业人员的监管职能,故今后有无必要进一步将类似“认定为不适当人选”的执业限制实施权下放于证券交易所、证券业协会等自律管理组织,[73]以强化后者的自律监管职能,分担行政监管压力,或许可成为今后研究的一个重要议题。

(编辑:谢贵春)

---

[73] 目前,沪、深两地交易所针对上市公司的相关从业人员设定了“公开认定不适合担任相关职务”的纪律处分措施。证券业协会对证券业从业人员设定了“暂停执业”和“停止执业”的纪律处分措施,但有别于认定为不适当人选,前者在实施上均有明确的期限限制,最长不超过3年。

【债券制度】

《证券法苑》(2023)
第三十八卷,第84~102页

公司债券治理的组织体系塑造

——以德国《债券法》的团体法路径为借鉴*

邹青松**

摘要:我国新《证券法》确认了“债券持有人会议+债券受托管理人”的公司债券治理组织结构,该制度有利于整合两种制度优势,但仍需进一步解决两个机构的有效融合。德国《债券法》实施了以《股份法》为模型、以债券持有人自治为宗旨的团体法改造,并以此为债券持有人会议与共同代表两个机构的融合提供了合理方案。团体法路径契合我国公司债券治理机制的发展现状,未来应当彰显债券持有人自治,对我国债券持有人会议制度、债券受托管理人制度及其两者关系进行团体法塑造,并以《公司法》修订为契机,将此改革思路融入相关条文。

关键词:债券持有人会议　债券受托管理人　共同代表　债券持有人自治

---

* 本文是广州市社会科学规划项目共建课题“复杂金融产品的消费者损害风险治理机制研究”(项目编号2022GZGJ204)的研究成果。本文在构思与修改过程得到冉昊教授的指导和建议。

** 广东财经大学法学院讲师,德国科隆大学法学博士。

公司债券市场是现代资本市场的重要组成部分，其发展壮大依赖于良善的债券投资者（持有人）的保护，为此，资本市场法需构建完善的债券治理机制，以为债券持有人的权益保护提供制度保障。债券治理机制的构建又以其组织制度为核心。传统上，大陆法系国家通常以债券持有人会议制度作为发行债券的管理机构，来实施和保护其债券持有人的权利；[1]与之不同的是，英美国家的债券法传统上采用债券受托人制度，它以信托关系为基础，赋予受托人以自己的名义为全体公司债券持有人管理及实施公司债券的权利和义务。[2] 随着我国公司债券市场的迅速发展，我国的公司债券治理机制也逐渐形成；尤其是近年来，我国立法尝试对两大法系债券治理机制的组织构造特点进行整合，并最终在2020年新颁布的《证券法》第92条中得到了确认及详细规定。但这一立法在具体内容和技术处理上是否妥善，仍有待探讨。对此，本文针对上述立法发展趋势，阐释了债券治理组织的团体法改造路径，同时以当下正在进行的《公司法》修订为契机，提出了相应的立法建议。

一、我国公司债券治理的组织构造雏形

（一）两机构融合模式：新《证券法》的选择

我国公司债券治理机制自设立以来，其组织制度就处在发展变化之中。早在2007年，证监会在其《公司债券发行试点办法》（已失效）就确立了债券受托管理人制度。随后2015年，证监会在其颁发的《公司债券发行与交易管理办法》（以下简称《管理办法》）中，初步明确了以债券持有人会议和债券受托管理人为核心的债券治理组织构建方向；然而，须指出的是，《管理办法》的制度构建以债券受托管理人为重

〔1〕 关于债券持有人会议制度，欧陆各国的概况可参见［挪威］马德斯·安登斯、［英］弗兰克·伍尔德里奇：《欧洲比较公司法》，汪丽丽、汪晨、胡曦彦译，法律出版社2014年版，第219～231页。受欧陆国家影响，这一制度也为东亚各国所采纳。

〔2〕 相关介绍参见刘迎霜：《公司债：法理与制度》，法律出版社2008年版，第164～192页。

心,而几乎忽略了债券持有人会议制度,这一以债券受托管理人为中心的立法倾向,[3]具有明显的英美法印记。

2020 年 3 月起生效的新《证券法》,终于在其第 92 条规定中,首次在法律层面上对公司债券治理的组织构建作出了规定,明确设立了债券持有人会议制度和债券受托管理人制度,从而确立了“债券持有人会议 + 债券受托人”两机构融合的债券治理架构。对于此两机构之间的关系,有两点可以明确。其一,立法结果体现了“债券持有人为主、债券受托管理人为辅”的立法理念。根据对新《证券法》第 92 条的文义分析,诸如“应当设立债券持有人会议”“为债券持有人聘请债券受托管理人”“债券持有人会议可以决议变更债券受托管理人”等法律用语,可以推知,债券持有人会议是新《证券法》规定的法定机构,债券受托管理人则是基于服务前者的目的而受聘的机构,两者之间一主一辅,昭然若揭。其二,债券受托管理人是委托关系下而非英美法信托关系下的受托人,这同样可以从前述关于债券持有人与债券受托管理人主辅地位的分析中推知,因此,债券受托管理人这一概念仍然具有大陆法系下债券持有人的代理人的法律含义。[4]

作为一种全新的制度模式,两机构融合模式在我国确立后,其合理性仍然有进一步探讨的必要。在此基础上,才能更进一步探讨两机构如何在统一框架下协同配合的问题。

(二)两机构融合模式的理性与续造

1. 比较法视野下的两机构融合模式

两机构融合模式的合理性,可以从近年来两大法系债券治理机制的发展变迁及其驱动因素中窥见端倪。

大陆法系国家采用的债券持有人会议制度,其优势在于,它可以体

---

[3] 类似观点如汪文渊:《公司债券持有人组织性保护制度的理念更新与法律变革——基于制度融合的视角》,载黄红元、徐明主编:《证券法苑》(第 17 卷),法律出版社 2016 年版。

[4] 事实上早有学者指出,所谓“债券受托管理人”在法律性质上并非信托关系的受托人,参见陈洁、张彬:《我国债券受托管理人制度的构建与选择——以公开募集的公司债为视角》,载黄红元、徐明主编:《证券法苑》(第 17 卷),法律出版社 2016 年版。我国目前的立法和监管也倾向于将其认定为委托关系下的受托人,参见刘迎霜:《公司债券受托管理的信托法构造》,载《法学评论》2020 年第 3 期。

现债券持有人权利主体的地位,便于其直接参与决策事关其重大权益的事项。但是,作为临时性会议组织,债券持有人会议不能对债券发行人实施日常监督并在必要时及时地作出决议,因此常常陷入被动。〔5〕另外,债券事务的专业性,也常令债券持有人束手无策。针对这些缺陷,近年来,越来越多大陆法系国家在已有的债券持有人会议的基础上,为债券持有人增加了代表债券持有人利益的执行机构。我国台湾地区"公司法"早在1966年修订时就承认公司债债权人团体化,兼采公司债债权人会议制度和受托人制度。〔6〕日本法自1993年起,在债券持有人会议制度基础上增加了债券受托人制度,这一制度又基于无担保公司债和附担保公司债的区分而不同。韩国于2012年修订其《商法》时,在该法公司篇的公司债券一节中,也正式引进了债券受托人制度。德国2009年对其《债券法》进行了自1899年颁发以来的最大规模现代化改革,通过参照《股份法》的组织制度,形成了"债券持有人会议+共同代表"的债券治理结构。〔7〕

英美法系国家采用的债券受托人制度,它在维护债券持有人的利益方面,有利于充分发挥受托公司的专业性和主动性等。〔8〕但是,也存在譬如债券持有人的处境被动、处分权及监督权缺失、利益冲突等问题。〔9〕即便英美学者也承认,债券受托人制度下,债券持有人的集体行动困境和受托人的约束问题仍然存在。〔10〕其作用甚至被批评为"作用微小,有时甚至适得其反"。〔11〕对于这些缺陷,英美法系学术界逐渐认识到债券持有人参与公司债券事务管理对于其权益维护的重要性。

---

〔5〕参见陈洁、张彬:《我国债券受托管理人制度的构建与选择——以公开募集的公司债为视角》,载黄红元、徐明主编:《证券法苑》(第17卷),法律出版社2016年版。

〔6〕参见刘迎霜:《公司债:法理与制度》,法律出版社2008年版,第166页。

〔7〕详见本文第二部分。

〔8〕同前注〔5〕。

〔9〕同前注〔3〕。

〔10〕See Yakov Amihud & Kenneth Garbade, Marcel Kahan, *A New Governance Structure for Corporate Bonds*, 51 Stan. L. Rev. 447, p. 468 – 469.

〔11〕Schwarcz, Steven L. & Sergi, Gregory, "Bond Defaults and the Dilemma of the Indenture Trustee" (2007), Duke Law School Faculty Scholarship Series, 97, p. 44. "Indenture trustees are at best only marginal, and sometimes even counterproductive, participants in most post - default situations."

有学者主张赋予债券持有人在公司治理中的角色;[12]也有学者主张,应当对公司董事施加对于债券持有人的信义义务。[13] 这一认识也已经反映在了立法实践中,例如以商事立法闻名于世的美国特拉华州公司法,早在1967年修订时,就准许债券发行公司在章程中赋予债券持有人对特定事项的投票权以及其他类似股东的权利。[14]

基于上述域外法律发展状况的分析可知,单独采用债券持有人会议制度或债券受托人制度的债券治理机制,都有其各自的不足之处;两种制度模式应当寻求从对方的制度优势中吸取有益的养分,以克服其本身的制度缺陷。我国采纳的"债券持有人会议+债券受托管理人"的债券治理结构具有合理性,且符合国际发展趋势,无疑值得肯定。

2. 两机构如何融合:未决的问题

在肯定我国"债券持有人会议+债券受托管理人"模式的合理性之后,尚需探讨两机构如何融合的问题。具体而言,这一全新的制度架构,需要为两个机构更好地协同配合、发挥各自功能和优势建立合理的规则,并避免叠床架屋、相互推诿塞责的问题。这一问题虽然在当前的实践中并不凸显,但是随着债券市场的日趋发达、债券权利保护体系有效性需求的提升,两机构的融合发展势将成为我国立法无法回避的问题。从新《证券法》、《管理办法》以及《公司法》相关规定中看来,我国对此并无明确的解决思路。

商事法律制度在国际间具有很强的可移植性,作为法制发展起步较晚的国家,我国需要发挥后发优势,借鉴法治先进国家的有益经验。

---

〔12〕 其理由是,现代社会债券作为公司的主要融资工具,与股票的差异逐渐消弭,其利益直接与公司表现相联系,这使将债券持有人纳入公司治理机制具有合理性。See Steven L. Schwarcz, *Rethinking Corporate Governance for a Bondholder Financed, Systematically Risky World*, 58 Wm. & Mary L. Rev. 1335(2017).

〔13〕 其理由是,"债券合同并不能很好地协调股东与债券持有人之间的利益冲突……因为信义义务是高昂成本的合同的补充,因此董事也应当对债券持有人负有信义义务。债券持有人与股东一样,都是企业中的证券持有人,理应平等地获得董事会的保护"。See Morey W. McDaniel, *Bondholders and Corporate Governance*, 41 Bus. Law. 413(1986), p. 455-456.

〔14〕 根据其第221条规定,公司可以在其公司章程中授予任何债券持有人就公司事务和公司经营以规定的限度和方式进行投票的权利,并且可以授予这些债券持有人与股东同样的检查图书、账簿和其他记录的权利以及其他权利。

从上述关于域外国家债券治理组织制度的分析可知，英美法系的学术主张和既有立法例，与我国法律制度和国情相去甚远，明显不适于作为参考对象；至于大陆法系国家的日本、韩国，从其公司法只言片语的规定中，亦可发现，其亦未对此问题提供明确的融合方案。

相比之下，德国法对债券治理机制进行了详细规范，其中蕴含了关于两机构融合的整体方案。早在1899年，德国就颁布了《债券法》，成为世界上少有的专门就债券立法的国家；[15]百余年后的2009年，又对其进行了现代化改革，将其打造成为一部体系完善、理念先进的“债券组织法”，极大地强化了其保护债券持有人权益的功能。德国债券法的“债券持有人会议＋共同代表”的模式以及两者之间的委托关系，也与我国两机构的模式及其内部关系特性相契合。因此，研究德国债券治理机制，对于我国如何处理两机构的融合问题，或有有益启发。

二、公司债券治理组织的团体法构造：德国法的方案

（一）德国债券治理的组织构造

德国债券法以“集体约束”为基本原则，其债券治理机制以“债券持有人会议＋共同代表”这一组织结构为核心内容。

1. 集体约束原则：德国债券法的基本原则

德国《债券法》确定了“集体约束”（Kollektive Bindung）的原则，这一原则与主权债务重组中常用的“集体行动条款”（Collective Action Clauses）具有相通的内涵。根据该原则，若要变更债券合同，则发行人须与所有债权人订立相同内容的合同（gleichlautender Vertrag），或者须按照债券持有人多数决的程序[16]进行表决；债券发行人必须平等对待债券持有人。如此，该原则禁止了债券发行人与个别债券持有人之间的双方约定，从而产生了所有同次发行债券的持有人都受到相同内

〔15〕 德国《债券法》可以适用于除政府债券之外的所有类型的债券，其具体适用范围，可参见该法第1条的规定。

〔16〕 即该法第5条到第22条的相关规定。

容的债券合同约束的法律效果。

集体约束原则在德国债券法上具有基础性的地位，在学界被普遍承认为德国债券法的基本原则。[17] 作为基本原则，集体约束原则对于确保债券成为可流通证券具有重大意义，[18] 这是因为，只有保障同次发行的所有债券的同质化，才能发挥资本市场快速和匿名清算的功能，[19] 并避免债券市场的碎片化。[20] 与此同时，这一原则也在客观上超越了构建统一债券市场的初始功能，产生了组织法上的溢出效应，其原因在于，它明确排除了债券持有人与发行人的个别协议，从而为债券持有人集体行使权利以及与之相伴随的债券组织法的发展奠定了基础。[21] 总而言之，集体约束原则对于德国债券治理机制具有决定性的意义。

2. 债券持有人会议制度

德国债券治理机制以债券持有人会议制度为中心。在实现债权人自治、提高决策效率、保障债券持有人权益的目标指引下，德国立法者明确提出以股份公司关于股东大会的规范模式为借鉴，对债券持有人会议进行改造。[22]

德国的债券持有人会议制度中，最重要的是引入了多数决原则作为基本决策方式。根据集体约束原则，债券发行人与持有人若要变更债券合同，则有两种方式：一是发行人与所有同次发行债券的持有人签订相同内容的合同；二是由债券持有人按照多数决原则进行决议。现实中，当事人常常面临紧急状态，并且发行人与所有债券持有人都达成

〔17〕 Christoph Thole, in: Klaus J. Hopt/Christoph H. Seibt (Hrsg.), Schuldverschreibungsrecht, Verlag Dr. Otto Schmidt, Köln 2017, § 4 Rz. 1.

〔18〕 同上。

〔19〕 RegE – SchVG, BT – Drucks. 16/12814, S. 17.

〔20〕 Florian Leber, Der Schutz und die Organisation der Obligationäre nach dem Schuldverschreibungsgesetz, Baden – Baden 2012, S. 231.

〔21〕 Vgl Norbert Horn, Die Stellung der Anleihegläubiger nach neuem Schuldverschreibungsgesetz und allgemeinem Privatrecht im Lichte aktueller Marktentwicklungen, ZHR 173 (2009), S. 12, 44; Markus J. Friedl/Roland Schmidtbleicher, in: Markus J. Friedl/Mauricio Hartwig – Jacob (Hrsg.), Frankfurter Kommentar zum Schuldverschreibungsgesetz, Frankfurt a. M. 2013, § 4 Rn. 6.

〔22〕 RegE – SchVG, BT – Drucks. 16/12814, S. 14.

一致协议的可能性较小,因而多数决原则顺理成章地成为债券合同变更的基本方式。根据德国《债券法》第 5 条的规定,当事人可以在债券合同中约定采用多数决的形式对债券合同进行变更,同时,一旦“选入”多数决,那么相关的组织性和程序性规定(该法第 5 条至第 22 条)也随之得以适用。在此意义上,多数决条款也成为构建德国《债券法》组织规范体系的基础。因此,规定多数决原则的第 5 条也被德国学者称为《债券法》的“中心条款”。[23]

在债券持有人会议的运行方面,德国《债券法》基本上仿照了《股份法》中股东大会的相关程序性规范。这些规范涉及债券持有人的投票权、会议的召集、召集期限与报名、会议地点、召集的内容及通知、会议日程、代为出席、会议主席的确定、会议的决议能力、债券持有人的知情权、表决与通知等方面。这部分程序性规定,构成了德国债券持有人会议制度规范体系的主体部分。另外,该法在引入《股份法》关于通过书信或者电子系统进行投票的规定的同时,还增加了与众不同的规定:该法第 18 条规定,在没有特别规定的情况下,一般的会议召集和召开程序也同样适用于“不召开实体会议的表决”。这就为债券持有人通过互联网召开“虚拟会议”,奠定了法律基础。

在债券持有人救济制度方面,新《债券法》则在其第 20 条规定,债券持有人会议决议可以基于违反法律或债券合同的理由而通过诉讼予以撤销,[24]这就确立了债券法上的瑕疵决议撤销诉讼制度。据此,有权提起撤销诉讼的主体,包括就系争决议投下反对票的债券持有人,以及因非法阻碍而未能参加表决的债券持有人。当事人提起撤销诉讼后,系争决议仍然有效,但是在判决生效前不得执行,这使其具有阻碍执行的效果;[25]若撤销决议的主张得到法院支持,则法院判决的效力

---

〔23〕 Dirk Bliesener/Hannes Schneider, in: Katja Langenbuch/Dirk Bliesener/Gerald Spindler (Hrsg.), Bankrechts - Kommentar, München 2013, Kapitel 17, § 5 Rn. 1.

〔24〕 不过,对于因违反信息义务或因技术干扰而导致的决议瑕疵,德国《债券法》对准予撤销的范围作出了限制。

〔25〕 鉴于执行阻碍效果可能会给其他利益相关方带来消极影响,基于诉讼双方利益平衡的考虑,该法第 20 条还引进了德国《股份法》第 246a 条规定的豁免程序(Freigabeverfahren)。豁免程序得以启动的理由有三个,包括撤销起诉不合法或明显不成立、起诉人未缴纳足额的保证金(Bagatellquorum),以及法院的自由裁量。

将对所有同次债券的持有人产生效力。这就确立了债券持有人集体救济的制度,同时也在诉讼领域体现了德国债券法“集体约束”的基本原则。〔26〕

3. 共同代表制度

早在1899年德国《债券法》颁布之时,该法就建立了共同代表制度,〔27〕2009年的新法在总体上继承了之前的规范体系。对于其法律性质,德国债券法将共同代表认定为意定代表,而非机关代表或法定代表。〔28〕 与此同时,德国债券法对共同代表制度进行许多直接的规范,使其获得了强行性法的坚硬骨架,从而不同于民法上普通的代理人。这些强制性规范主要围绕共同代表的选任、职责及责任等方面展开。

首先,关于共同代表的选任及其利益冲突的防范。德国《债券法》规定,任何有行为能力的自然人和具备专业资质的法人都可以被委任为共同代表。这一低门槛的准入规定,在扩大共同代表候选人范围的同时,也增加了利益冲突的可能。为防范利益冲突,德国《债券法》分别针对两类共同代表,就其各自的产生方式作出了不同的防范措施。一方面,针对债券持有人选举产生的共同代表,德国债券法采取“公开特定候选人信息”的利益冲突防范路径。具体来说,因在债券发行人或其关联企业任职或持股、持债到达规定条件的自然人或法人,以及因与这类人有特殊个人关系而处于其影响力之下的人,其在被选任为共同代表之前,必须将该情况向债券持有人公开;若被选任后才出现相关情况,也应告知后者。另一方面,在债券合同中指定共同代表的情形,法律采取“禁止特定候选人+强化公开特定候选人信息”的路径,防范其中的利益冲突。具体来说,有前述任职关系的人,一律不得直接被指定为共同代表;前述其他人,则只有在其相关情况已经公开在债券发行

〔26〕 Hans - Gert Vogel, Der Rechtsschutz des Schuldverschreibungsgläubigers, ILF Working Paper Series No. 137, 3/2013, 16f.

〔27〕 1899年德国《债券法》规定下的共同代表制度,参见Hans - Gert Vogel, Das Schuldverschreibungsgesetz - Entstehung, Inhalt und Bedeutung,载https://www.jura.uni-frankfurt.de/43029349/paper31.pdf,2020年12月3日访问。

〔28〕 Christoph Thole, in: Klaus J. Hopt/Christoph H. Seibt (Hrsg.), Schuldverschreibungsrecht, Verlag Dr. Otto Schmidt, Köln 2017, § 7 SchVG Rz. 2.

文件中后，才可以委任为共同代表。这相对于前者承受了更多限制。

其次，共同代表的职责。根据德国《债券法》的规定，共同代表须履行法律和债券合同规定的具体任务和权限，并听从债券持有人的指令。另外，共同代表还承担向债券持有人报告其履职活动的义务。与其承担的职责相对应，根据德国《债券法》的规定，共同代表还负有正常履职的责任；在其履职过程中，其应当履行作为一个"善良和谨慎的经营管理者"（Geschäftsleiter）所应负的注意义务。[29] 据此，若共同代表因故意或者过失给债券持有人造成了损害，则应当对此承担损害赔偿责任。值得注意的是，为了保障共同代表履职的积极性和主动性，德国立法者在新《债券法》的立法理由书中还补充道，在发生难以避免的决策失误的情况下，共同代表可以依据《股份法》商业判断规则[30]规定的标准，免于承担责任。[31] 因此，只要共同代表是以充分信息为基础、基于债券持有人利益而作出的商业决定的，则其决策行为符合行为义务。

（二）理念评析：德国债券法的范式转移

1. 债券治理的组织塑造：团体法的路径

在传统上，就债券持有人与发行人之间关系而言，他们之间仅在个别意义上存在债权债务关系；就债券持有人之间的关系而言，他们之间也不存在联合关系，因而不互负团体法意义上的成员义务。这事实上仍然将债券持有人视为传统民法上的债权人地位，将债券法视为债法，从而区别于团体法。[32]

2009 年德国《债券法》的现代化改革，显然采取了与以往不同的路径。在此次改革中，德国立法者明确提出要以股份公司股东大会为模

---

〔29〕 尽管共同代表并非"经营管理者"，但是德国立法者认为，赋予他如此的注意义务标准是合理的，因为共同代表的履职活动，使他经常须就债券发行人的情况作出商业预测。RegE – SchVG, BT – Drucks. 16/12814, S. 20.

〔30〕 亦即德国《股份法》第 93 条第 1 款第 2 句。

〔31〕 RegE – SchVG, BT – Drucks. 16/12814, S. 20.

〔32〕 Vgl Roland Schmidtbleicher, Die Anleihegläubigermehrheit: eine institutionenökonomische rechtsvergleichende und dogmatische Untersuchung, Tübingen 2010, S. 322; Hannes Schneider, Ist das Schuldverschreibungsgesetz noch zu retten? ILF Working Paper Series No. 135, 3/2013, S. 19, „Aktienrecht ist Verbandsrecht, Anleiherecht ist Schuldrecht".

型，构建债券持有人的权利体系。[33] 立法技术上，立法者在新《债券法》中大量引入了《股份法》的组织性规定，其中就包括股东大会的召集、召开及表决等规则、股东的投票权和知情权规则、瑕疵决议撤销诉讼和豁免程序的规则、商业判断规则、章程强制规则等。对此，德国学者评论道，这一改革使德国债券持有人组织从旧法下的“最低限度组织”（Mindestorganisation）蜕变成现代的、健全的组织体系；其组织体系不再“发育不良”，而是具有更加细致和发达的组织规范和设计；其发达程度在某些方面甚至超越了《股份法》。[34] 同时，在这一组织架构下，债券持有人获得了“完全的债权人自治”[35]，能够对债券事务作出有效的集体决策；[36] 债券持有人会议具有“与股份公司股东大会的结构上的相似性”[37]。

由此可知，新的德国《债券法》已经突破了过去将债券持有人视为分散的、个别的债权人的做法，而将债券持有人群体视为一个紧密联合的团体。在此基础上，德国《债券法》将团体法原理扩张适用到了债券持有人的组织上，从而突破了作为公司成员的股东与作为债权人的债券持有人之间的传统界限。《债券法》也由此被视为《股份法》的“姐妹法”。[38]

在此团体法路径上，德国《债券法》将发行人与债券持有人的关系，定位为发行人与债券持有人团体之间的关系，并限制了发行人与个别债券持有人之间的直接关系。对于债券持有人之间的关系，则确认了他们内部的联合关系，使他们互负团体法上的成员间的忠诚义务。对于债券持有人会议与共同代表两个机构的关系，则以前者为主，后者

---

〔33〕 RegE - SchVG, BT - Drucks. 16/12814, S. 14.

〔34〕 Philip Liebenow, Das Schuldverschreibungsgesetz als Anleiheorganisationsrecht und Gesellschaftsrecht, Tübingen 2015, S. 54.

〔35〕 Ulrich Simon, Das neue Schuldverschreibungsgesetz und Treuepflichten im Anleiherecht als Bausteine eines außergerichtlichen Sanierungsverfahrens, Baden - Baden 2012, S. 136.

〔36〕 同前注〔34〕, S. 60。

〔37〕 Felix Steffek, Änderung von Anleihebedingungen nach dem Schuldverschreibungsgesetz, in: Festschrift für Klaus J. Hopt, Berlin 2010, S. 2597, 2612.

〔38〕 同前注〔34〕, S. 67。

为辅,令其分别扮演意思机关和行动机关的角色,从而形成协调配合、分工明确的组织结构体系。通过实施团体法路径,德国《债券法》为债券持有人与共同代表的共同治理搭建了一个合理有效的框架。

2. 债券持有人自治:团体法改造的动因

德国《债券法》在1899年颁发后,在往后的一个多世纪里几乎未有修改。由于该法对债券持有人权限进行了过多限制,它逐渐丧失了现实意义。[39] 有鉴于此,2009年现代化改革的首要目标就在于强化债券持有人的决策能力,实现债券持有人自治。[40]

德国立法者之所以强调债券持有人自治,具有多方面的理论基础。首先,债券持有人是债券合同变更的经济后果的承担者,其自身最能作出符合其利益最大化的、亦即"正确的"决定;其次,债券持有人参与债券事务的管理,这不但有利于减少代理成本和限制债券受托人的机会主义行为,而且有利于提升公司治理的水平;最后,根据法经济学家科斯关于"单一所有者"(Single Owners)的理论,通过向债券持有人"赋能"(empowerment),使其如同一个单一所有者那样行动,可以增强其对债券发行人及其他债权人的谈判能力。[41]

正是基于对债券持有人自治重要性的认识,德国立法者提出了团体法改造的路径。这是因为,实现债券持有人自治及其内部的协调一致,需要以健全有效的债券治理机制为组织前提。这一治理机制须具备两个核心要素:一是能够作出对全体债券持有人有约束力的决议多数决条款,二是能够对债券持有人进行统一协调的组织机构。[42] 团体法以其多数决机制和成员组织机制的特征,显然最能帮助债券持有人群体实现自治和内部的协调一致,因而成为德国《债券法》现代化改革的方向。借鉴《股份法》的团体法规则,则是《债券法》团体法改造的一

〔39〕 RegE - SchVG, BT - Drucks. 16/12814, S. 13.

〔40〕 同前注〔39〕, S. 1。

〔41〕 同前注〔34〕, S. 27 ff。

〔42〕 前一要素之所以重要,是因为它可以限制个别债券持有人策略性的"敲竹杠"行为,并激励所有债券持有人作出符合集体利益的决议;后一要素之所以重要,是因为债券持有人群体是由匿名且经常变换的大批公众债权人组成的,因此面临极大的集体行动困境,鉴于此,其意思形成需要由一个组织机构来进行协调。同前注〔34〕, S. 33 ff。

条捷径。

三、中国公司债券治理组织体系的团体法塑造

(一)债券持有人自治引领下的团体法塑造

从上述论述可知,德国债券法在现代化改革中,在实现债券持有人自治为宗旨的指引下,合乎逻辑地选择了团体法改造的路径。在这一路径下,以股份公司法为模型,对债券持有人会议制度、共同代表以及两者的关系进行了规范,从而形成了独具特色的债券治理机制。这一路径对于我国处理债券持有人会议与债券受托管理人之间的关系、构建有效的债券治理机制,具有深刻的启发意义。

现代资本市场中,债券市场具有与股票市场不分伯仲的地位,债券市场是我国资本市场的重要组成部分。正如前述英美学者所言,债券作为一种融资工具,其利益越来越依赖于公司的表现,它与股票的差异也因此逐渐消弭,因此,债券持有人也应当如同股票持有人那样,得以对其债券行使自主权利。在此背景下,我国高举债券持有人自治的旗帜,成为贯彻市场主体意思自治、实现债券持有人保护以及发展债券市场的必然选择。这不仅是德国债券法的选择,也是欧洲大陆主要国家以及日本等其他大陆法系国家的通常选择。[43] 我国新《证券法》第92条确立的"债券持有人会议为主、债券受托管理人为辅"的立法理念,也反映了其债券持有人自治的基本价值取向。

在实现债券持有人自治的宗旨下,团体法路径以其便于协调众多成员利益、理顺内部各机构间关系、高效形成团体意志、实现团体整体

---

〔43〕 关于欧洲大陆国家法律的债券持有人自治,参见[挪威]马德斯·安登斯、[英]弗兰克·伍尔德里奇:《欧洲比较公司法》,汪丽丽、汪晨、胡曦彦译,法律出版社2014年版,第219~231页。关于日本法债券持有人自治,参见官欣荣、赵津:《证券法修订视野下公司债券持有人权利救济的思考》,载黄红元、徐明主编:《证券法苑》(第17卷),法律出版社2016年版。

利益等诸方面的优势,[44]成为实现这一宗旨的最优选择。我国债券法可以沿着这一路径,对我国当前以两机构融合模式为特征的债券治理机制进行改造。通过对债券持有人会议制度和债券受托管理人制度进行团体法塑造,以团体法原则理顺两者之间以及债券持有人之间的关系,最终实现债券持有人整体利益保护这一"团体目标"。

(二)团体法塑造的具体思路:以《公司法》修订为契机

公司债券持有人作为与股票持有人几乎等量齐观的公司投资者,其自治组织的地位也应当在法律体系中得以明确彰显。为此,最佳的立法模式应当是将公司债券治理机制置于《公司法》而非《证券法》。其原因在于,前者是组织法,后者是行为法,将作为组织制度的债券治理机制置于作为组织法的《公司法》,具有体系上的合理性。同时,将公司债券与债券保护机制一同规范,在节约立法资源、提高法律适用效率的同时,也更能彰显立法者对于债券持有人和股票持有人予以同等重视的保护。另外,从比较法来看,这一做法也体现在了大陆法系的许多国家和地区,如法国、日本和我国台湾地区。

我国当前正在进行《公司法》的修订,为公司债券治理机制的确立和团体法塑造提供了契机。对此,本文认为,在两法联动背景下,可以将债券治理机制在《公司法》的"公司债券"专章进行规定,同时,《证券法》的相应部分则可在未来的修法中予以简化或删除。在此立法模式的构想下,下文提出的具体的团体法塑造建议及其体现的思路,可以有机地体现在《公司法》的"公司债券"专章。

1. 债券持有人会议制度的团体法塑造

债券持有人会议制度团体法塑造的目标在于,将债券持有人会议打造成为债券治理机制中的权力机关,使之成为债券持有人行使集体权利、实现自治的基本形式。

首先,需要确立集体行动("集体约束")的原则,这是债券治理组织团体法塑造的基础条件。集体行动原则是债券治理机制实施多数决并进行组织构建的前提,同时也是确保债券持有人得以公平对待、维护

---

〔44〕 类似的关于团体功能的阐述,参见叶林:《私法权利的转型——一个团体法视角的观察》,载《法学家》2010年第4期。

债券市场统一性的关键。我国目前对于同次发行债券的持有人，法律仍允许部分债券持有人与发行人之间，通过个别协议或者诉讼实现债券合同条款的个别变更。[45] 这不利于债券治理效率的提升以及债券市场的统一。对此，我国应当根据集体行动原则的要求，对此进行制度完善：债券受托管理人在债券违约之时提起的民事诉讼或者清算程序，无论其受全部抑或部分债券持有人的委托，相关程序的法律效力都应当对所有同次发行债券的持有人生效，以此替代现行《证券法》第92条第3款的规定。类似地，最高人民法院《全国法院审理债券纠纷案件座谈会纪要》（以下简称《纪要》）对于因债券违约而产生的合同纠纷案件，实施“集中起诉为原则，以债券持有人个别起诉为补充”的政策，这可能会使同次发行债券发生分裂，因此亦违背了集体行动原则，建议予以变更。

其次，债券持有人会议制度的团体法塑造。一是借鉴德国法的经验，以股东大会制度为原型，塑造债券持有人会议制度：多数决对于团体决策的效率具有关键意义，应当确立为债券持有人会议决议的基本方式；以多数决作出的决议，对全体债券持有人具有约束力。同时，会议的召集、代理出席，会议决议事项的范围、债券持有人投票权与知情权、表决与通知等运行规则，也可以以股东大会制度为参照，形成债券持有人会议的规则。二是赋予债券持有人会议组织性规则半强行性或强行性的法律效力。按照新《证券法》第92条第1款的规定，债券持有人会议的组织性规则由市场主体自由约定，这一做法虽然尊重了市场主体的自主性，却可能为实际掌握规则制定权的债券发行人任意摆弄规则创造了空间，从而对债券持有人不利；同时，组织性规则的各行其是，将加深债券持有人学习适应新规则的难度，不利于其通过组织规则实施和维护自身的权利。因此，我国《公司法》可以以德国债券法为鉴，制定统一的债券持有人会议组织性规则，并赋予其半强行性、甚至强行性的法律效力，以降低公司债券市场的交易成本，便利债券持有人

〔45〕 参见最高人民法院《纪要》第二部分的规定。

行使权利。[46] 三是借鉴德国法的经验，在我国公司法既有网络投票方式的基础之上，引入“虚拟会议”制度。我国是互联网技术及运用世界领先的国家，社会大众习惯通过互联网进行消费和投资，通过网络会议开展学习和工作，因此组织和运用“虚拟会议”，具有先天优势；另外，我国具有债券持有人投资份额少、地域分布广的特征，采用这一会议组织方式也能产生良好的社会效益。

最后，债券持有人会议瑕疵决议救济制度。在团体法下，债券持有人会议一旦作出决议，即对全体债券持有人、包括持反对意见者产生拘束力。在有关决议可能存在瑕疵之时，赋予受影响的债券持有人救济权利，就显得尤为必要。对此，目前我国无论是法律层面的《公司法》《证券法》，还是规章层面的《管理办法》，都未作出相应安排；最高人民法院《纪要》虽然涉及“债券持有人会议决议的效力”的问题，但对于“存在法定无效事由”时有关主体如何救济的问题，亦未提及。这一法律状况不利于我国债券持有人的利益保护。对此，我国可以以公司法的股东大会决议瑕疵救济制度为模型，构建债券持有人会议决议瑕疵救济制度。考虑到决议瑕疵诉讼会产生执行阻碍的效果，我国可以以德国债券法为鉴，通过引入豁免程序，[47] 防止决议瑕疵诉讼制度被滥用并产生负面效果。

2. 债券受托管理人制度的团体法塑造

债券受托管理人团体法塑造的目标在于，将其打造成为债券治理机制的执行机关，使其具备相对独立的法律地位，统一行使债券持有人的权利，履行债券法和债券持有人会议决议规定的义务。

首先，确立债券受托管理人独立的法律地位，使其成为债券持有人的唯一受托人。在我国，根据最高人民法院《纪要》的规定，债券持有人在聘有债券受托管理人的同时，仍可以推选其“诉讼代表人”，并且可以“个别起诉”，[48] 从而产生侵蚀债券受托管理人职能的隐忧。另

---

〔46〕 根据法经济学原理，“现成的合同条款”具有降低交易成本、抑制机会主义的作用，参见[美]弗兰克·B. 克罗斯、[美]罗伯特·A. 普伦蒂斯：《法律与公司金融》，伍巧芳、高汉译，北京大学出版社 2011 年版，第 53 ~ 60 页。

〔47〕 见第二部分第（一）节第 2 点注脚中关于豁免程序的介绍。

〔48〕 参见最高人民法院《纪要》第二部分的规定。

外，债券受托管理人的委托人究竟是债券持有人还是发行人，也尚未明确，这使其履职独立性遭受质疑。[49] 这些法律状况显示出，我国债券受托管理人的法律地位仍不够独立和明确。在团体法的路径下，债券受托管理人应当被确立为债券治理机制中的执行机关，具有独立的法律定位，是公司债券持有人的且唯一的受托人。为确立其独立的法律定位，我国可以借鉴德国法共同代表制度的经验，在《公司法》中直接规范其选任、任务及职责、注意义务标准等方面，赋予其强行法的坚硬骨架，从而凸显其作为团体法行动机关且区别于民法中普通代理人的角色；在债券受托管理人权限范围内，个别或部分债券持有人不得各自行使权利，以实现债券持有人整体的行动一致及公平待遇，并维护债券受托管理人的中央执行机构的地位。如此，债券受托管理人仍然由债券持有人选任和更换债券受托管理人，但其一旦被选任，即获得了法定的独立地位，可以根据法律赋予的权限和责任，作为债券持有人的唯一受托人独立地展开履职活动。

其次，债券受托管理人制度具体运作规范的团体法塑造。这可以保障债券受托管理人维持独立法律地位。一是债券受托管理人的选任和利益冲突防范。我国新《证券法》和《管理办法》都涉及债券受托管理人的范围，后者还对发行人提出了防范利益冲突的要求，但总体来看，债券受托管理人的选任标准仍显宽泛、选任范围仍显狭窄，关于利益冲突情形的披露机制规定不明，不利于防范利益冲突和保障债券受托管理人公正履职。就此，我国可以借鉴德国法的经验，在选任范围上，扩大至特定的自然人，如受监管机构认可的律师、会计师等专业人士，通过增加可供选任的候选人范围，来增强利益冲突防范机制的有效性；加强对候选人的潜在利益冲突情况的披露，以持股或持债比例、关联关系、任职关系等标准制定更加细致的披露规则；区分债券持有人会议决议确定的和债券合同指定的债券受托管理人，分别设定不同的选任和披露标准。二是债券受托管理人的权力和职责。如上所述，我国的债券受托管理人的权力和职责可以主要由强制性法律直接规定，以强化其法定地位。同时，债券受托管理人还须履行债券合同赋予的任

---

〔49〕 同前注〔5〕。

务和权限，并执行债券持有人会议决议。对于其履职活动，我国新《证券法》已经规定了“勤勉尽责、公正履职”的义务，在此基础上，我国《公司法》可以借鉴德国法的经验，将此义务进一步提升为“经营管理者”的忠实义务和勤勉义务，违反该义务，则须承担相应的法律责任。三是债券受托管理人的免责规则。在承担前述职责的过程中，债券受托管理人需要对涉及发行人及债券市场的错综复杂的情况作出商业判断，即便竭尽所能，也难免有所失误，从而面临赔偿损失的法律后果。这一风险可能增加合格主体担任债券受托管理人的顾虑，降低债券受托管理人的履职能动性，因此会反作用于债券持有人利益的维护。经营判断规则的引入可以令债券受托管理人获得合理的免责，并最终保障其职能的实现。目前，我国学界正积极讨论将经营判断规则引入我国公司法，以此为契机，我国也应借鉴德国法的经验，将经营判断规则一并引入公司债券治理机制。

四、结论

公司债券治理组织制度是实现债券持有人保护的基本保障。我国新《证券法》第 92 条采用的债券持有人会议和债券受托管理人“两机构融合”的模式，不仅有利于集合两种制度的各自优势，还与当前世界两大法系的发展潮流相吻合。然而，新《证券法》第 92 条只是初步确定了我国公司债券治理组织制度的发展方向，对于上述两机构如何实现有机融合，则并未有明确方案，尚待进一步的研究和发展。有鉴于此，我国应该在既有基础上，以确定的思路统率公司债券治理的组织体系发展。环视两大法系主要国家的立法实践，同为大陆法系国家的德国对两机构融合的问题提供了明确且细致的方案。在其新近修订的《债券法》中，德国通过仿照该国《股份法》，创造了类似于公司组织性制度的债券持有人组织性制度，由此走出了一条特色鲜明的团体法路径，其既有的债券持有人会议和共同代表两个机构也实现了有效融合。德国法的这一成功范例，立足于团体法对于实现债券持有人整体利益和目标、对于维护债券市场的功能所具有的强大解决能力，这对于我国亦有重要的启发意义。本文因此提出,我国可以在团体法的方向上,全面塑造我国新《证券法》设定的两机构融合模式;通过对债券持有人会议制度和债券受托管理人制度的团体法塑造,实现两个机构之间的协调配合,并形成债券持有人保护的合力。以当下进行的《公司法》修改为契机,我国可将这一改革思路融入该法“公司债券”专章及相关条文中。本文就此已分别对两机构的团体法改革提出了若干建议,其更具体深入的发展,仍待学界共同努力。

(编辑:谢贵春)

《证券法苑》(2023)
第三十八卷,第103~152页

破产强硬手段*

[美]贾里德·A. 埃利斯**
[美]罗伯特·J. 斯塔克***

---

* Jared A. Ellias & Robert J. Stark, Bankruptcy Hardball, 108 CALIF. L. REV. 745(2020). 本文系国家社科基金青年项目"合规机制的公司法普适性规则研究"(项目编号:17CFX071)的阶段性成果。

** 加州大学黑斯廷斯法学院法学教授。

*** 布朗·鲁德尼克律师事务所合伙人。

感谢格伦·布拉姆、瑞恩·布布、埃米利亚诺·卡坦、拉里·坎宁安、杰夫·戈登、肖恩·格里菲斯、马特·马洛、伯纳德·沙夫曼、霍尔格·斯帕曼以及美国法律和经济协会研讨会、会议的参加者以及以色列法律和经济协会、杜兰公司和证券法圆桌会议、纽约大学公司治理和金融研究所圆桌会议、斯坦福大学法学院所给予的有帮助意义的评论。本文入选2019年斯坦福/耶鲁/哈佛青年教师论坛。感谢肯·阿约特、道格拉斯·贝尔德、迈克尔·圣帕特里克·巴克斯特、伯尼·布莱克、文斯·布科拉、托尼·凯西、约翰·克劳福德、杰夫·加芬克尔、阿萨夫·哈姆达尼、伊迪丝·霍奇基斯、特德·詹格、科比·卡尔斯蒂尔、埃胡德·卡玛尔、托比亚斯·凯勒、迈克·克劳斯纳、乔纳森·利普森、凯特·利特瓦克、瓦莱丽·皮奥、乔治·特里安提斯、弗雷德·东、迈克·西姆科维奇、大卫·斯基尔、大卫·C. 史密斯、凯特·沃尔多克、P. 沙宾威雷特和特拉维夫大学的研讨会观众。纽约大学的美国法律与经济协会年会、加州大学伯克利分校的全国商业法学者研讨会、波士顿大学法学院的公司与证券诉讼研讨会、耶鲁大学法学院的斯坦福/耶鲁/哈佛青年教师论坛、旧金山律师协会的商法与破产午餐会、纽约博伊斯席勒 Flexner 律师事务所、加州大学伯克利分校商业法教师静修会、加州大学黑斯廷斯法学院正在进行的破产工作会议,以及加州大学黑斯廷斯法学院青年教师讲习班,他们提供了有益的评论。感谢贾斯汀·坎宁安、泰勒·戴维斯、莎拉·莫兰、娜塔莉·瑞安和劳伦渡边的帮助研究。本文中的案例研究都是从公共文件中提取的,并有充分的脚注和公共来源的证实。而且在第四部分的案例中,贾里德·埃利斯曾在 American Safety Razor 案中代表债权人利益,而罗伯特·J. 斯塔克在 Forest Oil, Colt Holdings 和 American Safety Razor 案中代表债权人利益。此外,斯塔克先生的公司成员在 General Growth Propertie 和 Lyondell 案中代表债权人利益。

梁　爽　张　涛[****]译

摘要:在金融危机前夕,特拉华州法院的一系列裁判导致债权人将不再享有能使其债权免受机会主义侵害的权利。陷入困境的公司常常采取只保护部分利益相关者的利益而损害另一部分债权人的策略,并且合同法和公司融资的基本原则都无法加以限制。本文通过案例研究,表明债权人不仅容易成为机会主义的靶子,而且无法清偿债权。特拉华州法院的做法实则是为采取焦土政策的公司铺平了道路。法官只需更严格地应用现有的法律原则以解决这些问题。

关键词:债权人　破产法　合同法　公司融资　机会主义

2017年年底,全球宠物用品零售巨头PetSmart发现自己陷入了严重的财务困境[1],而该困境源于其失败的杠杆收购和兼并,这使PetSmart负担了数十亿美元的担保贷款和无担保债券的债务[2],这一结果显然是不如意的。并且,PetSmart债券出现了大幅度的折价,这也表明债券市场的交易者认为该公司可能无力偿债。[3] 按照公司治理的传统观点,此时PetSmart董事会应寻求能改善其财务困境的潜在业务,或者通过申请破产的方式让债权人能优先于股东最大化地实现自己债权。相反,PetSmart的董事会批准了一项令一家公司感到震惊的交易:它从债权人手中拿走了近20亿美元,向其股东分配了约9亿美元,并将7.5亿美元投入了一家没有义务偿还其90

**** 译者分别为华东政法大学国际金融法律学院教授,华东政法大学国际金融法律学院硕士研究生。

[1] See Eliza Ronalds - Hannon & Lauren Coleman - Lochner, *The Most Expensive Takeover in Retail is Drowning in Debt*, BLOOMBERG (Apr. 25, 2018), https://www.bloomberg.com/news/articles/2018 - 04 - 25/yielding - 2 - in - bond - market - the - no - 1 - retaillbo - is - in - trouble/ [https://perma.cc/HA9N - ZPQ8].

[2] 同上注。

[3] 同上注。

亿美元债务的子公司。[4]

PetSmart 的选择象征着现今董事会应对财务困境的全新方式。[5] 在大多数美国公司案例中，董事会都被建议积极管理陷入困境的公司，着眼于债权人的利益去最大化实现公司的价值。[6] 相比之下，在当今世界，许多公司采取的策略都是伤害债权人利益，或者为了股东的利益而积极避免破产。而在 PetSmart 花费了本属于债权人的 20 亿美元后，

---

〔4〕 See Eliza Ronalds – Hannon & Katherine Doherty, *PetSmart Moves Part of Chewy. com Out of Creditors' Reach*, BLOOMBERG (June 4, 2018), https://www. bloomberg. com/news/articles/2018 – 06 – 04/petsmart – is – said – to – move – chewy – stake – in – j – crew – style – transfer/ [https://perma. cc/H9U. B – 3YH2].

〔5〕 虽然美国大众媒体的也报道了相关事件，但这篇文章是第一个完整描述整个现象的。See, e. g. , Soma Biswas, *Deal to Save J. Crew from Bankruptcy Angers High – Yield Debt Investors*, WALL STREET J. (Sept. 21, 2017), https://www. wsj. com/articles/deal – to – savej – crew – from – bankruptcy – angers – high – yield – debt – investors – 1506011065/ [https://perma. cc/YDG6 – UXXU]（其讨论了一项交易，将"次级债券持有人推到债权人的前面，并排在处于优势地位的定期贷款持有人之前……债券投资者越来越担心，对信贷合同的激进解读正在损害债券市场"）; Sujeet Indap, *Private Equity Firms'Lawyers Get Creative*, FIN. TiEs (Aug. 14, 2017), https://www. ft. com/content/3a42e50e – 7e23 – 11e7 – 9108 – edda0bcbc928/[https://perma. cc/FYT3 – VWS4]["每家（私人股本）公司都在采取更激进的方式。有些股东会赢，有些会输"]; Nathan Vardi, Leon Black's Apollo Global Management Keeps Winning Battles and Outmaneuvering Creditors, FORBES (Aug. 28, 2014), https://www. forbes. com/sites/nathanvardi/2014/08/28/leon – blacks – apollo – global – management – keepswinning – battles – and – outmaneuvering – creditors/#5d7c2da2785f/ [https://perma. cc/AS2N – CKAE]（值得注意的是，一家领先的私人股本公司经常会赢得与债权人的战斗，虽然债权人的债权在法律上比股东更重要）. 一位著名的投资银行家将 2018 年描述为"（大公司）厚颜无耻地剥离资产（将资产从债权人手中转移出去），令人难以置信！See *End of the Year Followup*, PETITION (Dec. 19, 2018) (quoting J. Scott Victor), https://petition. substack. com/p/petitions – 2018 – deal – of – the – year [https://perma. cc/S4CSY4Y3]".

〔6〕 Story 大法官在 19 世纪早期开创了这一法学领域，他最初是一名地区法院法官，see Wood v. Dummer, 30 F. Cas. 435, 435 – 40 (C. C. D. Me. 1824) (No. 17, 944)，后来成为最高法院法官，see Mumma v. Potomac Co. , 33 U. S. 281, 281 – 87 (1834)。简而言之，他的观点是，破产公司的管理层应把公司作为"信托基金"来运营，为债权人的利益服务，这一观点后来被称为"信托基金原则"。而对信托基金学说向现代信托责任转移的演变进行更全面的探讨，see generally Henry T. C. Hu & Jay Lawrence Westbrook, *Abolition of the Corporate Duty to Creditors*, 107 Colum. L. Rev. 1321, 1332 (2007)（总结了从信托基金理论到职责转换的过渡）。

其债券的交易价格却明显地发生上涨,[7]不过,受到该交易伤害的债券持有人也可能会松一口气,因为这不是最糟糕的情况。[8] 虽然这种行为在几年前是不可想象的,但在今日的环境下,一家陷入困境的公司仅从其债权人手中夺走了近20亿美元,已经能被视为对其债权人利益的有意施惠了,因为其股东原本能让自己分得更多利益。

本文认为,自金融危机以来,以往能限制困境公司管理层对债权人侵害的规范已几近失效,[9]管理层现今总是通过"破产强硬手段"和债权人进行周旋。[10] 可以肯定的是,当一家公司陷入财务困境时,债权人、管理层和股东的利益就会出现分歧[11],但管理层可以利用他们的控制权,在一系列能对公司利益相关者产生不同重要影响的分配方案中自由选择。[12] 而这种自由裁量权延伸出的道德危险,本文称为控制

〔7〕 同前注〔4〕。

〔8〕 同上注。

〔9〕 另一个例子是,博彩集团Caesar's的私人股本所有者决定剥离该公司的最佳资产,以便在该公司最终申请破产时获得与债权人讨价还价的能力。在一份内部陈述中,这家私募股权公司所有者的员工为这宗后来被法院指定的审查人员发现是欺诈性转移的交易辩护称,日益增加……(本文的)"战争资金"(用来与债权人对抗),以应对潜在的重组。See Final Report of Examiner Richard J. Davis at 343, In re Caesars Entm't Operating Co., 561 B. R. 441 (Bankr. N. D. 1. 2016) (No. 15 - 01145).

〔10〕 这个名词的灵感来源于Joseph Fishkin & David E. Pozen, *Asymmetric Constitutional Hardball*, 118 Colum. L. Rev. 915 (2018), and Mark Tushnet, *Constitutional Hardball*, 37 J. Marshall L. Rev. 523 (2004)。本文称为"破产强硬手段"的行为并不一定涉及破产申请,而"破产强硬手段"应被认为是描述了在债务人—债权人关系中债务人采取的咄咄逼人的战术,其中许多都不是新的。本文认为,新的情况是强硬策略的部署频率和强度,部分原因本文会在本文的第二、三部分进行描述。

〔11〕 See David A. Skeel, Jr., *Creditors' Ball: The "New" New Corporate Governance in Chapter 11*, 152 U. Pa. L. Rev. 917, 923 (2003) (讨论破产中的公司治理); see also Michelle M. Hamer et al., *Activist Investors, Distressed Companies and Value Uncertainty*, 22 Am. Bankr. Inst. L. Rev. 167 (2014) (讨论私募基金的破产程序).

〔12〕 See also Adam J. Levitin, *The Problematic Case for Incentive Compensation in Bankruptcy*, 156 U. Pa. L. Rev. 88, 101 (2007) (文章指出,在破产程序中最大的公司治理问题就是如何应对"估价的不确定性以及因此而产生的激励和剩余所有者身份的不确定性"). 参见前注〔11〕,以及Lynn M. LoPucki & William C. Whitford, *Corporate Governance in Bankruptcy Reorganization of Large*, Publicly Held Companies, 141 U. Pa. L. Rev. 669 (1993) (讨论破产公司的管理)。

机会主义。[13] 虽然这种道德风险早已出现,但在过去十年中,本文观察到这种道德风险在大公司中有着明显的提升。

这一变化部分归因于普通法放弃了其以往对债权人的保护。[14] 在美国历史上的大部分时间里,法官能通过各种普通法原则,有力地监督控制机会主义,即如果管理者越过了机会主义行为的公认合理界限,法院就可以为债权人提供补救措施。[15] 并且,这些普通法原则也不会要求管理层对任何没有成功的商业决定负有责任。[16] 但是,法院以往要求公司决策要明确地保护债权人的利益,以及要求管理层对这类决策负有某种的潜在责任的做法,能在很大程度上阻止管理层的鲁莽行为或对债权人协商权利的有意忽视。[17]

然而,在金融危机的前夕,特拉华州法院突然改变了做法。[18] 2007 年,特拉华州最高法院在 Gheewalla 一案的裁决中,限制了管理层在财务困境时期对债权人的信托责任。[19] 有学者认为,这种转变表明法院认为债权人不再需要法官的特别照顾,并且信托义务和其他公平补救措施对遏制控制机会主义也不是必要的。[20] 根据这些学者的观点,公司最大的债权人通常是银行和债券投资者,而他们往往能够保护自己,[21] 如果这些债权人害怕机会主义,他们可以预先签订合同来防止它的发生,而法院只需要在必要时强制执行这些合同即可。[22] 此

〔13〕 我们相信这篇文章是第一个用“控制机会主义”这个词来描述那些驱使投资者和管理者利用他们在破产程序中对债务人的控制来获取私人利益的行为,这在第一部分将进一步解释。但本文涉及的许多代理问题已经在其他论文中讨论过。参见注〔12〕。

〔14〕 参见本文第三部分。

〔15〕 参见本文注释〔83〕~〔100〕以及相应说明。

〔16〕 同上注。

〔17〕 参见本文注释〔87〕~〔103〕以及相应说明。

〔18〕 同上注。

〔19〕 参见本文注释〔87〕~〔93〕以及相应说明。

〔20〕 同前注〔6〕,提出债权人的信托责任是不必要的;参见本文注释〔87〕~〔89〕以及相应说明。

〔21〕 同前注〔6〕;Frederick Tung, *The New Death of Contract: Creeping Corporate Fiduciary Duties for Creditors*, 57 Emory L. J. 809, 864 – 68 (2008)(反对为精明债权人提供受托责任的保护)。

〔22〕 See Prod. Res. Grp. v. NCT Grp. (Production Resources), 863 A. 2d 772, 789 (Del. Ch. 2004).

外,一些法官也认为,即使是未事先被合同禁止的机会主义行为,也能受到其他法律规则和公平原则的有效监管,如"欺诈和欺诈性转让法、默示的诚信契约和公平交易、破产法、一般商法和其他债权保护"。[23]

本文认为,在 Gheewalla 案和 Quadrant 案之后,法院免除了公司决策要受法院原则性指导的义务,并且控制机会主义的例子在实践中也越来越普遍和显著。[24] 这是债权人保护现状重大误解的结果,债权人并不具有通过合同和破产法可靠地保护自己的能力。[25] 首先,控制机会主义无法通过合同得到完美地遏制。即使债权人可以预见控制机会主义的所有可能,并精心制定了合同条款,而精明的律师和不断变化的财务情势也可以让管理层逃避实际执行。[26] 虽然坚持合同论的学者可能会反驳说,这仍是债权人的合同不够完备所导致的,但是企业困境常常会引发一种猫捉老鼠游戏,换言之,合同的执行往往更多地取决于实际情况,而不是司法程序,聪明的债务人会通过多种手段实现与事前合同条款完全不一致的结果。[27] 事实上,正如下文案例所表明的那样,债务人经常可以利用他们的优势从本质上改写债权契约,而违约诉讼的威胁也会随着公司困境的加深,而变得越来越小。[28]

另外,目前破产法为债权人提供的保护远远少于学者和特拉华州法官的设想:[29] 当公司遇到严重的财务问题时,管理层会申请破产,而法官会监督管理层致力于公司价值最大化,为债权人提供尽可能好的

---

〔23〕 See N. Am. Catholic Educ. Programming Found. v. Gheewalla, 930 A. 2d 92, 99 (Del. 2007)(宣称债权人不具有受托责任的保护,而是"通过破产法、合同协议、欺诈和欺诈性转让法、隐含的诚信契约和公平交易给予保护").

〔24〕 参见本文注释〔101〕~〔103〕以及相应说明。

〔25〕 参见本文注释〔105〕~〔173〕以及相应说明;see also Haslund v. Simon Prop. Grp., 378 F. 3d 653, 655 (7th Cir. 2004) (Posner, J.)(文章指出合同可以变得更短、更简单、更便,而不可能变成完美合同,合同需要法院在诉讼案件中填补空白并解决歧义)。

〔26〕 参见本文注释〔105〕~〔173〕以及相应说明。

〔27〕 同上注。

〔28〕 同上注。

〔29〕 同前注〔6〕, p. 1369 - 78(文章认为破产法为债权人提供了充分的保护,因此,应废除保护债权人的信义义务)。参见本文注释〔175〕~〔261〕以及相应说明。

补偿,并且会与破产前谈判达成的合同条款相一致。[30] 然而,在实践中,破产法官会先将债权人利益与其他政策目标进行权衡,比如公司在破产申请后的融资需求、公司重组经营的可能性以及保护当前和未来员工等。[31] 并且,聪明的债务人及其律师都能理解这一点,并专门为此制定了程序策略,以有效地禁用债权人的法律机制,例如欺诈性转让等规则,在下文都会进一步解释。[32] 这种破产强硬手段可能有助于解释为什么 PetSmart 董事会决定这样一个的分配方案:在拥有充足资金的情况下,让该公司的股东更有能力获得比破产程序或庭外重组结束时可能获得的更多的资金。[33]

本文共分为五个部分。在第一部分中,本文对控制机会主义进行了定义。在第二部分,本文描述了普通法对债权人保护的态度转变,以及这种转变背后的意识形态基础。在第三部分,本文会通过几个案例研究,来说明当前财务困境公司的真实情况。虽然在本文选取的部分案例中,债权人成功地挫败了机会主义行为,但这些案例仍然能说明可供管理层选用的破产强制措施的种类之多,以及这种措施即使失败也会给债权人带来巨大的权益亏损。[34]

在第四部分中,本文认为特拉华州的法官和破产法官可以通过对所谓的控制机会主义进行更严格的审查,并对管理者试图更改合同的做法持更怀疑的态度,来恢复债权债务关系的平等秩序。[35] 诚然,

---

〔30〕 See generally John A. E. Pottow, *Fiduciary Principles in Bankruptcy and Insolvency*, in the Oxford Handbook of Fiduciary Law 205(Evan J. Criddle et al. eds. ,2019).

〔31〕 参见本文注释〔175〕~〔224〕以及相应说明。

〔32〕 参见本文注释〔220〕~〔261〕以及相应说明。

〔33〕 See,e. g. ,In re Lyondell Chem. Co. ,503 B. R. 348,353(Bankr. S. D. N. Y. 2014), abrogatedby In re Tribune Co. Fraudulent Conveyance Litig. ,818 F. 3d 98(2d Cir. 2016)(文章证明了先分配资金的优势,即使有欺诈性转移风险与转让有关).

〔34〕 他们还提出了在某种程度上有争议的控制机会主义的案例。我们怀疑许多案例都涉及不太容易察觉的机会主义行为。

〔35〕 See,e. g. ,Henry E. Smith,*Equity as Second - Order Law*:*The Problem of Opportunism* (Harvard Pub. L. ,Working Paper No. 15 - 13,2015)(认为需要公平原则来约束机会主义).

Gheewalla 案并不是导致债权债务关系失衡的唯一因素。例如,在金融危机之后的几年里,债券市场一直处于回暖状态,不仅让管理层人胆量变得更大,还降低了债券投资者的议价能力,此外,对冲基金和债权交易的兴起也具有较大影响。[36] 然而,本文坚信,在其他条件不变的情况下,如果现有的法律规则得到法官更严格的应用,现状是可以改善的,[37] 法官有充足的自由裁量权来抵制机会主义行为。[38] 事实上,信贷市场的发展最需要的是可预见性,但如今市场上充满了不确定的公司困难和诉讼困难。[39] 如果债权人的期望在事后没有得到稳定的司法救济,投资者只能事先避免某些投资选择,最终造成企业可能无法实现有效融资。[40]

一、公司财务困难时期的控制机会主义问题

在本节中,本文对作为困境公司最主要的治理障碍"控制机会主

〔36〕 See,e. g. ,Douglas G. Baird & Robert K. Rasmussen,*Antibankruptcy*,119 YALE L. J. 648(2010);Jonathan C. Lipson,*The Shadow Bankruptcy System*,89 B. U. L. Rev. 1609,1686(2009)(详细说明了改变破产程序动态议价的许多因素,例如索赔交易的增加,对冲基金的影响,以及持有信用违约互换的投资者)。有关"持续的对借款人有利的信贷市场"的讨论,see Joe Rennison,*In Leveraged Loans,Sellers Are Still in Near - Total Control*,FIN. TIMES(Mar. 22,2019),https://www. ft. com/content/68a67be6 - 4b58 - 11e9 - 8b7f - d49067e0f50d/ [https://perma. cc/445E - ZW76]。

〔37〕 参见本文第五部分。

〔38〕 同上注。

〔39〕 See Clifford J. White Ⅲ,*Professional Fees,Corporate Governance,Predictability and Transparency in Chapter* 11,35 Am. Bankr. Ins. J. 12(2016)(讨论了破产程序中可预见性的重要性).

〔40〕 投资者在制定投资合同时往往着眼于将公司的资本成本降至最低,这包括在一系列安排中分配控制权和监控权。如果债权人不相信他们预期的经济复苏将被推迟,这将会限制投资者用来定制这些交易的收缩空间,这不但会减少投资者的边际资本供应,甚至可能减少经济活动的总量。

义”进行了定义。[41] 在建立了这个分析框架之后，本文将解释管理层是如何利用他们对公司的控制来获取利益的，无论是为自己还是为股东的利益，其本质都是只偏袒某一方投资者而忽视另一方投资者。

(一)公司法中经典的双重代理问题

首先，在一个健康的公司中，管理层和股东的代理问题通常是由道德风险引起的。[42] 管理层们可能会受到道德风险的诱惑，利用他们对一家健康公司的控制权来窃取本应属于股东的利益。例如，管理层滥用薪酬设定权来获取不应得的金钱[43]，或者通过操纵公司出售程序，使管理层偏爱的购买者更容易收购公司，而不是出价更高的投标人。[44]

其次，公司治理的核心还有第二个代理问题：股东和债权人之间的代理冲突。[45] 股东先通过选举董事会来控制公司，董事会再雇佣实际管理公司的高级管理人员。[46] 由于管理层对股东负有信托责任，所以人们也常认为他们是代表股东经营公司的。[47] 然而，公司一般还会通

〔41〕 为了更广泛地概括债权人可能遭遇的机会主义的所有形式，See Jonathan C. Lipson, *Governance in the Breach: Controlling Creditor Opportunism*, 84 S. Cal. L. Rev. 1035, 1049 – 59 (2011)。Lipson 讨论了他所谓的“债权人机会主义”，这是一个更广泛的范畴，不仅包括滥用控制权，还包括债权人对公司拥有广泛的债权所造成的复杂性。而我们所称的“控制机会主义”是一种更有限的机会主义，因为它仅限于诱惑债权人通过获得对公司的控制而产生的机会主义，但“控制机会主义”也包含了新的形式，因为它关注的是管理者的行为，而不是债权人的行为。

〔42〕 关于这个主题的开创性文章，see Michael C. Jensen & William H. Meckling, *Theory of the Firm: Managerial Behavior, Agency Costs and Ownership Structure*, 3 J. Fin. Econ. 305 (1976)。

〔43〕 See generally Lucian Bebchuk & Jesse Fried, Pay Without Performance: The Unfulfilled Promise of Executive Compensation (2004) (讨论高管对其薪酬的控制).

〔44〕 See, e. g., Leveraged Management Buyouts: Causes and Consequences (Yakov Amihud ed., 1989) (讨论管理层在决定杠杆收购时机和买家的私人利益方面的争议).

〔45〕 See, e. g., Michael C. Jensen & Clifford W. Smith, Jr., Stockholder, Manager, and Creditor Interests: Applications of Agency Theory, in Recent Advances in Corporate Finance (E. I. Altman & M. G. Subrahmanyam eds., 1985).

〔46〕 For a discussion of the history of independent directors, see Jeffrey N. Gordon, *The Rise of Independent Directors in the United States, 1950 – 2005: of Shareholder Value and Stock Market Prices*, 59 Stan. L. Rev. 1465 (2007).

〔47〕 See, e. g., DEL. CODE ANN. tit. 8, § 141 (a) (2019).

过一些债务来为其活动提供资金。[48] 这就导致了当公司濒临破产时,管理者可能会为了追求股东的利益而承担过高的风险,从而导致代理冲突。[49] 例如,一家濒临破产公司可能会推出一款新产品,而该产品要么会获得巨大成功,要么会耗尽公司的剩余资产。[50] 如果这一高风险行为最终产生了巨大的回报,这些回报主要是归于股东享有;[51]而如果产品不成功,那就变成由债权人承担债务清偿比例下降的损失。[52] 当然,债权人也清晰地认识到了这个问题,所以其常常通过定期签订合同的方式,阻止管理层采取高度风险的商业行动。例如,债权人可能要求公司在银行保持最低资金水平,或坚持要得到债权人批准,公司才可能转移大量的重大资产。[53]

(二)现代金融中的债权—股权冲突:控制机会主义与期权持有者的激励冲突

当债务—股权冲突理论撞上现代企业金融时,它变得更加复杂。因为大型企业集团不符合一个公司借款人、一个债权人和一个个人股东的经典范式。[54] 相反,大中型公司都会使用有担保债务、无担保债务和股权等多种方式来融资,[55]这三种资本的提供者也都会与公司签订合同,承担不同水平的风险,以获得不同水平的回报。[56] 换言之,现代投资者持有的是相对于公司资产具有不同优先级的期权。[57]

比如,一家私人所有公司,欠有担保债权人 100 美元,无担保债券

---

〔48〕 See, e. g., Joshua D. Rauh & Amir Sufi, *Capital Structure and Debt Structure*, 23 Rev. Fin. Stud. 4242(2010).

〔49〕 See Clifford W. Smith, Jr. & Jerold B. Warner, *On Financial Contracting: An Analysis of Bond Covenants*, 7 J. Fin. Econ. 117, 118 – 19(1979).

〔50〕 同上注。

〔51〕 同上注。

〔52〕 同上注, p. 118。

〔53〕 同上注, p. 125 – 46(描述债券契约)。

〔54〕 同前注〔48〕, p. 4243。

〔55〕 同上注。

〔56〕 See, e. g., C. Edward Dobbs, *Negotiating Points in Second Lien Financing Transactions*, 4 Depaul Bus. & Ccom. L. J. 189(2006)(认为贷款人在融资中风险更大,次级留置权贷款是为了换取更高回报的利益)。

〔57〕 See, e. g., Aswath Damodaran, Investment Valuation: Tools and Techniques for Determining the Value of Any Asset 611 – 46(3d ed. 2012).

持有人 50 美元。在破产时,这些投资者都将相当于期权持有人。[58] 首先,有担保的债权人拥有一项已经事先投入大量资金、有上限的看涨期权,即使不能通过公司良好经营而获得本金和利息的清偿,也能在破产中获得第一顺位的 100 美元。其次,该公司的无担保债券持有人拥有从 100 美元到 150 美元的公司资产中获得下一个 50 美元的有上限期权。最后,股东有权选择在全额偿还 150 美元的债务后,获得该公司的全部剩余价值。[59]

因此,对于现代公司来说,公司在任一特定时间点的财务状况和偿付能力都会推动债务—股权冲突的。比如,上文提到的公司正在考虑一个商业计划,会有 50% 的机会产生 200 美元,另外 50% 的机会则是消耗掉大部分公司的资产,并只留下 10 美元分配给债权人。如果公司现在价值 100 美元,有担保的债权人与债转股中的债权人处境相同,他们将承受计划失败的负面影响,从 100% 的偿付变为 10% 的偿付。尽管股东是该计划成功的最终受益者,但其还劣后于无担保债权人的 50 美元债权。因此,经典的债权—股权冲突可以被更好地理解为"深价"期权持有者与"超价"期权持有者之间的冲突,其中期权持有者的身份

---

〔58〕 同前注〔57〕。期权定价框架在这里是有用的,因为它提供了一个单一的框架来思考破产前的投资者在破产中如何被对待。根据州法律和合同的特点,如担保和从属关系,破产程序在债权人之间建立了一个等级制度,如果他们的债权是"现金",就有权获得赔偿。如果公司的价值足够高,投资者就会"有钱",因为他们的位置已经排好了,他们可以期待得到回报。例如,如果一家公司在申请破产时价值 500 美元,那么有权获得公司价值的前 50 美元的高级债权人有一个"现金深度"选项,这意味着该公司的价值将下降 450 美元(我们衡量深度的方法),才会使该高级债权人承受损失。如果公司价值 100 美元,优先债权人仍然"有钱",但不再像以前那么有钱了。同样的,一个价值仅为 50 美元的公司所欠的 50 美元的优先债权人拥有"平价"看涨期权,如果公司价值下跌,预期的支付也将会逐渐减少。

〔59〕 See generally Fischer Black & Myron Scholes, *The Pricing of Options and Corporate Liabilities*, 81 J. Pol. Econ. 637, 654 (1973).

将根据基本事实的变化而发生变化。[60] 而如果不考虑这些合同在整个资本结构和公司价值中所创造的优先权,人们就无法通过直接观察他们使用的投资合同类型(如担保贷款,或无担保贷款)来确定特定投资者的动机。

当一家公司无力偿还债务时,管理层将对该公司投资者获得的最终收益享有两种形式的控制权。第一,关于资产重组的实质内容方面。例如,管理层可通过股东红利分配,将公司价值转移到企业集团内部或转移给外部人。[61] 这些转移能直接影响特定利益相关者在公司资产分配中相对于竞争对手能获得的收益大小。[62] 此外,管理层还能采用一些不明显的实质性控制手段,包括关于公司新业务计划的管理决策,破产中分配给债权人的资产大小,以及重组后公司的资本结构的变化选择。[63] 一个积极进取的商业计划,加上对未来收益的乐观预测,可以比一个务实的计划以及保守的假设,获得更高的估值和更多的融资。[64] 而估值越高,管理层或破产法官会认为能用于分配给债权人或

---

〔60〕 这并不是看待债务—权益冲突的新方式,艾伦法官在 Credit Lyonnais 案的脚注 55 中提出了一个类似的假设, See Credit Lyonnais Bank Nederland, N. V. v. Pathe Commc'ns Corp., No. 12150, 1991 WL 277613, at *34 n. 55(Del. Ch. Dec. 30, 1991)。在这个框架中,关键是认识到传统的债务—股权代理冲突模型(股东想采取风险行为,而债权人想尽早清算)在复杂的现代金融中是不能完全对应的。例如,一家公司的无担保债权人可能倾向于清算,因为他们手头很紧,而另一家公司的无担保债权人可能倾向于承担风险,因为他们没有钱。人们不能仅仅通过观察个人投资者的投资合同类型来了解他们的偏好;必须看公司背后更广泛的价值,才能认识到这些激励如何可能影响他们的行为。

〔61〕 例如,债务人可以根据担保贷款协议将价值转移到抵押品篮子之外,或者从一个公司实体转移到另一个公司实体。

〔62〕 同前注〔2〕~〔5〕,以及相应说明。这种实质性控制的一个例子是上面讨论的 PetSmart 事实模式,即在重组讨论开始之前,董事会授权向股东发放大量股息,并将集团内部的价值从债权人手中转移出去。

〔63〕 See Jared A. Ellias, *Do Activist Investors Constrain Managerial Moral Hazard in Chapter 11?: Evidence from Junior Activist Investing*, 8 J. Legal Analysis 493, 494 – 96(2016).

〔64〕 同上注。

股东的价值也就越高。[65]

第二,管理层可通过修改债务合同和重组公司资本结构的方式来控制进行债务重组的时机。[66] 这意味着双方会同意进行庭外交易或申请破产,[67] 而这些决定对投资者的影响是巨大的。[68] 一方面,快速申请破产可以使高级期权持有人受益,他们当下可能更愿意用债务换取公司的股票,而不愿意承受公司价值进一步贬值的风险。[69] 另一方面,缓慢推进破产程序可以延长外部债权人或股东谈判的时间,并留给公司充足的时间来改进运营。[70]

在行使这种自由裁量权时,管理层会受到本文所说的控制机会主义的诱惑:企业决策能有利于一方利益相关者,而无视另一方利益相关者的权益,并让管理层能通过财务或其他方式受益。[71] 例如,管理层可有充分的理由认为陷入困境的公司应该推迟破产,因为它的经营状况会得到改善,同时,也可有充分的理由认为公司应该立即申请破产,因为它的经营状况不会改善。两种选择都不是明确的价值最大化策略,所以董事会会寻找价值最大化以外的理由,来做出企业战略决策。比如,管理层可以与高级期权持有人保持一致,立即申请破产,并通过保守的商业计划和策略使公司迅速结束破产程序。作为交换,高级期

---

〔65〕 同上注。在破产案件结束时,法官必须根据破产前的权利对公司价值进行分摊。由于不可能实现对企业经营价值的科学测量,破产的典型做法是通过专家证据或拍卖公司所有资产来估计公司的价值。当用专家证据估计公司价值时,投资银行家通常会利用管理层的商业计划,得出公司价值的估计范围,然后法官将依靠这些专家证据决定计划的提出者是否承担举证责任。

〔66〕 See Barry E. Adler, *Bankruptcy Primitives*, 12 Am. Bankr. Inst. L. REv. 219, 221 – 33 (2004).

〔67〕 See generally William W. Bratton & Adam J. Levitin, *The New Bond Workouts*, 166 U. Pa. L. Rev. 1597(2018)(讨论庭外债务交换).

〔68〕 同前注〔12〕, p. 691 – 719。

〔69〕 同上注。

〔70〕 同上注。

〔71〕 同样,艾伦法官的脚注也反映了在现实世界中观察到的情况。See Credit Lyonnais Bank Nederland, N. V. v. Pathe Commc'ns Corp., No. 12150, 1991 WL 277613, at * 34 n. 55(Del. Ch. Dec. 30, 1991)("破产的可能性会对激励机制产生奇怪的影响,不单让债权人面临机会主义行为的风险,并给董事带来复杂性");参见前注〔63〕,描述了管理者面临的道德风险和不当激励。

权持有者可以用破产后优越的就业机会来满足管理层。[72] 或者管理层可以与初级期权持有者保持一致,尽可能长时间地推迟申请破产,或者通过积极的商业计划,让初级期权持有人也能获得充裕的资金。管理层选择此策略,一是因为他们通常认为自己是为任命他们的股东工作的;二是因为管理层持有未来可能价值不菲的公司股票;三是因为管理层可能对公司的债权人没有什么好感。[73]

此外,即使是对任何利益相关者没有任何偏见的管理层人,也会出于个人动机,启动旨在快速退出和降低债权人追偿率的破产清算程序。例如,管理层们通常希望避免与破产相关的审查和费用。[74] 如果破产是不可避免的,那么他们自然希望公司尽快结束,以尽量减少在破产法院管理下经营一家公司所带来的延误、不便和业务混乱。[75] 管理者通常也更希望破产重组后债务越少越好,以便释放未来的融资能力,减少再次破产的可能性。[76] 此外,管理层不太可能从旷日持久的破产程序中获益,因为这一程序将穷尽重组的可能性,并公平地裁决所有债权人的债权。

重要的是,控制机会主义会对投资市场产生重大影响,基于对"债权人对管理层们会偏袒某一方债权人,而不是另一方债权人"的担忧,这可能会严重挫伤投资者事先投资的动力。[77] 此外,如果管理层的激励措施必须具有战略意义,并要迅速启动破产程序,那么这种做法是偏

---

〔72〕 See, e. g. , Jared A. Ellias, *Regulating Bankruptcy Bonuses*, 92 S. Cal. L. Rev. 653, 682 (2019)(讨论由高级期权持有人授予 Citadel Broadcasting 首席执行官的破产后雇佣合同).

〔73〕 社会心理学早就认识到,人们倾向于偏爱他们更熟悉的其他人和事物。See, e. g. , Robert B. Zajonc, *Attitudinal Effects of Mere Exposure*, 9 J. Personality & Soc. Psychol. 1 (1968)(证明了暴露效应).

〔74〕 See generally Susan Rose – Ackerman, *Risk Taking and Ruin: Bankruptcy and Investment Choice*, 20 J. Legal Stud. 277(1991)(这表明管理者优先考虑避免财务问题,尤其是破产).

〔75〕 同上注。

〔76〕 See Paul M. Goldschmid, *More Phoenix than Vulture: The Case for Distressed Investor Presence in the Bankruptcy Reorganization Process*, 191 Colum. Bus. L. Rev. 191, 266 – 67(2005).

〔77〕 See generally Barry E. Adler, *Game – Theoretic Bankruptcy Valuation*, 41 J. Legal Stud. 209(2012).

向高级期权持有人,而牺牲了次级债权人和股东的利益,这也是许多学者诟病破产程序的原因。[78]

二、普通法应对控制机会主义的现代方法

虽然现代金融使控制机会主义的行为变得更复杂,但法律早就认识到,当公司濒临破产时,管理层们扭曲了激励机制。从历史上看,法院扩大了公平保护的范围,对严重滥用自由裁量权的管理者苛以责任。在美国早期历史上,这种公平的保护采取了所谓的"信托基金原则"的形式。而在现代,法官利用信托责任法来保护债权人。[79] 在本节中,本文简要总结了现代企业对债权人的信托责任的兴衰变化。

(一)特拉华州债权人信托责任的出现

20 世纪 80 年代初,随着银行业放松管制和垃圾债券的兴起,公司债权人的传统角色发生了改变,公司债务在公司融资中变得更加重要。因此,债务和股权之间的代理问题开始变得越来越严重。随着垃圾债券开辟了次级融资的新渠道,企业开始用以前可能是股权融资的债务为风险更高的企业融资,垃圾债券还资助了一波杠杆收购的浪潮,这都

---

〔78〕 See Douglas G. Baird & Robert K. Rasmussen, *Chapter* 11 *at Twilight*, 56 Stan. L. Rev. 673(2003); George W. Kuney, *Hiacking Chapter* 11, 21 Emory Bankr. Dev. J. 19 (2004); StephenJ. Lubben, *The "New and Improved" Chapter* 11, 93 KY. L. J. 839 (2005);参见前注〔11〕,p. 923。

〔79〕 由于本文的重点是金融危机以来的发展,篇幅的限制使我们无法充分讨论信托基金原则。如果要了解更多,参见前注〔6〕p. 1331 – 36,以及 Norwood P. Beveridge, Jr., *Does a Corporation's Board of Directors Owe a Fiduciary Duty to its Creditors*?, 25 ST. Mary's L. J. 589(1994)。斯托里大法官的"信托基金原则"也与影响深远的管理和破产先例一致,包括联邦最高法院的意见:(i)确立绝对优先权规则,see N. Pac. Ry. Co. v. Boyd, 228 U. S. 482, 502(1913);(ii)在债权人必须将价值让与股东之前,实施严格的证据标准,see Nat'l Sur. Co. v. Coriell, 289 U. S. 426, 436 – 37(1933);(iii)谴责旨在将资产价值从债权人转移到股东身上的控制机会主义,see Pepper v. Litton, 308 U. S. 295, 311 – 13(1939)。这些原则中有许多被纳入《破产法》,如 11 U. S. C. § 1129(b)(2)(2018),并继续影响银行的预期。但是,正如本文所讨论的,这些原则在日常管理的破产方案和破产案件越来越被忽视。

使企业债务问题变得越来越严重。[80] 债务占公司价值的百分比从 20 世纪 30 年代的 25% 增加到 20 世纪 90 年代初的 65%。[81] 最终,美国企业开始在这种前所未有的债务负担下前进。

也许是为了应对债务的上升以及对杠杆收购引起的索赔作出裁决的需要,特拉华州衡平法院扩大了董事会需要考虑债权人利益的场景范围。[82] 在 Credit Lyonnais 一案中,法院裁定一家"濒临破产企业"的董事会不但对股东负有信托责任,而且对整个"公司企业"也负有信托责任。[83] 考虑到董事们在顾及股东利益的同时,具有把债权人的钱置于风险之中的动机,这种转变是必要的。[84] Credit Lyonnais 案的裁判意见虽然未发表,但在改变董事会负债计算方面产生了广泛的影响。在 Credit Lyonnais 案之后,如果公司"濒临破产",董事既要对股东负

〔80〕 See Jeremy I. Bulow et al., Distinguishing Debt from Equity in the Junk Bond Era, in Debt, Taxes, And Corporate Restructuring 135, 144 - 45 (John B. Shoven & Joel Waldfogel eds., 1990).

〔81〕 See John R. Graham et al., *A Century of Capital Structure: The Leveraging of Corporate America*, 118 J. Fin. Econ. 658, 659 (2015) (追溯公司债务的历史).

〔82〕 See Credit Lyonnais Bank Nederland, N. V. v. Pathe Commc'ns Corp., No. 12150, 1991 WL 277613, at *34 (Del. Ch. Dec. 30, 1991); see also Dianne F. Coffino & Charles H. Jeanfreau, *Delaware Hits the Brakes: The Effect of Gheewalla and Trenwick on Creditor Claims*, 17 J. Bankr. L & Prac. 1 (2008) (该文描述了这个转变). 甚至在 Credit Lyonnais 案之前,特拉华州以外的许多法院都认为,当公司实际上已经破产时,董事的信托责任就从公司的股东转移到了债权人。See, e. g., Clarkson Co. v. Shaheen, 660 F. 2d 506, 512 (2d Cir. 1981); see also FDIC v. Sea Pines Co., 692 F. 2d 973, 976 - 77 (4th Cir. 1982) ("然而,当公司破产时,董事的信托责任就从股东转移到债权人"). 值得注意的是,甚至在 Credit Lyonnais 案和 Gheewalla 案之前,特拉华州的一些法院就已经开始阐明剥夺债权人公平保护的观点。See, e. g., Katz v. Oak Indus., 508 A. 2d 873, 879 (Del. Ch. 1986) ("约定的合同关系条款,不像'公平'一样宽泛,其定义了公司对其债券持有人的义务").

〔83〕 1991 WL 277613, at *34. 早在 Credit Lyonnais 案的 25 年之前,1974 年特拉华州的一家法院在裁断书中提出,在发生"欺诈、破产或违反法规……"的情况下,即使没有合同权利,债权人也可以向公司的董事或高级管理人员追偿。Harff v. Kerkorian, 324 A. 2d 215, 222 (Del. Ch. 1974), aff'd in part, rev'd in part, 347 A. 2d 133 (Del. 1975).

〔84〕 See Credit Lyonnais, 1991 WL 277613, at *34; see also Myron M. Sheinfeld & Judy Hams Pippitt, *Fiduciary Duties of Directors of a Corporation in the Vicinity of Insolvency and after Initiation of a Bankruptcy Case*, 60 Bus. Law. 79, 88 (2004).

责,也要对债权人负责。[85]

(二)公平保护的学术批判与债权人信义义务的司法运动

法律向保护债权人的方向发展,并没有受到许多学术评论家和特拉华州法学家的欢迎。学者们对 Credit Lyonnais 案的基本逻辑提出了质疑。[86] 法院认为,不要求债权人预见所有可能与股东利益相背离的情况,从而让他们降低合同成本。学术合同理论家尤其越来越坚信,旨在实现公平的公平原则基本上是不必要的,这就像那些使本来可以强制执行的合同无效的原则一样,法院应该严格执行书面协议。[87] 正如 Douglas Baird 教授和 Robert K. Rasmussen 教授在 2006 年一篇颇具影响力的文章中所写的那样,他们首先描述了贷款人创造和执行合同条款的能力:"在今天的美国环境中,本文认为几乎没有必要制定旨在促进投资者福利的司法原则。例如,法院近年来更认真地对待,当企业发现自己处于破产边缘时,董事会的忠诚应该转向债权人。法院这种观点是认为,如果没有这种优先顺序的转变,董事会可能会过于倾向于轻率的赌博,以让投资者继续投入资金。然而,这种信托责任的转移可能是不必要的。正如本文所看到的,贷款人很有能力照顾好自己。与其在他们订立的合同中增加不明确定义的信托义务,一个更好的做法可能是确保这些义务不会妨碍债权人对已经协定好的合同

---

〔85〕 See, e. g., Bo Becker & Per Strtmberg, *Fiduciary Duties and Equity – Debtholder Conflicts*, 25 Rev. Fin. Stud. 1931, 1933, 1937(2012)(指出 Credit Lyonnais 案"立即被视为一个重要的先例",并发现经验证据表明,公司根据新的法律制度改变了其资本结构和投资政策).

〔86〕 同前注〔6〕, p. 1348("责任转换理论与公司治理领域长期以来的愿望完全不一致,而且它们排除了使用现代金融可能实现的分析技术"); see also Frederick Tung, *Gap Filling in the Zone of Insolvency*, 1 J. Bus. & Tech. L. 1201, 1204(2007)。("至少对商业债权人来说,包括这些债权人在内的受托责任是不必要的……")

〔87〕 See Jonathan C. Lipson, *Directors' Duties to Creditors*: *Power Imbalance and the Financially Distressed Corporation*, 50 Ucla L. Rev. 1189, 1193(2003)(辩称银行和债券持有人有能力保护自己并退出不良投资,这意味着他们应该被限制在他们谈判达成的合同权利范围内); Alan Schwartz & Robert E. Scott, *Contract Theory and the Limits of Contract Law*, 113 Yale L. J. 541, 618(2003)(认为商业当事人"希望国家强制执行他们签署的合同,而不是考虑公平的决策者希望他们签署的合同").

权利的行使。"[88]

随着学术评论人士越来越多地从理论上反对信托责任转移,特拉华州法院对他们在Credit Lyonnais案创建的规则是否具有可操作性或逻辑上是否具有连贯性也越来越缺乏信心。[89] 因此,在Gheewalla一案中,特拉华州最高法院基本上推翻了Credit Lyonnais案,并消除了在"破产领域"中转移信托责任的想法。[90] 法院指出,债权人有许多方法来保护自己,如合同契约、欺诈性转让规则和默示的善意契约。法院的结论是,这些保护"使得通过直接要求违反信义义务而施加额外的、独特的保护变得不必要"。[91] Gheewalla案只是保留了这样一种可能性,即当该公司破产时,债权人可能会对董事会提出衍生索赔。[92]

在Quadrant Structured Products Co. v. Vertin案中,特拉华州衡平法院走得更进一步,可以说使债权人在信托责任中处于比Credit Lyonnais案之前更糟糕的地位。[93] 在Quadrant案中,法院裁定破产公司的董事

[88] See Douglas G. Baird & Robert K. Rasmussen, *Private Debt and the Missing Lever of Corporate Governance*, 154 U. Pa. L. Rev. 1209, 1248 (2006); see also Stephen M. Bainbridge, *Much Ado About Little? Directors' Fiduciary Duties in the Vicinity of Insolvency*, 1 J. Bus. & Tech. L. 335(2007)(认为处于破产状态的公司只欠债权人合同规定的权利和契约善意下所推知的权利).

[89] See Trenwick Am. Litig. Tr. v. Ernst & Young, 906 A. 2d 168, 170 – 74(Del. Ch. 2006)(这呼应了衡平法院的推理,即深化破产只是一个"引人注意的词",而不是一个合法的诉因); see also Hugh M. McDonald et al., *Lafferty's Orphan: The Abandonment of Deepening Insolvency*, 26 Am. Bankr. Inst. J. 56, 56(2007)("日益严重的破产(无论是作为诉讼的原因还是损害的理论),其是建立在一个脆弱的法律基础上的,而这个法律基础正在迅速地被侵蚀").

[90] See Quadrant Structured Products Co. v. Vertin, 102 A. 3d 155, 174 n. 4(Del. Ch. 2014)(在Gheewalla案,特拉华州最高法院抛弃了"破产区"认定)("破产区"是指公司处于明线偿付能力和破产之间——译者注); see also Adam B. Badawi, *Debt Contract Terms and Creditor Control*, 4 J. L. Fin. Acc. 1(2019)(审查Gheewalla决定的影响); Charles H. Jeanfreau, *Unexpected Setbacks for Creditors in Chapter 11 Cases*, 2012 Ann. Survs. Bankr. L. 365, 369(2012)("在Gheewalla事件之后,有偿付能力的公司的债权人利用违反信托义务的威胁起诉董事来增加他们在重组谈判中的影响力的能力被大幅削弱").

[91] N. Am. Catholic Educ. Programming Found. v. Gheewalla, 930 A. 2d 92, 100 (Del. 2007).

[92] 同前注[82]。

[93] See 102 A. 3d at 174(Del. Ch. 2014).

和高级管理人员对债权人不负有信托责任。[94] 不过,破产公司的董事在评估他们对公司的信托责任时,在某些情况下可能会考虑债权人的利益,如在有效的清算情形中,董事可能会被要求证明采取了“风险更小”的行动。[95] 但是,如果董事们在他们的商业判断中决定使公司承担“极端的风险”,这个决定也将受到商业判断规则的保护。[96]

总而言之,Quadrant 案证实了 Gheewalla 案标志着特拉华州法律的根本转变。在 Gheewalla 时代之前。毫无疑问,董事们需要集中精力关注债权人的破产回报,否则将面临责任。[97] 在 Gheewalla 案之后,情况就不再是这样了。虽然债权人仍可能在有限的情况下要求董事承担衍生责任,如不忠诚的财富转让,[98] 但比起以前在传统衡平法下享有的更广泛的保护,这一保留下来的权利并不能为债权人提供多少安慰。[99]

---

〔94〕 See id at 176[citing Robert J. Stearn, Jr. & Cory D. Kandestin, *Delaware's Solvency Test: What Is It and Does It Make Sense? A Comparison of Solvency Tests Under the Bankruptcy Code and Delaware Law*, 36 Del. J. Corp. L. 165, 171(2011)].

〔95〕 See id. at 175[citing Production Resources, 863 A. 2d 772(Del. Ch. 2004),作为支持“破产区”系列案件的主张,应该被理解为:如果董事们选择一种更保守的行动路线,而不是“承担极端风险”,他们就可以为自己提供辩护].在金融经济学的语言中,有效的清算是指资产被有效地用于最高价值的用途,通常是通过出售给其最高价值的用户。例如,一家失败的零售商可能会有效地将其土地变现给建造公寓的房地产开发商。关于深入讨论破产法如何将资产重新分配给生产性用途,See Shai Bernstein et al., *Asset Allocation in Bankruptcy*, 74 J. Fin. 5(2019)。

〔96〕 See Quadrant Structured Prod. Co. v. Vertin, 102 A. 3d 155, 192(Del. Ch. 2014)(声明债权人原告不能仅仅以董事采取了过于冒险的行动为由反驳商业判断规则,只要其目的是使包括债权人在内的整个公司受益).

〔97〕 正如 Sabin Willett 所指出的,Gheewalla 带来的变化如此重大,以至于律师们可能要经过一段时间的调整,才会开告知董事会:受托责任不再向债权人倾斜。See Sabin Willet, *Gheewalla and the Director's Dilemma*, 64 Bus. Law. 1087, 1088(2009).

〔98〕 See Quadrant Structured Prod. Liability Co. v. Vertin, 115 A. 2d 535, 544(Del. Ch. 2015)(注意到债权人衍生品诉讼的主要功能是保护公司免受自营交易支付和其他不忠的财富转移).

〔99〕 See Prod. Res. Grp. v. NCT Grp., 863 A. 2d 772, 798(Del. Ch. 2004)(表明了这可能是这样一种情况:“董事们对某一特定债权人表现出明显程度的敌意,而该债权人已证明有偿付权利,因此他们可能会要求自己承担直接受托责任”); see also Bryan Anderson, *Gheewalla and Insolvency: Greater Certainty for Directors of Distressed Companies*, 11 U. Pa. J. Bus. L. 1031, 1037(2009)(解释了《生产资源和大宗商品条例》为债权人直接索赔的可能性留有余地).

将律师们在 Gheewalla 案前和 Quadrant 案后向陷入困境的债务人提供的建议放在一起,能得到重要的发现:当一家公司濒临破产时,律师建议董事会采取的方式发生了范式转变。例如,一家知名律师事务所的律师在 2001 年(Gheewalla 案裁定之前)为客户撰写的一篇文章中写道:"当一家公司破产时……董事们必须设法保护债权人对公司资产和收益的债权,而不是为了股东的利益而追求高风险战略。"[100] 而在 Quadrant 案之后,一家在行业领头的律师事务所在给客户的信中提醒说,"董事们现在可以在不担心责任的情况下偏袒某些债权人"。[101] 另一家同样是领头地位的律师事务所写道,Quadrant 案保护了董事"在公司破产时采取可能有利于控股股东的高风险商业战略……"[102]

换言之,在 Gheewalla 案之前,律师的建议是严厉的、具体的、偏向保护债权人的。而在 Quadrant 案后,律师建议是空泛的,几乎没有向董事会提供任何方向指导。相反,律师意见关注的是,只要董事会能够合理地证明其行动的合理性,那么董事会现在享有的商业判断规则的保护。

---

[100] J. Douglas Bacon & Jennifer A. Love, *When Good Things Happen to Bad People: Practical Aspects of Holding Directors and Managers of Insolvent Corporations Accountable*, 10 J. Bankr. L. Prac. 185, 186(2001).

[101] See John L. Reed, *Delaware Court of Chancery Issues Significant Ruling on the Ability of Creditors to Assert Fiduciary Duty Claims Against Directors: Key Takeaways*, https://www.dlapiper.com/en/us/insights/publications/2015/05/delaware - court—chanceryissues - significant - ruling/ [https://perma.cc/7KN2 - MN33](他指出,在 Gheewalla 事件之后,董事可以在不违反其受信义务的情况下偏袒某些债权人,也没有义务为了保护债权人而经营企业); see also Sullivan & Cromwell Llp, More Clarity for Delaware Direcrors When Considering Restructuring Transactions(2015), https://www.sullcrom.com/siteFiles/Publications/SCPublication_Restructuring.pdf/[https://perma.cc/Y9PR - D6S6](注意到董事现在即使在破产情况下也受到业务判断规则的保护); Marshall S. Huebner & Darren S. Klein, *The Fiduciary Duties of Directors of Troubled Companies*, 34 Am. Bankr. Inst. J. 18(2015).

[102] Mark S. Chehi et al., *Delaware Court of Chancery Decision Clarifies Fiduciary Issues in Insolvent Company Context*, https://www.skadden.com/insights/publications/2015/01/delaware - court - of - chancery - decisionclarifies - fidu/ [https://perma.cc/LK5Q - 4HW5].

三、Gheewalla 规则的地位遭到巨大动摇

在没有信义义务的情况下，对于债权人的保护是基于这样一种理念，即债权人可以通过合同法得到充分保护，并且还享有欺诈转让法和破产法等规则的保护。本文依次考虑了这些论点，利用案例研究表明，每一个法律领域对债权人的保护都远远低于特拉华州法院的假设。

（一）控制机会主义的契约解决方案的局限性

反对对债权人进行公平保护的经典论点是，债权人可以用合同法来保护自己。[103] 这一论点的问题是，债权人无法预先设计出完美的合同来涵盖所有可能的机会主义行为。在本节中，本文使用三个案例研究来展示管理层如何利用破产强硬手段来挫败合同预期，或施加债权人事先无法阻止的成本。在本文的第一个 Forest Oil 案例中，本文展示了管理层如何通过合同设计来利用合同中的歧义。这个案例能提供的教训是，即使是预见到机会主义的债权人，也很难制定出一份无法被优秀律师事后逃避的契约。而本文的第二个 Cumulus Media 案例能证明，管理者可以用贷款人最初出借资金时无法预料到的形式，来重新解释双方的合同条款。最后，在第三个 Colt Holdings 案例中，本文展示了对一家公司的控制权是如何让管理层人有机会阻止破产申请，以及在申请破产后阻止不可避免的重组，以摧毁公司数百万美元资产的方式，来延长股权所有者的选择权价值。这些问题都很难通过合同来解决。

本节能充分说明，即使债权人明确认识到风险，设计合同解决方案也很困难。并且，鉴于代表破产公司的律师的优秀能力，以及随着公司财富的恶化，基于合同的诉讼威胁也随之减弱等情况，要求债权人通过事先合同来保护自己是不可能的任务。

1. Forest Oil：以形式重于实质的交易工程阻挠合同的意图

关于控制权机会主义如何阻碍债权人通过合同协商获得保护的情况，Forest Oil 公司就是一个很好的例子。2014 年年初，Forest Oil 公司

〔103〕 参见注释〔83〕~〔89〕以及相应说明。

陷入了财务困境,[104] 这家公司受到了收入下降和债务到期的双重打击,其中包括准备金贷款安排下的借款和大约 8 亿美元的无担保债券。[105] 在 2014 年 5 月,Forest Oil 签订了一项被其称作能解决其财务问题的协议:将公司出售给 Sabine Oil & Gas 公司。[106] 根据交易条款,合并后的实体将偿还所有未偿债务,Forest Oil 的公众股东也将获得新企业的优质股份,[107] 该交易计划于 2014 年年底完成。[108]

重要的是,Forest Oil 公司与债券持有人曾签订"控制权变更"契约,以待公司被出售或经历类似的根本性转变时使用。[109] 债券契约对"控制权变更"的定义很宽泛,包括几种可能性:(1)个人或团体拥有公司总投票权超过 50% 的;(2)出售公司全部或大部分资产;(3)与另一实体合并或合并,导致 Forest Oil 股东总共不再拥有至少 50% 的投票权。[110] 并且,根据"控制权变更"协议的要求,如果有人购买了 Forest Oil 股票,就必须全额偿还债券债务。[111] 因此,Sabine 安排合并后的公司向银行借入 8 亿美元的债务,对未偿还的债券进行再融资。[112]

然而,在 Forest Oil 公司和 Sabine 公司的合并完成之前,原油价格发生了崩溃,这使支撑双方交易的前提陷入危机。[113] Sabine 发现自己达成了一项它不再想要按照原有谈判条件履行的协议。[114] 虽然 Sabine 拥有完成交易的资金,但油价下跌意味着合并后的公司将难以

---

[104] See Declaration of Michael Magilton at 7, In re Sabine Oil & Gas Corp., 547 B. R. 503 (Bankr. S. D. N. Y. 2016) (No. 15 – 11835).

[105] 同上注, p. 19 – 20 和 p. 50 – 52。

[106] 同上注, p. 13。

[107] See In re Sabine Oil & Gas Corp., 547 B. R. at 521.

[108] 同上注。

[109] 同上注。

[110] Complaint p. 24 – 57, Wilmington Sav. Fund Soc'y v. Forest Oil Corp., No. 650584/2015 (N. Y. Sup. Ct. Feb. 25, 2015) [hereinafter Wilmington Savings Complaint].

[111] See In re Sabine Oil & Gas Corp., 547 B. R. at 521.

[112] 同上注。

[113] Crude oil fell from $103 per barrel in July to $55 per barrel by mid – December of 2014. Complaint p. 51 – 53, In re Sabine Oil & Gas Corp., 547 B. R. 503 (2016) (No. 15 – 11835) [hereinafter Sabine Oil Complaint].

[114] See In re Sabine Oil & Gas Corp., 547 B. R. at 525.

偿还交易所需的债务。[115] 在 Sabine 最初想要退出时,[116] Forest Oil 董事会是拒绝的,其理由十分充分:Forest Oil 已经无法独自生存,大宗商品价格下跌是 Sabine 及其股权所有人应承担的合同风险。[117] 事实上,到目前为止,Forest Oil 显然已经资不抵债,其资产估计可抵偿约 70% 的债券债务。[118] 为了避免破产,Forest Oil 需要以某种 Sabine 可以接受的方式继续交易。[119]

为了弥补与 Sabine 的差距,一位 Forest Oil 主管提出了另一种方法:[120] 合并仍按原计划进行,但 Forest Oil 债券将不会得到再融资。[121] 相反,如果这些债券在合并结束后仍将未偿还,将被 Sabine 原有的 16.5 亿美元担保债务所取代,这些债务将被合并到合并后的公司中。[122] 为了实现这一结果,该交易被重新设计,以避免触发 Forest Oil 债券契约下的"控制权变更"条件。[123] 解决办法很简单:Sabine 的股权发起人将得到控制权有限的股票,而不是购买 Forest Oil 的全部股票。[124]

重新设计的交易规避了"控制权变更"合同的目的。更具体地说,修改后的交易将允许 Forest Oil 公司股东保留公司的多数投票权,但只给他们 26.5% 的经济利益。[125] 首先,一份修正案证书授权 Forest Oil 公司增加其普通股的数量,并创建新的"a 系列无表决权股权等优先

---

[115] See Debtors' Objection to the Motions of the Official Committee of Unsecured Creditors, Forest Notes Indenture Trustees, and Bank of New York Mellon Trust Company N. A. for (I) Leave, Standing, and Authority to Commence and Prosecute Certain Claims and Causes of Action on Behalf of the Debtors' Estates And(Ⅱ) Non - Exclusive Settlement Authority at 4, In re Sabine Oil & Gas Corp., 547 B. R. 503 (2016) (No. 15 - 11835) [hereinafter Sabine Oil Debtors' Objection].

[116] 同上注。

[117] 同前注〔113〕, p. 75 - 81。

[118] 同上注, p. 120 - 22。

[119] 同上注, p. 81。

[120] See In re Sabine Oil & Gas Corp., 547 B. R. at 526.

[121] 同上注, p. 525 - 27。

[122] 同上注。

[123] 同上注。

[124] 同上注, p. 525。

[125] 同上注。

股”。[126] Sabine公司随后将其在Sabine Oil & Gas公司的股权给了Forest Oil。[127] 作为对这些股权转让的交换,Forest Oil公司转让给Sabine的股票总共能代表新公司约73.5%的经济权益,并只占总投票权的40%。[128] 由于Forest Oil公司的股东仍然保留了该公司60%的多数有表决权的股票,因此,“控制权的改变”并没有被触发。[129]

然而,以任何的实际角度衡量,“控制权的改变”肯定已经发生了。Forest Oil和Sabine董事会都批准了对各自公司章程的“技术变更”。这些变化使Sabine的股权所有者对新董事会的实际控制权得以保证。[130]

Forest Oil和Sabine董事会达成了解决方案,但以牺牲债券持有人为代价。修改后的交易于2014年12月中旬完成,没有提前通知利益相关方。[131] 债券市场对这一背叛感到震惊,Forest Oil未偿还债券的市值从宣布合并时的逾8亿美元跌至不足3.7亿美元。债券持有人突然发现,在合并后的公司结构中,他们坐拥超过16亿美元的Sabine担保债务[132]。Forest Oil的债券持有人立即提起诉讼。[133] 不幸的是,这次诉讼并没有走得太远。交易结束几个月后,合并后的公司申请了破产。[134] 根据破产程序的规定,债券持有人的诉讼在州法院考虑驳回之前就被搁置了。最终,Forest Oil的债券持有人收回了不到1600万美元,比他们在谈判中达成的协议兑现时本可收回的资金少了约97%。

2. Cumulus Media:以不合理的债务交换阻挠合同的意图

另一个例子是,债务人设计的重组交易既满足债务合同的技术条

[126] 同前注[113],p.97。

[127] 同上注,p.98。

[128] 同前注[104],p.62。

[129] See In re Sabine Oil & Gas Corp.,547 B.R at 526.

[130] 同前注[110],p.44-46。

[131] 同上注,p.41。

[132] See Christine Idzelis & Laura J. Keller, *Forest Oil Seen Punishing Bondholders with Rarely Used Loophole*, BLOOMBERG(Dec. 17,2014),https://www.bloomberg.com/news/articles/2014-12-17/forest-oil-seen-punishing-bondholders-with-rarely-used-loophole/ [https://perma.cc/KW82-LQG5].

[133] 同前注[104],p.26。

[134] 同上注,p.1-2。

款,又体现了该条款的精神,最典型的例子就是美国最大的广播电台所有者之一 Cumulus Media Inc.(以下简称 Cumulus)[135]。在陷入财务困境之前,Cumulus 借了 24 亿美元,其中包括 18 亿美元的高级有担保定期贷款和 6.1 亿美元的无担保债券。[136] 到了 2015 年,Cumulus 开始苦苦挣扎,并开始探索重组其资产负债表的选择。[137] 至 2016 年年底,Cumulus 的市场价值已经低于有担保债务的金额,这表明其偿还无担保债券持有人的资金也已经完全不足。[138]

然而,Cumulus 拥有一个定期贷款信贷协议,允许该公司在"流动资本"循环信用额度下借入额外担保债务。一般来说,循环信用额度是相当于个人信用卡,允许公司借入资金,在以后再进行偿还,大多数公司都使用循环信用额度来支付日常运营需求,包括原材料成本、工资、租金和公用事业。但重要的是,循环信贷额度下的贷款将优先于 Cumulus 原先的定期贷款。虽然定期放款人允许其他放款人拥有优先追索权看起来很奇怪,但这样做实际上是通过为公司提供重新运营机会的手段来保护定期贷款人。[139] 对于定期贷款人来说,循环贷款通常

---

[135] See Declaration of John F. Abbot in Support of Chapter 11 Petitions and First Day Motions at 3, In re Cumulus Media Inc., No. 17 - 13381 (Bankr. S. D. N. Y. Nov. 30, 2017) [hereinafter Declaration of John F. Abbot].

[136] 该定期贷款以 Cumulus 大部分资产的优先留置权作为担保。See Cumulus Complaint Seeking Declaratory Judgment at 2, Cumulus Media Holdings Inc. v. JPMorgan Chase Bank, No. 16 - cv - 9591 (S. D. N. Y. Mar. 3, 2017), 2017 WL 1367233 [hereinafter Cumulus Complaint].

[137] 同前注[135], p. 18 - 19(提到 Cumulus 集团进行了几次大规模收购,包括 2011 年的 Citadel Broadcasting 和 2013 年的 Westwood One)。

[138] Cumulus 的市值只有 14.5 亿美元左右,换句话说,比有担保贷款方的市值少了 3.6 亿美元左右,使无担保票据持有人完全失去了这些钱。See Term Loan Parties' Memorandum of Law in Opposition to Plaintiffs' Motion for Summary Judgment and in Support of Plaintiffs' Motion for Summary Judgment at 5 - 6, Cumulus Media Holdings Inc., No. 16 - cv - 9591, 2017 WL 1367233 [hereinafter Cumulus Term Loan Parties' Memo](报告称,从 2013 年第三季度发放定期贷款到 2016 年第三季度,Cumulus 的收益下降了近 50%,从每年 4.16 亿美元降至 2.12 亿美元).

[139] 该信贷协议允许 Cumulus 以优先方式借款最多 2 亿美元,但可以根据借款人的意愿通过"增量"安排增加这一数额。到 2017 年年初,Cumulus 公司似乎有能力比定期借贷者多借 3.05 亿美元。See Cumulus Term Loan Parties' Memo,参见前注[138], p. 7。

是一种安全的贷款形式,如果公司陷入财务困境,全额偿还的可能性很低,所以利率也较低。

正如在陷入困境的公司中越来越常见的情形,Cumulus 对其财务困境的反应是设计了一种激进的策略,对其债务进行"再融资"。实际上,当时并没有真实的融资:Cumulus 计划通过一项虚假交易,将其债券持有人转变为循环贷款机构,创造一个可疑的循环信贷额度。这项计划分三个步骤进行。首先,Cumulus 将借入他们的循环信贷额度下允许的全部金额。[140] 其次,管理层将大幅提高这笔借款的利率(从约 4.25% 提高到 14.25%),并延长其到期日,这一切都不需要循环贷款人以外的任何人的许可。[141] 最后,管理层将通过债务进行交换,将 6.1 亿美元的无担保债务替换为循环信贷额度下借入的 3.05 亿美元无担保债务,并向债券持有人提供高息的优先担保债务。[142]

简而言之,该公司利用获得优先信贷额度的权利,神奇地将 Cumulus 的债券持有人,即无担保债权人,转变为有担保债权人。明显的是,该公司的股东都将从这笔交易中受益,因为它将减少该公司的整体债务,而该公司的定期放款人对抵押品的权利会被稀释将近 2.09 亿美元。[143] 定期贷款人对此非常愤怒,他们起诉要求阻止交易。经过长时间的诉讼后,定期贷款人说服了法官禁止这一计划。[144]

失败的 Cumulus 提议是厚颜无耻,在签署信贷协议时,Cumulus 已经就某些权利进行了谈判,这些权利旨在为公司在出现财务困境时提供营运资金。据推测,提前延长贷款期限的贷款人没有预料到,Cumulus 将利用这些权利为次级无担保债券债务进行再融资,并将此

---

[140] 同前注[139],p. 13。

[141] 同上注。

[142] 同上注。

[143] 同上注,p. 7 - 8。

[144] 同上注,p. 9。最重要的是,信贷协议中的一项条款阻止了 Cumulus 采取对定期贷款方利益造成"实质性不利影响"的行动。参见前注[136] Exhibit A § 4.25 部分("Cumulus 期限贷款协议")。信用协议修正案的内容是,作为债务交换的一部分,取消允许公司增加担保债务的财务比率。期限债权人还辩称,信贷协议允许通过 Cumulus 寻求实现的交易对优先票据进行再融资。Id § 8.8(j);see Transcript of Proceedings at 90, Cumulus Media Holdings Inc., No. 16 - cv - 9591, 2017 WL1367233 [hereinafter Cumulus Transcript with Ruling].

类债务提升至优先地位。Cumulus 的策略不仅基于对信贷协议的难以置信的解读,而且与担保贷款的基本原则明显不符。虽然法院最终阻止了 Cumulus,但该公司仍然浪费了数年时间,追求没有出路的重组策略,招致不必要的诉讼费用,并遭受未知的机会成本。

3. Colt Holdings:管理层为了股东利益胁迫债权人提供资金

在某些情况下,管理者不需要对合同进行不当解读,从而损害债权人的利益。相反,他们只要简单地推迟重组,就可以有效地挟持公司,以保持股东的期权价值。Colt Holdings(以下简称 Colt)的行为就是一个典型的例子。Colt 先是经历了一段较长时间的财务困境,主要原因是它的股东缺乏现金,让它无法投资改善业务,然后其管理层违反了基本法律原则,试图利用破产程序来保护公司股东的投资,同时拒绝给予债权人的合法追偿。[145] 这一策略没有奏效,案件以可预见的方式结束了,但仍是让法律和其他管理费用消耗了公司本可以用来实现业务现代化的资金。

本文选择这个案例,是因为它进一步说明了合同法作为对债权人有效保护的不足。这里所出现的机会主义行为(在谈判中拖延、忽视债权人,以及在公司恶化的时候,追求对身无长物的股东最有利的交易),几乎不可能通过合同条款加以保护。[146] 尽管债权人最终能够在诉讼中获胜,但在法律上没有任何办法使他们的利益获得完全的补救。

Colt 的大部分债务来自一家私募公司(Colt 公司的股东之一)牵头

〔145〕 See Allan C. Eberhart et al., *Security Pricing and Deviations from the Absolute Priority Rule in Bankruptcy Proceedings*, 45 J. FIN. 1457, 1459(1990)(讨论债权人优先于股东的权利).

〔146〕 该案例表明试图通过非自愿的破产申请来夺取一家公司的控制权是可能的。See, e. g., In re Caesars Entm't Operating Co., No. 15 - 10047(KG), 2015 WL 495259, at ∗1(Bankr. D. Del. Feb. 2, 2015)(讨论 Caesar 的非自愿破产申请). 但是,一般来说,非自愿破产是非常罕见的,因为贷款人害怕承担损害业务的责任。See, e. g., David S. Kennedy et al., *The Involuntary Bankruptcy Process: A Study of the Relevant Statutory and Procedural Provisions and Related Matters*, 31 U. Mem. L. Rev. 1, 51(2000)(讨论如果非自愿申请被发现是恶意的,那么请求债权人赔偿损失的潜在责任).

的杠杆收购。[147] 多年来,Colt 的该股东利用自己的所有权地位抽走了 Colt 的现金,结果,公司的现金流几乎没有再投资到业务上。2002 年至 2014 年,Colt 向这家私募股权公司分配了 2.413 亿美元。[148] 这些财产转移使 Colt 在制造自动化和其他开发投资方面无法跟上同行的步伐。

2014 年秋季,Colt 的资本结构包括三种融资债务形式:(1)有担保的循环贷款;(2)本金为 4800 万元的有担保定期贷款;(3)本金为 2.46 亿美元的无担保优先债券。[149] 当时,由于市场认为 Colt 将难以偿还 11 月 15 日到期的利息等债务,所以这些无担保债券的交易价格很低。[150] 由于预期到公司将可能进行重组,该公司的债券持有人向公

[147] See Disclosure Statement for Debtors' Second Amended Joint Plan of Reorganization Under Chapter 11 of the Bankruptcy Code at 14, In re Colt Holding Co., No. 15 – 11296 – LSS(Bankr. D. Del. Nov. 10, 2015) [hereinafter Colt's Disclosure Statement](描述了 2013 年与 Colt Holdings Company 的一家私营制造子公司 New Colt Holding Corp 的合并).

[148] See Colt Def. Inc., Registration Statement(Form S – 1), at 21, 84(June 3, 2005)(报告称 Colt Defense 在 2002 年至 2004 年支付了 3640 万美元的分红,并根据一项管理协议向其股权保荐人支付了报告费用);Colt Defense LLC(Form S – 4, Amendment No. 2), at 79, F – 25(Mar. 21, 2011)(报告称,Colt Defense 在 2007 年至 2010 年支付了 1.66 亿美元的股息,并描述了其与股权发起人的"财务咨询协议");Colt Defense LLC, Annual Report(Form 10 – K), at 63, 82(Feb. 22, 2012);Colt Defense LLC, Annual Report(Form 10 – K), at 90(Mar. 25, 2013)(报告称,Colt Defense 在 2010 年至 2012 年间支付了 2120 万美元);Colt Defense LLC, Annual Report(Form 10 – K/A), at 39, 86 – 87(Sept. 12, 2014)(提到对成员的现金分配从 2011 年的 1290 万美元减少到 2012 年的 330 万美元,并描述了与股本发起人的"咨询协议").此外,该公司将所有的纳税都转嫁给了所有者。See Keith A. Maib's Declaration in Support of the Debtors' Chapter 11 Petitions and First Day Pleadings, In re Colt Holding Co., No. 15 – 11296 – LSS(Bankr. D. Del. June 15, 2015)[hereinafter Maib Declaration].

[149] See Colt Defense LLC, Quarterly Report for Sept. 28, 2014(Form 10 – Q/A), at 23 – 45(Dec. 2, 2014).

[150] See *Colt Defense Bondholder Group Advised by Brown Rudnick, GLC, Awaits Numbers*, REORG – RESEARCH(Nov. 19, 2014), https://platform.beta.reorgresearch.com/v3/#/items/intel/1934? item id = 7545/.

司表明，其愿意提供“比目前市场上可用的更优惠的新资本”。[151] 该公司没有立即回应这一提议，相反，它通过一项交易对现有的担保债务进行了再融资，仅获得了足够支付本来11月利息的额外资本。[152]

两个月后，Colt用一笔3300万美元的定期贷款交换了其优先担保循环信贷额度。[153] 新的定期贷款并没有增加Colt的流动性，而且与之前的借款安排相比，资本成本更高，契约限制更多。[154] 债券持有人再次联系Colt：“恭敬地敦促董事会改变方向，并开始朝着一个更具有共识和价值增值的决议努力。”[155] 但Colt的决策不但没有变化，而且回复也更加轻蔑。[156]

2015年4月1日，Colt向美国证券交易委员会（SEC）提交了一份通知，表示其不会按时提交所需的证券备案文件。[157] 文件称，该文件称，Colt“无法提供恢复遵守SEC规定的预期日期”。[158] 2015年4月14日，Colt向其债券持有人提出了一项积极的提议，如果他们愿意将

---

[151] See Declaration of Abraham T. Han in Support of the Objection and Supplemental Objection of the Ad Hoc Consortium of Holders of 8.75 percent Colt Defense LLC and Colt Finance Corp LLC Senior Notes Due 2017 to the Debtors Motion for Interim DIP Loan Approval at Exhibit H, In re Colt Holding Co., No. 15 – 11296 – LSS (Bankr. D. Del. June 19, 2015) [hereinafter Han Declaration].

[152] See Supplemental Objection of Ad Hoc Consortium of Holders of Senior Notes to Debtors' DIP Motion P20, In re Colt Holding Co., No. 15 – 11296 – LSS (Bankr. D. Del. June 19, 2015) [hereinafter Supplemental Objection to Colt's Debtors' DIP Motion]; Colt Defense LLC, Current Report (Form 8 – K) (Nov. 17, 2014) (2014年11月17日，在收到票据持有人的信几天后，披露了Colt Defense进入新的7000万美元的高级担保定期贷款安排).

[153] See Colt Defense LLC, Current Report (Form 8 – K) (Feb. 9, 2015) (描述Colt Defense与Cortland Capital Market Services的信用协议).

[154] 同上注；关于Colt债务人DIP动议的补充异议参见前注[152]，p. 123。

[155] 同前注[151]，参见Exhibit P部分。

[156] 同前注[152]，p. 25。

[157] 比较值得注意的是，Colt宣布它将不会及时提交其2014年10 – K声明。See Colt Defense LLC, Notification of Late Filing (Form 12b – 25) (Apr. 1, 2015).

[158] 同上注。

欠款减少70%,就为他们提供初级担保债权。[159] 值得注意的是,该公司的股东不会在该提议中承担任何损失。[160] 该提议还披露了一项旨在威胁债券持有人的信息:作为股东之一的私募公司还拥有 Colt 唯一一家制造工厂所在的大楼。私募公司只是将该设施租给了 Colt,并且租约马上就要到期了。[161] 该提议还称,该私募公司有权拒绝租约续期,这会对 Colt 业务造成巨大损害。这意味着,如果这项提议未被接受,私募公司可以将 Colt 驱逐出去。[162] 尽管有驱逐的威胁,兑换提议还是被债券持有人断然拒绝了。[163]

不过,债券持有人随后提出了新的提议,称其愿意为 Colt 提供新的现金,但要付出一定的代价:私募公司必须放弃对公司的所有权。[164] 但这项提议最终也被 Colt 断然拒绝了。[165] 当被问及该公司是否会将所有权从私募公司转移到债券持有人时,一名公司代表回答道:"绝对不会!"[166] 正如同一名代表所说,债务交换的唯一替代办法是"诉讼"。[167]

2015年6月14日,Colt 在特拉华州申请了破产救济。[168] 破产申请引发了激烈的诉讼,最终债券持有人成功地挫败了私募公司继续控

---

[159] 该要约还包含其他有问题的条款。根据交换方案,旧票据将被换成新的"第三留置权"担保票据,这反映了70%的本金减少;新契约将取消现有契约中包含的"基本上所有"保护条款;所有的违约执行权将通过一项繁重的债权人间协议被赋予给定期贷款放贷人,使得票据持有人压制了第三留置权放贷人。参见前注[152] p.28,以及前注[158],参见 Exhibit T3E.1 部分。

[160] 同前注[157],参见 Exhibit T3E.1 部分。

[161] 同前注[152],p.45。

[162] Id at 45 - 46.

[163] See Maib Declaration, supra note 148, p.22(说明票据持有人告知了公司,其对公司的预包装计划没有一点兴趣).

[164] 值得注意的是,票据持有人提供:(1)以优先留置权为基础,以有吸引力的条款对第一留置权贷款进行再融资;(2)将第二留置权贷款提升为第一留置权;(3)在次级留置权的基础上,增加提供2000万美元的可用资金,帮助 Colt 实现业务现代化;(4)将票据转换为股权,减少公司的债务负担。See Han Declaration, supra note 151, Exhibit R.

[165] 同上注,p.41。

[166] 同上注,p.43。

[167] 同上注,p.41。

[168] See Chapter 11 Voluntary Petition, In re Colt Holding Co., No. 15 - 11296 - LSS (Bankr. D. Del. June 14, 2015).

制 Colt 的企图。[169] 最后,票据持有人被迫将公司破产后约 20% 的股权转让给破产前的私募公司,以换取 Colt 工厂的所有权,但除此之外,他们还是公司的所有者。[170]

在某些方面,破产重组的结果与人们预期的一致。该公司进入破产程序后,债务减少,并由破产前的债权人所有。但是管理层仍试图挽救私募公司的投资,其坚持推迟重组,以保障股权保荐人拥有更多的议价能力,结果却付出了巨大的代价:公司的财务状况明显恶化。事实上,Colt 在破产中借来的钱本可以用来实现业务现代化,却被用来弥补破产成本和维持经营现状。事实上,仅仅是债务人律师在申请后的律师费用就超过了 1450 万美元。[171] Colt 一直没有得到研发和自动化所

〔169〕 股权发起人的计划分为两部分进行。在提交破产申请时,Colt 提出了一项动议,要求批准根据第 363 条加速出售程序,而该公司的股权保荐人则是拟议中的竞标者"Stalking Horse"。See Debtors' Motion, Pursuant to 11 U. S. C. § § 105,363, and 365, and Fed. R Bankr. P. 2002,6004,6006,9008 and 9014, for Entry of(A) an Order (Ⅰ) Approving Bid Procedures in Connection with the Sale of Substantially All of the Debtors' Assets Free and Clear of Liens, Claims, Encumbrances, and Other Interests, (Ⅱ) Approving Procedures Related to the Assumption and Assignment of Executory Contracts and Unexpired Leases in Connection with Such Sale, (Ⅲ) Approving the Form and Manner of Notice Thereof, (Ⅳ) Scheduling the Hearing to Consider Approval of Such Sale, and (Ⅴ) Granting Certain Related Relief; and (B) an Order Approving the Sale of Substantially All of the Debtors' Assets 1 13, In re Colt Holding Co. , No. 15 - 11296 - LSS. 另外,Colt 提交了一份动议,寻求批准一项债务人持有资产的融资,要求该公司在 60 日内完成第 363 条的出售。See Motion to Approve Debtor In Possession Financing, In re Colt Holding Co. , No. 15 - 11296 - LSS.

〔170〕 全球结算有许多环节:(1) DIP 贷款被"卷"成一个新的第一留置权贷款;(2) 第二留置权债务卷成新的第二留置权贷款;(3) 通过向票据持有人(提供 4500 万美元)和股权发起人(提供 500 万美元)增发流动性(5000 万美元);(4) 延长生产设施租赁期限;(5) 股权分成票据持有人(83. 25%)和股权发起人(16. 75%)。See Debtors' Motion for Entry of an Order Authorizing the Debtors to Enter into and Perform Under the Restructuring Support Agreement, In re Colt Holding Co. , No. 15 - 11296 - LSS.

〔171〕 See Omnibus Order Awarding Final Allowance of Compensation for Services Rendered and for Reimbursement of Expenses at Exhibit A, In re Colt Holding Co. , No. 15 - 11296 - LSS.

需的资金,最后在没有改善其竞争地位的情况下退出了破产程序。[172] 虽然合同法可以为债权人做很多事情,但它无法影响一个决心拖延破产和重组的管理团队,最终无法规避公司本身受到的损害。

(二)依靠破产法保护投资者的限制

虽然破产法经常作为保护债权人的法律体系,[173]但破产法有多个政策目标,譬如对法官来说,保护公司及其雇员会比让破产前的债权人从交易中获益更重要。在金融危机撼动了经济的核心之后,保护公司的必要性显得尤为突出,法院由此创造了一系列先例,进一步侵蚀了债权人的权利。下面这些案例都涉及极端的现象,但它们也关系到管理层人采取了强硬的破产手段,无视债权人保护和公平原则。

在第一个 General Growth Properties 案例中,本文展示了事先的合同安排如何常常屈服于其他破产政策目标,如保护就业和促进重组。在第二个 American Safety Razor 案例中,本文展示了其他破产优先政策如何为机会主义创造空间,比如在资产拍卖中,拍卖过程可能受到了操纵。而最后 Lyondell 一案,展示了一个狡猾的管理团队对破产政策优先级和程序规则拥有的熟练理解,并能剥夺债权人在破产之外本应享有的权利。

1. General Growth Properties:债权人如何屈服于其他破产政策目标

General Growth Properties(GGP)是美国最大的购物中心所有者和运营商之一,它的商业地产历来都是在项目层面上融资的,即每一笔投资都是针对正在开发的特定资产进行借款。[174] 这类贷款一般期限为 3 年到 7 年,因此公司建立商业计划的前提是,它将能够"在任何需要的

---

〔172〕 这个故事的一个特别之处在于,Colt 的董事会并不是由股权赞助者和密切关联公司的自私自利的员工所主导的。事实上,董事会的多数成员由两名军事将领、两名工会代表和一名退休的重组律师组成。参见前注〔148〕,p. 48。完全有可能的是,这个在其他方面毫无兴趣的董事会与 Gheewalla 及其后继者紧密合作,利用到期的租约来证明采取行动的合理性,如提出重组交易,将控制权留给股权发起人,同时拒绝票据持有人从交易中获益。

〔173〕 See generally In re Schwartz – Tallard, 803 F. 3d 1095, 1100(9th Cir. 2015)(提到破产法保护债权人的整体利益).

〔174〕 See In re Gen. Growth Props., 409 B. R. 43, 53 – 54(Bankr. S. D. N. Y. 2009).

情况下"为债务进行再融资。[175]

为此,GGP 及其贷款机构建立了一个非常具体的贷款结构,目标是实现"资产隔离"——将高质量的房地产资产从集团的其他部分中分离出来。[176] 简单来说,典型的"资产隔离"具有如下结构:GGP 让其全资子公司通过贷款融资拥有特定的房地产资产。一个典型的例子是 Stonestown Shopping Center L. P.,该公司在加利福尼亚州旧金山拥有一家购物中心。[177] 为了保护他们的抵押利益,贷款人要求 GGP 将旧金山购物中心从集团的其他部分中分离出来,而 GGP 也同意这样做,因为能换取更低的利率。[178] 重要的是,每个附属董事会必须由多数"独立管理层"组成,他们实质上是贷款人利益的代表者。[179] 由于法律要求每个子公司的董事会都要分别批准其破产申请,所以这种结构旨在确保集团不会将孤立的资产拖入 GGP 破产资产范围中,从而帮助为集团其他部分的重组提供资金。[180] 贷款人之所以寻求这种保护,是为了避免因子公司资产被转移用于关联公司的破产债务,而导致还款延迟或其权利受到损害。[181]

在金融危机之后,GGP 无法为其债务再融资,公司的财务困境进

---

〔175〕 同前注〔174〕,p. 53。

〔176〕 See Motion of ING Clarion Capital Loan Services LLC, Pursuant to 11 U. S. C. § 1112 (b) to Dismiss the Cases of Bakersfield Mall LLC; Rasccap Realty, Ltd.; Visalia Mall, L. P.; GGP – Tucson Mall L. L. C; Lancaster Trust; Ho Retail Properties Ⅱ Limited Partnership; RS Properties Inc.; Stonestown Shopping Center L. P.; and Fashion Place, LLC at 2, 9, In re Gen. Growth Props., 409 B. R. 43 (No. 09 – 11977 – alg) [hereinafter ING Clarion Motion].

〔177〕 同上注,p. 9。

〔178〕 同上注,p. 1。

〔179〕 See Motion of FRM Funding Company, Inc. Pursuant to 11 U. S. C. § 1112 (b), to Dismiss the Chapter 11 Case of Fox River Shopping Center, LLC at 6 – 7, In re Gen. Growth Props., 409 B. R. 43 (No. 09 – 11977 – alg) [hereinafter FRM Motion] (提到"独立经理"一般要求由一家全国认可的公司任命,该公司提供专业的独立董事、经理和受托人).

〔180〕 同上注,p. 7,提到了一个典型的经营协议(相当于公司章程)有一个条款,要求独立董事在决定是否申请破产时考虑子公司及其债权人的利益。这种结构的设计是为了绕过直接限制公司申请破产的合同的不可执行性。

〔181〕 同上注,p. 15。

一步恶化。[182] 管理团队采取了前所未有的措施,他们解除了"资产隔离"结构,迫使每个子公司申请破产,从而使企业集团保持在一起,而公司的高级管理人员也能保住饭碗。[183] 其所采取步骤的过程也充满戏剧性,2009年4月16日凌晨2点左右,GGP的管理层们通过电子邮件解雇了每个子公司的独立董事,并在控制权完全建立之后,就立即启动了集体破产程序。[184] 集体性的破产申请和对"资产隔离"结构的破坏立即激怒了信贷市场。[185]

GGP的各个项目贷款人突然发现自己正处于他们订立合同时极力避免的情况。[186] 他们要求破产法庭驳回子公司的破产申请,称其为恶意申请。[187] 他们还指控管理层的行为违反了他们特殊义务公司的信托责任。[188] 破产法官承认,设立"资产隔离"结构是为了"给破产申请制造障碍"。[189] 然而,法院考虑到子公司是有偿付能力的,而且子公司董事会对其股东负有唯一的信托责任,而股东在每个案例中都是母公司,因此需要他们的资产来为破产重组提供资金。[190] 同样,法院认

---

〔182〕 See In re Gen. Growth Props. ,409 B. R. at 53(描述了2008年商业抵押贷款支持证券市场的危机如何削弱了该公司为其债务再融资的能力). 在申请破产时,GGP资产的会计价值接近300亿美元,支撑着270多亿美元的负债。Id at 48.

〔183〕 同前注〔176〕,p. 2 - 3。

〔184〕 同上注。

〔185〕 General Growth Properties, *Inc. Decision Notes Weaknesses of Securitization Special Purpose Entities*, O'MELVENY & MYERS LLP (Aug. 13, 2009), https://www.omnicom/resources/alerts - and - publications/publications/general - growth - properties - incdecision - notes - weaknesses - of - securitization - special - purpose - entities/ [https://perma.cc/YY4XWWFK]("对于那些参与构建SPE和CMBS交易的人来说,这个决定应该是一个警示").

〔186〕 同上注,解释说"申请解散的债务人是SPE,这样项目级实体就不会破产",但是"SPE结构没能让项目级实体免于破产"。

〔187〕 In re Gen. Growth Props. ,409 B. R. at 47("寻求解雇的主要理由是主体债务人的案件是恶意提起的").

〔188〕 同上注,p. 63(注意到项目出借方的经营协议规定,独立经理在履行协议下的职责时负有"忠诚和照顾的受托责任")。

〔189〕 同上注,p. 63 - 64。

〔190〕 同上注,p. 64。其发现特拉华州法律"规定有偿付能力公司的董事在履行其受托责任时,有权(实际上是被要求)考虑股东的利益",并发现经理们"根据集团的利益投票提出申请"并没有违反其受托责任。

为，鉴于子公司的组织文件允许 GGP 这样做，深夜解雇独立董事并不构成恶意。[191]

这个案例展示了，在破产中，公司更大的商业目标和实际需要是如何压倒债权人协商权利的。GGP 结构反映了明确的风险分配：项目贷款者同意以比市场上更有吸引力的利率提供资本，以换取特殊的"资产隔离"保护。但这项约定没有得到尊重，贷款人请求破产法院强制执行他们的交易，破产法院也无动于衷。与本文中讨论的其他案例研究不同，GGP 的案例并没有涉及一种贪婪的控制机会主义，可见它的基础事实是非常不寻常的。但是，案件结果反映了一个普遍的教训：从本质上讲，破产法庭是一个对债务人友好的平台，而且这个会议过程至少在开始阶段是遵循管理层的领导。一般来说，在这场拉锯战中，单个债权人的协议与债务人更大的重组目标是没有平等基础的。

2. American Safety Razor：管理层对案例叙述的控制进一步助长机会主义

American Safety Razor（以下简称 ASR）一案展示了管理层是如何利用破产程序来阻止债权人合同的。正如下文所描述，当公司破产时，管理层的主要利益可能是保住他们自己的工作。该公司的管理层们似乎暗中地提出一个机会主义的议程，并且他们差点成功地实现了。而当隐形的操作被暴露和破坏时，它需要一个不寻常的和几乎不可能的条件。这个故事提供了一个有用的例子，说明了管理团队如何通过编造故事来牺牲债权人的利益：因为要立即退出破产程序以避免公司价值蒸发，进而需要立即进行融资拍卖，从而实现管理层对上述拍卖的操纵。

ASR 的业务是制造个人消费的一次性湿刮胡刀。[192] ASR 是"自有品牌"剃须刀行业的主要参与者，生产的剃须刀可以在商店以自有

---

〔191〕 同前注〔190〕，p. 68。

〔192〕 See Affidavit of J. Andrew Bolt, Executive Vice President and Chief Financial Officer of American Safety Razor Company, LLC and Blade Acquisition Company, and Vice President and Authorized Officer of the Other Debtors, in Support of First Day Motions at 4, 6, In re Am. Safety Razor Co., No. 10 - 12351 (Bankr. D. Del. July 28, 2010) [hereinafter First Day Affidavit].

品牌销售。[193] 2009年年底,ASR似乎完全有能力度过金融危机,并支付约2.4亿美元的第一留置权担保债务和1.75亿美元的第二留置权担保债务的利息和本金。[194] 然而,在2009年年底,ASR获悉其最大客户将停止双方的业务关系,这直接导致公司陷入混乱,并引发公司第一和第二留置权债务合同的违约。[195]

ASR很快就与由第一和第二留置权债权人组成的特别委员会进行破产前谈判。[196] 作为"次级"期权持有人,第二留置权贷款人有强烈的动机,确保管理层不会与高级贷款人串通,对他们的索赔产生不利。所以第二留置权贷款人很快就与Goldman Sachs接洽,试图为第一留置权债务再融资。[197] 此后不久,Goldman Sachs发表了一封信,声明它"高度相信"自己可以为ASR安排和筹集"3亿美元"的新债务资本,这将足以偿还第一留置权贷款人的债务,使第二留置权贷款人成为公司的新所有者。[198] 然而,信中还称,为了实现这一预期,Goldman Sachs将需要"合理的时间在公司管理层的协助下推荐融资"。[199] 然而,仅在几周之后,甚至公司的再融资过程都仍在进行时,ASR在特拉华州申请了破产救济。[200]

人们很快就明白了为什么ASR如此突然地申请破产保护:它想到了另一个计划,这能为公司的管理团队提供了特殊的好处。根据破产申请书,在经过快速拍卖程序后,ASR立即寻求将其所有资产出售给

---

〔193〕 同前注〔192〕,p.6(指出ASR产品"主要以零售商的商店品牌销售")。

〔194〕 同上注,p.9。

〔195〕 同上注,p.11。

〔196〕 同上注,p.14-15。

〔197〕 同上注,p.16-17。

〔198〕 Energizer Holdings, Inc.'s Objection to Second Lien Lenders' Application for Allowance of an Administrative Claim at Exhibit A P 8, In re Am. Safety Razor Co., No. 10-12351 (Bankr. D. Del. June 23, 2011) [hereinafter Energizer's Objection].

〔199〕 同上注。

〔200〕 See Objection of Blackrock Kelso Capital Corp. and GSO/Blackstone Debt Funds Management LLC, as Collateral Manager, to Debtors' Motions for Orders Approving: (1) Proposed Post-Petition Financing, and (2) Terms of the Debtors' Retention of Lazard Middle Market LLC at 4, In re Am. Safety Razor Co., No. 10-12351 (Bankr. D. Del. June 23, 2011).

第一留置权债权人的许可。[201] 拍卖采用了一个框架,其中第一留置权放款人是带有“信用投标”的跟踪竞标者,换言之,不但第一留置权放款人不会支付任何现金,而且他们放弃了对债务人的索赔。这意味着,其他人的出价不但需要高于2.4亿美元,而且要以现金的形式支付。作为信用投标的一部分,第一留置权债权人会向管理层提供承诺,保证他们继续就业或提供丰厚的遣散费。[202]

在考虑这一决议时,破产法官面对的是一个债务人已经果断地向他们倾斜的判决环境。[203] 法官发现自己面对的是一个管理团队,他们声称这笔交易是为了保护公司大约1700名员工。[204] 管理层向法官表示,时间是关键,因为该公司的主要销售季节已于10月结束,这意味着该公司需要在数周内走出困境,才合理地继续进行业务。[205] 实际上,管理层已经等了很长时间才申请破产,以至于法官别无选择,只能批准融资和出售决议。[206] 如果法官迫使管理层寻找其他选择,可能会让

---

[201] See Debtors' Motion Pursuant to Sections 105(a),363 and 365 of the Bankruptcy Code and Bankruptcy Rules 2002,6004,6006,for Entry of an Order(A) Approving the Sale of Substantially All of the Debtors' Assets Free and Clear of Encumbrances and (B) Authorizing the Assumption and Assignment of Certain Executory Contracts and Unexpired Leases at 19 – 20, In re Am. Safety Razor Co. , No. 10 – 12351 (Bankr. D. Del. July 28,2010) [hereinafter ASR Debtors' Sale Motion].

[202] 同上注,p. 10 – 11;以及 Exhibit B, Part 2 § 7.16(为现有员工提供12个月的就业保障,并提供“相当可观的奖金”);see also Transcript of Proceedings from September 28, 2010 at 139:5 – 14:4, In re Am. Safety Razor Co. , No. 10 – 12351(Bankr. D. Del. Oct. 1,2010)(注意到 Energizer 的投标明确提出了类似的就业保护, Energizer 在第一留置权贷款人的购买协议中标注了保留解雇员工的权利).

[203] 为了支持出售动议和信贷投标,债务人还寻求允许从第一留置权贷款人借2500万美元的延期融资请求权。See ASR Debtors' Motion Pursuant to 11 U. S. C. §§ 105, 361, 362, 363, 364, and 507 (Ⅰ) Authorizing Debtors (A) To Obtain Postpetition Financing and(B) To Utilize Cash Collateral; (Ⅱ) Granting Liens and Providing Super – Priority Administrative Expense Status; (Ⅲ) Granting Adequate Protection to Prepetition Secured Parties; and(Ⅳ) Scheduling a Final Hearing at 1, In re Am. Safety Razor Co. , No. 10 – 12351 (Bankr. D. Del. July 28,2010) [hereinafter ASR DIP Motion].

[204] 同前注〔192〕,强调迅速脱离破产保护以避免公司在关键销售季节崩溃的必要性。

[205] 同上注,p. 18。

[206] 同上注,强调了时间的重要性。

1700 人失去工作[207],而目前的就业市场正处于几十年来最困难的时期。[208] 而第二留置权贷款人可能不会有什么帮助,因为他们受到债权人间协议的约束,该协议禁止他们反对由第一留置权贷款人支持的任何资产出售。[209]

然后,管理层开始设计一个拍卖过程,让他们完全控制整个过程。每个投标人都必须签署一份保密协议,这使该公司有能力隐藏投标人的身份和所提供的条件。[210] 投标开始一个月后,一家新闻报社突然报道,在破产拍卖程序中,Energizer Holdings,Inc.(以下简称 Energizer)将以 3 亿~3.25 亿美元的现金收购该公司。[211] 这对第二留置权债权人来说是个大新闻:因为他们的委员会没有收到任何 ASR 有关 Energizer 已经提交了投标的通知。并且,ASR 通过合同禁止 Energizer 将该信息传递给第二留置权委员会。[212] 但是,对 ASR 来说,这根本不是什么新闻,因为 ASR 立即拒绝了 Energizer 的报价。[213] ASR 后来在法庭上辩称,其决定是合理的,因为 Energizer 的出价充满了反垄断风险,这是优先考虑第一留置权债权人的重要原因,否则他们的出价会更低。[214] 他们也否认第二留置权债权人的指控:ASR 声称的反垄断担忧只是虚构的理由,其拒绝收购的真正动机是 ASR 明白 Energizer 不想要 ASR 原先的管理团队,因为 Energizer 打算将 ASR 合并到其 Schick 子公司。[215]

虽然会违背债权人间协议,但第二留置权债权人立即对公司的出

---

[207] 同上注,p. 8。

[208] 同前注[203]。

[209] Transcript of Proceedings from 9/30/2010 at 94 - 95, In re Am. Safety Razor Co., No. 10 - 12351 (Bankr. D. Del. July 28, 2010) [hereinafter ASR 9/30 Transcript].

[210] See Transcript of Proceedings from 9/29/2010 at 77 - 86, In re Am. Safety Razor Co., No. 10 - 12351 (Bankr. D. Del. Oct. 5, 2010) [hereinafter ASR 9/29 Transcript].

[211] 同前注[198],参见 Exhibit A P 19 部分。

[212] 同上注。

[213] 同上注,参见 Exhibit A 120 部分。

[214] 同前注[210],p. 18 - 20。

[215] 同前注[209],p. 18。

售决议提出了强烈反对,并开始了激烈的诉讼。[216] 管理层以恶意指控作出回应,并试图阻止第二留置权贷款人和 Energizer 在破产法庭上出庭,威胁将因第二留置权贷款人违反债权人间协议和 Energizer 违反保密协议而寻求损害赔偿。[217] 不过,在法庭诉讼中,通过第二留置权贷款人提出的证据和专家证人的证词,法院发现,ASR 实际上行为不当,即 Energizer 的报价远高于第一留置权银行的报价,且没有实质上的反垄断风险,而是属于管理层滥用其控制权的行为。[218] 作为补救措施,ASR 将出售听证会持续了 8 天,让 Energizer 有机会最终确定对该公司的收购要约。[219]

在随后的听证会上,Energizer 提交了一份最终报价,提出全额偿还第一留置权债务,承担所有的行政和无担保索赔,并向第二留置权贷款人提供 5700 万美元(约 31% 的现金分配)。[220] 值得注意的是,ASR 和第一留置权贷款人继续强烈反对 Energizer 的出价,但破产法院驳回了该判决。[221] 几周后,Energizer 的"敌意"收购结束,并且没有出现反垄断问题,管理层也很快被解雇。[222]

这个故事似乎有一个令人愉快的结局:控制机会主义被挫败,公司价值最终以一种几乎与破产申请前协议一致的方式分配。但是,这和其他案例一样,只是小概率事件,只需要新闻媒体曝光隐藏的保密协议,以及一群足够愤怒、勇气、耐心的第二留置权贷款人。当 Energizer

---

〔216〕 See Objection of the Second – Lien Lenders to the Debtors' Sale Motion, and Emergency Cross – Motion Requesting: (Ⅰ) Authority to Commence an Investigation of the Debtors' Auction Process Pursuant to Bankruptcy Rule 2004; (Ⅱ) Appointment of an Examiner; and/or(Ⅲ) Appointment of a Chapter Ⅱ Trustee at 1, In re Am. Safety Razor Co. , No. 10 – 12351 (Bankr. D. Del. July 28, 2010) [hereinafter Objection to ASR's Sales Motion].

〔217〕 同前注〔209〕, p. 25, 50。

〔218〕 同前注〔210〕, p. 74 – 92。

〔219〕 同前注〔209〕, p. 37 – 41。

〔220〕 See generally Notice of Filing of Energizer Holdings, Inc's Revised Bid at Exhibit A, B, In re Am. Safety Razor Co. , No. 10 – 12351(Bankr. D. Del. July 28, 2010).

〔221〕 Hilary Russ, *Energizer Wins American Safety Razor With $301M Bids*, LAW360(Oct. 8, 2010), https://www. law360. com/articles/200242/energizer – wins – american – safety – razor – with – 301mbid/ [https://perma. cc/2E3P – MRPQ].

〔222〕 同上注。

竞购的消息传出后,ASR 立即威胁要展开一场激烈的四面大战。许多潜在的竞标者和债权人可能会被这些花言巧语和看似受到操纵的拍卖程序吓住,干脆放弃。因此,本案的经验并没有太多体现在最终的案件结果中;相反,在观察到管理层在幕后运用马基雅维利式的策略之后,如果运气好的话,这些策略将永远被隐藏起来。此外,该结果也不能保证第二留置权贷款人实际上获得了他们债权的真正内在价值。毕竟,如果有公平的拍卖程序,Energizer 或其他被拍卖程序吓退的潜在竞标者可能愿意支付更多,[223] 而且 ASR 律师收取的大笔费用最终由第二留置权债权人承担。

3. Lyondell:债务人和贷款人利用破产法进行中性的欺诈性转让

除了合同法和破产法,法院在 Gheewalla 案中还援引了欺诈性转让法,认为没有必要对债权人进行特别的公平保护。欺诈性转让法规定,当公司有意地剥离公司资产,损害现有债权人利益时,欺诈转让法足以成为债权人的诉讼依据。但判例法始终未弥补欺诈性转让理论作为债权人救济的弱点。[224] 并且更重要的是,破产法还为管理人员提供了一个便捷的方法,以避免欺诈性转让方面的索赔。除了现在使用破产融资的标准方法来限制管理层的自由裁量权之外,管理层还有能力在不获得因转让而遭受损失的债权人许可的情况下,通过其他债权人解决欺诈性转让的许可。这是由于公司法中的一种异常现象,即虽然债权人可以在破产之外自己提出欺诈性转让索赔,但在破产程序中,DIP 融

[223] Energizer 曾表示将继续参与竞购,但他们从未有任何合理理由去提高出价。See generally Notice of Energizer Holdings, Inc. 's Continued Interest to Participate in Sale Process and to Consummate Transaction, In re Am. Safety Razor Co. , No. 10 – 12351 (Bankr. D. Del. July 28, 2010).

[224] 以论坛报业公司 LBO 欺诈性转让诉讼为例。杠杆收购发生在 2007 年,而申请破产保护是在 2008 年,欺诈性转让诉讼是于 2011 年提起。《华尔街日报》2018 年 7 月的一篇文章称,杠杆收购诉讼是"此类诉讼的经典案例",法官凯文·凯里(Kevin Carey)表示:"听起来我们似乎离诉讼结束还很远。"See Peg Brickley, *Judge Pushes Settlement Talks in Tribune LBO Court Fight*, Wall Street J. (Jul. 10, 2018), https://www.wsj.com/articles/judge – pushes – settlement – talks – in – tribune – lbo – court – fight – 1531257092/ [https://perma.cc/JZ5A – HCTY]. 如果一个"流派的经典"存活了八年半(而且还在继续),并且仍远未结束,它就很难被视为债权人协议的可靠支撑。

资方可以控制破产财产范围内的所有资产,包括欺诈性转让的部分。[225] 法院认为,这种控制包括豁免这些索赔的权利,即使受到转让损害的真正的债权人以和解金额太低为理由而反对和解。[226]

换句话说,管理者可以利用破产法剥夺债权人在破产之外应有的权利。在破产中起诉欺诈性转让索赔的基本问题是,破产中的债务人是由一个管理团队控制的,该团队寻求确保债务人最快的破产和最光明的未来,而这一目标往往与欺诈性转让索赔的救济目标相冲突。在一些资产剥离交易中,欺诈性转让中的被告同时也是向债务人提供破产后融资的一方,一方面意味着被告能利用融资对管理层施加压力,另一方面在某些情况下,还意味着被告有能力扼杀无担保债权人的程序性权利。虽然债务人的行为须经法院审查,但法律标准总是要求法官考虑债务人其他当事人的最佳利益,如当前以及未来的职工人员和管理人员。这种特殊的脆弱性为控制机会主义打开了大门,正 Lyondell Bassel 案所反映的那样。

2007 年 12 月,化工巨头 Bassel 收购了 Lyondell,这是一项典型的杠杆收购,在该公司现有的 31 亿美元无担保债务的基础上,又从另一组投资者(杠杆收购贷款人)那里获得了 210 亿美元的新担保贷款。[227] 而合并后的公司在周期性的、投资大量的石化行业竞争,沉重的债务负担使公司在其核心业务上很容易受到削弱。[228] 最终,交易结束后仅仅 12 个星期,Lyondell 就开始现金告罄,[229] 并随着大萧条肆虐经济,Lyondell 公司于 2009 年 1 月破产。这使持有 Lyondell 公司 31 亿美元

---

[225] See Official Comm. of Unsecured Creditors of Cybergenics Corp. er rel. Cybergenics Corp. v. Chinery, 330 F. 3d 548, 572(3d Cir. 2003)(讨论允许债权人将欺诈转移索赔作为衍生诉讼提起的必要性,否则该索赔将受破产程序中的债务人控制).

[226] See In re Adelphia Commc'ns Corp., 368 BR. 140, 271 – 72(Bankr. S. D. N. Y. 2007).

[227] See In re Lyondell Chem. Co., 503 B. R. 348, 353 (Bankr. S. D. N. Y. 2014), as corrected(Jan. 16, 2014), abrogated by In re Tribune Co. Fraudulent Conveyance Litig, 818 F. 3d 98(2d Cir. 2016).

[228] See Complaint at 3, In re Lyondell Chem. Co., 503 B. R. 348(No. 09 – 10023).

[229] See Corrected Objection of the Official Committee of Unsecured Creditors to Debtors' Motion to Approve Settlement Agreement with Financing Party Defendants in Committee Litigation at 90, In re Lyondell Chem. Co., 503 B. R. 348(No. 09 – 10023)[hereinafter Lyondell UCC Settlement Objection].

的无担保债券的持有人陷入绝望的境地,并且其还落后于杠杆收购贷款人的 210 亿美元有担保债券。[230] 虽然杠杆收购的现金都流向了以前的股东,但考虑到债务人仍需对交易相关的担保债务负责,因此,杠杆收购交易具有剥离 Lyondell 实质资产的效果。[231]

这些事实看起来像是教科书式的欺诈性转让索赔,所以在杠杆收购之前,无担保债权人希望避免将资产留置权转让给有担保债权人,以及避免支付给 Lyondell 老股东 125 亿美元。[232] 然而,杠杆收购债权人将能够利用其议价能力,以相对较小的代价从管理层获得豁免其欺诈性转让风险的许可,最终这一切都得到了破产法官的支持。

像大多数大公司一样,Lyondell 的管理团队在破产程序中寻求了 DIP 贷款来资助破产案件。[233] Lyondell 就像现代担保信贷时代的大多数公司一样,[234] 在破产时,它的所有资产都被留置权占据——在这种情况下,是为杠杆收购提供资金的债权人的留置权。在实践中,贷款人很少在没有获得优先留置权的情况下同意为重组提供资金,[235] 而优先留置权通常需要得到现有留置权人的同意。这种有效的否决权意味着现有的原担保债权人是唯一可信的 DIP 贷款人,因为他们可以否决任

[230] See In re Lyondell Chem. Co. ,503 B. R. at 353(describing pre – LBO debt).

[231] See Weisfelner v. Blavatnik,543 BR. 428,433(Bankr. S. D. N. Y. 2016).

[232] See In re Lyondell Chem. Co. ,503 B. R. at 355(describing pre – LBO debt).

[233] See Motion for an Order (Ⅰ) Authorizing Debtors (A) To Obtain Post – Petition Financing Pursuant to 11 U. S. C. § § 105,361,362,364(c)(1),364(c)(2),364(c)(3),364(d)(1),and 364(e),(B) To Utilize Cash Collateral Pursuant to 11 U. S. C. § 363 and(C) To Purchase Certain Assets Pursuant to 11 U. S. C. § 363,(Ⅱ) Granting Adequate Protection to Pre – Petition Secured Parties Pursuant to 11 U. S. C. § § 361, 362,363 and 364 and(Ⅲ) Scheduling Final Hearing Pursuant to Bankruptcy Rules 4001 (b) and(c) at 2,In re Lyondell Chem. Co. ,503 B. R. 348(No. 09 – 10023)[hereinafter Lyondell DIP Motion].

[234] See Barry E. Adler et al. , *Value Destruction in the New Era of Chapter* 11,29 J. L. Econ. & Org. 461,462(2012).

[235] 先行留置权是先于所有现有留置权的留置权。在实践中,提供 DIP 贷款的贷款人希望用启动留置权保护他们的投资,而在实践中,这通常需要现有留置权人(通常是银行)的同意,因为现有留置权人可以提起诉讼阻止贷款,这可能会吓跑其他贷款人。关于 DIP 贷款的一般性讨论和这一框架的详细阐述,See George G. Triantis, Debtor – in – Possession Financing, in Research Handbook on Corporate Bankruptcy Law(Barry E. Adler ed. ,forthcoming June 2020)。

何其他贷款。[236]

在这个案例中,担保债权人利用其提供 DIP 融资的权利,先发制人地让管理层同意自己的留置权不受欺诈性转让索赔的影响,并获得了"对破产案件几乎完全的控制力"。[237] 担保债权人是通过在 DIP 融资中附加 7 个条件来扩大自己的影响力。第一,他们将无担保债权人官方委员会的留置权调查预算限制在 25 万美元,与最终花费的 2000 多万美元相比,这明显是微不足道的一笔钱。第二,他们只留给该委员会大约 4 个月的时间来调查围绕杠杆收购的事实。[238] 第三,他们要求 Lyondel 在 10 个月内结束破产程序,从 Lyondell 无比庞大的资产体量遇上 2008 年金融危机的特殊情况来看,这是一项艰巨的任务。[239] 第四,他们为 32.5 亿美元的现有担保债务寻求了新的抵押品:规避行动的收益。第五,他们要求各种附加的合同条款,这些条款具有控制经营的效果,特别是包括建议变更经营方向的权利。[240] 第六,债务人须同意在任何欺诈性转移诉讼中支付银行债权人的诉讼费用。[241] 第七,债务人同意放弃代表破产财产起诉欺诈转让行为的权利,并让官方委员会在非常有限的预算下进行这项工作。[242]

综上所述,DIP 融资协议中的这些条款大大削弱了杠杆收购前无担保债权人起诉欺诈性转让索赔的能力。破产法的立法者预计无担保债权人官方委员会将起诉这些不合理的条款,但官方委员会几乎没有时间整理证据来提供具有说服力的起诉,并且一旦 25 万美元的预算用完,他们的专业人员就拿不到工作报酬了,这进一步打击了官方委员会的工作积极性。此外,一旦出现欺诈性转让的诉讼,如果未能得到迅速解决,公司的破产程序也不能终止,所以担保债权人实质上也为这种难

---

〔236〕 See, e. g., B. Espen Eckbo et al., Rent Extraction by Super – Priority Lenders at Table 3 (Tuck Sch. of Bus., Working Paper No. 3384389, 2019)(显示 70% 的 DIP 贷款都来自 2002 年至 2014 年预先贷款人申请的破产程序).

〔237〕 同前注〔229〕, p. 7。

〔238〕 同上注, p. 10 – 11。

〔239〕 同上注, p. 7。

〔240〕 同上注, p. 7 – 8。

〔241〕 同上注, p. 8。

〔242〕 同上注。

题提供了一条非常便捷的路径。

因此,杠杆收购贷款人可以利用债务人获得融资的需求,以加强其抵御欺诈性转让责任的能力。在评估破产公司的融资需要时,法官必须还要审查如下事项:(1)拟定的融资要符合商业判断规则;(2)融资符合公司破产财产的最大效益及其债权人的最大利益;(3)这笔资金是保护破产财产所必需的;(4)贷款条件公平;(5)善意协商融资。[243] 让法官有权审查限制官方委员会是否具有起诉欺诈性转让的实质能力,也是对于管理层商业判断规则和保护 DIP 融资愿望的平衡方法。[244] 毕竟,管理层通常都向法院表示,如果不批准融资,"可能会导致清算、员工严重离职以及供应商和客户的严重损失"。[245] 因为对于法官来说,避免破产清算会比保护杠杆收购前的无担保债权人更重要。

可以肯定的是,破产法官确实为无担保债权人官方委员会提供了一些讨价还价的能力。法院批准了官方委员会对这些条款进行起诉,同时这满足了 Lyondell 管理层对公司能够迅速脱离破产程序的要求。[246] 双方同意在几个月内就极其复杂、事实繁多的欺诈性转移问题进行庭上诉讼,来快速结束这一纠纷。

然而,破产法赋予债务人的管理团队在没有官方委员会参与的情况下解决索赔的权力。[247] 这种权力最终会削弱官方委员会提起诉讼的能力。

Lyondell 管理层采取了几个步骤,来降低官方委员会获得有利和解的可能性。在就官方委员会起诉欺诈性转让索赔的动议举行听证会之前,债务人声称,尽管该官员委员会有权起诉这些索赔,但他们认为管理层也有权力解决这些索赔,因为诉讼本质上是基于破产财产

---

〔243〕 See In re Roeben, 294 B. R. 840, 845 (Bankr. E. D. Ark. 2003).

〔244〕 See Transcript of the Motion for Entry of an Order Authorizing the Debtors to Enter into the 8th Amendment to their Debtor – in – Possession Loan Agreement to (A) Increase the Amount of the Commitment Thereunder Until the Funding Date of the Proposed Sale Transaction and (B) Extend the Maturity Date at 743, In re TerreStar Networks Inc., 457 BR. 254 (Bankr. S. D. N. Y. 2011) (No. 10 – 15446).

〔245〕 同前注〔223〕, p. 6。

〔246〕 同前注〔229〕, p. 24。

〔247〕 See In re Adelphia Commc'ns Corp., 544 F. 3d 420, 424 (2d Cir. 2008).

进行的。[248] 换句话说,官方委员会也应知道,其代表的破产前受损债权人的主要动机也是包含结束破产程序的。在一封私人电子邮件中,债务人的首席律师向一家担保债权人保证,公司将在“融资杠杆最大的时候”动用这一权利来避免索赔。[249]

管理层还让杠杆收购债权人成为“结束破产融资”资金的提供者,从而有效地“拖延”了220亿美元的资金重组计划。但显然,作为被告的杠杆收购债权人拒绝在任何他们正在资助的重组计划的欺诈性转让索赔诉讼中出庭,这意味着索赔必须得到妥善解决,公司才能免于破产。[250] 所以在官方委员会的律师准备进行审判时,管理层的律师审查了双方所有的证词,但拒绝与官方委员会的律师会面,来了解他们对这些指控的力度的看法。[251]

最终担保债务人宣布,他们已就欺诈性的转移索赔达成了3亿美元的和解,这无疑让令官方委员会感到震惊。官方委员会认为,这是一笔“虚报和解”,其实际上只支付了无担保债权人所欠32亿美元中的一小部分。[252] 值得注意的是,债务人从未声称他们“尽可能多地”解决了索赔问题,[253] 而是说和解将“允许重组进行”,同时“确保无担保债权人获得非常公平的赔偿”。[254] 并且,他们还指责极力反对和解的无担保债权人“拿 Lyondell 的未来和近1.6万个工作岗位做赌注”。[255] 在最初宣布和解协议的听证会上,破产法官重申“(破产法庭)的最高责任是确保本审的病人不会死在手术台上”。[256]

由于采用宽容的普通法检验方法,其关键是债务人解决破产债权

---

〔248〕 同前注〔229〕,p.25。

〔249〕 同上注。

〔250〕 同上注,p.27。

〔251〕 同上注,p.29。

〔252〕 同上注,p.26,70-71。

〔253〕 同上注,p.61。

〔254〕 Debtors' Memorandum of Law in Support of Motion to Approve Settlement with Financing Party Defendants in Committee Litigation at 3, In re Lyondell Chemical Co., 503 BR. 348(Bankr. S. D. N. Y. 2014)(No. 09-10023)[hereinafter Lyondell Debtors' Memo].

〔255〕 同上注,p.2。

〔256〕 同前注〔229〕,p.63。

方法的“合理性”,因而鉴于与诉讼有关的各种风险和不确定性,债务人只需表明其建议是合理的,就可以获得司法批准。此外,判例法明确允许管理层在提出解决方案时“考虑整个企业的利益”,而不仅仅是无担保债权人。[257] 当法官分析管理层决策的合理性时,普通法要求法官要充分考虑“诉讼的复杂性、费用和可能持续的时间”,以及公司自身能够迅速摆脱破产的平衡。[258] 为了支持和解,管理层声称,“只有欺诈性转让索赔是公司退出破产程序的阻碍;只有欺诈性转让索赔的才会威胁公司走上清算的道路”。[259] 在债务人和解提议的压力下,以及获得了额外1.5亿美元的索赔,官方委员会最终同意免除杠杆收购贷款人的任何额外责任。[260]

总之,Lyondell的故事展示了基于程序设计的阴谋和坚定的管理团队是如何削弱债权人关于欺诈性转让的起诉权利。Lyondell进行了一项高风险的杠杆收购,剥离了公司的资产,使其破产前的无担保债权人背负了200亿美元的债务,这使Lyondell在不到一年的时间里就进入了破产程序。当官方委员会试图代表无担保债权人起诉这些索赔时,债权人也通过DIP融资对管理层施加影响,导致委员会成员发现自己只有几个月的时间来立案,而调查行动实际上通常需要数年时间。此外,即使他们行动迅捷,做好准备向法官提出索赔时,他们又会发现管理层已经处理了他们的索赔请求,管理层甚至不需要假装他们已经寻求了“尽可能高的和解”,而是表明自己寻求了一种能够保护公司及其员工的和解,这一理由对法官来说是很重要且充分的。因此,官方委员会最终被迫就他们原胜诉的索赔金额的15%进行和解。

---

〔257〕 In re Adelphia Commc'ns Corp. ,327 B. R. 143,165(Bankr. S. D. N. Y. 2005).

〔258〕 同前注〔254〕,p. 53。

〔259〕 同上注,p. 60 - 61。

〔260〕 See Joint Amended and Revised Motion of the Debtors and the Official Committee of Unsecured Creditors to Approve Revised Settlement Agreement with Financing Party Defendants in Committee Litigation at 8, In re Lyondell Chemical Co. ,503 B. R 348 (Bankr. S. D. N. Y. 2014)(No. 09 - 10023).

四、新时代下困境企业中的控制机会主义

正如上述案例研究所表明的,债权债务关系在 Gheewalla 案之后的几年里有明显下降。原来完善的司法规范和可预期的行为模式已经被破坏,连基本的礼让精神也已经退化。这对信贷市场具有整体性损害,因为放贷者需要有可预测的复苏预期,才有提供信贷的勇气。

然而,相信法官有能力作出更好的司法指引,不必变成一个互相推诿信托责任的世界。破产法官和非破产法官(包括州法院法官和联邦法官)都可以在恢复可预测性和治理秩序等方面发挥重要作用。重要的是,下文所述的变化完全在法官能力范围内,不需要重大立法或法律的重大转变。只需要法官对陷入困境的公司的管理者持怀疑态度,认识到控制机会主义可能会影响管理层做的任何事情。

在裁决合同纠纷时,州法院和联邦法官都应该考虑管理层提出的行动方案是否合理,是否体现了承诺实现公司价值最大化的商业判断。许多评论家和法院都认为,即使不对债权人施加明确的义务,管理者根本还是对公司负有信托责任,而不是直接对股东负责。[261] 以 Cumulus 的长期债权人为例,他们通过起诉要求法院阻止贷款合同中滥用循环贷款条款的行为。虽然法院认为这是一个合同案件,但不难想象如何在上面嫁接一个与 Gheewalla 案和 Quadrant 案一致的信托责任分析。

比如,法院可以考虑管理层在交换要约方面所进行的分析是否具有充分的合理性,就像法院在调查信义义务和商业判断规则的适用性时经常做的那样。[262] 比如,Forest Oil 的董事会真的认为,与 Sabine 的

---

〔261〕 See Quadrant Structured Prods. v. Vertin, 115 A. 3d 535, 547 (Del. Ch. 2015). 其中指出大量法院和评论人士认为,受托人的责任直接针对股东,而不是最初针对公司。See generally Andrew S. Gold, *Dynamic Fiduciary Duties*, 34 CARDOZo L. REv. 491 (2012)(其中讨论了为何尚不清楚信托责任最初应归于公司还是股东的原因). 正如 Gold 所指出的那样,标准的表述是"股东和公司都有责任",这错误地暗示了公司和股东的利益永远不会发生冲突。参见前注〔260〕, p. 493。

〔262〕 The seminal case in this area is Smith v. Van Gorkom, 488 A. 2d 858 (Del. 1985).

重组合并,在 Sabine 担保债务的基础上,能够最大化公司的价值,并使整个公司受益吗?在进行这一分析时,法院应该避免过于重视“避免破产有利于公司”这一理念。PetSmart 的董事会真的认为,向其私募股权所有者派发股息,会有利于一家已经在数十亿美元债务重压下苦苦挣扎的公司吗?

对于破产法院的信义义务分析,Forest Oil 是一个很好的例子。在 Gheewalla 案和 Quadrant 案之后,法院立即驳回了信托义务请求,认为这与法律不符。[263] 但如果法院认为管理层重新设计了交易,以逃避控制变更协议呢?当然,这种行为应该也可能引起法官们的质疑。自 Gheewalla 案以来,司法倾向一直在鼓励有意逃避合同条款的债务人去做他们之前承诺不做的事情。也许这些事前的承诺应该在随后的诉讼中得到更认真的对待。

重要的是,如果管理层知道他们将被迫在司法调查中更合理地证明自己的行为依据,他们将不会这样肆意而为。尽管更积极地应用商业判断规则不会消除控制权机会主义,但它可能会阻止恶劣性案件的发生。

此外,欺诈性转让诉讼作为一种破产救济手段已经跟不上实践发展了,整个诉讼过于漫长。虽然司法裁判的通常都需要很长时间,但法院在安排听证会和裁判欺诈性转让时,仍应该注意诉讼期限。与拒绝为特定原告伸张正义相比,缓慢行驶的正义列车同样有着广泛的负面影响。它会鼓励整个私募股本行业从投资组合中榨取过多股息,因为被告都知道,可能需要 10 年以上的时间才能结束欺诈性转让诉讼,到那时,这家私人股本公司目前的所有员工都已经换人。

本文还认为,破产法官在面对管理层的要求时需要更加果断,换言之,如果管理层想使一个利益相关者优于另一个利益相关者,那么直接进入破产清算程序是唯一可行的选择。[264] 并且,即使破产法官宣布,他们不会允许 DIP 贷款人去限制无担保债权人对欺诈转让的调查权,

〔263〕 See In re Sabine Oil & Gas Corp. ,547 B. R. 503(Bankr. S. D. N. Y. 2016).

〔264〕 其他人也表达了这种观点。See, e. g. ,Melissa B. Jacoby & Edward J. Janger, *Ice Cube Bonds: Allocating the Price of Process in Chapter* 11 *Bankruptcy*, 123 Yale L. J. 862 (2014)(指出破产程序中急速出售资产的问题).

也没有事实依据证明 DIP 融资会因此而枯竭。同样,也没有成熟的经验证据证明,为了公司能迅速脱离破产程序,以致没有足够的时间来全面调查一个重要的欺诈性转让索赔。

破产法官还应警惕一些程序性机制,如出售提议、索赔和解提议等,这些提议可能会剥夺无担保债权人的正当程序权利。并且,管理层人永远无权隐瞒"更高更好"报价的存在,信息应得到充分共享。例如,若是无担保债权人的官方委员会获得了提起诉讼的许可,法院应不允许管理层在官方委员会的反对下仍进行和解。

考虑到 Gheewalla 案和金融危机以来大量的机会主义,破产法官还应考虑是否需要更积极地实施欺诈性转让法。换言之,法院可以考虑是否应让欺诈转让法在技术上更有利于原告,比如让"崩溃原则"更便于原告适用。[265] 此外,如果管理层为了使缺乏经济实质的杠杆收购免受挑战而付出大量努力,比如往返交易,法官也应对此保持怀疑态度。

综上所述,虽然本文的建议都不涉及重大改革,但它们可以为陷入困境的公司创造一个截然不同的董事会决策环境。

五、结论

本文认为,普通法偏离债权人保护是基于错误的事实认识,即债权人可以使用合同和破产法来保护自己。正如上面的案例研究表明的那样,即使当机会主义的风险被识别出来并预先订立了合同,也很难利用合同约束管理层的机会主义行为。因为代表大公司的律师们非常擅长于无休止的猫捉老鼠游戏,所以即使是最深谋远虑的合同条款,他们也能找到漏洞和应对方法。此外,破产法官还需要考虑许多除债权人保护之外的政策目标,如保持公司价值和最大化就业,而这些其他政策目

〔265〕 崩溃学说是一种常见的法律分析,允许法院将多个事务视为一个整体,它可以扩大范围的可避免的交易在杠杆交易的常见情况有几个步骤,该公司只在最后一步破产的一些措施。通过将这几个步骤"合并"为一个步骤,可以避免整个交易被视为欺诈性转移。See In re Route 70 & Massachusetts, L. L. C. , No. 09 – 14771(RG), 2011 WL 1883856, at ＊1(Bankr. D. N. J. May 17, 2011).

标与债权人保护观点(例如,债权人认为管理层对债权人造成了破产前损害)相比,前者往往会得到法官更多的青睐。

然而,正如本文在第四部分中所述,法官可以提供更多的帮助。更积极地应用商业判断标准,将迫使董事会更加认真地思考自己的行为,并采取更多行动证明自己的行为是合理的。一个旨在约束控制机会主义的裁决可能会在相当大的程度上冷却这种侵略性机会主义。就像法官们创造了当前的困境治理体系一样,他们也可以重建它。

只需要对控制机会主义作出一次不利裁判,就可以在相当大的程序上打消这种侵略性机会主义。总之,既然特拉华州的前裁判造成了当下的困境,那么有力的后裁判也能打破这种困境,重新建立起完善的企业困境治理规则。

(编辑:姜沅伯)

《证券法苑》(2023)
第三十八卷，第153～171页

试点公募REITs的规则适配困境及其出路

陈思含*

摘要：试点公募REITs以公募基金为法律性质，以更有效地盘活基础设施资产为制度目标，二者的叠加使公募REITs的制度设计思路不得不遵循穿透式监管理念，在援引公募基金法律制度的基础上借鉴上市公司监管规则，并由此形成了制度设计思路的嵌套。然而，前述嵌套致使公募REITs存在治理结构、信息披露、责任追究方面的规则适配困境。为此，建议以基金管理人、机构投资者与大额基金份额持有人三类主体为治理结构设计的重心；明确原始权益人和外部管理机构的信息披露主体地位。在市场成熟时，应允许公募REITs回归传统公募基金结构并在募足资金后实施组合投资。

关键词：公募REITs　基金法　基金治理　信息披露

2020年基础设施公募REITs（以下简称公募REITs）试点以来，各项机制总体运行平稳，市场反应良好。与此同时，公募REITs规则适配困境也引

* 清华大学法学院硕士研究生。

起了市场关注。一方面,公募 REITs 的性质定位于《证券投资基金法》(以下简称《基金法》)下的公募基金。中国证监会在《公开募集基础设施证券投资基金指引(试行)》(以下简称《指引》)第 1 条、第 2 条开宗明义地指出,公募 REITs 作为公募基金产品,其设立、运作等活动的法律依据为《证券法》和《基金法》。短期来看,公募 REITs 改变其法律性质的可能性很小。[1] 另一方面,公募 REITs 的制度目标是帮助本只能通过私募基金渠道融资的基础设施资产实现面向公众的直接融资,这使公募 REITs 呈现出了"资产的 IPO"的实质。[2] 法律性质和制度目标的叠加令公募 REITs 的制度设计不得不遵循穿透式监管理念,在公募基金法律制度的基础上借鉴公司治理、信息披露等上市公司监管规则,形成了制度设计思路的"嵌套"。这种嵌套难以完全适配公募 REITs,并导致公募 REITs 在治理结构、信息披露、责任追究方面存在有待进一步破解的难题。

本文拟以制度设计思路的嵌套为切入点,检视公募 REITs 在实践中面临的制度适配困境,并尝试从法律视角提出解决方案,化解公募 REITs 制度的适配困境及其潜在风险。

一、公募 REITs 规则适配难题

一般认为,传统公募基金的三大特征为专业理财、集合投资和分散风险,即公募基金能合法公开地吸收公众资金,通过专家管理避免盲目

---

[1] 参见徐昭:《专家建议成立不动产投资基金自律监管组织 监管层正在研究推进》,载中证网,https://www.cs.com.cn/xwzx/201805/t20180507_5793860.html,2022 年 8 月 30 日访问。

[2] 市场和学界已注意到公募 REITs 的实质,在探讨试点公募 REITs 的问题及对策时,有观点直接将公募 REITs 称为"资产的 IPO",亦有观点以 IPO 视角探讨公募 REITs 顶层设计的完善路径。参见王鸣晗、张帆、谭娅:《不动产投资信托基金的治理、定价与投资:研究前沿与展望》,载《江西社会科学》2021 年第 11 期;郭杰群、张立:《我国基础设施 REITs 发展路径再探——结合海外实践经验分析》,载财新网,https://guojiequn.blog.caixin.com/archives/245807,2022 年 2 月 28 日访问。

投资带来的失败,并通过投资组合分散风险。[3] 对应前述三大特征,《基金法》除了在第 71 条就组合投资作出强制性规定之外,就专业理财专章设计公募基金治理结构,就集合投资专章设计信息披露规则,并通过转引《证券法》规则实现对信息披露主体的有效追责。[4] 但是,制度设计思路的嵌套导致公募 REITs 在治理结构、信息披露和责任追究三大方面存在诸多规则适配难题。以盘活基础设施资产为目标的功能属性是前述难题的根源。

(一)治理结构设计的困境

如何设计完善的治理结构是经久不衰的《基金法》议题,也是公募 REITs 制度设计的关键。传统公募基金治理结构的核心问题是如何实现基金份额持有人(投资者)、基金管理人、基金托管人等法律主体之间权利义务的平衡。针对该问题,现行《基金法》以信托法律关系为基础设计了公募基金的治理结构。但正如下文所述,在试点公募 REITs 实践中,并非《基金法》规范对象的原始权益人成为治理的关键主体,如何应对该主体带来的诸多潜在问题成为各方关切。因此,在公募 REITs 中,虽然基金管理人与投资者间的代理关系也值得关注,本文仍将主要探讨与原始权益人治理相关的规则设计。

公募 REITs 牵涉投资者、原始权益人、基金管理人、外部管理机构等多方主体,为应对复杂制度设计可能带来的治理问题,《指引》借鉴上市公司监管的思路,对《基金法》下的传统公募基金治理结构进行了诸多创新。具体而言,《指引》对标上市公司治理中的三类关键主体——控制股东、董事会和股东大会,完善了公募 REITs 治理中的原始权益人、基金管理人和持有人大会相关制度:

1. 传统公募基金下,投资者分散投资,单一投资者通常不持有高比

---

[3] 参见中国证券业协会编:《证券投资基金》,中国金融出版社 2012 年版,第 2~3 页;吴万华、韩小亮编:《资产管理操作实务与图解》,法律出版社 2017 年版,第 250 页。

[4] 《基金法》第 145 条第 1 款规定:"违反本法规定,给基金财产、基金份额持有人或者投资人造成损害的,依法承担赔偿责任。"前述"依法"意味着该条款并非请求权基础,投资者只能依据《基金法》第 2 条第 2 个分句的规定,"本法未规定的,适用《中华人民共和国信托法》、《中华人民共和国证券法》和其他有关法律、行政法规的规定",适用《证券法》的规定追究虚假陈述的民事赔偿责任。

例基金份额。但是,《指引》借鉴上市公司监管规则的思路,针对原始权益人设计了独特的激励机制和约束机制,原始权益人由此对基础设施资产有较强控制力,在基金治理中的地位趋近于上市公司治理中的控股股东。[5] (1)在激励机制方面,《指引》要求原始权益人将基础设施资产的所有权或经营权转移给公募 REITs,这导致原始权益人在是否申报优质资产上易抱有谨慎心态。为解决该问题,试点公募 REITs 允许原始权益人延续对优质资产的控制权。实践中出现了原始权益人持有 51% 基金份额实现并表控制的资本结构,实现了对原始权益人的有效激励。[6] (2)在约束机制方面,《指引》要求原始权益人进行利益绑定。与《基金法》未就基金投资比例进行规范不同,《指引》第 18 条和《上海证券交易所公开募集基础设施证券投资基金(REITs)规则适用指引第 3 号——新购入基础设施项目(试行)》第 37 条、《深圳证券交易所公开募集基础设施证券投资基金业务指引第 3 号——新购入基础设施项目(试行)》第 37 条均要求原始权益人以战略投资者的身份认购至少 20% 的本次基金份额发售量,在一定程度上防止其滥用其信息优势向市场卖断劣质资产。

2. 为防范原始权益人的控制权滥用风险,《指引》以基金管理人和持有人大会为着力点,进一步改善《基金法》下的公募基金治理结构,强调基金管理人的主动运营管理职责,赋予持有人大会更多的关键事项话语权:(1)以基金管理人为治理抓手。与《基金法》及相关规则仅要求基金管理人独立规范运作、稳健经营、遵循基金份额持有人利益优先规则不同,[7]《指引》第 38 条更加强调基金管理人承担主动运营管理职责,支持其在资产管理中占据核心位置。这主要是因为基金管理人有权聘请外部管理机构运营管理基础设施资产,而试点实践中的所

[5] 已有学者提出应参照上市公司控股股东或实际控制人的规制路径规范公募 REITs 的原始权益人。参见刘东辉:《论我国公募 REITs 的混合型治理及其完善——基于首批 9 个试点项目的实证研究》,载《财经法学》2022 年第 4 期。

[6] 参见北京大学光华管理学院 REITs 课题组:《中国公募 REITs 发展白皮书 2021》,载北京大学光华管理学院官网,https://www.gsm.pku.edu.cn/12626262.pdf,2022 年 3 月 6 日访问。

[7] 参见《基金法》第 21 条、《公开募集证券投资基金管理人监督管理办法》第 16 条。

有公募 REITs 项目均委托原始权益人关联方作为外部管理机构,〔8〕这容易诱发权力滥用问题。为实现有效的主动运营管理,《指引》第 5 条要求基金管理人设立独立的投资管理部门,并健全相应制度流程。(2)强化持有人大会的权力。为有效制衡在治理实践中占主导地位的原始权益人,《指引》第 32 条赋予持有人大会《基金法》规定职权外的五项职权,包括批准基础设施资产购入或出售、扩募、特定数额关联交易,对基金的投资目标或投资策略作出重大调整和解聘外部管理机构。

不过,《指引》的创新并非应对原始权益人治理风险的万全之策,制度设计思路的嵌套也衍生出诸多风险,以下分别试从基金管理人的职责和投资者的话语权两个方面进行分析:

1. 在基金管理人的尽职调查、主动运营管理和监督职责方面,既有制度供给不足,基金管理人缺乏实质防范和化解原始权益人滥权行为的能力和权力。

(1)原始权益人可能滥用信息优势向市场出售瑕疵资产,而基金管理人缺乏对基础设施资产进行尽职调查的能力。虽然《指引》第 9 条要求基金管理人对基础设施资产的合规性、历史和未来现金流进行充分尽调,但是该规定相较于《保荐人尽职调查工作准则》等尽职调查规则而言仍略显粗糙,《公开募集证券投资基金管理人监督管理办法》等业务规范亦仅从公募基金的传统投资标的出发,要求基金管理人建立健全证券的投研制度,在基础设施资产等底层资产的投资和运营方面未着笔墨,再加上不同类型、不同地理位置的基础设施资产各有不同,基金管理人很可能缺乏对单一基础设施资产进行充分尽调的能力,难以核查基础设施资产是否存在可能对未来现金流产生重大影响的隐性瑕疵。

(2)原始权益人亦可能利用外部管理机构从事不当关联交易,试举一例,发改委现有规定仅要求试点项目“预计未来 3 年净现金流分派

〔8〕 同前注〔6〕。

率(预计年度可分配现金流/目标不动产评估净值)原则上不低于4%",[9]未明确超过4%的收益部分如何处理。此时,原始权益人可能通过外部管理机构的管理费等形式侵占超过4%的收益部分,损害公众投资者的利益。但是,在基金管理人的主动运营管理和监督职责方面,既有制度供给不足:一方面,《指引》关于基金管理人运营管理权的规定模糊不清。《指引》在第38条中要求基金管理人尽到主动运营管理的职责,却同时在第39条中允许基金管理人仅保留建立账户、档案归集、信息披露等常规的基金运作权限,将制定及落实运营策略、签订协议等关键的运营管理权委托给外部管理机构。如果基金管理人遵照执行,将很可能导致其缺乏主动运营管理基础设施资产的权力,与《指引》第38条相冲突。另一方面,基金管理人对外部管理机构行使监督权缺乏坚实的上位法依据。传统公募基金的基金管理人负担运营管理职责,《基金法》及相关规则的"监督"仅指向对基金管理人行使监督权,而非为基金管理人配置监督权。在公募REITs的语境下,尽管《指引》第41条第2款要求基金管理人至少每年对外部管理机构的履职情况进行评估并定期检查相关文件,但仅遵循该规定并不足以对外部管理机构落实运营策略、签订协议的情况实施及时有效的监督。基金管理人只能通过与外部管理机构缔约的方式明确其监督权限,在试点实践中,仅有个别项目在协议中约定外部管理机构的业绩考核目标和解聘事由,充分体现了基金管理人监督权较弱的现实困境。[10]

2. 持有人大会是投资者为保护自身利益"用手投票"的主要方式,在《基金法》之下,投资者可以在持有人大会上更换基金管理人、基金托管人,决定二者的报酬标准,形成对二者的有效制衡。但在公募REITs的语境下,制度设计思路的嵌套导致持有人大会制度存在"失灵"风险。

(1)《指引》的规定放大了公众投资者的集体行动困境。公众投资者固有的"理性冷漠""搭便车"行权困境叠加《基金法》烦琐的召集前

---

〔9〕 参见国家发展改革委办公厅《关于做好基础设施领域不动产投资信托基金(REITs)试点项目申报工作的通知》(发改办投资〔2020〕586号)第3条第9项。

〔10〕 同前注〔5〕。

置程序,[11]令持有人大会本就存在治理失灵的风险。《基金法》为解决集体行动困境问题而创设的持有人大会日常机构制度亦缺乏生命力,其根本原因在于基金管理人缺乏设置日常机构监督其履职的动力。[12]前述问题在公募 REITs 中被进一步放大:《指引》要求原始权益人通过持有高比例基金份额实现利益绑定,同时设计了向机构投资者等网下投资者询价的定价机制,这导致公募 REITs 试点实践中公众投资者所持份额比例普遍较小,基本未超过基金份额总量的 10%,相较于传统公募基金的公众投资者将更难达到召集持有人大会所需的法定最低持有比例。此外,据笔者所知,在公募 REITs 实践中,亦未有基金合同就持有人大会日常机构作出规定。

(2)大额基金份额持有人的权力滥用难以得到《基金法》等上位法的规制。根据《指引》和沪深交易所发布的扩募规则,原始权益人应持有至少 20% 的本次基金份额发售量。在试点实践中,部分原始权益人甚至持有超过 50% 的基金份额。因此,原始权益人在持有人大会上将享有较强话语权,甚至可能实质上控制持有人大会。此时,即便机构投资者能够"用手投票",一定程度上实现对全体投资者利益的维护,也可能受制于原始权益人对持有人大会的影响力。即便原始权益人仅持有 20% 的份额,或因持有人大会的法定表决比例要求难以通过对原始权益人不利的重大决策,其仍可能借助"大股东"身份影响基金管理人和外部管理机构,损害投资者利益。但是,作为上位法的《基金法》及相关规则未就大额基金份额持有人的回避表决等权力约束事项作出规定。

(3)《基金法》无法应对公募 REITs 天然存在的异质投资者利益冲突问题。在《基金法》第 71 条的强制性规范下,传统公募基金应当进行组合投资,出现利益冲突、进而导致持有人大会决策困难的可能性较

---

〔11〕 基金份额持有人要召开持有人大会的,需要有代表基金份额 10% 以上持有人召集,再向日常机构或基金管理人、基金托管人依次提出书面建议,仅有在三者均不同意召集时方可召集。参见《基金法》第 83 条、《公开募集证券投资基金运作管理办法》第 44 条和第 45 条。

〔12〕 参见吴晓灵、邓寰乐等:《资管大时代》,中信出版集团股份有限公司 2020 年版,第 218 页。

小。但是，公募 REITs 存在公众投资者、机构投资者和原始权益人多种投资主体。三者的利益需求很可能并不一致，在持有人大会行权方面或存在冲突。此外，沪深交易所的扩募规则允许已上市公募 REITs 购入新的基础设施资产，这很可能引发首次上市基础设施资产的旧原始权益人和扩募标的资产的新原始权益人的控制权争夺。此时，持有人大会的决策可能会面临重重困难，甚至会陷入“僵局”，无法形成有效决议。[13] 然而，作为上位法的《基金法》并未为公募 REITs 投资者间的利益冲突提供解决方案。

（二）信息披露机制的不足

对公募基金等直接融资产品而言，信息披露承担着监督相关信息披露主体勤勉尽责、防范欺诈的任务。但是，制度设计思路的嵌套使公募 REITs 的信息披露机制难以充分实现前述目标。

《指引》遵循上市公司监管的思路，在传统公募基金信息披露机制的基础上建构公募 REITs 的信息披露机制。针对传统公募基金，证监会曾在 2019 年修订规则，强化风险揭示等关键信息的披露并引入产品资料概要制度。[14] 以前述规则为基础，《指引》一方面强调基金管理人应制作产品资料概要，解决产品复杂、招募说明书冗长费解的问题；另一方面，对标上市公司控制股东，针对原始权益人等有动机亦有能力取得控制权的基金份额持有人提出了权益信息披露要求。[15]

但是，在前述权益信息披露要求之外，《指引》更多地援引了《基金法》的一般性规定，未能贴合公募 REITs 实践需求设计富有针对性的信息披露规则，致使信息披露的有效性存疑。特别地，从信息披露主体来看，虽然《基金法》第 74 条规定“基金管理人、基金托管人和其他基金信息披露义务人”均负有信息披露义务，为向基金管理人、基金托管人

〔13〕 同前注〔5〕。

〔14〕 “基金产品资料概要是基金招募说明书的摘要文件，用于向投资者提供简明的基金概要信息。基金管理人申请募集基金时，应当编制基金产品资料概要。”参见中国证监会《公开募集证券投资基金信息披露 XBRL 模板第 5 号〈基金产品资料概要〉》第 2 条，另见中国证监会《公开募集证券投资基金信息披露管理办法》（证监会令第 158 号）第 10 条、第 12 条。

〔15〕 参见徐承志、王长辉：《公募 REITs 权益信息披露规则的法理逻辑及制度构建》，载蔡建春、卢文道主编：《证券法苑》（第 31 卷），法律出版社 2021 年版。

以外的基金治理主体施加信息披露义务提供了上位法基础,但《指引》第40条、第43条仍将基金管理人规定为公募REITs的主要信息披露义务人,未将规制对象拓展到公募REITs治理的关键主体——原始权益人和外部管理机构,直接运营管理公募REITs的外部管理机构仅有“配合”基金管理人进行信息披露的义务,根据沪深交易所指南,原始权益人仅负有“按照合同约定”及时向管理人提供信息的义务。[16] 而根据沪深交易所的扩募规则,扩募相关信息披露主体也限于基金管理人,扩募标的资产的原始权益人仅负有“配合”基金管理人进行信息披露的义务。[17] 可见,不论是首次发行上市还是扩募,原始权益人及外部管理机构所需承担的均非强制信息披露义务,更类似于协助信息披露的合同义务,但如前所述,恰恰是原始权益人和外部管理机构掌握了公募REITs运营管理的一手信息,规则着力和实践运作在此产生的差距显而易见。此外,从信息披露内容来看,《指引》对关键信息如未来现金流测算分析信息,目前仅要求招募说明书进行披露,对于上市后的公募REITs应否持续披露现金流测算分析信息,《指引》未作出明确规定,这将导致投资者难以获得有助于决策的完整信息。

(三)责任追究路径的短板

在规则设计思路的嵌套下,公募REITs针对信息披露违法行为的民事责任追究机制难言健全。如前所述,原始权益人在试点公募REITs实践中占据主导地位。但是,相较于传统公募基金投资者能够以《基金法》相关规范为请求权基础、参照适用《证券法》民事责任条款追究基金管理人等信息披露主体的虚假陈述民事责任,公募REITs的投资者通过《证券法》《基金法》追究原始权益人的民事责任较为困难。

《指引》未就信息披露义务人违反其披露义务时应承担的民事赔偿责任作出特别规定,因此,在规则设计的嵌套思路中,公募REITs的相关虚假陈述行为应同传统公募基金一般适用《基金法》的有关规定。

---

〔16〕 参见《上海证券交易所基础设施类资产支持证券信息披露指南》第5条和《深圳证券交易所基础设施类资产支持证券信息披露指南》第5条。

〔17〕 参见《上海证券交易所公开募集基础设施证券投资基金(REITs)规则适用指引第3号——新购入基础设施项目(试行)》第31条和《深圳证券交易所公开募集基础设施证券投资基金业务指引第3号——新购入基础设施项目(试行)》第31条。

对传统公募基金而言，根据《证券法》第 2 条、第 85 条和《基金法》第 2 条、第 74 条、第 145 条，二级市场的公募基金投资者因虚假陈述受有损失的，应可以参照适用《证券法》第 85 条第 1 个分句追究基金管理人、基金托管人的民事责任，并参照适用第 85 条第 2 个分句追究基金管理人、基金托管人双控人和董、监、高的民事责任。[18] 此外，由于市场上的公募基金多为开放式基金，买卖价格以基金份额净值为基础，交易市场流动性高，满足“欺诈市场理论”的效率市场假说，投资者可利用交易因果关系推定规则，对抗处于强势地位的信息披露义务人。

但是，前述责任追究机制与公募 REITs 并不适配，具体而言：(1)公募 REITs 治理的关键主体——原始权益人会否为其违法违规行为承担民事责任尚不明确。①如前文所述，原始权益人和外部管理机构是公募 REITs 治理的关键主体，但不论是《基金法》还是《指引》均未课以原始权益人和外部管理机构法定信息披露义务，二者仅负有类似于协助信息披露的合同义务。由此，原始权益人和外部管理机构很难被认定为《基金法》第 74 条下的“其他基金披露义务人”，除非拟订司法解释对此特别进行目的性扩张解释，否则前述主体将难以适用传统公募基金的民事责任追责路径。②虽然原始权益人在实践中多对基础设施资产有较强控制力，在治理中占据主导地位，但类推适用《证券法》第 85 条，令原始权益人同发行人的控股股东、实际控制人一般承担过错推定的连带赔偿责任并不符合法理。即便《指引》借鉴了上市公司监管的思路，对标上市公司控制股东设计了原始权益人治理的相关规则，公募 REITs 的法律性质仍是公募基金，在公募基金的信托法律关系中，原始权益人仅是信托受益人，其原则上不得影响公募 REITs 的运营管理。尽管原始权益人可以通过外部管理机构直接运营管理基础设施资产，但外部管理机构理仅基于委托合同管理基础设施资产，对公募 REITs 的控制力理论上会受制于非关联方的基金管理人，控制力远不及发行人的控股股东和实际控制人。③原始权益人可能被追责的场景是公募 REITs 扩募。公募 REITs 扩募类似于上市公司重大资产重组与再

[18] 类似观点参见赵振华：《证券投资基金法律制度研究》，中国法制出版社 2005 年版，第 251 页。

融资,[19]在上市公司重大资产重组的交易对方不负有法定的信息披露义务、却可能根据新修订的虚假陈述司法解释承担民事赔偿责任的情况下,[20]公募 REITs 扩募标的资产的原始权益人存在类推适用重组交易对方相关规则的可能性,此时即便原始权益人不负有法定的信息披露义务,也可能适用新修订的虚假陈述司法解释承担民事赔偿责任。但由于当前尚无扩募实践,公募 REITs 扩募时的信息披露违法行为会否触发原始权益人民事责任仍不明晰。总体而言,通过《证券法》追究原始权益人民事责任这一路径的可行性存疑。

(2)即便投资者能以《证券法》第 85 条为依据向原始权益人请求损害赔偿,其仍可能无法主张适用交易因果关系推定规则。根据《指引》第 2 条第 4 款,公募 REITs 采封闭式运作,具有固定存续期,交易价格主要受二级市场供求关系的影响,与基金份额净值关系较小。在净值披露周期上,公募 REITs 每半年末及年末披露一次净值,基金净值无法反映公允价值变动,对投资者投资决策的参考性弱。换而言之,公募 REITs 市场的交易价格难以及时反映和吸收基础设施资产相关的公开或可得信息,这使公募 REITs 与传统公募基金在流动性上存在较大差异。公募 REITs 并不满足效率市场假说,公众投资者主张适用新虚假陈述司法解释的交易因果关系推定规则一定程度上欠缺理论基础。

如果投资者无法援引前述推定规则,一旦公募 REITs 出现问题,意图向原始权益人索赔的投资者只能援引侵权责任一般规定,逐项证明“损害”“违法行为”“过错”“因果关系”四个构成要件。但是,推定规则的缺位将使投资者难以举证证明其投资决定与原始权益人的违法行为之间存在因果关系。更重要的是,如前文所述,原始权益人及外部管理机构很难被界定为《基金法》下的信息披露义务人,在出现虚假陈述时,监管机构或交易所会否对原始权益人及外部管理机构予以行政处罚或纪律处分尚不可知。在欠缺行政处罚或纪律处分时,投资者直接证明原始权益人存在违法行为和过错更是困难重重。

---

〔19〕 参见吴晓璐、邢萌、郭冀川:《基础设施 REITs 扩募规则落地　进一步促进投融资良性循环》,载《证券日报》2022 年 6 月 1 日版。

〔20〕 参见最高人民法院《关于审理证券市场虚假陈述侵权民事赔偿案件的若干规定》(法释〔2022〕2 号)第 21 条。

二、公募REITs规则适配困境的症结

事实上,之所以公募REITs会出现规则适配难题,根本上是因为其具有以实现制度实益为导向的功能属性:试点公募REITs名为公募基金,实则是借助公募基金的法律制度,令原本只能通过私募基金渠道融资的基础设施资产得以实现IPO的公募产品。[21] 根据其法律性质,公募REITs在制度适用上必须以《基金法》为基础,因而,《指引》基本沿用了《基金法》的基金治理规则和信息披露规则。但与此同时,《指引》又不得不"穿透"公募REITs的法律属性直面其"资产的IPO"的实质,借鉴上市公司监管的思路作出特别的制度设计。例如,在业务指引上,《指引》第7条、第9条要求基金管理人对基础设施资产进行尽职调查,第19条明确规定以网下投资者询价的方式确定基金份额的认购价格;在风险防范上,《指引》第18条要求原始权益人通过持有基金份额的方式实现利益绑定,第32条强化持有人大会的权力,第38条强调基金管理人的主动运营管理职责,第55条增设权益信息披露安排。

但是,前述规则设计思路的嵌套并不能很好地回应公募REITs的现实需求,这尤其体现在治理结构设计、信息披露机制和责任追究机制三个方面的矛盾:

1. 治理结构设计的矛盾。一方面,《指引》遵循上市公司监管的制度设计思路,要求基金管理人同上市公司董事会一般积极主动地运营管理基金资产;另一方面又兼顾《基金法》下传统公募基金管理人运营管理能力薄弱的实际情况,允许基金管理人将重要的运营管理权委托给外部管理机构,致使基金管理人的主动运营管理职责模糊不清。此外,与《指引》旨在助力公募REITs实现"资产的IPO"不同,《基金法》仍以规制传统公募基金为制度目标,制度意旨的不同导致了两者制度

〔21〕 市场和学界已经注意到了公募REITs的"资产的IPO"实质,参见王鸣晗、张帆、谭娅:《不动产投资信托基金的治理、定价与投资:研究前沿与展望》,载《江西社会科学》2021年第11期;岳跃:《公募REITs再出发》,载《财新周刊》2021年第46期。

设计思路的差异,使《基金法》在应对公募 REITs 基金管理人缺乏尽职调查能力、欠缺监督权和持有人大会机制"失灵"等问题上存在漏洞,《指引》限于篇幅和效力层级亦难以充分应对问题。

2. 信息披露机制的矛盾。《指引》洞悉公募 REITs 的产品实质,借鉴上市公司监管规则规定了权益信息披露规则,但这一"穿透"理念未得到彻底的贯彻,《指引》未能回应实践中原始权益人和外部管理机构掌握公募 REITs 运营管理一手信息的情形,在信息披露主体和信息披露内容方面基本沿用了《基金法》的规定,导致信息披露的有效性存疑。

3. 责任追究机制。《指引》的规范重点是公募 REITs 的运作机制、治理结构和信息披露机制,对责任追究机制未着笔墨,这意味着对公募 REITs 作出的虚假陈述将直接适用《基金法》和《证券法》的相关规定。但是,《证券法》的规制对象仅限于"信息披露义务人",适用范围仅限于流动性充足的上市公司证券,这均与《指引》设计的公募 REITs 治理结构和运作机制相矛盾,致使《证券法》的责任追究路径难以适配公募 REITs。

因此,为解决公募 REITs 的诸多规则适配难题,推动其长效发展,以公募 REITs 制度设计思路的嵌套为着眼点,对公募 REITs 既有制度进行重构势在必行。

三、公募 REITs 规则适配难题的破局之道

完善公募 REITs 的制度设计一方面必须以盘活基础设施资产的制度实益为导向;另一方面也需要化解制度设计思路嵌套带来的诸多风险,以保护投资者利益并实现公募 REITs 的长效发展。在既有法律研究中,学者们提出的公募 REITs 制度改进方案主要包括简化公募 REITs 结构,允许其直接投资基础设施资产,探索公司等多样化载体形式,将公募 REITs 列为《证券法》新设券种,实现资产支持证券的公募化等等,更着眼于制度实益,未能有效兼顾法律风险防范。但是,正如前文所述,公募 REITs 规则适配困境的症结在于其产品实质与法律性

质的差异令监管不得不秉持穿透式监管理念,借鉴上市公司监管的思路作出特别的制度设计,并由此导致了诸多难以防范的法律风险。据此,突破困境最直接的路径理应是推进公募 REITs 的专项立法,借助成文法的体系性理顺制度设计思路,化解嵌套问题。[22] 在专项立法时,应重点解决嵌套思路的矛盾与漏洞,具体而言:在治理结构方面,应以基金管理人、机构投资者和大额基金份额持有人三类主体为设计重心;在信息披露方面,明确原始权益人和外部管理机构的信息披露主体地位,增设未来现金流测算分析信息等公募 REITs 信息披露内容。在市场成熟时,不妨重新整合公募 REITs 的制度设计,令公募 REITs 回归《基金法》下传统公募基金结构,允许其在募足资金后进行组合投资,根本地解决制度适配难题。

(一)治理结构:关注三类治理主体

在治理结构方面,应以受信义务为基础明确基金管理人对基础设施资产的尽职调查职责和相应日常运营管理的监督职责,鼓励机构投资者在治理中发挥积极作用,并防范大额基金份额持有人的权利滥用。

1. 基金管理人是公募 REITs 的信托受托人,应对投资者尽忠慎义务,这要求基金管理人对基础设施资产履行有效运营管理的职责,进行充分的尽职调查,并尽其所能地对原始权益人和外部管理机构进行监督。根据《基金法》第 2 条,《基金法》未作规定的,适用《信托法》的有关规定。《信托法》第 25 条规定,“受托人管理信托财产,必须恪尽职守,履行诚实、信用、谨慎、有效管理的义务”。这意味着受托人必须参照信托目的和条款,以审慎投资人(prudent man)会使用的方法对于信托财产进行投资和管理。[23] 投资者投资公募 REITs 的目的是实现收益的最大化,基金管理人能否在募资前对基础设施资产进行充分的尽职调查、在募资后进行有效运营管理、对委托他人运营管理的情况实施

---

〔22〕 已有部分市场舆论关注到公募 REITs 专项立法,提出了制定资产支持证券管理条例或者 REITs 管理办法的建议。参见朱凯:《首批公募 REITs 上市一周年 专项立法宜跟上》,载证券日报网,http://www.zqrb.cn/fund/jijindongtai/2022-06-21/A1655760764561.html,2022 年 8 月 20 日访问。

〔23〕 参见[日]能见善久:《现代信托法》,赵廉慧译,中国法制出版社 2011 年版,第 71~72 页。

充分的监督均与前述信托目的密切相关。因此,基金管理人的尽职调查职责、主动运营管理指责和监督职责都是信托关系的应有之义。据此,应在专项立法中对基金管理人的尽职调查程序作出专章规定,同时,考虑到当前基金管理人的能力尚不足以实现充分的主动运营管理,针对此项职责更为实际的改进路径是细化《指引》第 41 条的规定,加强基金管理人对基础设施资产日常运营管理的监督,例如,基金管理人应持续性监督外部管理机构制定基础设施资产运营策略、签订相关协议、收取基础设施项目收益等行为。

2. 鼓励机构投资者在持有人大会中"用手投票"。机构投资者是公募 REITs 的主要投资群体,其通常以长期持有基金份额为目标,参与基金治理的意愿较强;其专业程度较高,有能力自行分析测算基础设施资产的未来现金流或获取相关信息。因此,机构投资者有充分的动机和足够的能力约束原始权益人的不当行为,可以对标的资产进行适当尽职调查,并基于此投票赞成或否决相应提案,也有较高的概率通过日常监督发现运营中的信息披露违法行为。虽然既有研究表明机构投资者在投票偏好上与公众投资者存在诸多差异,[24] 无法在持有人大会上有效代表公众投资者"发声",但对公募 REITs 而言,有效约束原始权益人而非促进公众投资者的有效"发声"才能更好地规避治理风险,改善基金治理情况,治理情况向好将整体上促进公募 REITs 的长效发展。在实现路径上,专项立法可以参照《上市公司治理准则》第 79 条和第 80 条的规定,鼓励机构投资者在基金治理中通过参与重大事项决策、监督基金管理人履职情况等途径发挥积极作用,公开其参与基金治理的目标与原则、表决权行使的策略、权利行使的情况及效果。当然,机构投资者作为信托受益人,原则上不得插手基金资产的运营,只能对公募 REITs 的存续、扩募等根本性问题行使议事和决定权。[25]

3. 约束大额基金份额持有人的权利滥用行为。公募 REITs 的投资者具有异质性,容易存在利益冲突,例如,持有较高基金份额的原始权

---

〔24〕 Jill E. Fisch, *Standing Voting Instructions: Empowering the Excluded Retail Investor*, Minnesota Law Review, Vol. 102, 2017.

〔25〕 参见蔡奕:《完善公募基金份额持有人大会制度的几点思考》,载黄红元、卢文道主编:《证券法苑》(第 23 卷),法律出版社 2017 年版。

益人很可能滥用其权利,“压迫”其他投资者并损害其利益。考虑到在当前中国法律体系中,应对股东“压迫”的可行方案并非课以大股东受信义务,而是禁止大股东的权利滥用,[26]因此,专项立法可以参照《上市公司治理准则》第63条,明文规定大额基金份额持有人不得利用其控制权损害公募REITs其他投资者的合法权益。

(二)信息披露:增设主体和内容

规则着力和实践运作的差距是当前公募REITs信息披露机制的主要问题。对于信息披露主体,《指引》照搬了《基金法》的规定,仅将基金管理人规定为信息披露义务人,原始权益人和外部管理机构均不负有强制性信息披露义务。这一规定直接导致了公募REITs的追责困境:一旦原始权益人和外部管理机构在公募REITs上市前和持续信息披露中存在欺诈行为,能否适用《证券法》和《基金法》追究其民事责任和行政责任,均存在疑问。考虑到原始权益人和外部管理机构在公募REITs治理中占据核心地位,同时为理顺公募REITs的制度设计思路,本文认为,应明确原始权益人和外部管理机构的信息披露主体地位。在具体规则设计上,专项立法可以以《基金法》第74条为上位法依据,明确规定原始权益人和外部管理机构为“其他基金信息披露义务人”,[27]令其负有法定的信息披露义务,以实现更有效的信息披露,扫清对二者进行责任追究的法律障碍。在信息披露内容上,应回应当前市场关于信息披露内容的呼声,令公募REITs在上市后持续披露未来现金流测算分析信息等对投资者至关重要的信息。在实现路径上,专项立法可以根据《基金法》第76条第11项对证监会的授权,将未来现金流测算分析信息等纳入公募REITs的信息披露内容。

(三)未来展望:回归传统基金结构

如前文所述,公募REITs功能属性招致的穿透式监管理念是其规

[26] 参见彭冰:《理解有限公司中的股东压迫问题——最高人民法院指导案例10号评析》,载《北大法律评论》编辑委员会编、夏戴乐本辑主编:《北大法律评论》(第15卷·第1辑),北京大学出版社2014年版。

[27] 《基金法》第74条规定:“基金管理人、基金托管人和其他基金信息披露义务人应当依法披露基金信息,并保证所披露信息的真实性、准确性和完整性。”

则适配难题的症结所在。因此,本文认为,解决难题的根本路径应当是通过市场和制度建设最终消解"穿透"本身,具体而言,在市场成熟时,引导公募 REITs 回归《基金法》下传统公募基金结构,在募足资金后进行组合投资,自主选择并同时投向多个基础设施资产。此时,公募 REITs 仍具有盘活基础设施资产的制度功能,其产品实质却将从"资产的 IPO"回归传统公募基金,至此,公募 REITs 的产品实质和法律性质将得到统一,制度设计思路的嵌套再无必要。

从可行性来看,比较法已有相关实践。一方面,比较法已有将 REITs 结构设计为以组合投资为核心的传统公募产品的实例,如日本即将 J-REIT 设计为以投资者为中心、以运营多个不动产项目为核心的公募产品,专业的资产管理人居于 J-REIT 的核心地位,其必须对个别不动产作出合理的投资判断,通过不动产投资组合实现投资收益的最大化。[28] 另一方面,舍弃投资组合机制和原始权益人通过持有基金份额实现利益绑定均非 REITs 必要的制度设计。从境外 REITs 实践来看,在组合投资方面,尽管无法跨行业投资,境外 REITs 仍普遍多元化地投资于不同地理位置的基础设施资产,这有效分散了投资风险。[29] 在原始权益人利益绑定方面,亦有立法例允许原始权益人专门设立或控股 REITs 的外部管理机构,或控股 REITs 的管理人。[30] 此外,各国普遍要求 REITs 的投资者充分分散,限制大股东持股比例,避免出现原始权益人控制 REITs 的情况。例如,美国的公司型 REITs 要求至少有 100 个股东,前五大股东股权占比之和不得超过 50%,[31] 日本法则要求至少 25% 以上的份额由 500 名以上投资者持有。[32]

当然,回归传统公募基金结构无法一蹴而就。一方面,通过公募 REITs 上市并非易事,每个基础设施资产都要经过监管部门的严格筛

〔28〕 日本三菱日联信托银行不动产咨询部:《图解日本 REIT》,车阳、林述斌、顾晓译,中信出版集团股份有限公司 2019 年版,第 20～27 页。

〔29〕 参见韩志峰等:《REITs:中国道路》,人民出版社 2021 年版,第 359 页。

〔30〕 参见金永军、刘斌、沈文慧:《境外契约型 REITs 制衡机制及对我国的启示》,载《上海金融》2021 年第 5 期。

〔31〕 26 U. S. Code § 856 – Definition of real estate investment trust.

〔32〕 参见金永军:《境外市场 REITs 实践经验及与我国基础设施 REITs 试点制度研究》,载蔡建春、卢文道主编:《证券法苑》(第 31 卷),法律出版社 2021 年版。

选并搭建起复杂治理结构,由此,市场很可能会出现一只未对标基础设施资产的公募REITs在资金募集完毕后投资无门、无法有效配置投资组合的情况;另一方面,公募REITs组合投资的前提是基金管理人对投资标的进行充分尽调,但在信息披露机制和基金管理人的尽职调查程序尚不健全时,令基金管理人就投资组合中的每一个基础设施资产进行充分尽调相当困难。因此,在市场成熟前,令公募REITs回归传统公募基金结构并不合适。一种退而求其次的改进路径是:适当放开投资权属限制,无须要求每只公募REITs取得基础设施资产的所有权或经营权。例如,在公募REITs扩募时,允许公募REITs投资于并非由同一原始权益人所有或实际控制的基础设施资产。这亦是当前公募REITs扩募实践的发展趋势:2022年5月31日,沪深交易所均发布扩募规则。根据规则,扩募标的资产原则上应与首次上市标的资产为同一类型,但无须为同一原始权益人所有或实际控制,满足相关条件的第三方可以作为扩募标的资产的原始权益人。这充分展现了监管的态度:采用组合投资机制正是公募REITs未来的发展方向。

四、结语

试点公募REITs名为公募基金,实则是以盘活基础设施资产的功能性目标为导向的"资产的IPO",这使公募REITs的制度设计不得不"穿透"公募REITs的法律性质,在援引公募基金法律制度的基础上借鉴公司治理、信息披露等方面的上市公司监管规则,形成了制度设计思路的嵌套。但是,嵌套思路并不能很好地适配公募REITs,引发了诸多方面的法律风险。为此,建议推进公募REITs专项立法,在市场尚未成熟的当下,着力解决当前制度设计思路的矛盾点,完善基金管理人对基础设施资产的尽职调查职责和相关日常运营管理的监督职责,倡导机构投资者参与基金治理,并针对大额基金份额持有人规定禁止权利滥用规则;明确原始权益人和外部管理机构的信息披露主体地位,增加未来现金流等基金信息披露内容。在市场成熟时,应令公募REITs回归传统公募基金结构,允许其在募足资金后进行组合投资,自主选择并同时投向多个基础设施资产,这亦是当前公募 REITs 扩募实践的发展趋势。唯有此,才能实现公募 REITs 法律性质和产品实质的统一,根本地解决规则适配难题,推动公募 REITs 市场的长效健康发展。

(编辑:谢贵春)

《证券法苑》(2023)
第三十八卷,第172~237页

证券监管的本质作用*

[美]佐哈·戈申**
[美]吉迪恩·帕乔莫夫斯基***
徐安安****译　周雅妮*****校

译者评注:本文的两位作者佐哈·戈申(Zohar Goshen)和吉迪恩·帕乔莫夫斯基(Gideon Parchomovsky)是美国著名的证券法学者。佐哈·

---

* The Essential Role of Securities Regulation, 55 DUKE L. J. 711(2006).[原载《杜克法学杂志》(Duke Law Jounral)2006年第55期,第711~782页。]本文已获得作者翻译授权。
原著作者感谢来自詹妮弗·阿伦、阿维·贝尔、杰克·科菲、罗伯·戴姆斯、斯坦尼斯拉夫·多尔戈波洛夫、梅尔·艾森伯格、梅里特·福克斯、耶尔·加利尔、维克·戈德堡、杰夫·戈登、盖伊·哈夫特克、亨利·汉斯曼、维克·卡哈纳、唐纳德·兰格沃特、舒姆里克·莱舍姆、塔玛拉·洛西恩、路易斯·洛温斯坦、保罗·马洪尼、柯蒂斯·米尔豪普特、卡特琳娜·皮斯托、艾德·洛克、罗伯塔·罗曼诺、亚历克斯·拉斯科尔尼科夫、希拉里·赛尔、古汉·萨布拉玛尼以及乔什·威尔肯菲尔德的宝贵建议与批评。感谢慕斯·M.舍伊布、肖恩·麦克埃尔多尼、雅德·罗特姆、阿维塔尔·西尔曼-特内以及杰弗里·昂格尔出色的检索帮助。
** 哥伦比亚大学法学院教授。
*** 宾夕法尼亚大学法学院教授。
**** 上海证券交易所法律事务部员工。
***** 中国证券监督管理委员会江苏监管局员工。

戈申现任哥伦比亚大学法学院教授，主要研究领域为公司治理和证券法。他的多篇文章被企业实践评论(Corporate Practice Commentator)评为年度十佳文章。2008年至2011年，戈申教授曾担任以色列证券和交易委员会主席，采取有效措施积极应对2008年国际金融危机，并推动以色列公司法修改完善和公司治理领域重要改革，设立了公司法和证券法规专门法院。吉迪恩·帕乔莫夫斯基现任宾夕法尼亚大学凯利法学院教授，主要研究领域为财产和责任规则以及内幕交易。2008年至2009年，他曾经担任以色列法律和经济协会主席。

本文的核心观点是，证券监管的本质作用是为成熟的专业投资者和分析师(也即信息交易者)创造一个有竞争力的市场。作者指出，证券监管降低了信息交易者收集和验证信息的成本，并保护信息交易者免受来自内幕人士的竞争。文章第一部分从市场目标、市场参与者和定价过程角度对市场运行机制进行解构，探讨了金融市场如何实现效率和流动性，并解释了为什么证券监管应当有利于信息交易者而不是其他市场参与者。第二部分重点介绍了证券法律如何通过禁止内幕交易、设立强制披露义务、限制欺诈和操纵行为等方式促进信息交易者作出无偏分析，并降低管理层代理成本，从而创建和支持一个有利于信息交易者的市场。第三部分讨论了本文的论点如何适用于证券监管强制性披露，并为在证券欺诈案件中适用市场欺诈假设提供了新的依据。

本文对于读者更好理解强制披露制度、如何确立披露信息范围和在证券欺诈案件中采纳“市场欺诈假设”具有积极意义。

摘要：证券监管的本质作用是为成熟的专业投资者和分析师(信息交易者)创造一个有竞争力的市场。信息交易者能够最好地保障一个高效、流动的资本市场，是证券监管部门应该保护的对象。证券监管通过强制披露义务、对欺诈和操纵的限制、对内幕交易的限制三个措施，为信息交易者创造一个充满活力的市场。本文表明，第一，应当支持强制披露制度。第二，披露责任不应限制在硬信息和管理层自我交易范围内。第三，即使市场效率低下，市场欺诈理论推定可使用在所有欺诈案件中。第四，在公司错报案件中，适当的谨慎标准原则上应当是疏忽，而非欺诈。

关键词：证券监管　专业投资者　分析师　信息披露

一、序言

任何对证券监管的作用和功能的严肃审查都必须避开一种普遍但被误导的信念,即证券监管旨在保护普通投资者。〔1〕 证券监管不是消费者保护法。相反,对证券监管的学术分析必须基于这样一个假设,即证券监管的最终目标是实现有效的金融市场,从而改善经济中的资源配置。〔2〕 然而,对该假设的接受引出了一个重要问题:证券监管究竟如何促进市场效率? 令人惊讶的是,这个核心问题从未得到充分回答。〔3〕本文试图通过提供一个统一的一般性理论来解释和明确证券监管的基本作用,从而弥补这一重大遗漏。〔4〕

---

〔1〕 长期以来,法院关注的是保护普通或小投资者。例如,Schlesinger Inv. P'ship v. Fluor Corp. ,671 F. 2d 739,743(2d Cir. 1982)一案("《威廉姆斯法案》旨在保护普通投资者");Feit v. Leasco Data Processing Equip. Corp. ,332 F. Supp. 544,565(E. D. N. Y. 1971)一案("招股说明书应当是普通小投资者可以理解的")。同样,国会多年来也一直关注着普通投资者的保护。例如,H. R. Rep. No. 73 - 85,pt. 1(1933)(证券法立法史)提到"立法的目的……是在尽可能减少对诚信经营的干扰的前提下,保护公众";H. R. Rep. No. 73 - 1383,pt. 2,at 5(1934)提道,"作为一个如此分散的复杂社会……普通公民……无法亲自监督他所有经济利益的管理者,以至于法治保护普通公民依赖(管理者)的地位……成为社会高度稳定的一个条件"。一些评论员批评这种对普通投资者的关注,却没有提供一个具有连贯性的替代方案。参见 Ralph K. Winter 在"保护普通投资者"一文 63 WASH. L. REV. 881,882 - 83(1988)中的观点,他批评投资者保护的单一观点,并描述不同投资者群体所需的不同程度的保护。

〔2〕 参见 Jeffrey N. Gordon & Lewis A. Kornhauser, *Efficient Markets*, *Costly Information*, *and Securities Research*,60 N. Y. U. L. Rev. 761,802(1985),"法律应选择促进金融市场收集最佳信息集的效率的规则"。

〔3〕 参见 Robert M. Bushman, Joseph D. Piotoski & Abbie J. Smith, *What Determines Corporate Transparency*?,42 J. Accr. Res. 207,208(2004),(指出,尽管信息成本在有关经济发展和效率的金融理论中占据重要一席,"很少有研究关注世界各地的信息制度本身如何不同以及为什么不同")。

〔4〕 应该指出的是,我们的分析只关注证券交易所的公开交易证券。我们不讨论证券监管对证券交易所以外的交易或涉及非固定资产的交易的影响。

本文的主要论点是，证券监管的作用是为信息交易者创造和促进一个竞争性的市场。在这篇论文的基础上，我们构建了证券监管促进有效金融市场的完整机制，并为分析证券监管政策提供了一个合乎逻辑的法律框架。虽然其他研究证券监管具体问题的学者触及了我们的主要论点，但迄今为止，还没有一位学者提出了一个解释整个证券监管的一般理论。[5]

市场效率的两个主要决定因素是股价准确性和金融流动性。[6] 更准确的股价和更具流动性的交易提高了金融市场的效率。[7] 鉴于在价格中吸收信息要素，并在交易中提供流动性的重要性，政策制定者面临的问题是：应当委托谁来执行这些任务？政策制定者可以在几类市场参与者群体中进行选择。第一类是内幕人士，他们拥有非公开信息，并有能力处理和分析一般市场和特定公司的信息。第二类是信息交易者，他们擅长于收集和分析一般市场和特定公司的信息。第三类是流动性交易者，他们根据独立于一般市场和特定公司的信息的消费/储蓄考虑购买和持有股票组合。最后一类是噪音交易者，他们的行为是非理性的，

---

〔5〕 参见 John C. Coffee & Jr. , *Market Failure and the Economic Case for a Mandatory Disclosure System*,70 Va. L. Rev. 717,728 – 29(1984)(重点关注卖方分析师，同时为强制披露辩护);Zohar Goshen & Gideon Parchomovsky, *On Insider Trading, Markets, and "Negative" Property Rights in Information*,87 Va. L. Rev. 1229,1249 – 51(2001)(关注分析师，同时为限制内幕交易辩护);Paul Mahoney, *Precaution Costs and the Law of Fraud in Impersonal Markets*,78 Va. L. Rev. 623,623 – 24(1992)(关注信息知情的交易者，同时批评市场欺诈理论)。

〔6〕 参见 Francis A. Longstaff, *Optimal Portfolio Choice and the Valuation of Illiquid Securities*,14 Rev. Fin. Stud. 407,407 – 08(2001)(注意到流动性的重要性);Jonathan R. Macey & David D. Haddock, *Shirking at the SEC: The Failure of the National Market System*,1985 U. Ill. L. Rev. 315,325 – 26(1985)(解释流动性的重要性);Ken Nyholm, *Estimating the Probability of Informed Trading*,25 J. FIN. RES. 485,504(2002)("在调整报价以适应新的完整信息水平方面，发现低成交量股票比高成交量股票慢得多")。参见 Eugene F. Fama, *Efficient CapitalMarkets: A Review of Theory and Empirical Work*,25 J. Fin. 383(1970)(强调股价准确性的重要性)。

〔7〕 See Ronald Gilson & Reinier R. Kraakman, *The Mechanisms of Market Efficiency*,70 Va. L. Rev. 549(1984).

错误地认为自己拥有一些有价值的信息优势或优越的交易技能。[8] 鉴于噪音交易者无法提高市场效率、流动性交易者对准确定价漠不关心,[9] 我们必须将名单缩小到两类:内幕人士和信息交易者。

对这两类群体的比较表明,信息交易者在高度竞争的环境中运作,而内幕人士则在准垄断条件下运作。此外,信息交易者在收集和分析一般市场和特定公司的信息方面享有规模经济和范围经济,为信息市场创造正外部性,在使用特定公司的信息时,不能操纵商业决策或利用时机,并降低公司治理机构的成本。出于以上所有原因,证券监管背后的政策是保护信息交易者的利益,而不是内幕人士(和其他市场参与者)的利益。

本文同意这一政策,并提出了两个相关的政策理由来支持这一政策,一个是描述性的,另一个是规范性的。从描述性的角度而言,本文认为,证券监管是专门为便利和保护信息交易者的工作而设计的。此外,这表明信息交易者是唯一受益于证券监管的群体。剩下的群体,包括流动性交易者、噪音交易者和内幕人士,他们要么不能、要么不需要利用证券监管提供的好处。对于流动性交易者和噪音交易者来说,证券监管几乎没有实际意义。另外,证券监管让内幕人士的情况更糟。唯一受到证券监管积极影响的群体是信息交易者。

从规范性的角度而言,本文认为,信息交易者是能够最好地保障资本市场有效性和流动性的群体,因此,这一群体是证券监管应该努力加以保护的。通过保护信息交易者,证券监管提高了金融市场的效率和流动性。这种保护反过来又通过降低交易成本和增加流动性而使其他类型的投资者受益。此外,通过保护信息交易者,证券监管代表了最高级别的市场诚信,确保所有投资者能够获得准确定价和更好的流动性。[10] 通过这种方

[8] 为了简化模型,本文将在之后引入另一个市场群体,做市商。参见本文第一章第二节。

[9] 有关详细讨论,请见下文第一章。

[10] See Marcel Kahan, *Securities Regulations and the Social Costs of Inaccurate Stock Prices*, 41 Duke L. J. 977, 988(1992).

式，证券监管改善了经济中的资源配置。[11]

证券监管的法律可以分为三大类：披露义务、对欺诈和操纵的限制、以及对内幕交易的限制。[12] 每个类别（的法律）都以不同的方式促进信息交易者的活动。披露义务降低了他们收集信息的成本。[13] 对欺诈和操纵的限制同时降低了信息交易者验证信息可信度的成本，并提高了他们做出准确预测的能力。[14] 最后，对内幕交易的限制保护信息交易者免受内幕人士的竞争，后者将削弱信息交易者收回信息投资的能力，并将信息交易者赶出市场。[15] 因此，证券监管的总体效果是为信息交易者创造并确保一个竞争性市场。

此外，为信息交易者（而建设）的竞争市场降低了管理层的代理成本。在管理层和股东之间存在利益冲突的情况下，管理层可能会滥用权力，以损害股东利益为代价来促进自身利益。[16] 管理层的代理成本可能表现为违反忠诚义务（duty of loyalty）（如自我交易），或违反注意义

---

〔11〕 例如，参见 John F. Barry III, *The Economics of Outside Information and Rule lOb-5*, 129 U. Pa. L. Rev. 1307, 1316(1981)（将资本市场的目标定义为"帕累托最优资源配置"）；Victor Brudney, *Insiders, Outsiders, and Informational Advantages under the FederalSecurities Laws*, 93 Harv. L. Rev. 322, 341(1979)（"因此，市场将有效地将储蓄分配给利润更高的企业，并将储蓄从利润较低的企业转移出去"）；Frank H. Easterbrook & Daniel R. Fischel, *Auctions and Sunk Costs in Tender Offers*, 35 Stan. L. Rev. 1, 13-15(1982)；Merritt B. Fox et al., *Law, Share Price Accuracy and Economic Performance: The New Evidence*, 102 Mich. L. Rev. 331, 367-68(2003)（发现更准确的股价会提高实体经济的表现）；Ross Levine, *FinancialDevelopment and Economic Growth: Views and Agenda*, 35 J. Econ. Literature 688, 720-21(1997)（研究金融发展和经济增长之间的直接相关性）。

〔12〕 人们习惯将内幕交易归于"欺诈和操纵"。然而，出于下文解释的原因，我们区分了内幕交易和其他形式的、与扭曲的信息和交易有关的欺诈。

〔13〕 See Paul M. Healy & Krishna G. Palepu, *Information Asymmetry, Corporate Disclosure, and the Capital Markets: A Review of the Empirical Disclosure Literature*, 31 J. Acct. & Econ. 405(2001)（就资本市场环境下的披露和信息成本之间的关系进行实证研究）.

〔14〕 参见下文三、（三）。

〔15〕 参见前注〔5〕，1258（"在没有来自内幕人士的先发制人竞争的情况下，分析师将进入市场"）。

〔16〕 See Michael C. Jensen & William H. Meckling, *Theory of the Firm: Managerial Behavior, Agency Costs, and Ownership Structure*, 3 J. Fin. Econ. 305, 354-55(1976)（描述外部资本与内部资本的代理成本）.

务(duty of care)(如低效投资)。[17] 披露义务有助于揭示管理层的行为。尽管违反忠实义务的行为吸引了更多的媒体关注,[18] 违反注意义务的行为更为普遍,其社会成本也更高。[19] 尽管法院可以识别欺诈或非法转让,但它们在评估商业决策质量方面能力不足。[20] 因此,司法监督可以减少违反忠实义务的行为,但不能减少违反注意义务的行为。事实上,在审查商业决定时,法院采用了商业判断规则(business judgment rule),该原则要求(法院对公司)最低限度的干预。[21] 由此,制止违反

---

〔17〕 例如,参见 Graham v. Allis – Chalmers Mfg. Co. ,188 A. 2d 125,130(Del. 1963)(裁定董事对"因严重忽视积极监督和管理公司事务的普通法义务而使公司遭受损失"不承担责任);Principles of Corporate Governance § 4.01(概述董事和高管的注意义务并制定商业判断规则);Model Bus. Corp. Act § 8.30(1984);Stephen M. Bainbridge, Corporation Law and Economics 286 – 304(2002)。

〔18〕 例如,参见 Mary Flood, *Court Denies Requestfor Enron Document Release*, http://www. chron. com/disp/story. mpl/special/enron/2129992. html(报道媒体为获得安然案刑事审判记录的努力)。

〔19〕 参见 Michael C. Jensen, *The Agency Costs of Free Cash Flow, CorporateFinance, and Takeovers*,76 Am. Econ. Rev. 323,323 – 24(1986)(描述自由现金流中的效率成本以及债务如何激励组织效率);Michael C. Jensen, *Eclipse of the Public Corporation*,67 Harv. Bus. Rev. ,61,64(1989)(解释了在长期增长缓慢的行业,管理层迫于压力浪费资源)。

〔20〕 参见 Mark J. Roe, *Corporate Law's Limits*,31 J. Legal Stud. 233,243,270 – 71(2002)。

〔21〕 例如,Norlin Corp. v. Rooney, Pace Inc. ,744 F. 2d 255,264 – 65(2d Cir. 1984)(确认初步禁制令,并认为商业判断规则不适用于被告的诉讼,因为初步判断被告有自身利益);Gearhart Indus. Inc. v. Smith Int'l Inc. ,741 F. 2d 707,721(5th Cir. 1984)(引用禁止公司董事对"损害公司利益的商业判断错误"承担责任的规则);Berwald v. Mission Dev. Co. ,185 A. 2d 480,482 – 83(Del. 1962)(确认对公司的简易判决,从而否认少数股东要求清算和分配资产的动议);Hunter v. Roberts, Throp & Co. ,47 N. W. 131,134(Mich. 1890)(注意到法院在"每位独立董事都证明公司不能在不严重损害公司业务的情况下支付股息"的情形下,认为强制支付股息应当"深思熟虑");Kamin v. Am. Express Co. ,383 N. Y. S. 2d 807,810(Sup. Ct. 1976), affd 387 N. Y. S. 2d 993(App. Div. 1976)("是否宣布股息或进行某种分配的问题完全是董事会的商业判断问题");In re Spering,71 Pa. 11,21(1872)(裁定"没有判决或法令追究董事的责任,除非他们自己对公司犯有某些欺诈罪;或者知道和纵容他人的某些欺诈行为;或者如果他们对自己的职责给予正常关注的话,此类欺诈行为本可以预防")。

注意义务行为的任务主要被留给市场和社会规范来完成。[22] 对分析师,也即信息交易者的一个子群体的紧密关注,是解决管理层代理成本的最有效方式。[23] 与法官相比,分析师有能力评估管理层的商业决策质量,并在股价中反映他们的意见。

我们对证券监管作用的阐述,也为正在进行的关于证券监管作用和内容的政策辩论提供了新的视角。第一,我们的观点支持强制性披露制度。[24] 我们(的研究)表明,尽管市场力量可能会为管理层提供在首次公开募股(IPO)阶段作出披露的充分激励,但此(阶段)后却不能依靠市场力量实现最佳水平的披露。在 IPO 阶段,卖方(公司及其管理层)和买方(潜在股东)之间存在信息不对称,而在二级市场,卖方(实际股东)和买方(潜在股东)之间不存在信息不对称;所有的非公开信息由管理层掌握。由于信息交易者在同样不知情的卖家和买家之间竞争,他们无法通过对提供次优水平披露(suboptimal disclosure)的公司"假设最坏情况"(assuming the worst)来诱导公司进行最佳披露。由于管理层的利益与股东的利益不同,信息交易者无法通过降低股价来约束"沉默"的管理层。因此,必须强制执行最佳水平的披露。

第二,我们的分析断然拒绝了将披露责任限制在硬信息(hard information)[25] 和管理层自我交易范围内的呼吁。[26] 这些呼吁基于这样一种观点,即证券监管只应关注最小化代理成本,而不应关注实现准确定价。然而,这项提议似乎只假设了一种管理层代理成本:违反忠诚义务。一旦将违反注意义务的行为纳入分析中,很明显,缩小披露义务的范围实际上会妨碍信息交易者将管理层的总代理成本降至最低的

〔22〕 See Edward B. Rock & Michael L. Wachter, *Islandsof Conscious Power: Law, Norms, and the Self - Governing Corporation*, 149 U. Pa. L. Rev. 1619, 1623 - 24(2001)(描述了商业判断规则如何允许非法律强制执行的规则和标准,如注意义务,来适当管理公司并减少第三方裁决).

〔23〕 如 John A. Doukas et al., *Security Analysis, Agency Costs, and Company Characteristics* 5, 6 Fin. Analysts. J. 54, 61(2000)(提供实证证据表明,证券分析起到了监督作用,以减少与所有权和控制权分离相关的代理成本)。

〔24〕 参见下文三、(一)。

〔25〕 硬信息是指易于核实的事实,如过去的信息;而软信息是指难以核实的事实,如未来的计划和预测。

〔26〕 参见下文二、(五)。

能力。

第三,我们的分析支持使用市场欺诈(fraud - on - the - market,市场欺诈理论)假设,即使是市场效率低下的情形。[27] 不少学者认为,某些行为经济学研究的发现表明市场是低效的,消除了市场欺诈假设的理论前提。[28] 然而,我们的模型表明,当市场是低效的,使用市场欺诈理论的依据更为充分。信息交易者是使市场有效的代理人。因此,当市场效率低下时,援助和保护信息交易者就更为重要。

第四,我们的分析同样否定了以下观点:当市场有效时,法院应废除市场欺诈假设,并取而代之,恢复对普通法的依赖。[29] 对市场欺诈假设的批评人士声称,这一假设过度威慑了管理层的自愿披露行为,因为它迫使公司不仅要赔偿信赖错误陈述(misstatement)的信息交易者,还要赔偿未受损害的流动性交易者。[30] 我们(的研究)表明,一旦考虑到错误陈述的全部危害,就不会产生过度威慑的感觉。错误陈述会造成多种类型的危害。它们增加了信息交易者的验证成本,提高了流动性交易者的流动性成本,并增加了所有公司的代理成本。市场欺诈推定确保了赔偿可以覆盖所有这些危害。事实上,我们(的研究)表明,鉴于管理层是避免错误陈述造成损害的最廉价规避方式,适当的注意水平原则上应该以疏忽(negligence),而非欺诈(fraud)为标准。

本文从结构上分为三部分。第一部分探讨了金融市场实现效率和流动性的机制。其特别关注信息交易者在改善金融市场方面的作用,并解释了为什么证券监管应该有利于信息交易者而不是其他市场参与者、且应该确保为信息交易者发展一个充满活力的市场。第二部分重点介绍了证券监管法律创建和支持一个(有利于)信息交易者的市场的方

---

〔27〕 参见下文注释〔223〕~〔226〕和随附文本。

〔28〕 See Paul A. Ferrillo et al., *The "Less Than" Efficient Capital Markets Hypothesis: Requiring More Proof From Plaintiffs in Fraud - On - The - MarketCases*, 78 St. John's L. Rev. 81, 107 - 16(2004);另见下文注释〔211〕~〔214〕和随附文本。

〔29〕 参见下文注释〔227〕~〔228〕和随附文本。

〔30〕 参见前注〔5〕,第 656 页, Mahoney, *Precaution Costs and the Law of Fraud in Impersonal Markets*, 78 Va. L. Rev. 623, 656(1992)。("信赖过滤器是一个合适的过滤方式,因为它排除了部分原告,其事前行为将因赔偿被拒绝而改变,即那些忽视或独立验证并因此不依赖错误陈述的交易者。")

式。第三部分讨论了我们分析的规范含义。我们解释了我们的分析对强制性披露辩论的影响,并为市场欺诈假设提供了新的依据。

二、市场机制

有效率的市场的特点是定价准确、流动性高。〔31〕准确的定价对于实现经济中资源的有效配置至关重要。〔32〕准确的定价在公司控制权方面、监管和控制管理层的代理问题方面,以及通过首次公开发行和二次发行分配资源等方面对市场来说也具有重要性。〔33〕流动性市场通过降低交易成本和与投资相关的风险使经济受益。〔34〕当交易者可以立即大量买入或卖出而不产生实质性的价格效应时,市场是具有流动性的。这种流动性是时间、价格和数量的函数。〔35〕在本章的其余部分,我们提出了一个市场模型,解释了市场获得效率和流动性的过程。

(一)金融市场的效率和流动性

1. 将信息纳入价格

在有效市场中,有关公司价值的信息被快速准确地纳入股票价格。〔36〕这一过程涉及三个不同的任务:信息生产(information production)、准确性

---

〔31〕参见前注〔7〕,第 554 页。Ronald Gilson & Reinier R. Kraakman, *The Mechanisms of Market Efficiency*, 70 Va. L. Rev. 554(1984).

〔32〕参见前注〔11〕和随附文本。

〔33〕有关有效定价影响的详细分析,请见上文前注〔10〕。

〔34〕参见前注〔10〕,第 1019 ~ 1022 页(描述流动性减少导致的定价不准确和社会成本)。参见前文 Yakov Amihud, *Illiquidity and Stock Returns: Cross - Section and Time Series Effects*, 5 J. Fin. Markets 31(2002)(研究股票收益率和股票流动性之间的关系)。有关以较大买卖价差形式出现的较高交易成本的讨论,参见 Harold Demsetz, *The Cost of Transacting*, 82 Q. J. Econ. 33, 35 - 36(1968)("在纽约证券交易所,经纪费和买卖价差两个要素几乎涵盖了所有交易成本")以及 Lawrence R. Glosten & Lawrence E. Harris, *Estimating the Components of the Bid/Ask Spread*, 21 J. Fin. Econ. 123, 138, 141(1988)(提出了一个分析买卖价差的暂时性选择和逆向选择成分的模型)。

〔35〕Laurie S. Hodrick & Pamela C. Moulton, *Liquidity: Considerations of a Portfolio Manager* 1 - 2(Dec. 16, 2005)(未出版手稿,存档于《杜克法学评论》),可查阅 http://ssrn.com/abstract = 449540。

〔36〕有关市场获得效率的过程的全面描述,见前注〔7〕。

验证(accuracy verification)以及为信息定价(pricing the information)。信息生产包括搜索影响价格的、当前未知的信息。准确性验证包括采取必要的行动,以确认信息来源的可靠性和信息的可信度。为信息定价需要分析信息以确定其价值,然后根据价格和价值之间的差异进行交易。

信息生产涉及两种不同类型的信息:公司特定信息(firm - specific information)和一般市场信息(general market information)。公司特定信息包括公司属性,如管理质量、商业计划和过往记录、财务状况以及研发潜力。一般市场信息包括有关公司运作的一般条件的信息,例如竞争对手的前景、整个行业以及当地和全球的经济。

信息准确性的验证涉及两类信息:显性信息(explicit information)和隐性信息(implicit information)。显性信息包括所有类型的、直接的公司特定信息和一般市场信息,例如财务报告、电话会议和新闻。隐性信息包括所有间接传递信息的活动,例如价格变动、交易量、交易者身份和订单流。

为信息定价由两个不同的活动构成:分析信息和交易。分析信息需要同时分析公司特定信息和一般市场信息。公司特定信息无法单独准确定价,因为如果不了解当地和全球经济的大致进程,就无法评估企业的未来前景。交易,即将信息传递给市场的行为,可以采取两种形式之一:直接交易,或通过向交易的其他人提供推荐和建议进行的间接交易。

2. 在交易中提供流动性

为了使市场具有流动性,必须存在足够的交易,以使大多数买方和卖方能够迅速完成交易。实现流动性有三个主要原因:投资组合调整、消费/投资调整和意见分歧。[37] 当经理改变投资组合构成以符合投资者预定的风险和回报水平时,投资组合调整提供流动性。消费/投资调整通过影响资金从投资转向消费创造流动性,反之亦然。市场参与者之间的意见分歧通过促进对同一证券有着不同估值的市场参与者之间的

〔37〕 See Hans R. Stoll, Alternative Views of Market Making, *in Market Making and the Changing Structure of the Securities Industry* 67, 67 – 68 (*Yakov Amihud et al. eds.*, 1985)("交易产生……要么是因为投资者掌握的信息使他相信证券的基本价格已经改变,要么是因为他需要流动性来满足消费或储蓄目标,要么是因为他希望重新平衡他的投资组合").

交易来创造流动性。[38]

（二）市场参与者

我们将资本市场模拟为存在五类主要群体：内幕人士、信息交易者、流动性交易者噪音交易者和做市商。由于内幕人士与公司关系密切，他们有权获得内部信息；他们还具备对这些信息进行定价和评估的知识和能力。内幕人士可以产生并为一般市场信息定价，这同样适用于内幕信息。然而，内幕人士对自己公司的狭隘关注妨碍了他们利用规模经济和范围经济收集、评估和对一般市场信息定价。[39] 此外，由于与公司关系密切，内部人员无法客观评估自己商业决策的价值。[40]

信息交易者作为第二类群体，缺乏获取内幕信息的渠道，但愿意并能够投入资源收集和分析信息，作为其投资决策的基础。信息交易者包含两个子群体：成熟的专业投资者和分析师。成熟的专业投资者包括范围广阔的机构投资者、基金经理和其他市场专业人士，他们都在不同程度上依赖某种金融或商业分析产品作为投资决策的基础。分析师包括三个子群体：卖方分析师、买方分析师和独立分析师。[41] 卖方分析师被投资银行雇佣来跟踪和评估某些股票。卖方分析师向市场免费披露他们的分析成果，不试图通过基于（分析）估值来交易获利。卖方分析师的这种报告本质上是为投资银行客户提供的服务。卖方分析师的报告旨在吸引投资者通过投资银行来购买其覆盖的股票和公司。因此，卖方

---

〔38〕 此类交易的部分原因是受狂热情绪、谣言或毫无根据的信息引发的非理性交易。在这些情况下，交易者（错误地）认为，他们对交易的股票的估值优于同行。

〔39〕 此外，内部人士在处理信息方面也有困难。参见 H. Nejat Seyhun, *The Information Content of Aggregate Insider Trading*, 61 J. BUS. 1, 2 – 3 (1988)（表明内部人员不能总是区分企业特定因素和一般经济因素的影响）。

〔40〕 See Donald Langevoort, *Organized Illusions: A Behavioral Theory of Why Corporations Mislead Stock Market Investors (and Commit Other Social Harms)*, 146 U. Pa. L. Rev. 101, 157 n. 196 (1997); Jonathan R. Macey & Arnoud W. A. Boot, *Monitoring Corporate Performance: The Role of Objectivity, Proximity and Adaptability in Corporate Governance*, 89 Cornell L. Rev. 356, 357 (2004)（讨论公司管理在客观性和接近性之间的权衡）.

〔41〕 See John L. Orcutt, *Investor Skepticism v. Investor Confidence: Why the New Research Analyst Reform Will Harm Investors*, 81 Denv. U. L. Rev. 1, 6 – 10 (2002)（提供研究分析员类别概述）.

分析师间接支持承销 IPO 的投资银行部门。买方分析师受雇于大型机构投资者,如共同基金、对冲基金和养老基金,以管理投资组合。这些分析师对其分析产品保密,并通过基于估值与市场价格之间的差异交易来获利。在执行工作时,买方分析师使用卖方分析师的分析产品作为他们使用的信息来源之一。独立分析师与投资银行无关,他们生产分析产品,通过某种订阅服务的方式向客户销售。我们将各种成熟的专业投资者和三类分析师归为"信息交易者"类别。

与内幕人士一样,信息交易者有能力和知识收集、评估和定价公司特定和一般的市场信息。但与内部人士不同,信息交易者在评估信息并给其定价时可以利用规模经济和范围经济,因为他们更关注行业和市场。在特定行业中,从一家公司获得的知识通常可以用于另一家公司,与整体经济相关的知识则有助于分析所有公司。[42]

资本市场中的第三类市场参与者,流动性交易者不收集和评估信息;相反,这一群体的投资反映了储蓄和消费之间的资源分配。[43] 由于不愿意将资源用于持续收集和分析新信息,效用理性(rational utility)的交易者遵循购买和持有股票组合的策略(通常购买一些股票指数)。[44]

噪音交易者作为第四类交易者,其行为不合理性,并以个人或群体的方式遵循不同的投资方法。[45] 噪音交易者通常认为他们拥有有价值

〔42〕 See Anat R. Admati & Paul Pfleiderer, *Forcing Firms to Talk: Financial Disclosure Regulation and Externalities*, 13 Rev. Fin. Stud. 479, 480 (2000); Brian Bushee & Christian Leuz, *Economic Consequences of SEC Disclosure Regulation: Evidence from the OTC BulletinBoard*, 39 J. Accr. & Econ. 233, 237 (2005).

〔43〕 另一个属于这一类别的群体是套利者,他们寻找以不同价格交易的类似资产,并进行交易以捕捉差异。套利者只关心类似资产的相对价格。套利交易是由两种资产价格之间的差异触发的,任何一种资产的真实价值都是无关的。由于有关公司真实价值的信息与该群体无关,因此我们将他们称为流动性交易者。

〔44〕 See David D. Haddock & Jonathan R. Macey, *A Coasian Model of Insider Trading*, 80 Nw. U. L. Rev. 1449, 1453 (1986). (表明如果忽略管理层薪酬和激励的影响,采用"买入并持有"策略的多元化投资组合的股东"对其持有股份的公司内部人士是否被禁止交易漠不关心"。)

〔45〕 关于资本市场中的噪音交易者,参见 J. Bradford De Long et al., *Noise Trader Risk in FinancialMarkets*, 98 J. Pol. Econ. 703 (1990) (对一个资产市场进行建模,其中噪音交易者的信念影响价格并获得比理性交易者更高的预期回报,并得出结论,噪音交易商不可预测的意见所产生的风险降低了套利的吸引力)。

的信息,并自以为像信息交易者一样进行投资。市场参与者无法区分噪音交易者和真实信息交易者,这项任务因噪音交易活动的广泛性而变得复杂。最底层的非理性交易者遵循没有经济学根据的潮流、谣言和投资策略,如在日内交易中追逐随机价格波动。最顶层的选股者收集和评估信息的方式与信息交易者相似,并试图做出经济上合理和有根据的投资决策。然而,在执行这些任务时,他们的效率不如信息交易者。因此,选股者在收集和分析所有相关信息方面"较为缓慢",其评估的准确性低于信息交易者。事实上,选股者大多依赖于已经反映在价格中的陈旧信息,如卖方分析师发布的分析产品以及金融网站、电视频道、报纸和杂志上的信息。[46] 通过避免买入并持有策略,选股者在知情交易者面前损失更频繁,并招致浪费交易成本。因此,尽管选股者对经济相关信息的反应似乎是理性的,但事实并非如此。因此,我们认为他们是噪音交易者。[47]

最后,做市商是专业人士,他们通过提供定期买卖证券来促进交易并维持证券市场。他们发布买入报价(买入价,bid price)和卖出报价(卖出价,ask price),并充当想要交易的投资者的对手方。做市商非常了解证券的需求和供应,因为他们使用这些信息来设定买入价和卖出价(俗称买卖价差)。[48] 但是他们不像信息交易者那样了解公司特定的信

---

〔46〕 See Sok Tae Kim et al., *Market Structure, Informed Trading, and Analysts' Recommendations*, 32 J. Fin. & Quantitative Analysis 507, 507 (1997). (基于实证研究发现,分析师研究中包含的任何有价值的信息都会在开市后5分钟到15分钟内反映在股票价格中,而且早在研究公开发布之前。)

〔47〕 我们使用的分类是功能性的,因为一些市场参与者有时是信息交易者,有时是噪音交易者,这取决于他们的行为。事实上,由于智力或教育方面的缺陷,一些噪音交易者总是噪音交易者。然而,一些信息交易者因试图在自己的游戏中击败噪音交易者,加入噪音交易者群体并进行噪音交易。

〔48〕 参见 Stanislav Dolgopolov, *Insider Trading and the Bid – Ask Spread: A Critical Evaluation of Adverse Selection in Market Making*, 33 Cap. U. L. Rev. 83 (2004) (认为内幕交易迫使做市商增加买卖价差,这反过来又造成更高交易成本的社会损失). 有关买卖价差的常见定义,请见纳斯达克术语表 – B,载 http://www.nasd.com/Resources/Glossary/NASDW_010868, last visited Feb. 16, 2006。["买卖价差是指做市商愿意购买证券(买入)的价格与公司愿意出售证券(卖出)的价格之间的差额。价差根据所交易证券的供求情况而缩小或扩大。"]

息,因为他们没有投入那么多的时间和精力来收集和分析这些信息。[49] 鉴于做市商的交易主要是响应其他市场参与者的买卖订单,但不依赖独立估值,因而做市商既不是知情交易者,也不是流动性交易者。

(三)定价过程

内幕人士和信息交易者根据他们掌握的信息检测价值和价格之间的差异。然后,他们进行交易以获取信息优势的价值。[50] 当他们观察到低估时,他们买入,从而提高价格;相反,当他们发现高估时,他们卖出,从而导致价格下跌。因为价格变化总是根据一些计算出来的价值进行评估。当价格变化不能被当前已知信息证明是合理的时候,交易就会被触发。考虑到这种投资策略,与拥有更多信息的对手方进行交易或基于欺诈信息进行交易都将导致损失。此外,这些风险无法分散,因为所有交易都是由价格变化或新信息的到来触发的。

流动性交易者不基于新信息进行交易,例如,他们因为流动性而卖出或因为储蓄需要而买入,也不考虑内幕人士和信息交易者的行为进行交易。如果流动性交易者的交易方式与内幕人士或信息交易者相同,即当信息交易者或内幕人士买入时买入,或当这些群体卖出时卖出,他们就输了。[51] 如果流动性交易者与内幕人士或信息交易者进行交易,他们会获利。[52] 因此,平均来看,遵循购买和持有投资组合策略的流动性

---

〔49〕 See I. R. C. Hirst, *A Model of Market – Making with Imperfect Information*, 1 Managerial & Decision Econ. 12, 13 (1980)(描述了"投机者",即信息交易者如何比"经纪人",即做市商拥有更好的信息). 然而,据称,纽约证券交易所的做市商不从事证券分析。

〔50〕 See Eugene F. Fama, *Random Walks in Stock MarketPrices*, 21 Fin. Analysts J. 55, 75 – 80 (1965)(描述了市场专业人员将信息纳入价格的过程).

〔51〕 假设一只股票的价格是100美元。流动性交易者的交易决定与价格无关。因此,如果没有内幕交易,他们将以100美元的价格买卖。现在假设内部人士正在买入该股,价格升至110美元。如果流动性交易者也在买入,他们将亏损,因为他们将不得不为该股支付更高的价格。同样,当内部人士卖出时,价格将降至90美元。如果流动性交易者也在卖出,他们将亏损,因为他们将不得不以更低的价格卖出股票。

〔52〕 假设一只股票的价格是100美元。流动性交易者将不考虑价格进行交易。因此,如果没有内幕交易,他们将以100美元的价格买卖。现在假设内部人士在买入,价格升至110美元。如果流动性交易者在卖出,他们将获得收益,因为他们将以更高的价格卖出股票。现在假设内部人士在抛售,价格降至90美元。如果流动性交易者在买入,他们将获得收益,因为他们将不得不为股票支付较低的价格。

交易者不会输给内幕人士或信息交易者。当他们购买一个投资组合时，他们会在一些交易中亏损（当他们与内幕人士或信息交易者同向购买时），而在其他交易中获利（当他们在内幕人士或消息交易者卖出时买入）。同样，当他们出售投资组合时，有时会亏损，有时会获利。平均而言，他们在持有期间获得了市场回报。[53] 简言之，流动性交易者可以针对更知情的交易者分散交易风险。[54] 只有其交易由价格变化或信息变化触发的交易者在与更知情的交易者交易时才会输。[55]

虽然流动性交易者可以分散与更知情的交易者进行交易的风险，但他们往往会产生与流动性不足相关的成本。[56] 在非流动性市场中，当交易者想要卖出（或买入）大量证券时，她将不得不接受价格上大幅下跌（或上涨）或执行期较长。另外，高流动性意味着以较小的费用快速执行大量交易。流动性的主要指标是买卖价差。每次流动性交易者交易时，他们都会承担买卖价差的成本，就像对每笔交易征税一样。因此，流动性交易者要么减少交易（长期持有投资组合），以避免多次支付利差，要么对市场价格贴现以补偿承担利差的成本。[57] 因此，较大的买卖

---

〔53〕 换言之，“公平竞争”或“市场诚信”的理论对这些投资者并不适用：他们不期望平等和及时地获得信息，事实上，他们不会因为得不到信息而遭受损失。See Robert J. Haft, *The Effect of Insider Trading Rules on the Internal Efficiency of the Large Corporations*, 80 Mich. L. Rev. 1051, 1051 (1982)（解释“公平竞争”和“证券市场的诚实性”原理）；Harry Heller, *Chiarella, SEC Rule 14e - 3 and Dirks: "Fairness" Versus Economic Theory*, 37 Bus. L. J. 517, 555 - 56 (1982)（注意到由于投资者可获得的信息的已知差异而怀疑市场的诚实性，这件事是存疑的）.

〔54〕 信息不对称的风险可能源于（欺诈者或在市场之前发现欺诈的人）对非法内幕信息的使用和欺诈行为，或合法发现非公开的公司特定或一般市场信息。只要不对称信息随机影响价格，风险就可以被分散。

〔55〕 See William K. S. Wang, *Trading on Material Nonpublic Information on Impersonal Stock Markets: Who is Harmed, and Who Can Sue Whom Under SEC Rule lOb - 5?*, 54 S. Cal. L. Rev. 1217, 1235 - 38 (1981).

〔56〕 很明显，知情交易者是以某人的利益为代价来获利的。在我们的模型中，虽然流动性交易者分散了不对称信息的风险，但他们最终还是要承担不对称信息的成本。无法分散不对称信息风险的做市商会输给知情交易者，并通过买卖价差将损失转嫁给流动性交易者。

〔57〕 See Nicholas L. Georgakopoulos, *Frauds, Markets, and Fraud - on - the - Market: The Tortured Transition of Justifiable Reliance from Deceit to Securities Fraud*, 49 U. Miami. L. Rev. 671, 702 - 11 (1995).

价差降低了流动性,增加了公司的资本成本。

有几个因素影响买卖价差,包括交易总量和交易者之间的信息不对称程度。[58] 交易量直接影响流动性:(知情和不知情的)交易者越多,市场的流动性就越高(反之亦然)。与此同时,信息不对称对流动性有间接影响:做市商面临着与更知情的交易者进行交易并输给他们的不可辩驳的风险,他们将通过增加买卖价差来保护自己。[59] 然而,由于知情交易者只有在其盈利大于买卖价差对其施加的成本时才会进行交易,因此更高的买卖价差的实际成本落在流动性交易者(和噪音交易者)身上。信息不对称对流动性的影响取决于知情交易者的数量及其信息价值。随着知情交易者数量的增加,他们之间的竞争加剧,信息优势减弱。[60] 信息优势的价值越小,买卖价差越小。因此,流动性交易者更关注流动性,而不是准确的定价。[61]

因为噪音交易者活跃但不理性,他们的行为很难预测。在完全随机行动的情况下,噪音交易者将抵销彼此对价格的影响,平均而言,他们不会输给内幕人士或信息交易者。[62] 然而,噪音交易者有时会像一个群

---

〔58〕 参见 Yan He & Chunchi Wu, *What Explains the Bid - Ask Spread Decline After NASDAQ Reforms*?, 12 Fin. Markets, Institutions & Instruments 347(2003)(提供证据表明,做市成本的降低和竞争的增加导致了纳斯达克改革后买卖价差的下降); Roger D. Huang & Hans R. Stoll, *The Components of the Bid - Ask Spread: A General Approach*, 10 Rev. Fin. Stud. 995(1997)(认为订单处理、不利信息和库存持有成本为买卖价差的主要组成部分); Thomas H. Mclnish & Bonnie F. Van Ness, *An Intraday Examination of the Components of the Bid - Ask Spread*, 37 Fin. Rev. 507(2002)(回顾表明不对称信息和订单处理组成影响买卖价差的研究).

〔59〕 See Michael Welker, *Disclosure Policy, Information Asymmetry, and Liquidity in Equity Markets*, 11 Contemp. Accr. Res. 801, 802(1995); See also J. C. Bettis et al., *CorporatePolicies Restricting Tradingby Insiders*, 57 J. Fin. Econ. 191, 191(2000)(发现在公司禁止内幕交易的时期,买卖价差较小).

〔60〕 See Birgifl Caramanolis Cotelli et al., *Are Investors Sensitive to the Quality and the Disclosure of FinancialStatements*?, 3 Eur. Fin. Rev. 131, 133, 148(1999)(表明分析师之间的竞争降低了投资者的逆向选择成本); He & Wu, supra note 58, at 349(发现报价更新频率越高,竞争越大).

〔61〕 流动性交易者还关注管理者或控股股东对股东利益的侵占。公司法的作用是防范这种风险。

〔62〕 大量交易随机化与购买和持有投资组合具有相同的保护效果。然而,这种策略涉及更大的交易成本。同样,证券监管不涉及这一策略。

体一样行事。[63] 作为一个群体，他们可以对特定股票、特定行业或整个市场看跌或看涨。[64] 噪音交易者是否会输给内幕人士或信息交易者，取决于一只股票达到内幕人士或消息交易者计算的估计“价值”所需的时间。假设内幕人士和信息交易者认为某只股票被高估，因此卖出。如果噪音交易者持有股票直到股票最终下跌，那么买入股票的噪音交易者将蒙受损失。但是，在过渡期间，如果股价继续上涨，他们可以获得正回报。事实上，这就是为什么一些信息交易者试图通过加入噪音交易者并采用噪音交易商的策略来获利。这些知情的交易者希望比噪音交易者更聪明，在最终价格下跌之前卖出股票。因此，从短期来看，成为噪音交易者的信息交易者加剧了噪音交易的影响。然而，从长远来看，噪音交易者作为一个整体将输给内幕人士或信息交易者。此外，由于其交易频率高，它们将承担买卖价差所反映的流动性成本。

市场价格是所有五类投资者行动的结果。内幕人士和信息交易者跟踪市场价格，并减少与其计算的主观“价值”的偏差。遵循买入并持有策略的流动性交易者不会扭曲价格，因为他们的交易相对于信息流和价格变动而言大多是随机的。噪音交易者，由于他们不合理的投资策略，扭曲了价格。因此，股票价格的准确性取决于内幕人士或信息交易者对抗噪音交易者行为和为新披露信息定价的能力。[65] 信息交易者或内幕人士的技能越高，越能够抵销噪音交易者或者新披露信息造成的价格—价值差异，市场的效率就越高。然而，完全有效的均衡是不可能实现的。[66] 由于价格总是偏离价值，信息交易者不断调整价格和价值，围绕价值的价格波动表现出一定程度的低效率。然而，正是这种低效率产

〔63〕 关于金融市场羊群行为的文献调查，参见 De Long et al. , *supra note* 45; David Hirshleifer & Siew Hong Teoh, *Herd Behaviour and Cascading in Capital Markets: A Review and Synthesis*, 9 Eur. Fin. Mgmt. 25 (2003); Thomas Lux, *Herd Behaviour, Bubbles and Crashes*, 105 Econ. J. 881(1995)。

〔64〕 See De Long et al. , *supra note* 45, *at* 704, 715.

〔65〕 我们遵循 Sanford J. Grossman 和 Joseph E. Stiglitz 有关信息有效市场不可能的开创性模型，Sanford J. Grossman & Joseph E. Stiglitz, *On the Impossibility of Informationally Efficient Markets*, 70 Am. Econ. Rev. 393, 393 - 95(1980)。

〔66〕 同上注。

生了投资信息的动机,并不断推动市场变得更有效率。[67]

从这个角度来看,很明显,有效定价是一个程度问题。价格与价值之间的偏差越大,价格恢复价值所需的时间越长,市场的效率就越低。因此,根据价格准确度将市场分为"有效的"或"无效的"并不合适。市场有时是有效的,有时是无效的,这取决于时间的长短以及价格和价值之间的偏差程度。[68]

根据市场是否具有纠正价格偏差的有效机制对市场进行分类更为合适。没有这种机制的市场在一定程度上是低效率的,因为定价完全是随机的,缺乏使价格恢复价值的能力。我们将这种市场描述为"无效的"(ineffective),而不是"低效的"(inefficient)。有这样一种机制的市场是"高效率的"(efficient),因为它倾向于使价格回归价值。我们将这种市场描述为"有效的"(effective)。事实上,在这样一个市场中*,噪音交易者将占据主导地位,信息交易者或内幕人士将无法抵消噪音交易商造成的价格扭曲。因此,在这样一个市场中,价格与价值的巨大偏差将持续很长时间。显然,结果将是不准确的定价。然而,只要有一种机制来纠正这种影响,价格最终将恢复到价值。换言之,一个市场在有效率和无效率定价之间波动时,整体上是有效的。因此,提高市场效率需要提高促使价格回归价值的机制的有效性。

纠正机制的有效性取决于知情交易中涉及的成本和风险。信息交易者和内幕人士对抗价格偏差的能力取决于过程中涉及的风险和成本。搜索、验证、分析和定价一般市场和公司特定信息是一项成本高昂的任务,而获取价格偏差的价值需要承担风险。假设一位信息交易者估计一家虚构的公司 Solid Investment, Inc. 的当前股价比其预计价值低 10% 。为了捕捉这种偏差,信息交易者必须购买股票,持有直到价格达到预

---

〔67〕 参见 Philip A. Cusick, *Price Effects of Addition or Deletion From the Standard & Poor's 500 Index – Evidence of Increasing Market Efficiency*, 11 Fin. Markets, Institutions & Instruments 349, 349 – 50(2002)(提供证据证明市场效率随时间而提高)。

〔68〕 不同公司的市场效率也不同。例如,参见 Benjamin C. Ayers & Robert N. Freeman, *Evidence That Analyst Following and Institutional Ownership Accelerate the Pricing of Future Earnings*, 8 Rev. Accr. Stud. 47, 63(2003)(发现证据表明,接受更多分析师覆盖的公司的股价比被忽视的公司更早地反映了未来收益)。

* 指的是无效市场。——译者注

期值,然后以盈利的价格出售股票。然而,由于许多原因,价格可能无法达到估计值。例如,信息交易者可能错了,噪音交易者扭曲价格的时间可能比预期的长,新的和未预见的坏消息可能会到来,关于公司的错误陈述可能会向市场公布,或者利率或油价可能会上涨。因此,信息交易者必须同时考虑偏差的大小和捕获偏差的概率(例如,偏差的预期价值)。

为了获得利润,分析师将比较确定的成本与价格偏差的预期利润。成本越高,产生利润所需的价格偏差越大。也就是说,在高成本的情况下,信息交易者不会试图捕捉小偏差,而是会让价格尽可能远离价值,以增加预期利润。或者,信息交易者将减少对信息的投资,专注于一般市场信息或特定信息的显著部分,避免试图寻找精细信息。这种策略将导致信息交易者只捕获价格和价值之间的大偏差。以上任何一种应对方式都会导致定价不准确,市场效率降低。相反,当成本较低时,信息交易者将投资于更精细的信息,并将对抗较小的价格偏差。这反过来将导致更准确的价格和更有效的市场。

类似地,降低与捕获计算价格偏差的概率相关的风险将提高效率。风险越低,捕获价格价值偏差的概率越高。因此,信息交易者将试图捕捉较小的价格—价值偏差。虽然一些风险因素不能降低,因为它们是信息交易者工作的组成部分(例如,未曾预料的新信息的披露),但其他风险因素可以降低。改进信息收集和验证将提高信息交易者预测的准确性并减少误导信息的频率,从而增加捕捉价格—价值偏差的可能性。〔69〕然而,当信息交易者采取预防措施降低捕获价格—价值偏差的风险时,他们的成本会增加,市场效率会下降。因此,降低保持价格更准确所涉及的成本和风险是实现有效市场的主要目标。

基于此市场模型,我们将在下一部分演示证券监管如何通过降低信息交易者承担的风险和成本来提高金融市场的效率和流动性。

〔69〕 同样,在正常交易条件下,有效套利将减少噪音交易者的影响,并降低捕获价格偏差所涉及的风险。See Ronald J. Gilson & Reinier R. Kraakman, *The Mechanisms of Market Efficiency Twenty Years Later*: *The Hindsight Bias*, 28 J. Corp. L. 715, 733 (2003).

三、证券监管:实现高效和流动性市场

鉴于上述市场模型,很明显,信息交易者或内幕人士应受托为金融市场提供有效的定价和流动性。流动性交易者和做市商不会对信息做出反应,因此不能被赋予这一角色。类似地,不能依靠行为不合理的噪音交易者为高效、流动的金融市场提供担保。

如本部分所示,内幕人士和信息交易者不能作为价格—价值修正者共存。因此,监管者必须在这两类人之间做出选择。证券监管通过限制内幕交易,赋予信息交易者提供高效和流动性市场的角色。因此,通过设置披露义务和对欺诈和操纵的限制,证券监管将信息交易者承担的成本和风险降至最低。接下来,我们将展示证券监管的综合效应如何促进形成信息交易者的竞争市场,从而促进市场的高效和流动性。

(一)禁止内幕交易:选择信息交易者

信息交易者无法辨别价格变化是由噪音交易者还是内幕人士引起的。当噪音交易与内幕交易混合时,信息交易者无法从交易量或价格变动中提取信息,也无法推断交易者的身份。[70] 因此,当规则允许内幕人

〔70〕 Gilson 教授和 Kraakman 教授认为,交易量或价格变动本身可能会向分析师发出有关内幕信息性质的信息,特别是如果一些分析师能够推断内幕交易者的身份,见前注〔7〕。然而,他们承认,这种方法是实现有效定价的效率最低的方法,因为这种解码过程不精确且缓慢。我们认为,由于其他几个原因,我们的假设更为现实。第一,需要注意的是,Gilson 和 Kraakman 的观点是关于噪音交易者缺席的市场。噪音交易者的加入使分析师更难将知情交易与非知情交易分开,这进一步降低了解码效率。第二,从经验上看,解码的可行性受到市场并非“强效率”(内幕人士确实跑赢了市场)这一发现的挑战。例如,参见 Joseph E. Finnerty, *Insiders and Market Efficiency*,31 J. Fin. 1141,1148(1976)(表明,作为一个群体,内幕人士的表现优于市场);H. Nejat Seyhun, *Insiders' Profits, Costs of Trading, and Market Efficiency*, 16 J. Fin. Econ. 189,197 – 98(1986)(发现内幕人士实现了适度的异常利润)。也就是说,分析师无法检测内幕信息的性质,也无法在交易过程中推断内幕交易者的身份,以防止内幕人士获得异常回报。此外,即使是 SEC 官方摘要中关于已经执行和报告的内幕人士交易的信息,分析师也并不总是详尽无遗。例如,参见 Jeffrey F. Jaffe,

士进行交易时,他们将始终击败信息交易者。因为信息交易者跟踪价格并对信息做出反应,他们将永远处于亏损端。[71]假设一名分析师根据她掌握的信息,认为某只股票的价格准确反映了其价值。现在假设一名内幕人士根据拥有的负面内幕信息,正在网上出售该股票,导致股价下跌。在不知道内幕消息的情况下,分析师会将这种下跌解释为股价被低估,并买入该股。该股将继续下跌,只有在负面信息公开后,分析师才会意识到她买了一支价格被高估的股票。同样的情况也适用于负面内幕消息。在这种情况下,证券的价格将因内幕交易而上涨,分析师将假设已经发生了高估并卖空,[72]即使股票实际上定价过低。信息交易者无法分散针对内幕人士的交易风险,而且在与内幕人士交易时总是会亏损。[73]因此,当内幕交易普遍存在时,信息交易者将无法收回对信息的投资,最终将退出市场。[74]

对内幕人士施加“披露或弃权”(disclose of abstain)的内幕交易法律限制改变了这一结果。根据这条规则,内幕人士可以披露他们拥有的

Special Information and Insider Trading,47 J. Bus. 410,427 - 28(1974)(表明投资者可以从即时使用官方摘要信息中获利);相比 Halbert S. Kerr, *The Battle of Insider Trading vs. Market Efficiency*,6 J. Portfolio Mgmt. 47,49(1980)(假设知识渊博的投资者通过使用官方摘要中包含的信息在很大程度上消除了获得超额回报的机会)与 Raymond Goldie,*Are Some Insiders More 'Inside' Than Others*?,10 J. Portfolio Mgmt. 75(1983)(指出在纠正方法学问题后,Kerr 的结果表明,外部人士可以使用官方摘要获得超额回报)。

〔71〕 参见前注〔44〕,p. 1458 - 1459。

〔72〕 卖空发生在投资者出售其不拥有的股份时。假设一股股票的价格是 100 美元,而投资者认为它应该只交易 60 美元。投资者可以借入该股(收取费用),然后出售该股并获得 100 美元。一旦价格降至 60 美元,她将回购该股并将其返还给贷款人。40 美元的差额是利润。当然,如果她错了,股价上涨,比如涨到 150 美元,她将不得不以更高的价格回购该股票,因此在该头寸上损失 50 美元。

〔73〕 See Walter Bagehot,*The Only Game in Town*,2 Fin. Analysts J. 12,13(1971)(表明在有知情交易者、做市商和流动性交易者的模型中,做市商总是输给知情交易商).

〔74〕 例如,参见 Michael J. Fishman & Kathleen M. Hagerty, *Insider Trading and the Efficiency of Stock Prices*,23 Rand J. Econ. 106,110 - 11(1992)(表明在一个模型中,与内幕人士相比,外部人拥有的信息不那么精确,成本更高,知情的外部人的数量随着内幕人士信息的相对精确性而下降);Hayne E. Leland,*Insider Trading: Should it be Prohibited*?,100 J. Pub. Econ. 859,884(1992)(表明,在垄断的内部人士比知情外部人拥有更精确信息的模型中,知情外部人的福利在内幕人士交易时总是下降)。

内幕信息,并与市场其他人一起交易,或者在其他法律义务迫使他们披露之前放弃交易。如果没有独立的理由拒绝披露非公开信息,内幕人士将选择披露。[75] 一旦信息被披露,内幕人士和信息交易者竞争以捕捉信息的价值。最初,市场上只有少数信息交易者,他们将在信息投资上获得异常回报。在此期间,与允许内幕人士交易的前一阶段相比,市场的效率和流动性将更低。[76] 然而,信息交易者的数量将逐渐增加,他们之间的竞争将使信息投资的回报率下降到具有竞争性的水平,从而实现一个更高效、更具流动性的市场。[77]

如果只有少数内幕人士偶尔违反限制并交易内幕信息,信息交易者市场仍然可以运作。虽然这种有限的内幕交易在一定程度上限制了他

---

〔75〕 See Ranga Narayanan, *Insider Trading and the Voluntary Disclosure of Information by Firms*, 24 J. Banking & Fin. 395, 406 – 07(2000)(发现严格执行内幕交易法规会导致公司更多披露).

〔76〕 例如,参见 Rezaul Kabir & Theo Vermaelen, *Insider Trading Restrictionsand the Stock Market: Evidence from the Amsterdam Stock Exchange*, 40 Eur. Econ. Rev. 1591, 1595 – 97(1996)(研究了自1987年以来引入内幕交易限制对阿姆斯特丹证券交易所行为的影响,发现股票流动性下降,同时也发现了一些证据,表明股票市场对积极收益消息的调整更慢)。

〔77〕 参见前注〔74〕, Fishman & Hagerty, supra note 74, at 118 – 19(认为内幕交易导致股票价格效率降低)。事实上,实证研究支持该模型的预测。参见 Utpal Bhattacharya & Hazem Daouk, *The World Priceof InsiderTrading*, 57 J. Fin. 75, 92 – 93(2002)(发现内幕交易法的初步实施与国家层面资本权益成本的显著降低相关); Laura N. Beny, *A Comparative Empirical Investigation of Agency and Market Theories of Insider Trading* 18 – 19(Mich. Law & Econ, Research, Working Paper No. 04 – 004, 2004)(在《杜克法学评论》有存档), http://ssrn. com/abstract = 193070(发现"对内幕交易有更严格……法律的国家拥有更具流动性的……股票市场",并且"内幕交易法律不严格的国家拥有更少……信息丰富的股票价格"); Robert M. Bushman et al., *Insider Trading Restrictions and Analysts' Incentives to Follow Firms* 4 – 5(未发表的手稿,在《杜克法学评论》存档), http://ssrn. com/abstract = 373520[发现"在内幕交易法首次实施后,分析师覆盖密度(覆盖国内被跟踪公司的平均分析师人数)和覆盖广度(国内上市公司被分析师跟踪的比例)有所增加",并且"这种增加在新兴市场和非自由化国家最为显著"]。

们的回报,但信息交易者仍然获利。[78] 因此,内幕交易的水平确定了信息交易者市场的边界。当内幕交易受到限制时,将形成一个竞争性的信息交易者市场;当内幕交易广泛存在时,就不会形成信息交易者市场。内幕人士和信息交易者之间的这种替代效应是理解内幕交易禁令的关键。

通过禁止内幕交易来选择信息交易者而不是内幕交易者比偏袒内幕交易者更可取。首先,内幕人士在使用他们拥有的内幕信息方面享有事实上的排他性。这种与竞争的隔离使内幕人士能够操纵披露的时间。他们要么推迟披露,损害市场效率;要么过早披露,损害公司的业务。[79] 另外,信息交易者不能操纵信息披露。他们不控制披露的时间,而是在新信息披露后做出反应。信息交易者在高度竞争的环境中运作,因此其努力尽快处理新披露的信息,以免被竞争对手击败。[80]

其次,信息交易者可以在发现、分析和为一般市场信息定价时实现规模经济和范围经济。关于一般经济状况或特定行业的知识可用于分析许多公司。类似地,关于特定公司的信息可能有助于了解相关公司,如供应商、客户或竞争对手。

再次,虽然内幕人士在搜索特定于公司的信息方面有一点优势,但信息交易者更擅长分析和定价此类信息。尽管内幕人士对自己的

---

〔78〕 See Jhinyoung Shin, *The Optimal Regulation of Insider Trading*, 5 J. Fin. Intermediation 49, 63(1996)(在包括内幕人士、知情的市场专业人士和流动性交易者在内的模型中,考虑到最佳执法努力和成本,并得出结论,容忍某些内幕交易可能是最佳监管政策).

〔79〕 内幕人士也更有可能操纵披露内容。例如,参见 Paul Dunn, *The Impact of Insider Power on Fraudulent Financial Reporting*, 30 J. Mgmt. 397, 408(2004)(发现当权力集中在少数内幕人士手中时,内幕交易更有可能发生)。

〔80〕 See John Jacob et al., *Expertise in Forecasting Performance of Security Analysts*, 28 J. Acct. & Econ. 51, 79(1999)(根据研究结果,假设分析师之间的竞争似乎导致表现不佳者被替换); Patricia C. O'Brien, *Forecast Accuracy of Individual Analysts in Nine Industries*, 28 J. Acer. Res. 286, 303 - 04(1990)(基于对分析师预测准确性的实证研究结果,表明分析师在及时纳入新信息方面存在竞争). 选择分析师而不是内幕人士的总体结果是内幕人士和外部人之间的信息不对称较少。See Richard Frankel & Xu Li, *Characteristicsof a Firm's Information Environment and the Information Asymmetry Between Insiders and Outsiders*, 37 J. Accr. & Econ. 229, 232(2004)(注意到分析师覆盖面更广的公司中的外部投资者面临更少的信息不对称).

业务决策形成了单一的非客观估值,但信息交易者提供了客观的市场估值,反映了许多相互竞争的独立估值。

最后,信息交易者在向金融市场提供流动性方面表现优于内幕人士,这是因为几个因素:信息交易商拥有的优越的金融资源;信息交易者之间的意见分歧更大(这会引发更多交易);在利用任何信息优势方面的激烈竞争,特别是在公共信息方面。[81] 最后一点对流动性交易者至关重要。出于上述原因,支持信息交易者而非内幕人士的决定提高了市场效率。

(二)披露义务:降低搜索成本

一旦信息交易者被委托为金融市场提供效率和流动性,他们就必须执行以下任务:搜索信息,验证信息的准确性,然后对信息进行分析和定价。这些任务中的每一项都需要成本。降低这些成本可以提高信息交易者应对价格偏差的能力。[82] 随着这些成本的降低,在市场上运作的信息交易者的数量将增加。[83] 因此,证券监管应努力降低收集、验证和

〔81〕 See Darren T. Roulstone, *Analyst Following and Market Liquidity*, 20 Contemp. Accr. Res. 551, 554(2003)(认为由于分析师提供公共信息,增加分析师的覆盖面与流动性呈正相关).

〔82〕 例如,参见前注〔11〕, Fox et al., supra note 11, at 372 - 73(发现强制性披露有效地提高了股价准确性); David Gelb & Paul Zarowin, *Corporate Disclosure Policy and the Informativeness of Stock Prices* 19(*June* 2000)(未发表的手稿,在《杜克法学评论》存档),可查阅 http://ssrn.com/abstract=235009(发现"强化披露导致股票价格更能反映未来收益,表明强化披露为股票市场提供了信息收益"); *Paul M. Healy et al.*, *Do Firms Benefit from Expanded Voluntary Disclosure*? (1995)(未发表的手稿,在《杜克法学评论》存档)(发现在自愿披露增加后,低估有所减少,同时股票流动性、分析师跟踪和机构持股也有所增加)。

〔83〕 例如,参见 Christine A. Botosan & Mary S. Harris, *Motivations for a Change in Disclosure Frequency and Its Consequences*: *An Examination of Voluntary Quarterly Segment Disclosures*, 38 J. Acct. Res. 329, 352(2000)(自愿披露增加导致分析师跟进增加); Brian J. Bushee & Christopher F. Noe, *Corporate Disclosure Practices*, *InstitutionalInvestors*, *andStock Return Volatility*, 38 J. Acct. Res. 171, 188 - 90(2000)(发现 AIMR 披露实践排名较高的公司拥有更大的机构所有权); Mark H. Lang & Russell J. Lundholm, *Corporate Disclosure Policy and Analyst Behavior*, 71 Accr. Rev. 467, 467(1996)("信息披露政策更丰富的公司有更大的分析师跟踪,更准确地分析师收益预测,单个分析师预测之间的分散性更小,预测修订的波动性更小")。

定价信息的成本。[84]

强制性披露义务降低了搜索信息的成本。如果没有强制性披露义务,信息交易者会在发现非公开信息上重复劳动。[85] 这些努力的成本将非常高,因为信息交易者作为局外人,无法接触到公司的管理层。披露义务将这些成本转嫁给单个公司。对于企业而言,获取企业特定信息的成本相当低;事实上,这只是管理公司的副产品。[86] 此外,证券监管规定了特定的披露格式,[87] 这进一步降低了分析信息并将其与其他公司提供的数据进行比较的成本。[88]

此外,披露义务降低了捕捉价格—价值偏差所涉及的风险。首先,

---

〔84〕 例如,参见前注〔5〕,Coffee,supra note 5,at 722(认为强制披露是对投资分析师行业的补贴,增加了分析师的活动);Ole - Kristian Hope,*Disclosure Practices,Enforcement of Accounting Standards and Analysts' Forecast Accuracy:An InternationalStudy*,41 J. Acct. Res. 235,235(2003)(发现"公司层面的披露与预测准确度呈正相关,表明此类披露为分析师提供了有用的信息",而严格执行会计准则与更高的预测准确度相关);Mark H. Lang et al.,*ADRs,Analysts,and Accuracy:Does Cross Listing in the U. S. Improve a Firm's Information Environment and Increase Market Value?*,41 J. Accr. Res. 317(2003)(发现"与未交叉上市的公司相比,在美国交易所交叉上市的企业具有更大的分析师覆盖率和更高的预测准确性","分析师覆盖率更高和预测准确性更高的公司具有更高的估值");Carol A. Frost et al.,*Stock Exchange Disclosure and Market Liquidity:An* Analysis of 50 International Exchanges 29(Oct. 14,2002)(未发表的手稿,在《杜克法学评论》存档),http://ssrn. com/abstract = 355361(发现"在控制了证券交易所规模、法律制度和其他几个市场发展程度和信息环境的代表因素后,有力地支持了披露制度,包括披露规则、监督和执行以及信息传播的强度与市场流动性正相关的假设")。

〔85〕 参见前注〔5〕,Coffee,supra note 5,at 733 - 34(注意到根据强制性披露规则,公司避免产生重复数据的社会浪费)。

〔86〕 例如,参见 Douglas W. Diamond,*Optimal Release of Information by Firms*,48 J. Fin. 1071,1083,1089(1985)(证明当向公司发布信息的成本低于投资者独立获取信息的总支出时,如果公司披露信息,福利会提高)。

〔87〕 参见 Michael J. Fishman & Kathleen M. Hagerty,*The Optimal Amount of Discretionto Allow in Disclosure*,105 Q. J. Econ. 427,439 - 40(1990)(证明限制披露形式的自由裁量权,可能通过强制使用公认的会计原则,导致更具信息性的披露)。

〔88〕 参见前注〔85〕,Hope,supra note 85,at 235(发现"强制执行鼓励管理者遵循规定的会计规则,这反过来减少了分析师对未来收益的不确定性"和"当分析师遵循率较低时,披露更为重要……当允许在会计方法中进行更多选择时,强制执行更为重要")。

披露的信息越多,与内幕交易[89]和估计公司基本价值相关的风险越低。虽然信息交易者可能会通过投资在搜索中发现一些未披露的信息,但其他未披露信息即使在非常昂贵的搜索之后也不会发现。考虑到一家公司可能会为了提升价值或掩盖管理不善而避免披露信息,因此不能简单地从不披露中得出负面推断。信息交易者必须积极搜索未披露的信息,如果搜索无法发现信息,他们将被迫估计未披露信息的价值。这样的估计肯定不精确,增加了信息交易者无法捕捉价格或价值偏差的风险。其次,通过增加信息交易者的数量和活动水平,披露义务降低了噪音交易者和相关噪音风险的影响。[90] 因此,强制性披露义务的净效果是支持竞争性信息交易者市场。[91]

信息交易者之间的竞争创造了重要的信息协同效应。一个充满活力的信息交易者市场产生的额外信息远远超出了披露义务的规定,并使所有投资者都能免费获得这些信息。附加信息有两个来源。第一,竞争性信息市场增加了对公司特定信息的需求,这反过来又为管理者提供了激励,促使他们在法律规定之外及时、详细地披露信息,以获取信息交易者增加覆盖范围的好处。[92] 强制性披露是形成竞争性信息交易者市场的先决条件,但一旦这种市场存在,将促使许多公司采用比强制性披露

---

〔89〕 参见 Shunlong Luo, *The Impact of Public Information on Insider Trading*, 70 Econ. Letrers 59, 64(2001)(根据已经发布的模型,发现准确的公共信息对内幕交易有害)。

〔90〕 参见 Nicholas L. Georgakopoulos, *Why Should Disclosure Rules Subsidize Informal Traders*, 16 Int'L Rev. L. & Econ. 417, 424(1996)。此外, Georgakopoulos 教授认为,披露信息将导致噪音交易者重新评估他们的错误信念。然而,我们认为这一论点可以从正反两方面起作用:从噪音交易者的角度来看,披露可能会助长错误的估值。

〔91〕 一些研究支持这样的观点,即公司披露降低了分析师搜索和处理信息的成本。参见 Botosan & Harris, supra note 84, at 352; Bushee & Noe, supra note 84, at 188 – 90; Lang & Lundholm, supra note 84, at 467; Healy et al., supra note 83。

〔92〕 参见前注〔60〕, Caramanolis – C6telli et al., supra note 60, at 146(介绍了一项对瑞士公司的研究,该研究表明,年度报告的信息质量评级措施对异常回报有显著的积极影响,公司的财务披露政策起着信号作用)。

义务所要求的更及时、更详细和更精细的披露制度。[93] 第二,在竞争激烈的市场中,强大的营销和其他压力将确保向市场披露原本保密的分析产品。披露的分析产品,甚至分析产品的片段,提供了额外的信息,并允许信息交易者将自己的分析与公布的分析进行比较和重新评估,从而降低了收集和分析信息的相关成本。披露义务减少了搜索成本的重复,在某种程度上,信息交易者的竞争市场消除了研究成本的重复。

披露义务对信息交易者的影响提高了流动性,从而也有利于流动性交易者。第一,更多的公开披露会减少交易者之间信息不对称的情况。第二,更多的公开披露降低了不对称信息的预期价值。事实上,随着信息披露的改善,交易者之间的信息优势必须通过对公共信息的深入分析获得,而不是通过获取内幕信息。[94] 第三,披露义务补贴了搜索成本,并促进了信息交易者的竞争市场。随着信息交易者之间的竞争加剧,每个信息交易商利用信息优势的能力都会下降。[95] 所有这些影响都降低了做市商面对更知情的交易者进行交易的风险,从而产生更低的买卖价差(高流动性)。更高的流动性反过来会增加流动性交易者的交易,并降低由于信息不对称而造成的交易者对市场的贴现率。因此,流动性的增加和公司资本成本的降低将对市场效率产生积极影响。

(三)限制欺诈和操纵:降低验证成本

在依赖信息之前,信息交易者必须投入资源验证信息的准确性。[96]

---

〔93〕 这可能解释了以下发现:与美国公司相比,SEC 披露要求不那么严格的外国公司没有表现出更大的信息不对称。参见 Andrew W. Alford & Jonathan D. Jones, *Financial Reporting and Information Asymmetry: An Empirical Analysis of the SEC's Information – Supplying Exemption for Foreign Companies*, 4 J. Corp. Fin. 373, 395 (1998)(发现外国公司和受 SEC 报告条例约束的公司之间的信息不对称没有增加)。

〔94〕 参见前注〔90〕, Luo, supra note 90, at 64(发现公开信息对内幕人士不利,对流动性交易者有利)。

〔95〕 参见前注〔60〕, Caramanolis Cotelli et al., supra note 60, 133(认为分析师之间的竞争减少了投资者的逆向选择问题); Brett Trueman, *The Impact of Analyst Following on Stock Prices and the Implicationsfor Firms' Disclosure Policies*, 11 J. Acct., auditing & Fin. 333, 349 (1996)(表明跟踪一家公司的分析师人数与该公司的预期股价之间存在正相关关系,这种关系是市场参与者无法观察市场上知情交易者数量的直接结果)。

〔96〕 参见前注〔5〕, Mahoney, supranote 5, at 630 – 631。

验证过程包括显性信息和隐性信息。如果没有对欺诈和操纵的限制,所有信息交易者都将花费资源验证相同的信息。当然,这种重复调查会造成社会浪费。此外,由于信息交易者是外部人士,其验证过程成本相当高。此外,信息交易者自己也无法轻易发现隐性信息的扭曲,例如洗售(wash sales)和对敲(matched orders)。[97] 这项任务需要一个中央的、有组织的检测和执行系统,如 SEC。[98] 对欺诈和操纵的禁令降低了验证成本,因为显性信息不能被错误陈述,重要事实不能被忽略,隐性信息不能被操纵。[99] 如果出现错报或人为交易(洗售或对敲等),刑事和民事制裁将被实施。[100] * 将核实信息的责任放在信息源上更便宜,这样做可以避免多个信息交易者重复支出。此外,由于发现欺诈的概率性质(例如,发现概率低于 1),刑事责任可能比基于实际损害的民事责任更具威慑力。[101] 提高威慑力降低了说谎的动机,进而进一步降低了预防成本。

对欺诈和操纵的限制也降低了与捕获价格—价值偏差相关的风险。欺诈和操纵可以在两个阶段影响分析师:在进行分析时和在预测将实现时。在分析产品的准备过程中,分析员可以通过验证信息来预防错误陈述。然而,在分析产品完成、交易头寸实施后,采取预防措施变得很难。

---

〔97〕 洗售是一种操纵者开设几个交易账户,并在这些账户之间来回交易的行为,即同时担任买卖双方,以创造真实交易活动的印象。对敲与洗售类似不同之处在于,人工交易发生在两个人之间,他们通过匹配相应的买入和卖出订单来协调买入和卖出。由于交易是匿名的,分析师无法检测到人为交易,并将假设真实活动正在发生。

〔98〕 参见 Steve Thel, *$ 850,000 in Six Minutes – The Mechanics of Securities Manipulation*, 79 Cornell L. Rev. 219,285(1994)(也许操纵的预防……应该由中央机构提供)。

〔99〕 参见 R. J. Koeppe & Co. v. SEC,95 F. 2d 550,551 –53(7th Cir. 1938)[说明如何使用《1934 年证券交易法》第 9(a)节来减少不正当交易]。Lewis D. Lowenfels, *Sections 9(a)(1) and 9(a)(2) of the Securities Exchange Act of 1934: An Analysis of Two Important Anti – Manipulative Provisions under the Federal Securities Laws*, 85 Nw. U. L. Rev. 698(1991).

〔100〕 See The Securities Exchange Act of 1934 § 9(a)(2),15 U. S. C. § 78(i)(2000).

* 参见《1934 年证券交易法》第 9(a)(2)条,《美国法典》第 15 卷第 78(i)条。——译者注

〔101〕 参见 Daniel R. Fischel & David J. Ross, *Should the Law Prohibit "Manipulation" in Financial Markets?*, 105 Harv. L. Rev. 503,519 – 21(1992)(讨论发现操纵交易的难度)。

假设一位分析师预测，到今年年底，某只股票的价格将下跌20%。进一步假设，在年底，相关公司的管理层发布了一份错误陈述，其中包含推动股价上涨的积极“消息”。信息交易者将无法获取其投资的价值。为了降低不能捕获价格—价值偏差的风险，信息交易者必须不断验证所有可用信息。此外，即使信息交易者可以投资于预防措施并发现错误陈述，依赖价格扭曲的噪音交易者的活动可能最终阻止信息交易者获取价格—价值偏差。对欺诈和操纵的禁止将预防成本降至最低，并降低了无法捕捉价值和价格差异的风险。

此外，对欺诈和操纵的限制保护了分析师产品的价值和分析师的声誉。一些分析师依赖并处理信息，但不交易。相反，他们向其他投资者出售财务分析。如果他们不进行交易，分析师就无法对错误陈述的来源提起诉讼，即使他们能够证明自己依赖于错误陈述。[102] 由于欺诈性和误导性陈述扭曲了分析师的预测并稀释了他们的分析价值，因此购买财务分析的投资者显然受到错误陈述的不利影响。意识到分析师的预测可能会因欺诈或错误陈述而扭曲，投资者会减少对分析师的信任，并向下调整他们愿意为其服务支付的价格。更糟糕的是，欺诈和操纵造成的扭曲将损害分析师的声誉，使他们更难收回成本。对欺诈和操纵的限制保护了分析产品的价值和分析师的声誉。

与强制性披露义务一样，对欺诈和操纵的限制也创造了一个良性循环。通过降低信息交易者的预防成本，对欺诈和操纵的限制有助于进入一个信息交易者市场，从而增加信息交易者之间的竞争。竞争的增强反过来会增加发现错误陈述和欺诈的概率，从而降低公司参与欺诈或操纵的动机。减少向市场发布误导性信息的动机，将进一步降低信息交易者的预防成本，以此类推。

最后，对欺诈和操纵的限制也提高了流动性，使流动性交易者受益。对欺诈和操纵的限制降低了错误陈述的频率，从而降低了做市商信息不

---

〔102〕 参见 Blue Chip Stamps v. Manor Drug Stores, 421 U. S. 723, 730 - 31 (1975)（将依据10b-5条款发起欺诈诉讼中的原告限制为实际购买者和销售者）。

对称的风险。这反过来将导致做市商降低买卖价差。[103] 更低的利差将导致更高的流动性、更低的资本成本和更高的效率。

(四)避免分析师的代理成本:促进无偏分析

禁止内幕交易有助于信息交易者收回信息投资成本,披露义务降低了信息交易者的搜索成本,禁止欺诈和操纵降低了信息交易者的验证成本。分析信息不是证券监管直接推动的一项任务;相反,这被留给个人分析师的天赋和资源来推动。

虽然证券监管不直接资助信息分析,但披露义务间接影响分析。正如我们所指出的,信息交易者之间的竞争产生了信息溢出效应(information spillovers)。一些信息交易者与市场分享他们的分析,以获得媒体曝光率,或为潜在客户提供评估其技能的机会。免费披露的分析产品允许其他信息交易者评估自己分析的质量。这一过程降低了所有信息交易者的学习成本。

最重要的考虑是与分析相关的代理成本,例如有偏见的分析和受限制的分析师竞争。[104] 这一问题对于卖方分析师来说非常严重。卖方分析师以有偏见的分析的形式产生代理成本,因为他们必须间接产生收入,以弥补他们免费披露分析产品的事实。[105]

---

〔103〕 参见前注〔58〕, Dolgopolov, supra note 48, at 65; Mark Klock & D. Timothy McCormick, *The Impact of Market Maker Competition on Nasdaq Spreads*, 34Fin. Rev. 55,56(1999)(讨论影响买卖价差的五个变量);Sunil Wahal, *Entry, Exit, Market Makers and the Bid - Ask Spread*, 10 Rev. Fin. Stud. 871(1997)。

〔104〕 对于分析师代理问题的全面和有见地的描述,参见 Carl R. Chen et al., *Are All Security Analysts Equal?*, 25 J. Fin. Res. 415, 415(2002)(表明分析师的建议受到其公司的投资银行客户与被分析公司关系的污染);Jill E. Fisch & Hillary A. Sale, *The Securities Analyst as Agent: Rethinking the Regulation of Analysts*, 88 Iowa L. Rev. 1035, 1041 - 43(2003)("分析师越来越多地充当管理层向证券市场传递信息的渠道,而不是进行独立分析")。

〔105〕 参见 Stephen J. Choi & Jill E. Fisch, *How to Fix Wall Street: A Voucher Financing Proposal for Securities Intermediaries*, 113 Yale L. J. 269, 285 - 86(2003)(解释分析师必须为研究收取更高的初始价格,以在信息发布之前收回成本);前注〔105〕, Fisch & Sale, supra note 105, at 1043 - 56(解释分析师面临的三种利益冲突);另见 Zhaoyang Gu & Joanna Shuang Wu, Earnings Skewness and Analyst Forecast Bias, 35 J. Acct. & Econ. 5, 6 - 8(2003)(通过实证方式注意到战略—报告偏差解释,并对该现象提供补充解释)。

然而,绝大多数分析师并不存在与卖方分析师同样的问题。买方和独立分析师以及其他专业/机构投资者不会免费发布其分析产品,也不会故意产生有偏见的分析。[106] 这一群体的问题不是有偏见的观点,而是短期分析和投资决策来自用于衡量绩效的短期时间范围。[107] 然而,正如我们将解释的那样,虽然卖方分析师(的问题)应当通过证券监管进行干预,但对于买方分析师来说,没有必要进行类似的干预,问题应该留给市场。我们从卖方分析师开始分析。

在信息交易者和内幕人士之间选择谁将履行向市场提供效率和流动性的职责,需要在两种代理成本之间做出选择。具体而言,卖方分析师在分析师代理成本和管理层代理成本之间进行权衡。允许内幕交易加剧了管理层代理成本的问题,因为它迫使信息交易者退出市场,让内幕人士没有动力进行自我监控。另外,限制内幕交易和依赖信息交易者会导致卖方分析师的代理成本。鉴于媒体密切关注卖方分析问题,人们可能会倾向于认为管理层代理成本低于卖方分析师代理成本。[108] 然而,情况并非如此。

管理层代理成本源于所有上市公司的治理结构。[109] 它影响到业务运营的各个方面,并可能导致管理不善、错误陈述和自我交易等问题。它还导致定价低劣和流动性不足。[110] 公司法和部分证券监管旨在降低

---

〔106〕 Paul Griffin 教授进行了一项研究,研究了金融分析师对公司重述和纠正性披露(导致)证券欺诈指控的初始反应,并将其与其他三个知情投资者团体内幕人士、卖空者和机构的反应进行了比较。Paul A. Griffin, *A League of Their Own? Financial Analysts' Responses to Restatements and Corrective Disclosures*, 18 J. Acct., Auditing & Fin. 479, 479(2003). 研究发现,尽管后一类人"在纠正性披露事件发生前几个月异常活跃",但分析师们只是在事件发生后才做出回应。

〔107〕 参见 Jane M. Cote & Debra L. Sanders, *Herding Behavior: Explanations and Implications*, 9Behav. Res. Acer. 20, 20(1997)(解释分析师之间的预测共识部分是有限时间的产物)。Scott E. Stickel, *Reputation and Performance Among Security Analysts*, 48 J. Fin. 1811(1992)[根据"(1)预测准确性,(2)预测发布频率,以及(3)预测对证券价格的影响来衡量分析师的表现"].

〔108〕 例如,参见 Henry G. Manne, *A Free Market Model of a Large Corporation System*, 52 Emory L. J. 1381, 1390(2003)(认为管理层代理成本"极高"且效率低下)。

〔109〕 参见前注〔19〕, Jensen, supra note 19, at 323(讨论经理/股东关系中隐含的代理成本)。

〔110〕 参见前注〔5〕, Goshen & Parchomovsky, supra note 5, at 1254。

管理层代理成本。

另外,卖方分析师代理成本是一个更为有限的问题。卖方分析师代理成本是一个披露问题,仅涉及一小部分知情交易者,即卖方分析师,他们可能会对某些公司进行歪曲的分析。[111]

通过适当的监管可以进一步降低卖方分析师的代理成本。[112] 卖方分析师的偏见分析和有限竞争可能源于管理层的选择性披露,[113] 源于分析师促进雇佣他们的投资银行家业务的愿望,[114] 或源于他们自己的个人投资。[115] 证券监管通过限制选择性披露和强制平等获取信息来缓解这些问题。[116] 具体而言,它要求披露雇佣关系、个人或机构的(利

---

〔111〕 在分析师中,约30%为卖方分析师,60%为买方分析师,约10%为独立分析师。参见前注〔105〕,Fisch & Sale,supra note 105,at 1041。此外,60%的买方分析师所掌握的资源比例远远高于其他类型的分析师。同前注〔110〕。

〔112〕 参见前注〔112〕,Fisch & Sale,supra note 105,at 1056 – 1077(介绍和分析现有法规和拟议法规,并提供替代解决方案)。

〔113〕 参见 John C. Coffee, Jr., *Is Selective Disclosure Now Lawful*?, N. Y. L. J., July 31, 1997, at 5(讨论 United States v. O'Hagan 一案,并描述和分析选择性披露的实践,管理层在市场知悉之前有选择地向一组分析师提供内幕信息)。

〔114〕 参见前注〔105〕,Fisch & Sale,supra note 105,1045(描述了投资建议与经纪佣金和承销业务绑定时产生的冲突);Hsiou – wei Lin & Maureen F. McNichols, *Underwriting Relationships, Analysts' Earnings Forecasts and Investment Recommendations*, 25 J. Acct. & Econ. 101,101(1998)(研究"承销关系对分析师盈利预测和建议的影响");Roni Michaely & Kent L. Womack, *Conflict of Interest and the Credibility of Underwriter Analyst Recommendations*, 12 Rev. Fin. Stud. 653,653(1999)("承销商分析师的建议是展现偏见的重要证据")。另参见 Editorial, *SEC Warns Investors Against Sell – Side Conflicts, Investor Rel. Bus.*, *July* 9,2001, *at* 3(讨论证券交易委员会关于卖方分析师和"他们的投资银行老板"之间冲突的警告)。

〔115〕 参见前注〔105〕,Fisch & Sale,supra note 105,1045(描述了分析师投资于其涵盖的公司时的冲突)。

〔116〕 参见前注〔5〕,Goshen & Parchomovsky,supra note 5,at 1269 – 73(分析网络公平披露原则的影响);Frank Helfin et al., *Regulation FD and the Financial Information Environment: Early Evidence*, 78 Acct. Rev. 1,1(2003)[介绍了网络公平披露监管实施后的一项研究结果,该研究结果表明:(1)"盈利公告前股票价格的信息效率提高";(2)"没有可靠证据表明分析师的盈利预测误差或分散度发生了变化";(3)"公司自愿、前瞻性、与收益相关的披露数量大幅增加"]。另见 Robert B. Thompson & Ronald King, *Credibility and Information in Securities Markets After Regulation FD*, 79 Wash. U. L. Q. 615(2001)(分析网络公平披露监管的效果)。

益)冲突。[117] 通过这样做,证券监管提高了信息分析的完整性。[118]

买方分析师的问题更为根本,但证券监管无法解决。如果为对冲基金[119]工作的分析师的表现是按季度评估的,那么该分析师做出的投资决策将反映出这一短时间的情况。此类投资决策可能倾向于投机性。投机倾向可能会增加噪音交易,并导致短期效率低下。[120] 虽然在长期内价格将回归价值,[121]但在短期内价格可能存在过度波动和扭曲。[122]短期分析越普遍,短期市场效率低下的风险越高。

事实上,能够避免短期问题的金融机构可以在牺牲短期投资者利益的代价上盈利。然而,克服短期问题是一项棘手的任务。它需要有能力事先评估分析师的表现(而不是根据实际表现事后评估),或者找到足够多的不关心短期利润的长期投资者。基于分析师的事前决定来评估分析师,需要审查分析师拥有的相同数据集,确保没有忽略任何相关信息,并形成一个比较所有可用投资选项的定价模型。能够执行所有这些任务的人首先不太可能需要分析服务。

寻找长期投资者也非常复杂。投资者将其基金的业绩与其他基金进行比较。如果一只基金纯粹因为运气在短期内表现优于其他基金,投

---

〔117〕 参见前注〔105〕,Fisch & Sale, supra note 105, 1068 – 1069(讨论《美国联邦法规》第17卷第242节中关于分析师认证的规定)。

〔118〕 参见 Leslie Boni & Kent L. Womack, *Wall Street Research: Will New Rules Change Its Usefulness?*, 59 Fin. Anal. J. 25, 29(2003)("总之,新规则和全球解决方案的研究有可能减少可感知的利益冲突")。

〔119〕 对冲基金是富人或机构投资者的私人投资工具。参见 William Fung & David A. Hsieh, *A Primeron Hedge Funds*, 6 J. Emp. Fin. 309(1999)(描述对冲基金的历史、原理和组织)。

〔120〕 参见 Andrei Shleifer & Lawrence H. Summers, *The Noise TraderApproach to Finance*, 4 J. Econ. Persp. 19, 23(1990)(描述噪音交易者如何根据金融专家或经纪人的建议增加需求)。

〔121〕 参见 James M. Poterba & Lawrence H. Summers, *Mean Reversion in Stock Prices: Evidence and Implications*, 22 J. Fin. Econ. 27, 28(1988)(记录均值回归的存在,并研究其在给定投资期限内对投资者投资组合决策的影响)。

〔122〕 参见 Eugene F. Fama & Kenneth R. French, *Permanentand Temporary Components of Stock Prices*, 96 J. Pol. Econ. 246, 248(1988)(解释预期回报的冲击如何产生短期而非长期影响); Andrei Shleifer & Robert W. Vishny, *The New Theory of the Firm: Equilibrium Short Horizons of Investors and Firms*, 80 Am. Econ. Rev. 148, 151(1990)(说明价格将在长期内回归到价值,无关噪音交易)。

资者将转向该支“成功”基金。[123] 该基金的管理人将赚更多的钱,有更多的资源进行投资,而其他基金将丢掉钱和资源。基于长期考虑进行投资的基金可能会在很长一段时间内出现亏损或增长缓慢,而其他基金则会出现巨额利润和增长。要让投资者相信这些损失是由于经过深思熟虑的长期投资策略造成的,而不是因为无能,并不容易。[124] 因此,跟随短期投资或投机趋势可能更有利可图。[125]

然而,这是一个典型的市场问题,无法通过法律干预加以纠正。解决这一问题并为长期投资者赚钱的激励措施已经到位,事实上,一些机构已经通过声誉、使用“耐心的”资金或自有资金解决了这一问题。随着这一投资者群体的增长,市场的短期效率将提高。无论如何,必须强调的是,无论短期问题造成了什么样的扭曲,这都是自由市场所能带来的最好结果。任何改善都不会来自法律,而是来自教育、社会规范、市场学习和激励。

(五)代理成本和公司法

除了促进信息交易者的竞争市场,证券监管在降低管理层代理成本方面为公司法作了补充。[126] 第一,通过限制内幕交易,证券监管避免了

---

〔123〕 对于证券投资行业和文本中描述的现象的丰富描述,参见 Nassim Nicholas Taleb, *Fooled by Randomness: The Hidden Role of Chance in the Markets and in Life*(2001)。

〔124〕 有人可能会提到沃伦·巴菲特就是这样一个例外。

〔125〕 参见前注〔63〕,Hirshleifer & Teoh, supra note 63, at 25(从众行为研究综述);Scott E. Stickel, *Reputation and Performance Among Security Analysts*, 48 J. Fin. 1811, 1811 (1992)(指控所有美国分析师都更成功的部分原因是他们更经常地修正预测); Brett Trueman, *Analyst Forecasts and Herding Behavior*, 7 Rev. Fin. Stud. 97, 98(1994)(说明了短期投机如何让分析师收取更高的费用)。

〔126〕 在公司结构中,三对群体之间存在代理问题:股东(委托人)和经理(代理人);少数股东(委托人)和控股股东(代理人);债权人(委托人)和股东(代理人)。See Reinier R. Kraakman ET AL., *The Anatomy of Corporate Law: A Comparative and Functional Approach* 21 - 22(2004). 在每一种关系中,代理人控制委托人的投资,由于利益冲突和信息不对称,代理人可以牺牲委托人的利益来促进其利益。旨在解决这些代理问题的措施需要付出代价,即众所周知的代理成本。参见前注〔16〕, Jensen & Meckling, supra note 16, at 354 - 55(定义代理成本)。公司法的主要作用是最大限度地降低代理成本,特别是通过对董事会和管理层施加信托责任,并要求建立公司治理机制。参见 Kraakman ET AL., supra, at 22(解释了每种类型的代理问题,并认为“法律可以在降低代理成本方面发挥重要作用”)。

将提供效率和流动性的角色委托给内幕人士,从而防止了内幕人士自我监控的问题。第二,通过促进信息交易者的竞争市场,证券监管为股东提供了一个市场监控机制,补充了董事会的内部监督。[127] 事实上,分析师的报告为董事会提供了有关管理层业绩的宝贵信息。[128] 第三,竞争性的信息交易者市场为管理层质量提供了有价值的反馈,从而可能直接影响管理层薪酬的价值。第四,分析师关于管理质量的意见会影响股东对公司决议的投票,并影响他们购买、持有或出售公司股票的决定。第五,分析师关于管理质量的信号也有利于公司控制权市场和公司信贷供应商。

市场监测还补充了法院对代理问题的司法监督。管理层代理成本可以采用以下两种形式之一。第一种是故意侵占(taking):公然偷窃、自我交易或过度补偿。在公司法中,所有故意侵占的案件都被归为违反忠实义务一类。[129] 第二种是管理不善(mismanagement):旨在"建立帝国"

---

〔127〕 参见 Kee H. Chung & Hoje Jo, *The Impact of Security Analysts' Monitoring and Marketing Functions on the Market Value of Firms*, 31 J. Fin. & Quant. Anal. 493, 493 (1996)(表明分析师的监督和营销对公司的市场价值产生了"显著和积极的影响");参见前注〔23〕, Doukas et al., supra note 23, at 54(提供了经验证据,表明"证券分析起到了降低与所有权和控制权分离相关的代理成本的监督作用");Marc J. Epstein & Krishna G. Palepu, *What Financial Analysts Want*, 80 Strategic Fin. 48, 50 (1999)(显示了对140名明星卖方分析师的调查结果,发现87%的分析师认为董事会"代表公司管理层的利益而不是其他利益相关者的利益");Jeffrey N. Gordon, *Governance Failures of the Enron Board and the New Information Order of Sarbanes – Oxley*, 35 Conn. L. Rev. 1125, 1132(2003)(讨论董事会和市场及相关机构的双重监督作用);R. Charles Moyer et al., *Security Analyst Monitoring Activity: Agency Costs and Information Demands*, 24 J. Fin. & Quant. Anal. 503(1989)(为分析师的监督作用提供实证支持)。

〔128〕 参见前注〔128〕, Gordon, supranote 128, at 1132。

〔129〕 例如,参见 Cinerama, Inc. v. Technicolor, Inc., 663 A. 2d 1156, 1161(Del. 1995)(讨论将合并谈判期间未披露的重大冲突视为违反忠诚义务);A. P. Smith Mfg. Co. v. Barlow, 98 A. 2d 581, 590(N. J. 1953)(维持公司慈善捐赠);Globe Woolen Co. v. Utica Gas & Elec. Co., 121 N. E. 378, 492(N. Y. 1918)(在合同谈判的背景下讨论经理忠诚度)。

的低效投资、[130]导致价值下降的多元化收购和合并、或扭曲的商业决策。在公司法中,管理不善的案件属于违反注意义务。[131] 故意侵占案件吸引了媒体和公众,但管理不善实际上是一个更加严重的问题。[132]

法院有权处理违反忠实义务的行为。在公司环境中识别侵占或盗窃不涉及对管理层业务决策的事后评价。一旦侵占被发现,法院可以提供补救措施。[133] 另外,法院不适合处理违反注意义务的行为,因为识别管理不善需要对管理层的业务决策进行事后评价。事实上,在处理管理不善案件时,法院采用了"商业判断规则"(business judgment rule),[134]根据该规则,除极端情况外,法院不得对商业判决进行事后评价。[135] 此外,立法者允许公司免除董事因违反注意义务而造成的金钱损失。[136]因此,处理违反注意义务行为的责任已从法院转移到市场。

市场机制和机构的主要目的是通过竞争来限制管理不善,而对故意侵占的监管则主要留给法院和社会规范。[137] 分析师市场减少了更关键的代理成本,即管理不善。分析师跟踪管理层的行为,评估管理层的决策,并将这些信息纳入股价。尽管这不是他们的主要职责,但跟踪公司

---

〔130〕 参见 Bernard S. Black, *Bidder Overpayment in Takeovers*, 41 Stan. L. Rev. 597, 627 (1989)("管理者可能希望扩大公司规模并实现多元化,即使这会降低股东的投资回报……扩大规模的激励措施包括管理者希望获得更高的声誉和知名度,首席执行官希望留下遗产而不仅仅是作为看管人,以及奖励销售和利润增长的薪酬结构。增长的激励因素可能会导致经理过度投资,要么扩大自己的业务,要么购买新业务")。

〔131〕 参见前注〔17〕及相关内容。

〔132〕 参见前注〔19〕及相关内容。

〔133〕 参见 Robert B. Thompson & Randall S. Thomas, *Shareholder Litigation: Reexamining the Balance Between Litigation Agency Costs and Management Agency Costs* (Vanderbilt Univ. Law School Law & Econ., Working Paper No. 02 - 10, 2002)(在《杜克法学评论》存档),可查阅 http://ssrn.com/abstract=336162(表明在特拉华州,原告更有可能在涉及违反忠诚义务或自我交易的案件中胜诉)。

〔134〕 参见前注〔21〕及相关内容。

〔135〕 例如,参见 Smith v. Van Gorkom, 488 A. 2d 858, 873 (Del. 1985)(认为"如果[没有]欺诈、恶意或自我交易的指控,或证据……则推定董事是本着善意作出商业判断的")。

〔136〕 DEL. CODE. ANN. tit. 8, § 102(b)(7)(2005).

〔137〕 参见前注〔22〕, Rock & Wachter, supra note 22, at 1661(讨论忠诚义务和社会规范)。

的分析师也可能发现管理层的欺诈、蓄意侵占和盗窃行为。[138] 分析师市场越发达,在降低代理成本方面就越有效。[139]

事实上,以降低公司代理成本为目标的公司法与以促进分析师竞争市场为目标的证券监管之间的区别并不明确。[140] 虽然证券监管的基本作用是促进信息交易者的市场,但它也包含部分或全部旨在改善公司治理结构的条款。[141] 例如,要求在股东投票前进行充分披露的代理规则,[142] 规定了要约收购(tender offers)的具体程序的《威廉姆斯法案》(*Williams Act*),[143]《萨班斯 - 奥克斯利法案》(*Sarbanes - Oxley Act*)[144] 则为董事会和审计委员会规定了特定结构,并制定了确保公司报告质量的特定程序。[145] 它们均可以被视为建立了公司治理结构,而不是促进了信息交易者的市场。

证券监管和公司法之间界限模糊的原因有几个。首先,证券监管中许多看似公司治理的要素也促进了信息交易者的市场。例如,会计实务

---

[138] 例如,参见 Dirks v. SEC,463 U. S. 646,655 - 56(1983)(详细说明分析师如何揭露公司欺诈)。

[139] 参见前注[128]及相关内容。

[140] 参见 Robert B. Thompson & Hillary A. Sale, *Securities Fraud as Corporate Governance: Reflections upon Federalism*,56 Vand. L. Rev. 859,860 - 62(2003)(解释证券欺诈诉讼如何规范公司治理结构)。

[141] 参见 Robert B. Thompson, *Collaborative Corporate Governance: Listing Standards, State Law, and FederalRegulations*,38 Wake Forest L. Rev. 961,961(2003)(提供了特拉华州证券交易所和联邦政府如何共同运作以降低公司代理成本的观点)。

[142] Melvin Aron Eisenberg, *Corporations and Other Business Organizations: Cases and Materials* 285 - 88(8th ed. 2000)(提供代理规则概述)。

[143] 同上注,参见第 1136 ~ 1140 页。

[144] Sarbanes - Oxley Act of 2002, Pub. L. No. 107 - 204,116 Stat. 745(旨在保护投资者和提高公司披露的准确性和可靠性的法案).

[145] 参见 Brian Kim, *Recent Developments*, *Sarbanes - Oxley Act*, 40 Harv. J. Legis. 235 (2003)(描述该法的规定)。

的改进降低了信息交易者的验证成本。[146] 此外,希望购买5%以上股份的潜在收购人必须披露其要约收购意向,该要求保护了信息交易者免受非公开"外部人"信息的重大风险。[147] 反之亦然,旨在促进信息交易者市场的证券监管要素也降低了代理成本。例如,对欺诈和操纵的限制降低了信息交易者的验证成本,同时也抑制了作为管理层欺诈动机来源的代理成本。[148] 其次,虽然理论上各州都在竞争提供高效公司治理的角色,但在实践中,在公司(治理)方面领先的特拉华州面临的唯一真正竞争来自联邦政府。[149] 证券监管是联邦政府避免公司治理问题竞相见底的主要工具。因此,联邦政府认为州政府没有充分处理的公司治理问题很可能会进入证券监管。[150]

这场竞争说明了证券监管和公司法之间的重要联系。为了资本市

---

〔146〕 参见 Neil H. Aronson, *Preventing Future Enrons: Implementing The Sarbanes – Oxley Act of* 2002, 8 Stan. J. L. Bus. & Fin. 127, 136 – 37 (2002)(讨论了萨班斯—奥克斯利法案之后预期的会计实务变化以及预期的公司报告透明度的提高),又见 Pankaj Jain et al., *The Effect of the Sarbanes – Oxley Act of* 2002 *on Market Liquidity* (14th Annual Conference on Fin. Econ. & Accounting, Mar. 2004)(在《杜克法学评论》存档),可查阅 http://ssrn. com/abstract = 488142(该研究分析了萨班斯—奥克斯利法案前后的市场流动性措施,发现该法案减少了信息不对称,提高了公司信息的披露和透明度信息)。

〔147〕 参见前注〔5〕, Goshen & Parchomovsky, supra note 5, at 1274 – 76(讨论"外部私人信息"的影响)。

〔148〕 参见 Jennifer H. Arlen & William J. Carrey, *Vicarious Liability for Fraud on Securities Markets: Theory and Evidence*, 1992 U. Ill L. Rev. 691, 699(指出错报的是经理,而不是公司,因此证券欺诈应被视为一种管理层代理成本,例如经理试图通过操纵股票来增加薪酬,或通过捏造账目来掩盖业务失败)。

〔149〕 参见前注〔143〕, Eisenberg, supra note 143, at 106("由于其在……市场上的历史性成功,特拉华州更容易受到联邦全面干预的威胁"); Mark J. Roe, *Delaware's Competition*, 117 Harv. L. Rev. 588, 590 (2003)("特拉华州的主要竞争压力不是来自其他州,而是来自联邦政府")。

〔150〕 参见前注〔150〕, Roe, supra note 150, at 600(尽管有内部事务理论,联邦政府可以取代州公司法,而且它有……证券法本身可以直接将公司法问题从州内拉出来)。

场繁荣，股东保护是必要的。[151] 当股东价值很容易被剥夺时，信息交易者的市场很难发展。如果公众股东不打算获得任何未来利润，那么有关公司未来业绩的复杂分析产品将毫无用处。分析师可能会尝试提供监督服务，以防止股东权利被剥夺，但如果没有实质性权利和有效的强制执行方法，这些服务是无效的。在所有权集中且法院执行不力的国家尤其如此。[152] 从这个角度来看，来自联邦政府的竞争可以被视为旨在保护信息交易者市场。如果国家层面无法有效保护股东，这将最终损害信息交易市场，进而损害资本市场。

此外，应当指出，代理成本的降低也有利于公司。流动性交易者持有股票投资组合。代理成本降低了公司的价值，从而降低了市场投资组合的总回报。因此，流动性交易者对股票进行贴现，以反映代理成本的风险。这反过来又增加了公司的资本成本。代理成本越高，贴现越高。改进信息披露以促进信息交易者竞争市场，从而降低代理成本。由于流动性交易者采用较低的贴现来应对较低的代理成本，整个市场将受益于资本成本降低。

在一篇重要的文章中，保罗·马奥尼教授（Professor Paul Mahoney）反对我们的观点，即证券监管应该促进信息交易者的市场。[153] 在他看来，证券监管的历史作用是降低管理层代理成本，这应当继续是其适当的作用。[154] 因此，证券监管应侧重于强制披露可明确核实的信息、保守的会计要求、管理层薪酬方案和自我交易。[155] 因为在马奥尼教授看来，

---

〔151〕 参见 Bernard S. Black, *The Legal and Institutional Preconditions for Strong Securities Markets*, 48 Ucla L. Rev. 781, 783 (2001)（认为"强大的公共证券市场的两个基本先决条件"是"关于公司业务价值的良好信息"和"相信公司内部人士……不会通过'自我交易'交易……甚至是赤裸裸的盗窃行为骗取投资者的大部分或全部投资价值"）。

〔152〕 参见 Zohar Goshen, *The Efficiency of Controlling Corporate Self - Dealing: Theory Meets Reality*, 91 Cal. L. Rev. 393, 435 (2003)（将意大利描述为这种情况）。

〔153〕 Paul G. Mahoney, *Mandatory Disclosure as a Solution to Agency Problems*, 62 U. Chi. L. Rev. 1047, 1111 (1995)（"强制性披露的准确性增强模型……虽然重要且有趣，但与现实世界的强制性披露系统几乎没有关联"）.

〔154〕 参见前注〔154〕, id. at 1051 – 52（"此类披露的明显目的是帮助股东监控管理层的自利行为。通过降低监控成本，披露减少了整体代理损失"）。

〔155〕 参见前注〔154〕, id. at 1105 – 11（通过 SEC 披露计划对比"代理成本模型的政策规定与准确性增强模型的政策规定"）。

管理层代理成本表现为欺诈、自我交易或过度补偿,有限的披露足以实现降低管理层代理成本的目标。强制披露软性、前瞻性信息、现值会计和其他详细的业务信息是一种浪费,因为这些要求的目的不是降低管理层代理成本,而是通过强制披露实现有效市场这一难以实现的目标。[156]

然而,这一观点是基于对管理层代理问题以及信息交易者在减少管理层代理问题中的作用的不完整描述。马奥尼教授关注违反忠实义务的行为,并希望将强制披露限制在这一方面。然而,尽管有限披露确实会降低因违反忠实义务而导致的代理成本,但它不会降低因违反注意义务而造成的代理成本。法院在监督违反注意义务方面效率低下。只有信息交易者才能发现并遏制管理不善,因为流动性交易者不搜索信息,噪音交易者是非理性的,内幕人士也不会自我监控。如果披露仅限于与盗窃或侵占有关的信息,信息交易者对所有其他类型信息的搜索成本将增加。更高的搜索成本将导致更少的信息交易者和更少的分析产品。

降低搜索成本对于促进信息交易者市场的发展至关重要。鉴于信息交易者关注业务运营的各个方面,仅要求披露涉及自我交易、管理层薪酬和硬信息的交易,将只能为信息交易者提供部分信息。信息交易者还必须了解有关业务决策、不同业务线以及软性前瞻性信息的细节。[157]因此,即使有人认为证券监管的作用应该是最小化代理成本,但必须认识到,信息交易者市场也可以发挥这一作用。

四、对证券监管的影响

迄今为止,本文的分析为解决有关证券监管关键问题的政策辩论提供了强有力的工具。在这一部分中,我们将详细论述我们的理论对两次

〔156〕 参见前注〔154〕,id. at 1111(“强制披露作为控制代理成本的一种手段开始的事实并不意味着它不应该被用于实现提高准确性的目标,如果它能够成本效益高的话。然而,阻碍这一结果的障碍似乎高得吓人”)。

〔157〕 有关表明强制披露确实提高分析师预测准确性的实证证据,例如 Afshad J. Irani, *The Effect of Regulation Fair Disclosure on the Relevance of Conference Calls to Financial Analysts*, 22 Rev. Quantitative Fin. & Acct. 15, 26(2004)。

此类辩论的影响。

(一)强制性披露

证券监管中最具争议的问题可能是,披露义务是否应该是强制性的。强制性披露的反对者认为,市场给予公司充分的激励,以披露所有重要信息;否则,投资者将承担最坏的后果,并对其证券的价值进行贴现。[158] 他们认为,强制披露成本高昂且毫无用处,[159] 因为市场是有效的,因此已经包含了所有相关信息。[160] 因此,披露应具有选择性。[161]

强制披露的支持者提出了各种理由。[162] 这些理由的要点是,信息

---

[158] 参见 Frank H. Easterbrook & Daniel R. Fischel, *Mandatory Disclosure and the Protection of Investors*, 70 Va. L. Rev. 669, 683 (1984); 另见 Steven A. Ross, *Disclosure Regulation in Financial Markets: Implications of Modern Finance Theory and Signaling Theory*, in Issues in Financial Regulation 177 (Franklin Edwards ed., 1979)(提供了一个信号模型,在该模型中,好公司有披露的动机,投资者从沉默中假设坏消息)。

[159] 例如 Barbara Banoff, *Regulatory Subsidies, Efficient Markets, and Shelf Registration: An Analysis of Rule* 415, 70 Va. L. Rev. 135, 176-84 (1984)(认为通过增加承销商责任来提高价格准确性是不值得的)。

[160] 经典研究测试了 20 世纪 30 年代美国强制实施强制性披露法律的效果,认为这些法律没有产生任何效率收益。See George Benston, *Required Disclosure and the Stock Market: An Evaluation of the Securities Exchange Act of* 1934, 63 Am. Econ. Rev. 132, 153 (1973); George Stigler, *Public Regulation of Securities Markets*, 37 J. Bus. 117, 122-24 (1964). 有关这些研究的批判性评论,参见 Merritt B. Fox, *Retaining Mandatory Securities Disclosure: Why Issuer Choice Is Not Investor Empowerment*, 85 Va. L. Rev. 1335, 1369-95 (1999)。

[161] 另一个不在我们讨论范围内的论点是,强制性披露规则不应由(垄断的)联邦政府颁布,而应由证券监管的替代竞争机制(国家、州、证券交易所等)颁布。根据这一论点,将允许公司选择为其提供首选强制性披露水平的注册地点。参见 Stephen J. Choi & Andrew T. Guzman, *Portable Reciprocity: Rethinking the International Reach of Securities Regulation*, 71 S. Cal. L. Rev. 903, 950 (1998)(如果发行人可以选择遵守任何制度的法律,发行人将能够选择非常严格的[强制性披露]制度,从而证明发行的质量并提高证券的价格); Roberta Romano, *Empowering Investors: A Market Approach to Securities Regulation*, 107 Yale L. J. 2359, 2395 (1998) [国家可以进一步为公司提供一系列制度供选择(如选择广泛的披露制度、更有限的披露制度和业绩审查制度)]。

[162] 关于这些理由的概述,参见前注[127], Kraakman Et Al., supra note 127, at 204-07。

具有妨碍最佳供应的特性;它是一种“公共产品”,因此会产生外部性。[163] 在解释为什么竞争不会导致最佳披露时,大多数理由都集中在供应方(公司)。第一,公司披露的信息为实际或潜在竞争对手提供了价值,使他们能够评估自己相对于披露公司的地位,并对披露的信息做出回应(例如,停止或加速研发,改变营销或定价策略,或进入或退出市场)。[164] 第二,信息披露为披露公司的债权人、雇员、供应商和消费者提供了价值,使他们能够改善与公司的谈判地位。[165] 第三,信息为非公司当前股东的潜在投资者提供了价值。使他们能够更好地将公司与其他投资进行比较,以构成可能排除或包括公司证券的投资组合。[166] 由于公司既不能对这些利益收费,也不能排除未付款方使用信息,公司将少披露信息。[167] 事实上,每家公司都希望免费利用其他公司的披露所产生的利益,并尽量减少自己的披露。总之,信息的私人价值和社会价值之间的错位证明了强制披露的合理性。

然而,这些论点似乎证明了太多,因为它们也支持强制要求闭锁公司(closely held corporations) * 披露信息。关于未公开交易的公司的信息也是一种公共产品,市场会降低其产量。如果社会可以通过强制性披露弥合社会和私人价值之间的差距而获益,为什么要将强制性披露限制在上市公司?答案是,对上市公司强制披露信息提供了额外的好处,如

---

〔163〕 关于这一理由的出色分析,参见前注〔161〕, Fox, supra note 161, at 1393 – 95; Dale A. Oesterle, *The Inexorable March Toward a Continuous Disclosure Requirement for Publicly Traded Corporations*: “*Are We There Yet*?”, 20 Cardozo L. Rev. 135, 198 – 201(1998)。

〔164〕 参见前注〔159〕, Easterbrook & Fischel, supra note 159, at 677; 另见前注〔164〕, Oesterle, supra note 164, at 198 – 99。

〔165〕 参见前注〔42〕, Admati & Pfleiderer, supra note 42, at 480(“由于向竞争对手或与公司有战略合作关系的其他人披露信息,可能导致公司在各种情况下失去竞争优势或议价能力”)。

〔166〕 参见前注〔164〕, Oesterle, supra note 164, at 200(“提供信息的公司不仅会通过增加自己股票的价值使自己的股东受益,还会使其他公司的投资者受益”)。

〔167〕 参见前注〔42〕, Admati & Pfleiderer, supra note 42, at 482(注意到每家公司的披露决定“没有考虑到当……披露被用于评估其他公司时发生的信息溢出”,使均衡结果无效)。

* 闭锁公司指的是股东人数较少,股全流通性很低的公司。美国闭锁公司的股东往往在10人以下。——译者注

流动性、有效的公开定价和对管理层的监督,而这在闭锁公司中是不存在的。[168]

然而,我们有可能想出强制披露的另一个理由,一个关注卖方分析师的理由。根据这一理由,在没有强制性披露的情况下,证券研究将同时出现过度投资和投资不足。[169] 一方面,由于分析产品也是一种公共产品,分析师将在证券研究方面投资不足(被追踪的公司太少)。[170] 另一方面,多名分析师将重复投资,试图找到相同的(未披露的)有关公司的信息,导致社会层面的浪费。[171] 强制性披露减少了这两个问题,因为它补贴了搜索和验证信息工作的成本,消除了重复投资。

我们的分析支持这一推理。它解释了为什么强制性披露仅限于上市公司,并阐明了披露与知情交易之间的关系。然而,我们的分析表明,强制披露的理由不应局限于卖方分析师的特殊情况。卖方分析师通常免费发布报告,并期望通过其他业务活动间接受益。[172] 然而,大多数信息交易者使用买方分析师。买方分析师不公布他们的研究;他们也不想卖掉它。因此,他们在证券研究中没有面临公共利益问题。相反,当这些分析师试图从交易中获利时,他们会保护产品的机密性。我们的模型也从买方角度证明了强制披露的合理性。

第一,强制披露降低了搜索成本,因为公司披露信息要比外部人士挖掘公司特定信息成本更低。事实上,生产公司特定信息是公司管理的

---

〔168〕 例如,Kin Lo,*Economic Consequences of Regulated Changes in Disclosure*:*The Case of Executive Compensation*,35 J. Acr. & Econ. 285(2003)(发现强制披露高管薪酬通过促进公司治理的改善使股东受益);Manuel A. Utset,*Towards a Bargaining Theory of the Firm*,80 Cornell L. Rev. 540,598 – 99(1995)(认为强制性披露可以帮助股东克服管理者的战略披露问题,并改善监督)。

〔169〕 参见前注〔5〕,Coffee,supra note 5,at 722(“强制性披露制度可以……被视为一种理想的成本降低战略,通过这种战略,社会实际上补贴了搜索成本,以确保获得更多的信息并更好地测试其准确性”)。

〔170〕 同上注,第 731 ~732 页。

〔171〕 同上注,第 733 ~ 734 页;参见前注〔159〕,Easterbrook & Fischel,supra note 159,at 682;另见前注〔164〕,Oesterle,supra note 164,at 201 – 02。

〔172〕 参见前注〔105〕,Chen et al. ,supra note 105,at 415 – 16(认为“分析师可以增加投资者对公司的了解,这反过来预计会增加公司的估值”)。

一个不可或缺的副产品,披露信息的附加成本微乎其微。[173] 第二,一些未公开的信息即使花费很高也无法被发现。此类信息的定价基于对其存在、性质和价值的估计,这种定价肯定是不精确的。第三,同样地,公司的披露也防止了所有类型的信息交易者对(未披露的)公司信息的重复投资。第四,强制披露补贴了所有信息交易者的搜索成本。在这种情况下,信息的公益特性为市场带来了好处:公司在信息披露方面的少量投资为所有信息交易者节省了巨大的搜索成本。

我们的模型还为强制披露提供了另一个理由。强制披露使信息交易者能够在分析信息时利用规模经济和范围经济。正如一般市场信息可用于为许多公司的股票定价一样,关于任何单个公司的信息也可用于为与该公司竞争或互动的其他公司的股票进行定价。正是市场上所有公司的披露,使信息交易者能够在分析信息时充分实现规模经济和范围经济。[174] 因此,强制性披露的可取性最好从一般市场的角度来看,而不是从单个公司的角度来看。[175]

为了说明这一点,假设没有强制性披露要求,市场上有 100 家公司。一家公司完全披露,其余公司仅部分披露。信息交易者不能通过他们掌握的关于披露公司的信息和一般市场信息来为其他公司定价,而不投资于其余 99 家公司的搜索成本。由于搜索成本高,利用规模经济和范围经济的能力有限,市场将支持很少的信息交易者。由于信息交易者很少,竞争将很低,效率和流动性将很低并且不会产生正外部性。现在假设第二家公司完全披露了。信息交易者将节省该单个公司的搜索成本,并且可以以较小的额外成本将获得的关于一般市场和第一个披露公司的信息应用于第二个公司。此外,获得的关于第二家公司的知识可能会提高关于第一家公司的认识。披露的增加将节省

---

[173] 例如,总销售额会向最高管理层报告。披露这一数字的成本很低,而这一数字对于分析员来说是非常昂贵的。

[174] 参见前注[42],Admati & Pfleiderer, supra note 42, at 513 – 14(表明正外部性来自信息和流动性溢出,因为其他公司的披露有所改善)。

[175] Bushee 和 Leuz 教授研究了 1999 年生效的一项监管变化,该变化要求遵守《证券交易法》对场外交易公告牌上的公司的报告要求,参见前注[42]。他们的研究发现,在规则变更之前已经向 SEC 备案的公司经历了"正向股票回报和[市场]流动性的永久增加"。参见前注[42]。这一发现与披露监管的正外部性一致。

更多的搜索成本,从而产生更大的规模经济和范围经济。随着信息披露的改善,更多的信息交易者将进入市场,竞争将加剧。反过来,信息交易者之间的激烈竞争将为经济带来更高效、更具流动性的市场以及显著的正外部效应。

更重要的是,我们的模型提供了一种新的解释,解释了为什么不能信任公司自愿提供全面披露。公司从全面披露中获得(或损失)什么?换言之,一家公司将从竞争性信息交易市场的存在中获得(或损失)什么?第一个好处是公司证券的流动性得到改善。[176] 流动性的改善降低了投资者的交易成本和投资风险,从而降低了公司的资本成本。[177] 第二个好处是公司证券的有效定价。有效定价可防止低估,从而消除不合理收购的风险。[178] 它还提供了衡量经营成果和薪酬的有效机制。[179] 第三个好处是通过改进监督和项目选择[180]以及增加相关的投资,更大程度地降低代理成本。[181]

---

〔176〕 参见前注(发现要求场外交易公告牌上的公司遵守1934年《证券交易法》导致遵守规定的公司的市场流动性显著增加)。

〔177〕 参见 Douglas Diamond & Robert Verrecchia, *Disclosure, Liquidity, and the Cost of Capital*,46 J. Fin. 1325,1326(1991)(注意到增加披露导致流动性增加和资本成本降低);David Easley & Maureen O'Hara, *Information and the Cost of Capital* 33(Cornell Univ. Johnson Graduate Sch. of Mgmt. Working Paper, Nov. 2001)(在《杜克法学评论》存档),可见于 http://ssrn. com/abstract = 300715(提出了一个模型,表明更大的披露会导致更低的资本成本)。

〔178〕 参见 Merritt B. Fox, *Required Disclosure and Corporate Governance*, 62 Law & Contemp. Probs. 113,123 (Summer 1999)("要求披露有助于缓解不良投资项目的问题,其成本远低于敌意收购")。

〔179〕 See Venky Nagar et al., *Discretionary Disclosure and Stock – Based Incentives*, 34 J. Accr. & Econ. 283(2003). 研究了经理的披露活动与其基于股票价格的薪酬激励之间的关系。研究发现,通过管理层盈利预测频率和分析师对披露实践的主观评级来衡量的公司披露,与受股价影响的首席执行官薪酬比例以及首席执行官持有的股票价值正相关。第307号任务。

〔180〕 参见 Merritt B. Fox, *The Political Economy of Statutory Reach: U. S. Disclosure Rules in a Globalizing Market for Securities*,97 Mich. L. Rev. 696,732(1998)(认为适当的发行人披露水平对管理动机和公司选择实际投资项目至关重要);见前注〔178〕。

〔181〕 参见 Diamond & Verrecchia, supra note 178, at 1325(注意到增加披露导致大投资者持股增加)。

然而,这些影响仅针对高效的管理层而言。对于效率低下的管理层来说,全面披露和竞争激烈的信息交易者市场对其构成了威胁。对这些公司来说,竞争激烈的信息交易者市场将反映出低股价中的低效管理,使该公司更有可能成为收购目标;〔182〕将低效管理暴露在违反信托责任的索赔中;〔183〕将低效的管理暴露于代理权冲突中;〔184〕限制管理层消费和剥夺股东价值的能力;并加大了来自董事会的压力。〔185〕

出于这些原因,在没有强制性披露规则的情况下,并非所有公司都愿意提供全面披露。〔186〕强制性披露的反对者对这些说法的回应是,在选择性披露制度下,投资者将对不披露的公司假设最坏情况,并对其证券价格进行贴现。〔187〕"假设最坏情况"的论点引发了几次回应。首先,由于信息的公益性质,即使是高效的管理层也可能会发现充分披露的成本大于披露的收益。〔188〕在这种情况下,如果没有强制性披露规则,即使是高效的管理层也不会披露公司的所有可用信息。〔189〕其次,管理层进行管理层收购(MBO)的能力将市场对信息披露不足的反应转化为一种战略工具(对公司证券贴现)以提高管理层以贴现价值收购公司的

〔182〕 参见前注〔179〕,Fox, supra note 179, at 120("更大限度的披露……使敌意收购威胁更加真实")。

〔183〕 参见前注〔179〕,Fox, supra note 179, at 118。

〔184〕 参见前注〔179〕,Fox, supra note 179, at 126。

〔185〕 参见前注〔128〕,Gordon, supra note 128, at 1131 – 32。

〔186〕 参见 W. O. Jung & Young K. Kwon, *Disclosure When the Market is Unsure of Information Endowment of Managers*, 26 J. Accr. Res. 146, 146(1988)(表明管理者在掌握好消息时更有可能披露)。

〔187〕 参见前注〔159〕, Easterbrook & Fischel, supra note 159, at 683;又见前注〔117〕, Thompson & King, supra note 117(将该假设应用于另一种情况)。

〔188〕 参见 *Hal S. Scott*, *Internalization of Primary Public Securities Markets*, 63 Law & Contemp. Probs. 71, 76(Summer 2000)(管理层有时选择不披露"因为披露有助于竞争对手")。

〔189〕 的确,为了响应分析师的要求,许多经理确实自愿披露了比法律规定多得多的信息。这可能是因为想要披露信息的管理者没有被外部性所吓倒,或者因为基本的强制披露已经侵蚀了所有公司的外部性成本。

能力。[190] 最后,即使证券因为管理层依赖留存收益而不是筹集新资本、并且采取反收购防御措施导致价格下跌,管理层也可以避免市场的惩罚。

所有这些回应虽然有效,但都接受了这样一个前提,即非披露公司将因其证券价格的过度贴现而受到市场的惩罚。这是"假设最坏情况"论点的核心前提。我们提供了一个新的回应,驳斥了这一前提,并进一步为强制性披露辩论。竞争性的信息交易者市场不能通过"假设最坏情况",并过度贴现其证券来惩罚未提供充分披露的公司,因为过度贴现需要导致"柠檬市场"的不对称信息,或者信息交易者之间的共谋。

对于因信息不对称导致的"柠檬市场",这种不对称应当存在于卖方和买方之间。[191] 公开交易公司在二级市场上的不披露不会在卖方(当前股东)和买方(潜在股东)之间产生不对称信息;相反,双方都处于黑暗之中。公司可能出于好的原因(例如,为了保护合并谈判或有价值的研发结果)或坏的原因(例如,隐藏业务失败或管理权滥用)避免完全披露。[192] 在这种情况下,双方将试图找到公司的真实价值,从

---

〔190〕 管理者确实采取了这种管理层收购前策略。参见 David Millon, *Why is Corporate Management Obsessed with Quarterly Earnings and What Should Be Done About It*?, 70 Geo. Wash. L. Rev. 890, 911(2002)(提供管理层在公开宣布管理层有意竞购公司控制权前一年操纵任意应计利润的证据);Susan E. Perry & Thomas H. Williams, *Earnings Management Preceding Management Buyout Offers*, 18 J. Acct. & Econ. 157, 159(1994)(发现"在管理层收购公告前一年……操纵的令人信服的证据")。

〔191〕 "柠檬市场"是买卖双方之间存在信息不对称的市场。由于买方不完全了解产品的质量,他们对所有产品的价格都打折扣。高质量的产品不会以反映其质量的价格出售,因此将退出市场。市场上只剩下"柠檬"。如果高质量产品的生产商无法向买方保证其卓越的质量,他们将被视为"柠檬"。参见 George Akerlof, *The Market for "Lemons": Quality, Uncertainty and the Market Mechanism*, 84 Oj. Econ. 488, 495(1970)("希望将坏商品质押为好商品的人的存在往往会赶走合法业务");Hayne Leland, Quacks, *Lemons and Licensing: A Theory of Minimum Quality Standards*, 87 J. Pol. Econ. 1328, 1239(1979)("信息不对称可能导致某些类型的市场失灵")。

〔192〕 例如,参见 Joshua Ronen & Varda(Lewinstein)Yaari, *Incentives For Voluntary Disclosure*, 5 J. Fin. Markets 349, 350–51(2002)(认为通常情况下,没有披露义务的信息由不可验证的数据组成,如预测的环境状态;缺乏此类信息不能被解释为坏消息);R. Verrecehia, *Discretionary Disclosure*, 5 J. Acct. & Econ. 179, 180–81(1983)(讨论了两种相互竞争的不披露的理论)。

而得出反映其对公司价值最佳估计的市场价格。[193] 鉴于卖方和买方之间的竞争,没有人能够简单地"假设最坏的情况",因此市场不会崩溃为"柠檬市场"。[194] 换句话说,(卖方和买方之间的)竞争力量使市场通过惩罚不披露行为来诱导管理层提供充分披露的能力失去作用。[195]

信息交易者克服这一问题的唯一方法是集体同意对不披露的公司假设最坏情况。这样一项在全行业范围内惩罚不披露的公司的行为是

---

〔193〕 这是 Jack Hirshleifer 提出的展示了浪费性信息搜索的开创性模型的背景基础,参见 *The Private and Social Value of Information and the Reward to Inventive Activity*, 61 Am. Econ. Rev. 561(1971)。

〔194〕 分析师之间的竞争对于那些股票被许多分析师跟踪的大公司来说最为激烈。然而,没有哪位分析师能够通过对股价的贴现率超过必要水平或拒绝跟踪股票来约束一个被纳入许多投资者投资组合的大公司的股票。

〔195〕 事实上,IPO 市场中存在可能导致"柠檬市场"的不对称信息。当公司向公众发行证券时,保密会在买卖双方之间产生典型的不对称信息。在这种情况下,市场贴现证券价格的能力很高,从而为发行人提供充分的披露激励。See Alan Palmiter, *Toward Disclosure Choice in Securities Offerings*, 1999 Colum. Bus. L. Rev. 1, 4(注意到,尽管 IPO 披露要求放宽了一系列,但有强有力的证据表明,证券发行中的投资者信息需求往往迫使发行人"在作为私人合同事项规定的水平之外"进行披露). 事实上,发行人试图通过使用承销商来规避"柠檬市场",并压低 IPO 的价格(有时会大幅降低)。See Seha M. Tinic, *Anatomy of Initial Public Offerings of Common Stock*, 43 J. Fin. 789, 797 - 800(1988)(解释将抑降低价格作为一种保险形式的使用). 那么,为什么在 IPO 阶段强制要求披露? 从我们的模型中得出的答案是,IPO 的披露有助于二级市场。首次公开募股后,卖方和买方将立即在竞争市场上进行交易,直到第一次披露义务生效(通常发生在运营第一季度末),二级市场将有一段时间处于黑暗状态。See Mingsheng Li et al., *Asymmetric Information in the IPO Aftermarket*, 40 Fin. Rev. 131, 131(2005)(发现抑价发行与在 IPO 售后市场关注新股的分析师人数呈正相关). 事实上,根据这一观点,SEC 在二级市场交易没有信息不对称的情况下放宽 IPO 披露要求并提供豁免是合理的。例如,部分私募仅允许机构投资者在指定的报价系统上进行交易,因为这些投资者之间的信息不对称最小。参见前注〔194〕, Palmiter, supra, at 29 - 85(详细说明了 IPO 披露要求中的所有放宽,并认为 IPO 披露的强制性已大大降低)。另一种解释是,IPO 中可能存在投资者的逆向选择。知情和老练的投资者将避免 IPO,但发行人仍然可以吸引不知情的投资者。与二级市场不同,在二级市场中,不知情的投资者受到知情投资者的保护(市场效率),在 IPO 中没有保护。因此,有必要强制要求 IPO 披露信息,以吸引知情的投资者,避免逆向选择问题,从而保护不知情的投资者。

对反垄断法的公然违反。[196] 即使没有共谋策略，如果所有信息交易者都“假设最坏情况”，并对股票进行过多的贴现，这也会激励个人信息交易者投资于搜索成本，以试图估计公司的真实价值。这样的个人信息交易者将能够以较低的价格买入（因为在他们买入时，所有其他信息交易者都会对股票进行过多的贴现），并以较高的价格卖出（因为在出售时，真实的事实将被揭示）。所有其他信息交易者将被迫采取类似的策略并投资于搜索成本，以形成他们自己对不披露公司真实价值的估计。因此，信息交易者之间的竞争将导致所有信息交易者投资于搜索成本，并形成他们自己对不披露公司真实价值的估计。由于市场无法惩罚信息披露不足的公司，因此也无法促使效率低下的管理层进行充分披露。结果是，信息交易者在搜索成本上的投资高度重复，而不是公司自愿的最优披露。因此，每一家非合作公司都阻碍了信息交易者竞争市场的发展，导致信息交易者减少，证券研究减少。

事实上，一旦形成了一个竞争性的信息交易者市场，信息交易者将能够产生与分析师密切关注相关的好处，如有效定价、流动性和更好监控代理成本。寻求这些利益的良好管理层将有动机自愿进行及时和精细的披露。然而，即使在高度发达的市场，强制披露仍然是必要的。首先，由于信息交易者面临来自其他信息交易者的竞争，他们制裁不信息披露行为的能力非常有限。只有受益于分析师覆盖的优秀管理层才会选择自愿披露，而其他管理层只有在法律规定的情况下才会披露。[197] 其次，信息交易者获得额外披露的能力取决于强制性披露中嵌入的基本披露要求以及对不完整或误导性信息的法律制裁。再次，许多小公司没

---

〔196〕 See John C. Coffee, Jr., *Gatekeeper Failure and Reform: The Challenge of Fashioning Relevant Reforms*, 84 B. U. L. Rev. 301, 351 (2004)（承认“在一些守门人职业中……最显著的是审计中”不太明显的共谋行为）; Butler D. Shaffer, *In Restraint of Trade: Trade Associations and the Emergence of “Self Regulation”*, 20 Sw. U. L. Rev. 289, 298 – 99 (1991)（注意到规范贸易行为的全行业协议中可能包含的非法性）.

〔197〕 但是，参见 Sharon Hannes, *Comparisons Among Firms: (When) Do They Justify Mandatory Disclosure?*, 29 J. Corp. L. 699 (2004)（认为许多公司即使没有强制性披露也会披露财务信息，以享受相对披露利益）。

有获得足够的分析师覆盖率,无法产生证明自愿披露合理的利益。[198]强制性披露规则促使小公司和管理不善的公司进行此类披露,否则他们会选择不披露。

最后,从流动性交易者的角度来看,强制披露也是合理的。乍一看,强制性披露义务,就其与公司特定信息相关而言,可能与流动性交易者无关。流动性交易者的买入和卖出决策并非基于单个股票的信息。购买和持有多样化的投资组合可以使流动性交易者免受错误定价的风险。如果在没有披露义务的情况下,一些股票将折价交易,另一些股票将溢价交易,那么多元化投资组合的持有人将获得正确的平均价格,因为这两种相反的影响将相互抵消。即使假设没有披露义务,股票价格通常会被折价或溢价,这也不会对流动性交易者产生影响,他们会以折价或溢价的价格购买投资组合,然后以相应的折价或溢价价格出售。类似地,如果没有披露义务会增加公司特有的基本风险或噪音风险,那么购买和持有投资组合将分散这些风险。

然而,请注意,流动性交易者关注证券监管,因为它促进了流动性并防止了股东被剥削。强制披露对流动性有积极影响。信息披露越少,信息不对称的风险就越高。信息不对称风险越高,意味着买卖价差越大,流动性越低。强制性披露还降低了管理层代理成本,并降低了股东权益被剥夺的风险。事实上,流动性交易者无法分散信息不对称风险和代理成本,尽管流动性交易者可以对整体股价折价。这一行动将增加所有公司的资本成本,降低配置效率。强制性披露避免了这种连锁反应,从而提高了资本配置效率。

---

[198] 参见 Ravi Bhushan, *Firm Characteristics and Analyst Following*, 11 J. Acct. & Econ. 255, 256 – 57(1989)(研究导致分析师对公司关注度差异的因素,并得出结论,在所有考虑因素中,公司规模影响分析师覆盖面的供给和需求); Mark H. Lang et al., *Concentrated Control, Analyst Following, and Valuation: Do Analysts Matter Most When Investors Are Protected Least?*, 42 J. Acct. Res. 589, 590(2004)(报告的实证结果表明,"分析师覆盖率与公司的家族/管理层控制的总体水平以及家族/管理集团是否是公司的最大控股权持有人负相关")。

（二）对市场欺诈理论的再审视

证券监管中更为重要的现代发展之一是采用市场欺诈理论（fraud－on－market theory）作为对证券欺诈案件中可反驳的信赖推定。在普通法欺诈案件中，原告必须证明被告有意地〔199〕发布了错误陈述〔200〕，原告依赖错误陈述〔201〕并遭受损害〔202〕。展现这种依赖关系意味着表明原告阅读了错误陈述并据此采取行动。〔203〕证券欺诈中的这种表现当然会因投资者而异：有些人会阅读错误陈述并采取行动；其他人阅读它但没有采取任何行动；还有一些人没有阅读错误陈述，但采取了独立行动。〔204〕当然，也有一些人甚至不知道错误的陈述。如果在集体诉讼中个体必须表现出这种依赖性，那么个别问题将优先于普遍问题，则集体诉讼无法进行。〔205〕为了促进证券欺诈案件中的集体诉讼，法院已将市场欺诈理论作为依赖推定。〔206〕由于市场将信息纳入价格，价格将反映出这种错误陈述，因此依赖市场价格可以替代依赖错误陈述。〔207〕因此，即使是那些不知道错误陈述但参与交易的人在错误陈述的相关时间内有权起诉。〔208〕

---

〔199〕 See Ernst & Ernst v. Hochfelder, 425 U. S. 185, 193 (1976); Louis Loss & Joel Seligman, *Fundamentals of Securities Regulation* 949－61 (4th ed. 2001).

〔200〕 参见 Rudolph v. Arthur Andersen & Co.，800 F. 2d 1040，1043（lth Cir. 1986）。

〔201〕 参见前注〔201〕，Loss & Seligman，supra note 201，at 1200－10。

〔202〕 参见前注〔201〕，Loss & Seligman，supra note 201，at 1210－19。

〔203〕 例如，List v. Fashion Park，Inc.，340 F. 2d 457，462－63（2d Cir. 1965）（讨论了10b－5规则下民事案件的信赖推定）。

〔204〕 See Gochnauer v. A. G. Edwards & Sons，810 F. 2d 1042，1051（11th Cir. 1987）.

〔205〕 在集体诉讼中，共同问题优于个别问题的要求来自联邦民事程序规则。Fed. R. CIv. P. 23（a）（2），23（b）（3）。

〔206〕 例如，Blackie v. Barrack，524 F. 2d 891，906－08（9th Cir. 1975）（消除了证明直接依赖的要求）。

〔207〕 参见 Gebhardt v. ConAgra Foods，Inc.，335 F. 3d 824，831（8th Cir. 2003）（注意到原告一般仅仅通过陈述被告在市场上进行了一项欺诈行为来满足交易因果关系证明要求）。

〔208〕 参见 Nathenson v. Zonagen Inc.，267 F. 3d 400，415（5th Cir. 2003）（注意到原告仅仅需要证明涉案证券在一个有效率的市场进行交易，就可以满足证明前提）。

尽管许多人支持采用市场欺诈理论推定,[209]但该理论自成立以来一直受到攻击。[210] 首先,根据 *Basic, Inc. v. Levinson*,美国联邦最高法院采纳了这种推定的一个案件中的异议意见(dissent)[211],评论员们认为市场效率不足以证明该推定的合理性。[212] 如果市场效率低下,并因此没有对错误陈述进行回应,那么就没有理由采纳市场欺诈理论推定。这

---

〔209〕 参见 Julie A. Herzog, *Fraud Created the Market: An Unwise and Unwarranted Extension of Section* 10(*b*) *and Rule lOb – 5*, 63 Geo. Wash. L. Rev. 359, 369(1995)(注意到市场欺诈行为理论很大程度上受到赞扬)。

〔210〕 参见 Daniel R. Fischel, *Use of Modern Finance Theory in Securities Fraud Cases Involving Actively Traded Securities*, 38 Bus. L. 1, 11(1982)(认为应该放弃对市场欺诈理论的依赖推定); Joseph A. Grundfest, *Disimplying Private Rights of Action Under the Federal Securities Laws – The Commission's Authority*, 107 Harv. L. Rev. 961, 972 – 73(1994)(被告抱怨他们是毫无根据诉讼流行病的受害者,这些诉讼将股票市场波动与证券欺诈混淆在一起,并为向市场提供预测的公司带来实质性责任)。

〔211〕 See 485 U. S. 224(1988).

〔212〕 怀特大法官(Justice White)在他的基本异议中指出,尽管经济学家的理论支持市场欺诈理论推定可能具有数学精确性和科学确定性的吸引力,但它们最终只不过是那些需要进一步考虑的、可能存在或不存在的理论……因此,虽然多数意见表示,为了达到其结果,只需要对"市场专业人员一般"的工作方式以及市场专业人员的行为如何影响股票价格做出适度的假设……我怀疑我们是否有很大能力评估哪些理论恰当地描述了证券业的运作。参见前注〔212〕, 485 U. S. 224(1988)(White, J., concurring in part and dissenting in part)。另见 Ian Ayres, *Back to Basics: Regulating How Corporations Speak to the Market*, 77 Va. L. Rev. 945, 967(1991)(描述了对有效市场假设日益增加的攻击); Carol R. Goforth, *The Efficient Capital Market Hypothesis – An Inadequate Justification for the Fraud – On – The – Market Presumption*, 27 Wake Forest L. Rev. 895, 910 – 11(1992)(介绍了效率市场假说,即 ECMH 被引入法律学说的情况及其原因); Jonathan R. Macey & Geoffrey P. Miller, *Good Finance, Bad Economics: An Analysis of the Fraud – On – The – Market Theory*, 42 Stan. L. Rev. 1059, 1077 – 91(1990)(意识到市场效率在不同的信息方面有所不同); Jonathan R. Macey et al., *Lessons From Financial Economics: Materiality, Reliance, and Extending the Reach of Basic v. Levinson*, 77 Va. L. Rev. 1017, 1018(1991)(注意到金融经济学家之间存在关于市场效率的实证检验支持什么样的结论的实质分歧)。

种攻击最近随着行为金融学的成长和高科技泡沫的爆发而再次出现。[213] 其次，有人认为，即使市场有效，采用这一推定也是不合理的，因为它造成了过度威慑，[214] 对没有损害的各方造成损害，[215] 并扭曲了生产效率。[216]

1. 低效率市场观点(the Inefficient market claim)

对市场欺诈理论推定的第一类批评有两个缺陷。首先，它依赖于对Basic一案的裁决 * 的错误解读。其次，我们的分析表明，当市场有效但偏离有效定价时，市场欺诈理论尤为重要。让我们从第一个缺陷开始。Basic一案中多数意见(majority opinion)有一句名言，即一方必须证明

---

〔213〕 参见 Alon Brav & J. B. Heaton, *Market Indeterminacy*, 28 J. Corp. L. 517, 518 - 19 (2003)(记录股票市场效率不确定性的历史); Ferrillo et al., supra note 28, at 107 - 16(描述了有效市场假设的各种挑战); M. C. Findlay & E. E. Williams, *A Fresh Look at the Efficient Market Hypothesis: How the Intellectual History of Finance Encouraged a Real "Fraud - On - The - Market,"* 23 J. Post Keynesian Econ. 181. 181 - 82(2001)(指出支持有效市场假设的证据实际上从未非常强)。

〔214〕 See Janet C. Alexander, *Rethinking Damages in Securities Class Action*, 48 Stan. L. Rev. 1487, 1495 (1996); *Donald C. Langevoort, Capping Damages for Open - Market Securities Fraud*, 38 ArIz. L. Rev. 639, 643 (1996); John A. MacKerron, *The Price Integrity Cause of Action Under Rule lOb - 5: Limiting and Extending the Use of the Fraud On The Market Theory*, 69 Or. L. Rev. 177, 177 - 78(1990); Mahoney, supra note 5, at 626 - 41.

〔215〕 See Barbara Black, *Fraud on the Market: A Criticism of Dispensing With Reliance Requirements In Certain Open Market Transactions*, 62 N. C. L. Rev. 435, 460(1984); Frank Easterbrook & Daniel Fischel, *Optimal Damages in Securities Cases*, 52 U. CHI. L. REV. 611, 642(1985); Langevoort, supra note 215, at 646. 又见 Michael Y. Scudder, *The Implications of Market Based Damages Caps in Securities Class Action*, 92 Nw. U. L. Rev. 435, 442, 465(1997)(描述了1995年《私人证券诉讼改革法》颁布后市场欺诈理论推定集体诉讼中证券损害赔偿的不可控性)。

〔216〕 参见 Marcel Kahan, *Games, Lies, and Securities Fraud*, 67 N. Y. U. L. Rev. 750, 761 (1992)(注意到市场欺诈理论推定可能导致公司因竞争性和谈判性谎言而承担责任); Jonathan R. Macey & Geoffrey P. Miller, *The Fraud on the Market Theory Revisited*, 77 Va. L. Rev. 1001, 1015(1991)(认为证券欺诈责任可能会破坏公司在信息中的财产权益); Charles H. Steen, *The Econometrics of Fraud - On - The - Market Securities Fraud*, 4 J. L. Econ. 11, 36 - 37(1994)(反对阻止投资者将其资本置于风险中的影响，认为这反过来会促使市场有效地将资源分配到最佳用途)。

* 这里指的是前文提到的 Basic, Inc. v. Levinson, 485 U. S. 224(1988)。——译者注

其“依赖于市场价格的完整性”作为援引市场欺诈理论推定的先决条件。[217] 有两种解释这个表述的方式。[218] 第一种解释,将重点放在“价格”一词上,要求使用援引推定的原告必须证明他们接受市场价格作为价值的准确反映。在这种解释下,市场价格的完整性就是准确定价的同义词。第二种解释强调“市场”一词,并不要求原告证明其对价格准确性的依赖,而是侧重于市场定价过程的完整性。也就是说,第二种解释要求展示我们所谓的有效市场——一个具有纠正价格机制的市场。

为了理解这两种解释之间的差异,考虑一个卖空案例。根据第一种解释,卖空的原告不能援引市场欺诈理论推定,因为根据定义,卖空行为表明他们不认为市场价格是价值的准确反映。[219] 第二种解释导致了完全不同的结果。尽管卖空表明卖方认为证券定价过高,但出售决定并不表明卖方认为市场无效。相反,卖空者必须依赖市场的有效性,因为卖空的盈利能力是建立在相信价格最终会恢复价值的基础上的。仔细阅

[217] 参见 Basic,485 U. S. at 226(我们还必须确定在公司发布重大误导性声明后在证券交易所交易公司股票的人是否可以援引可反驳的假设,即在交易中,他依赖于市场设定的价格的完整性);Basic,485 U. S. at 249 - 250(适用市场欺诈理论支持的信赖推定并无不当)。

[218] 有关 Basic 一案的出色分析和解读,参见 Donald C. Langevoort, *Theories, Assumptions, and Securities Regulation: Market Efficiency Revisited*, 140 U. Pa. L. Rev. 851,903(1992);又见 Note, Recent Cases: Tort Law - Indirect Reliance - New Jersey Supreme Court Rejects Fraud - On - The - Market Theory - Kaufman v. i - start Corp., 754 A. 2d 1188(N. J. 2000),114 Harv. L. Rev. 2550,2553(2001)(注意到有效市场假设的信息效率和基本效率方面的区别:“信息效率意味着股票价格将反映某些类别的现有信息”,而“基本效率假设,根据可用信息,股票价格将反映公司预期潜在利润的现值”)。

[219] 卖空案例由 Basic 一案中的少数意见提供,参见 Basic,485 U. S. at 251,并在 Zlotnick v. Tie Communications,836 F. 2d 818,824(3d Cir. 1988)作出裁决(卖空者无权享有信赖推定)。

读Basic一案中的多数意见,就会发现第二种解释是正确的。[220] 第一种解释是用少数意见对多数意见的误读代替对Basic一案多数意见进行直接解读的产物。[221]

如果接受第一种解释,市场是否有效的问题与采用市场欺诈理论推定有关。事实上,那些以市场效率低下为理由攻击这一假设的人认为,Basic一案支持第一种解释。[222] 然而,如果如我们所说,对Basic一案作出正确解读,那么市场效率问题不影响推定的有效性,[223] 因为推定

---

〔220〕 从Basic一案多数意见提供的对少数意见的反驳中,可以清楚地得到这个关于信赖推定的结论:例如,一名原告认为Basic陈述时虚假的且Basic确实处于并购讨论中,因此该原告认为Basic的股票被人为低估,但仍然因为其他不相关的担忧(例如,潜在反垄断问题或潜在的从某些股份中剥离的政治压力等)而出售自己的股份,这不能说依赖于他知道的被操纵的价格的完整性,参见Basic,485 U. S. at 249。显然,这是一个独特的例子。它要求投资者了解真实情况,并由于非常罕见的原因(潜在的反垄断问题或政治压力)被迫交易。为什么投资者必须知道真相?仅仅认为股票定价过高还不够吗?为什么这种出售必须是"被迫"的?Langevoort, supra note 219, at 857 n. 156。为什么(多数意见)没有采用少数意见提供的更简单的卖空者案例?因为多数意见不接受这样的解释,即依赖市场价格的完整性需要接受价格作为证券的真实价值。事实上,在re Western Union Securities Litigation, 120 F. R. D. 629, 637 (D. N. J. 1988),法院认定Zlotnick的有效性"从Basic一案观点来看有点可疑"。相似地,在Deutschman v. Beneficial Corp., 132 F. R. D. 359, 371 (D. Del. 1990)中,法院认为,尽管期权交易者押注于价格变动,但他们有权获得信赖推定。关于支持这一解释的学者,参见Daniel R. Fischel, *Efficient Capital Markets, the Crash, and the Fraud on the Market Theory*, 74 Cornell. Rev. 907, 918 – 22 (1989); Langevoort, supra note 219, at 857 & n. 156。

〔221〕 参见拜伦·怀特大法官对多数意见的描述。Basic, 485 U. S. at 255 – 56 (White, J., concurring in part and dissenting in part). 怀特法官为反驳信赖推定提供了以下例子:一名原告在受指控的虚假陈述前几个月决定买入股票;一名原告因为与价格无关的原因买卖股票;一名原告在虚假陈述发生多日前实际卖出股票。他们中没有任何一个可以根据10b – 5规则作出有效的索赔请求。同样在Basic, 485 U. S. at 251 (White, J., concurring in part and dissenting in part),这些例子基于这样一个事实,即投资者不接受价格作为价值的真实反映。关于支持这一解释的学者,参见Jonathan R. Macey, *The Fraud on the Market Theory: Some Preliminary Issues*, 74 Cornell L. Rev. 923, 925 – 26 (1989)。

〔222〕 例如,参见前注〔222〕, Macey, supra note 222, at 225 – 26。

〔223〕 "通过接受这一可反驳的假设,我们不打算最终采用任何特定的理论,即公开信息在市场价格中反映的速度和完整性。" Basic, 485 U. S. at 249 n. 28.

只要求展示一个有效率的(effective),而不是高效(efficient)* 的市场。[224]

有效(effective)和高效(efficient)的市场意味着信息交易者存在一个充分竞争的市场,该市场能够击败噪音交易者,并能够产生准确的定价。在这样的市场中,信息交易者已经享受到 市场欺诈理论推定所保护的低验证成本。另外,当市场有效且低效(inefficient)时,这意味着信息交易者无法有效修正市场价格,因为噪音交易增加,套利受到限制。在这样的市场中,从错误陈述中获利的概率很高,因为噪音交易者会放大错误陈述对价格的影响,信息交易者无法防止价格波动。在这些条件下,信息交易者面临高风险(捕获价格—价值偏差的可能性低,潜在损失大),必须承担非常高的验证成本,导致价格修正活动有限。取消市场欺诈理论推定将进一步增加虚假陈述的可能性,使信息交易者更难发现和纠正价格与价值的偏差。因此,在有效但低效的市场中,必须采用市场欺诈理论推定来增加信息交易者的活动,从而更快地恢复效率。[225]

2. 高效率市场观点(the efficient market claim)

对市场欺诈理论假设的第二次攻击来自相反的假设,即市场是高效的。假设市场是高效的,并且确实反映了有关价格的错误陈述。为了阻止错误陈述,应强制犯罪者支付错误陈述造成的损失乘以一个因素,该因素应当考虑到错误陈述被采用的概率低于 1 **。其理由是,由于错误陈述造成的唯一损失是预防成本,因此使用市场欺诈理论推定会过度惩罚违规者。[226] 当所有在市场上交易的投资者(包括随机交易的流动性交易者)都得到补偿,而价格反映了错误陈述时,就会产生过度补偿。然

---

* 这里的"有效率的而不是有效的市场",指的是作者认为正确的解读仅需要市场具有价格纠偏机制,因此是有效率的;但不需要市场价格实时反应真实价值,也可以是低效率的,即并不是有效市场。——译者注

〔224〕"为了接受本案中的信赖推定,我们只需相信市场专业人士通常会考虑关于公司的最公开声明,从而影响股票市场价格。"Basic,485 U. S. at 247 n. 24.

〔225〕这里我们不讨论适当的损害(恢复)措施问题,它需要单独讨论。

** 这里的原文是"probability of capture",考虑到其上下文含义,指的是市场中因为错误陈述而受到损害的概率是小于 1 的,有部分投资者并不因为错误陈述而受到损害,例如流动性投资者。——译者注

〔226〕参见前注〔5〕,Mahoney, supra note 5, at 625, 626 – 41(讨论二级证券市场中的欺诈)。

而，流动性交易者不投资于预防措施，因为他们不投资于信息；他们也不会直接受到错误陈述的影响。如果欺诈随机扭曲价格，那么买入和卖出投资组合应该抵消欺诈的影响。[227] 此外，即使欺诈导致市场整体通胀或通缩，流动性交易者也不会受到伤害，因为他们将以类似的通胀或通货紧缩价格买卖投资组合。[228] 因此，有人认为，补偿流动性交易者给了他们一笔横财，并向违规者多收费。

此外，该论点假设，由于过度威慑，管理层将减少其向市场提供的自愿披露内容，从而减少信息交易者可获得的自由信息。管理层不会在未经验证的情况下向市场发布信息，而是只发布有限数量的验证信息。[229] 用减少的验证成本（披露有限数量的经验证信息）代替减少的搜索成本（披露大量未经验证信息）是对信息交易者有害的，因为信息交易者发现新的公司特定信息要比验证披露的信息成本高得多。过度威慑导致自愿（披露）信息数量有限，这将增加信息交易者的成本，因为他们将不得不投资于搜索而不是验证。

（1）当前回应

关于上述论点，已经存在许多答复。首先，有时欺诈会增加在一个膨胀的市场购买投资组合并在一个收缩的市场出售的风险。这是一种无法分散的风险，流动性交易者将通过减少交易量或对股票价格进行普遍贴现来应对。[230] 这两种行为都是有害的。流动性减少对流动性交易者有害，而贴现价格对筹集资本的公司有害。[231] 虽然这一论点在理论上是可靠的，但在实践中，个别欺诈的累积效应不太可能影响到市场，从而增加在通货膨胀的市场中买入、在通货紧缩的市场中卖出的概率。[232]

---

[227] 参见前注[5]，Mahoney，supra note 5，at 625，626 – 41。

[228] 参见前注[5]，Mahoney，supra note 5，at 625，626 – 41。

[229] 参见前注[5]，Mahoney，supra note 5，at 625，650 – 55。

[230] 参见前注[57]，Georgakopoulos，supra note 57，at 702 – 11；又见 A. C. Pritchard，*Markets as Monitors：A Proposal to Replace Class Actions with Exchanges as Securities Fraud Enforcers*，85 Va. L. Rev. 925，938 – 40（1999）。

[231] 参见前注[57]，Georgakopoulos，supra note 57，at 702 – 711；前注[231]，Pritchard，supra note 231，at 945。

[232] 参见前注[57]，Georgakopoulos，supra note 57，at 702 – 711；前注[231]，Pritchard，supra note 231，at 940 – 941。

这一回应的一个变体并不关注增加不可分散风险的欺诈行为。相反,它认为,尽管流动性交易者不基于信息进行投资,但他们确实关心影响流动性的信息。[233] 也就是说,流动性交易者关心以高买卖价差形式发生的交易成本。错误陈述的存在为信息不对称创造了机会,因为投资于预防措施的信息交易者发现错误陈述的可能性更大。更大的信息不对称将导致做市商增加买卖价差。因此,即使流动性交易者购买并持有一个投资组合,他们仍将承担高买卖价差的成本。尽管这一论点有其道理,但它无法解释为什么流动性交易者在市场欺诈理论案件中获得赔偿。仅对信息交易者进行补偿将降低信息交易者投资于预防措施的动机,从而减少信息不对称。换句话说,如果信息交易者的行为可以放大或缩小问题,为什么不只补偿信息交易商呢?事实上,这一论点的结论是,证券交易所应以公开执法取代依赖于市场欺诈理论推定的私人执法。[234]

另一种回应承认,市场欺诈理论假设为流动性交易者创造了一笔横财,但认为这并不过分。因为欺诈需要故意,因此是一种应受惩罚的犯罪行为,所以对犯罪者施加惩罚性赔偿没有错。[235] 批评这一回应的人指出,该回应没有认识到,在实践中,证券案件中采用的集体诉讼机制没有区分过失和欺诈性错误陈述。[236] 因此,相对于潜在疏忽(而非欺诈)

---

〔233〕 参见前注〔57〕,Georgakopoulos, supra note 57, at 703 - 707。

〔234〕 参见前注〔231〕,Pritchard, supra note 231, at 938 - 940(讨论欺诈对流动的社会成本)。

〔235〕 参见 Marilyn F. Johnson et al., *In re Silicon Graphics, Inc.: Shareholder Wealth Effects Resulting From the Interpretation of the Private Litigation Reform Act's Pleading Standard*, 73 S. Cal. L. Rev. 773, 781(2000)("被起诉的公司既不购买也不出售其证券,因此也没有从欺诈中获利。然而,市场欺诈诉讼允许投资者根据其经理的错误陈述从公司收回损失……因此,集体诉讼是一种潜在的惩罚性制裁,应能对欺诈行为提供实质性的威慑")。

〔236〕 参见 Kevin R. Johnson, *Liability for Reckless Misrepresentations and Omissions under Section* 10(*b*) *of the Securities Exchange Act of* 1934, 59 U. Cin. L. Rev. 667, 674 - 75 (1991)["法院对于什么是鲁莽的过失性错误陈述的定义不够精确……结果是,实际和潜在的违反 10(b)条和 IOb - 5 条款的当事人不能以任何程度的确定性预测陪审员将如何描述被质疑的行为,从而预测该行为是否可以作为赔偿责任的依据。证券交易的参与者也无法确保他们采取必要的步骤,将潜在的责任降至最低"];前注〔236〕,Johnson et al., supra note 236, at 782 - 83(注意到故意标准的模糊性)。

的犯罪者,使用市场欺诈理论推定确实会导致过度威慑。然而,我们注意到,一些人认为,1995 年《私人证券诉讼改革法》改善了集体诉讼的运作,使欺诈行为和责任承担在法院和私人和解中更好地相互关联。[237]事实上,如果法院能够准确识别所有欺诈案件(法院一贯豁免疏忽管理),并在所有这些案件中给予准确赔偿,那么过度威慑的问题就会消失。

(2)本文提出模型的回应

我们现在利用市场模型为市场欺诈理论假设提供新的理由。在下面的讨论中,我们首先强调虚假陈述对金融市场造成的各种危害。我们表明,除预防成本外,欺诈还会增加流动性成本,并加剧管理层代理成本。接下来,我们解释了市场欺诈理论假设如何帮助信息交易者降低这些成本。其次,我们分析了市场欺诈理论假设对企业自愿披露信息的影响。我们的结论是,没有理由假设管理层将通过减少披露来回应市场欺诈理论推定。最后,我们讨论了欺诈案件中的适当责任标准。我们认为,虽然在理论上疏忽优于故意;但在现实世界中,诉讼由集体诉讼驱动,要求(被告的)故意是有道理的。

通过关注市场的定价过程,我们的模型为市场欺诈理论假设提供了更好的理由。作为论述的起点,我们强调,在没有市场欺诈理论推定的情况下,欺诈案件的原告必须证明其对虚假陈述的依赖性以及受操纵影响的股票的实际交易。然而,并不是所有的信息交易者都在交易。一些信息交易者直接进行交易,如机构投资者或资金管理实体,而其他人,特别是分析师,则向进行交易的第三方出售投资建议。还有一些分析师向

---

[237] 例如,David S. Escoffery, *Note*, *A Winning Approach to Loss Causation Under Rule 10B – 5 in Light of the Private Securities Litigation Act of* 1995, 68 Fordham L. Rev. 1781, 1782 – 83(2000)(讨论该法对法院处理损失因果关系的影响);Jeffrey L. Oldham, *Taking "Efficient Markets" Out of the Fraud – On – The – Market Doctrine After the Private Securities Litigation Reform Act*, 97 Nw. U. L. Rev. 995, 1030(2003)(讨论该法对市场欺诈理论推定的影响);Michael A. Perino, *Did the Private Securities Litigation Reform Act Work?*, 2003 U. Ill. L. Rev. 913, 947 – 50(注意到有统计上显著的证据表明,该法案至少在最严格解释该法案关键条款之一的巡回法院中提高了整体案件质量);Elliott J. Weiss, *Complex Litigation At the Millennium: Pleading Securities Fraud*, 64 Law. & Contemp. Probs. 5, 5 – 9(Spring/Summer 2001)(描述该法案对提起琐碎的集体诉讼的积极影响)。

市场免费披露他们的产品,允许噪音交易者根据这些信息进行交易。尽管当原告持有大量股份时,可能存在不适当的起诉动机,但从事交易的信息交易者可以起诉并证明其依赖性。另外,不直接交易的信息交易者无法满足交易的先决条件,因此将被禁止提起诉讼。此外,所有其他依赖分析师产品并进行交易的投资者也将被禁止提起诉讼,因为即使分析产品受到影响,他们也无法证明对错误陈述的依赖。这意味着,为了保护分析师产品的价值,市场欺诈理论假设必须适用于所有依赖分析产品的交易者。事实上,除了区分交易者类型的一般困难外,流动性交易者为什么会得到补偿仍然令人费解。要解决这一难题,必须认识到欺诈的危害并不局限于预防成本。欺诈以更高的流动性成本和更高的管理层代理成本的形式造成额外的伤害。

首先,考虑流动性成本。欺诈会导致信息不对称,从而增加信息交易者的预防成本。因此,当欺诈行为普遍存在时,信息交易者的数量就会下降,他们之间的竞争也会减少。信息交易者之间竞争的减少增加了做市商面临的风险,做市商随后会增加买卖价差,以反映更高的欺诈概率。市场欺诈理论假设有助于流动性交易者弥补损失。由于市场欺诈理论假设赋予他们获得补偿的权利,因此促使流动性交易者保持交易量,避免对整体价格进行贴现。忽视对这些损失的赔偿不能充分阻止错误陈述。

此外,即使信息交易者和那些依赖其分析产品的人得到补偿,如果流动性交易者得不到补偿,信息交易者仍将受到伤害。高买卖价差和流动性交易者交易减少将侵蚀信息交易者的潜在利润。

欺诈以管理层代理成本增加的形式造成了另一种伤害。[238] 管理层发布错误陈述的动机与公司业务运营的质量和管理层对个人利益的追求有关。管理层可能会撒谎,以避免披露管理不善或盗窃行为,通过操纵股价增加薪酬,通过内幕交易获取利润,或为以虚高的价格发行新股提供便利。这些活动产生了巨大的管理层代理成本:它们减少了公司资产,降低了公司价值,扭曲了资本的有效配置,并通过损害信息交易者和

---

〔238〕 参见前注〔231〕,Pritchard, supra note 231, at 937 – 938(审视减少管理层问责造成的费用)。

流动性交易者阻碍了市场的有效运行。欺诈的可能性越大，管理层代理成本增加的可能性就越大。管理层代理成本由所有其他市场参与者承担：信息交易者、流动性交易者和噪音交易者。如果管理层代理成本巨大，投资者将对总体价格贴现，增加所有公司的资本成本。此外，欺诈可能性的增加将进一步降低信息交易者监督管理层的有效性。这也将降低市场效率，进一步增加资本成本。市场欺诈理论推定有助于提起集体诉讼，增加欺诈被发现的可能性，并为欺诈造成的所有损害提供赔偿。提高威慑力可以促进信息交易者的活动，进而进一步降低管理层代理成本。[239]

①验证成本之于搜索成本？

我们的分析还表明，市场欺诈理论假设将导致管理层减少自愿披露，从而提高信息交易者的搜索成本的论点是不正确的。管理层披露决策受到两个相互竞争的威胁的影响：不准确披露的责任和不披露的责任。尽管不披露的责任有限，但没有理由假设管理层将通过减少披露来回应市场欺诈理论原则。由于过度威慑的风险仅适用于诚实（尽管可能疏忽）的管理，而不适用于不诚实的管理，因此管理层是否会采取防御性过度披露或披露不足是一个经验问题。事实上，一项关于支持市场欺诈理论原则的影响的实证研究发现，自愿披露坏消息的情况有所增加，而有坏消息的公司则更及时地向投资者发出警告。[240]

此外，管理层披露的信息比证券监管规定的要多，因为信息交易者创造了对信息的需求。随着信息交易者对公司施加更大的影响，他们将

---

〔239〕 我们不讨论应否向个别经理而非公司本身施加法律责任的问题。Arlen 和 Carrey 教授在一篇优秀的文章中分析了这个问题，前注〔149〕，他们支持对经理施加责任。

〔240〕 鉴于该研究发现有好消息的公司的行为没有改变，研究结果支持了以下观点：市场欺诈理论原则并没有减少自愿披露，而是相反。Sunil Dutta & Jacob Nelson, *Shareholder Litigation and Market Information: Effects of the Endorsement of the Fraud – on – the – market Doctrine on Market Information*（March 1997）（未出版手稿，在《杜克法学评论》存档），可见于 http://ssrn.com/abstract=69036。其他研究也支持同样的结论。参见 Jennifer Francis et al., *Shareholder Litigation and Corporate Disclosures*, 1994 J. AccT. RES. 137, 137 – 40（发现虽然披露不会阻止诉讼，但可能会降低诉讼的严重性）；Douglas Skinner, *Why Firms Voluntarily Disclose Bad News*, 1994 J. Acct. Res. 38, 38 – 39（1994）（发现面临重大负收益意外的公司更有可能进行与收益相关的先发制人披露）。

能够诱导更精细和及时的披露。诚然,信息交易者无法阻止管理层降低披露水平。但过度威慑与效率低下的管理层无关,后者首先缺乏披露激励;它仅适用于希望披露信息的高效管理层。选择减少披露的高效管理层有可能失去分析师覆盖带来的所有好处,如准确定价、流动性和降低代理成本。同样,这是一个经验问题,即这些利益的损失是否超过了过度威慑效应,从而否定了披露不足的动机。[241]

②集体诉讼下的适当审查标准

另一种不同的"过度威慑"观点认为,虽然理论上法院应该在欺诈案件中适用故意标准,但在实践中,法院适用的是过失标准。[242] 因此,原告甚至可以向没有欺诈或鲁莽行为的公司收取损害赔偿金。[243] 为了应对过度补偿问题,一些学者主张废除市场欺诈理论推定,并随之废除集体诉讼机制。

虽然我们并不反对法院有时错误地在欺诈案件中适用过失标准,但我们认为,过失实际上可能是适当的标准。相对于故意规则,过失规则具有以下几种效果:(a)增加提起的诉讼数量;(b)降低司法决策成本;(c)增加公司的核查成本;(d)降低信息交易者的核查成本;(e)延迟向市场披露信息。接下来,我们将详细介绍每种效果。

我们从诉讼数量开始分析。考虑到一项故意规则相对过失规则为胜诉设定了更高的标准,人们预计在过失规则下提交的诉讼数量会增加。此外,过失规则还降低了诉讼成本,因为它要求原告证明(和法院裁决)违反了客观的注意义务标准,而故意规则要求证明存在意图上的故意或鲁莽。

就核查费用而言,过失制度体现了公司核查支出与信息交易者核查投资之间的权衡。[244] 从公司的角度来看,过失规则会增加核查成本。

---

〔241〕 参见前注〔241〕。

〔242〕 参见 Johnson et al., supra note 236, at 782 – 83(注意到故意标准是臭名昭著的模糊)。虽然故意标准比疏忽更为严格,但即使在理论上也很难说有多严格,在实践中几乎不可能做到。

〔243〕 例如,Joseph A. Grundfest, *Why Disimply*?, 108 Harv. L. Rev. 727, 742 – 43(1995)(提供证据表明22% ~60%的证券诉讼是以妨害价值解决的)。

〔244〕 Robert Cooter & Thomas Ulen, *Law and Economics* 302 – 13(3d ed. 2000).

相对于故意，过失制度迫使管理层采取更多预防措施，以验证其向市场披露的信息的准确性。因此，管理层将在向市场发布信息之前花费更多资源验证信息。相反，过失制度将为信息交易者节省成本，因为公司在核查方面的额外投资将消除信息交易者进行的一些核查工作。但这两种效应不一定相互抵消。信息交易者节省的成本可能会超过公司增加的验证成本。首先，正如我们所解释的，作为内部人员，管理者可以比信息交易者更有效地验证信息。其次，由于所有信息交易者都投资于验证成本，公司增加的投资消除了信息交易者的重复投资。[245]

至于披露的时间安排，预计疏忽制度将导致向市场发布信息的延迟。延迟是因为管理层在向公众发布信息之前可能需要花更多时间验证信息。由于信息交易者从公司获得的信息更准确，验证过程更短，公司方面的延迟披露可能会被更快的定价所抵销。

这些影响是如何抵消的？对公司额外科加核查义务似乎超过了与过失制度相关的成本。过失制度将信息交易者的重复验证投资替换为公司的单一且更便宜的验证投资。由于公司是最低成本规避者，效率的要求将规避（错误陈述）的成本加给公司。[246] 过失规则平衡了公司和信息交易者采取的预防措施。它反映了这样一个事实，即公司可以更具成本效益地防止错误陈述，信息交易者可以更容易发现错误陈述。

但是，如果过失标准确实优于故意标准，为什么不修改《证券交易法》，专门规定过失标准？我们不支持这样的改变。因为经验告诉我们，法院有时会过分强化法定标准（例如，有时会根据疏忽而非故意规定责任），因此将法定标准降低到疏忽可能会引发一波罢工诉讼。过失标准的制定加上集体诉讼机制的保留可能会导致向严格责任标准的滑落。从理论上讲，严格的责任制度将迫使公司投资于预防措施，以消除所有错误陈述，同时使信息交易者不再需要采取任何预防措施。[247] 鉴于信息交易者可以更具成本效益地发现某些错误陈述，这种片面的制度显然是过分的。此外，实行严格责任制度并不能完全消除实践中的所有核查

---

〔245〕 然而，应该强调的是，相对于公司而言，信息交易者更容易发现一些错误陈述。否则，严格责任原则应成为规范。

〔246〕 参见前注〔245〕，Cooter & Ulen，supra note 245，306 – 311。

〔247〕 参见前注〔245〕，Cooter & Ulen，supra note 245，302 – 304。

成本,因为一些信息交易者可能希望带头对未能达到更高标准的公司提起集体诉讼。最糟糕的是,在严格责任制度下,琐碎的诉讼数量将非常高,公司和法院在处理此类诉讼时都将花费大量费用。

更好的故意审查标准实现了高效的平衡,因为集体诉讼机制中[248]体现的代理成本问题确保了实际标准将滑向适当的水平,也即过失。[249]首先,这种平衡保持了私人执法的使用及其威慑作用,而不会使公司负担过重。事实上,一项实证研究表明,成功的证券监管体系中最重要的因素是私人执法的存在。[250] 其次,虽然通过模糊故意与过失之间的区别而实现的法律强制一方面没有充分阻止欺诈,偶尔也会造成不应有的损害;另一方面,市场提供了适当阻止欺诈所需的额外制裁。除了和解付款外,犯有欺诈罪的公司还必须承担更重要的制裁,即股价下跌。[251]事实上,市场通过调整股价来判断针对公司的私法诉讼的效果优劣,从而对欺诈行为提供更精细的威慑。[252]

总之,市场欺诈理论推定是一个重要的法律工具,有助于信息交易者市场的发展,并降低预防成本、流动性成本和管理机构成本。市场欺诈理论假设提高了市场的有效性,提高了效率和流动性。

---

[248] See John C. Coffee, *Understanding the Plaintiff's Attorney: The Implications of Economic Theory for Private Enforcement of Law Through Class and Derivative Actions*, 86 Colum. L. Rev. 669, 673 – 77 (1986).

[249] 关于程序和证据之间的平衡,以及在执法中实现最佳威慑的实质性责任标准,参见 Richard A. Bierschbach & Alex Stein, *Overenforcement*, 93 Geo. L. J., No. 6, 1 – 5。可在 http://www. law. uchicago. edu/Lawecon/workshop – papers/Stein. pdf 查看。

[250] Rafael La – Porta et al., What Works in Securities Law? at 21 – 22 (Tuck Sch. of Bus., Working Paper No. 03 – 22, 2003)(在《杜克法学评论》存档),可在 http://ssrn. com/abstract = 425880 查看。

[251] 参见 Dale O. Cloninger & Edward Waller, *Corporate Fraud, Systematic Risk, and Shareholder Enrichment*, 29 J. Socio – Econ. 189, 189 (2000)(注意到披露非法活动后的价格反应通常超过公司最终经历的实际罚款、费用和处罚)。

[252] See Charmen Loh & R. S. Rathinasamy, *Do All Securities Class Actions Have the Same Merit? A Stock Market Perspective*, 6 Rev. Pac. Basin Fin. Markets & Pol'y 167, 167 (2003). 对 290 起根据 10(b) – 5 条款产生的诉讼的审查产生了两个重要结果。首先,在首次提起诉讼前后,被告公司的股票总体上大幅下跌。其次,并非所有案件都有相同的效果,因为在促使提起集体诉讼的原因中,只有四类案件——涉及会计违规、欺诈、做出过于乐观的陈述以及未能披露负面消息的案件——导致了最重大的提交日股票下跌。

五、结论

在本文中,我们提供了一个通用理论来解释证券监管如何促进有效和流动性市场。我们证明了证券监管的基本作用是促进和维持信息交易者的竞争市场。在金融市场上运营的各类投资者中,信息交易者最适合为金融市场提供准确的定价和充足的流动性。认识到这一事实,证券监管选择创造市场条件,使信息交易者能够执行这些任务。禁止内幕交易保护了信息交易者免受内幕人士的竞争,因此允许他们收回对信息的投资。强制性披露规则降低了信息收集成本。禁止欺诈和操纵降低了信息交易者验证数据的成本。

本文提出的模型使我们能够对证券监管中的几个重要问题选择立场。首先,我们已经证明,强制披露是必要的,因为竞争激烈的信息交易者市场无法为所有上市公司提供充分的披露激励。其次,我们已经证明,披露义务应适用于软信息和硬信息,以降低管理层代理成本。最后,我们已经确定,不仅当市场有效时,而且当市场低效时(可能尤其如此),市场欺诈假设是合理的;该假设对于支持信息交易者,也就是市场上最有效的价格修正机制是必要的。

(编辑:谢贵春)

《证券法苑》(2023)
第三十八卷,第 238 ~271 页

政治经济学视角下的《1933 年证券法》*

[美]保罗·G. 马霍尼**
朱锡俊　周雅妮***译　刘凤元****校

译者评注:保罗·马霍尼(Paul G. Mahoney)是弗吉尼亚大学法学院教授,2008 年至 2016 年担任法学院院长,主要研究领域是证券监管,法律与经济,公司金融,金融衍生品等。在任教于弗吉尼亚

---

* The Political Economy of the Securities Act of 1933, 30 Journal of Legal Studies 1 – 31(2001)。本文已获得作者翻译授权。

** 弗吉尼亚大学法学院布洛考(Brokaw)公司法教授、艾伯特·C. 贝维耶(Albert C. BeVier)研究教授。电子邮箱:pgm9h@virginia. edu. cn。感谢杰夫·米勒(Geoff Miller)、马克·温斯坦(Mark Weinstein)、审稿人埃里克·波斯纳(Eric Posner),以及弗吉尼亚大学法学院、经济学院和耶鲁大学法学院研讨会参与者提出的有益建议,并感谢弗吉尼亚大学班卡德政治经济基金(The Bankard Fund for Political Economy)的财务支持。同时感谢哈佛大学的贝克图书馆和约翰·沃登(John Warden)为我查阅美国诉摩根案的审判记录。本文仅代表作者个人观点,文中错误由作者自负。

*** 译者分别为上海证券交易所员工、中国证券监督管理委员会江苏监管局员工,署名不分先后。

**** 华东政法大学国际金融法律学院教授、博士生导师,资本市场研究中心主任。

大学法学院之前，马霍尼教授还曾在纽约 Sullivan & Cromwell 律师事务所执业，担任美国联邦第二巡回上诉法院法官 Ralph K. Winter 和美国最高法院 Thurgood Marshall 法官的书记员。2018～2022年，马霍尼教授在证券交易委员会的投资者咨询委员会任职。

美国《1933年证券法》是第一部联邦证券法，该法以时任美国总统罗斯福坚信的信息披露哲学为指导思想，确立了美国的证券发行制度——注册制。本文从政治经济学这一独特视角介绍了美国《1933年证券法》的立法背景、过程及其影响等。

本文介绍了《1933年证券法》出台前，美国投资银行业竞争逐渐加剧，抢先交易、折价销售等乱象开始出现，再加之商业银行、综合性银行参与投资银行业务的竞争，原有证券行业辛迪加体系逐渐显现出危机。《1933年证券法》的出台和罗斯福新政的金融改革着力解决上述问题。一是政府通过禁止抢先交易和折价销售巩固了辛迪加体系。二是改革放缓了证券分销的流程，将证券分销分为不同的批发和零售阶段，减小了综合性银行的竞争优势。三是改革将商业银行从承销业务的竞争者中剔除。

《1933年证券法》以信息披露为核心，有着"证券真实法"之美誉。然而，从改法对投资银行业产生的影响来看，其作用不仅于此。其通过禁止抢先交易、折价销售，分离证券批发与零售阶段等手段缓解了投资银行业的竞争态势，从而巩固了辛迪加体系。如果仅仅是为了实现充分披露的目标，这些规定都不是必需的。因为这些规定将限制投资银行业的竞争，提高发行人和投资者的成本。马霍尼教授还指出，《1933年证券法》很可能是监管寻租的产物。最大的受益群体头部投行与美国政治利益群体密不可分，如J. P. 摩根、狄龙·里德等头部投行的许多合伙人都纵横于政商两界，对立法产生着重要影响。如文中所述，"当需要监管的行业'问题'等重要信息是由相关利益集团提出时，即使是坚信自己正在追求公共利益的立法者也会被利益集团所影响"。

摘要：《1933年证券法》通常被认为是一部要求"充分披露"的法规，然而，其中的许多详细条款禁止在特定时期内或使用特定媒体披露关于待发行证券的信息。在该法出台前，主承销商们曾广泛地对证券零售销售进行限制，但到了20世纪20年代末，主承销商们很难继续按照合同来执行对零售销售的限制。《1933 年证券法》的通过,赋予政府限制证券零售销售的权力,其净效应是减少了投资银行之间的竞争。尤其是该法保护了分业经营的批发和零售投资银行免受来自综合性公司的竞争。

关键词:《1933 年证券法》 强制披露 证券零售销售 承销商 竞争

一、引言

对于经济监管的寻租理论来说,《1933 年证券法》[1]是一个严峻的试验场。1933 年,投资银行业在立法领域面临着巨大的困境。彼时,该行业的公众形象处于历史最低点。新总统罗斯福成功地利用就职演说令公众将大萧条的责任归咎于金融家,并在竞选中承诺减少金融家的权力和影响。《1933 年证券法》是在匆忙和保密的背景下起草的,其主要起草人詹姆斯·兰迪斯(James Landis)是一位对金融建立更强的公共控制感兴趣的学术改革者。[2]

然而,《1933 年证券法》确实在投资银行业内产生了赢家和输家。与其他新政改革相配合,该法遏制了零售交易商之间的竞争,而这些竞争威胁到了 20 世纪 20 年代辛迪加 * 分销体系(及其相关的零售价格维持)的生存。《1933 年证券法》的另一个重要影响是保护了头部的批发投资银行,以及代表他们分销的零售交易商,免受来自在 20 世纪 20 年代末获得市场份额的综合性批发/零售投资银行的竞争。具有讽刺意味的是,在 20 世纪 40 年代末,司法部对 17 家头部投资银行提起了

〔1〕 Act of May 27,1933,Pub. L. No. 73 -22,48 Stat. 74(codified as amended at 15 U. S. C. § § 77a -77z -3).

〔2〕 要仔细了解罗斯福新政证券改革的政治背景和主要人物,see Joel Seligman, The Transformation of Wall Street 1 -100(1982)。

* 辛迪加是 syndicate 的音译,原意是"组合",指相互间有利害关系的个体成员组成的联合组织,经营和从事特定商业交易,一般属于财经性质,也可以为临时性的目的组建。投资银行家们为了避免单一投资的巨大风险,往往联合起来包销某一证券或承购未被认购的大量证券。——译者注

反垄断诉讼(美国政府诉摩根案),指控其意图垄断承销业务,但未获成功。[3] 在一定程度上,司法部的指控依据是被告在与不知名的投资银行竞争承销业务市场份额方面所获得的成功。

前期关于《1933 年证券法》的文献基本上没有公共选择方面的分析。一些经济研究曾寻找(但基本上没有找到)证据,证明该法提高了投资者的回报或增加了价格的信息含量。[4] 然而,公共选择解释的匮乏并不令人惊讶。我们没有关于投资银行 1933 年之前的价值或盈利能力的系统数据,因为当时投行大多是私人合伙企业,从事基本上不受监管的业务。《1933 年证券法》是在非常匆忙的情况下以口头表决的方式通过的,没有产生任何的原始材料(委员会和国会的投票记录),而这些材料通常被用来说明经济利益所代表的阵营是支持还是反对立法。[5] 因此,这两个最有说服力的实证检验途径是不可用的。亨利·曼恩(Henry Manne)认为头部投资银行可能从《1933 年证券法》中得到了好处,而非受到打击。他认为,对于承销低风险证券并密切关注被保荐公司的头部投资银行来说,"充分披露"政策没有什么损失,相反通过赶走了承销高风险证券的公司获得了很多好处。[6] 但是,曼恩承认此结论缺乏支持数据。

先前的研究者也倾向于只看《1933 年证券法》的宏观设计,而不看

---

〔3〕 See United States v. Morgan, 118 F. Supp. 621 (S. D. N. Y. 1953).

〔4〕 See Carol J. Simon, *The Effect of the 1933 Securities Act on Investor Information and the Performance of New Issues*, 79 Am. Econ. Rev. 295 (1989); Gregg A. Jarrell, *The Economic Effects of Federal Regulation of the Market for New Security Issues*, 24 J. Law & Econ. 613 (1981); George J. Benston, The Effectiveness and Effects of the SEC's Accounting Disclosure Requirements, in Economic Policy and the Regulation of Corporate Securities 23 (Henry G. Manne ed. 1969); George J. Stigler, *Public Regulation of the Securities Markets*, 37 J. Bus. 117 (1964); Irwin Friend & Edward S. Herman, *The S. E. C. through a Glass Darkly*, 37 J. Bus. 382 (1964) (disputing Stigler's results).

〔5〕 罗伯塔－罗曼诺(Roberta Romano)使用这些证据构建了一个关于期货市场监管的令人信服的公共选择解释。See Roberta Romano, *The Political Dynamics of Derivative Securities Regulation*, 14 Yale J. on Reg. 279 (1997).

〔6〕 See Henry G. Manne, *Economic Aspects of Required Disclosure under Federal Securities Laws*, in Wall Street in Transition: The Emerging System and Its Impact on the Economy 33－36 (Henry G. Manne & Ezra Solomon eds. 1974).

其细节。甚至曼恩也从字面上认为,“证券真实”法 * 是一部有关披露的法律。人们不太了解的是,《1933 年证券法》同样是一部有关保密的法律。该法禁止在向美国证券交易委员会(SEC)提交注册文件之前公开披露拟发行产品的信息。[7] 该法还规定,零售开始的时间至少要比提交注册文件的时间延迟 20 天。虽然这些条款习惯上被描述为仅仅是“充分披露”技术手段的一部分,但实际上对零售和批发竞争都施加了重要的限制。

我试图说明,最好将这些“技术”细节理解为消除几种特定竞争技巧的手段,在 20 世纪 20 年代末和 30 年代初,市场地位较低的证券交易商成功地用这些技巧来对付市场地位较高的证券交易商。鉴于可用的量化信息有限,本文以定性分析为主。然而,我试图用可取得的承销商薪酬和市场份额的相关数据来支持这一论点。这些数据本身并不足以说明问题,但它们补充了对《1933 年证券法》和其产生的竞争背景的定性讨论。

本文结构如下:第二部分描述了第一次世界大战后投资银行业的变化情况;第三部分检验了 20 世纪 20 年代投行业竞争加剧的量化方法;第四部分描述了新进入投行业的竞争者用来获得市场份额的具体竞争策略;第五部分讨论了《1933 年证券法》针对市场竞争的条款以及罗斯福新政相关的政策;第六部分回到量化证据,论证《1933 年证券法》提高了行业集中度和承销商的利润;第七部分为小结。

二、20 世纪 20 年代投资银行业的结构性变化

在 20 世纪 20 年代,投资银行业的竞争比以前大大加剧。本节介绍投资银行业在第一次世界大战前的情况以及 20 世纪 20 年代发生的

* 美国《1933 年证券法》又称“证券真实法”(Truth in Securities Law)。——译者注

[7] 正如最初制定的那样,在注册声明生效之前,该法规禁止任何与股票发行有关的招揽活动。然而,证券交易委员会允许使用初步的招股说明书进行有限的招标活动。从 1933 年直到 1934 年证券交易委员会成立,联邦贸易委员会一直是证券交易的管理机构。

变化。

(一)第一次世界大战前

19 世纪末 20 世纪初,新股发行承销和销售的辛迪加制度在美国发展起来。辛迪加制度的显著特征是联合销售。[8] 在以往的实践中,投资银行组团按固定价格买入新发行证券,然后各自选择时间、地点和价格单独出售。相比之下,在辛迪加制度下,投资银行依据合同约定在辛迪加管理者指定的时间和地点以统一价格销售证券。就连销售广告也是统一组织的。

辛迪加是由一家投资银行"发起"或"发行",该投行承担如今典型的主承销商的作用——为公司提供咨询,调查其业务,谈判证券类型、条款以及发行细节。[9] 其他辛迪加成员将几乎全部的管理控制权委托给发起行。我在文中交替使用"发起行"(originating underwriter)、"管理行"(issuing underwriter)和"主承销商"(lead underwriter)这三个术语来指代担任发行公司主要财务顾问的投资银行。

承销商通过折价购买的方式获得报酬。辛迪加以协商价格从公司买入证券。投资者最终以发起行与公司协商后确定的固定价格购买。"总承销价差"(投资者支付的价格与公司收到的价格之间的差额)是给承销商提供财务建议、承担承销风险和寻找买家的报酬,并根据不同发行职责在投行和交易商之间进行分配。在 1933 年以前的时代,在一个公司和最终投资者之间可能有数层辛迪加,每一个辛迪加能比上一层以稍小折扣购买证券。

主承销商在辛迪加金字塔的顶端,能获得最大的酬劳。辛迪加向其支付费用作为管理发行的报酬。此外,主承销商在与发行人协商后,选择其他承销商和交易商,并确定他们承销或销售承诺的金额。[10] 对于一个投行来说,分配承销业务的能力是一项宝贵资产。

相较于第一次世界大战以后,第一次世界大战前的证券分销和投资银行业务的层次结构是静态的。发起机构和分销机构之间存在明显

---

〔8〕 See Fritz Redlich, *The Molding of American Banking* 358(1968).

〔9〕 See id. at 56 – 57.

〔10〕 Arthur Galston 在 *Security Syndicate Operations*(1928)中讨论了组建承销辛迪加的机制。

的区别。[11] 前者是纯粹的或主要的批发商,直接与发行公司谈判,并将证券销售给其他证券交易商和机构投资者。[12] 发起行处于投资银行业的上层。分销商应发起行的邀请参加承销辛迪加,再将证券部分出售给小型交易商,部分出售给投资者。对于大规模的发行来说,处于核心地位的发起行很可能由一家位于纽约的大"发行机构"担任,这些"发行机构"中最突出的是 J. P. 摩根(J. P. Morgan & Co.)* 和库恩·勒布公司(Kuhn,Loeb & Co.)**。[13] 在战前几年,威廉·姆里德公司(William A. Read & Co,1921 年更名为 Dillon,Read & Co. ,即狄龙·里德公司)***也加入了这个专属俱乐部。[14] 其他投资银行则在特定的行业中独占鳌头,例如西北哈里斯公司(N. W. Harris)(后更名为哈里斯·福布斯公司,Harris,Forbes & Co.)和位于芝加哥的哈尔西·斯图亚特公司(Halsey, Stuart& Co.)专注于公共事业领域,雷曼兄弟(Lehman Brothers)和高盛(Goldman,Sachs & Co.)则专注于商业领域。

第一次世界大战之前的新发行市场的结构特点是从事批发业务的投行占据了主导地位。当时主要的购买者是机构和资金实力雄厚的投资者;散户投资者还没有大规模地直接参与证券市场。[15] 美国是净资本流入国,所以承销商一定程度上依赖于外国投资者。这使公司倾向于通过重要金融中心——纽约,以及与国际业务广泛的承销商来发行

---

〔11〕 See Samuel L. Hayes III, *The Transformation of Investment Banking*, 76 Harv. Bus. Rev. 153, 154 (1979).

〔12〕 See Stock Exchange Practices: Hearings before the Senate Banking and Currency Comm., 73d Cong., 1st Sess., pt. 1, at 168 - 69 (1933) (hereafter "Pecora Hearings") (testimony of George Whitney).

* J. P. 摩根公司于 1861 年在纽约建立。经过美国 1929 年的经济大萧条后,J. P. 摩根公司根据 1933 年美国实施的银行法案中商业银行业务和证券业务必须分离的决定,于 1935 年决定维持原有的商业银行业务,而部分高级合伙人和职员退出公司,成立摩根士丹利证券公司。——译者注

** 库恩·勒布公司于 1867 年在纽约州创立,是 19 世纪末和 20 世纪初最具影响力的投资银行之一。——译者注

〔13〕 See George W. Edwards, *The Evolution of Finance Capitalism* 227 - 28 (1967).

*** 1921 年,威廉·姆里德公司加入了合作伙伴克拉伦斯·狄龙,因此更名为狄龙·里德公司,是一个设在纽约的投资银行。——译者注

〔14〕 See Morgan, 118 F. Supp. at 671 - 72.

〔15〕 See Edwards, supra note 13, at 228.

证券。

相较其他投行，J. P. 摩根和库恩·勒布公司更容易获得资本。这两家银行都是从商业客户那里吸收存款的私人银行(私营、不受监管的商业银行，不为普通公众提供服务)，尽管与普通商业银行相比，它们的总存款额很小。更重要的是，这两家银行都与欧洲有广泛的业务联系，并且与大型商业银行关系密切。这些关系使他们能够在短时间内借到钱并投放大量证券。[16]

证券分销的过程很缓慢。辛迪加协议期限通常为 1 年，其中证券分销过程通常持续几个月。[17] 新发行证券市场以债券为主。股票一般通过经纪人撮合的私募配售和公司内部人员配售的方式进入二级市场。

(二)从第一次世界大战到《1933 年证券法》

上述投资银行的业务结构在战后发生了重大变化。美国在战后成为一个债权国，拥有"世界上最大的储蓄存量和流量"。[18] 国内借款人不再需要依赖外国资本。他们也第一次可以利用小投资者所组成的大军。

证券市场对"零售"销售的依赖程度越来越高。为了筹措军费，美国财政部发行了空前规模的证券。1917 ~ 1918 年发行的四笔自由公债(Liberty Loan)和 1919 年发行的胜利公债(Victory Loan)总计达 215 亿美元。[19] 对比来看，截至 1916 年末的国债总额为 12 亿美元，而 1907 ~ 1916 年发行的公司证券总额为 167 亿美元。[20] 为了销售如此大规模的债券，财政部征集了商业银行、投资银行和经纪公司在全国范

〔16〕 See id.

〔17〕 See Brief on General Points in Support of Defendants' Motion to Dismiss at 47, Morgan, 118 F. Supp. 621.

〔18〕 See Irwin Friend et al., *Investment Banking and the New Issues Market* 92(1967).

〔19〕 See Vincent P. Carosso, *Investment Banking in America: A History* 224(1970).

〔20〕 政府债务数据来自 2 U. S. Dep't of Commerce, Bureau of the Census, Historical Statistics of the United States, Colonial Times to 1970, at 1104(1975)(以下简称历史数据)。公司债券发行数据来自 U. S. Dep't of Commerce, Bureau of Foreign and Domestic Commerce, Statistical Abstract of the United States 1924, at 293(1925); U. S. Dep't of Commerce, Bureau of Foreign and Domestic Commerce, Statistical Abstract of the United States 1932, at 292(1932)。

围内开展销售活动。这些机构通过出售小面值债券招揽了数百万从未参与过证券投资的中等收入客户群体。财政部估计,在1917年之前的非机构债券市场大约有35万名个人投资者。[21] 但此后有2100万余人购买了自由公债。[22] 在开拓这一新市场的过程中,许多投资银行在"高压"销售活动中初次体验了他们可以取得何等成就。

自由公债运动培养了一代经验丰富的推销员,他们可以迅速联系成百上千的零售客户。在第一次世界大战后,这些推销员建立了一个专门向个人投资者销售证券的全国性交易商网络。[23] 这些零售交易商构成了分销网络的最底端。零售交易商为了分销买入新发行证券,并在二级市场持有流通证券存货以应对中产阶级家庭日益增长的投资需求。在许多情况下,称零售交易商为"投资银行家"是一种牵强的说法,因为他们只发挥着分销的功能。因此,广义上的"证券交易商"包括投资银行家和零售交易商这一新群体。

然而,证券零售并不仅存在于证券行业的底层。稍逊于顶级投行的哈里斯·福布斯、哈尔西·斯图亚特以及国民城市公司(国民城市银行的承销部门)*,建立起了大规模的全国性零售销售队伍。哈尔西·斯图尔特安装了庞大的私人专线系统,使其能够从芝加哥总部联系到全国各地的客户。[24] 它通过报纸(和后来的广播)广告来招揽个人投资者,并效仿自由公债运动建立起来的分期付款计划,允许小型投资者以分期付款的方式购买证券。[25]

第一次世界大战期间,国民城市公司开始组建一支庞大的零售销

---

〔21〕 See *Annual Report of the Secretary of the Treasury for* 1917, H. R. Doc. No. 613, 65th Cong., 2d Sess. 6(1918)(hereafter "1917 Annual Report").

〔22〕 仅第四批自由公债就有2100万的认购者。See *Annual Report of the Secretary of the Treasury for* 1918, H. R. Doc. No. 1451, 65th Cong., 3d Sess. 18(1919). 第一批和第二批自由公债分别有400万名和900万名认购者。See 1917 *Annual Report*, supra note 21, at 7, 10. 财政部年度报告未提供第三批自由公债的认购人数。

〔23〕 See Morgan, 118 F. Supp. at 638.

* 国民城市银行(National City Bank)成立于1845年,总部位于俄亥俄州,是国民城市公司(National City Company)的控股公司。——译者注

〔24〕 See Carosso, supra note 19, at 260.

〔25〕 Id.

售队伍。在"有史以来最伟大的债券推销员"[26] 查尔斯 E. 米切尔(Charles E. Mitchell)的领导下,国民城市公司收购了几家小交易商,并在全国各地开设分支机构。[27] 国民城市公司曾代表高压营销的最前沿。正如一位同时代的人所说的那样,"米切尔没有等待投资者上门,而是带领着一群年轻的男男女女,为他们提供证券销售培训课程,然后便让他们出去寻找投资者。这种以如此大力度和规模推销的方法,是前所未有的"。[28] 米切尔开创了两例先河,一是挨家挨户上门销售证券,二是向成功推销公司所承销债券的销售人员发放大额奖金。[29] 到 20 世纪 20 年代末,国民城市公司已经是"世界上最大的证券分销机构"。[30]

更快速的分销。随着个人投资者的重要性日益增加以及作为重要金融中介机构的零售证券交易商的发展,证券分销机制发生了变化。在承销辛迪加的下面又发展出一类新团体,称为"销售团"(selling group)。销售团由发起行选择的证券交易商组成,他们先以折扣价买入分配好的承销证券,并同意再以固定价格卖给投资者。[31] 由于销售团成员仅在零售分销时购买,因此不存在任何意义上的"包销"。事实上,销售团成员经常只在能找到买主的情况下承诺买入证券。与承销商一样,销售团向发起行授予控制分销条款的较大权限。交易商需按照发起行确定的数量、时间、价格,而且往往还会在指定的特定地区出售。

尽管平均发行量更大、潜在的购买者也更多,新分销技术仍旧极大地提高了新发行证券的销售速度。[32] 现在有更多的金融机构参与到新股销售中来,他们积极寻找买家而不是等待买家的到来。短短几天内就可以销售完一只新发行证券。

---

〔26〕 Thomas F. Huertas & Joan L. Silverman, *Charles E. Mitchell: Scapegoat of the Crash?* 60 Bus. Hist. Rev. 81, 81 (1986).

〔27〕 See id. at 87 – 88.

〔28〕 Seligman, supra note 2, at 24.

〔29〕 Id.

〔30〕 See W. Nelson Peach, *The Security Affiliates of National Banks* 87 (1941).

〔31〕 See Morgan, 118 F. Supp. at 642 – 43.

〔32〕 See id. at 644.

证券组合的变化。20 世纪 20 年代末,投资者对股票的投资需求迅速增长。第一次世界大战前的投资银行业专注于公司债券,其次是优先股。第一次世界大战后,投资者为了追求高回报更愿意承担高风险。对此,企业选择向公共市场出售更多的普通股。〔33〕 投资者对风险的容忍度趋高,使新成立的公司也可以在公共市场上筹集资金。这反过来又为规模较小的区域性投资银行创造了承销较大风险证券发行的机会。到了 1929 年,并无很多主承销商相关经验的投资银行都是在为相对不知名的公司发行证券。

三、投资银行业竞争加剧的衡量方法

第一次世界大战后,投资银行不需要花费数年的时间来积累声誉和人脉就可以获得成功,因此许多新公司进入这个行业。老牌投资银行家们很快就抱怨市场上的公司太多。到了 20 世纪 20 年代末,他们还抱怨业务利润率的不断下降。本节试图将现有的信息拼凑起来,以提供 20 世纪 20 年代投资银行业竞争加剧的定性和定量衡量方法。

(一)投资银行的数量和资本

1912 年,几家投资银行成立了一个行业团体——美国投资银行业者协会(Investment Bankers Association of America,IBAA)。IBAA 的年度报告记录了其会员数量的增长和该组织的应对,这证明了在 20 世纪 20 年代竞争者快速涌入了投资银行业。

第一次世界大战后,IBAA 开始拒绝许多会员资格申请。1919 年,IBAA 正式将营业期限不少于 2 年列为入会条件。〔34〕 表 1 收集了一些 IBAA 秘书和会员资格委员会的报告。他们对第一次世界大战后新公司进入投资银行业的速度太快表示不乐意。然而,在 20 世纪 20 年代中期开始的新证券发行热潮中,这些担忧的迹象逐渐减弱。由于第一

〔33〕 表 2 展示了普通股发行量占新证券发行总量的百分比的增加。

〔34〕 See Proceedings of the Ninth Annual Convention of the Investment Bankers Association of America 38(1920)(hereafter “1920 Proceedings”).

次世界大战后 IBAA 的排外性日益增强,IBAA 会员的增长必然是低于,也可能是大幅低于 1919 年后投资银行机构数量的增长。

表 1　美国投资银行业者协会会员增长情况

年份	引文
1919	“自本组织成立以来,会员资格委员会从未一年之间收到如此多的申请表……许多新公司的筹备工作引起了一些关注。”(p. 20)
1920	“委员会秘书认为,没有任何一个会员资格委员会像我们去年那样收到如此多的申请。到处都有新的公司成立,有些公司是由有着毋庸置疑实力的债券承销人领导的,有些公司则是由善意但未经世事的年轻人筹备的。”(p. 23)
1921	“申请数量的大幅增加引起了会员资格委员会的极大关注,并导致了限制成员资格的问题。”(p. 32)
1924	“会员资格委员会在接纳新公司问题上的坚定立场是值得庆贺的。这里没有任何回避责任的行为。1924 年 1 ~ 8 月,有 39 个新公司被接纳为会员,而前一年有 45 个。更严格的要求导致了数量的减少。”(p. 35)
1926	“可以肯定地说,随着时间的推移,协会的会员资格会越来越难获得。”(p. 85)

资料来源:美国投资银行业者协会(历年)年会论文集。

表 2 展示了 1912 ~ 1940 年国内新发行证券量、IBAA 会员公司数量及投资银行业的资本总额。[35] 这些数据和埃尔文 · 米勒(Ervin Miller)的结论一致,即“在 20 世纪 20 年代,证券公司的数量和资产都在急剧增长”。[36] 20 世纪 20 年代前期,证券公司的增长速度也快于新发行证券市场。零售销售队伍的规模也在迅速扩大。根据普查数据,股票和债券销售员的数量从 1910 年的 6000 人增加到 1920 年的 11,000 人,1930 年更是增长到了 22,000 人,这一数量水平直到 20 世纪 50 年代才再次出现。[37] 表 2 还展示了普通股发行量占新发行证券量的百分比。由于高

---

〔35〕 下文提供的市场份额包括国外和国内的发行。在美国发行的外国债券的数据来源是联邦储备局公报,它没有提供 1912 年以来的数据,所以表 2 省略了国外发行数据。

〔36〕 See Friend et al. , supra note 18, at 93.

〔37〕 See 1 Historical Statistics, supra note 20, at 142.

信誉的承销商会避免承销普通股,因而普通股的占比也衡量了低信誉公司对承销业务的渗透情况。

表2 投资银行业和新发行市场(1912~1940年)

年份	新发行证券量(百万美元)	普通股发行(占总数的百分比/%)	IBAA会员公司数量/个	资本总额(百万美元)
1912	2254		257	263
1913	1646		354	
1914	1437		356	
1915	1436		340	
1916	2187		361	
1917	1531		407	
1918	1345		399	
1919	2668	28.2	433	
1920	2788	19.9	485	
1921	2270	8.8	552	
1922	2949	9.8	586	1053
1923	3165	10.4	607	
1924	3521	14.7	617	
1925	4223	14.4	620	
1926	2574	14.8	662	
1927	6507	10.5	676	
1928	6930	30.2	690	
1929	9376	54.0	665	2632
1930	4957	22.3	626	
1931	2372	8.2	533	
1932	644	2.0	427	
1933	380	36.1	378	659

续表

年份	新发行证券量（百万美元）	普通股发行（占总数的百分比/%）	IBAA会员公司数量/个	资本总额（百万美元）
1934	397	6.3	495	
1935	2332	.9	621	
1936	4572	5.9	751	
1937	2310	12.3	796	
1938	2155	1.2	754	
1939	2164	4.0	734	526
1940	2677	4.0	691	

资料来源：新发行证券量和普通股：美国商务部、美国统计局、（历年）美国历史数据集；IBAA会员公司数量：美国投资银行业者协会的（历年）年会记录；资本总额：Irwin Friend et al., Investment Banking and the New Issues Market(1967)。

（二）行业盈利能力

20世纪20年代末，IBAA的成员开始抱怨承销业务利润率的下降。[38] 在此期间，平均利差似乎有所下降。1923年，阿瑟·杜温（Arthur Dewing）估计，对于一般债券发行来说，总利差是销售价格的5%左右。[39] 但在1940年，肯尼斯·黑文（Kenneth Haven）收集了1926～1929年的债券发行数据，发现平均利差约为3.0%。[40] 1937年，美国证券交易委员会研究部主任撰写的文章显示，在1927年至1931年的债券发行样本中，平均利差也为3.0%。[41] 另一项也发表于1937年的研究

〔38〕 See, for example, Proceedings of the Sixteenth Annual Convention of the Investment Bankers Association of America 45(1927)(hereafter "1927 Proceedings")(IBAA主席的讲话指出"边际利润递减")；Proceedings of the Seventeenth Annual Convention of the Investment Bankers Association of America 8 (1928) (hereafter "1928 Proceedings")(IBAA主席的讲话指出，为了"有更好的条件和更好的净利润"，有必要恢复到"前几年享有的良性竞争的状态"。)

〔39〕 See 2 Arthur S. Dewing, The Financial Policy of Corporations 147–50(1923).

〔40〕 See T. Kenneth Haven, *Investment Banking under the Securities and Exchange Commission* 34(1940).

〔41〕 See Paul P. Gourrich, *Investment Banking Methods Prior to and Since the Securities Act of* 1933, 4 L. & Contemp. Probs. 44, 69(1937).

显示,同一时期224笔债券发行的平均总利差为3.03%。[42]

当然,利差的下降并不能证明盈利能力的下降,因为在20世纪20年代,投行业的成本也在发生变化。承销新发行证券的一些固定成本可以产生规模经济,如对发行人的业务展开调查、提供建议和制定销售策略。因此,对较大规模的证券发行来说利差(百分比)通常会较小,且在20世纪20年代,证券发行规模在不断扩大。[43] SEC的一项研究发现,在1925~1929年期间,规模低于500万美元的债券发行的总利差为5.2%,这表明主要是平均交易规模变得更大了导致利差下降。[44] 此外,由于发行节奏更快,库存证券的融资成本(以及相关风险)也在下降。然而,其他承销成本可能在增加。较以往的销售模式而言,新销售方式的成本更高,因为新销售方式需要更庞大的销售队伍。在此期间,短期利率的上升抵消了因更快速的销售而减少的部分融资成本。

由于缺乏更多信息,我们不能定量判断20世纪20年代末承销利润是否减少了。银行家们对产能过剩和利润下降的频繁抱怨是最有力的证据。正如一位投资银行家所说:"快速增长问题所导致的利润率下降真是一个大问题。"[45]

(三)承销市场的集中度

我们可以从20世纪20年代中期开始计算主承销商的市场份额。1925至1935年间,国家统计局(National Statistical Service,NSS)定期公布了按主承销商分组的所有新公开发行证券的名单。[46] 我利用这些信息编制了一份涵盖1925~1935年所有由"主要"承销行承销的发行清单。我将"主要"承销商定义为,在1925~1935年至少承销过一次超过1000万美元的公开发行证券(不包括关联公司或共同基金发行的证券)。根据这一定义,在1925~1935年,有105家主要承销行承销了

---

[42] See S. L. Miller, Effects on Investment Banking Practices of Federal Regulation of Securities, Annalist, September 10, 1937, at 412, 413.

[43] 关于发行规模, see Morgan, 118 F. Supp. at 642。

[44] See Friend et al., supra note 18, at 408-9(数据来自SEC)。

[45] See 1927 Proceedings, supra note 38, at 206.

[46] See National Statistical Service, American Underwriting Houses and Their Issues, Volumes I-VI(Otto P. Schwarzschild ed. 1928, 1930, 1931, 1932, 1933, 1935).

4344 次发行。

国家统计局的数据在 1935 年之后便没有了。然而，更多的市场份额数据可以从摩根诉讼案的审判记录中获得。诉讼双方利用 SEC 和投资银行的记录，将《1933 年证券法》颁布后的一系列 3 年期的市场份额数据作为证据。这个数据来源有两个缺点。其一，该数据仅汇总了 3 年期间的总市场份额，而不是逐年汇总。其二，该数据将发行金额分摊到所有列名的联合承销商。相反，国家统计局的数据是将所有的发行金额都计入了“主要”承销商名下。为了使这两个数据来源具有可比性，我查看了从 1936 ~ 1940 年《华尔街日报》上所有的墓碑广告 *，并确定了这些广告的主承销商(牵头承销商总是出现在墓碑广告的左上方)。我还查看了摩根案中的被告所提供的原始数据，得出了同一时期市场份额的逐年细分情况。

表 3　投资银行业的市场集中度(1925 ~ 1940 年)

年份	集中度(%)	年份	集中度(%)
1925	37.0	1933	14.6
1926	31.2	1934	48.3
1927	29.5	1935	53.6
1928	19.4	1936	54.8
1929	12.9	1937	50.4
1930	34.1	1938	54.1
1931	47.4	1939	46.3
1932	55.3	1940	53.1

资料来源：主承销商份额：National Statistical Service, American Underwriting Houses and Their Issues, Volumes Ⅰ - Ⅵ (Otto P. Schwarzschilded. 1928, 1930, 1931, 1932, 1933, 1935); United States v. Morgan, 118F. Supp. 621 (S. D. N. Y. 1953) (trial records)。新发行证券总量：domestic, U. S. Dep't of Commerce, Bureau of the Census, Historical Statistics of the United States (1975); foreign, Federal Reserve Bulletin (various issues)。

注：市场集中度是指前五大投资银行承销的国内外公司、外国政府新发行证券的金额占所有国内外公司、外国政府新发行证券的金额的百分比(均以美元计价)。

---

* 墓碑广告(tombstone advertisements)，指证券发行广告，因该广告底阔顶尖，像一座坟墓，故被称为墓碑广告。——译者注

表3显示了1925~1940年,每年前五大主承销商的总市场份额。根据摩根案中搜集到的更多(证监会注册前)发行的有限证据,1925年的高市场集中度显然是1918~1924年的典型情形。然而,在20世纪20年代末竞争日益激烈的市场中,集中度稳步大幅下降,从1925年的37.0%的高点降至1929年的12.9%。

四、辛迪加体系危机

随着零售层面的竞争加剧,有些卖家开始违反辛迪加协议中规定分销时间、价格的条款来寻求竞争优势。在20世纪20年代,由于发行速度的加快和对零售的关注,主承销商们很难监控和控制成百上千参与新发行证券销售的证券交易商的行为。到20世纪20年代末,投资银行家们意识到辛迪加体系的存在受到了威胁。

老牌银行家将这种现象描述为投资银行业务专业化程度的下降。就像今天的律师和医生一样,20世纪20年代的许多投资银行家将自己视为学识渊博的职业一员,而这一职业的标准正被仅仅是推销员的新加入者所破坏。1926年秋季,在IBAA的年度大会上,成立了商业问题委员会(Committee on Business Problems),这就是对这一问题关注的体现。该委员会在1927年大会上提交的第一份报告的主要内容是由其下属的分销委员会编写的,报告讨论了分销方式的变化。[47]

分销委员会的报告特别提到了两种分销策略:"抢先交易"(在商定的销售期限之前销售)和折价销售。报告还表达了对高压销售策略和来自商业银行的竞争的担忧。到1933年IBAA会议召开时,国会已经解决了前述四个问题。

本节首先将逐一讨论这些竞争问题。其次探讨主承销商们为什么会想要去维护辛迪加体系。最后指出将批发和零售结合在一起的综合性投资银行并没有像独立的批发或零售投资银行一样遇到这些问题,这是综合性公司的竞争优势。

---

〔47〕 See 1927 Proceedings, supra note 38, at 187-93.

(一)抢先交易

在20世纪20年代末,一种被称为"抢先交易"的做法开始流行。根据一般的承销业务惯例,承销和销售辛迪加协议包含一项承诺,即在主承销商通过电报或电话通知"发行"该等证券之前,承诺不会出售该等证券。抢先交易违反了辛迪加协议,即在证券发行前就接受客户的委托。

抢先交易可以让交易商在争夺零售客户的竞争中领先于其他交易商,却违背了联合销售的前提——每个卖方都遵守协议中有关销售价格、时间和区域(若有)的限制。主承销商会非常认真谨慎地对待来自因遵守辛迪加协议而流失客户的零售商的投诉。

为了防止抢先交易的发生,发行机构直到最后一分钟都在努力保密发行时间和价格。然而,这并不总是可行的,特别是对于大公司的发行。大公司受到财经媒体的密切关注,报纸或投资杂志可能会在证券发行机构正式向辛迪加公布信息之前,就刊登出即将发行的大规模证券的详细情况。[48] 因此,即使销售团成员根据辛迪加协议有等待义务,但他们有足够的信心能够按照所报时间和价格提供证券从而接受客户的订单。

这种"不公平交易做法"[49]的出现引起了极大的恐慌;一位评论员将投资银行家描述为"全神贯注于"抢跑。[50] IBAA 商业问题委员会宣布其致力于"确立'公平竞争'的原则,使所有参与公开发行的人都能在公平的基础上就证券报价时间进行竞争"。[51] 然而,对于主承销商来说,唯一可行的惩罚就是不允许违约交易商参与未来的交易。除非能确定违约者真的抢先交易了,否则承销商不会采取如此极端的手段。当然说起来容易做起来难。交易商可能会向发行机构投诉其他交易商,但他们一般不愿意提供具体细节。如果交易商在报价日打电话给客户,却得

[48] See 1928 Proceedings, supra note 38, at 183 - 84.

[49] See George E. Bates, *The Waiting Period under the Securities Act*, 15 Harv. Bus. Rev. 203, 212 (January 1937); see also Gourrich, supra note 41, at 44, 65 (describing the practice as "unfair competition").

[50] See Bates, supra note 49, at 212.

[51] See Proceedings of the Eighteenth Annual Convention of the Investment Bankers Association of America 170 (1929).

知客户已经允诺从其他交易商那里购买,他就会知道存在违约行为。然而,提出投诉的交易商因为担心相关调查会冒犯客户并导致业务流失,所以不愿意把客户名单告诉发行机构。[52]

IBAA 分销委员会的总结认为,抢先交易问题的根源在于发行前的过度宣传。[53] 当销售员和顾客都能从早报上获知一项即将推出的产品的详细信息时,即使是再谨慎的交易商,也免不了要抢先交易。要么是销售员禁不住在报价日期之前拜访客户,要么是客户主动联系销售员。分销委员会主席对发行机构严格控制发行时间和价格等信息的行为表示赞许,但也承认了这种"理想状态"很难达到。[54] 就大规模证券的发行,他指出:"发行机构正千方百计地将信息同时传给你们每一个人,他们需要的是有人告诉他们一个切实可行的办法,同时也需要有人设法不让消息通过报纸公布出去。"[55]

在极少数情况下,当这种"理想状态"得以实现时,又会导致另一个问题——销售团成员必须在几个小时内决定申购的证券份额。这增加了发生昂贵错误的可能性。发行机构希望能够提前几天向潜在的销售团成员提供拟发行的细节,但他们又能肯定得到消息的交易商不到发行开始不会接受订单。

(二)折价销售

折价销售的做法在 IBAA 内部引起了更激烈的争论。如上所述,承销商以低于固定发行价格购买证券,从而获得服务的报酬。折扣由承销机构和销售机构共同享有。销售机构所享有的折扣被称为"销售折扣"。对于先买入证券再销售给客户的交易商,销售机构可以反过来将特定份额的销售折扣"返还"。以债券承销为例,假设 1000 美元面值债券的总利差为 20 美元,其中 10 美元由承销商留存,10 美元作为对分销商的销售折让,而分销商可以向任何其他证券交易商返还至多 2.5 美元的销售折让。

因为"证券交易商"没有一个公认的定义,所以在不公然违反辛迪

〔52〕 See 1927 Proceedings, supra note 38, at 240.

〔53〕 See 1928 Proceedings, supra note 38, at 174.

〔54〕 See id. at 184.

〔55〕 Id. at 186.

加协议的情况下,希望通过价格竞争的承销商和销售团成员发展出了向讨价还价的客户返还销售折扣的做法。起初,所有的金融机构如银行和信托公司,开始期望获得折扣。[56] 到了20世纪20年代末,一些交易商向所有机构投资者、律师及其他专业人士提供销售折扣。IBAA的副主席在1927年的大会上抱怨说,"如今大幅度的销售折扣已经发展到除了少数倒霉蛋几乎任何人都可以得到的程度",倒霉蛋是指未能成功讨价还价的客户。[57]

在协会的大多数成员看来,折价销售和抢先交易一样,都是一种不道德的行为,但却是一种很难杜绝的行为。一位IBAA会员认为,"我们最大的恶行就是折价销售"。[58]

对此,有两个解决方案。第一个方案是简单地禁止所有的折扣,这样任何不属于销售团的证券交易商都必须以与公众相同的价格购买。第二个方案是由IBAA的区域组织制定"经认证的"证券交易商名单,并禁止向任何不在名单上的交易商提供折扣。

(三)销售技巧

我已经讨论了新式零售策略的发展,如报纸、广播广告、上门销售及分期付款计划等。面对更为积极进取的竞争对手为招揽潜在买家所做的竭尽努力,老牌投资银行家感到震惊。由于证券交易商数量的增加以及交易商雇用了越来越多的推销员,投资者可以在众多的卖方中进行选择。正如一位观察家所说的那样:"推销业务人满为患,过多的推销员在拜访每一位客户和潜在客户……对于非专业债券投资者来说,谁也不需要有四五个以上的债券推销员经常来拜访他。大多数投资者要么有四十个推销员,要么最后嫌恶地一个也没要。"[59]因此,在说服投资者通过X交易商而非Y交易商购买新股的战斗中,抢先交易和折价销售成为重要的新战术。

---

〔56〕 See 1927 Proceedings, supra note 38, at 195.

〔57〕 Id. at 236.

〔58〕 Id. at 206.

〔59〕 Wall Street at Close Range: Ⅱ – The Bond Salesman's Problems, World's Work, January 1931, at 98.

(四)与商业银行的竞争

美国财政部在很大程度上依赖商业银行来销售自由债券。[60] 因此,第一次世界大战后,许多商业银行建立了债券部门或证券分支机构,利用在自由债券运动中学到的销售技巧,参与证券承销和交易。从1922年到1929年,通过单独的证券分支机构或债券部参与证券分销业务的商业银行从277家增加到591家。[61]

相较一家新投资银行的入场,一家商业银行的入场造成的竞争威胁更大,因为商业银行可以将更多的资金用于承销业务。商业银行开始将这些资金用于直接竞争,而不是短期贷款给投资银行辛迪加。由于商业银行同时拥有雄厚的资本和庞大的销售团队,它们特别倾向于同时承做证券发行和零售分销业务。

(五)为什么是辛迪加体系?

为什么IBAA的会员如此在意保留辛迪加体系,而不是允许证券交易商在价格基础上竞争?对此,投行业态和金融文献都提供了可能的解释。

采用固定价格的辛迪加体系是维持零售价格的一种形式。如很多其他行业一样,发行人和主承销商可以选择零售价格维持措施,以吸引交易商提供特定产品服务。[62] 这与主承销商的行为一致,主承销商敦促分销商熟悉发行人和证券,以便能够推荐适合其客户的证券。同样值得注意的是,零售价格维持措施通常出现在制造商拥有市场支配力的高度集中性市场中。[63] 辛迪加体系兴盛于20世纪初至20世纪20年代中期,在这一时期,少数主承销商主导了证券业务。20世纪20年代末,随着主承销商市场集中度的大幅下降,主承销商市场分崩离析。1933年至今,辛迪加体系一直存在,且集中度较高。

---

〔60〕 第一次和第二次自由贷款的认购中,分别约有56%和53%是通过全国性银行获得的。See 1917 Annual Report, supra note 21, at 548 – 49. See also Peach, supra note 30, at 31 – 32.(其中载有银行销售自由债券的更详细数据,并指出:"在战争期间,几乎所有的全国性银行都掌握了分销债券的技巧。")

〔61〕 See id. at 83.

〔62〕 See Lester G. Telser, *Why Should Manufacturers Want Fair Trade*? 3 J. Law & Econ. 86 (1960).

〔63〕 See id. at 88.

第二种可能性是辛迪加体系为在公开发行(特别是首次公开发行)中出现的信息不对称问题提供了有效的解决方案。发行人比投资者更了解他们自己的业务,但总体而言,投资者整体比发行人更了解影响新证券销售价格的系统性因素。[64] 投资银行通过向投资者证明发行人质量以及在实际销售前向投资者征询潜在需求来解决信息不对称问题。为了促使投资者做出准确的信息披露,主承销商对披露准确正面信息的老客户将定价调低并给他们分配更多的新股。在 20 世纪 20 年代,零售交易商就像今天的机构投资者一样,扮演着常客的角色。

以上两种解释都可以说明主承销商维持辛迪加体系的决心。然而,20 世纪 20 年代以来,主承销商发现通过合同来维持辛迪加体系的成本越来越高。对此,投资银行有两种选择。一是整合。兼具批发和零售功能的公司可以对销售工作实施更大的控制。二是由监管者来强制实施辛迪加体系。正如我们将看到的那样,《1933 年证券法》选择了后者。

大约从 1900 年到 20 世纪 20 年代中期,基于当时的执行成本特征,辛迪加体系可能是一种有效的合同安排,但是考虑到 20 世纪 20 年代后期更高的执行成本,辛迪加体系只有在补贴(以政府监管的形式)的情况下才能生存。补贴有可能提高了福利——也就是说,发行人和投资者从更有效的分销中得到的好处超过了补贴的成本。然而,这种可能性似乎很小,因为投资银行已经成功地利用垂直整合来替代政府的强制执行,这一点将在下一节中讨论。更重要的是,辛迪加体系的边际效益必须大得令人难以置信,才能覆盖与《1933 年证券法》"抢先交易"禁令和美国证券交易商协会(National Association of Securities Dealers, Inc., NASD)"公平守则"有关的遵守成本,这一点也将在下文讨论。可以得出结论是,零售价格维持措施是无可非议的,但不能说零售价格维持措施应该得到补贴。

(六)综合性公司的挑战

零售价格维持措施的替代选择是整合。那些在全国各地都有零售网点的投资银行,例如哈里斯·福布斯、哈尔西·斯图亚特和国民城市

---

〔64〕 See Lawrence M. Benveniste & Paul A. Spindt, *How Investment Bankers Determine the Offer Price and Allocation of New Issues*, 24 J. Fin. Econ. 343(1989).

公司,不必像批发投资银行那样依赖于区域证券交易商。他们可以控制自己公司的零售工作。与只做批发的承销商相比,综合性公司也更相信他们所获得的有关零售需求的信息,因为这些信息大多来自他们自己的零售网点。

因此,综合性公司能够争取到那些起先理所当然地流向高信誉批发公司的发行业务。1927 年,作为综合性公司的国民城市公司首次升至市场第三名,而被取代的狄龙·里德则跌落至第四名。1928 年,哈里斯·福布斯、国民城市公司和哈尔西·斯图亚特分别位列市场第一、第二和第四。1929 年,哈里斯·福布斯再次位列市场第一,而在三家最有声誉的批发投行中,只有狄龙·里德进入了前五名。

1925 ~ 1926 年,三家顶级批发投行 J. P. 摩根、库恩·勒布和狄龙·里德承销了大约 25 亿美元的证券发行,是三家顶级综合性公司哈里斯·福布斯、哈尔西·斯图亚特和国民城市公司的两倍。1927 年,二者之间的差距缩小了,批发投行承销了 15 亿美元的证券,而综合性公司承销了 12 亿美元。1928 ~ 1929 年,综合性公司扭转了局面,承销了 19 亿美元的证券,而批发公司仅承销了 12 亿美元。这对批发投行在新发行证券市场上数十年的统治地位来说是一次前所未有的挑战。

五、监管对策

头部投行及其交易团体——IBAA 都是经验丰富的游说者,他们曾在 19 世纪前 20 年成功地对州证券法(或称为“蓝天法案”)施加影响。[65] IBAA 希望通过联邦层面的信息披露监管来提高投行业的道德水准。[66] 即使投行不满意其在《1933 证券法》中的承销商责任条款,他们还是支持了该法的提案。经过成功的游说活动,《1933 年证券法》于 1934 年修订了相关条款,减轻了承销商责任。

---

〔65〕 See Jonathan Macey & Geoffrey Miller, *The Origin of the Blue Sky Laws*, 70 Tex. L. Rev. 347(1991). 该文对州证券监管的政治逻辑有详尽叙述。

〔66〕 See Michael E. Parrish, *Securities Regulation and the New Deal*(1970).

因为批发投行的业务正在被综合性公司所抢占，所以其更有理由去支持联邦法律的出台。头部批发投行是最与美国政治紧密联系的企业。特别是 J. P. 摩根和狄龙 · 里德，这些公司的许多合伙人纵横于政商两界。J. P. 摩根的律师约翰 W. 戴维斯（John W. Davis）享有接触参议院银行委员会的特权，甚至参加了相关行政会议为其客户就公开披露财务和商业信息进行辩护。[67] 在众议院和参议院简短的《1933 年证券法》提案听证会上，批发投行的合伙人们表示支持信息披露监管，并谴责投行行业的"道德"滑坡。如公共选择理论学者所指出的那样，当需要监管的行业"问题"等重要信息是由相关利益集团提出时，即使是坚信自己正在追求公共利益的立法者也会被利益集团所影响。[68]

《1933 年证券法》和罗斯福新政的金融改革解决了上述的具体竞争问题。概括地说，这些改革有三大影响。一是政府通过禁止抢先交易和支付折扣为实施辛迪加机制提供了帮助。二是改革放缓了分销流程，并将其分成了不同的批发和零售阶段。三是改革将商业银行从承销业务的竞争者中剔除。最终结果是中和了综合性公司的竞争优势，回到了一种批发银行发行新股再卖给独立分销商的机制。本节将展示《1933 年证券法》的技术细节是如何实现这些影响的。

（一）抢先交易

《1933 年证券法》恰恰实现了 IBBA 商业问题委员会想要实现但未能实现的目标——它使主承销商在确保分销商于正式发行日之前不可能同意销售证券的情况下，有可能向分销机构提供拟发行证券的详细信息。该法还通过禁止公开发行前的宣传来确保在发行日之前没有零售招揽。

《1933 年证券法》要求任何人出售证券之前都必须提交注册文件并

---

〔67〕 See Senate Banking and Currency Committee, 73d Cong., Minutes for May 23, 26, 30, and 31 and June 5（保存在美国国家档案馆）。

〔68〕 See Eric A. Posner, *The Political Economy of the Bankruptcy Reform Act of* 1978, 96 Mich. L. Rev. 47, 59（1997）.

使之生效;直到《1954 年证券法》修正,"销售"一词包含了任何招揽行为。[69] 因此,在注册文件生效日之前开展任何宣传活动都是非法的。主承销商可以控制生效日期,因为包含固定承销价格的注册文件在明确价格信息之前是无效的。因此,典型做法是先提交一份不包含价格信息的注册文件,一直等到法定 20 日期限结束之前再提交一份包含价格信息的修正文件。只要 SEC 同意修正,注册文件就会在首次提交后的第 20 日开始生效。

在提交注册文件之前,所有关于发行的公开讨论都是被禁止的。如今,证券律师仍然建议他们的客户不要过早发表与发行有关的公开声明,此类声明就是抢先交易。不过,我怀疑许多证券律师并不知道在《1933 年证券法》之前就已经有了抢先交易这个词语。

《1933 年证券法》还直接禁止了报纸和广播广告,将其定义为"招股说明书",除了很少的例外情况,在生效前都不得公开发布。对于新闻广告的禁止范围很宽泛,包括采访公司高管关于待发行证券的新闻。在发行日之前,早报上再也看不到关于拟发行证券的消息了,这促使投资者去联系他们的证券经纪人。

当然,监管约束往往会产生反向效果。尽管注册文件生效日之前的"销售"是被禁止的,1936 年的一起债券发行中,哈尔西 · 斯图亚特公司建议在20 日的等待期内分发招股说明书的"初步版本"。SEC 决定允许此类做法,但要在招股书中加入红色字体的图例,表明该招股书尚未生效,"红鲱鱼"招股书由此诞生。[70] 反对声音很快出现,因为投行又一次通过在等待期内招揽客户实现了抢先交易。[71] 然而,这与 1933 年之前做法有重要区别,主承销商是通过对招股书生效日的控制来实现对销售时间的完全控制。《1933 年证券法》保障了在主承销商做好准备之前证

---

〔69〕 1954 年证券法进行了修正,允许静默期内就初步招股说明书进行口头招揽及分发。See Securities Act § 5(b),(c),15 U.S.C. § 77e(b),(c);就讨论背景,see 1 Louis Loss & Joel Seligman,Securities Regulation 394 -420(3d ed. 1989)。

〔70〕 See Halsey Develops New Form of Summary,Wall St. J.,May 25,1936,at 1,col. 5;see also New Issue Bulletins May Be Circulated in 20 - Day Period,Wall St. J.,May 25,1936,at 3,col. 3.

〔71〕 See Bates,supra note 49,at 73 -74.

券不得出售。

(二)折价销售

《1933 年证券法》将给予未经披露的折扣定义为违法行为。注册文件应披露证券的公开发行价格,若分销商"给予除承销商以外的任何人或任何类别的主体的"价格偏离了公开发行价格,"需要公布其名称并明确类别"。[72] 但一项单独的早期罗斯福新政改革的规定更为严格,凭借此,IBAA 实现了其长期以来的目标,即限制提供折扣给受到承认的证券交易商 *。

罗斯福总统在《1933 年证券法》颁布几周后就签署了《全国工业复兴法》(*National Industrial Recovery Act*,NIRA),使之生效。《全国工业复兴法》允许自律监管的行业组织采用联邦法院可强制执行的公平行为准则。作为投行业唯一的全国性交易组织,IBAA 立刻成立了投资银行家守则委员会,并制定了"投资银行家公平竞争守则"以及一系列公平守则修正案(统称"守则"),1934 年 3 月,总统以签署行政令的方式批准前述守则生效。[73]

守则禁止折价销售。守则规定"任何辛迪加销售体系的参与者或销售团体的成员不应……以低于公开发行价格的价格分销证券"。[74] 并进一步规定,除了注册在相关区域守则委员会并由此有权悬挂国家复兴管理局(National Recovery Administration,NRA)蓝鹰标志的投资银行家以外,辛迪加成员不得向任何个人提供任何销售优惠或佣金。[75] 许多与辛迪加销售体系有关的附加条款都旨在弥补可能允许向不符合守则定义的"投资银行家"支付折扣的规则漏洞。

1935 年 5 月,美国联邦最高法院宣布《全国工业复兴法》违宪,但在

---

〔72〕 Securities Act,16,15 U. S. C. § § 77a – 77z – 3,sched. A.

* 此处的"受到承认的证券交易商(recognized securities dealers)系指前文第四章第二节"折价销售"中提到的由 IBAA 的区域组织制定"经认证的"证券交易商名单,并仅限对名单上的证券交易商提供折扣。——译者注

〔73〕 See Investment Bankers Code Committee, *Code of Fair Competition for Investment Bankers*(1934).

〔74〕 Id. ,art. Ⅴ, § 4(a).

〔75〕 See id. ,art. Ⅴ, § 4(b);art. Ⅸ, § 7;art. Ⅹ, § § 1 – 3.

SEC 的协助下,投行业仍然“自愿遵守”上述守则。[76] 该守则成功地终止了大范围的折价销售现象,这一点可以从 1937 年一位消防员保险公司主管的抱怨中得到证明,即交易商在国家复兴管理期间终止了给他公司的折扣并再也没有恢复。[77]

仅仅几年后,禁止支付折扣规则再次成为正式监管要求。1936 年,在 SEC 的许可下,投资银行家守则委员会重组为投资银行家协会,成为证券交易商的自律监管组织。该协会与 SEC、国会起草了《1934 年证券交易法》的修正案,授权证券交易商成立自律监管组织。他们的目标是“继续国家复兴管理局所首次尝试的,在政府监督下坚持自我监管的准则”。[78] 该修正案又称为马洛尼法案(the Maloney Act),于 1938 年生效。在这之后投资银行家协会重组为全国证券交易商协会(NASD)。尽管更大、更有声誉的投行支持马洛尼法案以及公平实务守则,小交易商却并不支持。[79] 这是可以理解的,因为小交易商更需要通过提供折扣来进行商业竞争。

马洛尼法案明确了禁止支付折扣规则。[80] 全国证券交易商协会在此规则上制定了一系列“公平交易准则”。这些准则包括(现在仍然包括)禁止支付折扣和禁止向未参与投行或证券业务的人提供证券优惠售价。[81]

(三)批发与零售的分离

《1933 年证券法》通过禁止在提交注册文件前招揽以及强制性的“静默期”(即从注册文件提交到生效的期间)将公开发行分成了批发与零售两个独立的阶段。在提交注册文件之前,发行人可以自由与潜在承销商进行接触,这些承销商也可以自由地和其他承销商接触。但是所有

---

〔76〕 See Carosso, supra note 19, at 389. See also Investment Bankers Organize, Bus. Week, October 12, 1935, at 23, 24(指出 SEC 主席 James Landis“建议在自律组织中保留以往守则委员会的工作、想法以及人事”。)。

〔77〕 See C. John Kuhn, *The Securities Act and Its Effect upon the Institutional Investor*, 4 L. & Contemp. Probs. 80, 87 – 88 n. 7(1937).

〔78〕 See Carosso, supra note 19, at 390.

〔79〕 See id. at 388 – 92.

〔80〕 See § 15A(e)(1) of the Securities Exchange Act of 1934, 15 U. S. C. 78o – 3(3)(1).

〔81〕 See NASD Manual, Rules of Fair Practice, art. HI, § § 24 – 25.

潜在的辛迪加成员在这个阶段都无法获得有关零售需求的信息。

这些条款保护了只做批发或零售业务的证券交易商，使其免受来自综合性公司的竞争。如前所述，综合性公司具有两个重要的竞争优势。其一，他们可以通过用所有权替代合同的方式来控制零售活动的时间和价格；其二，他们掌握着更多有关零售需求的信息。《1933年证券法》提供了代替合同的监管执法，这使批发和零售公司的组合再次有可能像综合性公司一样有效地从事固定价格的承销业务。在《1933年证券法》下，收集机构需求信息比收集零售需求信息更为容易。在静默期内，承销商可以通过口头交流和路演来招揽一些投资意向。但是承销商不能进行大众营销，例如刊登报纸、广播或者电视广告。这些措施保证了静默期内的招揽对象只能是机构投资者。

1940年，肯尼思·海温(Kenneth Haven)在SEC对投资银行的影响的研究中称，《1933年证券法》之后的证券承销模式是与英国类似的，一级市场投资者都是大型机构，承销商几乎不参与零售招揽。〔82〕 这种模式正是20世纪20年代中期批发承销商所倡导的模式。批发承销商与机构投资者建立了长期联系，这使其在收集机构需求的有关信息方面具有优势。综合性公司在收集零售需求信息上具有优势。《1933年证券法》禁止零售招揽，这保证了定价决策基本上是根据机构需求的有关信息作出的。而这是有利于批发承销商的。

(四)与商业银行的竞争

我只是想简单地提及一下与商业银行的竞争，这个问题并没有在《1933年证券法》中得到解决。《1933年银行法》(更为人熟知的名字是《格拉斯—斯蒂格尔法案》)分离了商业银行与投资银行。乔纳森·梅西(Jonathan Macey)认为《格拉斯—斯蒂格尔法案》是投行业的一项重大胜利，因为该法案排除了商业银行的竞争。〔83〕 威廉·舒格特(William Shughart)认为《格拉斯—斯蒂格尔法案》将市场直接划分为商

〔82〕 See Haven, supra note 40, at 60.

〔83〕 See Jonathan R. Macey, *Special Interest Group Legislation and the Judicial Function: The Dilemma of Glass – Steagall*, 33 Emory L. J. 1 (1984).

业银行业务和投资银行业务,这对两者都有好处。[84]

《格拉斯—斯蒂格尔法案》并没有大幅减少参与业务竞争的承销商数量。大多数大型银行的证券子公司都是从其商业银行母公司中剥离出来的,或是由离开商业银行的高管新创立的。但是,商业银行与投资银行的拆分确实导致了19世纪30年代证券承销资本金的急剧下降。承担承销业务的银行子公司不能随时从母公司得到贷款或出资,因而《格拉斯—斯蒂格尔法案》消除了银行证券子公司的主要竞争优势。而且商业银行也从中获利了,因为私人银行被迫放弃了存款业务从而专注于证券承销(如库恩·勒布公司),或是将自己拆分为商业银行和独立的投资银行(如J. P. 摩根)。

有趣的是,一直到《1933年银行法》通过前的最后几天,《格拉斯—斯蒂格尔法案》都不适用于私人银行,这意味着J. P. 摩根和库恩·勒布公司并不会受到影响,但国民城市银行和大通银行却不得不放弃他们的证券子公司。国民城市银行和大通银行是综合性公司。哈里斯·福布斯(于1931年被大通银行所收购)和国民城市银行在19世纪20年代已经超越了J. P. 摩根和库恩·勒布。但是大通银行的董事长说服了罗斯福总统不顾格拉斯的反对,将承销禁令扩大到了私人银行。[85]

六、衡量《1933年证券法》的影响

20世纪20年代末,威胁到辛迪加的做法都被明确为非法行为并再也没有出现,由此可见,《1933年证券法》有助于保留辛迪加机制。如上所述,辛迪加机制可能是一种有效率的组织形式,因此有人认为《1933年证券法》是良法。故审视我们所掌握的《1933年证券法》影响承销商的有限证据就显得尤为重要。我回溯了市场份额、利差等现有信息,认为《1933年证券法》削减了承销竞争,这不利于发行人和投资者。

---

〔84〕 See William F. Shughart Ⅱ, *A Public Choice Perspective of the Banking Act of* 1933, in The Financial Services Revolution 87 (Catherine England & Thomas Huertas eds. 1988).

〔85〕 See Ron Chernow, *The House of Morgan* 375 (1990).

(一)市场集中度

如表 3 所示,1933～1940 年,除了 1934 年和 1939 年,前五大承销商总计市场份额占比都超过 50%。国家临时经济委员会(Temporary National Economic Committee)测算 1934～1939 年前五大承销商的市场份额为 53%,这与我的结论是一致的。[86] 但是,这并不能充分说明《1933 年证券法》增加了市场集中度。在《1933 年证券法》出台前,1930～1932 年的市场集中度有所提高。这一数据变化情况的另一替代解释为,在新股发行量以及股权投资上升时期(1927～1929 年),市场集中度下降;在新股发行量及股权投资下降的大萧条时期,市场集中度又再次上升。欧文·米勒(Ervin Miller)发现,在承销量上升的时候,市场集中度下降;并且债券领域的承销商集中度是远高于股票领域的。[87]

为测试《1933 年证券法》是否具有边际影响,我估算了以下普通的最小二乘法回归。

表 4　回归分析:1933 年证券法与市场集中度

变量	可估系数	T－统计量	概率(p)
STOCK	－.751	－5.29	.000
VOLRT	－4.34	－1.63	.129
SECACT	12.1	3.03	.011

注:因变量是 1925～1940 年承销业务的市场集中度。预测变量是(1)普通股发行占新股发行总量的比例(STOCK);(2)新股发行总量的变化速度(VOLRT);以及(3)一个虚拟变量,1934～1940 年取值为 1,1934 年之前取值为 0(SECACT)。$R^2=0.87$,N＝16。

$$CON_t=\alpha+\beta_1 STOCK_t+\beta_2\ln\frac{VOL_t}{VOL_{t-1}}+\beta_3 SECACT_t+\varepsilon_t, \qquad (1)$$

CON 是指 t 年的市场集中度(前五大主承销商的市场份额);STOCK 是指发行的新证券中普通股所占的比例;VOL 是指新发行证券量;SECACT 是一个虚拟变量,1934～1940 年(1933 年证券法生效后)取值为 1,1934 年之前取值为 0。

表 4 为计算结果。估测出来的系数都反映了一个预期的现象——新股发行量的增长率或普通股发行占新发行证券总量比例的增加都与较

〔86〕 See Friend et al., supra note 18, at 148.

〔87〕 See id. at 152－64.

低的集中度有关。基于《1933年证券法》模型的估计系数都为正值且显著。当然,重要的是要记住,由于只有16个年度的观察,这些结果只能说明问题,但不能得出确切结论。但是,这些结果与《1933年证券法》减少了市场中主承销商竞争的定性证据是一致的。我使用国民生产总值(GNP)和IBAA成员数量两个参数以代替新发行证券量,以及一个包括前述三个参数的参数,作为预测指标。在每一种情况下,STOCK、SECACT以及回归R^2的估计系数和显著性水平都是非常接近表4结果的。[88]

还有一些其他支持此分析的信息。第一,19世纪20年代末,传统上占有主导地位的批发承销商被综合性公司抢夺了相当大的市场份额,但在1933年以后,批发承销商又回到了行业顶端。1925~1933年,J. P. 摩根、库恩·勒布公司和狄龙·里德公司的年平均总市场份额是16.1%,而1934~1949年(在此期间摩根士丹利代替了J. P. 摩根)则是31.1%。基于相同方法的t值检验,该差异具有重要的统计意义(p=0.008)。

尤其需要注意摩根士丹利的竞争地位。J. P. 摩根在1933年选择继续做一家商业银行并终止了承销业务,1935年部分合伙人离开J. P. 摩根并在1935年9月创立了摩根士丹利。摩根士丹利在1935年只运营了4个月,却在当年承销业务中排名第三,并于1936年重回市场第一。1935~1940年这六年里,摩根士丹利承销的发行项目大约已经超过30亿美元,是其主要竞争对手库恩·勒布公司的近两倍,也超过了J. P. 摩根1925~1930年鼎盛时期的总和。相比之下,国民城市银行分拆了其承销业务,就再也没有获得过行业龙头地位。哈尔西·斯图亚特公司重新获得了其在公共事业承销领域的原始市场定位。新近成立的美国纽约第一波士顿公司(First Boston Corporation)收购了大通·哈里斯·福布斯公司(Chase Harris Forbes)的高管以及商誉,但不包括零售网点。

最后一个研究方法是将1933年后存续的投行与没有存续的投行进行比较。该比较思路是由曼尼(Manne)提出的,他也注意到该思路存疑,因为很难区分究竟是大萧条还是《1933年证券法》的影响。[89] 为尽

---

〔88〕 我对该回归方程测算了9次,自变量为年份,虚拟变量为0或1,期间是1930~1939年。详细内容请见表4(其中包括虚拟变量SECACT),基于虚拟变量得到了R2的最大值和p的最小值。这为1933年发生的一些特别的事情提供了额外的佐证。

〔89〕 See Manne, supra note 6, at 36.

可能分清二者的影响,我将比较分析限制在一个“重要”投行名单的范围中,该名单主要由大萧条后存续的投行组成。我将大萧条后存续的投行定义为IBAA1933年度报告中存续的公司,并在1932年或1933年有一些承销业务,商业银行除外(因为《格拉斯—斯蒂格尔法案》规定商业银行在1933年后不能进行证券承销)。关于承销业务的限定是一个严苛的条件,因为1932年和1933年的新发行证券市场是极其小的。通过此定义,105家“重要”主承销商中有54家在大萧条后存续。

在54家主承销商中,有36家在1934~1940年至少承销了一次发行活动,18家没有承销发行活动。因此,我们可以将此54家主承销商进一步分为在大萧条后存续但在《1933年证券法》后停止经营,在大萧条以及《1933年证券法》的共同影响下仍然存续两大类。如表5所示,这两类主承销商之间存在一些有意思的区别。总部位于纽约市之外的公司中,仅有28%的公司在1934~1940年恢复了承销业务,相比之下,61%的公司再也没有进行承销业务。通过统计《1933年证券法》之前承销发行的项目数量以及重大发行(超过1000万美元收益)的平均项目数量,可以发现《1933年证券法》颁布后,主承销商市场地位更加稳固。每项差异都具有统计学意义。该结果与定性证据是一致的,即《1933年证券法》在不同程度上有利于总部位于纽约市的大投行。

表5 《1933年证券法》后存续与没有存续的公司

	存续	没有存续	概率(p)
总部位于纽约市之外的比例/%	28	61	0.024
1925~1933年 承销项目的平均数量/个	49.9	24.9	0.001
1925~1933年重大承销项目 (超过1000万美元)的平均数量/个	15.6	4.0	0.005
样本数量/个	36	18	

注:表中所列公司皆在《1933年证券法》的生效日依然存续,并在1932年或1933年有参与辛迪加体系承销。存续列是指在1934~1940年至少为一个新发行项目承销的公司;没有存续列是指在此期间没有进行任何承销活动的公司。最后一列是均值检验的p值。

(二)盈利

《1933年证券法》没有阻止承销利差的下降。四项针对《1933年证券法》前后投行业务报酬的独立研究表明,《1933 年证券法》颁布后承销利差下降了。[90] 海温(Haven)的数据最为全面,显示债券发行的平均利差从 1926 ~ 1929 年的 3.0% 下降至 1933 ~ 1937 年的 2.2%。[91]

同样,利差的下降并不会直接告诉我们所想知道的内容,即行业利润率。但是,不像 1926 ~ 1929 年,我们可以对行业利润率的变化方向作出有根据的猜测。实际上,承销商在 1933 ~ 1937 年的所有成本肯定是比 1926 ~ 1929 年低的。因为发行规模在持续增加,而短期利率、工资、员工数量都在大幅下降。唯一上升的成本是由《1933 年证券法》产生的额外审计、法律、印刷费用。但是因为发行人直接承担了这些费用成本的大部分,所以这些费用对于承销利差没有直接影响。

幸运的是,我们可以估算发行人成本中最重要的部分,即零售成本。回顾一下,销售成员并不承销。他们仅履行零售分销功能,因此可以得到承销利差中的一部分作为销售佣金。米勒(Miller)在 1927 ~ 1931 年间对债券发行的研究发现,销售人员的佣金平均为发行金额的 1.65%,或为承销利差的 55%。运用 J. P. 摩根 1932 ~ 1934 年在交易所听证中提供的数据,我计算了 1927 ~ 1931 年该公司所有债券发行承销中支付给销售人员的佣金。[92] 计算结果是承销利差的 57%,非常接近米勒的数据。在《1933 年证券法》之后的样本期,米勒和海温都发现支付给销售成员的费用大约为承销利差的 44%(或者假设总利差为 2.2%,大约为总发行金额的 1%)。因此,承销商的最大单一成本下降了 40%。

这些估算数据表明,扣除零售成本后,销售佣金从 1926 ~ 1929 年到 1933 ~ 1937 年下降了大约 11%。通过控制平均发行规模(发行规模会导致价差减小,在 1933 年后开始增加)以及平均证券风险(证券风险会导致价差增加,在 1933 年后开始减小),价差的下降幅度仍然很小。鉴于总体价格、工资以及短期利率水平的大幅下降,承销商的利润在《1933 年证券法》之后很可能增长了。

---

[90] See Friend et al., supra note 18, at 408 – 9; Haven, supra note 40; Gourrich, supra note41; Miller, supra note 42.

[91] See Haven, supra note 40, at 20, 34.

[92] See Pecora Hearings, pt. 1, supra note 12, at 228 – 39.

七、结论

《1933年证券法》以有益于社会为追求目标。特别是其中的信息披露规则要求公司IPO发起人应披露其持有的公司股份,从而打击了自18世纪中期以来在英美一直存在的滥用行为。[93] *《1933年证券法》解决该问题的出发点与英国公司法一样——强制披露公司发起人、承销商的费用以及持有的公司股份。

但《1933年证券法》的作用不止于此。通过禁止在发行前与潜在零售买家签订合同,使零售商之间很难争夺客户。配合NIRA和马洛尼法案,IBAA可以禁止和监管公开发行中折扣的使用。同时也能有效地将发行活动划分为批发和零售两个阶段。这些条款有助于头部批发及零售承销商对零售竞争施加限制,而这些限制是辛迪加承销制度的核心,从而保护其市场免受综合性公司的侵扰。如果仅仅是为了实现充分披露的目标,这些都不是必需的。因为这些限制是有利于投行,特别是声誉高的投行,并可能会提高发行人和投资者的成本。

相应地,《1933年证券法》为经济监管效力提供了一个实用的警示故事。《1933年证券法》被普遍认为是罗斯福新政的最成功之处。与许多监管法规不同,其很大程度上没有就提高被监管行业成员准入门槛或实行卡特尔协议受到指控。然而,在19世纪20年代承销市场的竞争背景下,我们更仔细研究一下,就会发现《1933年证券法》很有可能是监管寻租的产物。

(编辑:谢贵春)

---

[93] See Paul G. Mahoney, *Mandatory Disclosure as a Solution to Agency Problems*, 62 U. Chi. L. Rev. 1047(1995).

* 此处指的是IPO发行人因为与公众的信息不对称而产生的代理成本问题,即发行人因拥有更多信息而作出对个人有利、对公司和公众投资者不利的行为。——译者注

《证券法苑》(2023)
第三十八卷,第272~341页

公众公司强制信息披露论*

[美]迈克尔·D.古登泰格
吕成龙** 方荣杰***译 刘汉广****校

译者评注:迈克尔·D.古登泰格(Michael D. Guttentag)目在美国洛约拉马利蒙特大学任教,他的主要研究方向是法律与市场的交互、证券市场监管以及内幕交易规制。他曾经在《法与经济学评论》《哥伦比亚商业法评论》《波士顿大学法律评论》等期刊上发表论文近20篇。古登泰格教授曾在南加州大学、埃默里大学和加州大学洛杉矶分校等机构担任教师或访问学者,同时是美国法律和经济学学会、实证法律研究学会和加州律师协会的成员。他拥有哈佛大学经济学学士和MBA学位,并在耶鲁大学获得了法律博士(Juris Doctor)学位。

本文反思了对公众公司实施强制性信息披露

---

* *An Argument for Imposing Disclosure Requirements on Public Companies*, 32 Florida State University Law Review 123 (2004)。本文已获得作者翻译授权。本译文系国家社会科学基金项目《证券监管介入上市公司治理的体系性构造研究》(批准号:21CFX077)研究成果。

** 深圳大学法学院长聘副教授,法学博士。

*** 日本东京大学公共政策学硕士研究生,现任职于浙江天册(深圳)律师事务所。

**** 武汉大学法学院硕士研究生。

要求的理论根据,以解决施加强制信息披露缺乏正当性的问题。通过构建经济学分析模型,本文对公司进行信息披露的成本和收益(私人和公众公司、第三方)、实施监管的成本和收益进行了细致的分类和梳理。本文认为,目前美国对于公众公司的强制性披露要求依旧太少,公众公司的经理层还应被要求披露更多在管理公司运营过程中实际使用的信息,这会使得投资者提供更有效地监督管理层的业绩表现,并鼓励管理层真正地提高公司的价值,而非仅仅关注有限的业绩指标。

证券监管本质上是信息披露监管,这在我国已经得到了普遍的共识。我国新《证券法》以对价格的重大影响为标准,在第 81 条和第 82 条对强制要求披露的重大事件进行了列举,并强化了信息披露违规责任,这在近两年来的执法和司法力度中已经得到体现。但是,我国目前关于信息披露要求正当性的根本讨论却依然鲜见。换言之,强制性信息披露似乎具有天然的正当性,哪怕有所讨论,也主要是围绕着三公原则展开,再加上代理成本和逆向选择等理论,而缺乏细致、系统的剖析。在我国的语境下,上市公司的信息披露及其监管的成本和收益分析需要考虑哪些因素,是否能够建立其特有的分析性框架,本文均可以提供非常有益的借鉴。

摘要:通过构建经济学分析模型,本文对公司进行信息披露的成本和收益(私人和公众公司、第三方)、实施监管的成本和收益进行了细致的分类和梳理。本文认为,目前美国对于公众公司的强制性披露要求依旧太少,公众公司的经理层还应被要求披露更多在管理公司运营过程中实际使用的信息,这会使投资者提供更有效地监督管理层的业绩表现,并鼓励管理层真正地提高公司的价值,而非仅仅关注有限的业绩指标。

关键词:信息披露　公众公司　投资者　管理层

一、引言

信息披露似乎为监管复杂证券市场提供了一条易行路径。在信息披露的要求下,交易各方可以获得更多信息,并借此假定各方可在无须监管者对特定交易进行实质评估的情况下,而达致更优的交易效果。但是,此种对信息披露的呼吁可能是虚幻的。申言之,实施信息披露要求的成本和收益衡量是复杂的、高度依赖实施具体环境且通常难以评估的。可以说,因实施信息披露要求产生的后果通常远超人们的预期。

在联邦政府对公众公司的证券监管中,简单的信息披露要求与现实的复杂之间的冲突最为明显。信息披露是联邦政府用来监管公众公司证券的主要工具。[1] 为遵守信息披露的要求,美国的公众公司每月需要披露的信息超过100万页。[2] 但是,无论是仰仗着维护"投资者信心"这一模糊目标的美国证券交易委员会(United States Securities and Exchange Commission,SEC),[3]还是至多提供不完整的市场失灵论据的学术界,都难以为联邦强制公众公司进行信息披露这一行为提供充分的正当性。[4] 可以说,一座宏伟的监管大厦是建立在对信息披

〔1〕 参见 Basic Inc. v. Levinson,485 U. S. 224,230(1988)["本院多次认定《1934年证券交易法》的'基本目的'是需要落实'全面披露的理念'",引自 Santa Fe Indus.,Inc. v. Green,430 U. S. 462,477-78(1977)][引自 SEC v. Capital Gains Research Bureau, Inc.,375 U. S. 180,186(1963)]。

〔2〕 这里主要基于作者在2004年5月查阅提交给SEC的归档文件而进行的估算。该估算可能低估了将来的文件提交压力,因为这是基于《2002年萨班斯—奥克斯利法》完全实施之前的申报规定而提交文档的数量。参见 Sarbanes-Oxley Act of 2002,15 U. S. C. § 7241(a)(West Supp. 2003)(Corporate Responsibility for Financial Reports)(以下简称《萨班斯-奥克斯利法》)(该法建立了提高公众公司信息披露可靠性的机制)。

〔3〕 Stephen J. Choi & A. C. Pritchard, *Behavioral Economics and the SEC*, 56 Stan. L. Rev. 1,23(2003)(该文注意到SEC对披露要求的过度依赖,并认为"信息披露对SEC的持续诱惑力在于其是一个'妥协'的解决方案,乃介于无所作为和对行为进行实质性规制的折中策略"。该文也指出"SEC反而倾向于脱离粗略的实证数据,而将其政策建立在'投资者信心'的基础上");另可参见 Donald C. Langevoort, *Taming the Animal Spirits of the Stock Markets: A Behavioral Approach to Securities Regulation*,97 Nw. U. L. Rev. 135,173(2002)(注意到SEC实施的政策缺乏实证支持)。

〔4〕 参见后文第二部分第三节。

露有效性这一未经证实的信念之上的。[5]

通过重新梳理并考虑在有必要的情况下应对公众公司施以何种信息披露要求,本文将解决联邦施加强制信息披露缺乏充分正当性的问题。为实现此目标,本文界定了信息披露的重要成本和收益。接下来,本文构建了一个基于权衡监管介入成本和收益的市场失灵论据来支持对公众公司信息披露的监管。最后,这一框架被用于评价具体的信息披露要求。本文的分析指向一个令人惊讶的结论:联邦对于公众公司的披露要求至少在一个重要方面是不充分的,这并非鉴于如今的披露要求太多,而是太少了。除了目前公司所遵守的披露要求之外,公众公司的经理层应被要求披露更多的其在管理公司运营过程中实际使用的信息。

尽管缺乏充分的事先分析,但要求充分和公平的信息披露成为美国联邦证券监管的基石。富兰克林·罗斯福(Franklin D. Roosevelt)在1932年的总统竞选中承诺制定联邦法律来保护投资者。[6] 他引述了要求信息披露的预防性价值,呼应了路易斯·布兰代斯(Louis Brandeis)在1914年出版的《别人的钱》一书中的观点。[7] 后来,美国《1933年证券法》的草案在很大程度上借鉴了英国《公司法》,该法要求公开发行证券的公司披露其给予发起人和承销商的利益。[8] 因此,

---

〔5〕 许多学者都得出了联邦对公众公司信息披露干预缺乏正当性的类似观点,参见Frank H. Easterbrook & Daniel R. Fischel, *Mandatory Disclosure and the Protection of Investors*, 70 Va. L. Rev. 669, 715 (1984) [该文对公众公司信息披露监管的结论是"我们无法确定(信息披露的)意义或损害"]; Paul M. Healy & Krishna G. Palepu, *Information Asymmetry, Corporate Disclosure, and the Capital Markets: A Review of the Empirical Disclosure Literature*, 31 J. Acct. & Econ. 405, 414 (2001) [该文对披露要求的研究进行研究后,认为"(人们)对资本市场中财务报告和信息披露为何受到监管这一问题知之甚少,这令人惊讶"。]

〔6〕 参见Joel Seligman, The Transformation of Wall Street: A History of the Securities and Exchange Commission and Modern Corporate Finance 41–42 (1982) (介绍了罗斯福竞选中涉及证券监管方面的内容)。

〔7〕 See Louis D. Brandeis, Other People's Money and How the Bankers Use It (1914). 罗斯福提到了布兰代斯的观点:"公开透明是治疗社会和工业化疾病值得称道的解药。阳光是最好的消毒剂,灯光是最有效的警察。"同上注,第92页。

〔8〕 See James M. Landis, *The Legislative History of the Securities Act of* 1933, 28 Geo. Wash. L. Rev. 29, 34 (1959).

《1933年证券法》以“充分且公平”的披露要求作为保护投资者的方式就不令人意外了。[9]

然而,投资者保护并不能为联邦对公众公司施加信息披露要求提供坚实的正当基础。从20世纪60年代开始,经济学家们提出了一些直率而难以回答的问题:让投资者和所有者之间就公司应该披露哪些信息自行协商一致,不是更有效率吗?[10]一旦就信息披露方案达成一致,由于证券价格会迅速将各类信息嵌入其中,所有的投资者岂不是都

---

〔9〕 参见SEC v. Ralston Purina Co.,346 U.S.119,124(1953)(该判决认为,《1933年证券法》的目的是“通过促进全面披露被认为是作出知情投资决定所必需的信息来保护投资者”);Alison Grey Anderson, *The Disclosure Process in Federal Securities Regulation: A Brief Review*, 25 Hastings L.J.311,316(1974)(“国会通过《1934年证券交易法》的首要关切是为中小投资者提供保护……”);Joel Seligman, *The Historical Need for a Mandatory Corporate Disclosure System*, 9 J. Corp. L.1(1983)(审查了为颁布《1934年证券交易法》而提供的投资者保护和信息传播的正当性基础)。这项立法的早期草案要求联邦政府也对希望筹集资金的公司进行稳健性评估,但负责对该立法予以监督的国会商业委员会领袖Sam Rayburn,却反对将如此广泛的实质审查权授予一个联邦机构。Seligman,同前注〔6〕,第53~57页。

〔10〕 参见Stephen A. Ross, *Disclosure Regulation in Financial Markets: Implications of Modern Finance Theory and Signaling Theory*, in Issues in Financial Regulation 177 (Franklin R. Edwards ed.,1979)(该文主张市场机制能确保经理层维持有效的信息披露水平)。Ross提出的具体论点被证明是有问题的。第一,Ross认为市场机制将是有效的,因为经理层希望保持他们的声誉,同上注第183~185页,但也存在着劳动力市场不能促进信息披露水平有效的情况。例如,如果公司将要倒闭,经理层可能选择不披露特别“坏”的信息。参见Mitu Gulati, *When Corporate Managers Fear a Good Thing Is Coming to an End: The Case of Interim Nondisclosure*, 46 UCLA L. Rev. 675,691-702(1999)(本文讨论了经理层考虑退出劳动力市场的最后时限问题);Jennifer H. Arlen & William J. Carney, *Vicarious Liability for Fraud on Securities Markets: Theory and Evidence*, 1992 U. Ill. L. Rev. 691(发现公司经理层在雇佣期间尾声实施欺诈的倾向增强)。第二,Ross认为信息公开(在某些情况下,所有的私人信息,无论好坏都会被披露,以免他人作出最坏的揣测),会导致公司所有相关信息在无须监管介入的情况下完成披露。上注Ross,第185~188页。但现在看来,信息公布不大可能导致公众公司披露所有相关信息。参见下注136及附文(该文为信息公开为何不发生提供了一种解释);Joseph A. Franco, *Why Antifraud Prohibitions Are Not Enough: The Significance of Opportunism, Candor and Signaling in the Economic Case for Mandatory Securities Disclosure*, 2002 Colum. Bus. L. Rev. 223,265-77(2002)(该文为公众公司为何没有做到完全信息披露提供了其他解释)。

受到了保护？[11]当有人通过简单信息披露造假就能实现故意欺诈投资者时，信息披露何以保护投资者免于欺诈？大量实证研究都没发现联邦对公众公司施以信息披露要求的显著好处。[12]

此后，对公众公司信息披露的联邦监管逐渐有了愈加复杂的正当性基础。一些学者认为，联邦信息披露是一种能够有效解决由公司和投资者就信息披露事项进行磋商而产生的缔约难题的方法。[13] 否则，

---

〔11〕 Ronald J. Gilson & Reinier H. Kraakman, *The Mechanisms of Market Efficiency*, 70 Va. L. Rev. 549(1984)(该文描述了有关公司的信息被迅速整合入证券价格的各种方式)。

〔12〕 关于《1933 年证券法》影响的分析，参见 Gregg A. Jarrell, *The Economic Effects of Federal Regulation of the Market for New Security Issues*, 24 J. L. & Econ. 613(1981); Carol J. Simon, *The Effect of the* 1933 *Securities Act on Investor Information and the Performance of New Issues*, 79 Am. Econ. Rev. 295(1989); George J. Stigler, *Public Regulation of the Securities Markets*, 37 J. Bus. 117(1964)。关于《1934 年证券交易法》影响的分析，参见 George J. Benston, *Required Disclosure and the Stock Market: An Evaluation of the Securities Exchange Act of* 1934, 63 Am. Econ. Rev. 132(1973); George J. Benston, *An Appraisal of the Costs and Benefits of Government - Required Disclosure: SEC and FTC Requirements*, L. & Contemp. Probs., Summer 1977, at 30。关于这些实证分析的讨论，参见 Merritt B. Fox, *Retaining Mandatory Securities Disclosure: Why Issuer Choice Is Not Investor Empowerment*, 85 Va. L. Rev. 1335, 1341(1999)[以下简称 Fox, Retaining Mandatory Disclosure]("我发现这些实证研究的结果是不确定的"); Roberta Romano, *Empowering Investors: A Market Approach to Securities Regulation*, 107 Yale L. J. 2359, 2372(1998)(以下简称 Romano, Empowering Investors)("即使在今天，也少有实证证据表明联邦证券监管制度确定让投资者受益")。参见 Roberta Romano, *The Need for Competition in International Securities Regulation*, 2 Theoretical Inquiries L. 387, 464 - 93(2001)[以下简称 Romano, *Need for Competition*](阐述了这些研究结果的意义和局限性)。但参见 Michael Greenstone, Paul Oyer & Annette Vissing - Jorgensen, *Mandated Disclosure, Stock Returns, and the* 1962 *Securities Act Amendments* (March 2004)(未发表的草稿)(该文发现 1964 年证券法修正案产生了重大的积极影响，该修正案对证券在场外市场交易的公司提出了新的披露要求), http://www.kellogg.nwu.edu/faculty/vissing/htm/secotc3272.pdf(2004 年 7 月 2 日最后访问)。

〔13〕 参见，例如前注〔10〕之 Franco 文，第 289 页(该文认为强制性披露要求提供了一个"显著限制发行人策略性地隐瞒信息披露自由裁量权"的系统); Paul G. Mahoney, *Mandatory Disclosure as a Solution to Agency Problems*, 62 U. Chi. L. Rev. 1047, 1090 - 93(1995)(该文认为要求披露公司与其代理人之间的交易信息是非常普遍的，应将其作为一项强制性规则); Edward Rock, *Securities Regulation as Lobster Trap: A Credible Commitment Theory of Mandatory Disclosure*, 23 Cardozo L. Rev. 675(2002)(该文主张联邦强制规定是解决缔约问题的最佳途径)。

公司的所有者或许难以说服投资者其在获得资金后仍将继续进行全面和公平地进行信息披露。然而,最近的学术研究同样表明,相较于强制性的联邦信息披露监管,解决缔约问题还有更好的解决方案。[14]

还有学者认为,监管介入因公众公司披露实践中存在市场失灵而获得正当性。这些学者指出,公司很难获得由其信息披露所带来的以下利益:(1)信息披露的公司的竞争对手因获知信息而得利(公司间的外部性);[15](2)未购买公司证券的投资者因获知信息而得利。[16] 但是,这些基于市场失灵的主张并未权衡监管介入所带来的成本,也没有说明何种特定的信息披露要求可以改善市场失灵。[17]

在有必要的情况下,厘清应对公众公司施加哪些联邦信息披露要求是一个非常紧迫的问题。证券市场正在日益全球化,[18]因此,学者

---

〔14〕 例如,发行人可以选择监管其证券的主体,就像现在公司选择在美国哪个州成立公司一样。这种联邦主义的方法可以避免建立一个监管垄断体的成本。参见 Stephen J. Choi & Andrew T. Guzman, *Portable Reciprocity: Rethinking the International Reach of Securities Regulation*, 71 S. Cal. L. Rev. 903(1998)(该文认为由于公司之间披露需求的多样性,监管竞争将是有益的);参见 Romano, *Empowering Investors*, 同前注〔12〕。解决缔约问题的另一个路径是公众公司承诺遵守其股票上市所在的证券交易所的披露要求。See Paul G. Mahoney, *The Exchange as Regulator*, 83 Va. L. Rev. 1453, 1466 – 75(1997).

〔15〕 如果披露公司无法捕捉到其信息披露对其他公司福利的影响,则称为公司间外部性。公司间的外部性可以是积极的,也可以是消极的,取决于披露的信息是对其他公司有利还是有害。参见 Fox, *Retaining Mandatory Disclosure*, 同前注〔12〕(认为公司间的外部因素证明了联邦对信息披露要求的监管是合理的);Merritt B. Fox, *The Issuer Choice Debate*, 2 Theoretical Inquiries L. 563(2001)(以下简称 Fox, *Issuer Choice*)(该文回应了罗曼诺教授对基于公司间外部性而进行联邦披露监管理由的反对意见)。

〔16〕 See John C. Coffee & Jr., *Market Failure and the Economic Case for a Mandatory Disclosure System*, 70 Va. L. Rev. 717(1984); William H. Beaver, *The Nature of Mandated Disclosure*, *in* Economics of Corporation Law and Securities Regulation 317, 320 – 21(Richard A. Posner & Kenneth E. Scott eds., 1980).

〔17〕 参见后文第三部分标题(二)下内容。

〔18〕 参见 John C. Coffee & Jr., *Racing Towards the Top? The Impact of Cross – Listings and Stock Market Competition on International Corporate Governance*, 102 Colum. L. Rev. 1757, 1759 – 60(2002)(该文描述了金融市场的全球化是如何加速的);Joel Seligman, *Götterdämmerung for the Securities Act?* 75 Wash. U. L. Q. 887(1997)(该文注意到发行人越来越倾向于选择退出美国的证券监管体系)。

和监管者正试图确定不同国家间的证券监管制度应如何整合。[19] 除此之外，为应对2000年至2002年间[20]股票市场的大幅萎缩及2002年创纪录的破产水平（包括安然和世通等公司引人注目的破产），[21]美国随之颁布的《萨班斯—奥克斯利法》正在面临更严格的审视。诸多公众公司质疑，为了遵守因市场崩溃而制定的《萨班斯—奥克斯利法》，所付出的可观成本是否有正当性。[22] 但是，若不首先制定一种方法来评估信息披露要求何时能提高福利，就无法确定针对公众公司信息披露要求的适当范围和内容。

在有必要的情况下，回答公众公司应该披露哪些信息这一问题的第一步，就是构建一个公众公司披露信息的成本和收益的综合评价模型。尽管此前研究已经明晰了在实施信息披露要求时引发的各种成本和收益，但目前仍明显缺乏一个整合性的分析框架。例如，信息披露要求引发的权衡问题和评估知识产权保护相类似，因为信息披露要求会

〔19〕 参见 James D. Cox, *Regulatory Duopoly in U. S. Securities Markets*, 99 Colum. L. Rev. 1200(1999)（该文考虑美国证券注册人是否应被允许通过使用国际会计准则来满足强制性披露要求）；Merritt B. Fox, *Securities Disclosure in a Globalizing Market: Who Should Regulate Whom*, 95 Mich. L. Rev. 2498(1997)（该文考虑应如何协调国际证券监管）；Floyd Norris, *Companies Pushed to Adopt International Audit Standards*, N. Y. Times, March 12, 2004, at C6（该文就SEC投票鼓励外国公司采用国际会计准则进行报告）。

〔20〕 在此期间，美国的股票市场经历了自大萧条以来的最大百分比的损失，价值减少超过7万亿美元。Martin Zimmerman, 2002 *Ends Mixed as Markets Register Third Year of Declines*, L. A. Times, Jan. 1, 2003, at C1.

〔21〕 Kathy M. Kristof, *A Long, Sad Chapter 11 in History: Bankruptcies in 2002 Set Record*, L. A. Times, Dec. 31, 2002, at C1.

〔22〕 Deborah Solomon & Cassell Bryan – Low, *Companies Complain About Cost of Corporate – Governance Rules*, Wall St. J., Feb. 10, 2004, at A1（该文报告了一项调查结果，发现公众公司为执行《萨班斯—奥克斯利法》的规定需支付巨额费用）。

排除最为简单的知识产权保护形式——对信息进行保密。[23] 又如,要求公众公司披露信息也可能会减少对创新进行投资的激励,从而降低社会福利。[24] 但在本文之前,在评估公众公司信息披露要求问题上,没有人对这个问题和涉及披露监管成本收益的其他方面展开系统性讨论。

信息披露监管的合理性论证必须说明监管介入在何种情况下比市场自发形成的结果更佳,构建充分的监管正当性基础需满足以下三项条件:(1)发现市场失灵;(2)衡量该市场失灵的严重程度;(3)权衡进行矫正性监管介入的成本和收益。尽管目前的学术研究已有进展,但缺陷仍存。公众公司信息披露行为中存在的市场失灵所带来的潜在危害,比此前所认识到的要严重。信息披露监管的支持者和反对者双方都对公司间外部性造成的潜在危害进行了评估,其方法为:检视公众公司披露专有信息的成本与其他公司因获知该信息而获得的收益之间的差值,这种关注信息披露公司成本与第三方所得的净值的方法是直观的,但却不准确的。衡量外部性潜在成本的更好方法是检视未被披露信息的公司所获取的对第三方的潜在毛收益,在公司间存在外部性的情况下,这些潜在收益是相当可观的。[25] 在市场失灵的作用下,很有可能出现一种情况,就是"阅读公众公司的财务报表就像以读茶叶的方式预测未来一样不靠谱"。[26] 当然,通过施加监管来解决一个哪怕是重大的市场失灵也会产生一系列成本,而这些额外的成本都不容忽视,而这种分析只能在评估具体信息披露要求的背景下方可为之。

因此,确定公众公司应被要求披露哪些信息(如有)的第三步是考

---

〔23〕 耶鲁大学法学院的 Anthony Kronman 就当事人签订合同时的信息披露要求和知识产权保护之间的联系提出了一个类似的观点,他认为,普通法在某些合同场景下限制披露要求,是为了保护为信息收集而进行的投资活动。参见 Anthony T. Kronman, *Mistake, Disclosure, Information, and the Law of Contracts*, 7 J. Legal Stud. 1 (1978); Steven Shavell, *Acquisition and Disclosure of Information Prior to Sale*, 25 RAND J. Econ. 20 (1994)(该文提供了一个支持 Kronman 结论的正式模型并增加一个考虑因素,即对信息收集活动的投资是否产生对社会有用的信息)。

〔24〕 这是经济学家在评估知识产权保护时确定的主要相关权衡因素。See William D. Nordhaus, Invention, Growth, and Welfare: A Theoretical Treatment (1969).

〔25〕 参见后文第三部分的(二)。

〔26〕 2004 年 1 月 14 日对 Barrington Partners 研究总监 Catherine Sellman 的采访。

虑具体信息披露要求的效果。此处评估的披露要求指的是公众公司披露公司内部为管理运营而产生的信息,而这比目前要求披露的要多得多。[27] 受此种披露要求约束的信息应既包括对公司业绩的定量衡量,如各种产品对公司利润的贡献,也包括对公司业绩的定性衡量,如客户的满意程度。在评估上述信息披露要求时有两个参考点被证明是有用的:第一,在与个别投资者分享信息而不向一般公众提供的交易中,其披露实践提供了一个重要的基准。在这些"私人"的交易中,大部分情况下,投资者获得的内部管理信息比公众公司向市场一般投资者披露的信息多得多。第二,从事大规模石油和天然气勘探业务的公众公司目前被施加的信息披露要求可以提供有益的例证,其为如何实施正在考虑中的拓宽披露信息类型这一难题提供借鉴。[28]

上述分析结果支持这一观点:较之于当下的信息披露,公众公司应当披露更多公司内部管理信息,这一分析还表明 SEC 需改变其制定一般强制性披露要求的方式。目前,SEC 非常担忧公众公司披露专有信息所产生的成本,[29] 但本文表明正是上述关切最有可能导致了代价高昂的市场失灵。

---

[27] 既存规定中要求披露公司内部基于管理运营而产生信息的主要规则是 S - K 条例(Regulation S - K)下"管理讨论和分析"(Management Discussion and Analysis, MD&A)披露要求。Item 303,17 C. F. R. § 229. 303(1996)(该规定呼吁"经理层对财务状况和经营成果进行讨论和分析")。这种对公司财务业绩表现的叙述性讨论需要考虑公司运营、短期及长期现金来源和使用方面的"已知趋势"和"不确定性"。同上注, § 229. 303(a)(1) - (3)。

[28] 17 C. F. R. § 210. 4 - 10(1999)(该规定要求披露发行人探明的石油和天然气储量的估价); Heather Timmons, *Shell Reduces Estimate of Reserves Again*, N. Y. Times, March 19, 2004, at C1(该文描述了荷兰皇家壳牌集团的高管如何违反这些披露规定,通过多报储量来误导投资者)。

[29] 例如,参见 Item 101,17 C. F. R. § 229. 101(c)(ii)(1999)(该规定要求发行人不需要披露"对注册人的竞争地位可能产生不利影响"的、有关新业务线和产品的叙述性信息);17 C. F. R. § 230. 406(b)(2)(iii)(1999)(该规定赋予发行人向 SEC 寻求保密安排的权利)。See V. Gerard Comizio, *Keeping Corporate Information Secret: Confidential Treatment Under the Securities Act of* 1933 *and the Securities Exchange Act of* 1934, 18 New Eng. L. Rev. 787(1983). 公众公司也没有持续披露重大信息的义务。参见 Dale Arthur Oesterle, *The Inexorable March Toward a Continuous Disclosure Requirement for Publicly Traded Corporations: "Are We There Yet?"*, 20 Cardozo L. Rev. 135, 140 - 58(1998)(该文阐述了公众公司何时有或没有"说话的义务")。

这一发现挑战了那些持有应给予公司选择其证券监管制度权利的学者的观点,法学学者中尤其值得注意的是加州大学伯克利分校法学院的斯蒂芬·崔(Stephen Choi)教授和安德鲁·古兹曼(Andrew T. Guzman)教授以及耶鲁大学法学院的罗伯塔·罗曼诺(Roberta Romano)教授,他们建议应允许发行证券的公司有权选择以何种监管框架对其进行监管,正如公司可以选择其注册地一样。[30] 这些发行人自决权的拥护者认为对公众公司施加联邦信息披露要求缺乏有效的正当性基础,他们的论证乃基于对当前学术研究的阐释。但是,本文的分析表明,联邦信息披露的监管事实上可能有合理的依据。与本结论持相反意见的发行人自决权的支持者需要证明,要么联邦政府难以实施本文所呼吁的披露要求,要么实施这些要求的成本超过了此处所指的显著收益。

二、公司信息披露的经济分析

回答公众公司应该披露哪些信息(如有)这一问题的第一步是建立一个关于公众公司信息披露的成本和收益的综合评价模型。一些知名学者已经对公司信息披露的经济学原理进行了分析,包括斯坦福大学商学院的威廉姆·比弗(William H. Beaver)教授,[31] 芝加哥大学法学院的弗兰克·伊斯特布鲁克(Frank Easterbrook)法官和丹尼尔·费希尔(Daniel Fischel),[32] 哥伦比亚大学法学院的梅利特·福克斯(Merritt Fox)教授,[33] 以及弗吉尼亚大学法学院的埃蒙德·基奇

〔30〕 参见 Choi & Guzman,同前注〔14〕;Romano, *Empowering Investors*,同前注〔12〕;Romano, *Need for Competitio*,同前注〔12〕。

〔31〕 See William H. Beaver, Financial Reporting: An Accounting Revolution 185 - 205 (1981); Beaver, *supra* note 16, at 629, 642 - 44.

〔32〕 参见 Easterbrook & Fischel,同前注〔5〕,第 707 ~ 714 页。

〔33〕 参见 Fox,同前注〔19〕,第 2532 ~ 2552 页;Fox, *Retaining Mandatory Disclosure*,同前注〔12〕,第 1345 ~ 1346 页,第 1356 ~ 1368 页。

(Edmund Kitch)教授,[34]等等。[35]

然而,此类研究将公司披露信息的经济性视为教义学问题,旨在为一个假想的监管者提供一个问题清单。事实上,如本文所阐释的,一个以信息披露为对象的全面的微观经济分析可以用来确定具体信息披露要求的有效性。为了解决目前关于披露学术研究中的这一缺陷,本文将披露的成本和收益分为三类是有益的:(1)无论公司是否有上市交易的证券,都会产生的成本和收益;(2)只有在公司有上市交易的证券时,才会产生的成本和收益;[36](3)因信息披露而生的成本和收益中不由进行信息披露的公司所承担或获取的部分(外部性)。[37]

在继续讨论之前,在此有必要简要地阐述本文的方法。此处的讨论目的是确定公司披露信息可能带来的所有重要成本和收益。至于某项特定的披露或具体披露要求是否以及能够在多大程度上触发部分或全部的成本和收益,我们将在后文中讨论。[38]

---

〔34〕 See Edmund W. Kitch, *The Theory and Practice of Securities Disclosure*, 61 Brook. L. Rev. 763, 773 – 76(1995).

〔35〕 在金融经济学的学术研究中,有大量的文献研究公众公司的信息披露问题。这方面的研究主要集中在确定:(1)信息披露对股票价格的影响程度,例如,Healy & Palepu,前注〔5〕;Robert W. Holthausen & Ross L. Watts, *The Relevance of the Value – Relevance Literature for Financial Accounting Standard Setting*, 31 J. Acct. & Econ. 3 (2001)(该文回顾了不同财务报表的披露是否与公司股价有关的研究);(2)解释选择信息披露实践所涉及的理论动态,参见 Ronald A. Dye, *An Evaluation of "Essays on Disclosure" and the Disclosure Literature in Accounting*, 32 J. Acct. & Econ 181(2001)(该文审视了公司信息披露的分析模型);Robert E. Verrecchia, *Essays on Disclosure*, 32 J. Acct. & Econ. 97(2001)(该文审视了公司信息披露的分析模型)。

〔36〕 这个类别结合了所有类型的公开证券。披露的一些成本和收益可能只由拥有公开交易股份的公司实现,或者也许只由那些拥有公开交易股份且股份分配方式会允许投资者直接影响经理的行为的公司才能实现,不过这样的细化对于推进此处分析没有必要。

〔37〕 在确定从私人交易的信息披露做法中可以得出哪些关于有效的公众公司信息披露做法时,这种分类被证明是有用的。参见后文第四部分(三)中的第1部分。

〔38〕 参见后文第三部分。

(一)公司披露信息的收益

关于公司信息披露的经济学研究已经确定了公司披露信息的诸多收益,包括减少代理成本、降低融资成本、提高公司股票的流动性及披露信息公司的可能无法完全获得的其他好处。本研究对这些研究进行了总结和补充,在分析中首先考虑的是披露信息的公司无论是否有上市交易的证券皆可获得的收益。

1. 私人公司或公众公司披露信息的收益

无论公司是否公开交易证券,减少代理成本——商业组织中由控制权和所有权分离所产生的成本[39]——都是公司披露信息的主要收益。信息披露可以向公司投资者提供用于监督经理层业绩和行为的信息。正如福克斯教授所言"披露有助于有效地行使股东的权利,也有助于股东要求经理层承担受信义务"[40]。公司披露的信息越多,投资者就越能有效地评估经理层对公司现有商业机会的利用程度。

一种理解增加披露如何减少代理成本的方式是考量当披露有限时可能产生的后果。在没有充分信息披露的情况下,经理层将专注于提高外部投资者可观察到的有限绩效指标,哪怕改进这些指标并不会增加公司价值。公众公司的管理者过分强调报告积极的短期财务结果,就是这种成本的一个例子。公众投资者现在主要依靠摘要式的财务结果来监督或奖励经理层。相应地,经理层也乐于改善对这些报告进行装饰,甚至以牺牲公司内部创造价值为代价。经验研究、[41]理论研究[42]和事

---

〔39〕 See generally Michael C. Jensen & William H. Meckling, *Theory of the Firm: Managerial Behavior, Agency Costs, and Ownership Structure*, 3 J. Fin. Econ. 305(1976).

〔40〕 Fox, *Retaining Mandatory Disclosure*, 同前注〔12〕,第 1364 页。

〔41〕 参见 Linda Elizabeth DeAngelo, *Managerial Competition, Information Costs, and Corporate Governance: The Use of Accounting Performance Measures in Proxy Contests*, 10 J. Acct. & Econ. 3(1988)(该文发现在职经理人在代理权争夺战中使用会计裁量权来改善报告的财务业绩)。

〔42〕 参见 Jeremy C. Stein, *Efficient Capital Markets, Inefficient Firms: A Model of Myopic Corporate Behavior*, 104 Q. J. Econ. 655(1989)。

例证据[43]都表明,摘要式财务信息的模糊性带来的成本极大。随着信息披露的增加,投资者不必再那么依赖价值创造的间接信号了。

同时,公开披露信息会减少经理层独占的信息量。哪怕公司证券没有上市,经理层也能通过多种方式利用获取的公司未披露信息获益,而这都会以牺牲投资者利益为代价。[44] 例如,经理人可以把信息带至其他公司,从而损害本公司利益。尽管这种信息传递在大部分情况下是被禁止的,[45]但仍有部分信息并未受到法律的保护,或者相应的保护没有见效。通过劳动力市场进行信息传递的成本也可能由经理人现在的雇主承担。例如,留在公司的员工则可能会威胁公司其要将上述信息带至竞争者公司。无论在哪种情况下,公司披露信息都可以减少因公司经理人滥用信息导致的潜在代理成本。[46] 正如布兰代斯法官所言,只要建立了可靠的、可以确保准确和完整披露的机制,信息披露要求就可能阻止欺诈。[47]

---

〔43〕 Enron和Global Crossing等公司的丑闻表明,公司可以且确实进行了一些交易,这些交易对报告的财务业绩的影响大大超过了对公司价值的影响。虽然这些公司进行的一些交易在显然是违法的,但令人惊讶的是,许多这类交易虽然是为了改善报告的财务结果而采取的,不仅可能是合法的,而且符合GAAP规则。例如,参见Randall Smith, *GAO Finds Hurdles to Linking Financial Firms to Fraud*, Wall. St. J., Mar. 17, 2003, at C1. *But see* Deborah Solomon & Randall Smith, *SEC Accuses Merrill of Fraud in Enron Deal*, Wall St. J., Mar. 18, 2003, at C1。前SEC主席阿瑟·莱维特(Arthur Levitt)指出:"例如,许多首席执行官更关注管理他们的股价而非业务。公司在技术上遵守会计准则,而实际上却尽可能少地披露其实际业绩。本应独立的会计师事务所与公司客户携手合作,试图在会计标准中掺水。如果这还不够,会计师们还甘愿成为帮凶,帮助公司掩盖数字背后的真实情况。"参见Arthur Levitt, Take on the Street: What Wall Street and Corporate America Don't Want You To Know 8 (2002); Alex Berenson, The Number: How the Drive for Quarterly Earnings Corrupted Wall Street and Corporate America (2003)。

〔44〕 关于当公司发行上市证券时,经理人独占信息的额外成本的讨论,参见后注〔52〕~〔54〕及附文。

〔45〕 See generally Donald S. Chisum & Michael A. Jacobs, Understanding Intellectual Property Law § 1B, at 1-3 to 1-4.

〔46〕 当然,公开披露这些信息对公司来说也可能是成本高昂的,这将在后文第二部分(二)中讨论。

〔47〕 参见Brandeis,同前注〔7〕。

2. 公众公司披露信息的收益

当公司有上市交易的证券时,还可以通过信息披露节约额外的代理成本。首先,增加披露可能会促进有上市交易证券的公司的控制权市场运行,从而降低代理成本。[48] 潜在收购者可以通过披露的信息来完善其对收购收益的评估,并在必要时为收购筹集外部资金过程中加以利用。关于增强信息披露如何提升公司控制权市场有一个很好的例子,即从 1978 年开始的对从事大规模石油和天然气勘探业务的公司所施加的额外信息披露要求,[49] 这促使该行业的敌意收购活动从 20 世纪 80 年代初变得越发活跃。[50]

信息披露还可以提高股价的准确性。[51] 股价准确性的提高通过为投资者提供一套更可靠的经理层业绩评估指标和一种更有效地奖励公司价值创造的途径,从而降低了代理成本。随着股价准确性的提高,内部人对其所在公司的证券进行交易获利的机会更少。[52] 这种公司代理人滥用信息的情形通常被认为是有悖公司利益的,[53] 一如内幕交

〔48〕 参见 Frank H. Easterbrook & Daniel R. Fischel, *Corporate Control Transactions*, 91 Yale L. J. 698, 705(1982)(如果更好的经理人获得了对公司资产的控制权,或者如果他们改变了面向现有经理人激励结构,那么公司控制权交易可以减少代理成本。公司收购及随后的经理层变化都会增加投资者的福利。)

〔49〕 同前注〔28〕。

〔50〕 作者以投资银行家身份工作时,曾在多次此类交易中运用这种新近被披露的财务信息。

〔51〕 股价的准确性是指股价在多大程度上为公司资产的基本价值提供了一个可靠指标的程度。参见 Jeffrey N. Gordon & Lewis A. Kornhauser, *Efficient Markets, Costly Information, and Securities Research*, 60 N. Y. U. L. Rev. 761(1985)。由于公司的"真实"价值是无法直接观察到的,因此很难计算出股价的准确性随着信息披露增加而提高的程度。这就限制了从众多研究中得出的推论,即信息披露的确对公司的股票价格有影响。例如,参见 Healy & Palepu, 同前注〔5〕; Holthausen & Watts, 同前注〔35〕。

〔52〕 参见 H. Nejat Seyhun, *The Effectiveness of the Insider – Trading Sanctions*, 35 J. L. & Econ. 149, 158 – 67(1992)(该文表明内部人通过交易自己公司的股票产生异常的正收益)。参见 Jesse M. Fried, *Reducing the Profitability of Corporate Insider Trading Through Pretrading Disclosure*, 71 S. Cal. L. Rev. 303, 321 – 22(1998)(该文引用了几项实证研究,表明内部人通过内幕交易获得了可观的回报,并假定"对这一结果最合理的解释是内部人利用市场其他成员无法获得的信息进行交易")。

〔53〕 Fried, 同前注〔52〕, 第 306 ~ 308 页(该文总结了为何应该禁止内幕交易的观点)。

易限制所揭示的那样。[54]

除减少代理成本外,提高股价的准确性亦有其他好处。耶鲁法学院的伊恩·艾尔丝(Ian Ayres)教授证明了提高股价的准确性可以减少股东意图出售股票时的不确定性,从而使其受益。[55] 同时,增加信息披露也可以降低公司的融资成本和提高公司证券交易的流动性。[56]

3. 信息披露公司没有从披露中获得的收益

当然,也有一些好处是信息披露公司无法从其信息披露中获得的。法学学者们在试图以市场失灵为联邦信息披露监管正名时,已经确定了信息披露存在外部性效应。这些外部性可以根据不同第三方受益者身份予以界分,包括:(1)公司的竞争对手,他们可能从专有信息披露中受益(公司间外部性);(2)整体经济,其可能从资产配置的优化中受益;(3)投资者,尽管他们中的一些人并未持有披露信息的公司的股份,但也可能使用披露的信息。接下来,本文将对每一种外部性展开分析。

福克斯教授是"公司披露专有信息会导致披露收益流向其竞争者、主要供货商和大客户"这一观点的重要支持者。[57] 他认为,由于公司间外部性的存在,公司披露的专有信息达不到社会需求的最佳信息量要求。[58] 在一定程度上来说,福克斯教授是正确的,由于公司无法将其带给竞争对手的所有外部性影响予以内部化,因而,外部性的影响仍然存在。[59] 但是,福克斯教授并未提供充分的论据以说明这些公司间的影响总是积极的,或者说明这种外部性能够或应该通过监管介入加以纠正。[60]

---

〔54〕 同上注,第 308 ~ 310 页(该文总结了"以减少内幕交易利润为目标的规则体系")。

〔55〕 Ian Ayres, *Back to* Basics: *Regulating How Corporations Speak to the Market*, 77 Va. L. Rev. 945, 987 – 92(1991)(该文建立了卖出股东从提高股价准确性中获得的收益模型)。

〔56〕 参见 Healy & Palepu,同前注〔5〕,第 429 ~ 431 页(该文总结了加强信息披露、提高股票流动性和降低资本成本之间关系的理论论据和实证证据)。

〔57〕 Fox, *Retaining Mandatory Disclosure*,同前注〔12〕,第 1345 页。为简化叙述,我在下文将这三类潜在受益者统称为"公司的竞争对手"。同时参见 Easterbrook & Fischel,同前注〔5〕,第 697 ~ 698 页(该文注意到公司的外部性可能成为联邦披露监管的正当性基础)。

〔58〕 Fox, *Retaining Mandatory Disclosure*,同前注〔12〕,第 1339 页。

〔59〕 参见后文第三部分(一)。

〔60〕 参见后注〔90〕~〔100〕及其相关内容。

公众公司的信息披露可能使整个经济受益,而披露信息的公司并没有完全意识到这一点。例如,其他公司的投资者和经理层可能会利用公众公司的估值,来决定是否将资源投入与高估值公众公司所从事的类似商业机会中。信息披露可以改善整个经济资产优化配置的论点可以分两步讨论:第一步是增加信息披露可以提高股票价格的准确性。[61] 第二步是更准确的股票价格会导致整个经济中更有效的资产配置,尽管披露信息的公司不能获得由此带来的收益。[62] 尽管在上述推理中每一步都是合理的,但在现实中很难量化这些影响的规模,[63] 这使得将经济中资产配置与公众公司的披露要求相联系的论点,至多是一种事例证据。[64]

最后,评论家们提出了几个论点来说明为什么公司在向投资者提供有用的信息方面存在市场失灵。[65] 一个论点是,如果没有监管介

---

〔61〕 同前注〔51〕及其相应的文本。

〔62〕 参见 Randall Morck, Andrei Shleifer & Robert Vishny, *The Stock Market and Investment: Is the Market a Sideshow*? in 2 Brookings Papers on Econ. Activity 157(1990);Marcel Kahan, *Securities Laws and the Social Costs of "Inaccurate" Stock Prices*, 41 Duke L. J. 977(1992)(该文分析了股票价格中各种不准确的成本);Lynn A. Stout, *The Unimportance of Being Efficient: An Economic Analysis of Stock Market Pricing and Securities Regulation*, 87 Mich. L. Rev. 613(1988)(该文认为有效的股票市场对经济生产力没有显著的影响)。

〔63〕 2000 年 3 月以后,美国的科技股市值下跌,为探讨这种影响提供了一种事例证据。1999 年和 2000 年,大量资金被投资于互联网和电信行业,究其原因,在很大程度上是由在此行业的公司在公开市场上的估值所推动的。这些投资现在看来不明智且浪费。虽然这一时期实际投资活动似乎受公众公司估值驱动的程度很惊人,但这一结论没有什么证据价值:一方面,如果这些估值是非理性繁荣的结果,额外信息的披露可能不会改变这些估值;另一方面,如果这些估值在当时是理性的,增加披露不应该系统地影响这些估值。

〔64〕 旨在为监管介入提供支持的资产配置理论,也未能为信息披露要求的应然状态提供有益的指导。改善经济中的资产配置这一目标要求公众公司披露能使股价更准确的信息,但这一目标仍然不能回答如何权衡披露成本与收益。

〔65〕 还有一类相关的论点是基于如下观察:公司可能是公司特定信息的低成本生产者,因此应该让公司而非投资者来应该生产和传播这种信息。但这不是一个涉及外部性的论证,所以这里不予讨论。参见 Douglas W. Diamond, *Optimal Release of Information by Firms*, 40 J. Fin. 1071(1985);Easterbrook & Fischel, 同前注〔5〕, 第 684 页("对于公司的大部分信息,公司本身可以以比股东以更低的成本进行生产和传播")。

入,关于公司的信息将被过度生产,因为部分投资者会投入资源来获得比其他人更多的信息优势,但这种为"预知"产生的支出并没有增加社会福利。[66] 另一个论点的主要支持者是哥伦比亚大学法学院的约翰·科菲(John Coffee)教授,他指出一些投资者并不购买某公司的证券,他们就不用承担披露信息的成本,但却可以从这些信息中获益。[67] 这些与公共物品相关的问题可能会导致公司的信息生产不足。

虽然关于社会浪费和公共物品的主张都认为公司应该披露额外信息来矫正市场失灵,但这些论点也表明增加信息披露会对公司的信息总量生产造成相反的影响,因为我们很难确定社会浪费或公共产品效应产生影响的规模,目前也还不清楚这两种效应的结合会指向什么方向。[68] 也许在没有任何监管介入的情况下,试图"击败市场"的投资者过度生产信息,刚好可以抵销由于信息的公共产品性质而导致的信息生产不足。因此,由于这种不确定性,本文未把信息披露对投资者信息生产的影响作为信息披露的经济利益。[69]

4. 知识产权经济学之洞见

信息披露的潜在收益也包括披露要求和知识产权保护之间关系所隐含的好处。公司掌握的信息可以为公司创造垄断力量,这与知识产

〔66〕 See Jack Hirshleifer, *The Private and Social Value of Information and the Reward to Inventive Activity*, 61 Am. Econ. Rev. 561, 565 - 66(1971).

〔67〕 参见 Coffee,前注〔16〕,第 732 页;Beaver,同前注〔16〕,第 626 ~ 628 页。

〔68〕 科菲教授为进行这一计算付出了积极的努力,他认为与信息的过度生产相比,信息生产不足的问题可能更严重,至少在那些没有被华尔街分析师"覆盖"的公司中是如此。参见 Coffee,前注〔16〕,第 731 ~ 732 页;Beaver,同前注〔16〕,第 636 页(该文注意到"信息量过大的趋势"具有"与公共利益论点相反的含义,它意味着披露的数量不足");Easterbrook & Fischel,同前注〔5〕,第 681 ~ 682 页;Romano, *Empowering Investors*,同前注〔12〕,第 2367 页,脚注〔20〕(然而,有关信息生产的论点所依据的经济学理论是模糊不清的。资本市场的信息既可以被过度生产,也可以生产不足)。

〔69〕 即使有关公司的信息生产不足可以作为监管介入的依据,但其对于"哪些信息应成为公众公司信息披露要求的约束对象"这一问题能够提供何种指导仍不清楚。合乎逻辑的含义是,公司应该提供更多的对投资者有用的信息,但该建议在如何平衡信息披露的成本和对那些不拥有公司证券的人的有用性方面,几乎没有提供太多指导。

权法所赋予其的垄断力量相当。[70] 信息披露信息可以减少公司的垄断力量,进而导致消费者福利的增加。[71] 一个简单的例子即可阐述这种潜在的收益,我们可以设想取消对知识产权提供的法律保护,而不是减少不披露本身所提供的事实上的保护。由于公司将不再能够对专利产品或版权材料收取费用,因此社会福利会有所增加。当然,投资创造专利产品或版权材料的激励减少也会导致一些成本。接下来,本文将分别阐述这些成本。[72]

(二)公司披露信息的成本

与信息披露的收益一样,公司披露信息的成本分析可分为三类:(1)无论公司是否有上市交易的证券,都会产生的成本;(2)公司有上市交易的证券时产生的成本;[73](3)信息披露可能对进行信息披露公司以外的其他公司造成的成本。

1. 私人或公众公司信息披露的成本

对公司而言,无论其所披露的信息是否面向公众,都会产生一些披露成本。[74] 主要的信息生产成本是准备和传播公司信息的"直接"成本。[75] 虽然无论公司是否有上市交易的证券都会产生上述生产成本,但对于存在上市证券的公司,该类成本通常会更高,原因有二:其一,公

〔70〕 根本的区别在于,在未披露信息的情况下,存在通过信息保密而获得的事实上的保护,而在知识产权法的背景下获得的是法律上的保护。

〔71〕 参见 F. M. Scherer & David Ross, Industrial Market Structure and Economic Performance 21 – 29(3d ed. 1990)(该文描述了减少垄断力量如何增加社会福利)。

〔72〕 参见后注〔84〕~〔87〕及其有关内容。

〔73〕 为简单说明,我们假设公司所披露的信息一般会被公开,而此处的公司指的是有上市交易证券的公司。此外,我们还要假设公众公司不能选择性地向部分公众披露信息,而忽略其他公众。这与规则 FD 的要求相符。17 C. F. R. § § 243. 100 – . 103 (2000)(限制公众公司向某些市场参与者选择性地披露非公开重要信息的能力);参见 Stephen J. Choi, *Selective Disclosures in the Public Capital Markets*, 35 U. C. Davis L. Rev. 533, 537 – 40(2002)(该文描述了规则 FD 如何运作)。

〔74〕 在这里,私人披露和公开披露之间的区别必然是程度上的区别,因为即使是私人披露也可能涉及与公司以外的其他人分享信息。

〔75〕 这一区别体现在 Beaver 观点中,前注〔16〕,第 629 页(该文区分了披露的直接成本和间接成本,前者"包括制作、认证、传播和解释披露信息的成本",后者"包括披露对竞争优势的不利影响"),同时参见 Fox, *Retaining Mandatory Disclosure*, 同前注〔12〕,第 1345 页(该文区分了披露的"运营成本"和披露的"公司间"成本)。

众公司通常需要向更多的股东分发信息披露材料；其二，当公司拥有上市交易的证券时，出于对披露不利竞争信息的顾虑和对担责隐忧的增加，其在准备材料时通常会更加谨慎。[76]

2. 公众公司信息披露的成本

披露信息的部分成本主要来自为广大公众获取公司的信息提供渠道，其中，"公布成本"[77]是指当一个公司披露其专有信息时可能引致的竞争劣势。这种公布成本的典型例子是，当公司某项有利可图的业务被披露之后，竞争对手就会出现，[78]而新入场者可能导致披露信息公司的利润下降。

学者们已经明确的另外两种公布成本——诉讼成本[79]和信息披露增加，会促进反竞争行为的风险[80]——并未包含在本文关于披露信息的微观经济模型中。因为从实践与理论上看，我们尚不清楚信息披露的增加是否必然导致诉讼成本的增加。我们可以想象这样一种制度：即使是不准确的信息披露，也能创造一个免于诉讼的安全港，甚至可能会对这种信息披露所带来的诉讼风险予以实质性避免。例如，SEC 从 1978 年开始为预测性声明提供保护，只要公司在进行预测性声明的同时提供"有意义的警示性声明"（meaningful cautionary statements）。[81] 在这种情况下，增加披露反倒可以减少而非增加诉讼成本。至于引致反竞争活动的风险，目前几乎没有证据可以证实。

3. 信息披露施以其他公司的成本

除了披露信息的公司以外，其他公司也可能承担此种公布成本。

---

〔76〕 参见 Kitch，同前注〔34〕，第 770 ~ 772 页。

〔77〕 同前注〔16〕，第 629 页，Beaver 认定这些成本是披露的"间接成本"，而非"公布成本"；同时参见 Fox，*Retaining Mandatory Disclosure*，同前注〔12〕，第 1345 页，使用"公司间"成本一词。

〔78〕 参见后注〔136〕及其有关内容；Beaver，同前注〔16〕，第 627 页。

〔79〕 参见 Kitch，同前注〔34〕，第 770 ~ 772 页。

〔80〕 参见 Romano，*Need for Competition*，同前注〔12〕，第 389 页。

〔81〕 参见 C. F. R. § 230. 175（1999）。

此处可以做一个简单的假设:[82]假设在作出任何披露之前,两家公司拥有的信息为他们提供了难以动摇的竞争优势,并且他们以寡头垄断的方式共同利用这一优势。再假设其中一家公司被要求披露上述信息,如此一来,这一信息的公开传播将减少两家公司之前共享的竞争优势并将减少他们利润。当然,虽然披露信息的公司和其竞争对手都会受到伤害,但由于垄断力量的减少,可能带来经济收益提升而促进社会福利的增加。[83]

公布成本也可能更广泛地下降。知识产权的经济分析有助于理解信息披露要求对投资决策的影响。如果某家公司知道将来可能被要求披露专有信息,它则不会过多地期待自己会从收集这些信息中得到较高的回报,这又会反过来减少对创新产品的投资。

然而,需要重点关注的是,除利用公开信息披露之外,其他公司还可以利用许多方式获得竞争对手的信息。公司内部的诸多信息都会以公开行为的形式表现出来,例如,建造新工厂或发布新产品。此外,庞大的工业间谍产业也不容忽视。[84] 最后,劳动力市场也会使信息在无须公开信息披露的情况下而在公司之间传递。[85]

正是由于认识到公司可能已经有途径获知其竞争对手的大量专有信息这一事实,立法者才没有在最初《证券法》的披露要求中加入竞争伤害豁免。[86] 1933 年,在参议院的银行和货币委员会前发表支持《证券法》修订意见证言的、修法支持者之一的托马斯·科克伦(Thomas Cochran)解释道:"顺便说一句,每个与工业工程师打过交道的人都知

---

〔82〕 参见 Romano,*Need for Competition*,同前注〔12〕,第 397 ~ 398 页,第 431 ~ 435 页(该文用一些例子来说明一家公司的信息披露可能损害另一家公司的利益)。但同时参见 Fox,*Issuer Choice*,同前注〔15〕,第 575 ~ 580 页(该文对 Romano 例子的有效性提出了质疑)。

〔83〕 参见 Scherer & Ross,同前注〔71〕,第 21 ~ 29 页。由于披露信息还涉及其他成本和收益,因此不可能断定这种披露在该假设中是否会提高福利。

〔84〕 2001 年,工业间谍行业的估计规模为 20 亿美元。The Society of Competitive Intelligence Professionals, Frequently Asked Questions, http://www. scip. org/ci/faq. asp, visited July 4,2004.

〔85〕 参见前注〔44〕~〔46〕及其有关内容。

〔86〕 另外,《证券交易法》确实为商业秘密的披露提供了明确的豁免。§ 24(c) ch. 404, 15 U. S. C. § 78(2001).

道,美国目前存在的商业间谍制度是如此完美,以至于通常一个公司的董事对其竞争对手业务的了解甚至比他们对自己公司的了解还要多……"[87]虽然这个结论实属偏激,但考虑到以其他方式获得的竞争信息的程度,信息披露要求所造成的投资抑制作用或许比最初预想的要小。

(三)公司披露信息的成本和收益总结

表1总结了公司披露信息的成本和收益。

表1 公司披露信息的成本和收益

信息披露的收益	信息披露的成本
私人和公众公司: • 降低代理成本:提升监督经理层水平	私人和公众公司: • 准备和传播公司信息的直接成本
仅公众公司: • 降低代理成本:促进公司控制权争夺市场的运行;减少内幕交易的机会 • 股票价格更准确 • 融资成本降低 • 流动性提高	仅公众公司: • 削弱公司竞争力
第三方获得的收益: • 竞争对手获得收益 • 整个经济的分配更有效率 • 提升消费者剩余	第三方负担的成本: • 竞争对手可能失去在寡头市场中的势力 • 降低创新投资意愿

1. 信息披露要求有效性一概而论的不足

对公众公司信息披露的经济分析表明,要想对联邦信息披露监管的有效性得出一个确定的结论是何等困难。对公众公司施加强制性信息

---

[87] *Stock Exchange Practices*, *Part* 15: *National Securities Exchange Act* 1934, *Hearings on S. Res.* 84, 72*d Cong. and S. Res.* 56 *and S. Res.* 97, 73*d Cong.*, *Before the Senate Comm. on Banking and Currency*, 73d Cong., 1st Sess. 6533 (1934), *reprinted in* 6 Legislative History of The Securities Act of 1933 and the Securities Exchange Act of 1934 (J. S. Ellenberger & Ellen Mahar eds., 1973).

披露要求的一般性论述,不可能解决上文提到的诸多权衡问题。〔88〕例如,福克斯教授提出的基于公司间外部性的强制性信息披露监管的论点,并不能经受信息披露监管的成本和收益下的仔细审视。福克斯教授声称,强制性公众公司信息披露监管规定可以提高福利,因为披露“不利于竞争的”信息的公司难以获取此等信息披露给其竞争对手而带来的收益。〔89〕因此,福克斯教授的观点可以被分为两个部分:(1)公司间的外部性导致了信息披露的市场失灵;(2)联邦信息披露监管规定是解决市场失灵的适当路径。

福克斯教授论述的第二个部分难以证立,即信息披露实践中公司间外部性导致的市场失灵可为联邦披露监管提供正当性。〔90〕让我们假设公司间外部性确实会导致市场失灵,〔91〕问题是,福克斯教授能否在不评价具体披露要求效果的情况下,证明强制性披露监管是对这种市场失灵的适当回应?

罗曼诺教授指出了福克斯教授论点第二个部分的若干缺陷:〔92〕第一,罗曼诺教授指出福克斯教授在支持更多监管的同时并未考虑到监管的干预成本。〔93〕如其所言:“福克斯教授犯了信息披露市场失灵支持者的一个常见谬误……他们假设政府替代方案实现了最佳产出,却没有像

---

〔88〕这与她对信息披露监管和公司间外部性的金融经济学模型的审查中得出的结论一致,即“因此相应的,从公司间外部性背景下两个披露政策模型的结果中可以肯定地得出一个结论,这也是详细审查这些模型的原因:以充分的信心(特别是福克斯教授所传达的确定性)断言——政府为补救公司间外部性而进行的强制披露的干预总是会使社会福利最大化——是不合适的”。Romano, *Need for Competition*,同前注〔12〕,第439页。

〔89〕参见Fox, *Retaining Mandatory Disclosure*,同前注〔12〕;Fox, *Issuer Choice*,同前注〔15〕。

〔90〕第一个主张,即公司间的外部性导致了公众公司信息披露实践中的市场失灵,可参见后文第三部分(一)。后文将进一步考虑第二项主张,即SEC实施披露要求以解决公司间的外部性问题。参见后注〔107〕~〔108〕及其有关内容。

〔91〕参见后文第三部分(一)(支持了该项结论)。

〔92〕Franco对福克斯教授论点的该部分提出了另一批评,同前注〔10〕,第346~348页(该文认为他的公司间外部性论点未能就哪些具体类型的信息应受制于强制性披露要求而提供指导)。

〔93〕更准确地说,在该情况下,问题在于建立监管垄断的成本,这需要与罗曼诺教授提出的证券监管的联邦主义方法的成本相比较。

仔细检查市场机制那样去检查该政府替代方案。"〔94〕第二,罗曼诺教授提出了一种可能性,即某公司的信息披露可能会对其他公司产生消极或积极的影响。〔95〕她认为,考虑到这种可能性,在建议进行监管介入之前必须进行更精细的分析。〔96〕 为了支持该论点,她引用了数个关于信息披露的分析模型,这些模型显示即便存在公司间的外部性,强制信息披露也未必会增加社会福利。〔97〕

本文关于信息披露的微观经济模型可以为福克斯教授的观点难以成立提供一个简单的解释。他忽略了与知识产权保护的经济学比较所强调的披露成本,即披露要求可能对投资于信息收集活动所产生的收益造成的影响。〔98〕 即使公司间的外部性总是正向的,我们仍然不可能推断这些收益与其对信息收集活动投资回报产生的影响相比,到底孰高孰低。

仅举一个简单的例子,我们就可以看到福克斯教授得出宽泛性结论

---

〔94〕 Romano, *Need for Competition*, 同前注〔12〕,第439页。

〔95〕 参见上注,第431~435页,第555~562页。

〔96〕 同时参见 Stephen Breyer, Regulation and Its Reform 26(1982)("如果外部性的理由站得住脚,那么它应该被限制在外溢性大、相当具体、可大致货币化的情况下。")福克斯教授反驳称,正向的公司间外部性比负向的公司间外部性更有可能出现:"我们有充分的理由相信,对于任何与本次论辩有关的发行人披露的信息,其披露都可能对经济体中的一个或多个其他公司产生正向影响,而对任何公司都不会产生负向影响。"参见 Fox, *Issuer Choice*, 同前注〔15〕,第569页。基于此,福克斯教授得出结论,即使在一些特殊的情况下,可能存在公司间的负外部性,他的建议也是有效的。

〔97〕 参见 Romano, *Need for Competition*, 同前注〔12〕,第439页。然而,罗曼诺教授继续从福克斯的论证局限中得出了太多的结论。她认为,为了解决公司间的外部性,不可能制定任何强制性的披露要求。她关心的是,"政府监管机构如何能够对每家公司的每项信息进行这种费力的计算"。同上注,第435页。但她对监管者面临所挑战的描述忽略了一种替代路径,即对某些类别的信息适用披露要求。类推而论,在确定知识产权保护的范围和期限时,政府根据所涉及的信息类别,对授予垄断权和增加创新投资激励之间的权衡进行了评估。在该语境下,福克斯教授倾向于作出以下结论:因为知识产权保护有好处,所以知识产权应该受到保护是必然的。这当然是一个过于宽泛的结论。但相反的观点也未必正确。仅仅因为不包括更细微的考虑就无法证明知识产权保护的合理性,我们也不应该得出结论而认为永远不应该给予知识产权保护。见下文第四部分(提供一个罗曼诺教授的结论所忽略的分析类型的例子)。

〔98〕 参见前注〔84〕~〔87〕及其有关内容。

过程中运用权衡机制的问题所在。假设公众公司被要求披露所有的商业秘密,这极有可能会使其竞争对手受益。在他的分析框架中,却不存在拒绝这种披露的选项。但是,公司是否应该被要求披露所有的商业秘密?如果不考虑这种要求对创新领域投资的影响,实际上就无法评估这样的建议。

连福克斯教授都会犯上述的错误,确实使人感到被讽刺,他是少数几个提到披露政策对投资决策存有潜在影响的学者之一。[99] 福克斯教授在一个脚注中解释了这种不连贯性,他写道:"信息披露对静态和动态效率的影响是金融经济学主流领域之外的附带问题,它们如何平衡是一个国家的政府当局应该决定的事情。"[100] 但是,这种论调难以让人信服。一个学者在建议增加披露要求时,刻意忽视创新领域投资减少带来的激励成本,仅仅因为这种成本考量是"在金融经济学的主流领域之外",这合理吗?有什么信息是监管者可以获得,而学者却无法获得的?因此,评估实施具体披露要求的成本和收益是更好的分析路径。

2. 公众公司信息披露的再分配效应

信息披露要求也可能产生显著的再分配效应。那些不需要公开披露信息的公司可能会从公众公司增加的披露信息中受益,而其自身却无须承担相应的披露成本。这可能会使美国的公众公司与私人公司、外国公司及一些更大的公司相比,导致竞争劣势。[101] 但这些再分配效应的程度并不明显。首先,这个问题需要在一个更宏大的背景下予以讨论。美国重视在资本市场上的高水平的披露,[102] 这可能是美国资本市场成

---

〔99〕 Fox, *Retaining Mandatory Disclosure*, 同前注〔12〕, 第 1346 页, 注释〔20〕; 同时参见 Franco, 同前注〔10〕, 第 347 页, 注释〔256〕。

〔100〕 Fox, *Issuer Choice*, 同前注〔15〕, 第 574 页, 注释〔29〕。

〔101〕 根据目前实施的重大性标准,相对于大型公司,较小型的公司可能被要求披露更详细的信息。

〔102〕 参见前注〔1〕及其附文,也许除了偏向于保护公司而非投资者利益的例外。例如,参见 Joseph A. Grundfest, *Subordination of American Capital*, 27 J. Fin. Econ. 27, 89 (1990); Mark Roe, Strong Managers, Weak Owners: The Political Roots of American Corporate Finance (1994)。

功的一个因素。[103] 虽然美国的公众公司承担了披露成本,但这也有一定的收益,认为增加信息披露必然会损害美国公众公司的结论过于简单化。

对现行的信息披露制度进行调整也可以改变这些再分配的成本。首先,可以调整上市和非公众公司之间的分界线。[104] 其次,可以在国际上实施与美国可比的披露要求。这些变化的可行性或可取性超出了本文的范围,但其中任何一项调整都可以减少对美国公众公司施加披露要求所带来的再分配效应。

三、对公众公司信息披露的监管

在了解了公众公司信息披露的成本和收益后,下一步是要确定应该要求公众公司披露哪些信息,则需要明确在何种情况下对公众公司的信息披露行为进行监管介入是合理的。构建监管的充分正当性基础需要:(1)确定市场失灵的发生;(2)评估该市场失灵的严重性;(3)权衡进行矫正性监管介入的成本和收益。[105] 本部分将逐次对它们进行讨论。其一,本文证实了公众公司披露实践中存在由公司间外部性导致的市场失灵。其二,这种市场失灵的潜在成本比想象中要高得多。其三,本文提供了一个计算方法,来评估何时进行监管介入以纠正这一市场失灵是有意义的。

(一)公众公司披露中的公司间外部性

对信息披露可能造成竞争性损害的担忧,确实导致了公众公司信息披露实践中的明显的市场失灵。如上所述,福克斯教授基于公司间外部性进行监管介入的论点可以分为两部分:(1)公司间外部性导致了信息披露实践中的市场失灵;(2)联邦披露监管是解决这种市场失灵的适当

---

〔103〕 例如,我们注意到尽管美国的证券披露要求比其他地方的要求更多,一些外国公司依然选择在美国注册证券。参见 Coffee,前注〔18〕,第 1779 ~ 1800 页(该文讨论了这种“交叉上市”的经济动机)。

〔104〕 参见 Seligman,前注〔18〕,第 889 页(该文描述了目前区分非公开和公开发行的基础)。

〔105〕 对于一套类似的标准,可以参见 Roger G. Noll, *Economic Perspectives on the Politics of Regulation*, *in* 2 Handbook of Industrial Organization 1253(R. Schmalensee & R. D. Willig eds. ,1989)。

方法。[106] 同时，他基于公司间外部性而论证公众公司强制信息披露要求正当性的论点，本文已经阐明了其第二部分是过于宽泛的。[107] 此外，目前美国公众公司的披露要求在不同方面宽严不一，这不能仅仅被理解为是为了纠正公司间外部性所导致的市场失灵。如果美国披露要求的目的是解决外部性问题，那么就不应该明确给予公司豁免而免于披露部分专有信息，但现实并非如此。[108] 关于公司间的外部性的论证也无法解释披露要求，如公司披露公司与其代理人之间的交易细节，因为这种信息对公司的竞争者也没有价值。[109]

然而，福克斯教授论点的第一个组成部分（公司间外部性导致市场失灵）是正确的，有很多证据支持它。但是，福克斯教授提供的支持"公司间外部性导致市场失灵"这一结论的具体证据是有问题的。福克斯教授似乎主要依赖下面这个事实，即一家公司披露的信息是免费提供给其他公司的，[110] 但正如上文所述，这并不能排除"其他公司获得相关信息也可能产生成本和收益"的可能性。[111]

对于因公司间的外部性而导致公众公司的信息披露存在市场失灵这一观点，要给予更有力的论证，则需要证明：(1)公司难以获取其信息披露为竞争对手提供的所有收益；(2)对发布不利竞争的信息的担心将显著减少公众公司的信息披露。如果公司能够获得信息披露给第三方带来的收益，那么"公司间的外部性导致信息披露的市场失灵"这一论点就站不住脚了。"如果公司不改变其披露方式，避免披露专有信息，那么即使出现市场失灵，也没有关系。"但这两种影响都是显而易见的，因此，由于公司间所存在的外部性，公众公司披露做法似乎确实会导致严重的市场失灵。

1. 所有竞争者的收益难以被信息披露公司所获的证据

要确定存在市场失灵，必须证明进行披露的公司难以获得其披露的

---

〔106〕 参见前注〔89〕及其有关内容。

〔107〕 参见前注〔90〕~〔100〕及其有关内容。

〔108〕 参见前注〔29〕。

〔109〕 这种要求可以更好地解释为披露这种信息对降低代理成本的作用。参见 Mahoney，同前注〔13〕。

〔110〕 Fox，*Issuer Choice*，同前注〔15〕，第 571 页，脚注 25（"信息的价值，在这种情况下是被免费得到的……"）。

〔111〕 参见后文第二部分（二）3。

信息给竞争者带来的所有收益。虽然在某些情况下,公司可以得知其披露信息给其他公司带来的收益,如许可安排或出售客户名单,[112]但这些情况的特殊性恰恰说明:公司一般难以获得所有收益。例如,公司向其竞争对手出售客户名单,但同时放入几个虚构的客户名称,而这些虚构客户将会把有关材料以其他名义发回给名单的出售者,如此一来,名单的所有者可以低成本且准确地得知该客户名单的使用频率。

但在大多数情况下,公司获取因披露有竞争价值的信息而产生的收益的能力都受到严重制约。第一,可能很难确定谁是这种信息披露的受益者。一个有吸引力的商业机会的披露,可能会把其他以往并非竞争者的公司引入市场。[113] 第二,如果这些交易的相关方如果确实彼此认识,那么他们很可能成为商业竞争对手,在合作时面临着法律[114]以及实际[115]障碍。第三,当信息披露减少公司的垄断力量时,信息披露的收益是以消费者剩余的形式提供的,[116]而这种收益难以通过货币来衡量。[117] 第四,创造一个信息市场比创造产品或服务市场更为困难,因为复制和广泛分发信息的成本相对较低,而且信息的大部分价值只有在提供给潜在

---

〔112〕 See George Foster, *Externalities and Financial Reporting*, 35 J. Fin. 521, 526(1980)(该文提供了例子说明公司可以获得其披露信息为竞争对手提供的利益)。

〔113〕 应该指出的是,在没有其他障碍的情况下,某种形式的公开拍卖可以改善这一特殊困难,但"其他障碍"是一个复杂的因素。

〔114〕 例如,竞争者之间的这种合作可能会引起反垄断方面的担忧。See Stephen F. Ross, Principles of Antitrust Law(1993).

〔115〕 在诸多行业,商业竞争者之间存在着相当程度的竞争和敌意。

〔116〕 参见前文第二部分。

〔117〕 对于罗曼诺教授建议的巧妙的、基于市场的、有助于消解披露外部性的解决方案而言,披露要求可能会在增加消费者福利这方面带来收益的观点,也是存在问题的。她指出许多大型投资者持有众多公司的股份,因此这些投资者将认识到披露公司的成本以及此类披露将为其他公司带来的一些收益。Romano, *Empowering Investors*, 同前注〔12〕,第2368页。Romano解释说:"大多数投资者持有的是投资组合,而不是单一的股票,因此,与发行人不同,如果他们做出披露决定,他们会将外部性内部化。也就是说,他们会希望有一个要求披露信息的制度,因为根据正外部性的定义,他们在竞争者身上的预期收益将抵消他们在发行人身上的损失。"同上;同时参见Romano, *Need for Competition*, 同前注〔12〕,第439~446页。但这些机构投资者不可能完全获得减少公司垄断权力所带来的消费者剩余。但参见William J. Carney, *Jurisdictional Choice in Securities Regulation*, 41 Va. J. Int'l L. 717, 736(2001)(该文认为SEC的监管应以股东至上的准则为指导,而不是普遍关注提高社会整体福利)。

购买者之后才能确定。[118] 第五,通常很难监控其他公司内部对信息的使用,而这正是专有信息的使用方式。

2. 专有信息被披露的重要性

如果不利于竞争的信息没有被保留,那么市场失灵则难以产生太多实际的影响。但是,对公众公司信息披露的实证和理论研究都表明,对披露专有信息的担忧大大减少了公众公司的信息披露。

(1)与不利于竞争担忧有关的实证发现

两种不同的实证分析表明,对竞争劣势的担忧是限制公众公司披露信息的重要因素。第一类研究观察了成熟投资者用于对公司进行估值的信息。如果公众公司披露了成熟投资者用来评估公司内部的大部分信息,那么公司间的外部性所导致的市场失灵可以忽略不计了。有几项贯穿20世纪80年代到90年代的研究,正是为了确定成熟投资者使用什么信息来评估某公司的证券。[119] 这些研究发现,投资者使用商业运营信息来评估公司证券的价值,而这些信息大都没有被公

---

[118] *See generally* Edmund W. Kitch, *The Law and Economics of Rights in Valuable Information*, 9 J. Legal Stud. 683(1980).

[119] 从20世纪70年代开始,美国公众公司强制信息披露要求的批评者认为,SEC要求公司披露的信息并不能为成熟投资者提供对公司证券估值有用的信息。这个问题之所以引起学术界的注意,主要是由于Homer Kripke的努力。参见Homer Kripke, *The SEC, the Accountants, Some Myths and Some Realities*, 45 N. Y. U. L. Rev. 1151, 1174(1970)[以下简称Kripke, *Some Myths*](该文结论是,当时要求公司披露的信息是"无用的","我们应该看看投资者真正需要什么");Homer Kripke, The SEC and Corporate Disclosure: Regulation in Search of a Purpose(1979)(以下简称Kripke, In Search of a Purpose)(该文总结了他对强制性信息披露要求所需披露的相关信息不足的批评意见)。为了回应这些讨论,学者们进行了一些研究以确定成熟投资者实际上使用什么信息对公众公司证券进行估值。参见Am. Inst. of Certified Pub. Accountants, Improving Business Reporting—A Consumer Focus(1994)(以下简称为Jenkins报告);Ass'n for Inv. Mgmt & Research, Financial Reporting in the 1990s and Beyond(1993)(以下简称为AIMR报告);FASB, Electronic Distribution of Business Reporting Information(2001);FASB, GAAP - SEC Disclosure Requirements(2001);FASB, Improving Business Reporting: Insights into Enhancing Voluntary Disclosures(2001)(以下简称为商业优化报告);Wayne S. Upton, Jr., FASB, Special Report: Business and Financial Reporting, Challenges from the New Economy(2001)(以下简称为Upton报告)。上述四项与FASB相关的研究将在随后的脚注和正文中被称为FASB研究。

众公司披露。[120]

这些研究考察了为什么这类信息虽然是投资者感兴趣的，但却不经常被披露。公众公司的解释是，他们之所以不披露这类信息，是因为担心公布这类信息可能会造成竞争劣势。[121] 例如，其中一项研究指出："披露竞争性敏感信息是公司们的主要顾虑，许多公司最大的担忧就是SEC的建议（公司应披露更多的商业运营信息）。这些公司担心竞争对手会从SEC文件所要求披露的商业报告中获得启发并利用之，导致进行披露的公司在竞争中处于不利地位。"[122] 当然，公司或许有其他更重要的成本考虑，而只是在表面上借助"竞争性损害"的理由来解释他们拒绝披露信息的选择。

第二类实证研究亦表明，对竞争劣势的担忧会限制公众公司披露信息。该研究的方法是：将仅向投资者披露而不向竞争者披露的信息，与相似的公众公司披露的信息进行比较。[123] 在一家大量参与私人融资交易的公司律师事务所的协助下，私人交易中的披露做法可得以被审视。[124]

---

〔120〕 参见后文第四部分（二）2的内容。

〔121〕 与之观点相同的是，1978年完成的一项研究发现，几乎90%的公司高管希望对披露要求豁免进行更宽泛的解释，以避免被要求披露任何不利于竞争的信息。R. K. Mautz & William G. May, Financial Disclosure in a Competitive Economy 97 – 98 (1978).

〔122〕 Jenkins Report，同前注〔119〕，第5页。

〔123〕 对于该类分析潜在有效性的其他材料，参见Kripke, In Search of a Purpose，同前注〔119〕，第71页（"SEC本应对私募活动中信息要求和执行情况进行研究，在私募中，信息被决策者而非SEC所掌握"）；Richard Leftwich, *Accounting Information in Private Markets: Evidence from Private Lending Agreements*, 58 Acct. Rev. 23 (1983); Steven N. Kaplan & Per Stromberg, *Financial Contracting Theory Meets the Real World: Evidence from Venture Capital Contracts*, Review of Economic Studies (Ctr. for Research in Sec. Prices, Working Paper No. 513, 2000), http://papers.ssrn.com/paper.taf?abstract_id = 218175 (Mar. 2000)。

〔124〕 Latham & Watkins LLP律师事务所提供了相关协助。该分析方法存在困难。由于这些交易是私下进行的，因此很难确定什么是典型或习惯的做法。同样地，书面协议也未必能显示出实际的做法。该问题在投资者有多种方式收集信息的私人交易中尤为严重，例如，大型投资者通常有权访问公司办公室并有权要求提供具体信息，即使投资者协议的披露条款中没有明确载明相关信息。在风险投资协议中，大型投资者通常有权访问和检查公司的任何财产，包括其账簿和其他记录（包括复印和摘录），并有权与公司高管和独立公共会计师讨论公司的事务、财务和账目，这些活动可以在任何此类人员合理要求的合理时间和频率进行。See Robert V. Gunderson, Jr. & Lee F. Benton, *Hi – Tech Corporation: Investors' Rights Agreement*, *in* 1 Venture Capital & Public Offering Negotiation 9 – 29 (3d ed. Supp. 1999).

在这些"私人"交易中,与投资者共享的信息,相对于相似的公众公司披露的信息要多得多。[125] 这表明,对竞争者获得专有信息的担忧(此种担忧在私人公司的语境下较不足虑),确实减少了公众公司的信息披露。[126]

当然,"与公众公司的披露相比,私人交易中的披露水平更高"这一观点也有其他解释,包括:(1)公众公司更加关注其责任和股东派生诉讼;(2)公众公司投资者面临的集体行动成本;[127](3)公众公司和私人公司之间的差异;(4)私人公司的投资者可能不太能够出售其股份的事实。但这些解释的可行性并没有看起来那么强。第一,即使公众公司确实比非公众公司面临更高的诉讼风险,较少的披露也不会必然降低诉讼风险。[128] 此外,如果对责任的担忧对塑造公众公司的披露行为有重要影响,那么减少因披露担责可能性的立法或监管规定,就应该能够改变披露行为,如1978年开始为业绩预测提供的安全港[129]或1995年《私人证券诉讼改革法》中减少责任的措施。[130] 但这些变化似乎都没有导致

---

〔125〕 参见下文第四部分"(三)1"内容(通过详细审查在私人交易中向投资者披露的内部管理信息类型,并与在相似公共交易中向投资者披露的此类信息数量进行比较,支持了这一结论)。但参见 Romano, *Need for Competition*,同前注〔12〕,第390页["例如,SEC允许私人债市信息披露的程度较低,因为它仅限于成熟投资者(机构投资者或者富有的个人投资者),但此类投资者要求披露的信息与公共债市的要求大致相同"];Luis F. Moreno Trevino, *Access to U. S. Capital Markets for Foreign Issuers: Rule 144A Private Placements*, 16 Hous. J. Int'l L. 159, 195 (1993)(最近,用于投资级债务证券私募的标准所包含的措辞与公开发行招股说明书中使用的措辞几乎相同,这超出了市场参与者的预期。)

〔126〕 即使在私人交易的情况下,在制定披露要求时,披露所带来的竞争不利成本也是一个考虑因素。大多数私人协议都明确禁止向可能利用信息帮助竞争对手的投资者披露信息。例如,一个已公布的协议范本含有如下条款:"对于公司合理确定为竞争对手或竞争对手的高管、雇员、董事或持有超过10%股份的股东,公司无须遵守(规定了信息披露要求的合同)。"Gunderson & Benton,同前注〔123〕,第9~31页。

〔127〕 *See, e. g.*, Frank Easterbrook & Daniel Fischel, *Voting in Corporate Law*, 26 J. L. & Econ. 395 (1983)(该文认为集体行动的成本限制了股东投票在减少公众公司代理成本方面的作用)。如果公众公司股东的集体行动成本较高,那么披露的收益就会较低,这可能会减少公众公司最佳披露的信息量。

〔128〕 参见前注〔81〕及其有关内容。

〔129〕 参见前注〔81〕及其有关内容。

〔130〕 See The Private Securities Litigation Reform Act of 1995, Pub. L. No. 104-67, § 102, 109 Stat. 737, 753-56.

公众公司披露信息的大幅增加。第二,随着机构投资者之间合作的加强,以及公众股东从许多公司的股份中获得的收益,公众股东所面临的集体行动问题正在减弱。[131] 第三,公众公司和非公众公司间、不同类型的投资者间的差异越来越小。[132] 第四,在私人交易中出售股票的能力降低,也可能表明从信息披露中获得的收益减少,因此在这些交易中应该减少而不是增加信息披露。[133] 综上所述,在私人交易中披露的信息远远多于可比的公开市场交易,这表明披露专有信息的竞争不利成本理应得到更多关注。

(2)对竞争不利担忧的理论研究发现

公众公司信息披露实践的理论分析模型也表明,对竞争劣势的担忧是限制公众公司披露信息量的一个重要因素。经济学家们已经构建了信息披露的基本模型。[134] 这项工作的核心发现之一是,在某些条件下,所有的隐私信息都会被披露和阐明。这一发现背后的逻辑是,如果买方可以合理地假设卖方将披露利好信息,那么买方将得出结论,沉默则意味着最坏的消息。鉴于这种假设,卖方会有动力去披露除了极端坏消息以外的所有的信息。如此积累效应会决定所有相关信息在没有监管措施的情况下也都会披露。

下一步是考虑不发生披露的情况。如果除了想隐瞒坏消息之外,还有其他合理的理由来保持沉默,那么就不会出现披露的情况。在公众公司信息披露的背景下,对发布不利于竞争的信息的担忧是对不揭秘的最

〔131〕 参见 Roberta Romano, *Less Is More: Making Institutional Investor Activism a Valuable Mechanism of Corporate Governance*, 18 Yale J. Reg. 174(2001)。此外,集体行动问题是市场失灵的一种表现形式,因此,由于这些成本而导致的披露信息减少或许不是社会最优。

〔132〕 参见 Seligman,同前注〔18〕。

〔133〕 此外,投资者在持有公共证券时与持有私人证券时的选择不同。例如,在持有公共证券时,投资可能选择出售证券而非积极地监督经理层的表现。这并不一定会削弱私人交易基准的相关性。私人交易中的实践可能更准确地揭示了监督和披露的社会最优水平,其中出售股票和其他形式的逃避行为并不普遍。

〔134〕 参见 Sanford J. Grossman, *The Informational Role of Warranties and Private Disclosure of Product Quality*, 24 J. L. & Econ. 461(1981); Paul R. Milgrom, *Good News and Bad News: Representation Theorems and Applications*, 12 Bell J. Econ. 380(1982)。

好解释之一。[135] 芝加哥大学商学院的罗伯特·特纳(Robert H. Gertner)教授在回顾披露和解套的文献时解释说:“那么,人们不得不问,为什么没有法律就不会发生完全的信息披露。最好的答案是:信息披露的真正成本是对业绩信息的披露,而这些信息可以使公司目前的竞争对手或潜在的竞争对手受益。例如,一家公司如果得知另一家公司的有关业务表现良好,这家公司可能会选择进入该领域并参与竞争。这种可能性限制了未披露的负面推断,导致了不完全披露。”[136]“保护专有信息的愿望解释了公众公司信息披露没有完全完成的原因”这一结论,并不意味着公司只会隐瞒对竞争不利的信息。在信息被隐瞒时投资者可以推断出最坏的后果这一论断变得不再真实时,新的信息披露平衡水平就会建立起来。现在会出现这样的情况:经理们有其他的坏消息,他们可能会在保护公司不披露不利于竞争信息的愿望的掩护下而加以隐瞒。[137]

(二)估算正外部性的潜在社会成本

在公众公司的披露行为中,存在由公司间的外部因素导致的重大市场失灵,下一步则是估计这种市场失灵的潜在成本。事实证明,公司间外部性市场失灵的潜在成本要比想象中大得多。过往的学术研究通过考察公司披露信息的成本和其他公司从收到披露信息中获得的收益益之间的差值,从而估计公司间外部性造成的披露行为的潜在成本。[138] 罗曼诺教授认为:“最后,在正外部性的情况下,对披露信息的公司所造成的危害可能将大于竞争对手公司从披露信息中获得的收益。若这种

[135] 这与法律学者们的共识是一致的,即要求披露专有信息会减少公众公司的信息披露。例如,参见 Franco,前注[10],第 271 页(“比之于责任成本,专有成本对发行人的影响在阻碍这种披露方面可能发挥更强的作用。”)

[136] See Robert H. Gertner, *Disclosure and Unraveling*, *in* The New Palgrave Dictionary of Law and Economics 608(1999);同时参见 Verrecchia,同前注[35],第 166 页。

[137] 参见 Shavell,同前注[23];同时参见 Suil Pae, *Discretionary Disclosure*, *Efficiency*, *and Signal Informativeness*, 33 J. Acct. & Econ. 279(2002)。

[138] 目前还不清楚福克斯教授的具体计算方法为何。福克斯教授说:“相反,如果罗曼诺教授是正确的,即负面和正面效应在事实上的可能性相似,那么我关于保留强制披露的一个主要论点就是失败的。”Fox, Issuer Choice,同前注[15],第 570 页,脚注 22。这表明福克斯教授可能会考虑适当衡量公司间外部性的潜在损害,即减去披露成本和放弃的收益。

猜想正确，那么最大化社会福利的政策就不应该强制要求披露信息。”[139]

但是，要正确计算正外部性的潜在社会成本，需要考虑两个独立的部分。罗曼诺教授所关注的计算只考虑了其中一部分。为了确定外部性的成本，我们必须同时考虑将直接导致外部性的生产组件予以解绑是否经济，以及在不考虑此等解绑是否经济的情况下，与不生产该商品相比，生产该商品的社会收益是多少。[140] 较之于正外部性，在我们更加熟悉的负外部性的背景下，一个简单的例子可以帮助澄清这种差异。假设一个工厂制造了 90 美元的污染，而工厂主无须为此付费。第一个问题是减少污染是否能以低于 90 美元的价格实现。但无论消减污染（本文上述的“解绑”）是否合算都会产生第二个问题，即是否应该继续生成该产生污染的商品。在这种情况下，问题的解决方案相对简单：让工厂主将 90 美元的污染费用内部化，然后生产者可以评估：(1)减少污染是否经济；(2)生产是否仍然有利可图。

此处的洞见在于，外部性使商品的生产者失去了有关生产成本或收益的信息。无法获得这种信息的重要性只有在均衡的情况下才能确定。因此，对这种市场失灵的潜在成本的正确估计，是通过考察进行信息披露的公司没有获取的潜在收益或损失总额来确定。为了证明这一结论，本文将使用一个涉及正外部性且有数值计算的例子来说明。

---

[139] 参见 Romano, *Need for Competition*, 同前注[12]，第 435 页。罗曼诺教授在努力将福克斯教的论点形式化的过程中得出了该结论，她基于多种理由而拒绝福克斯的论点。特别是她在评估罗纳德 · 戴伊(Ronald Dye)对信息披露有效性所作理论分析的相关性时提出了这个计算方法。同上注；参见 Ronald A. Dye, *Mandatory Versus Voluntary Disclosures: The Cases of Financial and Real Externalities*, 65 Acct. Rev. 1 (1990)。戴伊模型中的一个假设是，披露信息要么产生正外部性，要么产生负外部性。罗曼诺教授对此种披露净效应相关性的讨论，可能仅限于确定戴伊的假设是否现实。然而，在笔者看来，罗曼诺教授似乎在提出一个更广泛的主张，即按照她提出的方式确定信息披露是否可能产生正向或负向的外部性，这也决定了这种外部性的社会福利效应。

[140] 科斯确定了第二个组成部分。参见 R. H. Coase, *The Problem of Social Cost*, 3 J. L. & Econ. 1, 43 (1960) (“一个更好的方法似乎是，从接近实际情况开始分析，研究拟议的政策变化的影响，并尝试判断新的情况在总体上是比原来改善还是恶化。”)

1. 苹果树和蜜蜂的数学例证

经济学家通常使用的正外部性的例子是:一个在苹果园附近经营的养蜂人[141]因为的蜂箱在苹果园附近而获得更多的收益。[142] 然而,苹果园主却没得到相应的报酬。[143] 因此,苹果园的数量不会达到社会最优。我现在用这种设定来说明那些没有被商品生产者所获取的收益,在上述例子中,则是苹果园为养蜂人生产力的提高提供了对正外部性市场失灵潜在成本的最佳估计。

假设一个农民正在决定是否要开设一个苹果种植园。她将仔细计算种植苹果园的私人成本和收益。她知道隔壁的养蜂人,也知道她将无法从增加的蜂蜜产量中获利。农民认为,开设种植苹果园将使自己损失10 美元,因此决定不再种植。如果她开设了苹果种植园,养蜂人将从增加的蜂蜜产量中获得 25 美元的额外利润。在这个例子中,正外部性的社会成本为 15 美元:这是农民因为种植果园而放弃的 10 美元成本(假设选择开办了种植园)和养蜂人放弃的 25 美元收益的净值。

我们的第一个观察是,与罗曼诺教授提出的计算方法不同,上述计算方法正确地显示了 15 美元为正外部性带来的社会成本。罗曼诺教授在她的分析中,比较了其他公司可能实现的收益(因为获得了专有信息)和产生这些收益的成本(披露这些专有信息的公司的成本)。在苹果树和蜜蜂的例子中,这相当于比较了苹果树给养蜂人带来的收益(25

---

[141] 参见 Robert H. Frank, Microeconomics and Behavior 577 (4th ed. 2000); Walter J. Wessels, Economics 494 (3d ed. 2000)。首篇利用这个例子的论文是 J. E. Mead, *External Economies and Diseconomies in a Competitive Situation*, 52 Econ. J. 54 (1952)。

[142] 我无法找到证据来支持蜂箱靠近苹果树会增加蜂蜜的产量。然而,有明确反向证据表明,蜜蜂和苹果树距离的缩短确实极大地增加了苹果产量。参见 Steven N. S. Cheung, *The Fable of the Bees: An Economic Investigation*, 16 J. L. & Econ. 11 (1972)(该文发现从果树中的蜜蜂受益的主要是果园主,而不是养蜂人)。

[143] 基于下述的几个援引,这是一个奇特的正外部性例子。第一,可量化的收益似乎是提供给果园所有者,而不是提供给蜂箱所有者。第二,由于双方人数不多,而且距离很近,交易成本似乎应该很低,因此不太可能出现严重的市场失灵。事实上,许多蜂箱所有者的收入即来源于果园。Cheung,同前注〔142〕。第三,通过关注几乎总是共生的关系,本文所研究的更复杂的情况,即生产者在产生正外部性时所承受的成本并没有被探讨。

美元)和蜜蜂在苹果树中出现所带来的成本或收益。在上面的例子中,正是由于苹果园的主人允许蜜蜂进入,才产生了更多的蜂蜜;同样地,正是由于公众公司披露了其专有信息,其他公司才会受益。但在上述的社会成本计算中,蜜蜂给苹果园带来的成本或收益并没有得到计算。可能是蜜蜂提高了苹果树的生产力,[144]也可能是农民对蜜蜂高度反感并且对蜜蜂的增加有强烈的厌恶。让我们假设,农民讨厌蜜蜂,在决定是否种植苹果树时,对蜜蜂的嗡嗡作响给予30美元的负向赋值。[145] 如果我们只比较蜜蜂给农民带来的成本(30美元)和苹果树给养蜂人带来的好处(25美元),我们会得出结论:种植苹果园将带来5美元的社会成本。这是罗曼诺教授使用的计算方法,但这是错误的。这一计算忽略了种植苹果园所产生的其他收益。因为种植苹果园的净成本是10美元,而农民允许苹果树上出现蜜蜂的成本是30美元,所以苹果种植园的其他收益必须是20美元。我们需要把这20美元和从罗曼诺教授计算中推算出的5美元的社会成本共同计算,以得到种植果园的正确社会收益,即15美元。事实上,比较蜜蜂给农民带来的成本和给养蜂人带来的收益,并非衡量外部性社会成本,而是为了解决其他问题,这种比较与确定应该花多少钱来防止蜜蜂进入苹果园有关。在上例中,蜜蜂给种植园主带来了30美元的成本,而进入果园给养蜂人带来了25美元的收益,所以,如果能以低于5美元的价格将蜜蜂挡在苹果园外,那么就应该这样做。[146] 但是,如果不能以低于5美元的价格将蜜蜂挡在苹果园外,那么就不应该将其作为生产中可以解绑的组成事项。假设苹果树中存在蜜蜂,则分析又回到确定是否开设苹果园的社会福利问题了。概括地说,一个生产要素成本和收益的比较,只有在决定是否值得花费或花费多少来解绑该生产要素时,具有相关性。

因此,现在我们进入第二步:比较是否生产某商品而产生的均衡,在上述例子中,即是否开设新的苹果园的均衡。要进行这一计算,需要有

---

[144] 参见上注(其证实在事实上这种经济收益通常是由蜜蜂提供的)。

[145] 假设提供正外部性是有成本的,那么这个例子和披露专有信息的可比性会增强,因为披露专有信息通常会损害进行披露的公司。

[146] 这一计算假设:此时果园主能够从增加的蜂蜜产量中实现收益。若非如此,那么果园主将愿意支付高达30美元的费用来阻止蜜蜂进入果园。

两类信息:(1)养蜂人从使用苹果园中获得的利益(外部性的大小);(2)农民开设苹果种植园的预期损失或收益(除去外部性之外的净成本或收益)。这两类信息可能都很难确定。一方面,养蜂人可能不愿意透露自己利用苹果园能获得多少收益,以免被要求付费。另一方面,农民已经决定不继续种植苹果园了。要知道她预计种植苹果园会有多少损失,我们需要知道她预计的10美元的亏损,但她的无所作为所透露的只是她没预期苹果园会带来积极的回报。

考虑一下,如果我们只获得这两类信息中的一类——养蜂人因其蜜蜂使用苹果园获得25美元的收益。有了该信息,就可以简单地确定正外部性的社会成本的上限。这个上限是25美元,是在不知道农民为什么选择不开办苹果园的情况下确定的。这并不是说这种正外部性的社会成本将是25美元。农民种植果园很可能会损失30美元,而这不见得是由于市场失灵所导致的。尽管如此,作出生产决定的一方没有获取的第三方收益的总额,而非产生外部性的生产要素成本和收益之间的净额,成为外部性可能导致社会成本的上限额度。

2. 信息披露中公司间外部性的社会成本估算

苹果树和蜜蜂的假设提供了一种估计正外部性的潜在危害的方法。将这一分析应用于公众公司的信息披露实践表明,公司间外部性的潜在危害可能是相当大的。如果罗曼诺教授是正确的,那么对披露行为中正外部性的潜在危害的衡量,将是公司披露专有信息的成本和其他公司从获取该专有信息中获得收益的差值。根据该计算方法,公司间的外部性不太可能带来显著的成本。竞争者的收益或多或少会被披露信息的公司的损失所抵消,因此,基于公司间的外部性,难以正当地对所有公众公司施加一套广泛的信息披露规定。[147] 然而,如果只看其他公司可能从专有信息披露中获得的收益,就可以更好地估计公众公司披露行为所致正外部性的潜在成本。

我们可以尝试举一个简单的公众公司信息披露的数学例证。假设A公司披露某一特定信息(各种产品的盈利状况)的成本是100美元,同

〔147〕 这就是罗曼诺教授根据她的计算得到的结论。Romano, *Need for Competition*, 同前注〔12〕, 第435页。

时，这一披露给 A 公司的竞争对手带来的收益也是 100 美元。再假设披露该信息的披露也会给 A 公司带来收益，例如减少了 90 美元的代理成本，而如果不披露这一信息，减少代理成本的收益就无法实现。如果公司 A 无法获取这一披露将给其竞争对手带来的收益，那么公司 A 将选择不披露这一信息，因为披露这一信息将使公司 A 损失 10 美元（100 美元的成本减去 90 美元的收益）。值得注意的是，该信息披露的社会成本却是 90 美元，因为 A 公司的所有披露成本都会为其他公司带来可比收益。在这个例子中，我们看到，即使披露不利竞争信息成本等于提供给公司竞争对手的收益，公司间外部性导致的扭曲可能是相当昂贵的。

当然，关键问题是这些数值假设和计算在何种程度上有现实意义。披露专有信息的公司无法获取的潜在收益是否很大，以及为什么不能将披露的其他收益与披露专有信息产生的收益分开？前述两种方法是用来表明公众公司限制其披露是因为担心披露的竞争不利成本。第一种方法研究为什么公众公司不披露许多投资者认为有用的信息。[148] 第二种方法是将非公众公司的披露做法与类似的公众公司进行比较。[149] 这两种方法都可以用来计算进行披露的公司所没有获取的正外部性。首先，假设不披露信息的公司所避免的不利于竞争的成本与披露信息可能给其他公司带来的潜在收益大致相当。平均而言，一家公司的损失将与其他公司的收益相近。[150] 有了这个假设，我们就可以寻找证据来观察公众公司为避免竞争劣势而减少信息披露的程度，以此来估算这些披露本来应该会带来的大致收益。

在继续行文之前，这里有必要指出上述估计公众公司披露行为中正外部性潜在成本的方法可能是不准确的，原因有二：第一，我们很难给不披露专有信息的决定赋予金钱价额。第二，特定生产要素的第三方成本有助于确定从生产过程中将其移除值得花费多少。[151] 在苹果园和蜜蜂的假设案例中，初步的问题是蜜蜂是否可以有效地从苹果种植过程中剥

〔148〕 参见前注〔119〕～〔122〕及其有关内容。

〔149〕 参见前注〔123〕～〔133〕及其有关内容。

〔150〕 正如前文第二部分（二）3 部分所揭示的那样，这种假设可能存有的值得注意的例外会在披露的信息减少垄断力量并增加消费者福利收益时出现。

〔151〕 参见前文第三部分（二）1 之内容。

离出来。在这种情况下,回答这个问题需要明确让蜜蜂远离苹果园的成本是多少。在信息披露方面,是否有可能将披露不利竞争信息的负面效应解绑出来,而又不失去这种披露可能带来的其他收益,这是一个更复杂的问题。当然,披露的一些收益可以很容易地从专有信息披露中解绑出来。例如,披露商业秘密的主要作用是将专有信息从披露的公司转移到其他公司,而对披露的公司几乎没有提供任何收益。[152] 然而,其他类型的披露,如公司销售的各种产品的盈利能力,似乎会同时引发许多披露的成本和收益。

弗吉尼亚大学法学院保罗・马奥尼(Paul Mahoney)教授的一篇文章显示,考虑到各种类型信息披露所带来的收益在可以被解绑的程度,SEC 要求公众公司披露了过多的信息。[153] 马奥尼教授认为,公众公司披露的信息可以分为两类:代理成本信息和准确性提高信息。[154] 他认为,代理成本信息是关于公司与其代理人之间的交易信息,而准确性提高信息是可能影响股票价格的信息,例如关于公司经济状况的信息。[155] 马奥尼教授认为,相比于准确性提高信息,代理成本信息披露有利于降低代理成本。[156] 如果马奥尼教授是正确的,这将大大减少公众公司信息披露中公司间外部性的潜在成本。公司可以只披露代理成本信息,这不太可能使公司丧失竞争优势。因此,在不要求披露不利于竞争的信息的情况下,披露信息的主要收益仍然存在。

但是,关于为什么信息准确性提高但无法降低代理成本,马奥尼教授的论证无法让人信服。回顾证据可知,马奥尼教授对不同信息以其提供的不同收益之间进行简单拆分是不现实的。马奥尼教授认为,信息披露准确性提高无法大幅降低代理成本,他从两方面进行了论证。首先,马奥尼教授指出在 20 世纪 30 年代之前,关于公司经济状况的信息不受

---

〔152〕 大多数情况下,商业秘密的细节对投资者帮助不大,因为了解商业秘密的细节不太可能是确定秘密本身的价值或经理人效率的最佳或唯一的方法。

〔153〕 参见 Mahoney,同前注〔13〕。

〔154〕 同上注,第 1054 页。

〔155〕 同上注。

〔156〕 同上注。

强制披露要求的约束。[157] 但是,1930 年代之前的披露实践并没有什么证明价值,特别是考虑到过去 70 年来商业和会计实践的巨大演变。其次,马奥尼教授认为,那种"通过论证所有关于公司业绩的信息都与股东试图监督经理的努力相关,从而重新构建代理成本术语下准确性提高模型"的论调是错误的。[158] 马奥尼教授称"尽管还存在其他类型的代理问题,但它们并不是强制披露规则的根源,我不认为其可以通过强制披露规则得到有效解决。如果可以这样解决,人们通过论证所有关于公司业绩的信息都与股东试图监督经理的努力相关,从而重新构建代理成本术语下准确性提高模型了。然而,就我的目的而言,'代理信息'是一组关于代理人使用其授权向委托人出售其自己的财产或服务的独特信息"。[159] 因此,马奥尼教授关于准确性提高、信息披露不能降低代理成本的说法,是基于他不相信公司业绩的信息披露可以有效地通过强制披露规则来实现。[160] 充其量,马奥尼教授是在假设他想证明的东西,即"代理成本模型的规范性规定往往指向与准确性提高模型的规范相反的方向"。[161] 通过假设这两类信息提供了两种不同的收益,他得以论证要求披露降低机构成本的信息,而不要求披露提高准确性的信息。[162]

但是,被马奥尼教授称为提高准确性的信息大概率有助于降低代理成本。同样,私人交易中的披露实践也很有启发。[163] 在私人交易中,如果信息的唯一功能是提高股票价格的准确性,那么几乎没有理由与投资

---

〔157〕 同上注,第 1060 ~ 1065 页。

〔158〕 同上注,第 1054 页。

〔159〕 同上注。

〔160〕 同上注。

〔161〕 同上注,第 1050 页。

〔162〕 对马奥尼教授的论点也有其他解释。也许马奥尼教授并不打算否认披露公司的经济状况信息能够降低代理成本的收益,但更希望关注以下事实,即"监管者事先很难规定哪些关于公司经济状况的信息应该被披露,从而避免矫枉过正"。同上注,第 1094 页。易言之,他要区分的不是对降低代理成本有用的信息和对提高准确性有用的信息,而是要区分更有效地成为强制性披露计划一部分的信息和更适合委托人和投资者之间协商披露协议的信息。如果这是他的主张,那么本文中的分析表明,事实上,情况恰恰相反:关于代理人使用公司资源的信息更适合于经理和投资者之间协商达成的披露协议,因为其不会受到重大市场失灵的影响。

〔163〕 参见前注〔123〕~〔132〕及其有关内容。

者分享这些信息，因为在这些交易中证券是不公开交易的。然而，在这些交易中关于公司经济状况的信息被披露的反而更多，而不是更少。[164] 这表明，披露这些信息除了能提高股价准确性外，还能带来其他收益，而其很可能是来自降低代理成本。此外，披露降低代理成本的许多机制直接由更准确的股价来调节，而更准确的股价是披露提高准确性的信息的直接结果。例如，如果股价更准确，经理们就更难以通过交易公司的股票而获利。[165] 同样地，当股价准确反映了公司当下的资产价值时，公司控制权市场也会更有效率。[166] 不令人感到意外的是，公司经济状况的信息有助于降低代理成本。若没有这些信息，经理层不仅可以直接挪用公司资金，还可以夺取公司的商业机会，这都会损害投资者的利益。

许多对投资者有用的信息被公众公司隐瞒了，因为他们公司担心竞争对手会获得收益，而且对于公司来说，要做到"只披露对公司有利的信息，不披露使公司处于竞争不利地位的信息"非常困难。这两个结论共同表明，公司间的外部性导致了公众公司披露行为的严重市场失灵。但这一发现本身并不能证明监管部门的介入是合理的。相反，这一发现表明我们有理由继续考虑实施矫正性披露要求的有效性。

（三）评估实施矫正性监管规定的效果

如上所述，公司间外部性的成本可能是相当大的。[167] 下一步，则是确定在何种情况下进行监管介入以纠正这种市场失灵是合理的。

1. 比较披露监管的成本和收益的方法

对监管介入的评估必须权衡对公众公司施加强制披露要求的所有成本和收益。在本文的前一部分，我们已经确定了披露的成本和收益。[168] 然而，为了评估一项监管介入措施，必须将监管过程本身产生的成本也予以考虑。监管成本可以分为行政成本、规避成本和浪费成

〔164〕 参见前注〔232〕～〔234〕及其有关内容。
〔165〕 参见前注〔52〕～〔54〕及其有关内容。
〔166〕 参见前注〔48〕～〔50〕及其有关内容。
〔167〕 参见第三部分之（二）。
〔168〕 参见前文第二部分。

本。[169] 行政成本是制定、监督和执行披露要求的成本。规避成本指的是披露要求可能使公司的商业行为产生扭曲。例如,如果一个公司的经理层知道内部信息将被公开传播,那么该公司可能会减少生产内部信息。最后,有一些成本属于浪费成本,这些成本的产生是因为最佳的监管方案不会是一个完美的方案,因此,有些信息披露是不必要的,而必要的信息披露有时却不被要求。当监管者被监管公司"俘虏"时,可能会产生其他监管浪费成本。[170]

权衡监管部门对公众公司披露行为的干预的成本和收益需要进行相当复杂的计算,将该分析拆分为三类"分量"可使计算更加简便,包括:第一,比较披露要求的成本和收益,无论公司是否有公开交易的证券;第二,比较专有信息从一个公司转移到其他公司的短期成本和收益;第三,比较要求所有公众公司披露某些信息的剩余成本和收益。第一部分是比较披露要求带来的增量生产成本和公司从这些披露中获得的增量收益,无论该公司是否有公开交易的证券。第二部分是比较披露的竞争不利信息的成本,这种披露要求对公司的竞争对手产生的正向或负向影响,以及披露带来的任何消费者剩余。[171] 第三部分包括两个方面的比较,即将监管成本和对投资于创新领域的抑制成本,与公司因拥有公开交易证券而遵从信息披露要求所获得的收益和整个经济体的收益相比较。表2展示了这三种比较:[172]

[169] 这些区别与比弗教授所讨论的相似,同前注[16],第629页("监管公众公司信息披露的成本包括信息披露法规的制定、合规、执行和诉讼等方面的成本")。但本文认为不应包括合规成本,因为合规成本包含在公司信息披露的生产成本之中。

[170] 例如,参见 George J. Stigler, *The Theory of Economic Regulation*, 2 Bell J. Econ. & Mgmt. Sci. 3(1971)。

[171] 这种将公司披露信息所产生的不利于竞争的成本与披露信息给其他公司和消费者带来的剩余收益的比较,与福克斯教授和罗曼诺教授关注的比较是类似的。参见前文第三部分之(二)2中第一点的论述。不同之处在于:(1)在这里,消费者剩余收益的可能性被包括在比较中;(2)这被理解为仅是评估披露要求有效性所必需的三个组成部分之一。

[172] 该表对上述表1中所列的项目进行了重新排列并增加了监管成本。

表 2　信息披露的收益和成本分析

信息披露的收益	信息披露的成本
分量 1(收益): • 降低代理成本:监督经理层	分量 1(成本): • 准备和传播公司信息的直接成本
分量 2(收益): • 竞争者收益 • 消费者剩余	分量 2(成本): • 削弱公司竞争力 • 竞争者损失
分量 3(收益): • 降低代理成本:促进公司控制权争夺市场的运行;减少内幕交易的机会(在上市证券交易中) • 股票价格更准确 • 融资成本降低 • 股票流动性提高 • 整个经济的资产配置更有效	分量 3(成本): • 长期来看,降低创新投资意愿 • 监管成本

通过在具体的披露要求的背景下分析这些组成部分,我们可以估计披露要求是否会提高福利。

2. 评估一项假设性的披露要求

为了说明这种“分量”分析如何帮助评估具体的披露要求,首先要假设一个披露要求,并对该要求予以分析。所考虑的假设性披露要求被称为“基数较小的资产销售披露要求”,其要求公众公司在以下情况下披露与资产销售有关的所有细节,如果:(1)这种资产是作为主要生产工作的副产品出现;(2)这种资产的账面价值很小或没有;[173](3)公司任何一个季度的5%以上毛利润来自此种资产的销售。诚然,这是一个奇怪而特定的披露要求设定,但它有助于我们理解信息披露要求的分量分析如何有效运作。

假设有一家名为 Doodles 的公司,现在面临着基数较小的资产销售披露要求。Doodles 公司是一家假想的公众公司,在过去的六十年里一直在制作和发行动画电影。Doodles 公司的经理们最近意外地发现,作为制作动画电影技术的副产品而产生的动画单帧有一个巨大活跃的市

[173] 账面价值的缺失使只接触到财务报表的人很难确定这种产品的销售量是多少。

场。通过销售更多的这些动画单帧，Doodles 公司的经理们现在不断报告盈利。Doodles 公司没有披露销售动画单帧的收益对公司报告收入的贡献程度。投资者错误地认为，Doodles 公司不断增长的收益表明 Doodles 公司正在进行的动画片业务的增长，而没有意识到反而越来越依赖旧动画单帧销售市场持续活力，[174] 而其他拥有动画单帧的公司也没有意识到这些动画单帧的市场有多大、利润有多高。

根据目前的披露要求，Doodles 公司不需要披露其销售动画单帧所产生的利润份额。[175] Doodles 公司的经理人也不会选择披露这一信息，因为不披露这一信息会给他们带来很多收益。[176] 让我们假设，根据基数较小的资产销售披露要求，Doodles 公司将被要求披露这些销售细节。

对 Doodles 公司适用的基数较小的资产销售披露要求的效果，可以通过依次考虑上述三个分量来评估。[177] 一方面，无论公司是否有上市交易的证券，将准备和传播有关信息的成本与这些披露所带来的收益进行比较，基数较小的资产销售信息披露要求带来的增量生产成本应该是

---

〔174〕 这个假设与 SEC 适用 MD&A 要求的主要执法行动相似。参见前注〔27〕；Caterpillar, Inc. ,50 S. E. C. 903(1992),1992 Sec Lexis 786。公司没有披露其对来自 Caterpillar 巴西子公司收益的利润贡献的依赖。但在本案中，SEC 认为是巴西货币的大幅贬值触发了披露义务。在该假设中，并未发生类似的巨大变化。

〔175〕 这里假设这些单帧没有通过 Doodles 公司的一个独立业务部门来销售。（在迪士尼公司，来自动画电影和单帧销售的销售量和利润分别在两个不同的部门报告，即娱乐工作室和消费者产品部门。）最多，Doodles 公司可能被要求在管理讨论和分析(MD&A)中定性式地承认动画单帧的销售对其利润的贡献。参见前注〔27〕，根据当前的披露要求，低基数资产出售披露要求的 5% 障碍与此无关。在 1999 年，SEC 发布了工作人员会计手册(Staff Accounting Bulletin, SAB)第 99 号，强调在许多情况下，即使是相对较小的数量影响(低于 5%)也会被认为具有重大性。Staff Accounting Bulletin No. 99, 64 Fed. Reg. 45,150(Aug. 19,1999)(to be codified, at 17 C. F. R. pt. 211)；Kenneth C. Fang & Brad Jacobs, *Clarifying and Protecting Materiality Standards in Financial Statements: A Review of SEC Staff Accounting Bulletin*, 99 Bus. Law. 1039(2000).

〔176〕 即使可行，公司的经理和投资者也不一定会预先承诺要求披露这些特定信息，因为 Doodles 公司在失去垄断权方面的成本不太可能得到补偿，即便投资者拥有其他动画公司的股份也是如此。参见前注〔117〕(讨论了几个公司的投资者制定披露政策的可能性)；参见前文第二部分之(二)的第三点(阐明信息披露如何使得消费者福利提高，而不是使竞争者公司受益)。

〔177〕 参见前文第三部分(三)1。

最低的,因为公司内部已经有现成信息,而将这些信息包含在已经提供给投资者的披露材料中也无须太多额外工作。另一方面,即使 Doodles 公司没有公开交易的证券,基数较小的资产销售披露信息也能显著降低代理成本。例如,如果 Doodles 公司没有披露动画单帧市场的范围,而且对潜在的竞争者来说也不是很明显,那么 Doodles 公司的经理层就可以将这些信息卖给其他拥有动画单帧的公司进而损害 Doodles 公司的利益。[178]

第二部分——一方面解决放弃垄断专有信息的短期成本与其他公司和消费者获取该信息的收益之间的权衡问题;另一方面也显示了实施基数较小的资产销售披露的社会福利收益。如上所述,专有信息可以为公司提供垄断力量。[179] 当这种创造垄断的信息被披露时,失去的垄断利润将被其他公司和消费者的收益所抵消。[180] 在 Doodles 公司的案例中,披露销售动画单帧的机会可以吸引其他公司开始销售他们的动画单帧。这里的三个因素(Doodles 公司的利润减少、Doodles 公司的竞争者获得收益以及消费者因动画单帧价格降低而获得收益)的净效应是正向的。

分析的第三个部分是将对投资的长期抑制成本、监管成本与拥有公开交易证券的公司从披露中获得的收益进行对比。基数较小的资产销售披露只适用于作为其他生产工作副产品的资产销售,这将最大限度地减少这一披露要求所产生的投资抑制作用。就 Doodles 公司而言,披露动画单帧的销售信息似乎不太可能会造成对创新投资的抑制。另外,披露基数较小的资产销售信息将为公众公司(如 Doodles 公司)提供许多好处。例如,披露这些信息可以改善潜在收购者对 Doodles 公司的基本价值的分析,潜在的收购者可以利用有关单帧销售的信息来恰当评估 Doodles 公司业务的不同组成部分。可能是 Doodles 公司没有充分地利用销售单帧的机会,这样经理层就会有一笔储备金来报告盈利增长,也可能是 Doodles 公司对其动画片业务投资过度,因为它可以通过销售动

〔178〕 参见前注〔84〕~〔87〕及其有关内容。

〔179〕 参见前文第二部分(一)4。

〔180〕 参见前注〔71〕。

画单帧获得内部资本。

基数较小的资产销售披露要求还将减少经理层借由对公司信息的独占而以牺牲股东利益为代价牟利的机会。就 Doodles 公司而言,如果不披露盈利中的动画单帧的部分,Doodles 公司的经理层将对报告财务业绩的时间有相当大的控制权。Doodles 公司的经理层可以利用这种对盈利时间的控制,以牺牲其他股东的利益为代价来增加自身在公司的股权份额。例如,Doodles 公司的经理们可以在预期自己将被授予股票期权的情况下创造较差的收益,这会降低他们期权的执行价格,从而增加他们在公司拥有的股权比例。有证据表明,存在公众公司的经理层从事这种机会主义行为。[181]

根据基数较小的资产销售披露要求进行的披露,也可能改善整个经济体的资产配置。就 Doodles 公司而言,竞争对手和投资者可能会将 Doodles 公司的公开估值解释为动画片制作业务的机会。这些竞争对手不会意识到 Doodles 公司的估值在多大程度上来自动画单帧的销售。竞争对手和投资者可以通过了解 Doodles 公司的收益在多大程度上来自动画单帧的销售,更准确地评估新进入者动画片业务的盈利能力。

如果不考虑监管成本问题,[182] 分量分析显示基数较小的资产销售披露要求将提高福利。这种信息的准备和传播的成本相对较低。虽然由于竞争的存在,这种信息的披露可能会损害进行披露的公司,但这些损失将被公司的竞争对手和消费者所获的收益所抵销。基数较小的资产销售披露要求不太可能抑制对创新的投资。同时,披露这些信息可以大大降低代理成本。这个假想的案例说明了如何用分量分析法来评估一个具体的披露要求。

---

[181] David Aboody & Ron Kasznik, *CEO Stock Option Awards and Corporate Voluntary Disclosure*, 29 J. Acct. & Econ. 73 (2000)(该文发现授予股票期权前的收益估计不如授予后);David Yermack, *Good Timing: CEO Stock Option Awards and Company News Announcements*, 52 J. Fin. 449 (1997)(该文发现在授予 CEO 股票期权后,公司的异常收益显著为正)。

[182] 在考虑狭义上的假设性披露要求时,监管成本难以确定。

四、要求公众公司披露额外的管理信息

第二部分建立了一个全面的披露和披露监管的微观经济模型。第三部分展示了如何用这个微观经济模型来评估一项具体的公众公司的披露要求。在本部分,本文将运用第二部分和第三部分所开发的工具,对要求公众公司披露更多的内部管理运营信息这一问题进行评估。

具体分析步骤如下:首先,对管理信息进行描述。本文将强调管理信息与成熟的投资者用来评估公司证券价值的信息的相似性。其次,本文对需要强制披露的管理信息类型进行了三个限定,符合这三个限定条件的管理信息子集被定义为可披露管理信息(Disclosable Management Information,简称为"DMI")。[183] 最后,本文将分析要求披露 DMI 的成本和收益。

本文之所以要关注对公众公司披露额外的内部管理信息的要求,主要基于以下三点理由:第一,投资者和学者们已经注意到,在经理层内部用来理解和经营公司的信息与 SEC 要求公众公司披露的信息之间的差距越来越大。[184] 第二,强制披露管理信息可以为一个广泛而全面的信

〔183〕 本文并不试图提供构建具体的监管规定有效地促进这些信息的披露。这种努力虽然对证明我的论点的合理性很重要,对实施本文的建议也很有必要,但其超出了本文的范围。

〔184〕 例如,参见 Margaret M. Blair & Steven M. H. Wallman, Brookings Inst., Unseen Wealth: Report of the Brookings Task Force on Intangibles 7(2001); Robert E. Litan & Peter J. Walliston, AEI – Brookings Joint Ctr. for Regulatory Studies, The GAAP Gap: Corporate Disclosure in the Internet Age 23 – 33(2000)。最近的研究发现,相较于过去,公众公司的财务报表对公司股票价格的解释力变得更差。参见 Baruch Lev & Paul Zarowin, *The Boundaries of Financial Reporting and How to Extend Them*, 37 J. Acct. Res. 353(1999); Stephen Brown, Kin Lo & Thomas Lys, *Use of R2 in Accounting Research: Measuring Changes in Value Relevance over the Last Four Decades*, http://papers.ssrn.com/sol3/papers.cfm?abstract_id = 141056, visited July 5, 2004; J. Chang, The Decline in the Value Relevance of Earnings and Book Values(University of Pennsylvania, Working Paper, 1998)。

息披露范式提供基础,可以取代饱受诟病的重大性标准。[185] 第三,在内部管理信息方面,公司间外部性所造成的市场失灵可能会特别严重。尤其是在降低代理成本上,管理信息对于公司的竞争对手和公司投资者来说似乎都有很大的价值。因此,就管理信息的披露而言,公司间外部性导致的扭曲可能最为显著。

(一)管理信息的内容和相关性

一家公司的综合财务结果只能有限地反映公司的价值和"健康状况"。经理人和投资者在评估一家公众公司并判断其管理水平时,都会参考大量的额外信息。

---

〔185〕《1933 年证券法》和《1934 年证券交易法》都要求公众公司披露"为作出所要求的、不产生误导的声明而可能需要的进一步的重大性信息"。17 C. F. R. § 230. 408 (1999)(Securities Act Filings);17 C. F. R. § 240. 12b – 20(1999)(Exchange Act Filings)。这一要求响应了罗斯福总统的号召,即"与[证券发行]有关的任何本质上的重要因素都不应向公众购买者隐瞒"。Seligman,同前注〔6〕,第 53 页[引用 73 Cong. Rec. 937,954(1933)]。反过来,美国联邦最高法院根据这些法案定义了信息的重大性,即在确定公司证券的价值,"一个理性的股东非常可能会认为它很重要"的信息。TSC Indus. ,Inc. v. Northway,Inc. ,426 U. S. 438,449(1976)(解释代理声明中的重大性标准);同时参见 Basic Inc. v. Levinson,485 U. S. 224,240(1988)(在基于《1934 年证券交易法》第 10b – 5 条提起的诉讼中适用 TSC Industries 案中的重大性标准,解释说"重大性取决于理性投资者对被隐瞒或误报信息的重视程度")。法学家们指出了实施这种所谓的重大性标准的诸多困难。例如,参见 Victor Brudney,*A Note on Materiality and Soft Information Under the Federal Securities Laws*,75 Va. L. Rev. 723(1989)(该文建议在不同情况下采用不同的重大性标准);Fang & Jacobs,同前注〔175〕(该文认识到 SEC 不对信息的重大性提供明线标准的决定可能会让情况复杂化);John M. Fedders,*Qualitative Materiality*:*The Birth*,*Struggles*,*and Demise of an Unworkable Standard*,48 Cath. U. L. Rev. 41(1998)(阐释了 SEC 要求披露不道德行为的努力);Carl W. Schneider,*Nits*,*Grits*,*and Soft Information in SEC Filings*,121 U. Pa. L. Rev. 254(1972)(该文区分"硬"信息和"软"信息,主张增加软信息的披露要求)。但是,重大性标准的问题甚至比这一学术研究所表明的更具有根本性。作为一个实际的问题,公众公司根本没有披露成熟投资者认为的对公司证券估值有用的信息。参见前注〔119〕~〔122〕及附文。重大性标准也没有充分的理论正当性。为什么要求公众公司披露所有投资者可能认为有用的信息,而不考虑成本?当然,一个成熟投资者不会赞同这样一个不计成本的披露要求。但是,如果把成本包括在内,重大性标准的明确性就会变得模糊不清,这是因为我们很难回答在作出披露决定时应该权衡哪些成本和如何权衡。

1. 经理层用来了解自己公司的信息

公司的经理层用来了解公司运营的信息,在不同的经理和公司之间是不同的。然而,也有一些共同考量因素和实践。[186] 用于管理公司运营的信息,除了简要的财务报告之外,这些信息可以被分为四类:(1)具体运营的财务报告;(2)产品盈利能力分析;(3)其他业绩衡量;(4)未来投资分析。[187] 第一类是具体运营的财务报告,这主要指公司内部运营单位报告的财务结果,如某一零售店或某一业务线的财务报告。第二类是产品(或服务)盈利能力分析,主要是对公司所销售的商品或服务的盈利能力的分析,通常是以每个单位的商品或每次服务为基础。进行产品盈利能力分析的一个挑战是:很难确定固定成本应该如何在公司生产的各种产品之间进行分配,这也是管理会计的核心问题。[188] 第三类其他业绩衡量指的是用于评估公司运营的信息,其通常是定量的,但不必然是财务信息。例如,一个公司可能会监测其客户的平均"寿命"或其产品的质量评级。越来越多公司建立了少量的此类措施,通常被称为"价值驱动因素"以监测和管理公司的业绩。一项关于公司用以管理其业务信息的调查发现:"公司越来越多地使用一个全面的基于价值的管理(value – based management, VBM)框架来整合这些不同的做法……基于价值的管理方法代表了四十多年来管理会计研究和实践的拓展……VBM 框架扩展了这些想法,强调了对公司财务和非财务价值驱动因素的识别,以及从业绩到随后对目标、战略、组织设计和控制重新评估的反馈回路。"[189] 第四类——未来投资分析——是指经理人为评估新的商业机会而进行的财务建模。投资分析从一套详细的经营和财务假设中得

---

〔186〕 关于经理层在公司内部使用的工具,一个特别有用的信息来源是管理会计,这是一个致力于测量、评估和管理公司内部业务绩效的学科。参见 Christopher D. Ittner & David F. Larcker, *Assessing Empirical Research in Managerial Accounting*: *A Value – Based Management Perspective*, 32 J. Acct. & Econ. 349, 350 – 55(2001)(该文回顾了过去四十年来管理会计的演变历史)。管理会计主要关注的是经理人的评价工具如何以及应怎样构建以优化公司的业绩表现。因此,在研究哪些信息可能受到披露监管时,该研究领域的结论需要被谨慎使用。

〔187〕 该分类方法 Garrison 提出的分类法一致。Ray H. Garrison & Eric W. Norreen, Managerial Accounting(10th ed. 2003)。

〔188〕 这是现在被称为管理会计的大部分内容在过去都被称为成本会计的原因。

〔189〕 Ittner & Larcker,同前注〔186〕,第 350 ~ 355 页。

出潜在商业机会的预测现金流和其他财务结果。这些假设可能包括诸如对未来价格、生产力水平和消费者行为的估计。

这四类管理信息中的每一类在下述方面都很有用:(1)确定公司证券的价值;(2)衡量公司经理层的竞争力;(3)为公司的竞争对手提供机会。问题在于,要求披露部分或全部管理信息是否可行或有益。考虑投资者用于评估证券的信息是否与经理用于经营业务的信息具有可比性是有帮助的。如果存在未被投资者使用的管理信息,那么要求公司公开披露不太可能会增加福利。

2. 成熟投资者用于公司估值的信息

20 世纪 80 年代和 90 年代,会计和投资者贸易团体为确定成熟投资者如何评价公司而进行的研究具有指导意义。[190] 这些投资者研究的目的是:确定在公众公司已经披露的信息之外,还有哪些信息有助于成熟投资者进行投资分析。[191]

第一项研究发表于 1993 年,该研究由投资管理和研究协会(the Association for Investment Management and Research,AIMR)开展,题目为《1990 年代及以后的财务报告》(简称为 AIMR 研究)。[192] AIMR 是一个由来自超过 100 个国家的 5 万多名投资专业人士所组成的组织,"是美国经济界和世界上最大、最重要的财务报表用户群"。[193] AIMR 研究发现,其成员希望公司能披露更多的内部管理信息。[194]

1994 年,美国注册会计师协会(the American Institute of Certified Public Accountants,AICPA)出版了《改进商业报告——以客户为中心》(Jenkins 报告)。[195] AICPA 是美国会计行业的同业公会。在 Jenkins 报告的导言中提出的一个问题揭示了管理信息和成熟投资者所使用的信息之间显而易见的联系,即"有效的商业报告能否不涵括管理层管理公

〔190〕 参见前注〔119〕(描述导致这些研究的背景情况)。这里重点讨论用于评估公司证券的信息,并不意味着这种信息对于降低代理成本没有价值。参见前注〔151〕~〔166〕及其有关内容。

〔191〕 这些研究没有考虑强制披露这一额外信息的可能性,而这正是本文所考虑的问题。

〔192〕 参见 AIMR Report,同前注〔119〕。

〔193〕 同上注,第 10 页。

〔194〕 同上注,第 85 ~ 86 页。

〔195〕 Jenkins Report,同前注〔119〕。

司业务运作所需要的新的绩效指标?"[196] 作为 Jenkins 报告工作的一部分,AICPA 对 1200 名成熟投资者进行了调查,以"确定用户认为对证券估值最有用的信息类型"。[197] Jenkins 报告总结发现,为满足用户不断变化的需求,商业报告必须:(1)提供更多具有预测性的信息,包括经理层的计划、机会、风险和衡量不确定性;(2)更加注重创造长期价值的因素,包括表明关键业务流程如何形成的非财务措施;(3)更好地结合对外报告的信息和报告给高级经理层的信息。[198] 因此,Jenkins 报告得出结论:基本上,投资者认为对公司证券估值最有用的信息与公司内部经理人使用的信息相同。

1998 年,曾经负责制定美国公认会计原则(generally accepted accounting principals, GAAP)的财务会计准则委员会(the Financial Accounting Standards Board,FASB),开始对 Jenkins 报告和 AIMR 研究的结果进行跟踪。2001 年,FASB 发布了 4 份跟踪研究报告(简称为"FASB 研究报告"),[199] 其中,涵括有一份聚焦于改善公众公司的商业和财务的报告(简称为"Upton 报告")。[200] 该报告的结论是:"用户重视非财务信息的披露,将非财务业绩信息以可在不同时期追踪的指标形式加以呈现,能够提高该信息的有用性。"[201] 同样,成熟投资者希望获得公司内部产生及使用的商业运营信息。

3. 管理信息未被披露的证据

在考虑监管介入是否可以有效地增加某些管理信息的披露之前,还需要解决一个问题。考虑到公众公司已经披露的信息量,投资者通过其他渠道获得的信息,以及成熟投资者已经使用管理信息来评估和监督公众公司,我们需要考虑:要求公众公司披露额外的管理信息是否对投资者有用。

市场有效率是众所周知的。专业投资者的表现并不总是优于股票

[196] Id. ch. 1, at 16.

[197] Id. ch. 2, at 716.

[198] See Id. ch. 1, at 16.

[199] See FASB Studies, 同前注[119]。

[200] See Upton Report, 同前注[119]。

[201] 同上注,第 106 页。

市场，[202]股票市场的价格不仅反映了任何一个投资者所持有的信息，还反映了市场上所有的信息。[203] 此外，还要考虑到一个相当大的工业间谍行业。[204] 不过，多种证据表明，目前的披露实践与公布管理信息所需的披露水平之间，仍然存在很大差距。

首先，AIMR 报告、Jenkins 报告和 FASB 研究都基于同一个目的而进行，即人们认识到公众公司披露的信息和高管们在内部管理业务时使用的信息之间的差距越来越大。[205] 虽然这些研究的重点是确定成熟投资者使用什么信息来评估公司，但这些研究也审查了公众公司已经披露的信息类型。例如，FASB 的一项研究审查了八个行业的信息披露实践，以确定公众公司对管理经营信息的披露程度。[206] 针对这八个行业中的每一个行业，非财务信息披露被分为六个类别进行审查：(1)业务数据；(2)经理层对业务数据的分析；(3)预测性信息；(4)经理层和股东信息；(5)公司背景信息；(6)无形资产信息。该研究的结论是："公司目前提供了相当多的非财务信息，尽管其中以明确的、可在不同时期被追踪的指标形式而提供的非财务信息可能较少。"[207] 即使是这种对数据的乐观解读也表明，[208]没有任何接近完整的管理信息被披露。法律和金融学者都注意到在公众公司的信息披露中，有用的商业信息同样匮乏。[209]

即使公众公司不公布大量的管理信息，这也不意味着投资者和竞争者不能以其他方式获得这些信息。例如，投资者可以从互联网上或当地汽车经销商处获得通用汽车公司每个汽车型号的价格信息，因此这些信息是否在公开文件中披露都无关紧要。然而，有证据表明，股票市场价

---

〔202〕 See, e. g. , Stephen A. Ross et al. , Corporate Finance 354 – 55 (6th ed. 2002).

〔203〕 Gilson and Kraakman，同前注〔11〕。

〔204〕 参见前注〔84〕。

〔205〕 参见前注〔184〕及其有关内容。

〔206〕 Improving Business Reporting，同前注〔119〕。

〔207〕 Upton Report，同前注〔119〕，第 57 页。

〔208〕 实际调查结果与上述发现同时公布。

〔209〕 例如，参见 Romano, *Need for Competition*，同前注〔12〕，第 448 ~ 464 页(该文审查几家公众公司的实际披露情况)；Kitch，同前注〔34〕，第 838 页("如果投资者得出结论，发行人的证券披露确实提供了'通过经理层的眼睛看公司的机会'，那么投资者可能会被建议做空股票，因为经理层的观点是自满的，忽略了充满敌意和不可预测的世界。")

格并没有吸收未披露的管理信息。金融经济学家们普遍反对强式有效市场假说(the efficient capital market hypothesis,ECMH),该假说认为,一家公司的所有私人信息都已经被反映在其股价中。〔210〕 事实上,金融经济学家拒绝接受强势有效市场假说的一个主要原因正是内部管理信息具有明显的价值。〔211〕 金融经济学家的研究始终显示,公司内部人员在交易自己公司的股票时表现要优于市场,这表明经理人能够获得没有立即反映在公司股票价格中的信息。〔212〕

另一个表明管理信息具有增量价值的观点是:成熟投资者为收集这类信息投入了资源。〔213〕 除此之外,在公司与投资者分享的信息非公开的交易中,投资者所获得的管理信息量大大高于公众公司的投资者。〔214〕这表明,投资者从获得更多的管理信息中会得到更多的收益。〔215〕 最后,估值教材也将管理信息作为确定公司价值的核心内容。〔216〕

(二)构建披露额外管理信息的要求

要求公众公司披露所有的管理信息很明显是欠考虑的。例如,一个

〔210〕 Eugene F. Fama, *Efficient Capital Markets: A Review of Theory and Empirical Work*, 25 J. Fin. 383(1970)(该文探讨了有效市场的理论意义并回顾了相关的实证证据); Eugene F. Fama, *Efficient Capital Markets II*, 46 J. Fin. 1575(1991)(该文对有效市场假说的实证证据进行了进一步审查); Daniel R. Fischel, *Efficient Capital Markets, the Crash, and the Fraud in the Market Theory*, 74 Cornell L. Rev. 907, 911 - 12 n. 11 (1989)["迄今为止的实证证据(除了部分例外)似乎确立了有效市场假说的弱式和半强式状态,但强式有效市场假说尚未得到确认。"]

〔211〕 参见 Ross et al.,同前注〔202〕,第 359 页。

〔212〕 同前注〔52〕。

〔213〕 一个相关的担忧可能是,如果成熟投资者已经在使用这种类型的信息来评估股票,那么公司公布的信息就不应该影响股价。对这个问题有两种解释。第一种解释是,如文中所述,这种信息似乎并没有被吸收进股价中。参见前注〔52〕,第 184 页。第二种解释是,这不是一个信息是否被纳入股价的绝对问题,而是一个信息被纳入股价的程度的递增问题。参见 Sanford J. Grossman & Joseph E. Stiglitz, *On the Impossibility of Informationally Efficient Markets*, 70 Am. Econ. Rev. 393(1980)。

〔214〕 参见前注〔123〕~〔132〕及其有关内容。

〔215〕 有可能,但可能性不大的是,当公司的股票上市交易后,从额外管理信息中产生的收益就不再相关了。

〔216〕 See, e. g., Erich Helfert, Techniques of Financial Analysis: A Guide to Value Creation 461 - 67(11th ed. 2003); Tom Copeland et al., Valuation: Measuring and Managing the Value of Companies, 70 - 71(3d ed. 2000).

公众公司的投资者需要知道公司购买的每支铅笔的花费吗？另外，强制公众公司披露其已经进行了大量投资但尚未发布的产品的特点，会有何种好处呢？当一家公司在准备预测时，会不会因为考虑到这些信息将公开披露，而有意对预测进行调整？

在评估要求披露管理信息的效果之前，本文对可能需要披露的管理信息的类型和数量提出了三个限制标准。这些限制的目的是构建出一个管理信息的子集，借由此等信息的披露要求可能会提高福利。因而，符合这些标准的管理信息被定义为“可披露的管理信息”(disclosable management information, DMI)。每个限制标准都是为了解决不同的问题。其一，披露的信息必须是投资者感兴趣的及可以理解的。其二，信息披露要求会抑制对信息收集活动的投资。因此，如果披露要求的重点是在其他生产活动中附带产生的、已经在公司内部被收集的信息，而不是为私有用途以获得竞争优势而产生的信息，则收集和披露或许会更有效率。[217] 其三，监管成本将是决定信息披露要求有效性的关键。在其他条件不变情况下，要求披露的信息既不应该被轻易操纵，也不应在行政上遭遇太多披露阻碍。

1. 将披露要求限制在对投资者有用的信息上

本文认为，被要求披露的管理信息不应包括与公司无关的或微不足道的信息。[218] 管理信息产生于一个组织的各个层面。为了确定披露信息合适的详细程度，我们可以观察公司内部使用信息的方式。成熟投资者和公司的首席执行官(chief executive officer, CEO)会特别关注类似的详细程度的信息。CEO 是从整个公司的角度来审视和发展公司的，就

---

〔217〕 Kronman 正是用信息的附带生产和为获得竞争优势而投资于信息收集活动之间的区别，以解释为什么普通法只在某些合同情景下有披露要求。Kronman，同前注〔23〕，第 2 页。另外，如果实施“收集并披露”规则（而不是“收集后披露”规则），且该规则适用于大多数公司已经收集的信息，则成本会更低。同后注〔250〕。

〔218〕 与此相关的一点是，公司以外的人必须能够理解披露的内容。在构建披露管理信息的要求时，有必要概括性地阐述应提供哪些类型的支持性信息，以使所披露的信息对第三方来说可以理解并且有用的。根据公认会计原则编制财务报表的一个好处是，投资者至少有一些指导，知道每个数字代表什么以及每个数字是如何计算的。以长期一致和可理解的方式向投资者展示管理信息的重要性，是 AIMR 报告、Jenkins 报告和 FASB 研究的共同结论之一。

像投资者关注公司的整体价值和管理一样。因此,要求披露的信息的详细程度应该与公司 CEO 通常使用的信息的详细程度相当。[219] 若基于此,公司需要披露的信息量可能很大,但既然这些信息有利于 CEO 管理公司,它们当然也有利于成熟投资者对公司及其管理作出评估。

2. 限制披露要求以减少抑制效应

披露要求应该集中在那些尽管被披露但仍会继续被生产的信息,这将减少披露要求所带来的抑制因素。[220] 这进一步表明应当对信息披露要求下的管理信息披露施加两种不同类型的限制:(1)某些专有信息不应被要求披露;(2)只能每年要求公司进行一次披露。

为了构建 DMI,我们应该排除识别具体产品属性的信息,管理信息包括产品寿命预期、用户意见、质量衡量标准和预计盈利能力等诸多类型,即使不披露具体的产品特征,上述类型的管理信息也有益于外部人员对公司作出评估。这并不是要否认即使以这种方式"净化"的信息对公司的竞争对手也是有价值的,但"净化"将减少 DMI 披露要求所带来的抑制作用。[221]

关于如何以上述方式构建披露法规,可以参照下述从事石油和天然气勘探业务公司的例子。[222] 从 1978 年开始,SEC 要求从事石油和天然气勘探业务的公司披露其已发现的石油和天然气储量的估计价值。

---

〔219〕 直接依靠公司内部实际做法的方案是很容易被规避的。如果公司内部的实际做法是标准,那么提供给 CEO 的信息就会非常少;相反,所有的详细信息都会提供给比 CEO 低一级的经理人。

〔220〕 "收集后披露"的替代方案——"收集并披露"——不会产生这些抑制因素,但可能会在其他方面产生社会成本。参见后注〔250〕。

〔221〕 SEC 目前承认公司在保护专有信息不被披露方面的利益。Item 101,17 C. F. R. § 229. 101(c)(1)(ii)(1999)(规定发行人不需要披露有关新业务线和产品的叙述性信息,"如果披露这些信息会对注册人的竞争地位产生不利影响")。此外,这种关注现在被置于显著的优先地位,结果便是很少有内部管理信息被披露。更可取的做法是制定一个与《1933 年证券法》第 406 条规定的向 SEC 寻求保密安排权利相类似的条款,17 C. F. R. § 230. 406(1999)。《证券法》第 406 条没有规定 SEC 可以给予保密处理的理由,但确实要求保密安排的申请人提供"详细的解释,以说明为什么根据特定案件的事实和情况,披露信息对于保护投资者是不必要的"。17 C. F. R. § 230. 406(b)(2)(iii)(1999)。这一豁免通常适用于不重大但需要披露的信息,如某些合同。关于这一规定,参见 Comizio,同前注〔29〕。

〔222〕 参见前注〔28〕。

SEC之所以提出该要求,是因为基于成本会计的传统财务报告难以准确反映这些资产的价值。[223] 然而,这些公司并不需要具体说明哪些特定的油田具有报告中的储量价值。

要求披露管理信息的周期也会影响到披露要求对投资所产生的抑制作用程度。增加要求披露的频率,会缩短公司从未披露的信息中攫取私人利益的预期期间。美国公众公司的披露要求有不同的周期性(主要是季度和年度,在某些情况下需要中期披露),信息披露的周期取决于信息类型和相关事件的相对重要性。[224] 本文的建议是,要求公司每年披露DMI,这将给受此披露要求约束的信息提供平均至少6个月的保护。

3. 限制披露要求以减少监管成本

披露要求只能有效地适用于在一定程度上可以被独立核实的信息。GAAP的一个基本原则是,收益和损失只有在存在实际交易或在某些情况下有可靠的方法来独立验证的情况下,才能够被确认。[225] 显然,在披露管理信息的情况下,这种可核实的标准需要修改。许多管理信息并不产生于与第三方的交易。另外,一个较宽松的标准(如这些信息是否在公司内部用于管理业务)或许过于容易被操纵。

因此,被要求披露的管理信息必须至少具有某种独立的可验证性。首先,这意味着预测和预报都不应该受到披露要求的约束。[226] 被要求披露的管理信息可以包括具体操作的财务报告、产品盈利能力分析和其他业绩衡量。[227] 这些信息中的每一种都是基于公司内部实际运作过程

---

〔223〕 参见Kripke, In Search of a Purpose, 同前注〔119〕, 第200~201页(讨论了为什么要实施石油和天然气储备披露要求)。

〔224〕 例如,参见Oesterle, 同前注〔29〕(讨论了美国披露要求的周期性)。

〔225〕 例如,这样的规定适用于持有的随时可流通的证券。

〔226〕 这一结论与过去30年来鼓励而不要求披露这些预测性信息的努力是相一致的。对预测性信息披露的关注是从Kripke开始的。Kripke, *In Search of a Purpose*, 同前注〔119〕, 第25、317~318页。Kripke用这个问题表明,SEC对非财务报表披露的排斥是低效的。同前注。Kripke是正确的,SEC对增加信息披露的排斥是基于信息披露政策何以保护投资者的理论,尽管该理论缺乏根据。然而,Kripke对预测披露的关注点是错误的,因为他低估了这种信息被经理层操纵的容易程度,这可能有助于解释SEC在预测披露方面政策的诸多疑惑政策。参见Kitch, 同前注〔34〕, 第777~788页(该文描述了SEC对预测性声明的不同政策)。

〔227〕 参见前文第四部分(一)1之内容。

中所产生的数据,但并不是说要求披露这些信息就不会造成扭曲,而只是说以这种方式界定 DMI 将会减少与管理信息披露要求相关的部分规避成本。

总之,DMI 由下述管理信息组成:(1)其详细程度与通常提供给 CEO 的信息相称;(2)不需要包括具体的产品细节并按年度来发布;(3)管理运营信息可以被独立核实。然而,还有一些问题要解决:实施披露 DMI 要求的法规会是什么样子?这种规定是基于标准,还是基于规则?[228] 在提供三个限制条件的基础上,SEC 会将需要制定更详细的法规,明确哪些管理信息需要被披露。然而,基于对实施 DMI 披露要求的效果进行初步估计的目标,这些限制已经足够。

(三)要求披露 DMI 的成本和收益估算

参照上文制定的评估披露要求的分量进路,对要求公众公司披露 DMI 的成本和收益的分析应该分三步进行。[229] 第一步是比较披露 DMI 的增量生产成本与无论公司是否有公开交易的证券都能实现的 DMI 披露收益。第二步是比较 DMI 的短期竞争不利成本与披露 DMI 所带来的竞争者和消费者收益(或损失)。第三步是将与要求披露 DMI 信息而产生的创新投资抑制成本和监管成本,与公司证券公开交易时披露该 DMI 所获取的增量收益进行比较。本文的结论是:要求披露 DMI 或许十分有益的。

1. 披露 DMI 的私人成本和收益

无论公司是否有公开交易的证券,披露 DMI 的好处可能会超过 DMI 的增量生产成本。就收益而言,披露 DMI 将更有利于对管理绩效的洞察,这是目前的披露要求所难以达到的。就成本而言,由于 DMI 是从公司内部已经产生的信息和分析中提炼出来的,其生产成本应该是极低的。

无论公司是否有上市交易的证券,探讨 DMI 生产成本与披露收益之间关系的一个更精确的方法是审视公司是否有与投资者分享的信息

---

[228] See generally Louis Kaplow, *Rules Versus Standards: An Economic Analysis*, 42 Duke L. J. 557(1992).

[229] 参见前文第三部分(三)之内容。

而不向公众公布的做法。[230] 在这些“私人”交易中，公司选择披露的信息水平主要是边际信息生产成本与私人披露收益之间权衡的结果。对私人交易中的信息披露做法的初步观察表明，与DMI相当的信息在私人交易中被持续披露。

在一家参与众多私人融资交易的律师事务所的协助下，本文对一些私人交易的披露做法进行了调研。[231] 这次调研发现，公司通常被要求在私人交易中披露大量的内部管理信息。以下是一份有代表性的投资者协议中披露要求的部分内容。

11.2 过去三个财政年度、本财政年度和下一个财政年度按产品系列划分的历史和预测毛利润和贡献度；

11.4 最近与高级经理层举行的逐个部门审查业务的会议记录，尤其是侧重于业务预测的内容（如有）。

11.7 过去两个财政年度整体及各部门初始预算与实际结果的比较，涵括支出细节……

2.1 提供任何工作人员、经理人或顾问对公司销售、市场或产品的分析副本，包括市场研究、营销计划和客户调查……

1.1 月度和各周设备利用率图表……[232]

事实上，在这些私人交易中通常需要披露的信息，超出了上述DMI披露要求的范围。

然而，用私人交易中的披露实践来解决这第一项比较会遇到一些困难。其一，将这些私人交易中的披露实践作为最佳信息披露的基线是有局限性的。[233] 其二，即使DMI生产成本对私人公司和公众公司来说特征相同，但如果考虑到公众公司有更多的股东和对公开信息更严格的监管，其信息生产成本会更高。[234] 因此，在暂且不论披露的其他成本收益，有些信息通过非公众公司进行披露可能有益，但若该公司是公众公司，那就不一定了。我们可以得出这样一个初步的结论：不管是上市还

---

[230] 参见前注〔123〕~〔132〕及其有关内容。

[231] 参见前注〔124〕及其有关内容。

[232] 摘自 Latham & Watkins LLP 提供的一份协议（作者处存档）。

[233] 参见前注〔123〕、〔128〕~〔133〕及其有关内容。

[234] 参见前文第二部分（二）1。

是非公众公司,披露 DMI 的好处都超过了制作和发布 DMI 的直接成本。

2. 披露 DMI 的公共成本和收益

分析要求公众公司披露 DMI 的有效性还需进行第二步:比较披露公司的竞争劣势与竞争对手、消费者从 DMI 中获得的收益或损失。竞争者和消费者从 DMI 中获得的收益将接近或超过披露公司所遭受的竞争劣势,这主要有以下理由:其一,如果不披露 DMI 为公司提供了垄断权力,那么,披露这一信息应该产生短期的社会福利。[235] 其二,如果一家公司披露 DMI 的某些组成部分而逐渐使披露公司受益,则该信息将被自愿披露。因此,由于 DMI 披露要求而披露的增量 DMI,更有可能对竞争对手和消费者有利。在短期内,DMI 从一家公司转移到其他公司的净效应将是极小的或正向的。

3. 相较于 DMI 披露其他收益的投资抑制与监管成本

要确定是否应要求披露 DMI 还要考虑四个要素:(1)只有拥有上市交易证券的公司才能从披露 DMI 中获得的收益;(2)披露 DMI 可能促使整个经济体资产配置的改善;(3)披露 DMI 对投资创新领域的长期抑制作用;(4)实施 DMI 披露要求的监管成本。现在我们依次对这些因素进行讨论。

披露 DMI 将使公众公司获得诸多收益。[236] 首先,DMI 的披露可以在几个方面降低代理成本。与目前公众公司所披露的财务信息相比,DMI 将提供一种更直接、更透明的方式来监督经理人的表现。投资者经常抱怨公众公司财务信息不透明。[237] 经理们正在公司内部使用愈加复杂的分析工具来理解和评估自身业务,也随之产生了大量关于公司运营的信息,而这些内部管理信息正是投资者用来评估公司证券价值所需的信息类型。[238] 事实上,经理们在内部决策中所依赖的信息的有用性与公众公司所披露信息不透明性之间的差距正在扩大,[239] 而披露 DMI 将

〔235〕 参见前文第二部分(一)4。

〔236〕 参见前文第二部分(一)。

〔237〕 参见前注〔184〕及其有关内容。

〔238〕 参见前文第四部分(一)2。

〔239〕 参见前注〔184〕。

有助于缩小这一差距。

披露 DMI 将为潜在的收购者提供更多关于目标公司的信息，这将提高公司控制权市场的效率。披露 DMI 可以让潜在的收购者获得必要的精确信息，从而判断是否能通过收购来创造价值。此类信息披露的有效性从下面这个例子中可见一斑：SEC 从 1978 年开始要求石油和天然气公司披露其探明储量的价值，这使 20 世纪 80 年代石油和天然气勘探行业的收购活动增加。〔240〕

披露 DMI 还能够减少内部人员与其他投资者之间的信息不对称程度。因此，披露 DMI 能减少内部人员滥用信息权的机会、〔241〕降低公司的融资成本、避免其他潜在的消极后果。〔242〕 披露 DMI 也可以改善整个经济体中的资产配置。在过去的五年里，实际投资在很大程度上是由公众公司的估值所驱动的，这一点令人震惊。〔243〕 虽然增加披露 DMI 会消除诸如网络投机泡沫发展的看法是天真的，但声称大幅增加 DMI 的披露不会对整个经济资产配置产生影响的观点，也是值得怀疑的。〔244〕

就长期的信息披露成本而言，DMI 的构建是为了最大限度地减少披露可能引致的对信息收集投资活动长期的抑制成本。DMI 是从经理层为提高公司内部价值创造而已经产生的信息中挑选出来的。这些信息对公司的收益似乎不太可能因为被披露而大幅减少，因为即使商业环境趋于竞争激烈，优化公司内部的运营依然重要。DMI 还特别排除了产品特征信息，而且 DMI 每年只披露一次。

监管成本有三个组成部分：行政成本、规避成本和监管浪费。〔245〕 对实施 DMI 披露要求的监管成本进行初步估计很有必要。这在估算披露 DMI 的行政成本时是正确的，原因如下：其一，要求披露 DMI 的详细实施方案并未被制定出来。其二，有效监管的构建是一个不断迭代的过

〔240〕 参见前注〔50〕及其有关内容。
〔241〕 参见前注〔54〕~〔56〕及其有关内容。
〔242〕 参见前注〔56〕及其有关内容。
〔243〕 参见前注〔63〕及其有关内容。
〔244〕 参见前注〔63〕及其有关内容。
〔245〕 参见前注〔169〕~〔170〕及附文。

程,因为更有效的监管要求可能会出台,未曾预料的成本可能出现。[246] 要求披露 DMI 既困难又昂贵。适当的披露要求或许需要根据各个行业的情况来确定。即便如此,根据 SEC 的预算,可以估算出实施 DMI 披露要求的行政成本上限。2002 年,SEC 的总预算约为 5 亿美元。[247] 基于此,要求披露 DMI 的所增加的行政费用似乎不太可能超过 5000 万美元每年。[248]

由于要求披露 DMI 而产生的规避成本有两种形式:第一,公司可以选择对业务进行粗浅的了解,以避免披露可能对竞争对手有用的信息。但这并不是这种披露要求的必然结果。事实上,要求披露 DMI 可能会迫使公司寻找新的方法来构建竞争优势,甚至可能增加 DMI 的产量。再进一步,如果 DMI 的披露标准与公司内部是否已经产生信息无关,就像要求披露油气勘探资产的价值一样,[249] 任何一家公司也不见得会有减少产生信息的动机。[250]

第二,由于公司选择不在美国上市或以其他方式避免披露 DMI,可能会产生规避成本。罗曼诺教授就认为,在实践中,要求公众公司披露不利于竞争的信息几乎是不可能的。[251] 她引用了基奇教授的一篇回顾了联邦公众公司披露要求历史的文章以支持这一结论。罗曼诺教授说:"基奇进一步主张,在实践中几乎不可能实施包括专有信息的披露制度,要么公司不会披露可能有利于其竞争对手的有意义的信息,要么公司会退市以避免这种披露。"[252] 罗曼诺教授引用的陈述由基奇教授在回顾了

---

[246] 例如,参见 Mark S. Croft, *MD&A: The Tightrope of Disclosure*, 45 S. C. L. Rev. 477 (1994)(该文描述了 MD&A 披露要求的演变)。

[247] SEC, Annual Report 179(2002).

[248] 文中的计算基于这样的假设产生,即这些新的披露要求和执行工作不太可能需要增加 2002 年 SEC 总预算的 10% 以上。

[249] 参见前注〔28〕。

[250] 这就是"收集并披露"规则与"收集后披露"规则相比的好处。参见 Douglas G. Baird et al., Game Theory and the Law 100 – 09(1994)(对"收集并披露"规则和"收集后披露"规则之间的经济权衡进行建模)。

[251] Romano, *Empowering Investors*, 同前注〔12〕, 第 2381 页; Romano, *Need for Competition*, 同前注〔12〕, 第 446 页。

[252] Romano, *Empowering Investors*, 同前注〔12〕, 第 2381 页(引述 Kitch, 同前注〔34〕, 第 874 页)。

20世纪30年代末关于SEC要求公众公司披露哪些信息的争议之后提出，后者指出："基于保密需要而对证券披露提出的挑战就这样结束了。到20世纪30年代末，大多数发行人已经了解到《1934年证券交易法》的披露要求并不影响他们的业务，或者即使有影响，公司也已经调整了他们的业务，使披露不会威胁到自身，又或者从交易所退市，在场外市场找到了豁免披露监管的机会。"〔253〕但基奇教授的结论却与他的其他发现相矛盾。基奇教授回顾了在过去的60年里，许多实质性的披露要求是如何成功实施的，而所有这些公司都没有逃离美国资本市场。〔254〕

事实上，我们有很多理由怀疑"要求完全披露不利于竞争信息是不可能的"这一结论。第一，对强制性披露要求的反对由来已久，因为人们担心强行要求某项披露会带来灾难性的后果。事实证明这种担心是多余的。〔255〕第二，这是因为，披露要求已经要求（至少部分地）经理们承诺，在不符合其直接利益的情况下披露信息。〔256〕因此，披露对竞争不利的信息并不要求管理人员（负责执行披露要求的人员）在披露政策方面，采取与他们现有实践完全不同的方式而为之。第三，金融经济学家发现，许多公众公司的信息披露与价值有关，〔257〕人们期望这种与价值相关的信息中至少有一部分对公司的竞争对手也是有用的。〔258〕第四，关于要求披露不利于竞争的信息将导致资本从美国股票市场流失的论点，则把公司退出市场想得过于简单。首先，对于拥有大量股东的美国公众

---

〔253〕 Kitch，同前注〔34〕，第874页。

〔254〕 例如，参见上注，第788～815页（该文描述了SEC实施的分部报告要求、管理讨论与分析要求）。但参见Romano，*Empowering Investors*，同前注〔12〕，第2380～2381页（该文认为分部报告不会导致披露不利于竞争的信息）。

〔255〕 例如，在《1933年证券法》颁布后的夏天，商业界努力尝试废除该法，认为对"拥有广泛利益的公司而言，即使不是实际上不可能，融资也会变得极其困难"，其结果将迫使"美国公司到国外融资"。Seligman，同前注〔6〕，第77页（引述Arthur Dean，*The Federal Securities Act*：1，Fortune，Aug. 1933，第104～106页）。《1933年证券法》没有被废除，对美国公开交易的证券市场崩溃的担忧，因而被证明是没有道理的。

〔256〕 参见前注〔13〕～〔14〕及其有关内容。

〔257〕 例如，参见Holthausen & Watts，同前注〔35〕。

〔258〕 Romano，*Need for Competition*，同前注〔12〕，第454页（该文指出竞争者可能"花费大量时间阅读竞争者提交给SEC的文件"，搜寻其中对己方有利的竞争性信息，但作者很怀疑这种情况会真实发生）。作者作为投资银行家、风险投资家和公众公司高管的工作经历，都要对公众公司强制性披露信息进行仔细审阅。

公司来说，退市并不容易。[259] 同样重要的是，SEC 对在美国注册或开展业务的公司是否以及何时可以选择免于遵守《1934 年证券交易法》的信息披露要求有很大控制权，[260] 保持私有化的能力在很大程度上是由 SEC 决定的。[261] 第五，在要求披露竞争劣势信息方面的记录参差不齐。一方面，要求公司披露其各部分业务盈利能力的量化信息充满困难；[262] 另一方面，在某些行业中，SEC 已经有效地实施了要求披露不利于竞争信息的规定。例如，从 1978 年开始，SEC 要求从事石油和天然气勘探业务的公司披露其已探明储量的经济价值，而这些公司一般都遵守了这些规定。[263] 第六，公司在披露信息的同时而不披露专有信息有一个潜在的前提，即专有信息可以以低成本从公司的各种信息中拆分出来，但情况可能并非总是如此。[264] 第七，目前还没有学术研究直接考虑公司退出美国资本市场的成本和收益。

一概以"公众公司披露不利于竞争的信息这一要求难以实施"而不对此等披露而施以任何要求，这与现有证据是不一致的。这并不是说披露不利于竞争的信息的成本是虚幻的，也不是说拒绝一些公司会因为强制披露要求的相关成本而选择保持私有或改变其商业惯例的说法。相反，我们要关注披露不利于竞争的信息的特定要求在多大程度上是可以执行的，如果执行要付出多大的代价。就 DMI 而言，监管的成本甚至可能因行业而异。

至于监管浪费的成本，若不结合具体披露规则进行分析，那么，在

---

〔259〕 参见 Rock，同前注〔13〕，第 682～684 页。

〔260〕 目前，股东人数少于 500 人且其股票未在全国性证券交易所交易，且也没有进行公开发行的公司不需要披露定期报告。参见 15 U. S. C. § 781(a)，(g)(2000)。

〔261〕 这涉及一个相关但独立的问题，即公众和私人公司之间的分界线应该在哪里。如果本文的论点是正确的，即强制性披露要求可以改善公司间外部性，那么就应该重新考虑这一分界线。

〔262〕 Item 101，17 C. F. R. § 229. 101(b)(1999)（要求公众公司根据其经营的不同部门来披露其财务业绩）；参见 Romano，Need for Competition，同前注〔12〕，第 76～77 页（该文指出在执行分部报告要求方面的困难，以及此种信息披露有限的表观价值相关性）。但参见 Fox，Issuer Choice，同前注〔15〕，第 595～598 页（认为分部报告的要求确实导致了不利于竞争的信息的披露）。

〔263〕 参见前注〔28〕。

〔264〕 参见前注〔151〕～〔166〕及其有关内容。

DMI 披露要求的背景下评估该成本是不可行的。

4. 实施 DMI 披露要求的政治可行性

在考虑 DMI 披露的监管成本时,还要思考实施 DMI 披露要求在政治上是否可行。[265] 初步来看,我们很难确定颁布这类大幅增加披露要求的措施的政治可行性。一方面,《1934 年证券交易法》尽管在不同时代、不同背景下颁布,但都是引人注目的工作。DMI 的披露要求不需要新的立法,因为 DMI 的披露要求完全属于重大性定义的范围,且 SEC 本身被授予了广泛权力。[266] 另一方面,尽管 SEC 名义上依赖重大性标准,且大量研究结果表明这正是自身投资者认为有用的信息类型,但 SEC 至今仍选择不要求披露大部分管理信息。[267] 原因可能是 SEC 还没有意识到公司间外部性市场失灵对公众公司披露行为的巨大成本,[268] 也可能是要求披露这些信息在政治上根本不可行。

理解美国 SEC 或任何行政机构行为的一种方式是将其作为一个为其监管的团体或群体的利益服务的组织。[269] 利益集团试图影响 SEC 当然是有先例的,例如,1992 年至 2000 年担任 SEC 主席的阿瑟·莱维特在他的《散户至上》一书中指出,利益集团会在多大程度上试图影响披露政策:"在华盛顿的七年半时间里,我不断地被我所看到的东西所震惊。最让我吃惊的是,当强大的特别利益集团认为一项拟议的规则或立法可能会损害他们的利益时,他们就会全力以赴,根本不考虑该提案如何帮助投资大众。代表华尔街公司、共同基金公司、会计师事务所或公司经理的团体会以激光般的精准度,迅速着手挫败哪怕是微小的威胁。"[270] 许多学术批评认为,满足强大利益集团的要求是对 SEC 如何构

---

[265] 参见 Mahoney,同前注[13],第 1103 页("然而,很难想象,强迫公司披露竞争性敏感信息在政治上是可行的")。

[266] 例如,同前文第四部分(一)2(该文显示了 DMI 是投资者使用的信息);Mahoney,同前注[13],第 1086 页(该文描述了《1934 年证券交易法》赋予 SEC 的广泛权力)。

[267] 参见前文第四部分(一)2。

[268] 这并非一个不可能的结论,因为学术界迄今为止也未能正确估计这些成本。参见前文第三部分(二)。

[269] 参见 Stigler,同前注[170],第 3 页。

[270] Levitt,同前注[43],第 236 页。

建披露要求的最好注解。[271] 但也有可能正如加州大学伯克利分校法学院的斯蒂芬·崔教授和密歇根大学法学院亚当·普理查德教授所建议的那样,SEC 在其规则制定过程中存在一些认知上的偏差。[272] 如果"监管俘获"或"行为经济学"范式是对 SEC 行为的完整描述,那么这里的分析就不可能引致监管行动。

另外,可能是 SEC 至少部分地对增加社会福利感兴趣。例如,莱维特在担任 SEC 主席期间曾系统性地试图关注个人投资者的利益,[273] 尽管他知道这些投资者的政治影响力有限:"在华盛顿的游说等级制度中,公司是迄今为止最具实力的权力中心,其次是工人(在很大程度上是因为有工会的努力)和消费者。股东,特别是个人投资者,则排在最后。"[274] 拥有石油和天然气勘探业务的公司强制披露基于价值的信息也提供了证据,证实了 SEC 可以按照本文所要求的方式行事。[275]

(四)关于披露 DMI 的要求的结论摘要

估算要求披露 DMI 的效果主要取决于实施这一披露要求的监管成本与这些披露所产生的收益之间的权衡。要求 DMI 披露有效性分析的第三个分量被证明是关键的,原因有三:(1)无论一个公司是否有上市交易的证券,准备和传播 DMI 的直接成本,似乎很容易披露 DMI 公司内部代理成本降低所带来的收益所抵消;(2)将专有信息从一个公司转移到其他公司的成本应该是极小的;(3)DMI 已经作为改善公司业绩的副产品而产生,那么,与公众公司和整个经济体从此类信息披露中所获得的收益相比,实施 DMI 披露要求的监管成本如何?强制实施 DMI 披

---

[271] 参见 Carney,同前注[117],第 725 页(结论是:对于 SEC 如何构建强制性披露要求而言,"利益集团说"比公共利益的解释更具有解释力);Franco,同前注[10],第 346 页,脚注 253(得出类似的结论)。但参见 Easterbrook & Fischel,同前注[5],第 672 页("然而,我们不太相信利益集团的支持是证券监管的唯一解释。")

[272] 参见 Choi & Pritchard,同前注[3]。

[273] 一个值得注意的例子是,违背证券公司和公众公司的意愿颁布的 FD 条例。参见 Merritt B. Fox, *Regulation FD and Foreign Issuers: Globalization's Strains and Opportunities*, 41 Va. J. Int'l L. 653, 654 (2001)(该文将 FD 条例解释为促进公共利益的一种努力)。

[274] Levitt,同前注[43],第 236 ~ 237 页。

[275] 参见 Kripke, in Search of a Purpose,同前注[119],第 200 ~ 201 页(该文用这种方法去解释披露要求的实施)。

露要求将是一项具有挑战性和昂贵的任务,但不能因此就不去推进。披露 DMI 将为美国经济带来广泛的效率提升效果,要求披露 DMI 的论点虽然是初步的,却是令人信服的。

五、本文研究结果的推论

本文重新检视了应当要求公众公司披露哪些信息(如果有)的问题。对这个问题的重新回答表明,SEC 应该要求美国公众公司披露比现在更多的管理信息。[276] 若非如此,投资者会认为公司的经济状况并不透明。强制披露 DMI 将为投资者提供一种更有效的方式来监督经理人的业绩表现,并鼓励经理人把精力放在真正提高公司的价值上,而非投资者当前所能获取的十分有限的业绩衡量指标之上。

如若上述观点过于大胆或激进,SEC 至少应努力了解要求披露 DMI 的利弊。公司间外部性导致的市场失灵的存在,解释了没有意义的不透明披露实践是如何持续存在的,过往的学术研究严重低估了这种市场失灵的潜在成本。[277] 任何选择披露 DMI 的单个公司都会在竞争中处于不利地位,甚至对在许多公众公司中拥有利益的投资者而言,他们也无法获取该 DMI 的披露的所有收益。然而,若放眼整个经济体,提高公司运营的透明度的社会收益却是巨大的。

本文上述研究还有三项推论:第一,建议 SEC 改变其制定公众公司披露要求的方式。第二,本文推动了原本停滞不前的关于联邦对公众公司披露行为的监管是否能提高福利的学术讨论。第三,鉴于本文研究结果,我们需要重新思考"发行人有权选择其证券发行受何种证券监管制度约束"这一观点。

(一)就如何构建一般披露要求为 SEC 提供指引

本文分析研究对 SEC 的建议不仅在于倡导披露 DMI,而且 SEC 应该立即采取三项新措施:其一,SEC 目前非常重视公众公司对披露不利

〔276〕 参见前文第四部分。

〔277〕 参见前文第三部分(二)。

于竞争信息成本的担忧,[278]但事实上,以不利于竞争为理由不披露信息的做法是最为可疑的。本文认为,上述担忧会导致公司采用次优的披露做法。更重要的是,披露信息的不利于竞争的成本不太可能是决定哪些披露要求能提高福利的重要因素。[279] 竞争的危害可能会被其他公司或一般消费者的收益所抵消。要对披露效果进行正确分析,就要在监管成本与要求披露给公司和经济带来的其他收益之间进行权衡。

其二,SEC 通过名义上所依赖的重大性标准,避免了真诚地去讨论到底应该用何种标准来构建公众公司的信息披露要求。实际上,SEC 并没有使用重大性标准来决定应要求公众公司披露什么。[280] 如果 SEC 正式公布了强制性信息披露要求的制定方式,描述了拟议的披露要求的成本和收益,各界方可展开适当的对话,而目前 SEC 确立的披露实践无助于促进人们对公众公司披露要求的适当范围和内容的理解。

其三,私人交易中的披露做法可以为 SEC 提供指导,说明应该要求公众公司披露哪类信息。私人交易中的披露实践有助于评估强制性 DMI 披露要求的有效性,这种做法值得推广。当信息披露要求不会对信息收集投资带来显著抑制成本且监管成本也不高时,私人交易中的披露做法可以为建立有效的公众公司披露要求提供指导。[281] 以私人交易中的披露做法为基准,可以为 SEC 已经建立的公众公司信息披露要求规则大厦提供更加坚实的基石。

(二)推进关于联邦信息披露监管有效性的论辩

目前,关于联邦信息披露监管制度有效性的学术辩论,基本上因为缺乏证据而停滞不前。学者们争论的是,在没有令人信服的证据支持或反对对公众公司施加联邦信息披露要求的情况下,我们该何去何从。近二十年前,伊斯特布鲁克法官和费希尔教授得出了以下结论:"如果我们无法从一套特定的规则中判断出好处或坏处,那么,听之任之的禁令就有很大的力量。同时,对监管的研究已经足够先进,以支持一个相反的

[278] 参见前注[29]。

[279] 参见前文第四部分(三)。

[280] 参见前注[185]。

[281] 参见前文第四部分(三)1。

禁令。大多数监管制度减少了总的福利,尽管它们使特殊利益集团获利。"[282] 20 年后的现在,除了关于在没有充分的证据的情况下应该做什么之外,几乎没有什么变化。[283]

本文基于两种洞见而提出了一种新的方法论,以确定披露要求何时能提高福利。第一,本文建立了一个关于公众公司信息披露的综合微观经济模型,通过分析具体信息披露要求,论证了继续推进信息披露必要性。[284] 只有在评估一个项具体披露要求时,我们才可能对成本和收益进行精细化的剖析,这种剖析难以被应用到对信息披露整体影响的分析之中。第二,本文建立了一个模型来比较对公众公司施加披露要求的各种成本和收益。[285] 即使读者不同意应该要求公众公司披露 DMI 的结论,现在也可以这一连贯方法来探讨其他信息披露要求的有效性。

(三)重新考虑关于允许发行人选择其证券监管制度的争论

有些法学学者认为,如同公司选择其注册地一样,发行人应该能够选择相应的证券监管制度。[286] 该观点表明,因为发行人的选择将减少非竞争性监管制度中固有的低效率,所以自由的选择将优于强制性联邦证券监管。但是,这种选择方案的假设前提是公众公司信息披露实践不存在市场失灵,因而施加披露要求将是一个有效的解决方案。[287]

在本文看来,发行人自主选择证券监管制度的支持者有一点是正确的,即目前的学术研究没有充分论证对所有公众公司施加联邦披露要求的必要性,本文正挑战了这一难题:其一,本文表明强制披露 DMI 是有效的;[288] 其二,即使披露 DMI 的细致论证难以说服这些批评者,但也为以提高福利为目的的证券监管介入提供了一种方法论。[289] 在证券监管

---

[282] Easterbrook & Fischel,同前注〔5〕,第 715 页。

[283] 例如,参见 Fox,*Issuer Choice*,同前注〔15〕,第 569 页("我认为……如果没有肯定的实证证据表明强制性披露会造成社会损失,其就应该被保留");Romano,*Empowering Investors*,同前注〔12〕,第 2372 页("难以辨别联邦制度对投资者的积极影响……支持放弃其排他性。")

[284] 参见前文第二部分。

[285] 参见前文第三部分(三)。

[286] 参见前注〔14〕。

[287] 例如,参见 Romano,*Empowering Investors*,同前注〔12〕,第 2372 页。

[288] 参见前文第四部分。

[289] 参见前文第三部分。

中,发行人选择监管制度的支持者现在面临的挑战是:他们需要提供一种机制,将某些强制性条款纳入所有监管制度中并继续保有发行人选择监管制度的一些好处。一个混合的监管方案,包括部分强制性规定和部分只适用于某些制度的规定,可以提供相当的灵活性。对于发行人选择监管制度的支持者来说,这可能是一个很有前途的方法,对于正在进行的证券监管的国际化进程而言,这也是一个简便的方法。

六、结论

重新回答公众公司应该被要求披露哪些信息(如果必要)的问题,本文得出了若干重要结论。第一,对公众公司的信息披露进行全面的微观经济分析表明,只有通过评估具体的披露要求,才有可能评估对信息披露的监管;第二,通过构建一个评估具体披露要求的方法,本文发现,学者此前严重低估了公众公司信息披露行为中市场失灵的潜在成本;第三,在权衡要求公司披露内部管理信息这一事项的成本和收益后,本文指出,应要求公众公司披露比目前更多的公司内部用于管理运营的信息。

联邦证券立法的最初支持者意识到,公众公司披露若不受监管会有些不妥,这种感觉得到了本文的支持。遗憾的是,早先支持者并没有准确识别出是什么导致公众公司采取了不必要的、不透明的披露实践。布兰代斯法官呼吁增加公众公司的信息披露却是以他错误的信念为前提,即他认为要求公众公司披露信息的主要实益在于对欺诈的威慑。[290] 因此,在《1934 年证券交易法》制定中,在法案对专有信息的披露要求给予豁免的问题上,没有人提出反对意见。[291] 此后,SEC 在对专有信息予以保密方面始终尊重公司的利益。[292] 本文表明,正可能是这种关切导致了公众公司披露行为的重大市场失灵。基于"竞争损害"而给予公司的

〔290〕 参见前注〔7〕及其有关内容。

〔291〕 例如,参见 Landis,同前注〔8〕,第 47 页(该文顺带提到了决定授予 SEC"对某些类型的重要合同进行保密处理的权力");也可参见前注〔86〕及其有关内容。

〔292〕 参见前注〔29〕。

披露要求豁免规则应该被认真审视。

尽管联邦证券监管的最初支持者没有正确地阐述市场失灵的问题，这里的发现也与所谓进步运动的主要议程相一致。进步派并不认为监管介入是市场机制的替代品，而仅将其视为通过纠正市场失灵来促进市场正常运作的一种方式。《1934 年证券交易法》对信息披露的强调，确实提供了一个强大的工具来提高公共市场监督和约束公众公司经理的效率。

尽管在过去的 70 年里，信息技术和管理实践发生了巨大的变化，但监管者和立法者一直无法且也不愿意从根本上调整公众公司的信息披露要求范围。本文正为其提供了对公众公司强制性披露要求进行必要扩展的工具和理由。基于此，我们现在拥有了一条清晰的路径来厘清到底应对公众公司施加何种披露要求。

（编辑：谢贵春）

【金融司法案例评注】

《证券法苑》(2023)
第三十八卷,第 342 ~355 页

全国首例涉主板市场多手法证券操纵侵权责任案裁判解析

——投资者诉鲜某操纵证券交易市场责任纠纷案

肖 凯[*] 沈竹莺[**]

摘要:2022 年 9 月 29 日,上海金融法院对鲜某操纵证券交易市场责任纠纷案作出一审判决。该案系全国首例主板市场交易型与信息型操纵混同的证券操纵赔偿责任纠纷案件,开创了交易型操纵民事赔偿的实践先河,也是首例落实民事赔偿责任优先的证券侵权案件。该案判决对证券市场操纵的基础性法律问题,包括复杂证券操纵的认定,投资者交易损失与操纵行为的因果关系判断,投资损失计算方法以及信息型操纵与虚假陈述混同的处理等逐一进行了深入分析论证,总结归纳了一定的司法裁量标准,对同类案件的处理具有借鉴意义。

关键词:证券操纵 民事赔偿 损失认定

* 上海市虹口区人民法院党组书记、院长,二级高级法官,原上海金融法院党组成员、副院长。

** 光明食品(集团)有限公司合规风控部副总经理,原上海金融法院研究室负责人、三级高级法官。

一、案件裁判的背景

投资者是资本市场健康发展的基石,保护投资者合法权益是资本市场建设的重要主题。操纵证券市场行为扰乱资本市场的健康发展,破坏投资者对资本市场的信任基础,抑制资本市场正常功能的发挥。建立操纵证券市场民事赔偿制度对资本市场的健康有序发展具有重要意义。从域外实践看,已基本形成了对操纵证券市场行为进行规制的刑事、民事、行政责任法律体系,但目前世界范围内的操纵证券市场民事赔偿法律责任的构建从理论基础到实际运作都还有待进一步完善。

我国操纵证券市场民事责任制度的建立经历了一个渐进过程:从2001年9月最高人民法院的《关于涉及证券民事赔偿案件暂不予受理的通知》(已失效)到2002年1月15日的《关于受理证券市场因虚假陈述引发的民事侵权纠纷案件有关问题的通知》(已失效),人民法院迈出了证券民事赔偿的第一步。2005年修订的《证券法》首次明确规定:"操纵证券市场行为给投资者造成损失的,行为人应当依法承担赔偿责任。"这使投资者因证券市场被操纵遭受损失寻求救济有了法律依据。

2008年汪某中案是我国法院正式受理的首个操纵市场民事赔偿纠纷案件,投资人要求参照虚假陈述司法解释计算其损失。北京第二中级人民法院认为证券操纵与虚假陈述是两种不同的违法行为,在违法主体、行为表现、持续时间、影响范围方面均不同,参照虚假陈述司法解释缺乏依据。虽然《证券法》规定,操纵证券市场行为给投资者造成损失的,行为人应当依法承担赔偿责任,但对于操纵市场与损害结果之间的因果关系的确定以及行为人承担赔偿责任数额的范围、损失的计算方法均无明文规定。最终判决驳回投资者诉讼请求。此后十年间,没有一起成功获得赔偿的证券操纵侵权案件,提起诉讼的中小投资者也很少,即使提起诉讼也因为认定难、举证难以及没有相关司法解释而被驳回起诉,所以大多操纵证券市场行为以行政处罚终结,但即使行政处罚罚款再多,但中小投资者损失也并未因此受到补偿。

2018年,中证中小投资者服务中心(以下简称投服中心)支持投资者起诉恒康医疗利用信息优势操纵市场,法院判决首次支持了投资者的民事赔偿请求,在社会引发较大反响。该案中,投服中心提出以买入股票价格与股票"真实价格"之差计算交易损失的净损差额法,但未考虑操纵影响消除期间,致使计算的损失金额明显过高,被法院以无法律依据又缺乏实质合理性为由拒绝采纳。该案生效判决认为信息型操纵因果关系、损失计算均可参照虚假陈述司法解释,在一定程度上忽视了信息型操纵与虚假陈述之间的差异性,未对两者影响股价的机理作进一步分析,在证券操纵损失计算方法的探究上不免失于简单,难以对之后的证券操纵侵权案件尤其是复杂操纵案件提供有效参考。

二、鲜某操纵民事赔偿纠纷的案情、争议与裁判

(一)基本案情

2017年3月30日,中国证券监督管理委员会(以下简称证监会)作出〔2017〕29号《行政处罚决定书》,认定鲜某通过采用集中资金优势、持股优势、信息优势连续买卖,在自己实际控制的证券账户之间交易,虚假申报等方式,影响匹凸匹金融信息服务(上海)股份有限公司(系上交所主板上市公司,曾多次更名,以下简称标的公司)股票交易价格和交易量,操纵期间为2014年1月17日至2015年6月12日,期间内标的公司股价涨幅为260.00%,同期上证指数涨幅为155.29%。责令依法处理非法持有的证券,没收违法所得578,330,753.74元,并处以2,891,653,768.7元罚款。2020年12月21日,上海市高级人民法院作出生效刑事判决,认定鲜某利用信息优势操纵标的股票价格和交易量,构成操纵证券市场罪,处以有期徒刑3年4个月,罚金1000万元并追缴违法所得。

鲜某前述信息型操纵中发布虚假信息的行为同时构成了证券虚假陈述,对此,证监会于2017年5月12日作出〔2017〕52号《行政处罚决定书》,对标的公司和作为实际控制人的鲜某作出相应处罚。之后,陆续有投资者向标的公司提起证券虚假陈述责任纠纷诉讼。相关生效判

决认定，投资者损失的50%归因于自身非理性投资行为，20%由市场系统风险导致，10%归因于鲜某操纵行为，最终判定投资者损失的20%由标的公司赔偿。

本案13名原告投资者主张在鲜某操纵期间买卖了标的公司股票发生损失，要求鲜某赔偿包含投资差额损失、佣金、印花税等在内的全部经济损失。

鲜某因操纵证券市场行为被追究行政责任和刑事责任后，表示无力承担本案民事赔偿责任。为此，上海金融法院依据《证券法》关于民事赔偿责任优先的规定，对鲜某操纵证券市场刑事案件中相应款项进行相应保全。

在案件审理中，上海金融法院依职权委托上海交通大学中国金融研究院对案涉投资者的投资差额损失进行核定。

（二）争议问题

鲜某对《行政处罚决定书》所认定的事实无异议，但对投资者主张的赔偿金额不予认可，认为其操纵行为最晚于2015年6月12日结束，此后投资者的交易行为与其操纵行为无因果关系；标的股票价格波动主要受到2015年股灾等系统性风险的影响，在损失计算时应当相应扣除；其实施信息型操纵同时构成证券虚假陈述，相关证券虚假陈述责任纠纷生效判决认定投资者存在非理性投资行为，应当对投资损失自担50%的责任，同时认定投资者损失的10%归因于其操纵行为，本案对其赔偿责任的认定应与该生效判决保持一致。

综合投资者的诉讼请求和鲜某的答辩意见，双方的争议焦点在于以下四个方面：一是如何认定鲜某操纵证券市场行为的方式、类型，以及操纵行为的开始日、结束日、影响消除日；二是投资者买卖标的股票遭受的损失是否与鲜某操纵证券市场行为具有因果关系；三是投资者因鲜某操纵证券市场行为所导致的损失应如何计算；四是本案与投资者诉标的公司证券虚假陈述责任纠纷案应如何衔接。

（三）司法裁判

上海金融法院认为，鲜某采用了连续买卖、洗售或对倒交易、虚假申报和利用信息优势操纵四种操纵手法，其中前三种手法属于交易型操纵，后一种手法属于信息型操纵。上述四种操纵手法皆服务于同一目的,在时间上相互交织,在作用上彼此叠加,共同影响了标的股票的交易价格和交易量,彼此之间难以区分,应当在本案中整体视为一个操纵证券市场行为。

结合鲜某操纵的具体方式、标的股票的价格波动情况,可认定其操纵行为属于拉高型操纵。《行政处罚决定书》关于操纵行为起止时间的认定符合证券操纵行为的要件特征,应予确认,故操纵行为开始日为2014年1月17日,结束日为2015年6月12日。交易型操纵与信息型操纵制造人为价格的方式不同,其影响消除所需要的时间也不同,交易型操纵影响何时消除取决于操纵力量、操纵时长等多种因素,信息型操纵影响何时消除取决于其发布之信息的影响何时消除。鲜某控制标的公司信息披露的节奏与内容,同时构成证券虚假陈述。为衔接操纵和虚假陈述民事责任,考虑到虚假陈述的司法解释已经对虚假信息的影响消除时间作出明确规定,故可在本案中予以参考。确认2016年11月14日作为信息型操纵影响消除之日,该日距整个操纵行为结束长达一年多之久,期间标的股票多次累计换手率超过100%,应当能够涵盖交易型操纵的影响消除合理期间,可以作为整个操纵行为影响消除之日。

证券操纵行为在因果关系上应遵循交易因果关系与损失因果关系两重判断,在公开交易的证券市场中,应适用欺诈市场理论和推定信赖原则,来判断投资者的投资决策与操纵行为之间是否存在交易因果关系。从鲜某操纵行为开始日到信息型操纵之虚假信息揭露日,原告买入标的股票的行为与操纵行为具有交易因果关系,此后原告再买入标的股票则与操纵行为无交易因果关系。证券价格会受到各种因素的影响,例如大盘、行业以及发行人自身风格等,该等因素导致的损失是投资者交易标的证券理应承担的投资风险,与操纵证券市场行为之间不具有损失因果关系,不属于操纵者的赔偿范围。损失因果关系的判断可由专业第三方机构在投资者损失核定中加以解决。

投资者损失计算是证券欺诈侵权责任案件审理的重点和难点,侵权人仅应对其不法行为造成的损害承担赔偿责任,然而证券价格的波动受多重因素影响,要较为准确地界定证券欺诈行为对投资者造成的损害,须排除其他因素对证券价格的影响,客观上需要借助专业人员的知识与技能。因此，委托专业第三方核定投资者损失具有必要性。净损差额法揭示了证券操纵的侵权本质，证券价格天然具有波动性，采用“净损差额法”和“价格同步对比法”，以投资者的实际成交价格与同时期股票的真实价格之差来计算损失金额具有合理性。

按照目的吸收手段的原理，信息型操纵吸收虚假陈述行为，既可以主张证券操纵赔偿责任，也可以主张虚假陈述赔偿责任。对投资者已在证券虚假陈述责任纠纷案件中获偿的部分，在本案中予以相应扣除。

上海金融法院于2022年9月29日作出(2021)沪74民初2599号民事判决，判决鲜某赔偿原告13名投资者合计470万余元。判决同时明确，若鲜某的财产不足以履行民事判决所确定的赔偿责任，则可以执行已依法保全的刑事案件罚没款，最大限度地实现中小投资者权利救济。判决后，双方当事人均未提出上诉，判决已发生效力。

三、鲜某操纵民事赔偿纠纷判决解析

(一)证券操纵行为的定义及多手法操纵的认定

一般认为，操纵证券市场是指以交易活动或交易策略为手段，通过影响证券交易价格或者证券交易量，破坏证券市场的价格形成机制，从而误导或扭曲投资者的投资决策，以实现非法获利之目的。本质上，操纵行为的危害性在于破坏了证券市场的价格形成机制，使投资者无法依据证券的真实市场价格进行买卖决策，进而影响了证券市场的定价准确性和市场流动性，损害了证券市场有效配置资源、促进资本形成和保护投资者的社会功能。因此，操纵行为所产生的是人为价格，有别于基于真实买卖的真实市场价格。随着金融市场的不断深化和发展，操纵证券市场的行为也不断变化，法律除了明确禁止的操纵手段之外，亦专门设置兜底条款，以涵盖不同类型的操纵。通常，操纵行为可以分为交易型操纵、信息型操纵，以及其他滥用优势的操纵。虽然在理论上，所有正常的证券交易或相关信息均可能影响证券价格，但在判断操纵行为之构成时，除了行为人主观上欠缺正当性理由之外，应主要考量操纵行为对证券市场价格形成机制的破坏，即对市场上真实交易之供需关系信号的扰乱。实践中,容易影响价格形成的操纵行为包括:连续买卖形成影响股价的交易量、不改变实际所有权的交易、短时间内的反向交易、不以成交为目的的虚假报撤、影响开盘价或尾盘价的交易、事前或事后发布虚假信息的交易,以及与误导性或虚假性投资建议存在实质利益的交易等。

根据证监会[2017]29 号《行政处罚决定书》认定的事实,鲜某具体采用了以下四种手法实施操纵证券市场行为:(1)连续买卖,即通过集中资金优势、持股优势连续买卖操纵标的股票价格;(2)洗售或对倒交易,即通过在自己控制的账户之间进行证券交易操纵标的股票价格;(3)虚假申报,即不以成交为目的,通过频繁申报、撤单制造涨停价买单众多假象,操纵标的股票价格;(4)利用信息优势操纵,即利用信息优势控制信息披露节奏及内容操纵标的股票价格。相关刑事判决书以鲜某连续交易的数量未达到刑事案件立案追诉标准为由,认定鲜某不构成刑事上的连续交易操纵,仅构成利用信息优势操纵的犯罪。究其原因,刑法、行政法和民法各自保护的法益不同,同一违法行为有可能被追究刑事、行政与民事三种不同性质的法律责任,其构成要件相互独立,具体认定某一行为的民事责任应依据相应的民事责任标准予以判断。因此,鲜某实施的不同操纵手法是否构成刑事犯罪,不影响认定相应操纵行为的民事责任。

本案所涉四种操纵手法中,前三种操纵手法属于交易型操纵,后一种操纵手法属于信息型操纵。交易型操纵是指行为人通过交易活动,制造证券价格变动的误导性或虚假信号,影响证券交易价格的形成,误导投资者作出投资决策,从而获取不法利益;信息型操纵是指行为人通过制造、传播对证券市场价格有重要影响的信息,或者控制该类信息披露的方式,制造证券价格变动趋势,误导投资者作出投资决策,从而获取不法利益。虽然采用了多种操纵手法,但皆服务于同一目的,在时间上相互交织,在作用上彼此叠加,共同影响了标的股票的交易价格和交易量,彼此之间难以区分,应当整体视为一个操纵证券市场行为。

(二)人为价格存在期间的判断——操纵行为开始日、结束日和影响消除日的认定

操纵行为的可责性,表现为扭曲真实市场价格所形成之人为价格的欺诈性,从而误导不知实情的投资者买入标的股票,额外支付了人为价格与真实市场价格之间的差价,由此产生投资损失。要准确界定此类操纵行为侵权赔偿责任的范围,就必须准确界定人为价格存在的时间,也即标的股票价格受操纵行为影响的起止时间,包含三个关键时点:操纵行为开始日、操纵行为结束日和操纵行为影响消除日。

由于操纵行为包含制造人为价格和交易股票获利两个步骤,前者是手段,后者是目的,两者缺一不可,因此判断操纵行为的开始与结束,就要通盘考虑手段行为和目的行为的开始与结束。交易型操纵的手段行为和目的行为均体现为鲜某控制账户组进行交易,信息型操纵的手段行为表现为其控制信息披露的节奏及内容,目的行为表现为其控制账户组进行交易。根据《行政处罚决定书》查明的事实,鲜某所控制账户组的交易开始于2014年1月17日,其控制信息披露节奏及内容的行为发生在2015年4月9日至5月11日,其所控制账户组的交易结束于2015年6月12日,可以认定鲜某操纵行为开始日为2014年1月17日,操纵行为结束日为2015年6月12日。

关于操纵行为影响消除日,指的是因操纵行为而产生的人为价格回归至真实市场价格所需的合理时间。由于交易型操纵与信息型操纵制造人为价格的方式不同,其影响消除所需要的时间故也不同。交易型操纵以交易制造人为价格,当交易行为结束,施加在股价上的人为力量不复存在,股价逐渐回归至真实市场价格。需要注意的是,因为交易型操纵手法具有隐蔽性,一般情况下行为结束不会向市场释放明显信号,投资者尚不知晓受到欺诈,可能还会继续实施于已不利的交易,操纵影响何时消除,取决于操纵力量、操纵时长等多种因素,需结合个案具体情形酌定,操纵者施加的力量越大,连续操纵的时间越长,影响消除所需要的时间可能越长。信息型操纵通过发布信息来制造人为价格,操纵行为结束后,其影响何时消除则取决于其发布之信息的影响何时消除。

本案中,鲜某是标的公司的实际控制人,属于《证券法》规定的信息披露义务人,因此其控制标的公司信息披露的节奏与内容,同时构成了证券虚假陈述,被证监会立案调查并受行政处罚。尽管本案中发布虚假信息这一行为,在法律上存在操纵和虚假陈述两种定性,但在民事赔偿上应择一而处。为衔接本案操纵与前案虚假陈述的民事责任,考虑到虚假陈述的司法解释已经对虚假信息的影响消除时间作出明确规定,故可在本案中予以参照。

在本案中,虽然交易型操纵影响消除的合理时间取决于个案裁量,但信息型操纵之虚假信息揭露日距整个操纵行为结束长达一年多之久,期间标的股票多次累计换手率超过100%,应当能够涵盖交易型操纵的影响消除合理期间,可以将信息型操纵影响消除之日作为整个操纵行为影响消除之日。

(三)证券操纵侵权责任因果关系的认定

欺诈是指故意告知虚假情况,或者负有告知义务的人故意隐瞒真实情况,致使当事人基于错误认识作出意思表示。欺诈的定义明确了欺诈行为与受欺诈人表意错误之间存在因果关系。这一因果关系投射到证券领域,就要求欺诈行为与投资者决策之间必须具有因果关系,即投资者基于对欺诈者的信赖而作出交易(此为交易因果关系)。由于证券市场投资者众多、情况各异,投资者往往对此难以举证证明。为此,证券法在经济学有效市场假说的基础上发展出欺诈市场理论,确立了一个可以反驳的推定:市场受到了欺诈即推定投资者受到了欺诈,但实际情况证明投资者并未受到欺诈的除外。此即为推定信赖原则。此外,民事侵权责任还要求侵权人仅应对其违法行为导致的损害承担赔偿责任,投射到证券欺诈法律关系,就要求欺诈行为与投资者的损失之间也必须具有因果关系(此为损失因果关系)。截至目前,我国证券欺诈民事案件最常见的类型是证券虚假陈述责任纠纷,其审判实践在近年来普遍使用交易因果关系与损失因果关系两重分析框架,该实践经验也被相关司法解释吸收,即将因果关系拆分为交易因果关系与损失因果关系两个要件。操纵证券市场行为同为证券欺诈行为,在因果关系上亦应遵循交易因果关系与损失因果关系两重判断。

就交易因果关系而言,证券市场以价格发现为重要功能,证券价格的真实性和准确性取决于各影响因素的真实性。在公开交易的证券市场中,影响股票价格的因素不仅包括上市公司披露的信息,还包括供求关系、成交量、以往价格走势等。操纵证券市场者通过交易策略,影响特定证券的市场价格,从而误导或扭曲投资者的投资决策,这与证券虚假陈述行为通过发布虚假信息扭曲股票价格具有相同的欺诈本质。因此,在公开交易的证券市场中,亦应适用欺诈市场理论和推定信赖原则,来判断投资者的投资决策与操纵行为之间是否存在交易因果关系。如果投资者能够证明行为人实施了操纵证券市场的行为,投资者在操纵行为开始日之后、操纵行为影响结束日之前交易了与操纵行为直接关联的证券,即在拉高型证券操纵中买入了相关证券,或者在打压型证券操纵中卖出了相关证券,则应当认定投资者的投资决策与行为人的操纵具有交易因果关系。对于交易因果关系,操纵行为人可以提出反证推翻,即投资者明知或应知存在欺诈而交易,或投资者出于其他目的而交易,则交易因果关系不成立。信息型操纵中,如果虚假信息被揭露,投资者再行交易标的证券则为明知或应知欺诈,不构成交易因果关系。交易型操纵因具有隐蔽性,如无相反证据,投资者在操纵影响消除前交易标的证券的行为均与操纵具有交易因果关系。

具体到本案,从鲜某操纵行为开始日(2014 年 1 月 17 日含当日),到信息型操纵之虚假信息揭露日(2016 年 10 月 18 日不含当日),原告买入标的股票的行为与操纵行为具有交易因果关系,此后原告再买入标的股票则与操纵行为无交易因果关系。

就损失因果关系而言,证券价格会受到各种因素的影响,例如大盘、行业以及发行人自身风格等,该等因素导致的损失是投资者交易标的证券理应承担的投资风险,与操纵证券市场行为之间不具有损失因果关系,故不属于操纵者的赔偿范围。应在查明证券操纵与投资者损失之间的因果关系,以及导致投资者损失的其他原因等基本事实的基础上,综合判断。操纵者能够举证投资者的损失部分或全部是由他人操纵市场、证券市场的风险、证券市场对待特定事件的过度反应、上市公司内外部经营环境等其他因素所导致的,应当相应减轻或者免除其责任。要准确认定损失因果关系,就须合理剥离与操纵行为无关之因素对股价的影响,这涉及金融资产定价问题,也与投资者损失核定紧密相关。被告鲜某虽然主张存在导致投资者损失的其他因素,但对"其他因素"的影响程度及相应扣除金额如何确定,并未提出合理的计算方法,此问题宜由专业第三方机构在投资者损失核定中加以解决。

(四)投资差额损失计算的方法

证券投资者损失计算是证券欺诈侵权责任案件审理的重点和难点,根据侵权责任的法理,侵权人仅应对其不法行为造成的损害承担赔偿责任,然而证券价格的波动受多重因素影响,要较为准确地界定证券欺诈行为对投资者造成的损害,须排除其他因素对证券价格的影响,这涉及金融学、数学、统计学等专业学科,客观上需要借助专业人员的知识与技能。因此,委托专业第三方核定投资者损失具有必要性、合理性,近年来也在证券虚假陈述等证券欺诈责任纠纷案件的审理中所普遍采用。

净损差额法,或称净损益法、真实价值计算法等,即以投资者的实际成交价格与股票的真实市场价格之差来计算损失金额。所谓真实市场价格,是指在没有被操纵的情况下,股票应有的价格,是一种法律拟制的价格。净损差额法揭示了证券操纵的侵权本质,即操纵行为使股价偏离真实市场价格,使投资者额外承担了被操纵后的人为价格与真实市场价格之间的差额部分,该部分即为侵权人应赔偿的因其侵权行为所导致的投资损失。

确定真实市场价格是净损差额法的核心,亦是难点。证券价格天然具有波动性,真实市场价格并非一个恒定不变的值,而是一条不断变化的价格曲线。随着操纵手法和力量的变化,股票价格被扭曲的幅度也会相应发生变化,实际成交价格与真实市场价格之间的差值也并非恒定不变,而是处于不断变化之中。理论上讲,采用净损差额法应当确定投资者每笔交易发生时的股票真实市场价格,但考虑到股票结算和大部分的股票定价都以日为单位,因此比较合理与可行的方式是以交易日为单位模拟股票真实市场价格,单一交易日确定一个真实市场价格。

采用净损差额法计算投资损失时应注意适用损益相抵原则,并以投资者账面损失作为损失核定的上限。侵权损害赔偿的目的在于填平实际损失,使权利恢复到侵权行为发生前的状态,超过账面实际损失的部分不应当属于投资者可获赔的范围,投资者因操纵行为获利缺乏合法依据,应当根据公平原则,在损失中予以抵扣。

本案中,投资损失核定的具体方法是:以操纵行为影响标的股票价格的期间作为损失核定期间,构建损失量化计算模型,结合运用多因子模型法和重大事件分析法,对影响股价的各种因素定量分析,在不考虑操纵因素的前提下,以其他各种因素所形成的标的股票收益率曲线模拟计算真实市场价格,将其与投资者在交易中的实际成交价格进行同步对比,按照损益相抵的原则得出投资者的投资差额损失,该损失金额扣除了与被告操纵行为无关的其他因素对股价的影响,可确定为鲜某操纵证券市场行为所导致的投资损失。

通过计算标的股票日收益率来模拟其每日真实市场价格。就标的公司而言,除操纵因素外,影响其股价的主要因素包括大盘因素、行业因素、个股风格因素和其他重大事件。基于以上因素的量化计算构建模型,模拟除操纵因素外,其他因素影响形成的标的股票日收益率(t代表不同日期),再以操纵行为开始日的前一交易日标的股票实际收盘价为模拟初始价格,根据模型计算的日收益率模拟出标的公司每日股票价格 $P_t = P_0 \times (1 + (r_1)\sim) \times (1 + (r_2)\sim) \times \cdots \times (1 + (r_t)\sim)$。

第一步:采用多因子模型法来计算标的股票因大盘因素、行业因素、个股风格因素引发的模拟日收益率。该模型除了考虑市场风险之外,还采用行业因素考虑行业对企业股票收益的影响,采用风格因素考虑各种基本面因素对企业股票收益的影响。其中,包括多因子模型中常见的影响因素,即规模因素(大、小市值的收益差),价值因素(估值高低的收益差),盈利因素(公司不同盈利水平的收益差),投资因素(公司不同投资比例的收益差),动量因素(股票收益历史表现好坏的收益差),流动性因素(股票换手率大小的收益差)。

第二步:采用重大事件分析法来计算标的股票因其他重大事件引发的模拟日收益率。通过梳理损失核定区间标的公司发布的公告,筛选出显著影响标的股票价格且与操纵因素无关的两个重大事件。具体计算上,首先,利用资本资产定价模型估计重大事件引发的日超额收益率;其次,选取与标的公司发生过同类重大事件的其他上市公司作为基准;再次,判断重大事件影响标的股票价格的窗口长度;最后,将同类事件中其他上市公司日超额收益率的均值作为该事件对标的股票价格的影响。

第三步:将多因子模型法计算的日收益率与重大事件分析法计算的日收益率叠加,得到标的股票的模拟日收益率。

标的股票每日真实市场价格建立在模拟标的股票日收益率的基础上,采用多因子模型法和重大事件分析法模拟标的股票日收益率已在多个证券侵权案件的审理中采用,其科学性、合理性已为司法实践所认可。首先,该方法引入金融学领域中股票日收益率的概念,构建不同的损失量化计算模型对于各种致损因素的影响进行量化分析,进而计算投资者因与操纵行为无关的其他因素导致的投资差额损失,不仅逻辑自恰,还能够有效避免因各种风险因素重复计算而导致的结果偏差。其次,多因子模型法对股价造成持续性影响的共性因素的核定更为全面,既包括大盘因素、行业因素,还考虑了多个对股价具有影响作用的个股风格因素。核定方式上,通过定量分析的方式逐日考察各因素对于股价的影响,包括正面影响和负面影响,其核定结果更为精确。再次,重大事件分析法可以对与操纵行为无关的其他重大事件进行定量分析,包括影响时间区间和每日影响值,不同投资者在不同交易时间是否受到重大事件影响及其影响程度,均可得到较为客观准确的核定。

(五)信息型操纵与虚假陈述的竞合

虚假陈述与信息型操纵都是证券欺诈行为,在信息型操纵通过发布虚假信息(包括隐瞒重大信息)的手段完成时,二者可能存在竞合。但是,虚假陈述的主体范围较小,限于发行人、上市公司及其他法律规定的信息披露义务人,只有在涉及信息披露义务人利用其优势地位通过公司发布信息时,二者才存在竞合可能,在此情形下还需满足两个条件:一是信息的内容属于披露义务的范围;二是发布信息的性质要满足虚假信息中的虚假或误导属性。而本案就正属于这种情况。

就信息型操纵和虚假陈述两种行为间的关系来看,虚假陈述只是手段,起辅助作用,操纵行为才是目的,起主要作用。按照目的吸收手段的原理,信息型操纵可以吸收虚假陈述行为,当事人可以选择不同的法律救济途径,既可以主张证券操纵赔偿责任,也可以主张虚假陈述赔偿责任。对同一行为追究不同法律责任,因行为主体、责任类型等差异亦会有所不同。如本案所涉之情形,若追究虚假陈述责任,则标的公司是信息披露义务人,鲜某则是实际控制人,投资者可就证券虚假陈述单独或共同起诉标的公司和鲜某，若追究证券操纵赔偿责任，则只能起诉鲜某个人。考虑到本案中虚假陈述行为属于鲜某操纵行为的一部分，故投资者已在之前证券虚假陈述责任纠纷案件中获偿的部分，应当在本案中予以扣除，以避免重复受偿。当然，前案证券虚假陈述责任纠纷中标的公司与鲜某的责任分配也不影响本案证券操纵中鲜某应当对投资者的全部投资损失承担赔偿责任。

在投资者诉标的公司证券虚假陈述责任纠纷案件中，法院认定投资者损失的20%由证券市场系统风险等因素所致，损失的50%归因于投资者的非理性投资行为。然而，上述比例系法院酌定，本案已委托专业第三方机构核定投资者损失，对于证券市场系统风险等因素的扣除将更为精准，投资者的主观认知和判断在付诸交易之前并不能实际影响股价，其付诸交易后，则成为影响个股风格或大盘走势的因素，进而纳入多因子模型或重大事件分析的考察范畴，投资者非理性交易如果对投资损失发生影响，亦可体现在损失核定结果中。

四、结语

投资者诉鲜某操纵证券交易市场责任纠纷案是全国首例主板市场交易型与信息型操纵混同的证券操纵赔偿责任纠纷案件，该案判决对证券市场操纵的基础性法律问题进行了深入分析，为同类案件提供了有益参考。

（编辑：姜沅伯）

《证券法苑》(2023)
第三十八卷,第356~368页

场外公司债券交易之预约及其违约责任

——上诉人百年保险资产管理有限责任公司与被上诉人上海明寓投资发展有限公司公司债券交易纠纷案

葛　翔*

摘要:在证券交易所公开上市交易的公司债券,其交易应当符合《证券法》《公司债券发行与交易管理办法》及交易所自律规则的规定,相应债券场内交易合同的订立具有要式性。债券交易双方在场外达成的交易意向,如交易主体、债券数量和金额等要素确定,可以构成预约合同。一方当事人违反预约合同,可以参酌债券市场收益等因素,赔偿善意相对方未能缔约的预期利益,承担相应违约责任。

关键词:公司债券　证券法　场外磋商　预约合同　违约责任

一、案件概述

上诉人(原审被告):百年保险资产管理有限责

* 上海金融法院综合审判员,四级高级法官。

任公司(以下简称“百年资管公司”)。

被上诉人(原审原告):上海明寓投资发展有限公司(以下简称“明寓公司”)。

原审第三人:上海合晟资产管理股份有限公司(以下简称“合晟公司”)。

原审第三人:百年人寿保险股份有限公司(以下简称“百年人寿公司”)。

百年人寿公司持有16齐成01债券,该债券系在上海证券交易所公开上市交易的公司债券。百年人寿公司作为委托人与受托人百年资管公司订有《委托资产管理协议》,约定百年人寿公司授权百年资管公司对开立在百年人寿公司名下的证券账户,在规范允许的情况下进行投资运作。

2019年6月5日,明寓公司委托王某与百年资管公司员工王某甲在微信上达成合意,先以65元全价/张的价格向百年资管公司购买百年人寿持有的16齐成01债券,票面总额为1000万元,即10万张债券,当日又同意再以55元全价/张的价格,向百年资管公司购买16齐成01债券,票面总额为2000万元,即20万张债券。双方约定通过上海证券交易所固定收益证券综合电子平台(以下简称固收平台)用“搭梯子”——逐步作价降低成交价方式完成交易。明寓公司通过以合晟公司作为管理人的单一私募基金——晟则一号基金进行支付和过户操作。

2019年6月4日,16齐成01债券的发行人山东齐成石油化工有限公司(以下简称齐成公司)发布公告,载明:案涉债券自2019年6月5日起停竞价系统交易,仅在上海证券交易所固收平台上采取报价、询价和协议交易方式进行交易。

2019年6月6日,晟则一号基金通过托管方海通证券、百年资管公司通过百年人寿公司的托管方广发证券股份有限公司,当日以89元/张的价格,交易1000张案涉债券;于6月10日以80元/张的价格,交易1000张案涉债券;于6月11月以77元/张的价格,交易1000张案涉债券。

2019年6月11日当晚,齐成公司发布公告,称公司筹划案涉债券提前全额兑付,自2019年6月12日开市起债券交易停牌。

2019年6月12日,百年资管公司王某甲在微信中向王某表示,不再继续案涉债券的交易。

2019年6月19日,齐成公司发布公告,称2016年7月21日发行的16齐成01债券,将于2019年6月26日提前偿还剩余本金并支付相应期间的利息,债券利率:票面利率6.98%,债券将于2019年6月26日摘牌。

后明寓公司向一审法院起诉,请求:百年资管公司赔偿兑付收益损失14,310,965.84元及利息损失,并将款项支付至晟则一号基金托管账户;向明寓公司赔偿保全保险费等。

诉讼中查明,上海证券交易所于2008年9月26日发布的《上海证券交易所固定收益证券综合电子平台交易暂行规定》(已失效),第3条规定:"本规定所称交易,包括交易商之间的交易和交易商与客户之间的交易。交易商之间的交易,指交易商之间按照本规定,通过报价或询价方式买卖在本平台挂牌交易的固定收益证券。……"第24条:"本平台固定收益证券交易实行价格涨跌幅限制,涨跌幅比例为10%。涨跌幅价格计算公式为:涨跌幅价格=前一交易日参考价格X(1±10%);其中的前一交易日参考价格,为该日全部交易的加权平均价,该日无成交的为上一交易日的加权平均价,依次类推。"第25条:"本平台交易采用报价交易和询价交易两种方式。报价交易中,交易商可以匿名或实名方式申报;询价交易中,交易商须以实名方式申报。"第28条第1款:"交易商的买卖申报经本平台确认成交后,本平台即依序提供成交结果。"

二、审判结论

(一)一审法院意见

一审法院认为,系争债券交易合同的成立并无特别要件要求。百年资管公司与明寓公司双方,就系争债券交易合同的主要条款包括当事人名称、标的和数量,已经达成意思一致。且在2019年6月6日、6

月10日和6月11日双方按"搭梯子"方式,以1000张债券的最小交易量,分别完成了三笔共计3000张案涉债券的交易,上述行为亦表明10万张债券的交易合同已经成立且已部分履行。案涉债券交易合同已经成立,双方应当按约履行,即百年资管公司应当将百年人寿公司持有的债券以约定数量、逐步做低价格的方式通过固收平台向晟则一号基金账户交割。但齐成公司于2019年6月11日晚发布提前全额兑付公告并决定于次日开市起停牌。若百年资管公司有意继续履行但因为固收平台之后无法交易,原因则在于齐成公司。债券提前兑付虽为小概率事件,但并非完全不能预见,实为债券交易市场中的一种商业风险,而本案中的"商业风险"是原先兑付堪忧的债券提前全额兑付,带来的并非直接亏损反而是提前全额兑付,是一种利好风险。因此,案涉债券提前全额兑付的"商业风险"理应由百年资管公司承担。因此,案涉债券已经兑付,百年资管公司已无法交付债券,无法继续履行,但仍应承担赔偿损失的违约责任。对于晟则一号基金的可得利益损失,因齐成公司的提前兑付行为,已经明确为未交割的297,000张债券的兑付收益。明寓公司现提供的计算主张并无不当。一审法院在综合考量了若案涉债券无提前兑付而双方正常按"搭梯子"方式交易,则相比提前兑付可提早获得相应的交易资金和其产生的利息以及百年资管公司的财务成本支出等因素后,酌定百年资管公司最终应赔偿的可得利益损失应为14,280,000元。明寓公司主张的利息损失,其自愿按照同期LPR计算并无不当,亦予以支持。

一审法院遂判决:(1)百年资管公司应于判决生效之日起10日内将赔偿款14,280,000元付至晟则一号私募投资基金托管账户;(2)百年资管公司应于判决生效之日起10日内将利息损失[以14,280,000元为基数,自2019年6月26日起至实际支付为止,按2020年5月14日的同期全国银行间同业拆借中心公布的一年期贷款市场报价利率(LPR)计算]的赔偿款付至晟则一号私募投资基金托管账户;(3)对明寓公司的其余诉讼请求不予支持。

(二)二审法院意见

百年资管公司不服,上诉称:百年资管公司与明寓公司在场内下单之前的微信聊天,是一种典型的场外磋商方式,是双方对标的债券询价、磋商、谈判的过程。场外磋商后,只有当交易双方向平台交易系统下单输入每一笔确定的交易要素时("场内下单"),才属于合同法上的要约、承诺,也只有经平台审核确认匹配后,才成立债券交易合同。明寓公司未能买入案涉债券,系因债券提前兑付,并非百年资管公司过错。故请求撤销原审判决,驳回明寓公司全部诉讼请求。上海金融法院认为,本案争议焦点在于:(1)案涉债券交易合同是否成立;(2)百年资管公司是否负有赔偿损失之责任及相应范围如何确定。

1. 就第一项争议,微信记录中记载内容是否得认定债券交易合同成立,须结合本案交易标的之特殊性以及所受法律规制程度等因素予以综合考虑。案涉交易标的 16 齐成 01 债券系在上海证券交易所上市的公开发行的公司债券,其交易应当适用《证券法》《公司债券发行与交易管理办法》等相关规定。根据《证券法》第 37 条、第 115 条的规定,公开发行的证券应在依法设立的交易场所交易;在证券交易所从事证券交易,应当遵守证券交易所依法制定的业务规则。同时,依照《公司债券发行与交易管理办法》第 32 条规定,参与公开上市债券交易亦须符合相应投资者适当性的管理要求。而根据《上海证券交易所固定收益证券综合电子平台交易暂行规定》(已失效)第 3 条第 2 款规定:"交易商之间的交易,指交易商之间按照本规定,通过报价或询价方式买卖在本平台挂牌交易的固定收益证券。"第 28 条第 1 款规定:"交易商的买卖申报经本平台确认成交后,本平台即依序提供成交结果。"同时《证券法》第 133 条第 1 款规定:"证券公司接受证券买卖的委托,应当根据委托书载明的证券名称、买卖数量、出价方式、价格幅度等,按照交易规则代理买卖证券,如实进行交易记录;买卖成交后,应当按照规定制作买卖成交报告单交付客户。"

综合上述规定,公司债券在证券交易所交易是受《证券法》调整,应依法受到监管的金融活动,基于金融安全、金融稳定的要求,相关法律、法规中对金融交易的契约自由有相应形式上的约束。如本案公司债的交易须在规定场所遵循交易规则实施报价、交收等行为。故案涉债券买卖合同的成立依法具有要式性特征,其以交易双方通过交易平台以电子化方式经证券交易场所确认后始得成立。本案中,债券交易双方通过各自交易商在上交所固收平台达成三笔债券交易,符合前述公司债券交易的缔约特征，而上诉人、被上诉人在微信就案涉债券数量、价格确定方式所形成之意思表示，因不符合相应交易规则，故不应认定相应债券交易合同已经成立。

其次，本案中微信记录中当事双方就案涉债券数量、价格确定方式等所形成之意思表示虽不符合债券交易合同要式要求，但因交易对象、交易标的、交易数量以及价格确定方式等已明确，故可以认为双方就案涉债券交易形成了预约合同。至于该预约合同的效果是确定双方继续磋商抑或继续缔结本约，结合本案查明事实，上诉人百年资管公司、被上诉人明寓公司在微信中确定的债券交易模式为逐日交易并价格逐次递减的方式，以最终实现65元/张、55元/张均价的总体交易结果。同时，微信记录中2019年6月6日，双方曾就前五次交易价格进行了约定，但实际在固收平台交易过程中第三次交易价格因受到市场上其他交易影响，未按照约定价格达成。由于后续交易时机、交易价格、交易数量、交易频次等仍有待交易双方在实际交易过程中进一步磋商，因此本案预约合同的效果在于确定交易当事双方应基于诚实信用原则就本约的达成进行磋商。

2.就第二项争议，上诉人百年资管公司是否负有赔偿损失之责任以及如何确定相应责任范围。本案中，上诉人百年资管公司是否负有赔偿损失之责任须考虑三个方面因素：第一，基于本案中微信记录构成预约，预约合同中所确定的义务当然羁束双方当事人。百年资管公司在微信中已通过行为明确拒绝进一步磋商。同时，被上诉人在停牌公告后以及一审、二审期间提供了债券停牌后的各类交易方案，虽不能证明案涉债券在停牌后必能通过其他方式达成交易，但亦说明相关债券通过其他路径达成交易并非完全无可能而有待于双方尝试后予以验证。当事双方应基于诚实信用原则保持进一步磋商并努力实现交易目的。而上诉人百年资管公司在当时即停止磋商，客观上使交易达成之可能完全无法实现，亦充分说明其主观上有终止缔约的意图。因此，在预约达成后当事双方在缔结本约过程中，除案涉债券客观交易条件变化外，上诉人百年资管公司主观因素对本约未能达成也有原因力作用，其相应意思表示存在明显有违诚实信用之情形。第二，案涉债券发行主体发布利空信息后，上诉人、被上诉人就案涉债券交易进行磋商，本身具有博取债券风险利差的意思,双方作为从事金融交易的市场主体,理应对案涉债券的兑付等情形有所预期,相应市场风险本身即包含在合同订立的过程中。第三,从本案所涉公司债券交易结构来看,被上诉人在案涉债券发行主体发布利空消息后欲以低价买入债券,其对债券价值远期看涨,而上诉人卖出债券则远期看跌。因此,上诉人的交易预期与实际兑付情况并非一致,其对债券全额兑付已无可期待利益。而被上诉人虽未预见案涉债券能提前全额兑付,但本案所涉债券价值变动方向更为符合被上诉人的利益期待,依一般债券交易惯例,其预期利益应当予以适当保护。

综合上述因素,在上诉人对交易风险与其预期不一致时,却由此在交易过程中获益,考虑前述履约之主客观情况、交易风险与获利预期等因素,从公平角度出发,上诉人百年资管公司理应就被上诉人明寓公司预期利益之损失承担相应赔偿责任。

至于上诉人百年资管公司所承担的违约赔偿责任范围,须考虑被上诉人明寓公司基于预约合同所形成的预期损失。对预约的预期利益不应等同于对本约达成后的预期利益。本约达成后,当事人之预期利益系基于合同履行后所能获得的确定利益。而预约之期待利益在于达成本约后可能获得的利益,因其尚未确定,故不应仅依据一方当事人主观意愿进行判定,而须基于市场交易中当事双方经济人之定位,综合考虑市场因素进行判定。因此,可以双方约定的交易均价为基数来考虑被上诉人的预期利益。结合本案上诉人因案涉债券所获收益及本案交易风险分配、交易成本等因素,二审酌定被上诉人预期利益损失为案涉债券按约定交易价格而未成交总金额的30%,即5,191,500元。

另外,本案所涉预约合同系上诉人百年资管公司与被上诉人明寓公司之间达成,而本案中前三次债券交易主体系晟则一号基金与原审第三人百年人寿公司。现明寓公司向百年资管公司主张违约责任,从预约合同的相对性来看并无不当。同时,百年资管公司作为百年人寿公司的受托人,在百年资管公司以自己名义对外从事代理事务时造成相对方损失的,明寓公司亦可依照1999年《合同法》第403条第2款之规定选择百年资管公司主张权利。就此百年人寿公司在一审、二审中亦未提出异议。

据此,二审法院判决:(1)撤销上海市普陀区人民法院(2020)沪0107民初9259号民事判决第一项、第二项、第三项;(2)上诉人百年保险资产管理有限责任公司应于本判决生效之日起10日内将赔偿款人民币5,191,500元支付至晟则一号私募投资基金托管账户;(3)上诉人百年保险资产管理有限责任公司应于本判决生效之日起10日内将利息损失[以人民币5,191,500元为基数,自2019年6月26日起至实际支付为止,按2020年5月14日的同期全国银行间同业拆借中心公布的1年期贷款市场报价利率(LPR)计算]的赔偿款付至晟则一号私募投资基金托管账户;(4)驳回被上诉人上海明寓投资发展有限公司的其余诉讼请求。

三、案件评析

本案所涉债券系在上交所公开发行并交易的公司债券,根据交易当时有效的交易规则《上海证券交易所固定收益证券综合电子平台交易暂行规定》第24条,固收平台上债券交易实行涨跌幅限制,按照前一交易日加权平均价格的10%为限。基于该限制,本案双方当事人约定通过逐日降低交易价格的方式实现55元/张、65元/张平均价格的最终目标。但因案涉债券提前兑付,由此引发相应争议。在公司债二级市场交易中,交易双方先经由社交平台达成意向,再于交易所等电子平台上完成交易,是常见的交易模式。但是,对于社交平台上达成的债券交易意向是否构成债券交易合同以及承担何种合约责任,还存在不同认识。比如,社交平台上所达成的合意是否可以视为公司债券交易合同成立,在交易所电子平台上的交易是履约行为还是缔约行为等,都存在争议。本案通过二审判决,基于金融交易的特殊性,从合同形式要件出发对债券交易合同成立的条件作了相应分析,对二级市场债券交易的规则构建具有一定指引意义。

(一)交易所市场中公司债券场内交易的要式性

本案中,明寓公司与百年资管公司在微信上就案涉债券交易所达成的合意是否能够视为公司债券交易合同已经成立,是本案主要的争议焦点。被上诉人及一审法院皆认为,系争债券交易合同的成立并无特别要件要求。因此,依照1999年《合同法》及最高人民法院《关于适用〈中华人民共和国合同法〉若干问题的解释(二)》的规定,交易双方名称、标的和数量已经确定,故案涉债券交易合同成立。就此观点,二审中作了否定。二审判决确立的理由主要有以下三个方面:

其一,证券交易不同于普通商品买卖,仅适用《合同法》并不符合证券交易的基本原理。《民法典》第135条规定:"民事法律行为可以采用书面形式、口头形式或者其他形式,法律、行政法规规定或者当事人约定采用特定形式的,应当采用特定形式。"法定要式有澄清、信息公示功能,借助法律要式将法律行为内容固定,使法律关系清晰。〔1〕根据《证券法》第37条、第115条和《公司债券发行与交易管理办法》第31条、第33条的规定,公开发行的公司债券应当在证券交易所交易,并应遵循交易所规则。16齐成01债券在当时已经上交所竞价交易系统转入固收平台交易,因而相关交易应当依照《上海证券交易所交易规则》和《上海证券交易所固定收益证券综合电子平台交易暂行规定》(以下简称《固收平台交易规则》)的要求开展。同时,《固收平台交易规则》对平台上债券交易的数量、报价方式等都作了具体规定。易言之,当时案涉债券相关交易主体只能在上交所固收平台上进行交易,并应遵守相应交易规则。

其二,在固收平台上进行债券交易,即使是指定对手方交易,也不能等同于合同的履行。一审认为,本案双方当事人在微信中订立了债券交易合同,随后在固收平台上所进行的是合同履行,即债券的交割。就此意见,我们认为也与实际情况不相符。首先,根据《固收平台交易规则》,不具备交易商资质的机构投资者应通过委托经纪方式开展债券交易,即通过委托交易所会员机构参与债券交易,该项委托系通过会员机构进行报价,并发送和确认债券交易数量、金额、结算周期等信息,并非单纯委托会员机构进行债券的交割。其次,固收平台上的交易信息发送也不必然导致债券交割的结果。根据《固收平台交易规则》第22条规定:"交易商当日买入的固定收益证券,当日可以卖出。当日被

〔1〕 参见朱庆育:《民法总论》(第2版),北京大学出版社2016年版,第304页。

待交收处理的固定收益证券,下一交易日可以卖出。"待交收是指"首次清算为净应付且备付金账户资金余额不足的",结算机构暂不进行债券的交收和转移登记。[2] 也就是说,即使在固收平台上达成交易,仍可能不发生债券的交割,反过来也说明固收平台上的交易登记也不能等同于合同的履行。

其三,在固收平台上进行的指定对手方交易,须交易一方将协商一致的交易要素通过交易系统发送给交易对手方,经交易对手方确认后,再由交易系统确认成交。[3] 2022 年修订的《上海证券交易所债券交易规则》第 63 条规定对债券交易的成立作了进一步明确,"交易申报经交易系统确认成交后,交易即告成立。符合本规则各项规定达成的债券交易于成立时生效,成交结果以交易系统记录的成交数据为准。交易双方应当承认交易结果,履行清算交收义务"。由此也进一步说明固收平台上债券交易双方所达成的合约才是公司债券交易合同本身。

综合上述三项理由,我们认为案涉债券作为公开上市交易的公司债券,其交易合同依照《证券法》《公司债券发行与交易管理办法》的规定,依法具有要式性特征,即交易双方须通过交易平台以电子化方式经证券交易所确认,方能构成案涉债券交易合同。参照《合同法》第 36 条、《民法典》第 490 条规定,法定要式属于合同成立的特别要件,未依要式订立合同虽合同未成立,但仍允许当事人进行补正,或通过履行主要义务从而使形式瑕疵的合同能够例外地成立。[4] 但本案中,双方已无补正合同形式的可能,也未履行主要义务,因而应当认为除 3000 张债券以外,剩余债券的交易合同未成立。

(二)系统中指定对手方交易达成前双方场外交易意向的性质

本案中,剩余债券的交易合同未成立,那么对于微信记录中明寓公

[2] 参见《关于发布〈中国证券登记结算有限责任公司上海分公司债券登记结算业务指南〉的通知》,载 http://www. chinaclear. cn/zdjs/editor _ file/20190220161749324. pdf,2022 年 9 月 15 日访问。

[3] 上海证券交易所《关于发布施行〈上海证券交易所债券交易规则〉及有关事项的通知》(上证发〔2022〕24 号)。

[4] 参见杨代雄:《法律行为论》,北京大学出版社 2022 年版,第 360～361 页。

司和百年资管公司所达成的交易意向属于何种性质,存在不同的认识。有的观点认为,在微信中双方仅就案涉债券的交易方式和步骤进行了磋商,双方约定通过“搭梯子”的方式进行案涉债券交易,每次交易的债券数量、交易价格并不确定,仍需要双方在平台交易当日进行进一步确认,因此微信记录中双方的交易意向仅仅构成磋商,未达到合同成立的程度。另一种观点认为,微信记录中显示,双方就债券的数量、金额以及均价的实现方式等已经达成了一致,同时鉴于交易所公开上市债券交易合同的要式性要求,微信中的交易意向可以构成平台交易的预约,而将平台交易视为本约。

结合本案查明事实,二审判决倾向于第二种观点。预约合同是“当事人约定为将来一定期限内订立合同而达成协议,是当事人在本约内容达成一致前作出的有约束力的意思表示”。[5] 根据上交所交易规则,[6]指定对手方交易与报价交易、询价交易的最大区别在于,指定对手方交易需要交易双方先就交易要素协商一致后,再通过交易系统进行申报。因此,指定对手方交易能够达成的前提是交易双方在交易系统以外的合意已经具备了合同成立的相关要素。同时,交易双方在交易系统以外达成的交易意向是为了通过债券交易系统实现债券交易。基于这两点,本案中双方当事人在 6 月 6 日微信记录中形成的交易意向,符合预约合同的特征。

至于本案预约合同的效力,到底是强制磋商还是应当缔结本约,我们认为,根据案情来看更接近于前者。对于预约合同的法律效力历来存在不同观点。在最高人民法院《关于审理买卖合同纠纷案件适用法律问题的解释》中对预约合同的效力虽未表述为应当缔结本约,但相关释义中认为采“应当缔约说”更有利于维护善意当事人的信赖利益,

---

〔5〕 参见最高人民法院民法典贯彻实施工作领导小组主编:《中华人民共和国民法典合同编理解与适用》,人民法院出版社 2020 年版,第 229 页。

〔6〕 2022 年上交所发布《上海证券交易所债券交易规则》,对原有债券交易的表述进行了调整,调整后分为四种交易方式:匹配成交(竞价交易)、点击成交(报价交易)、协商成交(指定对手方交易)、询价成交(询价交易)。

并促进本约的缔结。[7] 而在最高人民法院《民法典》释义中则认为,应当区分预约所涉本约的必备条款的完备程度来决定效力,如果预约中具备本约的主要或者必要条款,则产生应当缔约的效力,否则产生应当磋商的效力。[8] 就本案而言,百年资管公司、明寓公司在微信中确定的债券交易模式为逐日交易并价格逐次递减的方式,以最终实现65元/张、55元/张均价的总体交易结果,并明确了债券总体交易数量。但是后续交易时机、交易价格、交易数量、交易频次等仍有待交易双方在实际交易过程中进一步磋商,即需要双方逐次就具体交易要素达成一致,且逐次交易价格还会受到债券市场其他参与方的影响,比如本案中第三次交易价格并非前日价格递减10%,即因市场上存在其他交易,影响了案涉债券的加权平均价。因此,本案预约合同的效果在于确定交易当事双方应基于诚实信用原则就本约的达成进行磋商,而尚未达到应予缔结本约的程度。

(三)违反债券交易预约合同的赔偿责任

对于违反"继续磋商"的预约义务,有的认为承担的是缔结本约前的缔约过失责任。[9] 有的观点认为,预约的违反构成的是预约的违约。[10] 缔约过失责任的赔偿范围仅保障善意相对人的信赖利益,而违约赔偿则可以覆盖善意相对人的预期利益或履行利益。在二审判决中主要采纳的赔偿责任,仍然是基于预约的违约责任来进行考量,主要是根据这样三方面因素:首先,本案中预约中的合同要素已经相对确定,双方当事人除需逐日磋商并在交易系统中缔结本约以外,其他合同要素已无须进一步补充,预约和本约的合同要素本质上已经相对一致。因此,预约合同的违约责任可以参照本约的违约责任来予以确定。其次,百年资管公司在获知债券提前兑付后即停止了进一步磋商,使债券

---

[7] 参见最高人民法院民事审判第二庭编著:《最高人民法院关于买卖合同司法解释理解与适用:条文·释义·理由·案例》,人民法院出版社2016年版,第56~57页。

[8] 参见最高人民法院民法典贯彻实施工作领导小组主编:《中华人民共和国民法典合同编理解与适用》,人民法院出版社2020年版,第232~234页。

[9] 参见朱庆育主编:《中国民法典评注:条文选注》(第2册),中国民主法制出版社2021年版,第94页。

[10] 参见王俐智:《预约合同违约责任的争议与回应——基于动态缔约观的分析》,载《财经法学》2021年第5期。

交易无法进一步开展,存在明显有违诚信的情形。最后,考虑本案交易的特殊性在于债券买入方在案涉债券存在兑付不利信息后,仍欲以低价购入案涉债券,实际上是为了博取风险利差,故明寓公司对债券交易的价值预期与债券提前兑付的风险是一致的,而百年资管公司则相反。同时,公司债券作为权利凭证,其本身的交易虽然具有要式性要求,但是当债券兑付后所形成的利益则可以依照约定或者根据交易双方的责任进行相应分配。

因此,基于上述原因,我们认为百年资管公司存在过错并应当赔偿明寓公司的预期利益损失。但是,预约的预期利益不能等同于本约的预期利益,“违反预约的损害赔偿范围应介于订立本约的信赖利益与履行本约的可得利益之间。”[11] 因此,本案中我们认为,预约的预期利益是善意相对人丧失缔结本约的机会成本。这一机会成本应当置于市场环境中根据交易标的的平均收益来进行考量,即善意相对人购买同类债券所可能获得的平均收益。案涉 16 齐成 01 债券在 2019 年 6 月 5 日时,待偿期约 2 年。参考 2019 年 6 月 5 日中债企业债收益率曲线(B)和中债企业债收益率曲线(CCC),B 级、CCC 级且待偿期 2 年的企业债券收益率为 26% ~32% 。因此,二审判决中酌定明寓投资的预期利益损失为案涉债券按约定交易价格而未成交总金额的 30% 。

(编辑:姜沅伯)

〔11〕 参见刘贵祥:《关于合同成立的几个问题》,载《法律适用》2022 年第 4 期。

【制度检视】

《证券法苑》(2023)
第三十八卷,第 369 ~384 页

内部股东减持预披露规则实施效果研究

张欣然*

摘要:监管部门创设的减持预披露规则旨在打击内部股东减持套利行为,并为外部投资者率先减仓避险提供窗口。目前针对该规则有效性的研究较少。通过对沪市全部减持事件的定性统计与定量分析,可发现该规则的信号传递功能在市场中得到较好的实现,降低了内部股东择时减持获利的可能。同时,预披露规则改变了内部股东减持交易计划与节奏。建议通过适当缩短减持预披露期与设置"预披露—利好信息"联合披露机制,进一步提高监管效率。

关键词:股东减持　信息披露　内幕交易　监管效率

一、问题的提出——减持预披露规则是否有效

2016 年以前,证券监管部门主要通过禁止内幕

* 北京大学法学院经济法博士研究生。

交易与要求减持后信息披露两种规制手段,规范内部股东[1]择时减持行为。由于上述手段柔和且间接,治理力度相对有限,内部股东操纵信息披露配合减持套现状况依旧频发,严重损害中小投资者的利益。因此,2016年1月,证监会出台了以减持预披露规则为代表的《上市公司大股东、董监高减持股份的若干规定》及后续相关规定,旨在控制内部股东通过减持套现的获利空间,增加投资者信心并活跃资本市场。这标志着我国针对内部股东减持行为的监管进入了一个全新的纪元。[2]

减持预披露规则要求内部股东减持股份时应将相关信息提前至少15个交易日向投资者披露。该规则将减持信披事项的监管范围由事后推及事件全流程,颇具中国资本市场特色。政策尝试以较小的监管成本为对价,大幅降低内部人交易的可能,同时压缩其不当得利的空间,在世界范围内第一次实现了对"事前披露"理论[3]的市场应用。一方面,减持预披露规则的市场实践提供了独特且翔实的实证经验数据,对证明并进一步扩展事前披露理论具有重要的支持意义。另一方面,随着新《证券法》第36条第2款的增添,[4]我国证券市场的减持预披露最终由运动式治理策略转型为常规化治理策略,因而当实际条件相对成熟时,有必要对其进行有效性评估。

具体来说,在预披露规则设定之初,尽管监管部门知悉该规则的执行并非无成本的,然而由于在衡量预披露规则对投资者(包括内部投

[1] 内部股东,即在证券市场中可被视为或推定为上市公司内部人的公司股东。《上市公司股东、董监高减持股份的若干规定》第2条第1款:上市公司控股股东和持股5%以上股东(以下统称大股东)、董监高减持股份,以及股东减持其持有的公司首次公开发行前发行的股份、上市公司非公开发行的股份,适用本规定。

[2] 2013年证监会在《中国证监会关于进一步推进新股发行体制改革的意见》中提出"持股5%以上股东减持时,须提前三个交易日予以公告"。该条可被视作《减持规定》中有关减持预披露规则的雏形,然则其法律位阶过低而效力不足。

[3] See Stephen L. Lenkey, *Advance Disclosure of Insider Trading*, Review of Financial Studies, Vol. 27, 2014.

[4] 2019年《证券法》第36条第2款规定:"上市公司持有百分之五以上股份的股东、实际控制人、董事、监事、高级管理人员,以及其他持有发行人首次公开发行前发行的股份或者上市公司向特定对象发行的股份的股东,转让其持有的本公司股份的,不得违反法律、行政法规和国务院证券监督管理机构关于持有期限、卖出时间、卖出数量、卖出方式、信息披露等规定,并应当遵守证券交易所的业务规则。"

资者与外部投资者)信心、投资氛围、市场环境、法规协调性等要素的影响效果时,想要严谨地比较该规则的监管成本与立法收益,的确存在一定难度。因此,当市场研究数据日益丰厚时,采用定量手段评估预披露规则对经济、社会和环境的实际影响,并衡量规则的公正和效率,[5]有助于监管部门进一步完善减持预披露及其配套规则,更高效地保护股东合法权益,保障资本市场投融资功能的良好实现。

减持预披露及其配套规则至今已经落地执行了5年有余。本文拟对规则出台至2022年3月,上证全部减持事件进行定性统计与定量分析,全面地考察减持新规下内部股东与政策的博弈轨迹,发现政策执行效益及运行成本,总结其效率意义并尝试提出相应的改进方案,以期为证券交易监管的完善提供有益参考。

二、实证分析方法

(一)样本数据

为了相对客观地评估减持预披露规则在证券市场中的推行成本与实施效果,研究系统地收集了自政策推行以来至2022年3月,在上海证券交易所A股上市并存在以集中竞价或大宗交易方式进行或试图进行减持交易的减持事件(以下简称减持事件)为原始样本。在剔除了包含:(1)重复;(2)被减持公司为金融公司;(3)关键数据缺失;(4)减持披露及减持交易流程违规;(5)减持期间,被减持公司存在退市风险;(6)截至减持预披露日,被减持公司上市未满半年六项影响因素的事件后,研究样本数量确定为4553个。[6]

---

〔5〕 参见席涛:《立法评估:评估什么和如何评估(上)——以中国立法评估为例》,载《政法论坛》2012年第5期。

〔6〕 本研究采用的原始样本收集方法如下:在上海证券交易所官方网站(www. sse. com. cn)信息披露栏中以"减持股份结果公告"为关键词进行检索,共计4973个结果。网址链接:http://www. sse. com. cn/home/search/? webswd = 减持股份结果公告,数据读取日期:2022年3月16日。内部股东减持计划披露的时间及内容、减持交易起止日,交易方式,交易数量等数据,来源于上海证券交易所网站公开披露文件。

(二)研究方法

首先对样本进行描述性统计分析。随后,文章以标准的事件研究法[7]为基础,检验减持计划披露日至减持结果披露日之间某些交易日的超额收益模式。研究计划进行两组不同的分析。

第一组为披露期市场反应分析,简称披露期分析,拟采用标准的事件研究法。该组事件期 A(event window A)以减持计划披露日为起始,顺延至第 15 个交易日,表示为[0,14]。估计期 A(estimation window A)由减持计划披露日之前的 120 个交易日(约半年)构成,表示为[-120,-1]。

第一步,计算估计期 A 被减持股票的市场收益 $R_i t$[8]。以上证行业指数为标准,计算一般行业收益率 R_{mt}[9],对二者进行线性回归,得出回归系数 α_i 和 β_i,同时得到相关系数 r_i。

$R_{it} = \beta_i R_{mt}$　　　　t = [-120, -1]　　　　式(1)

第二步,基于 r_i^2 对样本事件进行数据质量控制,排除 r_i^2 小于 0.055 的样本事件。[10] 该步骤旨在进行数据筛选,属于改进措施。当 r_i^2 过小时,R_{it} 与 R_{mt} 不具备统计学上的线性相关性,在事件期 A 使用 R_{mt} 预测 R_{it},存在极大概率产生较高的误差。

第三步,计算事件期 A 中 i 股票在第 t 天的正常收益率的数学期望 $E(R_{it})$。

$E(R_{it}) = \alpha_i + \beta_i R_{mt}$　　　　t = [0,14]　　　　式(2)

第四步,计算事件期 A 中 i 股票在第 t 天的超额收益率(abnormal

---

[7] 参见[美]约翰·Y. 坎贝尔等:《金融市场计量经济学》,朱平芳等译,上海财经大学出版社 2003 年版,第 119~144 页。事件研究法,即选取金融市场中某一特定的事件,观测该事件对上市公司股价产生的影响,并评价事件带来的超额收益率(或异常报酬率)。

[8] R_{it}表示 i 股票在第 t 天的市场收益率,市场收益率 =(收盘价格 - 开盘价格)/开盘价格。

[9] 一般行业收益率 =(收盘指数 - 开盘指数)/开盘指数。

[10] 0.055 是根据样本相关系数检验公式计算而得到的:当样本数量(N)为 120 时(t = [-120, -1]),在 99% 的显著性水平下,计算对应 $r_i^2 > 0.055$。参见茆诗松、程依明、濮晓龙等编:《概率论与数理统计教程》(第 3 版),高等教育出版社 2019 年版,第 251~253 页。

return) AR_{it} 。

$$AR_{it} = R_{it} - E(R_{it}) \qquad t=[0,14] \qquad 式(3)$$

第五步,基于 AR_{it} 的分布,再次进行数据质量控制。研究以 AR_{it} 的均值加减 3 倍标准差为上下阈值,排除 AR_{it} 落在限制区域外的样本事件。[11]

第六步,计算事件期 A 第 t 日平均超额收益率 $\overline{AR_t}$ 与累计超额收益(cumulative abnormal return) $\overline{CAR_t}$ 并进行检验。

$$\overline{AR_t} = \frac{1}{N}\sum_{i=1}^{N} AR_{it} \qquad t=[0,14] \qquad 式(4)$$

$$\overline{CAR_t} = \sum_{t=0}^{T} \overline{AR_T} \qquad t=[0,14] \qquad 式(5)$$

窗口期与减持期的研究分析如图 1 所示:

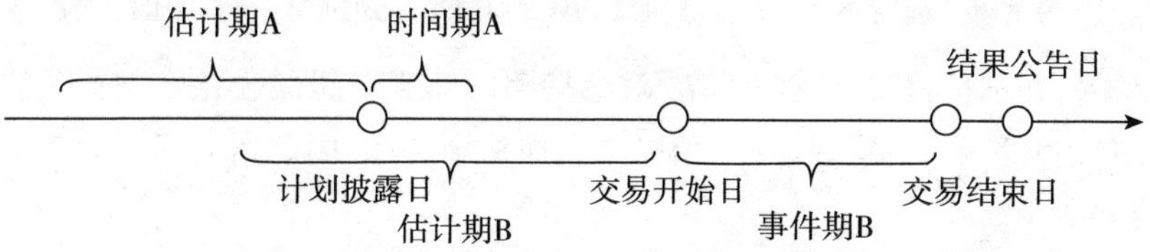

图 1　研究分析窗口期与减持期选择

第二组为减持期内部股东超额收益率预测(简称收益预测)。预测参照标准的事件研究法作为基本思路,但对计算步骤进行了必要的调整。在标准的事件研究法中,使用 CAR 作为衡量指标是因为在窗口日,相关股东已经实现了全部交易的增值或避损;而在收益预测中,股东是在整个减持期间内逐步将股份变现的,且各样本事件的减持交易时长(计作 K)不同,因此研究选择将个股的平均累计超额收益作为对减持期内部股东超额收益率的预测。该组事件期 B 以减持交易开始日为起始,至减持交易结束日终止,表示为[X,Y]。估计期 B 由减持交易开始日之前的 120 个交易日(约半年)构成,表示为 [X－120,X－1]。在减持收益预测分析中,第一步至第四步与披露期分析的处理方式相同,仅变

[11] 由于使用线性回归方式预测股价本身就存在一定的误差,因此 AR_{it} 明显的偏高或偏低,可能是因为 $E(R_{it})$ 预测存在较大偏差引起的,需要被排除。

化 t 的范围。

$$R_{it} = \alpha_i + \beta_i R_{mt} \qquad t = [X-120, X-1] \qquad 式(6)$$

$$E(R_{it}) = \alpha_i + \beta_i R_{mt} \qquad t = [X, Y] \qquad 式(7)$$

$$AR_{it} = R_{it} - E(R_{it}) \qquad t = [X, Y] \qquad 式(8)$$

第五步,计算事件期 B 第 T 日累计超额收益率 CAR_{iT},作为股东如果在第 T 天减持全部股票获得的超额收益。

$$\overline{CAR_{iT}} = \sum_{t=X}^{X+T-1} \overline{AR_{it}} \qquad T = [1, Y-X+1] \qquad 式(9)$$

第六步,计算个股的平均累计超额收益 $\overline{CAR_i}$,作为对减持期内部股东超额收益率的估计结果。

$$\overline{CAR_i} = \frac{1}{Y-X+1} \sum_{T=1}^{Y-X+1} \overline{CAR_{iT}} \qquad 式(10)$$

第七步,选定 K ≤ 1,2,3,4,5,10 的 $\overline{CAR_i}$,分别计算平均值,表示为 $\overline{CAR_K}$ 并进行检验。使用 $\overline{CAR_i}$ 对减持期内部股东超额收益率进行预测时,预测准确度将会随着 K 值的增大而逐渐降低,因此研究仅讨论 K≤10 的情况。

(三)创新质量控制手段

基于标准的事件研究法,研究引入数据质量控制方案以降低因预测失误而带来的结果误差。以减持计划披露日(t = 0)为例,图 2 展示了每个样本事件的超额收益率(AR_{i0})与 r_i^2 的分布关系。设定均值上下三个标准差为限制区域。当 $r_i^2 > 0.055$ 时,AR_{i0} 的分布较为集中,事件几乎全部落在限制区域内。当 $r_i^2 < 0.055$ 时,AR_{i0} 的分布较为弥散,且存在大量超额收益率明显偏高或偏低的异常值,必须对该部分予以排除。当 $r_i^2 > 0.055$ 时,依旧存在少量的事件(约 2.5%)落在限制区域以外,对该部分也予以排除。

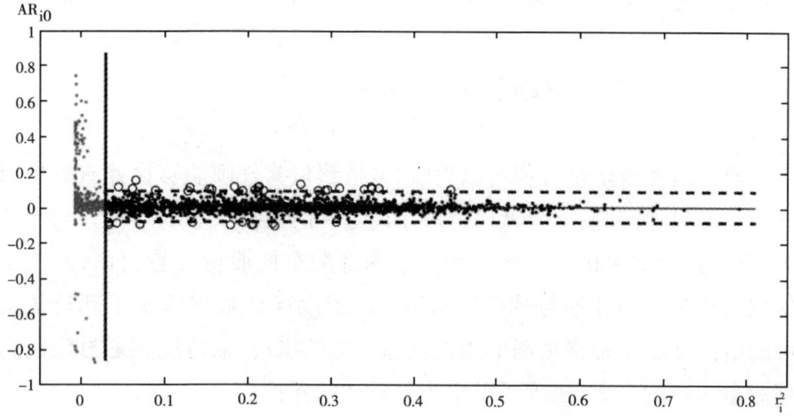

图 2　减持计划披露日的个股 AR 分布

注:黑色竖线为 $r_i^2=0.055$;黑色虚线为限制区域的上下阈值;灰点为 $r_i^2<0.055$ 的样本事件,共计 842 个;黑点为 $r_i^2>0.055$ 且落在限制区域内的样本事件,共计 3246 个;黑色空心圆圈为 $r_i^2>0.055$ 且落在限制区域外的样本事件,共计 56 个。

实际数据同样验证了进行数据质量控制的必要性。在表 1 中,质量控制组标准差最小,均值显著为负,数据集中度高;对照组二标准差极大,数据弥散。这是因为 $r_i^2<0.055$ 时,使用线性回归方法预测超额收益率容易产生较大的误差。而全部样本组,因为包含了对照组二的数据,标准差较大,均值虽然为负但是大于质量控制组。对照组一相对于质量控制组仅多纳入了 2.5% 的样本,但其平均值提高了 9%,这说明尽管使用 r_i^2 已经排除了大部分异常数值,但使用 3 倍标准差进行进一步的质量控制仍然是有意义的。

表 1　数据质量控制对照

类型	全部样本组(全部点)	质量控制组(黑点)	对照组一(黑点 + 黑色空心圆圈)	对照组二(灰点)
样本数量	4144	3246	3302	842
平均值	−1.21%	−1.93%	−1.78%	1.01%
标准差	0.0764	0.0322	0.0360	0.1519
P 值	0	0	0	0.97

三、减持预披露规则市场效率分析

通过定性与定量分析可以发现,减持预披露规则能够快速有效地缓解信息不对称问题,并降低内部股东通过择时减持获利的可能。与此同时,预披露规则在很大程度上约束了内部股东的股份处置自由,改变了他们的减持交易计划与减持交易节奏。市场统计数据暗示了现行规则可能给内部股东带来更高的出逃压力。总的来说,减持规则通过限制内部股东减持的方式,实现了对中小投资者的保护。

(一)高效实现信号传递

表2和图3展示了披露期分析的结果。在减持计划披露当日(t = 0),$\overline{AR_t}$ 为 -1.93%,且T值极高。由此可见,减持计划的披露对当日股价会造成强烈的影响,市场对内部股东披露减持计划会立即作出高度负面反馈,披露日超额跌幅占整个披露期 CAR_t 的2/3。自第二个交易日开始,$\overline{AR_t}$ 回升并在接下来的整个期间内在 -0.1%附近小幅波动。CAR_t 持续下降,说明市场并不会在很短的时间(约两周)内遗忘这一利空消息,外部投资者将在整个披露期内温和但持续地看空宣布减持计划的个股。

表2 披露期窗口的AR与CAR

t	$\overline{AR_t}$	T值	P值	CAR_T	T值	P值
0	-1.93%***	-33.10	0	-1.93%***	-33.10	0
1	-0.24%***	-5.30	0	-2.17%***	-29.74	0
2	-0.01%	-0.26	0.40	-2.18%***	-24.77	0
3	-0.08%**	-1.91	0.03	-2.26%***	-24.02	0
4	-0.06%*	-1.49	0.07	-2.32%***	-22.72	0
5	-0.07%*	-1.61	0.05	-2.39%***	-22.05	0
6	-0.02%	-0.46	0.32	-2.41%***	-20.33	0

续表

t	$\overline{AR_t}$	T值	P值	CAR_T	T值	P值
7	-0.14% * * *	-3.22	0.00	-2.54% * * *	-19.71	0
8	-0.04%	-0.93	0.18	-2.58% * * *	-19.20	0
9	-0.14% * * *	-3.21	0.00	-2.71% * * *	-19.34	0
10	-0.19% * * *	-4.73	0.00	-2.90% * * *	-20.16	0
11	-0.05%	-1.20	0.12	-2.95% * * *	-19.73	0
12	-0.06% *	-1.35	0.09	-3.01% * * *	-19.23	0
13	-0.10% * *	-2.48	0.01	-3.11% * * *	-19.01	0
14	0.01%	0.22	0.59	-3.10% * * *	-18.29	0

注：* * *，* *，* 分别代表在1%，5%，10%的水平上显著。

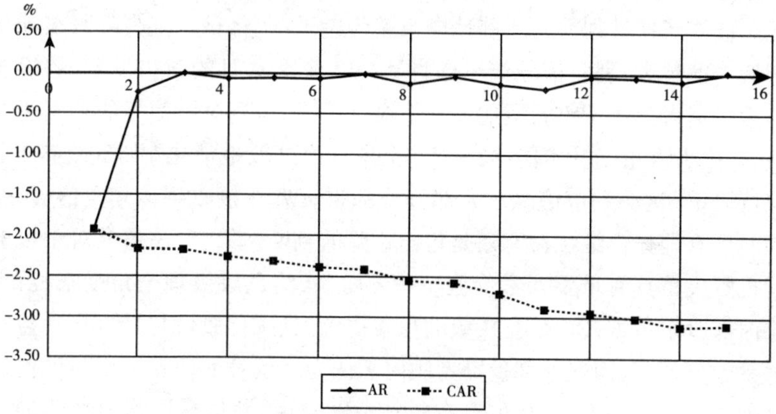

图3　披露期窗口的AR与CAR

根据减持计划中披露的最高减持比例，以1%为界，将表2采纳的样本事件继续分为两组：低计划减持组（含1%，约占整体样本数量的75%）和高计划减持组。表3展示了两组数据的$\overline{AR_t}$结果。在减持计划披露当日，低计划减持组$\overline{AR_t}$为-1.73%，而高减持计划组$\overline{AR_t}$为-2.56%，较前者高出近一半。可见，除了“减持”这一表象，市场对于内部股东的减持力度同样予以关注。更高的计划减持比例意味着更强烈的市场负反馈。

表 3　减持期窗口的 CAR

项目	低计划减持组			高计划减持组		
t	$\overline{AR_t}$	T 值	P 值	$\overline{AR_t}$	T 值	P 值
0	-1.73% * * *	-27.20	0	-2.56% * * *	-21.76	0
1	-0.20% * * *	-3.92	0	-0.10%	-1.08	0.14
2	0.01%	0.15	0.56	-0.15% * *	-1.74	0.04
3	-0.09% * *	-1.93	0.03	-0.02%	-0.25	0.4
4	0.0%	0.08	0.53	-0.07%	-0.89	0.81

总结来说,减持预披露规则直接地实现了信号传递功能,缓解了存在于内外部股东间的信息不对称问题,是投资者投资决策的重要参考资讯。第一,减持预披露规则的信号传递功能在市场中得到了较好的实现。披露减持计划非常明确地向市场传递了利空信号,且内部股东计划减持强度越大,利空信号作用越明显。15 个交易日的窗口设置,的确能够为投资者提供调整投资的额外机会。第二,市场对该信号的反应速度快、强度大。市场基本能够在一个交易日内高效地消化"内部股东计划减持股份"这一利空信息。大部分外部投资者在接收到该利空信号后,倾向于立即作出继续持有还是售出避险的判断。第三,该信号对于投资者投资决策具有重要参考价值。一方面,从信息层级理论角度来说,由于内部股东占据公司信息层级的顶端位置,且减持股份与其自身利益的联系十分紧密,因此外部投资者倾向于认为该信号的信息浓度与可信程度均较高。另一方面,从信息有效性角度来说,该信号因指向性明确而易于被投资者接收、解读并采纳。详言之,年季报与财务报表等公开及自愿信息披露当然同样可以为投资者提供有效信息。但是,上述披露文件往往晦涩难懂,有效信息提取难度高,对市场情绪的影响效果可能不如减持预披露显著;同时,内部股东有动机进行误导性或欺诈性披露,扭曲或掩盖公司的真实境况,从而降低了上述信息披露的可靠程度。因此,减持预披露为外部投资者创设了一个观察内部股东交易行为的"直接窗口",该窗口能够较为真实可靠地反应内部股东对公司营业能力、业绩前景的真实态度。如果外部投资者通过分析预披露公告,认为内部股东明确传递了悲观的情绪或消极的判断,则投资者尚有机会及时调整投

资决策，提前减持避损。

（二）压缩内部股东减持获利空间

表4展示了收益预测结果。[12] 从数据上看，内部股东减持超额收益率预测值趋近于零，结果显著性水平一般。总体而言，当内部股东减持交易区间较短（不超过10个交易日，即两周）时，其已经很难从交易中获取超额收益。由于收益预测的准确度本身随着时间的拉长而降低，本文仅分析了股东短期内择时减持获利之可能。尽管该部分做出了有益的尝试，但具体严肃结论仍有待后续研究的讨论印证。

表4　减持期窗口的CAR

K	CAR_K	T值	P值	N
1	0.16%	0.78	0.78	237
2	-0.11%	-0.53	0.30	395
3	-0.05%	-0.30	0.40	461
4	0.03%	0.18	0.57	504
5	0.02%	0.10	0.54	542
10	0.11%	0.76	0.77	687

注：表格仅展示了K=1,2,3,4,5,10的结果。

减持预披露及其配套规则实施前，事后信息披露是规制内部股东减持行为的主要手段。内部股东可能在公司发布消极业绩预告或利空消息前，积极业绩预告或利好消息后卖出股票；控制性股东可以通过操纵利好消息披露、配合进行“高送转”等行为，将股票市场估值推高后再进行减持抛售；占领绝对优势地位的大股东甚至可能通过篡改、虚构年报或半年报等财务信息，发布虚假的利好公告推高股价，随后在短时间内连续减持套现。[13] 上述侵害中小股东权益，扰乱投融资秩序的违规减

[12] 该分析剔除了减持交易数量为0的样本事件。

[13] 参见黄志忠、周炜、谢文丽：《大股东减持股份的动因：理论和证据》，载《经济评论》2009年第6期。以永大集团为例，2014年10月董事会连续两次推动公司实行“高送转”，以推动公司股价不断走高。2015年3月，公司股价由最低点的约8元/股升至近100元/股，永大集团创始股东及其一致行动人以集中竞价、大宗交易方式，持续对其所持股份在二级市场上进行减持。2016年7月，创始股东及其亲属共套现约67.6亿元，与此同时永大集团股价已跌至12.49元/股，公司总资产不到13亿元。

持行为是减持预披露及其配套规则的重点打击对象。经验数据显示,对比 2007 年前后 A 股市场上大股东能够在减持交易中获取约 3% 的超额收益,[14] 可以认为在减持预披露规则落地后,内部股东短期内择时减持获利之可能与空间明显下降。以打击内幕交易,保护中小股东权益这一结果为导向,预披露规则具有较强的现实意义。

但同时需要补充的是,以集中竞价方式一次性披露的减持区间最长可达 6 个月。因此,内部股东仍然可以通过"在预披露期结束后,再行发布利好消息推高股价,随后减持股份"这一通路,利用时间跨度与利好消息掩盖此前发布的减持预告,规避预披露规则之约束。况且,当公司配合内部股东减持的手段极其隐蔽且没有明显违规的情况下,监管部门与投资者都很难意识到这一问题。[15] 从这个角度来说,对内部股东长期内择时减持的规制,仍需要依靠公司治理手段的丰富与证券市场基础制度建设的完善。

(三)改变内部股东减持交易节奏

表 5 反映了全部样本事件的交易完成率。内部股东平均减持完成率为 69.21%,其中 16.25% 的内部股东直至减持计划期限届满,实际都未采取任何减持行为;31.83% 的内部股东实际减持数量不超过其披露的减持计划的一半;51.75% 内部股东能够按照事先披露的减持计划,在规定的期限内减持既定数量的股份。表 6 则描述了全部样本事件的减持期长度。[16] 除去完成度为 0% 和减持期长度超过 6 个月的样本事件,减持期平均长度为 63 个交易日,标准差为 50 个交易日。17.09% 的内

---

〔14〕 参见朱茶芬、李志文、陈超:《A 股市场上大股东减持的时机选择和市场反应研究》,载《浙江大学学报(人文社会科学版)》2011 年第 3 期。文章利用 2006 ~ 2008 年公开披露的公告及交易数据,发现大股东累计超额收益率在股东权益变动公告日前 20 日为 4.12%,前 10 日为 2.67%。

〔15〕 参见戚拥军、张晓宇:《高管减持、投资者情绪与公司送转行为:基于政府监管前后的比较》,载《科学决策》2022 年第 1 期。

〔16〕 《上海证券交易所上市公司股东及董事、监事、高级管理人员减持股份实施细则》第 13 条:"大股东、董监高通过集中竞价交易减持股份的,应当在首次卖出股份的 15 个交易日前向本所报告备案减持计划,并予以公告。……且每次披露的减持时间区间不得超过 6 个月。"需要进行补充解释的是,样本中存在减持期长度超过 6 个月的事件,研究猜测这可能是由于内部股东同时采用了集中竞价和大宗交易方式进行减持,而未在披露减持结果公告时予以区分而引发的。

部股东会于5个交易日(即约1周)之内完成减持交易,行动较为迅速;同时,约1/3的内部股东(30.71%)直至最后1个月方完成(47.93%)或仍未完成(52.07%)减持交易。

表5　减持事件的完成率分析

完成率区间	0%	(0%,25%]	(25%,50%]	(50%,75%]	(75%,100%)	100%
事件个数(个)*	740	334	375	275	473	2356
占比	16.25%	7.34%	8.24%	6.04%	10.39%	51.75%

注:N=4553。表6同。

表6　减持期长度的描述性统计

减持时长	[1,5]	(5,20]	(20,40]	(40,60]	(60,80]	(80,100]	(100,140]	>140	未减持
事件个数(个)	778	486	314	315	282	233	1398	7	740
占比	17.09%	10.67%	6.90%	6.92%	6.19%	5.12%	30.71%	0.15%	16.25%

数据显示,减持预披露规则限制下,内部股东交易呈现两个突出特征:第一,交易区间长。相当数量的内部股东会选择充分利用政策允许的一次披露所能覆盖的最大减持区间(6个月)来寻找合适的交易节点。第二,计划完成率低。尽管交易区间较长,但仍有半数内部股东未在预期的时间内按照既定计划售出股份。本文推测,随着减持预披露规则的执行,部分内部股东的交易节奏及交易计划发生了改变。一方面,结合股东超额收益空间被大幅压缩这一背景,当内部股东发现很难从减持交易中获取足量超额收益时,可能会放弃在披露减持计划公告时拟定的减持交易策略,转而选择拉长战线静待时机,灵活推进后续交易进展。另一方面,如上文所讨论,控制性股东可能选择在披露信号被市场缓慢遗忘后,补充发布利好消息抬高股价,随后完成交易。这一路径选择与既往的择时减持策略存在一定的区别,主要体现为交易用时将明显增长。上述行为在数据上则反应为减持期长度分布十分离散不集中,且减持期总体偏长。另外,若整体市场行情最终仍低于股东心理预期价格,则其

可能会转而压缩减持规模或放弃减持行为,各种主客观因素共同造成导致了减持计划实际完成率不高这一现象。

四、提高减持预披露规则效率的改进措施

综上所述,对比其他柔性限制政策,减持预披露规则能够在实际市场交易中削减股东获取超额收益的可能,并在一定程度上保护外部投资者利益;与收益相伴而生的一系列政策成本,包括股份处置自由的缩减、投资预期回报水平的下降则将由内部股东支付。具备强监管特征的减持预披露规则以限制内部股东的部分股份转让权利为代价,为外部股东提供额外的权益保护,亦即其制度本意在于实现卡尔多—希克斯效率。[17] 鉴于我国证券市场目前并非强势有效,成本与收益相较之下,该政策在目前市场中仍然具备相当的效率意义。当然,通过明确制度成本,适当缩短预披露期时长,设置"减持预披露—利好信息"联合披露机制,减持预披露及其配套规则能够在尽量降低对内部股东股权处分权之约束的前提下,尽量在更高水平上保护中小股东合法权益,实现对于政策效率的进一步优化。

(一)明确减持预披露规则的制度成本

对内部股东减持的限制当然具备其正当性:其一,择时减持具备较强的负外部性,外部投资者事实上承担了内部股东择时减持所带来的经济成本与社会成本;其二,私人执法效率低,内部股东能够通过违反契约攫取巨额私利,而外部投资者难以仅凭成本过高、风险巨大且冗长滞后的司法诉讼与之抗衡。[18] 但应当明确的是,使用预披露规则保护中小

〔17〕 参见[美]罗伯特·考特、托马斯·尤伦:《法和经济学》(第6版),史晋川、董雪兵等译,格致出版社、上海三联书店、上海人民出版社2012年版,第38页。卡尔多—希克斯效率,也称潜"在的帕累托改进"。其允许存在受益者和受损者,但要求受益者的收益要大于受损者的损失。如果这种情况出现,从理论上讲,并不一定要求实际支付损失,但在理论上它必须能够支付损失。

〔18〕 See Rafael La Porta, et al., *What Works in Securities Law*, The Journal of Finance, Vol 1, 2006.

股东并非无成本，其属于卡尔多—希克斯而非帕累托改进。

实际上，美国作为境外成熟市场在其证券市场发展的历程中也面临着类似的问题。美国使用 Rule 144 及配套解释限制“受限证券”及“控制性股份”的转售行为，[19]同时要求股东于减持后进行信息披露。但是，一方面，Rule 144 中设计的“安全港”之真实目的在于为相关股东进行股票交易提供登记豁免之便，以期提高证券流通度：如果股东在 SEC 完成了控制性股份注册程序，其在公开市场上减持时便可不受 Rule 144 的约束。其旨在规范注册豁免行为并强化对投资者的保护，[20]而非通过要求内部股东让渡部分股份转让权利而保护投资者利益。另一方面，尽管美国同样存在所谓的“减持前预先披露”制度，但其往往被视为内幕交易的抗辩事由而非减持股份的前置条件。因此，我国监管部门创设并执行的“减持预披露规则”仍属世界首例。尽管实证分析证明了该政策的有效性，但根据公权力的基本分类标准，监管权是基于政府机构履行微观监管的职能而赋予证监会行使的一种行政权，[21]同样应当遵循行政比例原则。因此，建议在减持预披露规则的后续实施及修订中，监管应当留意评估规则之适当性、必要性和均衡性，进行监管规则的成本效益分析，明确理解预披露规则可能给内部股东及资本市场带来的影响。

（二）缩短减持计划披露预告期

建议减持计划披露的预告期可以由 15 个交易日适当缩短，例如缩短至 5 个或 7 个交易日。披露期分析表明，减持计划对外部投资者的冲击集中于披露后的第一个交易日内。作为突出的市场信号，减持预披露计划的信息含量与被接受程度均较高，一经公布便能够迅速督促投资者作出投资决策。因此，在保留该信号机制的前提下适当缩短披露期长度，既能够继续为投资者提供观察内部股东行为的优质窗口，又能够尽

---

〔19〕 参见丛怀挺：《美国证券转售限制制度基础问题研究》，载桂敏杰总编、黄红元、徐明主编：《证券法苑》（第 15 卷），法律出版社 2015 年版。

〔20〕 参见郭雳：《美国股市“减持”规则的沿革和政策考量》，载吴清总编、黄红元、卢文道主编：《证券法苑》（第 21 卷），法律出版社 2017 年版。

〔21〕 参见李东方：《证券监管机构及其监管权的独立性研究——兼论中国证券监管机构的法律变革》，载《政法论坛》2017 年第 1 期。

可能地缩减对于内部股东股份转让自由的限制程度。

(三)设置"减持预披露—利好信息"联合披露机制

为了打击内部股东利用利好消息遮盖预披露计划从而获取长期内择时减持超额收益的可能,更好地实现减持预披露规则之目的,建议设置"减持预披露—利好信息"联合披露机制。具体来说,当上市公司发布年季报、技术进步、关联交易、股权激励、政策补贴、个股分红、高额定向增发等指向性明显的利好信息及自愿性披露信息时,应当同时向外部投资者披露公司是否存在内部股东尚未履行完毕的减持披露计划,公告计划减持剩余时间及股份数量,并展示预披露文件时间及查阅地址等信息。尽管进一步限缩减持计划的弹性选择空间,同样能够削弱"在预披露期结束后,再行发布利好消息推高股价,随后减持股份"这一通路的获利可能,[22]但上述做法同时意味着内部股东的股份处分权将受到更为严格的约束,即产生更高的政策成本。因此,设立联合披露机制,允许投资者在获取充分信息的情况下自由作出投资决定,不失为一个适宜的解决方案。

(编辑:姜沅伯)

〔22〕 参见朱茶芬、陈俊、郑柳:《大股东减持计划新规的经济影响与新交易模式研究》,载《会计研究》2021年第6期。

《证券法苑》(2023)
第三十八卷,第385~404页

证券内幕交易损害赔偿的公私法协作

鲍晓晔*

摘要:现有证券立法已对内幕交易的赔偿责任进行了明确规定,但实践中内幕交易受害人仍面临损害赔偿难的困境。参考美国内幕交易案件集团诉讼和公平基金制度的发展历程和经验教训,我国应公私法协作加强投资者保护力度,加强证券内幕交易损害赔偿的私法救济,构建证券内幕交易执法中的公共补偿机制,完善公私法救济的衔接与协调,发挥损害赔偿的惩罚与补偿功能,实现对内幕交易违法行为的威慑,提振投资者信心。

关键词:内幕交易　损害赔偿　公私法协作

内幕交易利用未公开的重大信息谋取私利,严重损害了投资者对证券市场公开公平的信心,历来是证监会稽查执法严厉打击的重点。[1] 内幕交易侵犯投资者公平交易权,在行政监管机构严厉打击

---

* 上海师范大学商学院副教授,法学博士。

〔1〕 参见《证监会严厉打击操纵市场、内幕交易等证券违法活动》,载中国证券监督管理委员会网,http://www.csrc.gov.cn/csrc/c100200/c05e21eaef5f648f58865797e491dd3a6/content.shtml,2021年7月9日访问。

的同时,完善内幕交易受害人赔偿制度也必不可少。现有证券立法已对内幕交易的赔偿责任进行了明确规定。根据《证券法》第 53 条第 3 款,内幕交易行为给投资者造成损失的,应当依法承担赔偿责任。目前,我国证券内幕交易受害人的主要救济方式是通过司法途径请求民事赔偿,但从司法实践来看,内幕交易民事赔偿诉讼的成功率很低,仅有的成功案件为光大证券"乌龙指"事件引发的内幕交易民事赔偿案。因此,如何完善证券内幕交易损害赔偿机制、畅通受害人赔偿渠道,值得业界和学界共同探讨研究。

一、我国证券内幕交易损害赔偿的立法与实践

(一)证券内幕交易损害赔偿的相关立法

内幕交易有违市场公平,已被世界各国证券立法明确禁止。在法律层面,我国《证券法》第 50 条至第 53 条、第 191 条对内幕交易的认定及其法律责任作出了明确规定。但与内幕交易损害赔偿直接相关的条款只有第 53 条第 3 款,该条款对违法者承担民事赔偿责任作出了原则性规定,为投资者寻求民事纠纷提供了法律依据,但该条款并没有具体明确民事赔偿责任的归责原则、构成要件、原被告诉讼资格、诉讼程序等问题。在行政法规和证监会部门规章层面,目前尚无关于内幕交易损害赔偿的相关文件。相关的司法解释也尚未出台。

尽管关于内幕交易损害赔偿的条文规定仍较为笼统,但投资者保护一直都是证券法律制度的重中之重,证券法中设计了多种投资者救济机制。《证券法》第 220 条规定确立了民事赔偿责任优先原则,当内幕交易违法者的民事赔偿责任与缴纳罚款、罚金、违法所得等刑事和行政责任竞合时,应当优先承担民事赔偿责任。但由于民事诉讼周期长、成本高、执行难,使民事赔偿责任优先原则在实践中往往效果不佳。[2]为了提升受害人的赔付率,《证券法》第 93 条规定了先行赔付制度,

[2] 参见肖宇、黄辉:《证券市场先行赔付:法理辨析与制度构建》,载《法学》2019 年第 8 期。

“发行人因欺诈发行、虚假陈述或者其他重大违法行为给投资者造成损失的，发行人的控股股东、实际控制人、相关的证券公司可以委托投资者保护机构，就赔偿事宜与受到损失的投资者达成协议，予以先行赔付。先行赔付后，可以依法向发行人以及其他连带责任人追偿”。公众投资者人数众多，但在证券民事纠纷中却处于劣势地位，《证券法》第94条支持诉讼和第95条代表人诉讼制度，旨在平衡原被告的诉讼力量，提升法院诉讼效率和司法资源利用率。《证券法》第171条规定了行政和解制度，违法者如果承诺并在证监会认可的期限内履行“纠正涉嫌违法行为，赔偿有关投资者损失，消除损害或者不良影响的”，证监会将终止调查。

（二）证券内幕交易民事诉讼的实践

2009年10月，被称为我国首起正式判决的内幕交易民事赔偿案件——陈某灵诉潘某深案——以原告的败诉而告终。[3] 该案件争议的焦点是，原告损失与被告内幕交易行为之间是否存在因果关系。由于被告的内幕交易行为与原告交易行为间隔两个多月的时间，且原告于2007年4月10日以17.1元买入大唐公司股票，又于同年6月18日以24.47元卖出，每股净盈利7.37元，因此法院认为内幕交易行为并没有给原告带来负面影响或损失，判定二者因果关系不成立，驳回原告的诉讼请求。[4] 2012年年底，股民诉黄某裕内幕交易案一审宣判，法院认为原告损失与黄某裕、杜某因内幕交易行为不存在必然的因果关系，故判决原告败诉。[5] 2019年和2021年各有一起证券内幕交易民事纠纷案，分别以原告撤诉和管辖权问题裁定结案。[6]

除上述4份裁判文书之外，通过威科先行法律信息库，以证券

---

〔3〕 参见《内幕交易侵权责任因果关系的司法观察》，载《中外法学》2015年第3期。

〔4〕 参见北京市第一中级人民法院民事判决书，案号：(2009)一中民初字第8217号。

〔5〕 参见北京市高级人民法院：吴某峰证券内幕交易责任纠纷申诉，申请民事裁定书，案号：(2014)高民申字第02751号，2014年11月13日。目前未见该案一审、二审裁判文书。

〔6〕 参见江苏省南京市中级人民法院：原告曾某凤与被告孙某晓、郑某艳证券内募交易责任纠纷一案的民事裁定书，案号：(2019)苏01民初1051号，2019年7月10日。江西省南昌市红谷滩区人民法院：许备证券交易代理合同纠纷民事一审民事裁定书，案号：(2021)赣0113民初12483号，2021年7月17日。

内幕交易赔偿(责任)纠纷为案由,还搜索到277份民事裁判文书,都关于光大证券"乌龙指"事件引发的民事赔偿纠纷案(以下简称光大案)。[7] 在公开的一审和二审裁定书中,以管辖权问题和原告(或上诉人)撤诉为主。从公开的14份判决书(包括1份一审判决书和13份二审判决书)中发现,法院支持了部分原告的诉请,也有部分原告的赔偿请求被驳回。该案的主要争议焦点在于——内幕交易行为与原告损失之间的因果关系,观点总结如下:(1)在唯一公开的1份一审判决书中,法院认为原告所交易的海马汽车股票,与光大证券交易的品种并无价格关联性,原告亦未能提供任何证据证明价格关联性,因此认定原告交易上述股票受到损失与光大证券的内幕交易行为之间不具备法律上的因果关系。[8] 类似的案情还发生在1份二审判决书中,原审原告于内幕交易时间段买入了宏源证券股票,但原告也未能证明该股与被告光大证券交易的品种之间存在价格关联性。(2)法院认为,适格原告应当限于与内幕交易行为有直接因果关系、相反方向交易的投资者。光大案中,有1起股指期货投资者起诉光大证券,原告从事股指期货合约交易IF1308与被告光大证券违规交易的IF1309,属于同向交易。[9] 所以,法院认定IF1308的投资者的损失与被上诉人(被告光大证券)违规交易IF1309之间不具有法律上的因果关系,原告未获赔。[10] (3)内幕信息尚未形成时的交易行为导致损失与内幕交易行为,不构成因果关系。有9份二审判决书的原审原告在2013年8月16日上午进行了股票交易,因此其股价损失与被告光大证券在当日下午

[7] 本文通过威科先行法律信息库,以证券内幕交易赔偿(责任)纠纷为案由,裁判日期为1994年1月1日至2022年8月30日为检索条件,共检索到民事裁判文书281份。其中检索到关于光大证券"乌龙指"事件引发的民事赔偿纠纷案的裁判文书277份:一审判决书共200份,其中1份公开、199份未公开;一审裁定书13份,其中7份公开、6份未公开;二审判决书13份;二审裁定书51份。

[8] 上海市第二中级人民法院:傅培君与光大证券股份有限公司证券内幕交易责任纠纷一审民事判决书,案号:(2014)沪二中民六(商)初字第128号,2016年3月31日。

[9] 上海市高级人民法院:林生与光大证券股份有限公司证券内幕交易责任纠纷一案民事判决书,案号:(2016)沪民终334号,2017年1月20日。

[10] 上海市高级人民法院:王峰与光大证券股份有限公司证券内幕交易责任纠纷一案民事判决书,案号:(2016)沪民终203号,2017年1月24日。

的内幕交易行为无关,法院认为被告不负赔偿责任。[11]

值得注意的是,光大案中有 1 份是至今为止唯一公开的证券内幕交易损害赔偿案件原告胜诉判决。[12] 原审原告在被告光大证券内幕交易时间段内,进行了相同证券品种 50ETF 的反向交易,并产生损失。法院认定,光大证券内幕易行为与原告的投资损失之间存在法律上的因果关系,原告胜诉。[13]

二、我国内幕交易损害赔偿的困境

(一)内幕交易民事赔偿案件原告举证难、胜诉率低

通过研究上述司法实践案例发现,在我国证券内幕交易民事损害赔偿案件中,原告胜诉的比例不高。民事责任欠缺成为我国内幕交易规制的"短板",一个重要的原因是内幕交易的民事赔偿纠纷中原告举证困难。[14] 投资者往往对于原告资格、因果关系、损害赔偿金计算的时间范围等方面不能提供准确有效的证明。

造成原告举证难、胜诉率低的原因主要体现在两个方面:一是证券立法对内幕交易赔偿责任的规定较为笼统、原则,相关司法解释又迟迟未出台,导致实践中对原告主体资格、因果关系、损害赔偿的计算等方面认定面临诸多亟须解决的难题。在光大案中,一审法院和二审法院参照最高人民法院《关于审理证券市场因虚假陈述引发的民事赔偿案

---

〔11〕 上诉人(原审原告)针对光大证券公司在 2013 年 8 月 16 日上午的错单交易行为提起的侵权诉讼。根据中国证监会在[2013]59 号行政处罚决定书所记载的相关内容,证监会对于光大证券公司 2013 年 8 月 16 日全天的交易行为进行了全面的调查,在此基础上认定光大证券公司当日 13 时开市后,至 14 时 22 分的交易行为构成内幕交易行为。换言之,证券监督管理部门在对当日整个交易行为进行查证后,并不认为光大证券公司在上午时段的交易行为属于违法违规行为。

〔12〕 公开的判决书为该案件的二审判决书,法院驳回了原审被告光大证券的上诉请求,维持原判。

〔13〕 上海市高级人民法院:光大证券股份有限公司与李春晖证券内幕交易责任纠纷二审民事判决书,案号:(2015)沪高民五(商)终字第 58 号,2016 年 6 月 12 日。

〔14〕 参见彭志、肖土盛、赵园:《中国资本市场 20 年内幕交易行为案例综述》,载《财经研究》2017 年第 12 期。

件的若干规定》进行了类比和推理,在审判实践中做了有益探索。但毕竟我国不属于普通法系,司法判决并不是正式法律渊源,日后证券内幕交易民事赔偿案件仍存在不确定性。

二是由于证券法对内幕交易赔偿责任规定过于笼统,导致实践中仍要借助侵权责任的一般构成要件来发挥作用。[15] 对公众投资者而言,举证困难。在违法行为和主观过错的取证和认定上,都依赖于监管执法机构和司法机构。由于内幕交易行为具有隐匿性,投资者受困于技术手段和能力,难以察觉。在内幕交易与投资者损失间的因果关系方面,一直是民事诉讼的举证难点。一方面,我国证券市场交易采用集合竞价撮合成交,导致内幕交易违法者和受害人的交易并不一一对应或直接接触,受害人很难证明是内幕交易行为影响了他的投资决策。另一方面,影响证券价格波动的因素繁多,受害人要证明是内幕交易行为对证券价格上涨或下跌造成影响,其论证和计算过程极为复杂和困难。

(二)先行赔付、支持诉讼等投资者救济机制在内幕交易领域尚无先例

证券法中规定了民事责任优先原则、先行赔付、支持诉讼、代表人诉讼等投资者救济机制,这些制度正是针对民事诉讼举证难、周期长、执行难等缺陷应运而生的,但目前在内幕交易领域尚未发挥作用。我国的证券民事赔偿诉讼以虚假陈述案为主,导致内幕交易案件发生后,民事责任优先原则难以通过民事诉讼实现。究其根本,民事责任优先原则针对的是执行环节,并不能解决民事诉讼本身的难题。内幕交易缺乏明确具体的诉讼规定,长期以来法院都拒绝立案。近年来有些案件被受理,但要么败诉,如黄某裕内幕交易案,要么是出于特殊原因,比如光大证券“乌龙指”内幕交易案由最高人民法院指定管辖。[16]

---

〔15〕 参见冯果、李安安:《内幕交易的民事责任及其实现机制——写在资本市场建立20周年之际》,载《当代法学》2011年第5期。

〔16〕 参见肖宇、黄辉:《证券市场先行赔付:法理辨析与制度构建》,载《法学》2019年第8期。郭锋:《内幕交易侵权纠纷案件的法律适用问题——以光大证券“乌龙指”引发的内幕交易案为例》,载郭峰主编:《金融服务法评论》(第9卷),法律出版社2018年版;缪因知:《内幕交易民事责任制度的知易行难》,载《清华法学》2018年第1期。

先行赔付也主要适用于虚假陈述和欺诈发行案件，难以针对实践中形态各异的证券欺诈行为进行损害填补。[17] 尽管在立法中先行赔付的适用范围，除欺诈发行和虚假陈述之外，还有“其他重大违法行为”，但实际上内幕交易作为一种重大违法行为，根据现有的法律规定却无法实现先行赔付。例如，根据《证券法》第 93 条规定，先行赔付的主体是发行人的控股股东、实际控制人、相关的证券公司，这与内幕交易违法者的范围并不一致。实践中，光大证券“乌龙指”事件发生后，光大集团拒绝设立专门的投资者补偿基金。[18]

此外，投资者保护机构在支持诉讼和代表人诉讼制度中具有重要作用，但在保护内幕交易受害人方面却尚无实践案例。例如，作为投保机构之一，中证中小投资者保护中心（以下简称投服中心）已经在绝大多数的上市公司中持有至少 100 股股份，在虚假陈述类案件中可以提起代表人诉讼，但内幕交易的原告资格不仅要求持股，还对买卖股票的时间和交易方向有具体明确的限制，因此投服中心一般难以获得原告资格。在支持诉讼方面，《证券法》第 94 条第 2 款规定，投资者保护机构对损害投资者利益的行为，可以依法支持投资者向人民法院提起诉讼。但目前为止，支持诉讼在内幕交易领域的适用，也暂无先例。

（三）行政责任与民事责任的协调与平衡不足

资本市场“重公权干预、轻私权救济”的状况依旧存在，[19] 内幕交易案件行政责任与民事责任的协调与平衡存在不足。内幕交易有违市场公平，我国监管机构一直对其秉持“零容忍”的态度严格执法，违法者将被没收违法所得，同时还会被处以罚款，情节严重的可能构成犯罪，面临刑事责任。近年来，对内幕交易的处罚力度不断提高，多起案件罚款金额过亿。

但内幕交易违法者毕竟获利于资本市场，如果只是由监管机构对

〔17〕 参见郭雳：《证券执法中的公共补偿——美国公平基金制度的探析与借鉴》，载《清华法学》2018 年第 6 期。

〔18〕 参见杨国英：《光大为何拒绝设立投资者补偿基金》，载《新京报》2014 年 4 月 18 日版。

〔19〕 参见冯果、李安安：《内幕交易的民事责任及其实现机制——写在资本市场建立 20 周年之际》，载《当代法学》2011 年第 5 期。

其处以行政罚款和没收违法所得后上缴国库，不免仍会造成资本市场的“失血”，不利于保护投资者信心。[20] 民事责任是刑事责任和行政处罚的有益补充。一方面，民事赔偿责任具有刑事、行政责任无法替代的补偿功能。另一方面，巨额赔偿增加了违法成本，民事责任对内幕交易违法行为起到威慑惩戒作用。但目前内幕交易民事赔偿诉讼原告胜诉的案例只有光大案，因此民事责任的威慑功能和补偿功能都没有很好发挥出来。再一方面，内幕交易违法者却又面临双重处罚。违法者在受到行政处罚没收违法所得之后，如果受害人又提出了民事赔偿请求，并且原告胜诉的情况下，违法者还需要拿出资金承担民事赔偿责任。违法所得对应着受害人的损失。根据现有规则，存在内幕交易罚没和罚款与民事赔偿责任的重复。

2019年12月修订后的《证券法》第171条新增行政和解制度条款，在法律层面上为建立投资者公共补偿机制提供了法律依据。不过，第171条仍是一个框架性、原则性与授权性的制度，必须结合证监会2015年出台的《行政和解试点实施办法》（已失效）与《行政和解金管理暂行办法》（已失效），才能使行政和解制度真正落地。[21] 其实早在2014年，中国证监会已在证券期货领域开始了行政和解试点。但从目前实践来看，证券行政和解仅有两个案例。[22] 而这两起案件都不是证券市场违法违规的常规案件，如证券虚假陈述、内幕交易、操纵市案件。因此，内幕交易领域的行政和解仍无先例。并且，对这两起案例中行政和解金的使用，证监会和投保基金公司都没有公开对受害人的补偿金额及其剩余。[23]

综上所述，内幕交易行政责任与民事责任的协调与互补是不足的。应当探索行政处罚、民事赔偿与公共补偿之间的衔接与配合，公私法协作完善内幕交易损害赔偿，提振投资者信心。

---

〔20〕 参见郭雳：《证券执法中的公共补偿》，载《清华法学》2018年第6期。

〔21〕 参见席涛：《证券行政和解制度分析》，载《比较法研究》2020年第3期。

〔22〕 案例一是证监会与高盛亚洲证券行政和解案。案例二是证监会与上海司度等五家机构证券行政和解案。

〔23〕 参见席涛：《证券行政和解制度分析》，载《比较法研究》2020年第3期。

三、美国证券内幕交易损害赔偿机制的借鉴

在美国,内幕交易一直作为欺诈行为的一类形态,受《1933 年证券法》《1934 年证券交易法》及证券交易委员会(以下简称 SEC)规章 10b－5 的规制。[24] 判例法与证券立法相得益彰,其核心聚焦于内幕交易的归责原则,并逐渐发展出了“平等获取信息理论”“古典理论”“盗用理论”等理论支撑。[25] 与此同时,美国通过证券集团诉讼和公平基金的实践,逐渐发展出了公私法并行的投资者救济制度。尽管中美两国资本市场发展和证券立法基础不同,但投资者保护是两国证券立法共同的初衷,美国的一些经验教训仍值得参考借鉴。

(一)美国证券内幕交易损害赔偿的私法救济

根据斯坦福大学法学院证券集团诉讼数据中心与 Cornerstone Research 咨询公司合作研究数据,2011 年至 2016 年,每年指控被告为内幕交易的集团诉讼案件均超过了 20 起,平均每年 25 起;2017 年至 2020 年,该类诉讼数量减少为每年 6 起到 13 起,平均每年 10 起(见表 1)。尽管近年来美国的证券内幕交易集团诉讼立案数量有所下降,但相较于我国仍多出很多。[26] 可见,在美国证券内幕交易受害人通过民事诉讼方式获得立案和赔偿的概率较高。其中,有部分因素与集团诉讼制度的影响有关,但更重要的是通过立法和司法实践,法院逐步修正和确立了内幕交易损害赔偿的归责原则,使原本举步维艰的赔偿诉讼成为可能。本文并不旨在讨论集团诉讼制度本身的利弊,而是透过

---

〔24〕 主要涉及条款有:《1933 年证券法》第 17(a)条禁止欺诈的概括性条款、《1934 年证券交易法》第 10b 条对使用操纵或欺诈工具的禁止条款,及证券交易委员会(以下简称 SEC)的规章 10b－5、《1934 年证券交易法》第 16(b)条短线交易禁止条款等。

〔25〕 参见鲍晓晔:《中国期货内幕交易规制立法现状与完善》,载《上海师范大学学报(哲学社会科学版)》2021 年第 6 期。

〔26〕 由于我国没有证券集团诉讼制度,不同的原告因相同(相近)事由起诉同一被告都是一起独立的民事诉讼,导致数据中我国的证券内幕交易民事诉讼案件数量较多,但如果以同一被告作为同一起案件,那么实际上从 1994 年到目前为止,我国证券内幕交易民事诉讼案件的数量只有 5 起。

数据和理论分析,研究美国证券内幕交易赔偿诉讼所依据的立法、理论和判例及其演变过程。

表1 2011~2020年美国证券内幕交易集团诉讼案件

年份	SEC独立执法内幕交易案件数(个)	内幕交易集团诉讼立案(个)	证券集团诉讼立案总数(个)	内幕交易集团诉讼立案(占总数%)
2020	33	9	234	4
2019	30	13	267	5
2018	51	12	238	5
2017	41	6	214	3
2016	45	20	204	10
2015	39	29	183	16
2014	52	25	158	16
2013	44	27	152	18
2012	58	26	154	17
2011	56	23	188	12

资料来源:SEC Division of Enforcement Annual Report 2011 - 2020(www. sec. gov)、Cornerstone Research Securities Class Action Filing 2011 - 2020 Year in Review(www. cornerstone. com, Stanford Law School Security Class Action Clearinghouse).

注:由于统计口径和公开数据的变化,2013年后"证券集团诉讼立案总数"为核心案件(core filings)立案数量,即所有证券集团诉讼立案案件扣除企业并购案件的数量(core federal filings are all federal securities class actions excluding those defined as M&A filings),而在2011年至2012年"证券集团诉讼立案总数"为所有证券集团诉讼立案案件数量(all filings)。

美国证券内幕交易的主要法律依据是《1934年证券交易法》第10(b)条禁止使用操纵或欺诈工具的兜底条款,以及SEC为配合第10(b)条制定的规章10b-5。10b-5原本只是单纯的禁止性规定,但自1946年起联邦法院纷纷确认该条款下有"默示诉权",美国联邦最高法院最终在1971年确认,"如果被告违法了以保护他人为目的的法律时,该法律保护的对象即对被告享有损害赔偿请求权”。〔27〕 10b－5 成为证券民事赔偿诉讼的有力武器，被不计其数的 SEC 行政执法和民事赔偿诉讼引为法律依据，美国前联邦最高法院首席法官伦奎斯特赞其为“一粒小小的立法种子，却长成了司法的参天大树”。〔28〕 根据 10(b)和 10b－5，民事赔偿原告必须举证：(1)欺诈或欺骗行为(fraud or deceit)；(2)明知(scienter)，包括主观故意或重大疏忽；(3)因果关系；(4)信赖；(5)损害。

其中，因果关系和信赖的确认是民事诉讼的举证难点，在司法实践中认定标准时松时紧，但总体上逐渐变得更为宽松。交易因果关系与信赖之间的关系密切。在美国，信赖是内幕交易归责的基础，也是民事赔偿诉讼的条件之一。也就是说，只有被告对原告负有信义义务、且违背了这种信赖关系，才能构成内幕交易，进而才能证明是被告的内幕交易行为与原告交易之间的因果关系。但在联邦法院几十年的司法实践中，法官经常倾向于推定因果关系的成立，判决被告承担赔偿责任。著名的 1966 年 Texas Gulf Sulphur 案〔29〕主张“平等获取信息理论”(equal access theory)，成为反欺诈规则适用的理论基础，要求行为人要么披露信息，要么戒绝交易。在 1972 年 Affiated Ute Citizens v. United States 案〔30〕中，法院放宽了因果关系的诉讼要件，原告只须证明“客观的信赖”，即证明被告应披露的重大信息而没有披露，不必证明自己与被告行为之间的存在信义关系，主观的信赖被直接推定存在。〔31〕 Shapiro v. Merrill Lynch 案〔32〕中，法院同样推定了因果关系，如果该内幕信息是一个理性投资者买入股票时会考虑的重要信息，而被告在公开信息前仍然交易或推荐交易了该股票，这一无可争议的事实本身就已经满足了“事实上的因果关系”的要求。但在 Fridrich v. Bradford 案中，美国第六巡回

---

〔27〕 参见汤欣：《美国证券法上针对虚假陈述的民事赔偿机制——兼论一般性反欺诈条款制度的确立》，载徐明等主编：《证券法苑》(第 2 卷)，法律出版社 2010 年版。

〔28〕 See Blue Chip Stamps v. Manor Drug Stores, 421 U. S. 723, 737(1975).

〔29〕 See SEC v. Texas Gulf Sulphur Co., 401 F. 2d 833(2nd Cir. 1968).

〔30〕 See Affiated Ute Citizens v. Unite States, 406 U. S. 153－154(1972).

〔31〕 参见毛玲玲：《中美证券内幕交易规制的比较与借鉴》，载《法学》2007 年第 7 期。

〔32〕 See Shapiro v. Merrill Lynch, Pierce Fenner & Smith 495F. 2d 228－240(1974).

法院认为,只证明被告违反了公开义务还不够充分,原告还必须进一步证明因果关系。[33]

因果关系并非天生具有价值,而只是达到目的的手段。[34] 因此,因果关系的认定标准可以应时而变。1988 年 Basic Inc v. Levinson 案[35]中,美国联邦最高法院正式采纳了"欺诈市场理论"。该理论建立在有效市场假说上,认为不实信息会影响证券市场价格的真实性,从而间接地欺诈了所有当时在市场中交易的投资者。"欺诈市场理论"对信赖关系的推定,进一步降低了因果关系证明的难度,有利于原告。[36] 同年,《内幕交易与证券欺诈执行法》[37]出台,放宽了举证责任,规定任何与隐瞒内幕信息的内幕交易者从事交易时进行反向买卖的投资者,可以针对内幕交易者提起损害赔偿诉讼,法律推定因果关系成立。[38] 换而言之,只要原告是内幕交易行为的同时交易者,法院就推定其买卖股票的行为与内幕交易之间的因果关系成立,原告具有提起赔偿诉讼的资格。

各国计算损害赔偿额的具体方法有所不同,但都基于补偿投资者损失原则。美国采用的是非法所得计算法,赔偿金额限定在内幕交易者的全部非法所得包括获得的利益或减少的损失。[39] 根据《1934 年证券交易法》第 20A 条规定,赔偿总额不得超过其违法交易所的收益或避免的损失。

规制内幕交易行为和建立民事赔偿诉讼制度的初衷,都是为了更有

---

〔33〕 参见杨峰:《美国、日本内幕交易民事责任因果关系比较研究》,载《环球法律评论》2006 年第 5 期。

〔34〕 Theresa A. Gabaldon, Causation, Courts and Congress: A Study of Contradiction in The Federal Securities Laws Boston College Law Review September 1990. 参见毛玲玲:《中美证券内幕交易规制的比较与借鉴》,载《法学》2007 年第 7 期。

〔35〕 Basic Inc v. Levinson 485 U. S. 224 – 249(1988).

〔36〕 欺诈市场理论不仅适用于存在重要的虚假陈述的情形,还适用于严重的不公开信息的内幕交易案件。参见郭峰:《内幕交易民事责任构成要件探讨》,载《法律适用》2008 年第 4 期。

〔37〕 1988 年《内幕交易与证券欺诈执行法》修改了《1934 年证券交易法》第 20 条。

〔38〕 参见杨峰:《美国、日本内幕交易民事责任因果关系比较研究》,载《环球法律评论》2006 年第 5 期。

〔39〕 损害赔偿额的计算方法主要有:实际价值计算法、差价计算法、实际诱因计算法和非法所得计算法。参见冯果:《内幕交易与私权救济》,载《法学研究》2000 年第 2 期。

力地保护公共投资者,维护市场信心。内幕交易行为损害了投资者平等获取信息、公平交易的权利,没有理由因为"尴尬的举证责任",而阻碍了受害人获得赔偿。美国立法和司法界对民事赔偿举证责任持宽松的态度,也正是出于保护投资者之目的。

(二)美国证券内幕交易损害赔偿的公法救济

美国的内幕交易受害人除了提起民事赔偿诉讼之外,还有另一条救济途径——公平基金(Federal Account for Investor Restitution Fund,FAIR fund)。公平基金是指 SEC 通过司法或行政程序向证券违法者罚没的违法所得、民事罚款及和解金,用前述资金设立一个公平基金,分配给受害人和奖励举报人。〔40〕 从 1990 年《证券执法救济和小额股票改革法》授权 SEC 追缴证券违法者的违法所得,并将其分配给受害人;到 2002 年《萨班斯—奥克斯利法案》正式确立了"公平基金制度",并将民事罚款也归入了公平基金;再到 2010 年《多德 - 弗兰克法案》加强对金融消费者的保护,第 929B 条规定,不论违法者是否被追缴违法所得,SEC 都可将罚没的民事罚款归入公平基金。〔41〕 公平基金制度的适用范围通过立法改革一步一步扩大。

实践中,通过公平基金获得补偿的案例和金额在不断增加。2020 年,SEC 分配给受害投资者共计 6.02 亿美元,其中 91% 来源于公平基金。〔42〕 但公平基金制度也面临着执行效率偏低、循环困境、SEC 权力过大等质疑。Urska Velikonja 教授撰文对这些质疑作出了回应。〔43〕 首先,公平基金制度对不同类型证券违法行为的补偿率存在差异,不能用笼统的数据轻易下结论。Velikonja 教授通过统计数据发现,非信息披露类案

---

〔40〕 See 15 U. S. Code §7246 – Fair funds for investors. 15 U. S. Code §78u – 6 – Securities whistleblower incentives and protection. 在实践中,基本上是一个案件设立一只基金,该基金的名称以违法行为人的名称命名。每一只基金分配一次。如不足分配,则按比例分配。如分配后有剩余,一般都上缴财政部。

〔41〕 参见郭雳:《证券执法中的公共补偿——美国公平基金制度的探析与借鉴》,载《清华法学》2018 年第 6 期。

〔42〕 See SEC Division of Enforcement 2020 Annual Report.

〔43〕 See Urska Velikonja, *Public Compensation for Private Harm: Evidence from the SEC's Fair Fund Distributions*, 67 Stan. L. Rev, 331(2014).

件中公平基金分配的补偿金能占到受害人最终所得的绝大部分。[44] 其次,公平基金在内幕交易案件中并不存在“循环困境”问题。循环困境仅出现在违法者是发行人的案件中,例如上市公司信息披露造假。但内幕交易违法者不是上市公司本身,而是知晓内幕信息的公司内部人和外部人,因此,不会出现投资者自己赔偿自己的困境。最后,公平基金是集团诉讼的有益补充。投资者能够在短时间内通过公平基金获赔,提高了效率,有利于维护投资者信心。此外,公平基金在内幕交易等其他类型证券违法处置中面临的争议较小,这与后者在民事诉讼中遭遇的特殊困难息息相关。[45]

(三)制度实践:莫兹罗等信息披露造假及内幕交易案

下文以美国国家金融服务公司(Countrywide Financial Corporation)前执行董事莫兹罗(Angelo Mozilo)等三名高管信息披露造假及莫兹罗内幕交易案为例,具体说明公平基金的分配流程和规则,及其与集团诉讼的关系。[46]

2009 年 6 月 4 日,SEC 指控莫兹罗等三名高管信息披露造假及莫兹罗内幕交易。据调查,从 2005 年至 2007 年,莫兹罗等高管对美国国家金融服务公司信息披露造假,莫兹罗明知公司在运营及财务上的非公开重大信息的同时,于 2006 年 11 月至 2007 年 10 月通过股票期权和交易安排卖出了大量该公司股票,获利超过 1.39 亿美元,构成内幕交易行为。2010 年 10 月 15 日,法院判决莫兹罗支付民事罚款 2250 万美元、没收违法所得 4500 万美元,共计 6750 万美元;另两名被告合计被罚没 565 万美元。[47]

---

〔44〕 对于信息披露类案件,SEC 在做出处置并设立公平基金的同时,违法者还面临私人诉讼的裁决,SEC 在此类案件中的执法所得往往低于集团诉讼和解金额。

〔45〕 参见郭雳:《证券执法中的公共补偿——美国公平基金制度的探析与借鉴》,载《清华法学》2018 年第 6 期。

〔46〕 该案涉及两项违法行为:一是虚假信息披露,二是内幕交易。本文主要聚焦内幕交易行为的案件经过、处罚及赔偿进行讨论,但在该案的公平基金分配和集团诉讼和解中,法院同时考虑了这两项违法行为,在公平基金申请人和集团诉讼原告获赔的具体数据中未加区分。

〔47〕 See Litigation Release No. 21068A(June 4,2009). 另两名被告 Sambol 支付民事罚款、没收违法所得及支付判决前利益共计 552 万美元,Sieracki 支付民事罚款 13 万美元。

早在SEC处罚莫兹罗等高管之前的2008年4月11日,投资者就已对美国国家金融服务公司及其多名高管提起了民事赔偿集团诉讼。诉讼期间,法庭驳回了投资者对部分内幕交易人的指控,但是法官拒绝驳回对前执行董事莫兹罗内幕交易的赔偿请求。2010年4月23日,美国国家金融服务公司与投资者达成了6亿美元的和解协议。其中有2500万美元由莫兹罗用其违法所得进行支付。

2011年11月14日,加州中区地方法院决定设立"莫兹罗公平基金",使用SEC对莫兹罗等的罚没资金向受害人进行分配,并任命Rust Consulting公司作为基金分配管理人(简称"管理人")。[48] "莫兹罗公平基金"设有专门的官方网站(www. MoziloFairFund. com),并通过该官网进行信息公开。合格申请人的条件是:在2005年3月1日至2008年4月24日间,购买或收购美国国家金融服务公司股票(或股票期权)的任何个人或机构。申请程序非常简便,只需要填写并签署一张申请表格,并且在截至日期(2012年12月9日)前提交给管理人。提交方式有三种:一是通过官方链接上传电子文档;二是邮寄快递给管理人;三是前往管理人之处提交。如果受害人已在对美国国家金融服务公司及其多名高管的集团诉讼中起诉,则无须再提交申请表格,可以直接参与分配。管理人会根据申请的具体情况,确认每个合格申请人的"最终损失",并按照比例分配基金净额。[49] 确认"最终损失",首先要计算出"交易损

---

〔48〕 Central District Court of California Order Granting Application by Plaintiff Securities and Exchange Commission to (1) Establish a Fair Fund, (2) Appoint Rust Consulting as Distribution Agent, and (3) appoint Damasco & Associates, LLP as Tax Administrator [Case No. CV 09 - 3994 JFW(MANx)].

〔49〕 "莫兹罗公平基金"的资金包括:莫兹罗支付民事罚款2250万美元、没收违法所得4500万美元,共计6750万美元,其中有2500万美元已用于民事赔偿集团诉讼和解金的支付,剩余4250万美元;另两名被告合计被罚没565万美元;以及上述资金在判决前所产生的利益收入。罚没的违法所得和民事罚款加上判决前利益,再扣除相关税费,可以计算出基金净额(Net Fair Fund)。Plan of Allocation of the Net Fair Fund, available at www. MoziloFairFund. com.

失”,“交易损失”的计算公式是将买入价减去卖出价所产生的损失。[50]然后,在“交易损失”的基础上,再考虑通胀率。基于民事赔偿的损失补偿原则,受害人一定是由于内幕交易或虚假信息披露而遭受了股价下跌带来的经济损失才能获赔,并且受害人实际获赔的金额不能超过其最终损失或交易损失。

2017年12月12日,法院同意根据赔偿方案向99820个合格申请人支付约为4593.27万美元的赔偿金。[51] 2018年1月16日,向合格申请人发放补充支付约为3.1万美元。2020年2月28日,法院同意使用基金中剩余的240万美元进行第二次支付,扣除税费后有约为184.24万美元将分发给合格申请人。

表2 莫兹罗案集团诉讼及“莫兹罗公平基金”分配过程时间

序号	日期	事项
1	2008年4月11日	投资者向加州中区地方法院对美国国家金融服务公司及其多名高管提起了民事赔偿集团诉讼
2	2010年4月23日	美国国家金融服务公司与投资者达成了6亿美元的和解协议
3	2011年11月14日	2011年11月14日,加州中区地方法院决定设立“莫兹罗公平基金”
4	2012年7月12日	加州中区地方法院决定:(1)授权SEC审批“莫兹罗公平基金”分配方案;(2)同意基金分配管理人Rust Consulting公司负责交税

〔50〕 See Trading Loss = Total Purchase Amount - Total Sales Proceeds. 买入价(Total Purchase Amount)是指,在2005年3月1日至2008年4月24日间买入美国国家金融服务公司股票的买入价。卖出价(Total Sales Proceeds)分为两种情况:(1)已在2005年3月1日至2008年4月24日间卖出美国国家金融服务公司股票的价格,为卖出价;(2)在2008年4月24日之日仍持有该股票的,按照2008年4月24日该股票的收盘价。

〔51〕 Central District Court of California Order Approving the disbursement of the Funds for Harmed Investors by the Distribution Agent (Case No. 2:09 - cv - 03994 - JFW - MAN).

续表

序号	日期	事项
5	2017 年 12 月 12 日	加州中区地方法院同意根据赔偿方案向合格申请人支付约为 4593.27 万美元的赔偿金
6	2018 年 1 月 16 日	加州中区地方法院同意向合格中请人发放补充支付约为 3.1 万美元
7	2020 年 2 月 28 日	加州中区地方法院同意使用基金中剩余的 240 万美元进行第二次支付,扣除税费后将有约为 1181.24 万美元将分发给合格申请人

资料来源:www.MoziloFairFund.com。

四、公私法协作完善我国证券内幕交易损害赔偿的建议

《证券法》已对多种投资者救济机制作出了框架性规定,下一步应研究在内幕交易领域如何使这些规定落地落实,解决内幕交易受害人损害赔偿难的困境。参考美国内幕交易案件集团诉讼和公平基金制度的发展历程和经验教训,我国应坚持民事与行政并行,公私法协作加强投资者保护力度,并通过发挥损害赔偿的惩罚与补偿功能,实现对内幕交易违法行为的威慑,提振投资者信心。

(一)加强证券内幕交易损害赔偿的私法救济

针对内幕交易民事诉讼举证难、胜诉率低等问题,建议通过健全相关司法解释,降低原告举证责任难度。学术界的主流观点是内幕交易与受害人损失之间存在因果关系,只是举证难。[52] 美国、新加坡等国在司法实践中都采用了广义的内幕交易受害人定义,并且根据美国《内幕交易与证券欺诈执行法》,只要原告是内幕交易行为的同时且反向的交易者,就直接推定因果关系成立。内幕交易行为侵害的是所有投资者的公

〔52〕 参见郭锋:《内幕交易民事责任构成要件探讨》,载《法律适用》2008 年第 4 期;陈洁:《证券欺诈侵权损害赔偿研究》,北京大学出版社 2002 年版,第 165 页;杨峰:《美国、日本内幕交易民事责任因果关系比较研究》,载《环球法律评论》2006 年第 5 期;曾洋:《内幕交易侵权责任的因果关系》,载《法学研究》2014 年第 6 期;《内幕交易侵权责任因果关系的司法观察》,载《中外法学》2015 年第 3 期。

平交易权,只要与内幕交易违法者进行同期交易的投资者都处于信息劣势,有权提出损害赔偿之诉。为加强保护投资者和平衡原被告双方利益,建议借鉴"同期交易理论",确定与内幕交易行为人同期且反向交易的投资者都具有原告资格。只要符合适格原告要求,推定内幕交易行为与原告损害之间的因果关系成立。与此同时,为防止民事赔偿成为投资者保险和抑制过度诉讼,建议设定损害赔偿金上限,要求不能超过原告的实际损失,也不能超过被告的违法所得。

为平衡原被告的诉讼力量,建议强化投资者保护机构支持诉讼的重要作用。由于内幕交易案的特点所致,投资者保护机构参与代表人诉讼受限。但根据《证券法》第 94 条第 2 款,投资者保护机构仍可以依法支持受害投资者向人民法院提起诉讼。投资者保护机构的专业性和技术支持,将为处于劣势地位的普通投资者提供必要援助,缓解内幕交易举证难的困境,从而畅通投资者私法救济途径。

另一种落地设想,是通过示范性判决明确内幕交易损害赔偿的原告资格、归责原则、构成要件、赔偿金计算方法等问题。在我国相关司法解释尚未制定出台前,示范性判决不失为一项可操作性强的选择。光大案中,一审法院和二审法院在现有证券法律制度框架下,对内幕交易民事损害赔偿的因果关系、赔偿金额等构成要件的推理和认定进行了有益尝试。并于 2016 年度由上海市高级人民法院发布为"2015 年度金融商事审判十大案例之案例一"。下一步,建议从典型案例中形成示范性判决,有助于明确内幕交易赔偿案的争议焦点问题,引导投资者对后续案件的司法预期。

(二)构建证券内幕交易执法中的公共补偿机制

由于内幕交易民事赔偿诉讼存在先天不足,因此针对民事诉讼本身的改革,只能从一定程度上缓解证券执法的困境,但却无法彻底解决问题。对此,有多位学者建议借鉴美国公平基金制度,建立投资者公共补偿机制。[53] 本质上,就是在原有的私法补偿救济方式上,增加公法上的

〔53〕 参见彭冰:《建立补偿投资者的证券行政责任机制 针对内幕交易和操纵市场行为》,载《中外法学》2004 年第 5 期。邢会强:《内幕交易公平基金制度的构建》,载郭锋主编:《证券法律评论》(2016 年卷),中国法制出版社 2016 年版。郭雳:《证券执法中的公共补偿——美国公平基金制度的探析与借鉴》,载《清华法学》2018 年第 6 期。

投资者补偿制度。我国《证券法》新增的行政和解制度和先行赔付制度都属于投资者公共补偿机制。在欺诈发行和虚假陈述领域,先行赔付制度已开始发挥补偿功能,万福生科、海联讯、欣泰电气3起先行赔付案设立先行赔付专项基金共计10.5亿元,补偿受损投资者利益。但目前我国行政和解制度在内幕交易等传统证券违法违规案件中尚无先例,已达成和解协议的两起案件亦无投资者赔偿的公开信息。因此,建议在先行赔付和行政和解的制度框架下建立健全内幕交易损害补偿基金(以下简称补偿基金)的相关规则,同时借鉴美国公平基金的一些具体做法。

具体而言,应当就行政和解和先行赔付在内幕交易领域的适用情形、补偿基金的设立方式、资金来源、基金管理人、基金的分配规则及剩余资金处置等方面作出安排。根据《证券法》第171条规定,被调查的当事人书面申请,承诺在限期内纠正涉嫌违法行为,赔偿有关投资者损失,消除损害或者不良影响的,证监会将中止调查,若当事人履行承诺,证监会可以终止调查。也就是说,第171条的行政和解将适用于情节较轻,支付行政和解金可以免于行政处罚的情形。而先行赔付适用于证监会对违法者进行行政处罚,但从违法者悔过态度和消除损害的补偿措施上考虑可以从轻、减轻的情形。无论是行政和解,还是先行赔付并处以行政处罚,二者的决定主体都是证监会,因此可以确保规则执行的一贯性。在补偿基金设立上,采取一案一基金的方式。资金来源包括证监会罚没的违法所得、行政罚款、行政和解金及其在赔付决定前所产生的利息。[54] 补偿基金的管理人由投资者保护基金公司担任,中小投资者服务中心负责对接公众投资者联络协调。补偿基金的分配规则和流程可以参考美国公平基金制度,尝试如下安排:由管理人制定补偿基金分配方案,分配方案报证监会审核同意。申请人范围参考同期交易理论,与内幕交易行为同期且反向交易的投资者可以认定为适格申请人。每个适格申请人的补偿金额,根据该申请人的交易损失占所有适格申请人交易损失总和的比例,对补偿基金资金扣除税费后的净额进行分配。分配

〔54〕 在美国公平基金制度中,公平基金的资金来源包括违法所得、民事罚款(civil penalty)及其判决前利息。其中民事罚款就类似于我国的行政罚款,由于SEC在向违法者处以民事罚款时通常要向联邦法院提出民事诉讼程序,并由法院宣判决定,被称为民事罚款。

基于损失补偿原则,不得超过该申请人的实际损失,基金剩余部分收归国有。

(三)完善公私法救济的衔接

私法救济与公法救济都是投资者保护自身权益的重要手段,二者互为补充,共同发挥威慑和补偿功能,在畅通内幕交易民事赔偿诉讼渠道和构建公共补偿机制的同时,建议加强公法救济与私法救济间的衔接与协调。

从补偿功能角度,民事赔偿诉讼和补偿基金都是投资者弥补损失的重要途径,二者互通互补。民事赔偿诉讼中,将剥夺的非法所得来填补原告的损害,是民事责任制度本身所担负的损害补偿功能的体现,也是《证券法》第53条第3款的应有之义。在民事赔偿诉讼与补偿基金的衔接上,申请补偿基金不会影响民事赔偿诉讼的原告资格,申请人如果在补偿基金分配后仍不足以弥补全部交易损失的,仍可以向法院提出民事赔偿诉讼。如果设立补偿基金,民事原告自动获得赔偿资格;不设立补偿基金,原告提出民事赔偿诉讼的,民事赔偿优先于行政罚款。因此,民事赔偿诉讼和补偿基金从私法救济和公法救济两种方式上,合力为投资者提供损害赔偿、维护投资者合法权益。

从威慑惩戒功能角度,民事赔偿诉讼和补偿基金都通过增加内幕交易行为人的违法成本,起到威慑、遏制内幕交易违法行为的作用。实践中,由于内幕交易行为具有隐蔽性、难以察觉,即使监管机构秉持"零容忍"的监管执法原则,仍会存在漏网之鱼,在巨额利润的诱惑面前违法者仍可能选择铤而走险。损害赔偿制度在刑事处罚和行政监管执法的基础上,对违法者施加较为沉重的经济负担,从而遏制内幕交易行为的再次发生。[55]

总之,内幕交易损害赔偿的私法救济与公法救济,都是受害投资者实现损失补偿的重要途径,二者相互衔接和平衡、共同发挥补偿和惩戒功能,从而加强投资者保护力度,提振市场信心。

(编辑:宋　澜)

---

〔55〕 参见王利明:《我国证券法中民事责任制度的完善》,载《法学研究》2001年第4期。

《证券法苑》(2023)
第三十八卷,第405~430页

新《证券法》内幕信息重大性的立法表达与适用逻辑

王志明*

摘要:基于法律实施和体系解释视角,立法上关于内幕信息重大性判断采用的应是价格可能敏感性标准。相较于强制信息披露标准,内幕信息重大性在制度功能、规范目的及判断标准等方面均有不同,需对新《证券法》第52条第2款进行"差异化审视",不应简单根据法律预设直接认定。近三年内幕信息重大性判断以径直判定为主,且关于"量"的判断上似与强制披露标准熔于一炉。对于内幕信息列举性规范的竞合问题,应聚焦涉案事项的本质特征择一适用。应将"重大投资行为"理解为裁量性规范,无须受30%的比例限制。

关键词:内幕信息　重大性　价格敏感性标准　信息披露

一、引言

内幕信息重大性判断是规制内幕交易的基本

* 中国证券监督管理委员会深圳监管局员工。

前提。自我国1998年《证券法》出台以来，内幕信息的立法表达一直都采用“概括+列举”模式。但由于概括性规定中关于内幕信息重大性的界定较为抽象、模糊，而列举性规定又转引了临时报告披露中的“重大事项”，〔1〕以致理论和实务中常将内幕信息重大性判断与强制信息披露标准“熔于一炉”，甚至等同视之，如认为内幕信息的披露属于强制信息披露制度的组成部分，统一适用于整体强制信息披露中的重大性标准也应适用于内幕信息的判断，〔2〕实践中也多认为构成信息披露中的“重大事件”就当然符合内幕信息重大性要求。然而，这种理解和认定逻辑未能充分考虑内幕信息规制与强制信息披露在法律制度设计和规则体系之间的差异，也未能充分关注到内幕信息重大性自身在制度功能、价值平衡等方面的独特机理。事实上，我国证券法理论上关于内幕信息重大性的诸多争议以及具体执法实践中的相关困惑，在不同程度上均可溯源于此。

法律文本上，2019年12月通过的《证券法》（以下简称新《证券法》或新法）第52条第1款规定：“证券交易活动中，涉及发行人的经营、财务或者对该发行人证券的市场价格有重大影响的信息，为内幕信息。”这一概括性界定沿袭了2005年《证券法》的原有规定，〔3〕而对于法律适用中诸如“涉及发行人的经营、财务”的规定应如何理解、对证券价格“有重大影响”是“实际有”还是“可能有”等系列问题均未予以回应，实有探讨和厘清的必要。关于内幕信息的列举性条款，〔4〕新《证券法》将2005年《证券法》第75条第2款第2项至第7项的列举性规

〔1〕 参见1998年《证券法》第69条、2005年《证券法》第75条。

〔2〕 参见杜晶：《论内幕信息“重大性”的一般判断和个案判断》，载郭峰主编：《证券法律评论》（2015年卷），中国法制出版社2015年版。

〔3〕 新《证券法》将原有规定中的“公司”调整为“发行人”，但这一修改是结合注册制实施、新三板改革等作出的系统调整，涉及证券法的适用范围，但对内幕信息的理解和界定并无影响。亦即，在2005年《证券法》下，“公司”主要包括上市公司、公司债券发行人；而在新《证券法》下，“发行人”除了上市公司、公司债券发行人外，还包括新三板挂牌公司、存托凭证发行人等。

〔4〕 新《证券法》除对2005年《证券法》第75条第2款作出较大调整外，还新增了对公司债券交易内幕信息的列举性规定。不过，现实中鲜有债券内幕交易案例，而股票内幕交易则频发多发，更具典型性和代表性。借此，本文对内幕信息重大性的分析讨论也将聚焦于股票交易内幕信息。

定进行了归整，分散并入第80条第2款之中，同时增加了“购买、出售重大资产”“提供重大担保或者从事关联交易”等规定。更关键的是，新《证券法》第52条第2款不再单独对内幕信息类型进行列举，[5]而采取了全面转引第80条第2款关于临时报告披露规定的方式，进一步强化了内幕信息与信息披露的关联。在此语境下，全面爬梳内幕信息重大性与强制信息披露标准之间的异同，并进一步观照反思原有内幕信息重大性的解释路径，显得尤为紧迫和必要。

有鉴于此，本文从内幕信息的概括性规定出发，尝试填补“涉及发行人的经营、财务”规定的漏洞，探讨内幕信息重大性的判断标准及其背后的投资者设定，厘清其与强制信息披露标准的异同，并强调应对内幕信息列举性规定进行“差异化审视”，最后在梳理、刻画近三年内幕信息重大性认定实践样态的基础上，对“重大投资行为”条款的理解、列举性规定的竞合等具体适用问题进行了分析，以期为新《证券法》的理解和实施提供参考和助益。

二、内幕信息重大性的法律界定与理论延伸

（一）“涉及发行人的经营、财务”规定的漏洞填补

根据新《证券法》第52条第1款的字面含义，“涉及发行人的经营、财务”信息似乎并不要求对发行人证券价格有重大影响。然而，这类信息极为繁多、庞杂，机械将其全都界定为内幕信息，显然既不现实、也无必要。且从第52条的规范结构看，第1款作为概括性规定，是对第2款列举事项的归纳提炼，第2款则是对其前款规定的阐释和例证。既然第2款列举的涉及发行人经营、财务事项（亦即转引至第80条第2款的规定），如“公司的经营方针和经营范围的重大变化”“公司发生

[5] 2005年《证券法》第75条第2款第1项转引了临时报告披露中关于“重大事件”的规定，同时在第2项至第7项对“公司分配股利或者增资的计划”等内幕信息类型进行了单独列举。

重大亏损或者重大损失”等均具有重大性,[6]那么,其前款规定自然也应蕴含重大性要求。因此,问题的关键不在于“涉及发行人的经营、财务”信息是否需要满足重大性要求,而在于其重大性应当如何判断或者应采取何种标准。

我国证券法理论上关于内幕信息重大性的判断标准一直存在价格敏感性标准和投资者决策标准的争议,前者认为满足重大性要求的信息必须对证券价格有重大影响;而后者认为重大性判断应以是否对投资者决策有重大影响为准。[7] 实际上,这一争议很大程度上源于我国证券立法上关于信息披露重大性认定标准规定的龃龉。2007 年的《上市公司信息披露管理办法》(以下简称《信披办法》)第 19 条、第 30 条分别对定期报告、临时报告采取了投资者决策标准、价格敏感性标准。[8] 新《证券法》及 2021 年修订的《信披办法》仍然沿袭了上述“二元化”的认定逻辑,且新《证券法》在第 80 条、第 81 条规定了价格敏感性标准的情形下,还在第 19 条首次规定了证券发行环节的投资者决策标准。受此影响,新《证券法》第 52 条第 1 款后半段虽已明确规定了价格敏感性标准,但其前面采用了“或者”这一表示选择关系的连词,似乎又可为投资者决策标准留有“转圜余地”。从信息披露民事责任的角度看,最高人民法院新近出台的《关于审理证券市场虚假陈述侵权

---

[6] 尽管新《证券法》第 80 条第 1 款与第 52 条第 1 款对重大性的要求不一样(将在后文详述),但差异主要在于重大性“量”的不同,而此处强调是的重大性的“质”的要求,两者则具有一致性。

[7] 大多论者认为,投资者决策标准是一个主观的、以投资者判断为中心的标准,其优点在于包容性、灵活性强,缺点在于比较模糊、留下的自由裁量空间过大;而价格敏感性标准则是一个客观的、以价格影响程度为中心的标准,优点在于简便易行、操作性强,缺点在于考虑因素较为单一、忽视了对投资者的关注(参见齐斌:《证券市场信息披露法律监管》,法律出版社 2000 年版,第 174 ~ 175 页)。事实上,所谓客观、简便易行的特点仅系针对“价格实际敏感性标准”而言,对于“价格可能敏感性标准”来说,由于需要事前对信息进行判断,其实也属于主观性标准;且由于不同投资者对信息的预期差异,还需要考虑其背后的投资者设定(具体将在后文详述)。

[8] 2007 年的《信披办法》第 19 条第 1 款中规定的“凡是对投资者作出投资决策有重大影响的信息,均应当披露”,采用的是投资者决策标准。第 30 条第 1 款规定:“发生可能对上市公司证券及其衍生品种交易价格产生较大影响的重大事件,投资者尚未得知时,上市公司应当立即披露,说明事件的起因、目前的状态和可能产生的影响”,采用的是价格敏感性标准。

民事赔偿案件的若干规定》(法释〔2022〕2号)第10条明确回应了虚假陈述重大性判断争议,其第2款规定相关事项即便属于证券法、证券监管部门制定的规章或规范性文件要求披露的重大事件,但如果被告能够证明并未导致证券交易价格或交易量明显变化的,法院应当认定虚假陈述的内容不具有重大性,明确将价格敏感性标准作为判断重大性的核心尺度。尽管内幕信息与信息披露的重大性判断各有侧重、并非完全相同(详见后文),但上述司法解释关于虚假陈述重大性认定标准的选择,无疑具有"正本清源"之效,有助于内幕信息重大性判断标准争议的厘清。更重要的是,从新《证券法》自身的逻辑体系看,作为内幕信息的列举性规定,新《证券法》第52条第2款指向的第80条第2款采用的是价格敏感性标准,而基于第52条第1款与第2款之间的逻辑关系,"涉及发行人的经营、财务"信息作为第52条第1款的规范内容,也必须经过价格敏感性标准的检验。再者,无论是新《证券法》第80条第2款所列举的11项重大事件,还是2021年修订的《信披办法》第22条第2款所列举的18项信息类型,均与发行人的经营环境、经营行为、经营和财务状况等密切相关,因之,"涉及发行人的经营、财务"信息与"对该公司证券的市场价格有重大影响"的信息在实际上具有高度的一致性,两者无疑应采用统一的重大性判断标准。若强行将两者分裂开来,在后者已经明文采用价格敏感性标准的情况下,仍对前者采用投资者决策标准或其他判断标准,将会出现针对同一信息同时适用两种不同判断标准的矛盾情形。

综上所述,仅从法律文本看,新《证券法》第52条第1款其实仍存在法律漏洞,而基于上述解释路径,可将其理解为以下两层意思:一是涉及发行人的经营、财务而对发行人证券价格有重大影响的信息;二是其他对发行人证券价格有重大影响的信息。若将漏洞予以填补,该款规定完整的表述应当是:"证券交易活动中,涉及发行人的经营、财务或者其他对该发行人证券的市场价格有重大影响的尚未公开的信息,为内幕信息。"未来对《证券法》进行再次修订或修正时,可对内幕信息概括性规定进行相应调整,以免不必要的争议。

(二)价格敏感性标准的适用考量

根据前述,立法上对内幕信息重大性判断采用的是价格敏感性标准,但仅从法律规定的字面意思,并不能进一步辨明其价格敏感性是"实际敏感性"还是"可能敏感性"。在内幕信息概括性规定的立法沿革上,1993年出台的《股票发行与交易管理暂行条例》及《禁止证券欺诈行为暂行办法》(已废止)均将内幕信息界定为"尚未公开的可能影响股票市场价格的重大信息",〔9〕明显采用了价格可能敏感性标准。然而,上述条例和办法要么已失效、要么已成具文,〔10〕且1998年《证券法》将"可能影响"修改为"有影响",新《证券法》也沿袭了这一表述,是否表明此时应该转而采用实际敏感性标准?学界对此观点不一,有的认为应指"可能有",〔11〕也有的认为应属于"实际有",〔12〕而更多学者则未予详细论述。法彦言:法律的生命不在于逻辑而在于经验。基于法律实施的视角,禁止内幕交易相关法律法规的实施主要涉及三类主体,即管理内幕信息的发行人、利用内幕信息的行为人以及规制内幕交易的监管者,下面便从这三个维度展开讨论。

其一,基于发行人的视角。证券交易对相关信息具有高度依赖性,而上市公司则是证券交易信息的最主要来源,〔13〕在信息公开前,由发

〔9〕《股票发行与交易管理暂行条例》第81条第15项规定:"内幕信息是指……尚未公开的可能影响股票市场价格的重大信息。"《禁止证券欺诈行为暂行办法》(已失效)第5条第1款规定:"本办法所称内幕信息是指为内幕人员所知悉的、尚未公开的和可能影响证券市场价格的重大信息。"

〔10〕《禁止证券欺诈行为暂行办法》已被2008年出台的《国务院关于废止部分行政法规的决定》废止;《股票发行与交易管理暂行条例》尽管依然有效,但自《证券法》出台实施后,实践中关于内幕信息的认定和适用已完全被《证券法》所替代。

〔11〕参见彭冰:《中国证券法学》(第2版),高等教育出版社2007年版,第380页;朱锦清:《证券法学》(第3版),北京大学出版社2011年版,第210页。

〔12〕参见李有星、董德贤:《证券内幕信息认定标准的探讨》,载《浙江大学学报(人文社会科学版)》2009年第6期;闻志强:《"内幕信息"的认定标准和司法适用分析》,载《西南交通大学学报(社会科学版)》2015年第1期。另外,境外立法例方面,欧盟部分成员国在立法上确立了重大性的幅度标准,如瑞典、丹麦在其立法中明确,有关金融产品市场价格的涨跌幅达到10%就符合重大性要求,德国在实务中给出了市场价值5%的参考标准。参见[英]理查德·亚历山大:《内幕交易与洗钱:欧盟的法律与实践》,范明志等译,法律出版社2011年版,第112页;张小妮:《证券市场内幕信息重大性认定研究》,载陈小君主编:《私法研究》(第16卷),法律出版社2014年版。

〔13〕参见中国证监会行政处罚决定书〔2009〕17号。

行人对相关信息进行保密管理最符合“最小防范成本原则”〔14〕。正因如此,《信披办法》等规定要求上市公司建立内幕信息知情人登记管理制度,对未公开信息采取保密措施。〔15〕由于内幕信息的形成时间并不等同于信息披露的法定时间,〔16〕前者可追溯至影响内幕信息形成的动议、筹划的初始时间,而后者须等到董事会决议形成或相关协议签署之时,〔17〕故发行人必须在披露相关信息之前就对该信息是否具有重大性作出判断,并决定是否应采取保密措施、启动内幕信息知情人登记管理等程序,若以实际影响为基准,现实上不具有可行性。

其二,基于内幕交易行为人的视角。在法律的行为预期和规范引导功能下,人们可在法律划定的合法性边界内自由行动,但前提是法律规范必须具有明确性。若以实际价格敏感性为标准,则行为人在利用相关未公开信息从事证券交易时,其行为违法与否仍处于不确定状态——犹如“薛定谔之猫”实验,必须在信息公开后才能揭晓答案:如果信息公开后未对股价产生重大影响,则交易行为自始合法;反之,则构成内幕交易,应受法律否定性评价,而需承担行政、民事甚至刑事责任。在这一模式下,交易行为的违法性判断被转换为事后证券价格的实际涨跌,必将增加公司内部人或其他知情人的“赌徒心理”和道德风险,〔18〕而减损法律的规范引导功能;同时,还会降低法律对行为人“利用内幕信息”这一关键环节的关注,而该环节恰恰是最能体现内幕交

---

〔14〕“谁能以较低的成本防范,谁就承担这个责任。”参见熊秉元:《正义的效益:一场法学与经济学的思辨之旅》,东方出版社2017年版,第35页。

〔15〕2021年《信披办法》第30条第6项:《上市公司监管指引第5号——上市公司内幕信息知情人登记管理制度》(证监会公告〔2022〕17号)。

〔16〕参见中国证监会行政处罚决定书〔2020〕44号。

〔17〕根据2021年《信披办法》第24条,在董事会或者监事会就该重大事件形成决议时,或有关各方就该重大事件签署意向书或者协议时,或董事、监事或者高级管理人员知悉该重大事件发生时上市公司应对相关信息进行披露。而根据最高人民法院、最高人民检察院《关于办理内幕交易、泄露内幕信息刑事案件具体应用法律若干问题的解释》第5条第3款,影响内幕信息形成的动议、筹划、决策或者执行人员,其动议、筹划、决策或者执行初始时间,即可认定为内幕信息的形成之时。

〔18〕参见中国证券监督管理委员会行政处罚委员会编:《证券期货行政处罚案例解析》(第二辑),法律出版社2019年版,第341页。

易滥用信息优势不当获利的本质特征[19],因此也将减损法律的规范评价功能。

其三,基于监管执法部门的视角。监管部门在执法之时显然有"事后之明"的优势,相关消息业已公开,其对证券价格的影响也非常便于观察,若以实际价格敏感性为标准,客观明确、简便易行。然而,这种执法上的便利和判断标准的统一却要以法律的明确性和行为的可预期性为代价,也将使法律对内幕交易的事前防范机制无法落实。而且,从证监会的行政处罚实践看,显然采用的也是价格可能敏感性标准,主要体现在两个方面:一是处罚决定中,无论在事实叙述还是法律评价部分,极少案例对内幕信息是否实际引起股价变动予以阐述;二是从近三年的案例看,超过36%的行为人内幕交易结果为亏损,[20]相关内幕信息并未实际对股价产生预期重大影响,但这并不影响内幕信息的认定。

综上所述,对内幕信息重大性的判断应属"预期导向"而非"结果导向",即应将新《证券法》第52条第1款"对发行人证券的市场价格有重大影响"的规定理解为对证券价格"可能有"重大影响,而采用"价格可能敏感性标准"。

(三)"价格可能敏感性标准"的投资者设定

既然内幕信息重大性判断是"预期导向"的,而不同投资者对同一信息的评估往往并不一致、甚至截然相反,[21]那么,需要进一步追问的是,其重大性的预期判断是对谁而言或应以哪一类型的投资者作为判断基准?由于投资者对信息的预期差异,法律无法对所有投资者实施无差别的保护,因而重大性背后的投资者设定必然体现了法律的价值选择和利益权衡。对此,本文认为,可从以下两个面向进行审视和探查:一是基于规范的面向,投资者设定是否更有助于实现内幕交易规制的立法目的,进而有利于构建预设的交易秩序,提高市场效率;二是基

---

[19] 参见中国证监会行政处罚决定书[2019]100号。

[20] 根据中国证监会网站公布的行政处罚案例,2019~2021年,证监会共对155名内幕交易当事人作出处罚,其中56名当事人的交易结果为亏损。数据来源于笔者整理,载中国证监会网站,http://www.csrc.gov.cn/,2022年5月6日访问。

[21] 事实上,每一手二级市场股票交易的达成,其背后都体现了买者和卖者意见的根本分歧。

于事实的面向,投资者设定是否充分考虑当前的投资者结构和市场实际,进而有助于法律的实施和遵从,实现规则之治。

1. 专业投资者与普通投资者。根据新《证券法》第 89 条第 1 款,投资者可分为普通投资者和专业投资。由于两者在财产状况、金融资产状况、投资知识和经验、专业能力等方面的差距,不可避免会影响两者信息分析能力和投资行为模式。[22] 那么,在内幕信息重大性的投资者设定问题上,两者之间应当如何权衡?从规范的面向看,新《证券法》第 89 条第 2 款关于举证责任倒置、第 94 条第 1 款关于纠纷调解申请权的规定,[23] 已鲜明体现了立法者对普通投资者的倾斜性保护。而且,若以专业投资者作为判断基准,可能导致许多在普通投资者眼里无关紧要的事件被纳入内幕信息,将大幅增加发行人的信息管理成本,也将使专业投资者怠于信息的挖掘和分析,不利于发挥其作为价格协调者的功能,[24] 可能有"监管过度"[25] 之嫌,而有损市场效率。在事实面向,根据《证券期货投资者适当性管理办法》的分类标准,专业投资者以证券基金经营机构、各类资管产品、社会公益基金等机构投资者为

〔22〕 比如,有些信息对于普通投资者来说本不属于重大信息,但对于专业投资者而言,能够运用镶嵌理论(The Mosaic Thoery)有机结合既有其他信息进行分析,从而挖掘出一些重要信息。See Allan Horwich, *The Mosaic Thoery of Materiality—Does the Illusion Have a Future*? Securities Regulation Law Journal, Vol. 43, 2015. 又如,自然人投资者中,证券账户资产量较高的投资者对长期价值投资理念接受度更高。参见深圳证券交易所《2020 年个人投资者状况调查报告(摘要版)》,载深圳证券交易所网,http://investor.szse.cn/institute/bookshelf/report/t20210519_585972.html,2022 年 3 月 17 日访问。

〔23〕 新《证券法》第 89 条第 2 款规定:"普通投资者与证券公司发生纠纷的,证券公司应当证明其行为符合法律、行政法规以及国务院证券监督管理机构的规定,不存在误导、欺诈等情形。证券公司不能证明的,应当承担相应的赔偿责任。"第 94 条第 1 款中规定:"普通投资者与证券公司发生证券业务纠纷,普通投资者提出调解请求的,证券公司不得拒绝。"

〔24〕 参见萧鑫:《内幕信息重大性标准及其投资者设定》,载黄红元、卢文道主编:《证券法苑》(第 20 卷),法律出版社 2017 年版。

〔25〕 所谓监管过度,是指监管机构采取过分严厉的监管手段,超出了防控风险的最大需要或者遏制了市场参与方面进行金融创新的动力。参见洪艳蓉:《金融监管治理——关于证券监管独立性的思考》,北京大学出版社 2017 年版,第 257 页。

主,〔26〕而现实中我国自然人投资者占比超过99%,〔27〕且其中7成以上账户资产量在50万元以下。〔28〕显然,以广大中小投资者为代表的普通投资者是我国证券投资者的绝对主体,法律上无疑也应选择优先保护普通投资者的预期,以最大限度地促进信息公平,增强投资者尤其是普通投资者的信心,提升市场整体活力。

2. 长期投资者与短期投资者。证券市场瞬息万变,由于投资时间视角不同,投资者对相关信息的态度和反应很可能也会不同。在规范的面向,尽管长期投资者具有积极监督的公司治理效益、提高信息披露质量、促进市场稳定等优势,〔29〕但短期投资者对于提供市场流动性、提高市场效率等方面的作用亦不可或缺。然而,"长短"界限并非泾渭分明,且基于"镶嵌理论",相关信息对投资者的影响周期也难以精准确定。不过,根据前述,内幕信息重大性的判断应以普通投资者预期为基准,不应苛求每一事项都需经过"镶嵌理论"的检验,故应聚焦事项本身对证券交易价格是否有重大影响。由此观之,披露信息的时间维度对区分长期与短期投资者的预期差异具有重要参考价值。如前所述,我国现行信息披露制度对定期报告、临时报告分别采用了投资者决策标准和价格敏感性标准,相较之下,基于临时报告的"临时"性质,且新《证券法》第52条第2款将内幕信息重大性与临时报告的价格敏感性

〔26〕《证券期货投资者适当性管理办法》第8条第1款。

〔27〕截至2022年2月底,中国证券登记结算有限公司登记的投资者数量为20,014.73万人,其中自然人投资者数量19,967.16万人,非自然人投资者数量47.58万人。投资者数量指持有未注销、未休眠的A股、B股账户的一码通账户数量。载中国证券登记结算有限公司网,http://www.chinaclear.cn/zdjs/tjyb1/center_tjbg.shtml,2022年3月14日访问。

〔28〕根据《证券期货投资者适当性管理办法》第8条第1款第5项,自然人投资者如要成为专业投资者,其中一个重要条件便是金融资产不低于500万元或近3年个人年均收入不低于50万元。而根据深交所近10年来开展的个人投资者状况调查报告,尽管个人投资者账户平均资产量逐年上升,从2010年的42.2万元增长至2020年的59.7万元,但账户资产量的分布却一直极度分散,超过75%(2015年甚至接近85%)的投资者账户资产量在50万元以下。参见深圳证券交易所2010年至2020年《个人投资者状况调查报告(摘要版)》,载深圳证券交易所网,http://investor.szse.cn/institute/bookshelf/report/,2022年3月17日访问。

〔29〕See Sunnil Wahal & John Mcconnell, *Do Institutional Investors Exacerbate Managerial Myopia*? Journal of Corporate Finance, Vol. 6:3, (2000).

标准嫁接起来,表明内幕信息重大性的基准设定与短期投资者特点更为契合。有鉴于此,在协调预期冲突的问题上,原则上应以短期投资者为主,在特殊情况下也可考虑长期投资者视角,[30]以兼顾规范和事实两个面向的价值追求。

3. 理性投资者和非理性投资者。在有效市场条件下,理性投资者的投资行为是传递市场信息并使之反映为证券价格的媒介,[31]显然在规范面向上无疑应选择保护理性投资者的预期,以促进信息与价格之间的有效传递,推动提升市场效率。但从事实面向看,在我国中小投资者占据大多数的情况下,熟悉偏好、投机追高、未使用分散投资和止损策略等非理性投资行为大量存在,[32]与理性投资者具有完全的信息和完全的理性,[33]而不受外界不当干预,不受情绪、感受、偏见等影响[34]的要求仍有很大差距。不过,法律规则并非仅能一味适应社会,而具有调整社会、改造社会的内在性格,[35]美国反欺诈和内幕交易的司法实践也表明,设定一个相对较高的理性投资者标准,有助于促使真实的投

---

〔30〕 如在2015年股市极端行情下,持续性暴跌成为一种系统性风险,个股的利好消息很可能无法在短期内扭转其自身下跌趋势,因而对于短期理性投资者而言,相关利好信息则不具有重大性;但在长期理性投资者看来,持续性下跌不会长期存在,公司股价最终将回归其内在价值,相关利好信息则具有重大性。参见萧鑫:《内幕信息重大性标准及其投资者设定》,载黄红元、卢文道主编:《证券法苑》(第20卷),法律出版社2017年版。

〔31〕 参见李有星、董德贤:《证券内幕信息认定标准的探讨》,载《浙江大学学报(人文社会科学版)》2009年第6期。

〔32〕 根据深圳证券交易所2016~2020年对近9万名个人投资者的调查报告显示,近6成的受访投资者具有熟悉偏好,过半数未使用分散投资策略,逾4成没有明确的止损策略,投机追高、处置效益、过度自信等非理性交易行为的发生概率在30%~40%。数据来源于深交所《个人投资者状况调查报告(摘要版)》,载深圳证券交易所网,http://investor.szse.cn/institute/bookshelf/report/,2022年3月14日访问。

〔33〕 即能够了解和掌握已公开的全部信息,能够预期和考虑所有相关因素,且拥有无限的计算能力。See Chock Full O' Nuts Corp. V. Finkelstien, 548 F. Supp. 212, 219 (S.D.N.Y. 1982).

〔34〕 See David A. Hoffman, *The "Duty" To Be a Rational Shareholder*, 90 Minn L. Rev. 537 (2006).

〔35〕 参见陈金钊:《缘何需要正视法治逻辑?——法学基础研究的重要性》,载《南开学报(哲学社会科学版)》2020年第2期。

资者理性投资,减少被欺诈的情况发生。[36] 为此,问题的关键在于,应如何协调在规则面向的高标准与事实面向的非理性之间的冲突?实际上,个股信息被列入内幕信息的范围,说明其不具备实施投资组合策略的完全理性。[37] 行为金融学等学科的深入研究表明,投资者的决策既受理智的影响,也受个人情绪、偏见等非理性因素支配,[38] 且投资者认知上的缺陷和错误不可避免,理性投资者的理论假设(有效市场假说)现实中也难以成立。[39] 因此,价格敏感性背后的理性投资者无须达到"理性经济人"的完全理性标准,但仍需具备相当程度的理性能力:一是基本的认知理性,即应当具备投资所需的基本知识,如掌握常识性的投资知识、了解宏观经济、财务会计等方面的基本概念,但无须系统、全面地精通某一领域,所掌握的知识足以支撑其履行一定注意义务(the duty of care)[40] 或开展进一步调查分析。二是基本的行为理性,即具有稳定合理的投资逻辑,对投资所面临的收益和风险具有清醒认知,能够审慎作出投资决策。

三、内幕信息与信息披露的重大性:融合与差异

(一)内幕交易规制与信息披露制度中的重大性标准

证券市场是无疑一个信息市场,信息与价格之间的良性互动正是证券市场价格发现、资源配置等功能发挥的基础。但信息并非越多越好,过多的信息披露既增加发行人披露成本,也容易使真正有价值的信

〔36〕 参见刘东辉:《谁是理性投资者——美国证券法上重大性标准的演变》,载郭锋主编:《证券法律评论》(2015 年卷),中国法制出版社 2015 年版。

〔37〕 参见萧鑫:《内幕信息重大性标准及其投资者设定》,载黄红元、卢文道主编:《证券法苑》(第 20 卷),法律出版社 2017 年版。

〔38〕 See Peter H. Huang. *Moody Investing and the Supreme Court: Rethinking the Materiality of Information and the Reasonableness of Investors*, 13 Sup. Ct. Econ. Rev. 99(2005).

〔39〕 See Donald C. Langevoot, *Theories, Assumptions, and Securities Regulation: Market Efficiency Revisited*. 140 U. Pa. L. Rev. 851, 895(1992).

〔40〕 See David A. Hoffman, *The "Duty" To Be a Rational Shareholder*, 90 Minn L. Rev. 537 (2006).

息湮没于"噪音"之中,加大投资者甄选有用信息的困难;而过多的内幕信息也将增加未公开信息的管理成本,限制投资者交易自由,还可能使发行人及其管理人员选择拒绝或推迟有利于增加公司价值的交易〔41〕。因此,无论对于防范内幕交易还是强制信息披露,重大性标准的核心价值都在于提供了一种"过滤"机制,以在信息成本与效率之间找寻平衡,避免造成市场整体的低效率或无效率。

事实上,内幕交易规制与信息披露制度在确保证券市场信息资源分配的公平性和有效性上具有协同作用,且内幕信息登记管理责任主体与信息披露义务主体的同一性,故两者重大性标准应当相互协调,否则将使发行人陷入"标准冲突"之窘境,在保密与披露之间无所适从;〔42〕或者流于"标准挑选"之恣意,游走在大相径庭的标准空隙之间实施法律规避。正因如此,新《证券法》进一步强化了两者关联,即在第52条第2款列举内幕信息类型时全面援引第80条第2款的临时报告重大事件。有观点指出,内幕交易执法中对信息的重大性判断对于梳理信息披露的重大性标准具有借鉴意义。〔43〕但这并不意味着内幕信息重大性判断应与强制信息披露标准保持完全一致,主要有以下三方面理由:

其一,基于重大性的制度功能。强制信息披露制度通过禁止迟延报告、不实报告、重大遗漏等虚假陈述,旨在合理平抑发行人的信息优势,降低其与投资者之间的信息不对称性;而内幕交易规制则并不否定信息优势本身,而在于禁止滥用信息优势的证券交易行为,比如关于泄露内幕信息的认定,内幕信息知情人若仅存在泄露信息或明示、暗示行

〔41〕 例如,在上市公司并购交易初期(尚未确定是否符合重大性要求)就要求对磋商情况进行披露,会刺激市场反应,导致投资者或投机者大量购买目标公司证券,从而推高收购成本,甚至导致交易价格所依赖的证券市场价格畸高而取消并购计划。参见谢杰:《内幕信息形成时间判断规则研究》,载《证券市场导报》2013年第8期。

〔42〕 在缺乏明确的法律规范指引下,发行人需要花费更多时间评估某项交易所涉信息的性质以及是否可以参与该项交易。See Jeffrey N. Gordon, *Shareholder Initiative: A Social Choice and Game Theoretic Approach to Corporate Law*, 60 U. CIN. L. REV. 347 (1991).

〔43〕 参见李文莉、李子为:《信息披露重大性要求的判断标准与路径选择》,载蔡建春、卢文道主编:《证券法苑》(第30卷),法律出版社2021年版。

为,但未导致非法获取信息之人进行相关证券交易的,则不构成规范意义上的泄露行为。质言之,信息披露制度侧重“信息公开”的强制要求,而内幕交易规制强调“交易行为”的必要限制。借此,内幕信息与信息披露的重大性标准也应体现各自逻辑和特点——基于信息披露的日常性,披露行为更多体现为发行人及其董监高在合规意识下的主动性,故其重大性标准侧重于在确保发行人保持最低限度的信息公开的基础上,可以使发行人免于事无巨细地披露公司经营管理活动中的各类信息,以平衡“信息不足”与“信息过载”之间的矛盾;相较而言,基于交易行为的异常性,内幕交易规制更多体现了公权力机关的驱动性,故内幕信息重大性标准则侧重于保持对内幕交易违法犯罪活动的打击力度的同时,限制公权力过度扩展而将一些无关紧要的信息认定为内幕信息,以平衡“监管过度”与“监管宽容”〔44〕之间的冲突。

其二,基于重大性的规范目的。虽然内幕交易规制与信息披露制度在保护投资者免受信息欺诈上是相同的,〔45〕不过前者更强调“公平”的价值,以确保投资者处于在同一游戏规则之下,维护市场交易秩序、增强投资者信心;而后者价值诉求则更为多元,除了信息公平之外,随着市场不断演进,客观上已衍生出诸如便利公众监督、提升公司内部治理〔46〕、强化证券监管〔47〕等其他相对独立的价值功能。〔48〕在不同规范价值指引下,重大性的内涵和外延均可能相应地产生差异,如关联交

〔44〕 所谓监管宽容,是指当被监管对象违反监管规则或者不遵守市场纪律时,监管机构未采取相应的制约措施或者在采取制约措施的过程中放缓步伐、减轻力度,或者事先信息沟通等,使当事人所承受的不利后果远远低于正常情况下应承受的程度。参见洪艳蓉:《金融监管治理——关于证券监管独立性的思考》,北京大学出版社2017年版,第260页。

〔45〕 参见[美]路易斯·罗思、[美]乔尔·赛里格曼:《美国证券监管法基础》,张路等译,法律出版社2008年版,第673页。

〔46〕 See George S. Georgiev, *Too Big to Disclose: Firm Size and Materiality Blindspots in Securities Regulation*, 64 UCLA Law Review 602(2017).

〔47〕 See McClane & Jeremy R, *Regulating Substance through Form: Lessons from the SEC's PlainEnglish Initiative*, Harvard Journal on Legislation, Vol. 55, (2018).

〔48〕 尽管这些衍生的制度目标最终都将服务于保障投资者“用脚投票”的权利,但从提升上市公司质量、促进经济发展、优化社会治理等角度看,客观上已难以被保护投资者合法权益这一价值目标所涵盖。

易的重大性认定问题就颇具典型意义。基于防范内幕交易的角度，关联交易既有促进公司规模经营、降低交易成本、实现集团战略目标等积极作用，[49]也有可能出现控制股东掠夺或利益输送等消极影响，[50]性质上应当是中性的；[51]且诸如与关联自然人发生成交金额超过30万元的交易等事项，尽管已触发强制信息披露的义务，[52]但对于规模动辄数十亿的上市公司而言，其本身难以对公司的证券价格产生重大影响。相比之下，关联交易历来是信息披露的重点内容。新《证券法》第80条第2款第3项首次对关联交易的临时披露作出明确规定，沪深交易所相关披露规则详细规定了应当披露的关联交易、关联方及相关量化标准，[53]目的就在于通过充分的信息公开，将关联交易置于"阳光之下"，以便于利益相关方、监管部门乃至一般社会公众了解和评估相关交易合理性、公允性以及对公司价值的潜在影响，从而促使公司规范运行、降低"代理成本"。

其三，基于重大性的判断标准。如前所述，信息披露重大性具有"二元性"特征，即同时采取价格敏感性与投资者决策标准，但立法上对于内幕信息重大性则采取单一的价格敏感性标准。尽管两种判断标准很多时候是相统一的，[54]但相对而言，投资者决策标准其除了价格因素外，还包括其他诸如投资的市场环境、发行人未来前景以及ESG

---

〔49〕 参见曹理：《独立董事VS.控制股东：中国上市公司关联交易治理实效研究》，载徐明等主编：《证券法苑》（第5卷），法律出版社2011年版。

〔50〕 See Guido Ferrarini, *One Share – One Vote: A European Rule*, European Company and Financial Law Review, p. 147 – 177(2006).

〔51〕 参见陈甦：《对公司相互持股及关联交易进行规制的制度选择》，载张穹主编：《新公司法修订研究报告》（上册），中国法制出版社2005年版，第241页。

〔52〕 《上海证券交易所股票上市规则（2022年修订）》第6.3.6条；《深圳证券交易所股票上市规则（2022年修订）》第6.3.6条。

〔53〕 《上海证券交易所股票上市规则（2022年修订）》及《深圳证券交易所股票上市规则（2022年修订）》第6章第3节"关联交易"。另参见徐文鸣、刘圣琦：《新〈证券法〉视域下信息披露"重大性"标准研究》，载《证券市场导报》2020年第9期。

〔54〕 因为对证券价格有重大影响的信息总会影响理性投资者决策，而对投资者决策有重要意义的信息也总会影响证券价格。参见李有星、董德贤：《证券内幕信息认定标准的探讨》，载《浙江大学学报（人文社会科学版）》2009年第6期。

信息(environmental,social and governance)[55]等非价格因素;且考虑到信息披露的时间维度,其背后的投资者设定也应以长期投资者为主,而与价格敏感性标准相区别。更重要的是,即便同样针对价格敏感性标准,内幕信息与信息披露的重大性的构成要件要素要求也并不相同。新《证券法》第52条、第80条均采用了"概况+列举"模式,从法律的体系解释看,作为新《证券法》第80条第2款临时报告的重大事件,仅需满足第80条第1款"较大影响"的要求;而作为第52条第2款内幕信息的列举事项,在符合第80条第1款的基础上还需进一步满足第52条第1款"重大影响"的要求。换言之,在重大性"量"的要求上,内幕信息重大性标准要高于、至少不应低于强制信息披露标准,这也与内幕交易规制具有更强的公权力驱动特征相对应,从而确保内幕交易监管执法符合比例原则,实现精准执法和适度监管。

(二)内幕信息列举性规定的"差异化审视"

根据前述,内幕信息与信息披露的重大性既相互融合,也存在重要差异。相应地,在新《证券法》第52条与第80条之间的法律适用问题上,可从以下两方面进行把握:一方面,基于融合的视角,强制信息披露标准可作为内幕信息重大性判断的重要参考;另一方面,基于差异的视角,内幕信息的重大性判断又不应对强制披露标准亦步亦趋、简单采取"拿来主义",而有必要进行"差异化审视"。事实上,作为一种列举行规定,新《证券法》第52条第2款本质上属于对证券交易活动涉及的各类信息的一种制度性建构,是对列举事项的法律构成要件符合性的一种逻辑预设,并不必然符合"应然与实然相对应"的要求。正如新《证券法》第51条关于内幕信息知情人的列举,并不能当然认为列举的人员在具体事例中均知悉内幕信息,而仍需结合具体案件事实进行判断。又如,中国香港证监会发布的《内幕消息披露指引》列举了可能对上市证券价格产生重大影响的事件,但同时指出,"上述事件或情况清单不代表有关消息一旦披露,即会对股价产生重大影响。以上清单并非详

---

[55] 参见张问之:《环境信息强制披露如期而至 ESG渐成A股公司"新名片"》,载《上海证券报》2022年2月10日版。

尽无遗，纯属指示性质，列举可能构成内幕消息的事件或情况类别”。[56]

为了叙述便利，暂且将新《证券法》第80条第2款中的“重大事件”划分为以下三种类型：一是定性型事件，即直接明确重大事件定性，且没有提出重大性判断的要求，如“公司分配股利、增资的计划”；二是定量型事件，即对重大事件设置了明确的量化标准，如“公司在一年内购买、出售重大资产超过公司资产总额百分之三十”；三是裁量型事件，即没有规定量化标准，但需要对信息的重大性进行判断，如“公司发生重大亏损或者重大损失”。有观点认为，对于前两类事件，既然新《证券法》已明确了规定其法律性质或量化标准，则对定性型事件，可直接依法确定为内幕信息；对量化型事件，则应根据是否达到相关比例要求予以确定。这一观点看似合理，实则系将内幕信息重大性与信息披露重大性等同视之，未能以“差异化视角”对内幕信息列举性规定进行审查——至少未能充分关注到两者在运用价格敏感性标准上的差异。换言之，要完成从内幕信息列举性规定到内幕信息法律事实的逻辑跨越和规范认定，就必须摒弃“概念化”或“线性化”的适用思维，而应充分考虑内幕信息重大性自身在制度功能、价值平衡等方面的独特机理，并根据具体案情对重大性作出规范性评价。

基于上述法律关系分析，即便对于定性型事件，也不应简单根据法律的定性预设径直认定为内幕信息，而仍需结合涉案具体事项进行分析。例如，针对“董事会决议被撤销”事项，申请撤销的原告资格门槛较低，[57]且董事会决议涉及的范围广泛，[58]涉及董事会决议可能被撤销或无效的事项必然类型众多、轻重兼有，诸如“决定公司内部管理机构的设置”或“根据经理的提名决定聘任或者解聘公司副经理、财务负

---

〔56〕 参见《内幕消息披露指引》第35条、第36条，载香港证监会网，https://sc.sfc.hk/gb/www.sfc.hk/TC/Regulatory - functions/Corporates/Corporate - disclosure/Guidelines - on - Disclosure - of - Inside - Information，2022年5月30日访问。

〔57〕 根据《公司法》第22条及最高人民法院《关于适用〈中华人民共和国公司法〉若干问题的规定(四)》第2条，请求撤销董事会决议的原告只需在起诉时具有公司股东资格即可，并无持有股份数量或持有时间要求限制。

〔58〕 参见《公司法》第46条。

责人及其报酬”等事项,一般情况下对于公司经营管理的影响相对较小,即便相关决议被撤销或宣告无效,往往也不会对公司股价产生重大影响。若将该类事项纳入内幕信息,很可能不当扩大了打击范围,而有过度执法之嫌。再者,对于定量型事件,在是否构成内幕信息的问题上,也并非仅需着眼于法定的量化标准。例如,对于“三分之一以上监事发生变动”事项,由于上市公司监事会成员数量一般在3~5名,1/3以上变动其实也仅涉及一两名监事,变动原因也往往是到期换届这种常规流程。更重要的是,虽然《公司法》等将监事会视为与股东会、董事会分权制衡的公司治理机关,赋予其监督、检查和维护公司及股东合法权益等职能,[59]但现实中,上市公司监事会却成为“最尴尬的机构”,[60]与法律预期功能相去甚远,在一系列重大财务造假、董事及管理层侵害公司利益导致破产或清算等恶劣情形下,均没有发挥应有作用。[61]因此,尽管该变动事项属于信息披露的重大事件,但却并不必然满足内幕信息重大性的要求。事实上,在我国内幕交易执法历程上,也从未出现以监事变动作为内幕信息的相关案例。

此外,对于裁量型事件,监管执法部门的自由裁量空间也应受到信息披露标准的底线限制。例如,对于上市公司并购重组,其作为资本运作的典型代表,常常引发投资者对公司股价的“想象空间”,但若其未能达到信息披露标准,即便在事实上对股价产生了重大影响,[62]基于新《证券法》第52条与第80条的适用逻辑,以及内幕信息重大性标准与强制信息披露标准的宽严差异,也不应认定构成内幕信息。而且,从行为可预见性因素考虑,针对未达到披露标准信息,行为人在买入相关

---

[59] 《公司法》第53条;《上市公司治理准则》(2018年修订)第47条。

[60] 参见李建伟:《公司法学》,中国人民大学出版社2011年版,第331页。

[61] 如南纺股份、万福生科、广东新大地、云南绿大地等知名案件。参见郭雳:《中国式监事会:安于何处,去向何方?——国际比较视野下的再审思》,载《比较法研究》2016年第2期。最近的康美药业财务造假案也是如此。参见中国证监会行政处罚决定书〔2020〕24号。

[62] 即便未达到披露标准,也可能由于公司自愿性披露而对股价产生影响。例如,某深市上市公司股价因连续上涨发布了股票交易异常波动公告,并主动披露了公司收购无关联第三方股权的交易事项,但其投资金额(1.8亿元)占公司净资产的比例仅为8%,未达到《深圳证券交易所股票上市规则》(2022年修订)第6.1.2条规定10%的披露标准。

股票时可合理预计公司将不会对该事项进行披露，交易行为的信息优势自始不存在，那么，也难以认为行为人主观上具有利用内幕信息进行获利的故意，因而也不宜认定为内幕交易。

四、内幕信息重大性的实证观察和具体适用

（一）内幕信息重大性的执法实践概览

为更好地刻画内幕信息重大性认定在执法实践中的样态，本文对2019～2021年证监会网站公布的内幕交易行政处罚案件进行了全面梳理。[63] 上述期间，证监会共作出内幕交易处罚决定书123份，共涉及84例内幕信息。[64] 其重大性的认定模式及理由主要有以下几种情形：一是参考《信披办法》及交易所披露标准（5例，占比5.9%）；二是参考重大资产重组标准（13例，占比15.5%）；[65] 三是通过交易金额占比或股权变动比例予以说明（12例，占比14.3%）[66]；四是径直认定为内幕信息（54例，占比64.3%）。[67]

由于不同信息类型重大性的考量因素和认定路径可能存在较大差异，譬如重大资产重组标准可作为并购重组类信息的判断参考，但对业绩预告等信息可能难有助益。因此，有必要结合所涉内幕信息类型的

〔63〕 该数据统计不包括中国证监会派出机构网站同期公布的案件。

〔64〕 其中因同一事项而对不同行为主体分别作出的处罚决定书39份。

〔65〕 其中有1例同时参考了交易所披露标准和重大资产重组标准（中国证监会行政处罚决定书〔2021〕103号、104号），考虑到重大资产重组标准较高，更能体现涉案事项的重大性程度，故将其归入此类。

〔66〕 其中有2例交易金额占比已经达到重大资产重组标准（中国证监会行政处罚决定书〔2020〕7号、〔2019〕115号），但处罚决定书中并未明确言明参考或采用的是重大资产重组标准，故将其归入此类。

〔67〕 需要特别说明的是，“径直认定”系单纯根据《行政处罚决定书》文本作出的分析判断，并不代表行政执法机关内部的实际决策过程。另外，对于上市公司并购重组，案例中若仅有对拟收购股权比例、被并购标的资产金额等事实描述，未进一步论述并购交易与上市公司营业收入、总资产、净资产等的相对比例，实际上仅提供了一种绝对数额，投资者无法判断该并购交易对上市公司的影响程度，故将其归入径直认定的范畴。

分布,对重大性的认定模式进行类型化分析。上述84例内幕信息样本中,并购重组类信息的数量“一骑绝尘”(53例,占比63.1%),超过了其他内幕信息类型的总和;股权结构或权益变动类信息次之(16例,占比19%),非公开发行股票、业绩预告类信息分别位居第三(4例,占比4.8%)、第四(3例,占比3.6%),其他还涉及股权激励计划、利润分配方案、签署重大合同、董事高管被调查等内幕信息类型(各2例,分别占比2.4%)。不同类型内幕信息的重大性认定模式具体如图1所示:

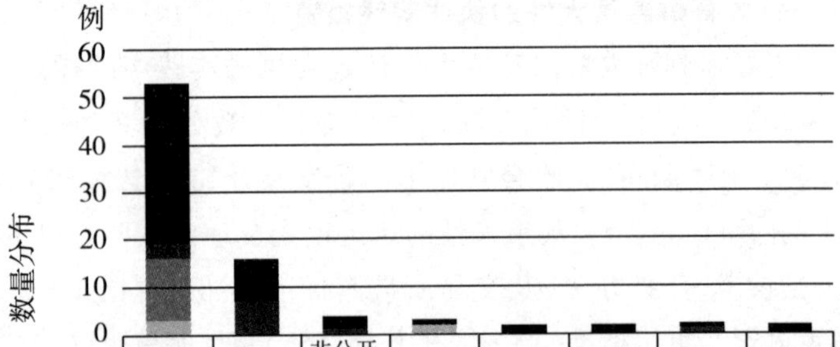

	并购重组	权益变动	非公开发行股票	业绩预告	股权激励计划	利润分配方案	重大合同	高管被调查
■径直认定	34	9	3	1	2	2	1	2
■比例说明	3	7	1				1	
■参考重组标准	13							
■参考信披标准	3			2				

图1　类型化内幕信息重大性的认定模式

综合来看,并购重组类信息的重大性判断方式似以径直判定为主,辅之以信息披露及重大资产重组标准作为参考基准。上述样本中,约1/3的案例将信息披露及重大资产重组标准作为判断并购重组类信息重大性的重要参考(16例,占比30.2%),部分案例虽未直接言明采用了何种标准,但相关比例隐含了信息披露或重大资产重组标准,如认为交易价格超过上市公司上一年度期末净资产的50%,则具有重大性。[68] 不过,径直认定重大性的情形仍占多数(34例,占比64.2%)。究其原因,可能在于证券监管部门认为,市场参与各方对于并购重组类信息可能对上市公司股价产生重大影响具有高度共识,如在刘某、李某

〔68〕 参见中国证监会行政处罚决定书〔2019〕115号。

内幕交易“太阳鸟”案中，证监会认为“上市公司决定参与收购本身即具有价格敏感性，在未公开前属于内幕信息”[69]。再者，从当事人陈述申辩情况看，前述统计案例样本中，尽管近7成当事人提出了陈述申辩，但主要围绕“不知悉内幕信息”或“内幕信息形成时间认定有误”等展开，仅有4名当事人、针对3例内幕信息的重大性问题提出了异议。[70]

相较而言，股权结构或权益变动类信息的重大性认定说理似较为充分。样本中，通过具体变动比例来论证股权结构或权益变动具有重大性的情形相对较多(7例，占比43.8%)，其原因可能在于就该类信息而言，股权变动比例属于事实陈述与法律判断的交汇之处——既是阐明案件事实的必要，也是对重大性的认定理由。再者，权益变动中如涉及控股股东或实际控人的变更(样本中有6例)，可根据常理当然认为对公司股价有重大影响，其重大性似乎不言自明，无须进一步展开论述。从这一角度看，该类信息真正属于径直判断的应仅为3例(占比低于20%)，其论证说理相对而言较为充分。对于其他内幕信息类型，由于样本量较少，且以径直认定方式为主，其重大性判断的参照体系和规律性特征较难明确。

在内幕信息重大性判断标准的适用上，对于重大性“量”的要求并未以“差异化”的视角进行审视。大多数案例的处罚决定书中，关于内幕信息的认定结论基本都采用这样的“范式”：“综上，××事项属于2005年《证券法》第六十七条第二款第×项规定的重大事项，在公开前属于2005年《证券法》第七十五条第二款第一项规定的内幕信息。”其隐含之意，认为构成信息披露中的“重大事件”就当然符合内幕信息重大性要求，在重大性“量”的判断上似乎并未严格区分临时报告披露标

[69] 中国证监会行政处罚决定书〔2019〕89号。

[70] 这与美国实践形成鲜明对比。美国内幕交易司法实践中，对内幕信息重大性的认定对内幕交易诉讼案的胜诉概率至关重要，法院在对内幕交易案件进行实质性审理前，专设一个申请程序对内幕信息是否具备重大性进行审查。据统计，因欠缺消息重大性而在实质审理前被驳回的案件已超过起诉案件的70%。See Bainbridge & Gulali, *How Do Judges Maximize—Rules of Thumb in Securities Fraud Opinions*, 51 Emory L. J. 83(2002). 转引自左坚卫、张淑芬：《内幕信息重大性认定问题研究》，载《刑法论丛》(第59卷)，法律出版社2020年版。

准的“较大影响”与内幕信息概括性规定要求的“重大影响”。最为典型的是，在谢某峰、谢某云内幕交易“长亮科技”案中，证监会认定：“基于腾讯公司的市场地位，长亮科技与其签订进一步加深业务合作的《合作协议》亦可能对公司股价产生较大影响，当事人辩称……合作事项不具有重大性和未公开性，其主张不能成立。”〔71〕这一认定逻辑显然是将信息披露中的“较大影响”作为判断是否符合内幕信息重大性要求的直接根据。

在内幕信息重大性判断标准的选择上，价格敏感性标准与投资者决策标准的“交锋”时有显现。部分案例似将价格敏感性标准与投资者决策标准“同炉冶之”，如在张某内幕交易“ST 中富”案中，处罚决定认为，相关事项公开后可能对证券交易价格或投资者交易决策造成影响，即应当认为内幕信息已经形成；〔72〕在张某华、周某发内幕交易“方盛制药”案中，在论证内幕信息形成时点时，认为“影响内幕信息形成的动议、筹划本身有可能对公司证券的市场价格产生重大影响”内幕信息即可成立，随后又强调“判断的重要因素在于对理性投资者的决策而言是否明确”。〔73〕

(二)内幕信息重大性相关具体适用问题分析

如前所述，新《证券法》关于内幕信息的规范结构是由第 52 条、第 80 条组成的“规则束”或“规则群”，但由于第 52 条采用了“概括性规定 + 引致性规定”的结构，以致在法律适用的具体问题上，往往需要将第 80 条作为分析、认定内幕信息类型及其重大性的逻辑起点。然而，基于内幕信息自身的复杂性和内幕信息列举性规定相互之间的内在关联，同一内幕信息可能同时符合不同的列举性规定，由此产生因列举性规定的竞合〔74〕而引发内幕信息重大性判断龃龉或规范适用冲突等问题。

---

〔71〕 中国证监会行政处罚决定书〔2020〕57 号。

〔72〕 参见中国证监会行政处罚决定书〔2021〕95 号。

〔73〕 中国证监会行政处罚决定书〔2020〕112 号。

〔74〕 需要说明的是，此处的竞合问题并非严格的法条竞合关系，因为法条竞合要求规范之间具有包容与被包容关系，而此处的竞合更多属于交叉重合关系，会因内幕信息的变化而出现不同的竞合情况，如对于一般的并购重组，适用“公司的重大投资行为”；如涉及跨行业并购，则与“公司经营方针和经营范围的重大变化”的规定竞合；而若采用了发行股份进行收购，则与“公司增资的计划”的规定竞合。

事实上，针对同一项内幕信息常常存在不同的竞合情形，其中最为典型的应属裁量性规定与定性类规定之间的竞合。例如，前述内幕信息样本中，共涉及18例发行股份购买资产事项，其中有12例仅适用了“公司的重大投资行为”的规定，[75]另有5例认为同时还属于“公司增资的计划”；[76]又如4例非公开发行股票类信息中，2例将其认定为“公司增资的计划”，[77]1例认为属于“公司股权结构的重要变化”，1例认为两者同时构成。[78] 在规范本文上，与“公司分配股利、增资的计划”等定性类规定相比，裁量性规定基本上采用了“重大”或“重要”等表述，那么其重大性判断应当适用更严格的标准。此时，应该如何确定作为内幕信息的相关交易事项的重大性判断基准？

从法律适用的统一性要求看，若采取同时适用两项或多项竞合性规定的处理方式，将导致适用标准的差异化和碎片化。更重要的是，基于法律评价的精准性考量，具体条款的适用应聚焦、并体现相关信息的本质特征，建立起案件事实与规范事实相对固定的涵摄关系，进而实现法律预期引导功能和行为规制功能的最大化。如对于发行股份购买资产事项，发行股份并非交易的目的，而仅属于一种支付方式，该事项的本质仍在于通过资产或股权的并购与重组，实现其整体资产的最优配置，因此属于并购重组的一种类型，在判断是否符合内幕信息重大性要求时，应将其作为裁量型事件进行考量，并基于“重大”或“重要”等措辞而采用相对严格的判断基准。对于非公开发行股份，其核心在于通过发行股份获取股权性融资，即增加公司资本，其并不必然导致、多数情况还可能尽力避免导致公司股权结构的重要变化，故应将其作为定性型内幕信息来权衡重大性判断问题。因此，在法律的具体适用问题上，同时适用多项列举性规定可能不是最优选择；在择

[75] 即中国证监会行政处罚决定书〔2021〕6号；〔2021〕83号、〔2021〕103、104号；〔2020〕45、46号；〔2020〕48号；〔2020〕70号；〔2020〕113号；〔2019〕21号；〔2021〕24、25号；〔2019〕77－78号；〔2019〕115号；〔2019〕118号。

[76] 即中国证监会行政处罚决定书〔2020〕75号；〔2020〕83、84号；〔2020〕95、96号；〔2020〕107号；〔2020〕113号。

[77] 即中国证监会行政处罚决定书〔2021〕92－95号；〔2019〕11－13号。

[78] 即中国证监会行政处罚决定书〔2019〕63号；〔2019〕56号。

一适用时，则可考虑剔除手段性、过程性、附随性等因素而回归相关事项的本质特征。

值得注意的是，并购重组作为内幕交易最为高发频发的领域，新《证券法》对认定其构成内幕信息的具体条款（2005 年《证券法》第 67 条第 2 款第 2 项）进行了修改。[79] 新《证券法》第 80 条第 2 款第 2 项将“重大投资行为”以逗号分隔、单列出来，并对逗号后面两段内容规定了 30% 的比例要求，[80] 由此产生了“重大投资行为”到底属于裁量性规定还是定量性规定的疑问。而且，这一问题的回答无疑也将进一步影响相关内幕信息重大性的考量和判断。本文认为，应当将其理解为裁量性规定，无须受 30% 的量化约束，主要有以下四点理由：其一，标点符号作为书面语的重要组成部分，是解释词语文句或法律规定含义的重要参考因素。[81] 在立法技术规范上，逗号用于句子内部没有内在联系的两个并列层次之间，[82] 这表明“重大投资行为”与后文“购买、出售重大资产”等各自具有相对独立、完整的含义，应予以分别对待。其二，百分数作为一个数值比例，其分子分母应属于同一类数量性词语，如新《证券法》第 33 条规定的“70%”，为发行人向投资者出售的股票数量与拟公开发行的股票数量之比，而“投资行为”尽管必然会涉及投资数额，但该用语本身并非诸如“资产”“股票数量”或“持有股份”的数量性词语，无法与后文 30% 的比例要求相协调。其三，在立法沿革上，新《证券法》新增的“百分之三十”实际上是对 2005 年《证券法》中“购置财产”的量化约束，新旧法相关内容对照如表 1 所示：并不涉及“重大投资行为”。其四，相较于购买、出售资产或资产的抵押、报废，投资行为的风险性更高，对投资者的“吸引力”更大，对公司经营、

---

〔79〕 前述 53 例并购重组类信息中，52 例认定属于 2005 年《证券法》第 67 条第 2 款第 2 项规定的“公司的重大投资行为和重大的购置财产的决定”，另有 1 例被认为属于“公司经营方针和经验范围的重大变化”（中国证监会行政处罚决定书〔2021〕129 号、130 号）。

〔80〕 新《证券法》第 80 条第 2 款规定：“前款所称重大事件包括：……（二）公司的重大投资行为，公司在一年内购买、出售重大资产超过公司资产总额百分之三十，或者公司营业用主要资产的抵押、质押、出售或者报废一次超过该资产的百分之三十。”

〔81〕 参见余文唐：《法律文本：标点、但书及同类规则》，载《法律适用》2017 年第 17 期。

〔82〕 《立法技术规范（试行）（一）》（法工委发〔2009〕62 号）第 12.3 条。

财务和证券价格的影响也更加显著,对其重大性的判断预留更加灵活的裁量空间而非采取固定量化的基准,有助于实现打击和规制内幕交易的规范目的。

表1 并购重组类内幕信息相关条款新旧法对照

新《证券法》			2005 年《证券法》
第 80 条第 2 款第 2 项前段	"公司的重大投资行为"		第 67 条第 2 款第 2 项前半段
第 80 条第 2 款第 2 项中段	"公司在一年内购买、出售重大资产超过公司资产总额百分之三十"	"重大的购置财产的决定"	第 67 条第 2 款第 2 项后半段
第 80 条第 2 款第 2 项后段	"公司营业用主要资产的抵押、质押、出售或者报废一次超过该资产的百分之三十"		第 75 条第 2 款第 5 项

五、结语

尽管新《证券法》第 52 条关于内幕信息重大性的立法表达仍有粗陋,但基于法律实施和体系解释的视角,其判断应采用价格可能敏感性标准,并可从规范和事实两个面向探查法律背后的价值选择。相较于强制信息披露标准,内幕信息重大性在制度功能、规范目的及判断标准等方面均有不同,需对新《证券法》第 52 条第 2 款进行"差异化审视",不应简单根据法律的定性或定量预设直接认定。法律的具体适用方面,对于规范竞合问题,应聚焦信息本质特征择一适用相关规定;适用新《证券法》第 80 条第 2 款第 2 项时,"重大投资行为"应理解为裁量性规定,无须受 30% 的比例限制。

"在一个公平自由的市场中,没有人愿意和在牌上提前做了标记的人打牌。"[83] 内幕交易规制的核心目的就在于整平"游戏场"(level the

〔83〕 See Louis Ross, Joel Seligman & Troy Paredes, *Securities Regulation*, Fourth Edition, p. 517(New York: Wolters Kluwer, 2014). 转引自吕成龙:《谁在偷偷地看牌?——中国证监会内幕交易执法的窘境与规范检讨》,载《清华法学》2017 年第 4 期。

playing field)[84],为投资者提供安全的交易环境,维护市场交易秩序,增强投资者信心;与此同时,内幕信息重大性的重要制度价值就在于确保规制过程中遵循比例原则,保持合理限度,避免因"过度监管"而减损市场效率。在新《证券法》大幅提高内幕交易处罚幅度的背景下,内幕信息重大性的认定问题很可能成为处罚机关与拟处罚对象之间"攻防"争锋的焦点,也将是证券监管执法部门进一步统一执法标准、廓清交易行为合法性边界、提升打击内幕交易的精准性和有效性而必须跨越的"一道坎"。借此,以证券监管执法的规范性、合理性不断推动市场参与各方进一步明确行为预期、凝聚法律共识,形成执法与守法的良性互动,促进实现规则之治。

(编辑:姜沅伯)

[84] 参见洪艳蓉:《证券执法的制度价值及其实现——来自美国的经验借鉴》,载吉冠浩主编、《北大法律评论》编辑委员会编:《北大法律评论》(第1卷·第1辑),北京大学出版社2017年版。

《证券法苑》(2023)
第三十八卷,第 431 ~463 页

信托制度与金融化

[美]布鲁克·哈林顿*　汪其昌**译

编者按:信托法律制度是一种财产权利、一种法律关系,更在全球财富管理活动中成为资本积累、要素流动与金融创新的一种重要工具和载体。随着我国金融制度性开放日益深入,认可信托关系是现代金融体系的基础法律制度,可以更好地与国际通行规则相接轨,并益于我国资本市场更好地解决上市公司"关键少数"及金融中介机构权责分配等现实问题。

* 哈佛大学博士,美国达特茅斯学院社会学教授,主要研究市场的社会基础,包括:(1)经济社会学:金融市场和离岸银行;(2)阶层社会学:与不平等相关的财富与税收;(3)职业社会学:精英和专业人士;(4)政治社会学:不同国家税收天堂的法律与金融生态系统;(5)组织社会学:家族企业,不同群体与多样性。她最近十多年的研究聚焦于离岸金融。她的文章都发在顶流学术刊物上,如《人类关系、社会经济评论》《社会心理学季刊》等,她 2016 年出版的《无国界资本》(*Capital without Borders*)获美国社会学杰出图书奖,本文载入菲利普·马德、丹尼尔·默滕斯和纳塔斯卡·范·德兹万主编的《劳特利奇国际金融化手册》,劳特利奇出版社 2020 年版,第 276 ~ 287 页[Philip Mader, Daniel Mertens and Natascha van der Zwan(editor), *The Routledge International Handbook of Financialization*, Routledge, 2020]。

** 上海对外经贸大学副教授。

摘要:信托制度(trusts)是一种与金融全球化扩散相连的法律构造。虽然信托制度虽起源于中世纪的英国,但在当代金融中获得了新的意义。在公司结构融资中,信托制度成为常用工具,另外为高净值人士作为财产规划和资产保护装置发挥传统功能。本文从三个方面具体讨论信托结构促进金融全球化:赋予全球经济中的投资食利者(rentier - investor)以特权,绵延英美金融模式,日益提高相对民族国家的金融自主权。本研究拓展了克里普纳关于金融化的研究:比较信托制度与知名公司融资活动,阐明私人资本如何参与金融化经济中的公司财富创造。

关键词:金融化　财富　精英　金融服务

"信托被用来努力逃避资本主义不断加深和反复出现的危机。中层上层阶级一直常用信托,但现在才羞羞答答承认无法解决资本主义的矛盾。"(Franklin,1933)

一、导论

正如金融化一直被认为是回应资本主义反复出现的危机(Arrighi,1994;Krippner,2011),信托也是如此。尽管上述引文是富兰克林在大萧条背景下得出的观察结论,阿瑞吉(Arrighi,1994)跟踪20世纪70年代的世界经济危机得出的观察结论亦如此。两人都指出反复出现的经济危机销蚀财富积累的久存模式(long - standing pattern)。信托作为持有资产的法律构造(legal structure)已被证明是一种有用工具,可保护财富免受这些危机的影响,并允许资本在这些危机中增长(Harrington,2016)。虽然这些在有益于公司的金融化文献中经常被忽视(Krippner,2011),但信托制度还是经常被用来组织构建国际金融(Langbein,1995)和私人财富的制度安排。

信托制度是一种资产持有结构,该结构利于利润最大化,促进金融化国际资本特征的流动性(Krippner,2005)。尽管信托制度起源中世纪的英格兰(Harrington,2012),但它具有罕见独特的"一般性和富有弹性”(Maitland,1936),使其能够在从封建主义向资本主义转型中幸存下来,增益和适用金融化全球扩散。正如克里普纳(Krippner,2011)所载,曾根基于以制造和销售商品的经济体已经从创造财富转向分配财富:另一位金融化学者称之为“将财富从一只手转移到另一只手”(Mukunda,2014)。在20世纪最后25年,这种转变在美国和其他主要世界经济体中已站稳脚跟(took hold)(Krippner,2005),需要以最小成本和努力在国际上转移财富的工具。信托制度提供了一个现成的法律构造以达此目的(Beaverstock*et al.*,2013)。通过最大限度地减少合规成本和纳税义务,同时保护资产免受税务机关稽查和债权人追索以实现利润最大化,其独有特征允许资本几乎无摩擦全球流动。

因此,信托制度有助于金融相对于国家控制的自主权。对于个人和公司而言,免于纳税和多种形式监管的自由使信托制度成为“资本积累特权之所(privileged site of accumulation)”(Krippner,2005),也成为经济中轻松快速积累资本之方术(a position)。由此,信托制度从其为高净值人士服务的历史用途扩展到应用于公司之间大量国际金融交易(Parkinson,2008)。信托制度构建了债券发行、共同互惠基金、资产证券化等许多其他当代金融资本主义的核心基础制度(pillars)(Langbein,1995)。

通过研究信托制度在私人和企业融资中的作用,本文将论证它们以三种重要方式助益金融化:巩固投资者作为全球经济主角(central figure)的权力;促进英美金融的主导地位;提高民族国家体系中的金融自主权。与克里普纳(Krippner,2005)关于金融化的原创研究一样,本文提供了描述性和概念性的见解(descriptive and conceptual insights),还以两种方式扩展了对金融化的理解:将信托制度与众所周知的公司形式比较,阐明私人资本如何在世界金融体系中参与公司财富创造。二手数据表明,美国人以信托持有的私人资本总计至少达到16万亿美元,美国公司以信托持有的资本更多(Langbein,2004;Wolff,2012;Saez and Zucman,2014)。虽然这些估计是时点性的,但提示了一个值得更多学术关注的现象。

最后,本文对信托制度的研究将遵循阿瑞吉(Arrighi,1994)关于金融化研究的国际视角。私人和公司运用信托制度,通常都在跨国背景下部署。本文提供的分析将有助于社会科学中对于经济全球化模式的持续论辩,克里普纳(Krippner,2005)将经济全球化模式称为“所有社会科学中最棘手问题之一”。具体而言,“全球化怀疑论者”将其解释为金融体系缺乏协调,于是通过金融对国家权力进行微弱挑战,本文将考察信托制度的国际演变和应用,表明这种解释忽略了不同类型协调的发展:一种不是基于硬法(hard law)和正式制度,而是围绕利用像信托制度及其实践惯例一样展开的组织构造传播。在金融监管方面,没有产生如许多人所预期的合流(Deeg,2012),当代金融对不同国家的法律采取了“分而治之(divide and conquer)”方式,利用差距和冲突(gaps and conflicts)获得发展。这种金融化采取了不同于所预期的差别化形式,部分是由于使用信托构造促进资本流动和获取盈利机会,而不是通过国家主导的协调。通过很大程度上不受监管的资本转移和积累的组织构造,“全球化地方主义(globalized localisms)”(Jensen and Santos,2000)终于(like)将信托制度与国际金融体系联接起来。

二、走向信托社会学

本节将描述信托制度的基本概念特征,以及经济社会学和金融化学者特别感兴趣的一些特征。正如耶林(Gerring,2012)曾指出,这项理论研究对知识做出了重要而独特的贡献,尽管它经常被低估。在自然科学中,命名、识别和分类一直被认为对推进研究至关重要。这样的工作对于信托社会学来说尤其必要,因为它们在法律研究之外的学术文献中相对不为人知(例如,Hofri,2015)。如下节所表明,信托制度可能会引起各领域学者的兴趣,包括经济社会学、法社会学和政治经济学。本研究聚焦于将金融化作为研究对象(area),这是所有这些交叉学科研究的领域。

信托制度是一种持有资产的组织构造,可通过如下方式最大限度提高资本流动性和获利,即一位学者称之为“操纵所有权诸方面”的一套“技巧”(tricks)(Moffat,2009)。信托获得这种权力由两个关键特征(defining features)决定:所有权分立(bifurcation of ownership)和独特的法律地位。当一个人(熟知的受托人)为第三人(受益人)的利益接受他人(委托人)的资产时[1],信托就成立。在这种安排中,资产的普通法所有权(legal ownership)和责任由委托人转让给受托人,但资产的使用和享有归受益人所有。因此,所有权分为两部分:普通法所有权和受益所有权(legal and beneficial ownership)*。受托人有特定义务,包括作为"受信人(fiduciary)"的要求,即为了受益人的最佳利益(best interests of the beneficiaries)享有和管理信托资产,而不是为了个人利益(Langbein,1995)[2]。

除了分立的所有权(divided ownership)之外,理论上信托的另一个独特方面是其法律上的地位和待遇(status and treatment in law)。与其他资产持有构造不同,例如基金会或公司,信托不是独立的法律实体(separate legal entities)。相反,信托是私人关系(private relationships),被许多国家的法律所承认,不享有其所有权权利的"法律人格"(legal personality)。这就产生了系列结果,如不能像作为法人实体的公司那样被诉或破产。

数世纪以来,信托的法律地位和"作为私人关系的传统"(Stebbings,2007)是如此独特,以至于与信托相关的争议都没有在世俗民事法庭(law tribunals)审理。相反,他们是由教会法庭(ecclesiastical courts)的宗教领袖裁决的(Outhwaite,2006)。这是因为,在其历史的大部分时间中,信托被视为受人际道德义务约束(governed by interpersonal moral obligation),该义务以"忠义义务(duty of loyalty)**取代合同条款"(easterbrook and fischel,1993)。将此理论化产生了实际有效影响,例如,为建立具有约束力的法律关系,通常信托被要求豁

---

[1] 此处的"人"指自然人和法人,如公司。

* 在普通法系中,权利可按照权利性质和救济方式分解,受益人所有权相对于普通法所有权又被称为衡平法所有权。国内通常将普通法所有权直译为法律所有权,不妥。——译者注

[2] 已经形成了一套保护信托受益人利益的法律。受托人受法律约束为受益人的最佳利益管理资产,并根据信托成立时规定的指示分配这些资产的收益。禁止受托人不得以任何方式使用资产或从资产中获益。

** 国内普遍把"duty of loyalty"译为"忠实义务",很不妥,不符合原意,没有体现"义"和"良心"的宗教与人性内容,也与中国传统的"义利"之说不匹配。——译者注

免"对价(consideration)"(付酬)(Langbein,1997)。事实上,数世纪以来,受托人都被禁止接受他们的工作报酬(Hall,1973);相反,他们被期望承担普通法所有权的责任(responsibilities of legal ownership),该责任对其施加"作为[他们]荣誉和良心的负担(as a burden upon the[ir] *honor* and *conscience*)"(Sanders,1791)。

在社会学术语中,信托制度受赠与逻辑而非补偿逻辑支配(Zelizer,1996)。法律也承认这一点,信托结构被正式理论化为"赠与和某个时间段的规划方案"(projected on the plane of time)(Rudden,1981)。在此情况下,该赠与由委托人向受益人作出;由于它不是一次性赠与,意欲随时间推移逐次赠与(传统的私人信托可持续存在 超过100 年),因此转移过程由受托人管理。尽管法律已更改为允许向受托人付酬作为规范,但他们仍然需要通过其受信人责任(fiduciary responsibilities)来制定赠与的逻辑,这涉及纯粹为他人利益行使所有权权利(ownership right)。

伴随赠与经济的持续联系,信托制度嵌入人际关系之中,是与之联系的社会利益和实际功能的关键。例如,在当代社会实践中,信托最受推崇的特征是其被视为合法的私人赠与关系。它们受到非常宽松的监管,并且为各相关方提供了近乎完全的隐私。由于信托不是独立的法律实体,它们的存在没有公开记录;对信托没有对应于公众公司的注册登记。这造成了与资产所有权有关的策略上的模糊性和不确定性(strategic obscurity and uncertainty)。事实上,信托"以严格保密方式隐匿资产"(shroud assets in cast - iron secrecy)(Shaxson,2011),这使很难对与资产相关的任何费用(costs)或法律限制施加责任。这些包括对资产流动的限制,以及偿付债权人的债务、征税或执行法院下令的罚款与和解。因此,一位法律学者提供了以下简单的定义:"信托是一种这样的装置,能够使人享有……所有权的利益,但不受产生于所有权的全部义务和责任之约束"(Scott,1922)。

在当代金融化时代,信托构造被开发利用为全球"空壳游戏"(shell game)的关键组成部分(Fitch,2003)。在该游戏中,律师和金融专业人士精心设计"以一种字面相符但与法律精神相悖的方式"(Moffat,2009)协调资本跨国流动。为了说明这些资本流动的范围,请考虑培训专业受托人手册中介绍的以下“典型客户”情景：

拟议的委托人[将资产放入信托者]是巴西国民，但一直居住在加拿大达15年，他认为加拿大是其永久住所。受托人将是开曼群岛的信托机构，也是专业保护人，位于巴哈马。信托资产旨在包括两家标的公司的股份：一家为委托人的拉丁美洲商业帝国的控股公司，为注册在百慕大的免税豁免公司；另一家是在英属维尔京群岛注册成立的IBC，组合持有股票和股份。全权受益人(discretionary beneficiaries)[受托人自行决定有权使用信托资产者]由居住在欧洲和南美洲的一类人组成(Parkinson,2005)。

此例中的信托活动遍布三大洲，超过半打国家。此例提示如何使用信托来促进私人和企业财富，以满足全球化经济中密集资本流动需求。

由于信托没有公开注册，而且很少受到法律控制。较之受到更多高度监管的组织构造，如公司，信托有可能以很低成本全世界大量转移资本。正如一位法律学者最近所说，“与其他相竞争的法律制度相比，信托制度较好地用财产表现‘技巧’，更加强化了法律执行(legal reinforcement)”(Moffat,2009)。这意味着以信托持有的资产之交易成本和合规成本更少，有益于利润最大化。这也是金融化的另一关键特征(Krippner,2005,p. 200)。

信托制度组织资产所有权的独特方式使其不仅对于富人有用，对于公司本身也有用(Langbein,1997)。例如，在全球金融体系中，信托制度的一个共同作用是充当公司股份的容器(container)；18世纪后期始，信托制度一直是构造共同互惠基金组织结构的基础(Reid,2006)。信托制度也成为公司结构融资的工具，使基础债券发行和资产证券化成为可能(Langbein,1995)。在全球范围内，“信托，尤其是目的信托，在国际金融交易中发挥着越来越重要的作用”(Parkinson,2005)。

继耶林(Gerring,2012)之后，图1提供了信托构造的简单类型，以说明它们在公司和私人情境中的主要用途。如图1所示，信托有两个主要子类型：私人明示信托，专供个人用于实现财产规划和资产保护等目标；目的信托，其中个人和公司都使用它来实现从慈善事业和家族企业保护到创建复杂的集合投资的目标。特别是离岸目的信托构成了许多共同基金、债券发行和资产证券化项目的组织基础。

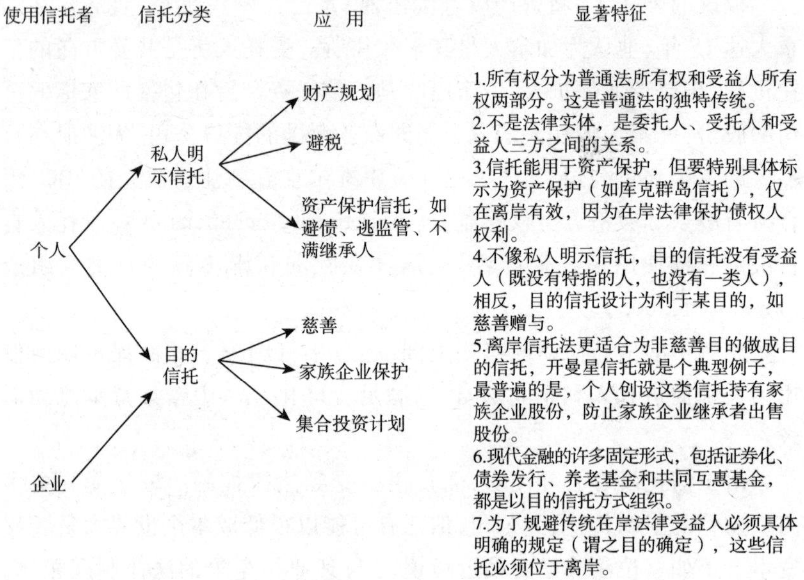

图1　信托分类

注:这种分类涵盖了实践所用的主要信托形式,但不包括一些应用,诸如公司股东使用的表决权信托、通过信托的私人和公司之破产管理。这些特定的应用可能很大改变了常规的信托法律规定(Plank,2000)。典型的在岸资产保护信托通常设立私人明示信托,赋予受托人自由裁量权,大量负债和破产的受益人无权直接享有信托资产,仅享有从信托获得以受托人自由裁量权应有分配的权利。如果债权人打算见机以信托财产偿债,受托人可拒绝分配阻遏该要求。

如图1所示,在将信托与金融化联系起来方面,离岸金融中心起着特别重要的作用。许多司法管辖区的法律,如开曼群岛和库克群岛,一直专门为公司和个人度身定制以最大化信托所能提供的金融利益。尤其通过离岸立法,构成信托基础的所有权分离理论持续放大了其经济意义。通过最小化交易成本和合规成本以实现利润最大化,一个常见策略是将资产的普通法所有权授予位于离岸区的受托人,离岸区的税收和监管费用可以忽略不计,甚至不存在。根据国际法,信托资产仅受普通法所有者居住司法管辖区的监管和征税。因此,受托人战略性地将自己立足于能提供最低合规成本和税率的国家。世界各地的司法管辖区相互竞争提供最具吸引力的制度(Economist,2013),但在历史上英国连同其附属国(territories)和前殖民地一直占主导地位。

以这种方式使用信托,居住在伦敦的俄罗斯人可以在开曼群岛以信托方式持有投资组合价值数百万美元的美国股票中获益,且无须缴纳税款和利润,因为他不是资产的普通法所有者。[3] 受托人仅是唯一对相关投资组合负有法律义务者,开曼群岛不对资本利得或收入征税,因此利润可以畅通无阻地流向在伦敦的受益人所有者。出于同样原因(所有权分离),俄罗斯的债权人、法定继承人和离婚配偶都无法触及信托财产(Parkinson,2005;Harrington,2015)。最后,如果开曼群岛信托受到强加义务(unwanted obligation)的威胁,或者如果在其他地方出现更具吸引力的税收或监管制度,信托型(trust form)* 可以很容易以最低成本将资产从一个司法管辖区转移到另一个司法管辖区。[4] 以下部分详细说明社会学家特别感兴趣的这些信托特征。

(一)比较信托与公司作为资本积累特权之所

作为积累和增殖资本的工具,信托制度早于更广为人知的公司组织形式。事实上,公司形式在19世纪中叶广泛使用之前,许多工商企业在过去的100年期间都是通过信托组织的;这些企业被称为“财产授予契据”(deed of settlement)(Moffat,2009)。到了20世纪,通过提供有限责任和独立“法人人格”的便利,公司成为主要商业组织形式,可以签订合同和获得贷款。但信托仍然保留为集合投资、财产规划和私人资产保护的首选工具(preferred vehicle)。

在当代金融时代,对信托施加轻微监管负担一直是其持续吸引人的关键。这些品格使信托成为具有高度适应性的资本转移工具,尤其是在国际范围内。由于适用于它们的规则很少,因此信托可以为各种私人和商业目的度身定制。相比之下,由于长期与欺诈和经济危机相

---

〔3〕 受益人有义务对从信托获得的分配纳税,但有许多方法可以使这些分配免税,例如,将其标记为受益人的“偿还贷款”。

* 其他可比组织是公司型、契约型等。——译者注

〔4〕 这种转移信托所在地的权力必须在信托文件中明确说明,即列于信托计划文件中。这种权力,被称为“逃逸条款”(flee clause),通常包含在当代信托文件中,特别用于离岸使用。

关联,公司在历史上引起了相当多的监管关注(Chancellor,1999;Harrington,2012)。在金融化时代,对公司的监管有所增加,部分原因是此类危机发生频率更高(Krippner,2011)。但凭借其私人关系的重要地位,信托很大程度上避免了这种监管审查。与公司不同,监管信托不被视为公共利益问题。[5] 因此,虽然公司"受累于旨在保护债权人和股东的监管性质所限……商业信托继续为交易计划者提供几乎无限设计的灵活性"(Langbein,1997)。表1比较了两种组织资本的模式。

当然,这些弹性、一般性和设计灵活性的品格只有通过社会行动者(social agents)的干预才能实现,特别是金融和法律专业人士,他们将信托作为日常实践的一部分。这些专业人士承担受托人职责,与客户制定战略,确定哪些资产应以信托方式持有,根据哪些国家的法律创设信托。这指出了一个重要的区别:信托并没有创造金融化。相反,专家发现信托是一种现成工具,可以完成金融化所需的一些任务,例如以最小监管摩擦最大限度地提高资本流动性和利润。利用国家法律体系之间的差距和冲突,信托蓬勃发展,同时制造战略混乱(creating strategic disarray)而不是趋同(Harrington,2016)。

因此,虽然信托有一些缺点,包括缺乏如公司那样的全球法律承认,但它们在许多方面都是克里普纳所说"资本积累特权之所"(Krippner,2005)的典型例子。虽然她本人并未详细阐述这一概念,但她和其他人(例如,Labban,2010)使用它来指代适应盈利而非生产的实体所产生优势。"特权"包括资本累积的便利和速率,这使经济中的某些组织或财务状况(certain structures or positions within the economy)成为可能。

例如,将公司资产转移到信托中可以为公司节省大量交易税赋和监管合规成本,同时也让它们更容易获得新资本。信托允许公司将债务"移出资产负债表",使公司对投资者和贷方更具吸引力(Bentson,2006)。这是因为信托在公司与负债(如失败的业务部门)之间创建了

[5] 熟悉美国历史的人可能会发现,在19世纪末和20世纪初,许多公共政策都集中在"取缔托拉斯"上。然而,这术语用词不当,因为它实际上是指公司垄断,其中一些公司,如标准石油,使用信托作为其组织构造一部分,尽管有术语,但制定政策当局并不是针对信托本身,而是针对垄断(Dudden,1957)。

一道隐私“防火墙”(见表1):由于信托是未注册实体,因此无法将公司原始所有者的负债连接起来。对信托用作资本积累特权之所,安然公司为我们提供了一个最近最著名的例子:通过创建两个离岸信托来隐藏其负债,安然公司能够虚增2000年11亿美元的现金流入,隐匿超过33亿美元债务(Batson,2003)。这两者都增强了公司对投资者和贷方的吸引力。这使得这家资金实际大出血(reality hemorrhaging money)的公司却额外募集了38亿美元的资金(Batson,2003)。尽管安然公司倒闭了,但信托所提供的优势继续使它们对企业极具吸引力。许多公司现在经常使用信托作为其组织结构的一部分(Langbein,1997)。

表1　比较公司与信托

项目	公司	信托
主要目的	贸易和商业,股东价值最大化	为受益人最佳利益持有和分配财富
所有权	股东可以买股,也可能有投资损失	分为受益人和受托人,受益人无须付出,但受托人因付出劳动和承担风险获得补偿
法律地位	独立的法律实体(法人);全球承认	不是一个法律实体,但是一个私人契约;仅在普通法域被承认
管理	董事	受托人
税负	收入被征两次税:一次是公司年度层面,被分配给股东时再征	当被分配给受益人时,收入被征税一次;否则免税
资产保护	公司资产能被债权人和诉讼人查封,公司可以破产,股东一无所有	信托财产不能被债权人和诉讼人侵入,信托不破产
隐私	公司必须公开注册登记,披露董事姓名	无须注册登记,有些司法管辖区受托人必须公开记录,但受益人身份保密

续表

项目	公司	信托
合规成本	要求报告(收入、财报、审计等);对流动性和分配的严格限制	几乎没有要求报告和对流动性和分配的限制
易于转移	将公司从一个司法管辖区迁移另一个司法管辖区更加困难和高成本	将信托从一个司法管辖区转移到另一个司法管辖区相对容易且成本较低("逃逸条款")

因此,虽然公司形式作为资本积累特权之所受到学术界的大量关注,但使用信托所带来特权并没有得到应有认可。具体而言,在累积经济和政治权力方面,表1中确定的四个因素凸显了信托提供独一无二的优势。第一,信托免于整个层面或领域的征税,公司收入被征税两次:第一次在公司层面,第二次在被分配给股东时,但信托只征收一次,即被分配给受益人时〔6〕(即使这次也可被规避)。第二,除了这种特殊的税收地位之外,以信托形式持有资产还享有一定程度的保护,免于法律判决执行和其他索赔,这是公司所没有的;公司可以破产,但信托不能。第三,由于信托的监管比公司宽松得多,因此它们的合规成本要低得多。这些较低成本可能是富人财富以高于平均水平更快速度增长的一个原因,拥有巨额财富的富人是私人信托的主要使用者。例如,在美国,前1%的财富以每年超过30%的速度增长,超过35年多的全国平均水平(Wolff,2012)。

通过允许以信托方式持有资产更快积累资本,较之以公司结构持有资产较少受到威胁,前述信托的三个因素有助经济发展。除此之外,作为资本积累特权之所,第四个也是最后一个区别使信托比公司具有优势:隐私。虽然公司必须公开注册,并披露其董事和股东的姓名。除极少数国家外,几乎都不要求信托注册登记为实体,受益所有者身份随处被视为严密保护的秘密(Conn,2015)。这就提供了经济上和政治上的特权(privileges)。在经济上,隐私增加了法治的自由度:当资产的真正受益所有人无法被识别时,他们就不能被征税或受到监管(Shaxson,

〔6〕 同前注〔3〕。

2011)。在政治上,围绕信托的隐私提供了对公开问责的保护,允许个人通过诸如捐赠政治运动和游说活动等方式积累财富还有权力,所有这些都是匿名的,使用信托结构来保护他们的身份。公司和个人对信托的这种策略性利用的影响将在第3节详细说明。

(二)量化信托资产

缺乏对信托的监管和注册登记使得不可能知道全球信托的总数,或者它们所包含的资产价值(Chester,1982;Sharman,2006)。这是与精英研究相关的更一般性问题的一部分:富人几乎完全被排除在公开数据集之外(Kopczuk and Saez,2004)。调查"系统性地低估了富人的代表性,并没有反映超级富豪的资产"(Davies et al. ,2008,p. 17)。事实上,福布斯400大的成员甚至被明确排除在财富多重抽样调查的数据集中,例如消费者财务调查(Budra,et al. ,2002)。为了进一步保护他们的隐私,有些人甚至为被排除在福布斯400大名单之外而付费(Demick 1990;Kolhatkar 2016)。

随着个人以及越来越多的公司对信托的重视程度越来越高,信托提供的保密和宽松监管变得越来越少。在其他金融领域,透明度正在成为常态(Seabrooke,2011);在这方面,信托在很大程度上是一个异数(outlier)。但是,使信托对用户有如此吸引力的相同特征也使它们非常难以研究。除了少数例外,经法律阻蔽后(behind legal barriers),可以让我们量化信托在国际政治经济中重要性的数据得到了谨慎细致保护。

最近对阶层的兴趣揭示了估计信托资产范围和财富不平等来源所需"政治危险"信息是如何被隐蔽的(Pincon and Pincon - Charlot,1998)。例如,专业受托人可能因泄露有关信托资产或受益人的信息而面临民事或刑事处罚。即使他们认为他们管理的信托与非法活动有关,受托人也必须遵守严格的保密法规。这不仅确保向第三方披露客户信息可以在民事法庭上提起诉讼,还使违规专业人士可因刑事犯罪被处以罚款和监禁(Parkinson,2004)。

偶尔完全为人所知(do come to light)关于信托的数据通常有两个来源。第一个是诉讼,诉讼通常会产生公开审判记录,其中可以暴露以信托方式持有财富的规模和结构。例子包括芝加哥的普利兹克家族:受益人提起诉讼,指控受托人不公平地分配信托资产,由此该家族由60家公司和2500个信托持有150亿美元财富(Jaffe and Lane,2004)的事实被公之于众。在公司领域,美国证券交易委员会的一项起诉曝光了数十个离岸信托的“迷宫”。这些离岸信托主要位于开曼群岛和马恩岛,被萨姆(Sam)和查尔斯·威利(Charles Wyly)兄弟用来隐藏其家族企业价值10亿美元的股票。这种构造使兄弟俩能够规避针对内幕交易的规制,并获得5.5亿美元的资本利得和免税(Guinto,2013;Savchuck,2014)。

信托的第二个主要数据来源是盗窃。近年来,发生了几起备受瞩目的案件,这些案件都是离岸银行和其他财富管理公司员工窃取信托受益人数据库并将其出售给政府和记者。这些被窃取的私人账户信息,包括来自列支敦士登、卢森堡和加勒比部分地区的机构(Bowers,2014;Gauthier - Villars and Ball,2010)。最近,一位匿名消息人士泄露了1150万份文件,其中包括近40年由位于巴拿马的莫萨克·丰塞卡公司(the Panama - based firm Mossack Fonseca)所设立和管理的信托财富(worth of trust)。这些文件揭示了商业领袖、名人和政治家在离岸信托中持有的数十亿美元,这些人士几乎是全球精英名人(a virtual “who’s who” of the global elite)。这包括为俄罗斯总统弗拉基米尔·普京(Vladimir Putin)的利益以离岸信托方式持有的数十亿美元。据反腐败活动家阿列克谢·纳瓦尔尼(Alexei Navalny)称,此次泄密只透露了普京实益所有信托资产的一小部分:“俄罗斯的反应是:‘哈,哈,他们只发现了20亿美元?’这是个人开支的零用现金。”(Seddon,2016)普京持有信托基金的进一步证据不太可能证实这些说法。这表明从泄密和诉讼中收集到的信托数据存在问题:它们通常是轶事且不系统,学术研究只能将它们用作例证。

关于信托数据不可获得模式之显著例外来自少数经济学家的辛勤计算。特别是,沃尔夫(Wolff,2012)和祖克曼(Zucman,2015)发现了一些估计部分信息的巧妙方法,这些信息将允许对以信托方式持有资产的范围进行有根据的推测,至少在美国是这样。沃尔夫和祖克曼(Saez and Zucman,2014)最近的研究表明,财富排名前1%的美国家庭的私人信托资产平均为520万美元;根据沃尔夫(Wolff,2012)估计,接下来9%的家庭持有信托资产平均价值为949,800美元。将此与西特科夫和尚岑巴赫(Sitkoff and Schanzenbach,2005)估计的国内私人信托账户 100 万美元平均值进行比较,信托资产价值明显上升,特别是在 1% 层级的家庭中,这与美国最富有家庭财富急剧增长的大趋势相一致,尤其是自 2008 年金融危机以来(Saez and Zucman,2014)。

由于前 10% 的家庭拥有美国 90% 以上私人信托财富(Wolff,2012),我们可以使用该组数据粗略估计这些信托所代表的资产价值。将赛斯和祖克曼(Saez and Zucman,2014)的调查结果与沃尔夫(Wolff,2012)的调查结果相结合,美国人的私人信托财富似乎刚刚超过 16 万亿美元[7]。这大致相当于美国的 GDP,家庭财富与 GDP 间的关系吻合几十年前的趋势(Piketty and Zucman,2014)。虽然美国的这个数字是推测性的,但它是目前得到的最好数据,并且似乎与我们掌握的关于更广泛的私人财富参数的其他信息一致。例如,最近的估计表明,美国有 46 亿美元的私人财富(Boston Consulting Group,2015);本文提出的计算表明,其中约 35% 以信托形式持有。

然而,关于信托在全球经济中的地位,至少有两个关键问题没有答案。首先,由沃尔夫提供的估算(Wolff,2012),还有赛斯和祖克曼(Saez and Zucman,2014)提出的估算都是美国特有的:没有其他国家的对应数据。这项工作非常处于经济学和金融学研究的前沿。其次,不清楚有多少公司财富以信托形式持有。研究公司使用信托的专家声称这些商业信托的总资产使个人以信托持有的资产相形见绌,约为 20:1(Langbein,2004)。然而,这似乎不太可能,因为这意味着商业信托的总价值至少为 32 万亿美元,大大超过了对全球公司财富 225 万亿美元总价值的估计

〔7〕 具体而言,这涉及使用沃尔夫(Wolff,2012)关于美国前 10% 的家庭以信托方式持有资产百分比的调查结果,然后将其与赛斯和祖克曼(Saez and Zucman,2014)对这些前 10% 家庭总数的估计相结合,以及这些家庭的平均财富,不包括他们的主要住所(这是估计净值的标准)。赛斯和祖克曼与沃尔夫(美国消费者财务调查)使用相同的数据源,但添加了福布斯 400 大美国最富有家庭调查的数据。众所周知,消费者财务调查未能充分代表美国最富有的家庭(Kennickell,2009),因此这一额外的数据集能够使赛斯和祖克曼更准确地估计美国最富有的家庭财富。然而,他们的研究结果仍必须与沃尔夫的研究结果相结合,以估计美国人以信托方式持有的私人财富总量,因为只有沃尔夫计算实际以信托方式持有的家庭财富的百分比。虽然赛斯和祖克曼承认信托作为财富来源的重要性,但他们并没有足够详细地划分家庭资产,估算以信托形式持有财富的百分比与其他形式持有财富的百分比相比。

(Lund et al.,2013)。

因此,很难准确量化信托在金融化经济中的重要性。目前可用的最佳数据表明,私人和公司以信托持有的财富总额达到数万亿美元,超过了世界上最大经济体的GDP。在获得更好的数据之前,这项研究必须限制在表明信托在世界经济中所起作用的非定量方法。

三、信托制度和金融化

在上一节所提信托理论化的基础上,本文认为这些组织结构以三种重要方式促进了金融化:巩固投资者作为全球经济主角的权力;保持和扩大全球范围内英美金融的特征;提高民族国家的金融自主权。

第一,某种程度上通过各种大规模在法律上和经济上具有可行性的投资,信托制度巩固了投资者的权力。因此,他们首选共同基金、养老基金和其他机构投资作为组织形式。此外,拼凑现有私人信托数据表明其中的绝大多数资产是股票和债券。无论是公司还是个人投资者,均通过使用信托获得独特的盈利机会和保护,而不是利用其他可替代的组织结构(as opposed to alternative structures)。

第二,信托制度与受英美影响深远的金融化方式密不可分(van der Zwan,2014)。对此,我们看到有两种方式:殖民和法律移植。作为英帝国扩张的一部分,普通法框架被强加给殖民地;信托概念是被移植法律制度要素中最"独特"的要素之一[Maitland,2011(1909)]。信托仍然作为几乎所有前殖民地现代法律中的遗产保留下来,包括世界主要的避税天堂。甚至在从未成为英国殖民地,也从未采用普通法传统的国家,都日益认可甚至通过立法采用信托制度。这些国家一直被与英美金融方式主导的全球金融体系融合的压力所推动。换句话说,信托制度是英美模式金融化本质特征的表达方式和促进者。

第三,信托制度放松了法律对资产及其所有者的约束。信托制度提供的隐私和它们享有的轻微监管负担允许资产流动在不同司法管辖区之间基本上畅通无阻;所有者(受益人或普通法所有者)可以自由为这些资产"购买"最友好的法律制度。因此,信托制度使金融本身变得具有超级流动性,从任何特定民族国家的法律约束中享有很大程度自主权。

(一)投资者的经济主导地位

金融化的一个决定性特征是将投资者而非生产者置于世界经济的主角(van der Zwan,2014)。通过为投资者提供免受损失和法律约束的特定自由,信托制度成就了这一主角地位。在金融化经济制度下,信托制度不承担与其他组织制度相同程度的风险和责任,投资者的权力最重要表现之一是能够获得投资收益(Sayer,2015)。投资者所享权力越来越大,大到他们可捕捉参与金融市场一切有利因素(尤其是利润)的限度,同时保护他们所积累的财富免受损失、税负和债务的影响。在金融化时代,信托制度已成为“资本积累特权之所”(Krippner,2005),其中特权不仅体现在盈利的容易和速度上,还体现在免除风险和义务上。

2012 年米特·罗姆尼(Mitt Romney)竞选总统期间,使用信托从投资中获利而不受法定税负水平的限制引起了广泛关注。当罗姆尼披露他只以 13.9% 的实际税率缴纳,而不是按法律规定针对其收入水平以 39.6% 的税率缴纳时,他遭到了公众的谴责。他的收入来源是 2.5 亿美元的财富,其中绝大部分以金融证券形式存在,分散在从澳大利亚到开曼群岛的 7 个信托组织结构中,从而其收入获得税收保护(Dwyer,2012)。

罗姆尼的情况是常态而非例外,至少就其信托基金的内容而言:美国家庭中 4.3% 是以私人信托方式持有资产,其信托资产的绝大部分(88.5%)由股票和债券组成,其余部分是房地产和其他投资(Bricker et al. ,2014)。相比之下,其他 90% 的家庭财富主要是住宅。因此,虽然不到 90% 的美国家庭持有者用他们的钱来建立他们的房屋净值,这通常是一种缓慢而适度的积累财富方式,但前 10% 的家庭利用他们的财富通过投资进一步丰富自己的财富。也就是说,拥有信托资产的家庭不仅比其他家庭更富有,而且他们还拥有能够产生收入的财富:美国私人信托的投资每年至少产生 97 亿美元的收入,这些收入几乎免税(Rosenmerkel,2013)。这种利用信托持有金融投资的做法集中在社会经济领域的精英人士(at the pinnacle of the socioeconomic spectrum):前 1% 的家庭将其 38% 的资产置于信托中;接下来 9% 的家庭将其 43% 的资产放在信托中(Wolff,2012)。这表明,只要财富和权力主要累积于投资者(wealth and power accrue primarily to investors),金融化环境中信托的控制力(power of trusts)就会加剧社会经济不平等(cap - gemini,2014)。

专业投资者都在利用信托制度来巩固他们的组织和经济权力,这确实不仅在个人中如此,在企业界亦如此。在过去的几十年里,大致与金融化兴起同时,相对不受监管监督的自由,信托使其成为诸如债券发行、共同基金、养老基金和对冲基金等大规模投资方面非常有吸引力的工具。虽然所有这些投资都可以通过其他组织结构进行组织,但出于多种原因,信托制度更受青睐,包括降低交易成本和在诸如如何偿还债权人等问题上具有灵活性(Moffat,2009)。

因此,较之公司形式的大额投资更好的是,信托允许曾经不可行的大规模投资得以可行,而且这样做能减少监管摩擦。这促进了关键金融领域的发展,例如共同互惠基金业。正如马尔基尔(Malkiel,2013)所指出,截至 1980 年,美国的共同互惠基金管理资产不到 260 亿美元;到 2010 年,共同基金的资产总值增长到 3.5 万亿美元,增长 135 倍。伴随多股力量驱动资本涌入,无人告知信托结构是如何使这种增长成为可能,且有利可图。通过降低交易成本,信托制度使集合投资成为一个利润丰厚的金融领域;在组织上,它提供了使数百万美国人能够参与金融市场的工具。新投资者的大量涌入是美国经济金融化的关键一步:可能原来很难买得起少数股票(平均为 35 美元/每股)者,可以通过共同互惠基金机制突然投资于广泛的行业(Harrington,2008)。于是,信托与"从被动储户向主动投资者的转变"密切相联,投资者又与金融化相关(Beaverstock et al. ,2013,p. 843)。

在此,促进资产大量流入像共同互惠基金一样的集合投资工具(collective investment vehicles),信托如此成功地促成了金融化,以至于使这些集合投资的管理者能够积累巨大的政治和组织权力。管理集合投资信托的这些"机构受信人"(institutional fiduciaries)现在有能力控制美国大部分公司。这种现象已被贴上"受信资本主义"(fiduciary capitalism)标签(rounds and rounds,2012,p. 36)。在此意义上,信托形式已被证明是大型投资池管理者的"资本积累特权之所"(Krippner,

2005)。

当代金融化经济中,构成2008年崩溃基础的次贷抵押危机部分显示了信托赋予投资者的权力。信托所受监管相对宽松,便于高风险、高利润的投资。因此,当银行开始寻找新的方式来吸引资本,他们转向信托结构,用它们捆绑抵押贷款和将它们作为转售的投资载体(Langbein,1995)。数以百万计的个人抵押债务被注入信托,就像注入到砂锅里的配料一样;当时的内容被切成"多份"(tranches)出售给世界各地的投资者。

整个次贷抵押危机所依据的这一方案与所有权分离概念紧密相关(hinged on):虽然信托拥有作为一个整体的所有抵押物,但收取偿还抵押贷款的权利被打包分给作为信托"受益人"的数千名投资者。通过扩宽能投资的个人和实体之范围,这种所有权分离结构极大提高了这些证券的获利潜力(Winnett,2008)。不幸的是,这种广泛的范围,加上标的证券的风险,事后发现摧毁了世界金融体系:其结果是扩散的损失就像被"被污染食物"传播一样成为"传染源"(Dodd and Mills,2008)。没有信托,可能不会有次贷危机;因为信托,危机蔓延全球。这加强了信托将投资者置于经济中心地位的能力,尽管是以负面方式。

危机过后,据观察,银行和投资公司设法将其利润私有化,同时将其遭受损失社会化,把参与市场的成本转嫁给纳税人(Kristof,2011)。鲜为人知的是私人投资者如何通过信托完成这类壮举(accomplished a similar feat)。正如本文开头引言所示,信托已成为经济精英保护金融财富免受资本主义重复发生危机影响的重要工具(Franklin,1933)。这一观察可以解释2008年危机对私人财富的不同影响。

由于信托提供的税收优惠和债权人保护,经济精英实际上能够从危机中受益,巩固他们作为投资者的权力。被富兰克林和其他人(例如,Wolff,2012)认为是信托主要使用者和受益人的这些最富有家庭,现在比危机前富裕45%;与此同时,中位数家庭仍未恢复其2008年所损失的财富(Bricker et al.,2014;Rugaber,2014)。这很可能说明这种基本机制(mechanisms underlying)对不同人群造成的冲击不一,包括信托免受债权人和国家所提供的保护。

虽然精英们和其他人一样在危机中亏钱(cap - gemini,2014),但与他们的信托资产是绝缘的:从图1中回想一下,私人明示信托(个人使用信托的主要形式)可以保护资产不因偿还债务或税负被没收[8]。因此,尽管许多家庭看到他们的房屋被取消赎回权,或者他们的其他资产被债权人主张,但最富有的人通常通过将他们的房屋和家庭财富的其他组成部分以信托形式持有,从而保护财富免受这场灾难的影响(Paik,1998;Bricker et al.,2014)。他们不但可以保留这些资产,而且可以将其用作补充收入和抵押品的来源,例如出租信托财产(因此实际上成为食利者),或提供其信托资产中的受益权益作为银行贷款的担保。因此,信托为富人创造了一个私人安全网,或许更重要的是提供了获得追加信贷(additional credit)和新投资的手段。

以自己的名义和通过信托(de Willebois et al.,2011)获得资本的多种方式让全球精英有机会在危机后以极低折扣价获得资产。由于以信托方式持有资产的特殊保护,世界上最富有的人可以在其他人都在卖的时候买进。随着复苏期间前期买入的证券和房地产价格上涨,这使他们利润最大化(Irwin,2014)。因此,尽管大多数美国人拥有的金融证券比2008年之前要少得多,但财富排名前10%的家庭实际上拥有的证券比以前更多,因此比以往任何时候都更富有(Wolff,2012)。

正如这个例子所表明的,信托为私人和商业用户的财富积累提供了特殊的优势。通过提供特权的获利机会,以及针对风险的特殊保护,它们使投资者能够巩固其权力。这促进了金融化在经济中的拓展。

(二)英美金融化方式的全球传播

学术文献一直将金融化描述为"一个显而易见的英美现象"(van der Zwan,2014;另见 Deeg and O'Sullivan,2009)。随着这种现象蔓延全世界,信托已经成为这一现象中不可分割的部分。随着18世纪英国全球殖民和19世纪将普通法传统强加于每个帝国领土,由此搭建了这个舞台。这意味信托随着普通法框架的其余部分渗透到英帝国的每个角落。在当今主要离岸金融中心中仍然可以观察到这种遗产的残余,其中

[8] 自由裁量信托尤其如此,由于其资产保护特性,也被称为"挥霍信托"。在自由裁量信托中,受益人仅在受托人的自由裁量权下接收资产。因此,如果债权人要求受益人从信托资产中偿还债务,受托人可以简单地拒绝进行分配,从而阻止进入信托基金。因此,受益人可以如实说他们无法用属于信托的资金偿还债务。

大部分是现在或以前属于英国的版图。这些司法管辖区现在是许多信托(尤其是公司金融信托)的注册地,其中大多数法律和信托设计的创新都发生在此(Parkinson,2004)。

世界上许多在岸金融大国,诸如美国和英国前殖民地,都把信托神圣奉为其适用普通法传统的一部分。正如近一个世纪前一位学者在回顾英帝国时所说:

无论普通法渗透到哪里,它都带着年轻妹妹衡平法(Equity),信托机构(apparatus of Trusts)和普通法所有权与衡平法所有权的区分都影从衡平法……只做一件事:获得司法裁判权(capitulate)(Lee,1915)。

也许更令人惊讶的是,信托进入普通法司法管辖区以外的法律体系中。例如,虽然欧洲民法系制度直到最近才正式承认信托的有效性(见下文),长期以来它们一直事实上认可:"英国信托在任何地方都像布谷鸟一样在民法巢穴中种下了自己,正如你会同意的,这是引人注目的情况。"(Amos,1937)[9]令其"引人注目"的原因是大陆民法系不承认信托所有权分离的概念,这一概念是信托赖以存在的基础。

当考虑到信托起源于中世纪时,信托的传播和持久情况变得更加引人注目(Harrington,2012a)。在此期间,许多地主离开英格兰参加一次军事行动时,遗嘱不被认为是转让财产的有效手段,贵族在圣地期间冒着失去地产的风险。由于妇女和未成年人不能拥有财产,成年男性地主的缺席或死亡使庄园容易被篡夺。即使地主留下了一个成年男性继承人,对国王来说遗产转让税可能严重受损。

通过允许原始土地所有者将其财产的所有权转让给可信赖的朋友或亲戚,即受托人,信托立即解决了所有这些问题。原土地所有者或其家人继续作为受益人占用该财产,但通过在委托人还活着的情况下进行转让,无须缴税。如果原地主死于上述军事行动,财产仍然可以免税转

〔9〕 杜鹃在其他鸟类的巢穴中产卵,杜鹃的幼鸟与其他鸟类自己的幼鸟一起长大。根据结构的多功能性和有效性,勒波勒(Lepaulle,1927)解释了普通法信托在欧洲大陆实践中的传播:信托现在已经遍及普通法国家社会机构的所有领域。它们就像那些在巴黎林荫大道上被小贩出售的同时治疗牙痛、脚踝扭伤和秃顶的非凡药物;他们同样很好地解决了家庭问题、商业困难、宗教和慈善问题。令持怀疑态度的平民感到惊讶的是,他们真的解决了这些问题!

让给他的成年男性继承人,因为受托人和产权持有人还活着。如果没有成年继承人,只要原主人的妻子和未成年子女活着,受托人就为了他们的利益以信托方式持有财产。虽然偶尔有受托人为了自己的利益私吞土地的欺诈事件,但该制度基本运作良好,因为它依赖于紧密团结的土地贵族群体之间的社会封闭(Marcus,1983;Harrington,2012)。信托几乎是贵族阶层致力于针对规避税收和继承法的团结一致行为,这对耗散王朝财富构成威胁(trusts were taken up almost as an act of class solidarity against tax and inheritance laws that threatened to dissipate dynastic fortunes)。

随着从封建主义向资本主义的转变,土地财富越来越多地被金融资产所取代;在这种情况下,信托为精英提供了一种控制手段。该手段不易通过契约或公司来复制。信托经久不衰的关键在于其设计的灵活性,使其能够跟上资本主义本身变化的步伐:

虽然封建法律不再需要规避,但信托却因为它改变了功能而得以延续。信托不再是自由保有土地的转让工具,取而代之的是成为持有金融资产的管理工具(Langbein,1995)。

没有用公司结构取代信托,而是公司自己开始使用信托作为结构融资的支柱(Parkinson,2005)。信托的传播创造了一个为个人和公司有效转移资本的制度,实现了英国在18世纪和19世纪开始的全球金融协调方案。该资本转移制度不是由国家主导的协调,就像英美信托制度一样,是与“全球化的地方主义(globalized localisms)”联系在一起(Jensen and Santos,2000)。

尤其值得注意的是,在过去的几十年里恰逢金融化兴起,信托制度已被从未属于大英帝国的国家正式承认甚至采纳为法律。这表明信托制度被认为是英美传统普通法中“最独特的成就”[Maitland,2011(1909)],也可能是英美金融化制度世界范围内传播的一个因素。未整体采用普通法制度的国家之所以采用信托,是因为一直受到私人资本和公司资本流动的压力推动所致。这些资本越来越不考虑国界,寻求“新的全球积累回路”(Robinson,2001),需要信托结构以最小监管摩擦实现最大化流动性。正如一名法律学者在金融化时代早期所观察,“随着资本和人员流动性的增加,发现越来越多的信托资产、受益人和受托人在非信托国家中出现(例如,法律制度不承认信托概念的国家)”(Hayton,1987)。因此,除了通过殖民主义传播信托外,就是英格兰之外的国家通过采用普通法框架吸收信托法的结果。这是促成信托传播的第二个因素:私人和公司寻求全球资本流动的巨大力量。

几个关键事件发展导致了全球信托制度传播。首先是通过了1985年《关于信托适用和承认的海牙公约》。该公约发生在金融化早期阶段,可能在其全球传播中发挥了作用。该公约的签署方包括许多从未成为大英帝国一部分的国家,诸如意大利,法国、卢森堡和荷兰。他们的签署代表了金融化全球传播迈出了重要一步。民法法系国家首次正式承认普通法法域创建信托的有效性和可执行性,这并不意味着签署国将信托融入其法律制度,但此举确实承认了这些国家的居民有从信托资产中受益的权利,以及将这些民法法系国家的财产置于信托中的权利。后一项举措是提供金融化资本流动性特征的关键步骤,因为它允许位于受民法法系管辖国家的资产能在普通法域以信托方式合法拥有。这一举动受到了国际金融家的欢迎,例如,前尤科斯石油公司董事长米哈伊尔·霍多尔科夫斯基(Mikhail Khodorkovsky),为免受普京政府的侵占,他试图通过将大部分股份置于根西岛信托基金中拯救他的公司。不幸的是,民法法系的俄罗斯不是海牙公约的签署国,霍多尔科夫斯基的举动并不成功(Sixsmith,2010)。

然而,俄罗斯的两个邻国(日本和中国),通过将信托直接纳入其国家法律体系,成功地进入了全球金融体系。中国在当代金融化历史上相对较早地开始了这项努力:立法者1993年开始起草第一部信托法,其明确目标是使该国成为现代全球金融的成功竞争者。正如一项研究指出,“立法者希望信托法能够……使中国的金融基础设施现代化,并为……私人投资的进一步发展提供平台,如证券投资基金、职业养老基金、集合投资信托等”(Lee,2009)。2001年《信托法》的最终通过对中国经济的金融化起了重要作用:促进了国有企业的私有化和信托基金的成立,中国崛起成为外国投资最有吸引力的全球中心之一。

在日本,2000年通过的《投资信托法》使大陆法系国家的金融化取得了巨大成功。除其他外,它通过房地产投资信托基金为房地产开发创造了巨大的国际和国内市场。该市场部门的价值呈爆炸式增长:资产超过1020亿美元,是世界上最成功的房地产市场之一(association for real estate securities,2013)。这种将信托用于商业目的是日本政府利用金融化克服国家经济危机战略的关键:“日本一直致力于将自己转变为投资导向型社会。在这方面日本房地产投资信托基金(J-REITs)做出了重大贡献”(Tamura,2012)。与其他房地产开发方式相比,通过为开发商和投资者提供实际更大盈利机会,房地产信托在金融化中发挥作用。例如,它们为开发商提供了一种以较低成本筹集资金的方式(包括利息费用和合规成本),而不是通过银行贷款,并以比债券实际更高的收益率奖励投资者(Fuchita and Litan,2007)。紧随其后,2014年5月中国创建了第一只房地产投资信托基金(Ang,2014)。

尽管信托已在全球范围内传播,远远超出了大英帝国的范围,但英国及其领地国仍保持其作为信托活动中心的首要地位。尽管大多数新财富是在欧洲和北美以外产生的,但其中大部分会在某个时候返回到那些传统的信托活动中心(White,2014)。这是出于对稳定的追求:“东欧、中东、北非和俄罗斯都是政治不稳定或高流动性的地区……因此它们是财富管理的关键市场。服务……无论我们谈论哪个市场,总是不变地与伦敦有联系”(Marr,2014)。换句话说,世界上大部分财富在任何时候通过伦敦可以从财富管理服务中受益,其中信托的创建和管理发挥着重要作用。

这是信托在全球范围内传播英美金融模式(Anglo-American model of finance)的第三种方式:通过英国在信托服务市场上的持续主导地位,来自世界各地的资本全被吸引到伦敦。《经济学人》将其描述为“提供信托服务的司法管辖区之间激烈竞争的市场”(bitterly competitive market)(2013年),对每个地区的信托数量和管理资产的范围通常秘而不宣(typically kept under wraps),部分是为了避免给他们自己和他们的客户带来不受欢迎的审查。已认识到的一些现象表明,外国人在英国的信托至少持有100亿美元房地产投资,包括为他们的个人财富寻求避风港(a safe haven)的俄罗斯人和中东人,他们在伦敦拥有价值数百万美元的房地产(Leigh et al.,2012)。

在这场主导信托业务的国际竞争中,英国的领先地位被公开讨论为国家战略。例如,前英国财政部长报告了与他的卢森堡同行(一位信托服务行业的长期竞争对手)的谈话,承认"我们所有的银行家和[卢森堡的]金融律师说,如果你真的,真的想藏钱,去到伦敦设立信托"(MacShane,2009)。从这个意义上说,信托对推动英国经济的金融化起到了重要作用,以及通过三种机制传播英美金融模式:殖民主义,未受英国殖民影响的国家承认和接受信托,最后是在信托服务的国际竞争中受英国伦敦城绝对主导。

(三)民族国家的金融自主权

正如范·德尔·兹万(van der Zwan,2014)所观察到的,金融化特征部分由越来越独立于民族国家的政治经济所赋予。正如上一节所提示,数世纪以来,信托一直被富有的精英作为服务自己的工具,该工具用于保护其资产免受来自税收和其他国家权力行使的侵害(protect their assets from taxation and other exercises of state authority)。如果国家权力以其有效征税能力构成(Goldstone,1991;Li,2002),那么信托一直对这种权力构成重大威胁。

当代金融化的新事物是用信托结构来完全超越民族国家制度。这通过两个关键机制发挥作用:强化围绕信托的"保密措施"(shroud of secrecy)(Shaxson,2011,p. 42),以及为信托及其所包含资本创造超级流动性(Beaverstock et al.,2004)。通过这两个机制,信托已被用于推进比避税更雄心勃勃的议事清单(agenda)(Harrington,2015,2016)。实际上,它们使金融从业者和资本能够逃离"主权国家牢笼"(Palan,2002)。

由于私人和商业信托中包含的大部分资产都是金融资产(Parkinson,2005;Bricker et al.,2014),利用自由裁量信托扩张,有效地将金融领域置于国家法律机构影响之外(beyond the reach of the state's legal apparatus),还有选择地利用不同国家法律制度之间的冲突和差异来实现他们所有人的自主权。信托实践的这种发展提供了"摆脱民主约束的自由"(Monbiot,2012),并有助于金融从臣服于国家权威中日渐独立出来(detachment of finance from subjugation to state authority)。

在金融化兴起的同时,20世纪末期"经历了旨在使信托无法识别受益所有人的自由裁量信托鼎盛期,以便没有人会对这些资产征税,也没有人的债权人能够收回他们的债务"(Hofri,2015)。这些结构也被称为资产保护信托,使信托或其受益人难以(即使不是不可能)受国家管辖权约束:即对债权人、继承人和诉讼人履行纳税义务或责任。明确设计旨在阻止此类义务的信托由库克群岛开创,该岛属于1989年《国际信托法》中规定的南太平洋偏远管辖区。除其他外,该法案规定,库克群岛信托持有的资产不受外国法院任何判决的拘束,也不能用于惩罚性赔偿或偿还债权人款项。实际上,这将此类信托置于"法治之外"(Wayne,2013)。

这些信托设计不仅旨在避税,而且通常用于规避法律(law)。事实证明,这是为企业和富人提供不受国家权力影响的自由而非常成功(且利润丰厚)的部署(strategy)。著名的案例包括西班牙的蒂森-博内米萨卡门男爵夫人(Baroness Carmen Thyssen - Bornemizsa)的价值数十亿美元私人艺术收藏品,其通过库克群岛和其他司法管辖区的信托拥有(Kandell,2002;Cabra and Hudson,2013);还有一个案例,是已故的法国埃利·德·罗斯柴尔德男爵(Baron Elie de Rothschild of France)创建了一个人际网络,仅在1996年至2003年间,该网络在库克群岛就有20多个信托基金。库克群岛在美国人中特别受欢迎,例如巴尔的摩的科迪什房地产王朝(the Cordish real estate dynasty of Baltimore)(库克群岛信托资产达1.16亿美元)和耻辱交易员马克·里奇(Marc Rich)的前妻丹尼斯·里奇(Denise Rich):她的库克群岛信托包含1亿美元的资产,资产包括她的157码游艇、她的利尔喷射机(Learjet)和她的瑞士银行账户。

这种受欢迎程度部分源于该司法管辖区阻碍(stonewall)其他国家法律机构(legal authority)的不间断记录。迄今为止,尽管包括美国政府在内的其他大国进行了不懈尝试,任何试图击败库克群岛信托的努力一直没有不失败的。同时,6家注册库克群岛的信托公司产生的收入占该岛3亿美元GDP中的8%,排在旅游业之后和渔业之前(Wayne,2013)。至少有25个其他国家效仿库克岛制定自己的资产保护信托立法,竞争这些信托收费的份额。

正如这个例子所表明的,与信托有关的法律主要用于保护信托的结构及其受益人。相比之下,很少有法律(如果有的话)可以保护公众利益免受使用信托的影响,即使是防止它们被用于方便洗钱和腐败(Hofri,2015)。正如最近一项关于国际金融犯罪研究得出的结论,"信托……证明对调查、起诉(或民事判决)和资产追回造成如此难以逾越的障碍,以至于它们很少在调查中不被优先考虑”(de Willebois et al.,2011)。

信托提供的流动性是创造金融活动自主权的另一个关键因素。信托促进了阿瑞吉(Arrighi,1994,p.2)所说的“自1970年以来的趋势……是资本趋向更大跨地域流动性”。20世纪60年代,这种流动性为许多国家放松货币管制所触发,随后税收急剧增加(Genschel,2005)。这些发展刺激金融(a motive for finance)提高民族国家的自主权,信托提供了实现此目标的工具手段(means)。

信托制度日益被全球认可(见本文3.2节)使资本能够快捷跨境流动。这一点至关重要,因为“在一个不仅是资本主义而且金融化的经济体中……资本必须尽可能流动”(Sayer,2015)。以信托持有资产无须受任何特定司法管辖的拘束,相反,受托人可以在“全球‘法律市场’”“逛购(shop around)”(Frankel,1998),寻求最适合他们利益的法律和金融制度。这以“逃逸条款”形式内置于许多信托中,每当他们受到法律诉讼威胁时,该条款允许信托及其资产自动从一个司法管辖区转移到另一个司法管辖区(Pusceddu,2014)。这表示虽然法律可能有一条长臂,但信托很容易从其指间溜走。因此,资产保护信托的现代实例化是“一种创新,即使不是完全逃避,也是允许参与者把中央集权国家法律减至最低限度,从而寻找到其他更适宜信托存在的法律体系”(Quack,2007)。

例如,卡门·蒂森—博内米萨(Carmen Thyssen - Bornemisza)将她的艺术收藏品信托保存在库克岛和其他地方。她将自己的作品移动进行跨国展览或销售时,信托结构为其提供了“最大灵活性”(Cabra and Hudson,2013)。通常,她拥有的作品包括梵高和马奈的画作将受到严格的法律控制,限制其流动;这种水准的艺术品通常不仅被视为私有财产,而且是一个国家遗产的一部分,受联合国教科文组织1970年《关于禁止和防止非法进出口文化财产及非法转让其所有权的公约》管辖(UNESCO Convention of 1970)(Weber,2006)。将艺术收藏品放入信托避免了蒂森—博内米萨的律师所说的这些国家法律限制的“噩梦”;“这很方便”,他说“你有更多的自由来移动这些资产,而不仅仅是买卖,而且可以传播”(Cabra and Hudson,2013)。通过增加她财富的流动性,信托结构也最大化了蒂森—博内米萨的获利机会:让她可以将作品卖给世界任何地方出价最高者。

相对于法律，日益增加的资本自主权似乎意味着“民族国家干预资本积累过程的能力不断下降……反映了跨国资本获得超越民族国家的新发现权力”（Robinson,2001）。本文拓展了这一洞见：详述信托是资本跨国流动和金融化全球扩张的一种手段。除其他外，只有在他们方便的时候，信托才能允许金融参与者关注国界和国内法律。富人和企业实体都确实如此。正如美国国会委员会在其关于安然的报告中所说，利用信托的公司允许公司将“法规（regulation）视为一条单行道（a one – way street），当法规支持所期望回报机会时[例如，获利机会]，法规应当被信赖；当法规与这种立场相反时，法规应当被置之不理”（US Congress, 2003）。

最后，那些淡化全球金融兴起的人，经常指出国家之间缺乏适当的制度协调，或者如克里普纳用外交辞令所说“国际经济一体化的程度相当有限”（2005 年）。但是，利用这个支离破碎的系统可能对金融化不断增长的权力至关重要。这表明那些怀疑全球金融相对于国家权力的优势的人（克里普纳称他们为“全球化怀疑论者”）可能正在寻找“新世界秩序”的错误所在。它没有采取国际化的“超级国家”形式管理全球金融，而是采取一套惯例，例如私人和企业使用信托制度，以利用旧威斯特伐利亚秩序的分歧并繁荣发展壮大。

四、讨论

信托提供了一种法律结构，使金融化得以传播和巩固全球权力。由于其“巨大的弹性和一般性”（Maitland,1936），这种信托比在中世纪产生它的原始条件更持久。几个世纪以来，信托的实际用途不断发展，以满足资本主义不断变化的需求。事实上，布罗代尔（Braudel）曾经对资本主义所作观察，由于“无限灵活性、变化和适应的能力（adaptation）”（1982 年），资本主义才得以持续存在。可以说，这同样适用于信托结构。从最初作为持有土地财富所有权的工具发展成为积极投资证券的工具，使信托成为当代资产保护和结构化金融的中流砥柱（Langbein,

1995)。

然而,700多年来,信托制度的一个显著特征一直没有变:所有权分离的概念。将利益与享有财产的责任相分离的概念使信托的许多法律"技巧"成为可能(Moffat,2009)。这也提供了一个现成工具来服务于金融化的利益:当资本流动性上升时(Arrighi,1994),信托就促进几乎无摩擦的国际资产转移;当寻求新的利润最大化来源时(Krippner,2011),信托提供了一种独特方式削减税负和监管合规成本。信托并没有创造金融化,而是与之相吻合,加速金融全球化现象的扩散。

信托通过三种方式实现了这一目标:通过促进投资者的经济主角地位;通过维护和增益英美金融传统的标志性特征(by representing and facilitating the imprint of the Anglo – American tradition on finance);通过为金融行为者和从民族国家体系中所获资产提供更大自主权。如前几节所述,这些结果源于国际法和信托结构本身的一系列迭代修正(modifications),以应对日益金融化的经济体之需求。20世纪70年代后期,金融化兴起后不久,这些修正就开始了,一直延续到今天。

最近的发展涉及立法,允许信托将公司许多最具吸引力的特征作为一种法律结构。这种新改进版的信托可以进一步推进金融化,特别是在利润最大化方面。在此方面,有两个特别重要的变化:受托人有限责任的增长,以及取消对信托持续期限的传统时间限制(称为反永续规则)(the rule against perpetuities)。

传统上,受托人对信托资产的处理方式一直受到严格限制。法律强调资产保护高于增长,对因以信托持有财富所受任何损失要求受托人承担个人责任(Langbein,1997)。这阻碍了逐利行为,并使受托人"经济上独善其身"(Hall,1973)。一些司法管辖区责任规则的变化越来越多地赋予受托人为公司高管所享有的有限责任保护,从而使受托人能够从事更多高风险—高利润的投资(Hofri,2015)。

尽管方式不同,废除反永续规则也有利于信托的利润最大化:扩大信托相对于公司享有的特殊税收保护。从历史上看,信托相对于公司的一个主要缺点是,虽然公司可以永续存在(至少在理论上),但信托必须在成立后大约一个世纪解散。自20世纪80年代开始,一些司法管辖区开始取消对信托的存续时间限制,在不受税务机关或债权人"干预"的情况下,允许信托所包含的财富永远增长(Hofri,2015)。事实证明,信托借用(appropriation)公司特征对于公司和富有的个人极具吸引力:1997年至2003年期间,在美国,"利用废除反永续规则的有利机会,大约1000亿美元的信托基金已经流动到[司法管辖区]";这6年间,每个废除该规则的司法管辖区所管理的信托资产都增加了20%(Sitkoff and Schanzenbach,2005)。

正如这些最近事态发展所表明的那样,信托不仅促进了金融化的扩散,而且为金融化所改变。最近的一份法律文本指出,"我们今天所知道的信托是几个世纪演化的产物"(Rounds and Rounds,2012)。自金融化开始以来的几十年里,演化节奏明显加速。经过几个世纪缓慢适应后,信托经历了前所未有的一系列修正回应金融化经济的需求(Hofri,2015)。

这一过程中的一些关键事件已在正文中进行了讨论,其他几个值得一提的关键事件如表2所示,便于了解过去几十年这种演变的连续性。时间表从通过《海牙信托公约》开始,这引发了民法法系国家对信托的正式法律承认的传播。这包括世界上两个最大的民法法系国家中国和日本最终通过了信托立法,该立法成为这些民法法系国家政策制定者促进金融化所做明确努力的一部分(见第3.2节)。与此同时,在普通法法域中,一系列创新提升了信托法的灵活性,赋予信托额外的资本积累特权之所:这包括新的税收豁免和取消在岸存续期限制,以及额外的资产保护和离岸隐私保护。

表2　金融化背景下信托制度演化的重大事件

年份	事件	影响
1985	《海牙信托公约》签署	如第3.2节所述,这极大地扩大了民法国家对信托结构的正式认可和接受
1896	美国政府给予私营信托特别免税	因为股票、债券和其他证券的私人所有权增长,立法者改变了税法,使信托成为一种更具吸引力的结构来持有财富(Sitkoff and Schanzenbach,2005)

续表

年份	事件	影响
1989	《库克群岛资产保护信托法》	如第3.3节所述,为信托提供法律保护的创新加速了金融独立于国家的自主权。事实证明,这一举措非常有效且有利可图,以至于其他25个司法管辖区也通过了类似的法律
1993	中国开始起草信托法	如第3.2节所述,中国立法者将此视为国家金融体系现代化的重要一步。该法最终于2001年通过,也是中国经济金融化的重要力量,极大地拓宽了私人投资和获利的机会
1995	拉华州废除反永续规则	这开启了信托在保留信托自身独特优势的同时具有许多公司最吸引人的特征的进程。事实证明,该规则的废除如此受欢迎,以至于美国其他大多数州也纷纷效仿
1997	创立《开曼特别信托替代制度法》(STAR)	《开曼群岛的特殊信托替代制度(STAR)法》消除了对信托有受益人的需要。在吸收公司组织结构协调方面又进一步,使信托用于商业投资更便利。特别是,这一举措对于对冲基金业发展并吸引更广泛的国际投资基础发挥重要作用(Strachman,2008)
2000	《日本投资法信托》	如第3.2节所述,这个大陆法系国家采用信托结构使日本房地产市场金融化,并创造了数十亿美元的投资产业
2003	创立《英属维尔京群岛特别信托法》(VISTA)	通过免除受托人监管公司的责任,该法律使信托更容易拥有公司。这使VISTA信托在安排债券发行时特别受欢迎(Duckworth,2007)

正如这个时间表所表明的那样,信托例证了“全球化的地方主义”的概念(Jensen and Santos,2000)。中世纪的英国地主见证经历了异乎寻常的时代和系列特殊境遇,信托幸存下来了,围绕全球化,信托又经历了一系列适应变化。近几十年来,在日益金融化的压力下,这一过程加速了,将信托变成了实现利润最大化和资本流动性的最强大工具之一。对于公司和富有的个人来说,信托都发挥着全球范围内“润滑……资本市场”的核心作用(Rounds and Rounds,2012)。

五、结论

本文将信托制度确定为全球金融化扩张的关键战略工具。本文认为,信托有三种方式一直与金融化的传播联系在一起:将食利—投资者置于全球经济的主角地位;促进英美传统在全球金融领域占主导地位;增强相对于民族国家的金融自主权。此外,本研究从两个方面扩展了克里普纳的工作:阐释私人资本如何密切参与该系统,主张信托应与公司一起被视为金融化经济中的"资本积累特权之所"(Krippner,2005)。

与公司不同,信托是私人契约安排。因此,它们无须公开注册,也无须如公司那样承担被施加的大部分监管负担。信托的隐私是学者学术研究兴趣的关键,也是企业和高净值人士对信托有实际吸引力的关键。在以不断加强市场监管为特征的政治经济体中(Seabrooke,2011),信托栖居于(inhabit)一个抵制透明度和监管的独特空间。在学术文献中,尽管它们一直被广泛忽视,但信托在保密性、灵活性、利润最大化方面提供了不同寻常的优势,便利国际流动性。通过类型化和与更知名的公司结构比较,图1和表1总结了信托的具体特点。信托的特点,尤其是所有权分离模式,已经帮助信托持续数世纪成为公司结构融资、财产规划和高净值人士资产保护的基础。

作为食利者阶层的一项特权,信托有助于经济体中投资者的重要性日益增加。最初的封建地主食利者用信托规避对国王的纳税义务,巩固他们对抗国家权威的经济权力(Harrington,2012)。当代资本主义的投资食利者使用信托服务于类似的目的,同时保护他们的财富免受金融市场的风险。在现代用途中,信托制度为利润和新的财富积累创造了难得的和非凡的机会。这不仅适用于个人,还适用于对信托感兴趣的公司将其作为结构金融战略的核心要素。整个政治经济体也确实如此,例如中国和日本的经济体,它们一直明显采纳英美金融模式的基础原理(element)。在全球化进程中,随着国际金融需求的不断变化,信托制度也在形式和用途上进行了调整(见表2)。因此,信托不仅促进了金融化的发展,还一直为金融化所改变。未来的研究应该审视金融化与信托结构和实践的演变之间相互构成的基本关系。

最后,这项研究有助于全球化对国家权力影响的持续争论。在构建私人和企业财富方面,信托的国际适用与金融化"趋同理论(convergence theories)"的预期是一致的(Deeg,2012),但它并没有导致所预期形式的合流,以此替代正式金融监管的跨国制度,信托一直传播在世界范围内占据主导地位的一套概念和实践惯例。这包括独特的所有权分离观念和法律-金融"技巧"(Moffat,2009)。这使信托制度在不同司法管辖区之间的差距和冲突中茁壮成长。通过研究信托制度在跨国资本转移中的作用,对金融化的资本积累特征模式,本文力求为不断增长的知识体系做出贡献。

(编辑:宋　澜)

《证券法苑》(2023)
第三十八卷,第464~479页

独立董事虚假陈述行政法律责任的归责原则及其改革

刘运宏*

摘要:法律法规和部门规章等共同构成独立董事虚假陈述行政法律责任的归责体系,确立了勤勉尽责作为独立董事归责的核心标准,但没有对勤勉尽责履职标准及其免责与否的具体规定。而独立董事因上市公司虚假陈述而受到行政处罚及司法审查的相关案例则对独立董事勤勉尽责的标准与行政处罚的归责原则作了补充性解释。这些案例确定的标准和原则构成了上市公司独立董事制度的重要内容,对相关制度完善和独立董事履职提供了实践依据。

关键词:独立董事　虚假陈述　行政处罚　独立董事制度完善

一、独立董事在虚假陈述案件中的行政法律责任规则体系

法律法规和部门规章共同构成了上市公司独

---

* 中国人民大学国际并购与投资研究所副所长,研究员。

立董事在虚假陈述案件中行政法律责任的规则体系。2001年8月16日，中国证监会颁布《关于在上市公司建立独立董事制度的指导意见》（以下简称《指导意见》），标志着我国建立了上市公司独立董事制度。《指导意见》颁布实施后，相关法律法规和部门规章均对上市公司独立董事制度作了补充与完善，共同构成了上市公司独立董事虚假陈述行政法律责任的规则体系。

法律是独立董事虚假陈述法律责任规则体系的主体，作为独立董事虚假陈述行政责任法律形式上的渊源主要是《公司法》《证券法》。2005年修订的《公司法》第123条规定："上市公司设立独立董事，具体办法由国务院规定。"在法律层面上明确了上市公司独立董事制度。该法第146条至第151条又详细规定了包括独立董事在内的公司董事、监事和高级管理人员的忠实与勤勉义务。《证券法》对上市公司信息披露的要求和董事对上市公司信息披露督促、审核和保证义务及其法律责任的规定是独立董事虚假陈述行政法律责任的主要依据。《行政处罚法》则对包括独立董事虚假陈述行政法律责任在内的行政处罚程序及其从轻、从重和减轻、免除处罚的情形作了明确。法律是独立董事虚假陈述行政法律责任设定和实施的主要渊源，其他形式的法律渊源均受到法律的规范，或者均是在法律规范范围内的解释与延展。

更加详细具体的独立董事职责与责任的规定是以中国证监会规章和规范性文件形式出现的。2002年国家经贸委和中国证监会颁布的《上市公司治理准则》规定了董事会各专门委员会的构成、职责与职权，充实了独立董事在各专门委员会的岗位职责和责任。2018年中国证监会修改并颁布的《上市公司治理准则》在强化上市公司董事会专门委员会职责的同时，又增加了"上市公司股东间或者董事间发生冲突、对公司经营管理造成重大影响的，独立董事应当主动履行职责，维护上市公司整体利益"的规定，赋予上市公司独立董事独特的职责，也让独立董事在上市公司治理中的地位与职责的内容更加清晰。2022年1月5日，中国证监会颁布的《上市公司独立董事规则》整合了《指导意见》颁布以来有关上市公司建立独立董事制度和独立董事的独立性、任职条件、职责行使、选聘与更换以及履职保障等内容，是追究独立董事在上市公司虚假陈述案件中的行政法律责任的主要根据。此外，中国证监会在其颁布的《上市公司收购管理办法》、《上市公司重大资产重组管理办法》、《上市公司证券发行管理办法》（已失效）、《上市公司信息披露管理办法》等部门规章中明确了独立董事发表独立意见的情形、规则和信息披露的法律责任，是独立董事证券虚假陈述法律责任归责的重要依据和补充。尤其是中国证监会于2011年4月29日颁布的《信息披露违法行为行政责任认定规则》，详细规定了信息披露违法行为的责任认定，从虚假记载、误导性陈述和重大遗漏的违法行为认定和信息披露违法责任认定时重点考虑的主观方面与客观方面、信息披露违法行为责任人员及其责任认定（责任大小、从轻与减轻处罚、免除处罚与加重处罚的情形）等方面，对包括独立董事在内的信息披露违法行为及其责任人法律责任的认定作了详细规定，是独立董事虚假陈述违法行为法律责任认定的主要法律渊源。

针对证券市场虚假陈述侵权民事赔偿责任的归责原则，还有司法解释这一法律渊源。2022年1月21日，最高人民法院发布了《关于审理证券市场虚假陈述侵权民事赔偿案件的若干规定》（以下简称《虚假陈述民事责任司法解释》）。《虚假陈述民事责任司法解释》全面总结了2003年最高人民法院《关于审理证券市场因虚假陈述引发的民事赔偿案件的若干规定》（已失效）实施以来的市场发展与证券虚假陈述民事赔偿案件审判中面临的疑难问题，进一步细化和明确了证券市场虚假陈述侵权民事赔偿责任的构成要件及追究机制等内容，明确了虚假记载、误导性陈述、重大遗漏、未按规定披露等虚假陈述行为的界定，对虚假陈述认定中实施日、揭露日、重大性和交易因果关系等关键内容进行了优化完善，细化了对董监高和其他直接责任人员、独立董事、保荐承销机构、证券服务机构等主体的过错认定标准及免责抗辩事由，基本确立了以过错的有无及其大小作为民事赔偿标准的归责原则。虽然在虚假陈述违法行为要素的认定上，《虚假陈述民事责任司法解释》的规定与虚假陈述违法性认定上具有相同之处，但是以勤勉尽责义务履行为核心标准的证券虚假陈述行为法律责任归责原则，与以过错有无及其大小为核心标准的民事赔偿法律责任归责原则却有一定的差别。《虚假陈述民事责任司法解释》对虚假陈述案件中独立董事行政责任归责来说有参考意义，但不能直接成为其法律渊源。不过，中国证监会针对上市公司独立董事虚假陈述违法行为所作的行政处罚，以及司法机关对该类行政处罚案件的司法审查，不但是对法律法规有关独立董事制度的进一步贯彻实施，而且在司法审查中确立的审判标准也是对上市公司独立董事制度完善的重要内容，有可能在总结实践经验后以司法解释或者法律规范的形式上升为独立董事虚假陈述归责的法律渊源。

二、勤勉尽责是独立董事虚假陈述法律责任归责的主要原则

综合《公司法》《证券法》《上市公司独立董事规则》《信息披露违法行为行政责任认定规则》等有关上市公司董事职责履行与虚假陈述行政法律责任的规定来看，是否勤勉尽责以及勤勉尽责程度是独立董事虚假陈述法律责任归责的核心标准，但是相关法律规范对勤勉尽责的内容与标准没有非常具体的规定。

《公司法》第 149 条至第 151 条对公司董监高勤勉义务及其法律责任的规定不够明确。针对独立董事虚假陈述法律责任及其归责原则的法律依据，主要是 2005 年《证券法》第 63 条、第 68 条和第 193 条的规定，2019 年《证券法》第 78 条[1]、第 82 条[2]

---

[1] 新《证券法》第 78 条规定："发行人及法律、行政法规和国务院证券监督管理机构规定的其他信息披露义务人，应当及时依法履行信息披露义务。信息披露义务人披露的信息，应当真实、准确、完整，简明清晰，通俗易懂，不得有虚假记载、误导性陈述或者重大遗漏。证券同时在境内境外公开发行、交易的，其信息披露义务人在境外披露的信息，应当在境内同时披露。"

[2] 新《证券法》第 82 条规定："发行人的董事、高级管理人员应当对证券发行文件和定期报告签署书面确认意见。发行人的监事会应当对董事会编制的证券发行文件和定期报告进行审核并提出书面审核意见。监事应当签署书面确认意见。发行人的董事、监事和高级管理人员应当保证发行人及时、公平地披露信息，所披露的信息真实、准确、完整。董事、监事和高级管理人员无法保证证券发行文件和定期报告内容的真实性、准确性、完整性或者有异议的，应当在书面确认意见中发表意见并陈述理由，发行人应当披露。发行人不予披露的，董事、监事和高级管理人员可以直接申请披露。"

和197条〔3〕的规定分别代替了2005年《证券法》的如上条款规定。从这些法律条文规定来看,独立董事作为确认上市公司证券发行文件和定期报告真实、准确和完整的签字人,在上市公司的证券发行文件或者定期报告出现虚假记载、误导性陈述或者重大遗漏等虚假陈述违法行为时,将以"其他直接责任人员"的身份承担警告或并处一定数额罚款处罚的行政法律责任。法律条文规定很明确,但是结合虚假陈述行政处罚案件作出与审理的实际情况来看,这项法律规定的内容又不够具体:独立董事未参与公司的经营与管理,对公司信息披露的内容不完全知悉,在公司控股股东或者管理层故意隐瞒相关信息、信赖外部审计机构审计结论而作的信息披露承诺、超出独立董事专业领域的事项而在审议中出现差错、任职时间与报告期间不匹配、担任独立董事的时间较短、未从上市公司取得津贴收入等情况下,独立董事是否还属于虚假陈述的其他直接责任人员而承担法律责任?独立董事积极的履职行为需要达到什么样的标准才算尽到勤勉尽责义务而免于行政处罚?这些情况是《证券法》规范所不能回答的问题。这个问题也需要在独立董事因上市公司虚假陈述受到处罚后提起行政诉讼的案例中予以明确。

当然,中国证监会于2011年4月29日颁布的《信息披露违法行为行政责任认定规则》从信息披露违法行为人违法行为的客观方面和主观方面综合审查认定其责任,行政法律责任的大小综合考虑违法行为人在信息披露违法行为发生过程中所起的作用、知情程度和态度、职务与职责及其履行情况、专业背景等因素,规定了从轻、减轻和从重处罚

---

〔3〕《证券法》第197条规定:"信息披露义务人未按照本法规定报送有关报告或者履行信息披露义务的,责令改正,给予警告,并处以五十万元以上五百万元以下的罚款;对直接负责的主管人员和其他直接责任人员给予警告,并处以二十万元以上二百万元以下的罚款。发行人的控股股东、实际控制人组织、指使从事上述违法行为,或者隐瞒相关事项导致发生上述情形的,处以五十万元以上五百万元以下的罚款;对直接负责的主管人员和其他直接责任人员,处以二十万元以上二百万元以下的罚款。信息披露义务人报送的报告或者披露的信息有虚假记载、误导性陈述或者重大遗漏的,责令改正,给予警告,并处以一百万元以上一千万元以下的罚款;对直接负责的主管人员和其他直接责任人员给予警告,并处以五十万元以上五百万元以下的罚款。发行人的控股股东、实际控制人组织、指使从事上述违法行为,或者隐瞒相关事项导致发生上述情形的,处以一百万元以上一千万元以下的罚款;对直接负责的主管人员和其他直接责任人员,处以五十万元以上五百万元以下的罚款。"

的情形，明确了认定为不予以处罚的情形[4]和不得单独认定为不予以处罚的情形[5]。2022年1月21日最高人民法院发布的《虚假陈述民事责任司法解释》进一步明确了独立董事没有过错而免于民事赔偿责任的几种情形。[6] 但是，如上针对独立董事虚假陈述法律责任的规定，既没有穷尽所有不能独立免除行政法律责任的情形，也没有总结出独立董事在虚假陈述案中达到勤勉尽责标准的免除行政法律责任的一般规律，还存在着因法律适用范围或者效力等级的限制而在独立董事虚假陈述受到行政处罚案件的司法审查中难以适用如上规则的问题，独立董事虚假陈述的行政法律责任的归则原则亟须在总结实践与案例的基础上建立起独立而明确的规则体系。

令人欣慰的是，自从我国在上市公司建立独立董事制度以来，独立董事因为上市公司虚假陈述而受到行政处罚以及独立董事不服该行政处罚而提起的行政诉讼均有不少的案例，这些案例逐渐明确了独立董

---

[4] 《信息披露违法行为行政责任认定规则》第21条规定："认定为不予行政处罚的考虑情形：(一)当事人对认定的信息披露违法事项提出具体异议记载于董事会、监事会、公司办公会会议记录等，并在上述会议中投反对票的；(二)当事人在信息披露违法事实所涉及期间，由于不可抗力、失去人身自由等无法正常履行职责的；(三)对公司信息披露违法行为不负有主要责任的人员在公司信息披露违法行为发生后及时向公司和证券交易所、证券监管机构报告的；(四)其他需要考虑的情形。"

[5] 《信息披露违法行为行政责任认定规则》第22条规定："任何下列情形，不得单独作为不予处罚情形认定：(一)不直接从事经营管理；(二)能力不足、无相关职业背景；(三)任职时间短、不了解情况；(四)相信专业机构或者专业人员出具的意见和报告；(五)受到股东、实际控制人控制或者其他外部干预。"

[6] 最高人民法院《关于审理证券市场虚假陈述侵权民事赔偿案件的若干规定》第16条规定："独立董事能够证明下列情形之一的，人民法院应当认定其没有过错：(一)在签署相关信息披露文件之前，对不属于自身专业领域的相关具体问题，借助会计、法律等专门职业的帮助仍然未能发现问题的；(二)在揭露日或更正日之前，发现虚假陈述后及时向发行人提出异议并监督整改或者向证券交易场所、监管部门书面报告的；(三)在独立意见中对虚假陈述事项发表保留意见、反对意见或者无法表示意见并说明具体理由的，但在审议、审核相关文件时投赞成票的除外；(四)因发行人拒绝、阻碍其履行职责，导致无法对相关信息披露文件是否存在虚假陈述作出判断，并及时向证券交易场所、监管部门书面报告的；(五)能够证明勤勉尽责的其他情形。
独立董事提交证据证明其在履职期间能够按照法律、监管部门制定的规章和规范性文件以及公司章程的要求履行职责的，或者在虚假陈述被揭露后及时督促发行人整改且效果较为明显的，人民法院可以结合案件事实综合判断其过错情况。外部监事和职工监事，参照适用前两款规定。"

事在其中的勤勉尽责义务的认定标准、归责原则和免于行政处罚的原则,这些案例明确的标准和原则构成了上市公司独立董事制度完善的重要内容,也为上市公司独立董事制度的进一步修订与完善提供了实践依据。不过,这些案例是零星存在的,需要全面研究这些案例并系统梳理和总结其中的规律和原则。

三、判例确认的不能独立免除独立董事虚假陈述行政法律责任的情形

《信息披露违法行为责任认定规则》第22条确认了不直接从事经营管理、能力不足,无相关职业背景、任职时间短,不了解情况、相信专业机构或者专业人员出具的意见和报告、受到股东和实际控制人控制或者其他外部干预等,均不能作为单独免除包括独立董事在内的信息披露违法主体行政法律责任的情形,该项规定是信息披露违法行为受到行政处罚案件审理与审查实践的总结。除了如上规定的情形外,相关案例又确认了几种新的不能单独免除独立董事虚假陈述行政法律责任的情形。

(一)“未参与、不知情、无过错”不是免责的理由

该情形由北京市西城区人民法院在前锋股份信息披露违法行政诉讼案(以下简称“前锋股份案”)的判决中予以明确,该案二审行政诉讼案件进一步强化了该归责原则。

2016年9月,四川证监局对前锋股份信息披露违法行为作出行政处罚决定(川〔2016〕1号),独立董事陶某和陈某某对该行政处罚决定不服,向北京市西城区人民法院提起诉讼。行政处罚决定书认定:2003年,前锋股份与山东鑫融科技产业有限公司(以下简称“山东鑫融”)签订协议,约定以前锋股份名义代山东鑫融出资8700万元入股五洲证券,前锋股份接收山东鑫融8700万元认股款项后,将该笔款项转入五洲证券验资账户,认购五洲证券的股份。孰料,五洲证券后来竟然破产清算,对山东鑫融的这笔出资款是否到位存在争议。五洲证券清算组于2010年12月9日向河南省高级人民法院提起诉讼,请求前锋股份

履行出资义务及相应利息，前锋股份一审败诉。此后，前锋股份提出上诉，二审又败诉，申请再审被最高人民法院驳回，案件处理经过了很长时间。到2014年10月该案件终于进入执行程序，前锋股份只好履行判决。对于这起影响重大的诉讼案件，前锋股份应该在诉讼发生之时依法履行信息披露义务，及时公布诉讼进展情况，并在2010年至2014年的各年度报告中依法披露相关信息。此外，在2011年至2015年期间，前锋股份北京子公司为前锋股份时任董事、总经理控制的公司申请贷款提供质押担保，前锋股份应当就其子公司发生的上述担保事项依法履行审议决策和信息披露义务，及时披露所发生的对外担保事项，并在2011年至2014年的各年度报告中予以记载和披露。但是，前锋股份均未依法披露上述信息，构成未按规定披露和所披露的信息有重大遗漏的行为。

四川证监局认为前锋股份的行为违反了2005年《证券法》第63条、第67条和第68条的有关规定，构成了2005年《证券法》第193条第1款规定的违法行为，据此除给予公司和直接负责的主管人员行政处罚外，还对包括独立董事在内的其他直接责任人员给予警告并处3万元罚款的行政处罚。陶某和陈某某认为，其作为公司的独立董事，对上市公司的信息披露违法行为“未参与、不知情、无过错”，所以不应承担责任。北京市西城区人民法院认为：不知情不是信息披露违法处罚案件的免责理由，董事应当对上市公司的经营状况包括法律风险、财务状况持续关注，积极获取相应信息，对涉及公司的重大诉讼及担保事项应当知晓，这是董事对公司承担勤勉义务的基本要求。该案二审的北京市第二中级人民法院进一步认为：依据2007年《上市公司信息披露管理办法》第38条〔7〕、第42条〔8〕、第58条〔9〕的规定，上市公司独

〔7〕 该条规定：“上市公司董事、监事、高级管理人员应当勤勉尽责，关注信息披露文件的编制情况，保证定期报告、临时报告在规定期限内披露，配合上市公司及其他信息披露义务人履行信息披露义务。”

〔8〕 该条规定：“董事应当了解并持续关注公司生产经营情况、财务状况和公司已经发生的或者可能发生的重大事件及其影响，主动调查、获取决策所需要的资料。”

〔9〕 该条第1款规定：“上市公司董事、监事、高级管理人员应当对公司信息披露的真实性、准确性、完整性、及时性、公平性负责，但有充分证据表明其已经履行勤勉尽责义务的除外。”

立董事应当按照《证券法》的规定,真实、准确、完整、及时、公平地进行信息披露,负有勤勉尽责义务,应当了解并持续关注公司生产经营情况、财务状况和公司已经发生的或者可能发生的重大事件及其影响,主动调查、获取决策所需要的资料,这是对独立董事作为董事履行职责的基本要求,“未参与、不知情、无过错”不能单独作为独立董事虚假陈述违法行为的免责理由。

(二)是否取得独立董事津贴及其数额不影响其承担虚假陈述法律责任

该情形在华泽钴镍未依法披露2017年年报和2018年一季报的信息披露违法行为行政处罚案件中予以确认。

2018年4月4日,武某和张某伟被华泽钴镍股东会选聘为公司独立董事,上市公司因各种原因未能依法在2018年4月底以前披露2017年年报和2018年一季报。针对华泽钴镍该信息披露违法行为,中国证监会依法对华泽钴镍和包括独立董事在内的信息披露违法行为人给予警告和一定数额罚款的行政处罚,独立董事武某和张某伟提出其于2018年4月4日才当选为独立董事,年度报告的延期披露在其被选举为独立董事时已成既成事实、其在两份延期披露的定期报告对应期间并未任职,且其直至卸任都未从公司得到报酬等抗辩理由,主张予以免于处罚。中国证监会经复核后认为:真实、准确、完整、及时地披露信息是上市公司的法定义务,上市公司董事、监事、高级管理人员应当勤勉尽责,保证定期报告在规定期限内披露,张某伟和武某自2018年4月4日当选华泽钴镍独立董事,但并无证据证明其于4月27日前对定期报告的披露采取积极有效的措施,该二人所称延期披露年报在其担任独立董事时已成定局、未从上市公司取得津贴等并非法定免责事由,不予以支持。从该案中可以看出,是否取得独立董事津贴以及取得津贴的多与寡均不影响独立董事应当承担的法律责任。

(三)任职时间较短或不在报告期内但对定期报告签字确认的不影响定期报告信息披露违法行为的法律责任

该情形不但在华泽钴镍2017年年报和2018年一季报信息披露违法的行政处罚案件中予以确认,而且在匹凸匹2013年年报信息披露违法行政诉讼案中得到认可。

张某伟和武某在2018年4月4日担任华泽钴镍独立董事，任职不在2017年年报和2018年一季报期间，但这并不影响其对2017年年报和2018年一季报信息披露违法行为承担行政法律责任。匹凸匹公司在2013年发生的对外担保和诉讼情况未在2013年年报中如实记载，上海证监局依法对其信息披露违法行为作出行政处罚，2013年12月27日才当选该公司独立董事的曾某某和张某某提出，他们于2013年年底才担任独立董事，对2013年上市公司的对外担保和发生的诉讼并不知情，因此主张免责。这两位独立董事在上海证监局没有支持其主张后遂以同一抗辩理由向上海市浦东新区人民法院提起行政诉讼，浦东新区人民法院没有支持该主张，并在判决中明确指出："公众基于对独立董事能力、品行的信任而任命其为独立董事，独立董事应具备相应的能力，即使其未在签字的定期报告日期对应的经营期间任职，基于其自身的能力，其理应发现上市公司定期报告中存在的问题。"可见，任职期间不在报告期间内并不必然作为独立董事对定期报告信息披露违法行为责任承担的免责事由，因为上市公司独立董事负有保证公司信息披露真实、准确、完整的法定义务，特别是其对定期报告已签字予以确认，即应承担相关信息披露不准确的法律责任。

（四）简单问询不足以达到勤勉尽责的标准

该情形由北京市高级人民法院在文峰股份信息披露违法行政诉讼二审案中予以明确。

2017年2月，中国证监会对文峰股份信息披露违法行为作出行政处罚决定，独立董事范某、江某不服该行政处罚决定向北京市第一中级人民法院提起行政诉讼并向北京市高级人民法院提起上诉。行政处罚决定书认定：文峰集团与陆某敏于2014年12月22日签订股权转让协议，前者向后者转让其持有的文峰股份11,000万股股权（占上市公司总股本的14.88%），双方协商确定的转让价款总额为人民币86,350万元。经查，该股权转让实际是以自然人陆某敏的名义代文峰集团持有（股权代持），但是在2014年12月23日文峰股份发布的公告、2014年12月24日"文峰大世界连锁发展股份有限公司简式权益变动报告书"、文峰股份2014年年度报告以及2015年中期报告中均未如实披露股权代持事项。中国证监会认为：文峰股份等当事人的上述行为违反了2005年《证券法》第63条、第67条第1款和第2款第8项[10]、第68条的规定，构成2005年《证券法》第193条第1款规定的违法行为，在对文峰股份及其直接负责的主管人员作出处罚的同时，对包括独立董事在内的其他直接责任人员给予警告并处3万元罚款的行政处罚。独立董事范某和江某不服该行政处罚决定，向北京市第一中级人民法院提起行政诉讼，在一审主张被法院驳回后，这两位独立董事向北京市高级人民法院提起上诉，在该案二审期间，独立董事范某提出：其除在2014年年度报告签署意见前认真核对过相关文件，已尽到勤勉尽责义务以外，在2015年中期报告签署意见前也主动询问了上市公司的董事长、董事会秘书和证券事务代表，并有相关"情况说明"予以证明，该行为表明其已尽勤勉尽责义务，因此主张免除其责任。北京市高级人民法院在否定口头询问和"情况说明"的证据力与证明效力的同时，进一步明确指出：在监管机构调查过程中明确告知范某上市公司存在股份代持的情况下，范某仍未给予足够、必要的关注，在审议2015年中期报告时未有效行使独立董事职权，未对股权代持事项是否应予披露作出独立的判断，对该中期报告并未提出有效异议及质询即签署书面确认意见。范某提出的已采取向公司个别人员询问等行为不足以达到对该信息披露事项已尽勤勉尽责义务的标准。故中国证监会综合认定范某未尽到独立董事之勤勉尽责义务，属于文峰股份信息披露违法行为的其他直接责任人员并无不当，范某应当对涉案信息披露违法行为承担法律责任。简单询问不足以达到勤勉尽责标准的归责原则，在否定一种行为模式的同时，也明确了对相关信息披露事项作出独立的审查与判断才算达到勤勉尽责的标准。

---

〔10〕 2005年《证券法》第67条第1款规定："发生可能对上市公司股票交易价格产生较大影响的重大事件，投资者尚未得知时，上市公司应当立即将有关该重大事件的情况向国务院证券监督管理机构和证券交易所报送临时报告，并予公告，说明事件的起因、目前的状态和可能产生的法律后果。"第2款规定："下列情况为前款所称重大事件……（八）持有公司百分之五以上股份的股东或者实际控制人，其持有股份或者控制公司的情况发生较大变化……"

四、独立董事免于行政处罚案件中确立的勤勉尽责标准

《上市公司信息披露管理办法》第58条第1款规定:“上市公司董事、监事、高级管理人员应当对公司信息披露的真实性、准确性、完整性、及时性、公平性负责,但有充分证据表明其已经履行勤勉尽责义务的除外。”这也表明独立董事积极的履职行为的标准是勤勉尽责,但是哪些证据才能足够证明其已经勤勉尽责义务呢?从独立董事因提出充分的证据证明其已经履职勤勉尽责义务进而免于处罚的案例中能够找出其中答案。这方面的典型案例是南京中北案和博腾股份案。

南京中北在2003年和2004年的年度报告中隐瞒银行借款、应付票据未付、对关联方担保和关联方非经营性占用资金,涉及金额巨大。该行为违反了1998年《证券法》第61条的规定,构成了该法第177条第1款规定的信息披露违法行为。中国证监会在调查、审核的基础上,对相关信息披露违法行为人给予行政处罚,但是对在通过南京中北2003年年度报告和2004年年度报告的董事会决议上签字的时任独立董事均作出了免予处罚的决定。中国证监会在(2010)10号行政处罚决定书中将免予处罚的原因解释如下:第一,从三位独立董事多年的履职记录看,他们能够较好地参加董事会、审查议案材料、审慎发表意见、进行独立判断,曾经否决了经营层提出的不成熟的投资决策,并针对南京中北的公司治理和内控做了一些督促工作;第二,在发现南京中北存在巨额资金外流并损失的情况后,他们立即责成董事会质询管理层人员,督促董事会聘请江苏省外的会计师事务所对南京中北的贷款资金流向进行专项审计并就南京中北自查发现的问题立即向全体股东公开通告,同时及时向监管机构举报;第三,他们积极主动地督促公司追讨外流资金并进行内部整改。这是根据独立董事事前、事中和事后的具体表现而作出的综合判断。

南京中北案是在上市公司独立董事制度刚刚建立,《证券法》和《行政处罚法》颁布实施不久,其他配套法规尚不完备的背景下发生的案件,但是对该案件的调查和处理坚守了证券市场公开、公平与公正的

原则,也体现出监管机构判断独立董事是否履行勤勉尽责义务的标准与制度设计的智慧,为此后对独立董事在上市公司虚假陈述时免予处罚提供了可资参考与借鉴的"惯例"。博腾股份相关独立董事免予行政处罚也基本上是基于这个"惯例"而作出的。

2018 年 4 月至 2019 年 4 月,在博腾股份实际控制人的指使及组织下,博腾股份以预付款、备用金等形式通过供应商和公司员工向实际控制人的关联方提供资金,存在控股股东及其关联方非经营性资金占用的问题,虽然在 2019 年 4 月底前上述关联方非经营性占用的资金及利息已归还,但是博腾股份在 2018 年半年度报告和第三季度报告中对该事项的记载存在重大遗漏,并对因相关资金占用引起的预付款和利润数据存在虚假记载。重庆证监局依据 2005 年《证券法》第 63 条、第 67 条和第 193 条第 1 款的规定对上市公司和包括独立董事在内的其他信息披露义务人作出了行政处罚。该公司独立董事、审计委员会主任委员郭某清在接到行政处罚预告通知书后请求免予行政处罚,其理由是"作为公司审计委员会召集人,本人通过电子邮件及短信要求公司内审部门关注关联交易和非经营性资金占用风险;在审议公司三季报议案时,要求公司注意合规经营;在知悉公司的违法行为后,督促公司完善内部治理,加强资金占用审计,尽到了独立董事应尽的职责"。针对独立董事郭某清的该申辩意见,重庆证监局经复核后认为,独立董事郭某清在审议博腾股份 2018 年第三季度报告事项时给予了必要的关注,同时在知悉公司存在资金占用情况后积极采取补救措施,履行了独立董事职责,故对其申辩意见予以采纳,免除对他的行政处罚。[11]

从如上免于独立董事虚假陈述行政法律责任的案例中可以看出,独立董事在上市公司虚假陈述案件中是否能够免于处罚,取决于其是否在该虚假陈述违法行为的防范中尽到勤勉尽责义务,而该勤勉尽责义务履行的标准是按照"事前、事中和事后"三个互为递进的程序而考量的:在虚假陈述违法行为发生前的履职期间,独立董事能够按照法律、监管部门制定的规章和规范性文件以及公司章程的要求履行相应

---

〔11〕 参见博腾股份《关于收到中国证券监督管理委员会重庆监管局行政处罚决定书的公告》,2020 年 5 月 18 日。

的职责；发现虚假陈述违法行为时及时向公司或者监管部门报告该违法行为或者充分揭示其中风险；在虚假陈述被揭露后及时督促发行人整改且及时向公司或者监管机构反馈督促整改的结果。独立董事能提出“事前、事中和事后”勤勉尽职履行职责的证据，即可免于行政处罚。但是，这个实践中的做法需要总结并上升为相关法律规则或者以司法解释的形式将其认定为可裁判的规则。

五、结论与建议

自我国在上市公司建立独立董事制度以来，上市公司独立董事制度在不断地修改、补充与完善中，修改与完善上市公司独立董事制度的路径是规则的补充修订、相关案例实践的总结、案例实践总结并提升为上市公司独立董事制度规则的补充修改，并周而复始地循环往复，实现理论与实践的螺旋式发展与进步。这种发展与进步在独立董事因上市公司虚假陈述而受到行政处罚及其后行政诉讼的案例总结与规则修订中体现得更为明显：虽然上市公司独立董事制度的规范形式很明确，但是独立董事勤勉尽责的标准、行政处罚的归责原则、免于行政处罚的条件与举证责任等具体内容尚需在行政处罚和行政诉讼的相关案例中逐步实践并总结完善，从相关案例所认定的标准和“惯例”中总结出的一般规律又上升为独立董事因上市公司虚假陈述而承担行政法律责任的具体且更加明确的规则，而这种补充修订后的更加明确的规则又需要经受行政处罚与行政诉讼实践的检验，并形成更加完备的独立董事制度与规则，今后的上市公司独立董事制度的改革与完善还会依照该路径而发展下去，这就需要我们在修改上市公司独立董事制度与规则时深入研究相关实践及其案例，并将其归纳总结为更具明确、清晰和完备的制度与规则。

《证券法》规定了独立董事在虚假陈述违法行为中的法律责任，《上市公司信息披露管理办法》、《信息披露违法行为行政责任认定规则》确立了包括独立董事在内的上市公司董事虚假陈述法律责任归责的勤勉尽责免责标准，并对不予行政处罚和不单独考虑免除行政处罚情形分别予以明确。但是,该部门规章一方面没有回答实践中独立董事提出的"未参与、不知情、无过错"、未取得津贴、任职期间与报告期不一致、问询并已履行职责等免责理由成立与否的问题;另一方面,也没有全面而系统地总结勤勉尽责的具体标准;同时也存在着部门规章在行政诉讼案件适用中因效力等级低下难以成为裁判规则依据的问题。《虚假陈述民事责任司法解释》在规定独立董事没有过错进而不承担民事赔偿责任的几种情形,并提出"独立董事提交证据证明其在履职期间能够按照法律、监管部门制定的规章和规范性文件以及公司章程的要求履行职责的,或者在虚假陈述被揭露后及时督促发行人整改且效果较为明显的,人民法院可以结合案件事实综合判断其过错情况"的民事责任归责原则,该原则与行政归责原则中结合事前、事中和事后勤勉尽责的证明标准不谋而合,但是该司法解释仅仅适用于民事赔偿的司法适用,独立董事虚假陈述行政归责原则需要建立独立的勤勉尽责证明标准及其规则。

前锋股份案、文峰股份案等行政诉讼确定的独立董事因上市公司虚假陈述而受行政处罚的归责原则否定了"未参与、不知情、无过错"、任职时间不在虚假陈述报告期、未取得津贴收入等理由的免责效力,补充了《信息披露违法行为责任认定规则》不单独考虑作为免责理由的情形。证券监管机构在证券虚假陈述行政处罚中免于独立董事因上市公司因虚假陈述而受到行政处罚的南京中北案和博腾股份案,则进一步明确了独立董事免于行政处罚的勤勉尽责义务的内容与证明标准,即独立董事需提供其在虚假陈述前按照规则出席上市公司的董事会和调研活动,全面了解公司经营管理和运作情况及其所议事项的相关材料,认真审议相关议案,客观公正地发表专业意见、对虚假陈述所议事项给予充分关注,以专业谨慎的职业态度审议相关事项,对其专业领域内的事项给予特别关注,对于非其专业领域内的事项以问询和质疑或者揭示风险的方式尽到一般注意义务、在虚假陈述违法行为发生后督促上市公司等相关主体纠正其违法行为,挽回违法行为相关的损失或者消除其不利影响,在上市公司等违法主体拒绝配合等必要情况下将该情况向有关监管机构报告。监管机构将综合考虑独立董事在虚假陈述违法行为发生事前、事中与事后的履职情况来认定其是否达到勤勉尽责的履职标准，达到勤勉尽责的履职标准就免于其行政处罚。在《信息披露违法行为行政责任认定规则》等规则中将前述案例与实践中确认的标准与规则上升为一般的法律规则，并将该规则上市为法律规范或者司法解释等裁判规则。

康美案件以后，虽然独立董事制度受到诸多质疑，但是肯定和完善上市公司独立董事制度〔12〕的主张得到监管机构的普遍认可。中国证监会于2022年1月5日颁布了《上市公司独立董事规则》，并组织专门的力量研究如何制定独立董事制度，总结相关实践与案例中的一般性规律与规则，按照“规则完善——案例总结与提炼——总结和提炼的一般规则上升为制度性规则”的路径研究完善上市公司独立董事制度将是符合认识规律的务实性方案。〔13〕不仅目前对独立董事勤勉尽责义务内容与标准的认定及其相关规则的修改将遵循这个路径，而且在未来独立董事制度的修订与完善时也将按照该路径进行，也唯有如此，才让我国的独立董事制度的修改与完善更加科学、务实并具有操作性。

（编辑：张倩红）

---

〔12〕 参见刘运宏：《应肯定和完善上市公司独立董事制度》，载《上海证券报》2021年12月1日，第8版。

〔13〕 参见刘运宏：《独立董事因上市公司虚假陈述而承担民事赔偿责任的归责原则及其改革》，载《武汉金融》2022年第5期。

《证券法苑》(2023)
第三十八卷,第 480 ~510 页

双层股权结构控制权私人利益的风险与治理应对

——从德国“大众排放门”切入

刘胜军*　邹赛男**

摘要:在双层股权(DCS)结构中,传统公司内外部约束机制严重弱化,难以约束控制股东过度追求控制权私人利益作出损害公司利益的扭曲决策。发行优先股形成 DCS 结构的德国“大众排放门”即是其例。关于 DCS 结构中控制股东控制权私人利益风险的治理应对,在内部治理机制上,应当完善低投票权股股东的提案权,增设无约束力表决,强化 DCS 结构中独立董事的独立性,创立董事会下的公司治理委员会;在外部治理机制上,应强化信息披露,放开股东集团诉讼的前置程序,强化控制股东受信义务。

关键词:双层股权结构　控制权私人利益　决策动机扭曲　少数持股控制股东　大众排放门

* 中国民航大学法学院副教授,法学博士。
** 中国民航大学法学院 2020 级硕士研究生。

一、引言

双层股权结构(dual class share structure,以下简称DCS结构)通常也被称为“同股不同权”的股权结构,是对传统公司法“一股一权”原则的突破,股东在投票权方面存在差异,实质特征是股东的现金流权(体现为持股比例所对应的分红权与剩余资产分配权)和投票权相分离。在DCS结构中,从持股比例上来看,高投票权股股东是少数股东,但是其通过持有少数的高投票权股控制了公司,再加上其往往又担任管理者,我国上交所交易所规则则要求持高投票权股的控制股东须同时担任董事,因此文中称其为控制股东/管理者(文中控制股东与少数持股控制股东交叉使用,在特别强调控制股东其控制权与现金流权背离的场合使用少数持股控制股东)。在“一股一权”结构中,通过金字塔持股结构,现金流权意义上的少数股东也可以实现对公司的控制。在DCS结构中,金字塔持股结构与DCS结构相结合,还可以进一步加剧控股股东现金流权与投票权的分离。

优先股发行公司的资本结构性质也是DCS结构,优先股通常没有表决权,优先股发行公司同样符合DCS结构现金流权与投票权分离的实质特征。因此,发行优先股的德国大众集团其资本结构也归为DCS结构,[1]大众集团的控制股东通过金字塔持股结构进一步加剧了控制股东现金流权与投票权的分离。DCS结构中控制股东/管理者的控制权私人利益与其低持股比例对应的收益与损失承担严重失衡,这会产生控制股东/管理者过度追求控制权私人利益损害公司利益的风险,扭曲控制股东/管理者的决策动机,形成DCS结构上市公司治理的特有风险与成本。

本文从德国“大众排放门”切入,分析DCS结构中少数持股控制股东/管理者牺牲公司和低投票权股股东利益为代价,过度追求控制权私人利益的治理风险与成本,剖析背后的治理结构原因,在此基础上从公

〔1〕《德国股份法》不允许上市公司发行差异表决权的普通股,但是允许发行优先股。

司内部和外部治理机制两个维度,探索如何应对 DCS 结构中少数持股控制股东/管理者的控制权私人利益风险。

二、"大众排放门":控制股东过度追求控制权私人利益损害公司与公众股东利益的案例

(一)基本案情

德国大众集团的汽车销售遍及全球,美国是其一个非常重要的市场。美国《清洁空气法》要求,只有汽车制造商向美国环保署(EPA)证明,他们的产品符合排放标准,才能获得合格证书进行销售。2015 年 9 月,EPA 正式发布新闻稿,大众集团的汽车在 1100 万辆柴油机车车型上安装了作弊软件。这些车辆在排放测试中通过造假过关,而实际行驶中,其排放的氮氧化物是实验室测试标准水平的 40 倍。大众集团制造和销售具有作弊软件的汽车,其污染物排放量远高于 EPA 的规定的标准,违反了美国《清洁空气法》的两项重要条款。[2] 东窗事发后,民事责任方面,大众集团最终面临高额索赔;在行政责任方面,面临高额罚款。至 2019 年,大众集团因排放门付出的经济成本更是已经高达 300 亿欧元(约合人民币 2341.84 亿元)。[3] 刑事责任方面,大众集团及其相关高管分别被指控为单位犯罪和自然人犯罪。自"排放门事件"爆发之日起,大众集团的多位高管已先后被捕,其中 2015 年 9 月 23 日,大众集团首席执行官马丁·文德恩辞职,原因是该公司被控故

---

〔2〕 See Environmental Protection Agency, *California Notify Volkswagen of Clean Air Act Violations/Carmaker Allegedly used Software that Circumvents Emissions Testing for Certain air Pollutants*(September 18,2015), available at https://archive. epa. gov/epa/newsreleases/epa – california – notify – volkswagen – clean – air – act – violations – carmaker – allegedly – used. html.

〔3〕 参见孟然:《大众排放门再起波澜:累计损失已超 2300 亿》,载新浪财经,http://finance. sina. com. cn/stock/usstock/c/2019 – 12 – 11/doc – iihnzhfz5093152. shtml, 2022 年 5 月 2 日访问。

意让其柴油发动机在排放测试中作弊,他将面临德国的刑事调查。[4]一时间舆论一片哗然,大众集团的百年信誉严重受损。

大众集团总部位于德国,德国的《股份法》禁止发行一股多个表决权的超级表决权股份,但允许发行具有优先分红权的无投票权的优先股,有时这甚至是普遍的。[5]大众集团就是采用此种优先股构成的DCS结构发行股票上市的,其股权结构中存在一股一票的普通股和一股零票的优先股两种股份类型。截至“大众排放门”发前一年,即2014年年底,大众集团的第一大股东为保时捷控股有限公司(Porsche Holdings SE),保时捷控股有限公司持股大众集团的比例为31.5%,但是表决权比例为50.73%。第二大股东是下萨克森州(State of Lower Saxony),它持有大众集团的股份比例为12.4%,但投票权比例为20.0%。卡塔尔控股有限责任公司(Qatar Holdings)是第三大股东,持股比例占15.4%,投票权占17.0%。[6]作为大众集团的控制股东,保时捷控股有限公司50%的股份为有表决权的普通股,另50%为无表决权的股份。普通股由保时捷和皮埃奇家族的成员全部持有,但该家族成员不持有无表决权的股份。[7](见图1)

---

[4] See Arnold W. Reitze Jr., *The Volkswagen Air Pollution Emissions Litigation*, 46 Envtl. L. Rep. News & Analysis 10564, 10569(2016).

[5] 参见Lucian A. Bebchuk、Kobi Kastiel、罗伟恒:《上市公司永久双层股权结构的不合理性》,载史际春主编:《经济法学评论》(第19卷),中国法制出版社2020年版。

[6] See Volkswagen AG Annual Report 2014, at 92.

[7] See Porsche Automobil Holding SE Annual Report Fiscal Year 2014, at 40.

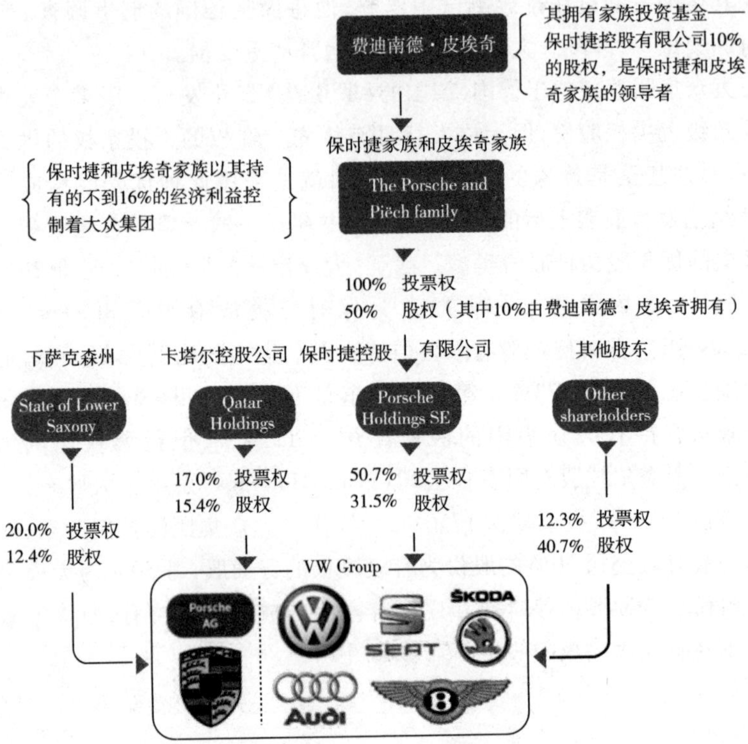

图1　德国大众集团

资料来源:https://www. team - bhp. com/forum/attachments/international - automotive - scene/1429507d1445330509 - vags - emission - fraud - vw - cheats - emission - test - ferdinand - pi - ch - s - influence - seen - everywhere - volkswagen - ft. pdf。

在事件爆发时,通过投资保时捷控股有限公司,保时捷和皮埃奇家族对大众集团享有控制权。通过 DCS 结构和金字塔持股结构的加持,这个家族控制了5 个监督董事会的席位(5 个董事席位占据了监督董事会中股东董事席位的一半,德国监督董事会中股东董事和职工董事各占一半),同时还限制自己的经济风险。与此同时,控制家族的一名成员费迪南德·皮埃奇,其拥有家族投资基金——保时捷控股有限公司 10% 的持股比例,是保时捷和皮埃奇家族的领导者。从 1993 年至 2002 年,他担任大众集团的 CEO,是大众集团的管理者,因此其是大众集团的控制股东/管理者。从该职位退休后,他成为监督董事会主席,在排放丑闻发生时,他仍担任主席。[8]

(二)案件反思

费迪南德·皮埃奇是大众集团的CEO和最终实际控制人,身为少数持股控制股东/管理者,费迪南德·皮埃奇的决定对大众集团的决策来讲是决定性的。费迪南德·皮埃奇通过金字塔结构和DCS结构的方式持有大众集团股份。如图1所示,首先,通过家族对保时捷控股有限公司进行持股,并通过自己对保时捷控股有限公司10%的持股比例领导着保时捷家族和皮埃奇家族,保时捷家族和皮埃奇家族是保时捷控股有限公司的控制股东,保时捷控股有限公司又是大众集团的第一大控制股东,因而费迪南德·皮埃奇可以说是大众集团的最终实际控制人。与此同时,费迪南德·皮埃奇又担任大众集团的CEO,是大众集团的管理者。因此,费迪南德·皮埃奇的决定对大众集团的决策来讲是决定性的。

少数持股但却控制大众集团,这使费迪南德·皮埃奇的控制权私人利益非常突出。作为少数持股控制股东,费迪南德·皮埃奇不再过多考虑为大众集团和其他公众投资者创造更多的财富,而只是一味地追求汽车销量的增加,企图超越丰田,打造一个全球最大的汽车帝国。[9]当大众集团成为最大的汽车帝国之后,作为掌握帝国控制权的人,费迪南德·皮埃奇将会收获较以往更显赫的名声、影响力等非现金控制权私人利益。作为保时捷家族和皮埃奇家族这两大家族的后代,费迪南德·皮埃奇并不缺少金钱,对其来讲,非金钱的控制权私人利益远比金钱更具有诱惑力。正是由于少数持股控制股东/管理者对控制权私人利益的过度追求,为了与这一目标相契合,大众集团不顾一切的违规排放行为似乎显得合理起来。尽管直至今日并无直接的相关证据表明费迪南德·皮埃奇是违规排放的直接授意者,但是在金融时报报道中(Financial Times)认为,费迪南德·皮埃奇在“大众排放门”丑闻

[8] See Elson, Charles M. & Ferrere, Craig & Goossen, Nicholas J., *The Bug at Volkswagen: Lessons in Co - Determination, Ownership, and Board Structure*, 27 Journal of Applied Corporate Finance 36, 37 - 38 (2015).

[9] See Harald Hamprecht, *Volkswagen's No. 1 Ambition: How it Plans to Rule the World*, Autoweek, March 28, 2011.

中就像班柯的鬼魂(Banquo's ghost)——大多数人看不见,但知情人士看到或至少怀疑过他的存在。[10]

本文以下以大众集团排放门的事件是在少数持股控制股东/管理者的直接安排或授意下为假设前提,对少数持股控股股东/管理者过度追求控制权私人利益,决策动机扭曲损害公司和低投票权股股东的风险与治理应对进行学术探讨。

大众集团绝对不是少数持股控制股东/管理者决策动机扭曲的个例。Meta 的 CEO 扎克伯格通过 DCS 结构,以 13% 的股权控制着该公司 54.4% 的投票权,是 Meta 公司的控制股东。因为个人对元宇宙的热情和信念,在 2021 年 Facebook Connect 大会上扎克伯格宣布将 Facebook 改名为 Meta,全力进军"元宇宙"。一年时间过去,Meta 的股价已经从 320 美元左右跌到如今只剩 90 美元,跌掉了 72% 的市值,在前不久公布的第三季度财报里,Meta 营收 277.14 亿美元,同比下滑 4%;净利润 43.95 亿美元,同比下滑 52%,Meta 股东已经对扎克伯格向元宇宙的投资狂潮表示愤怒。[11] 加拿大麦格纳国际公司的控制股东弗兰克·斯特罗纳赫(Frank Stronach)不顾其他股东的反对,耗用大量公司资金投资于个人喜欢和享受的事物,1997 年修建麦格纳主题公园,同年又成立航空公司为自己提供奢华的私人飞行服务,1998 年更是毫无商业计划地成立麦格纳娱乐公司发展赛马业务。最后,斯特罗纳赫在各种陌生领域的投资引起集团内部其他股东的强烈不满,公司遭遇了经营重挫和股价下跌。[12]

少数持股控制股东/管理者过度追求控制权私人利益,决策动机扭曲从而损害公司利益,应当值得严重关切。毫无疑问,当 DCS 结构中少数持股控制股东/管理者的行为缺少传统单层股权结构公司的表决

---

〔10〕 See Richard Milne, *Ferdinand Piëch's Influence Seen Everywhere at Volkswagen*, Financial Time, (October 19, 2015), available at https://www.team-bhp.com/forum/attachments/international-automotive-scene/1429507d1445330509-vags-emission-fraud-vw-cheats-emission-test-ferdinand-pi-ch-s-influence-seen-everywhere-volkswagen-ft.pdf.

〔11〕 See Meta Reports Third Quarter 2022 Result, at 1.

〔12〕 参见孟钟剑、邹豪:《完善我国差异化表决权政策研究——以麦格纳国际公司为例》,载《会计之友》2022 年第 7 期。

权约束机制，其不受控制的过度追求控制权私人利益，公众投资者的利益都将面临巨大的风险和治理成本。正如经济学家弗里德曼所说："花自己的钱办自己的事，最为经济；花自己的钱给别人办事，最有效率；花别人的钱为自己办事，最为浪费；花别人的钱为别人办事，最不负责任。"〔13〕 DCS结构中少数持股控制股东/管理者在公司中的经济利益占比很少，如果其决策动机扭曲，使用他人的钱来满足自己的控制权私人利益，就很大程度上意味着"花别人的钱为自己办事，最为浪费"。DCS结构中少数持股控制股东/管理者拿公众投资者的钱去冒险，过度追求个人的控制权私人利益，这将会导致公众投资者承担巨大的代理成本和决策错误的成本。因此，对少数持股控制股东/管理者上述行为进行治理，保护公众投资者的利益是十分必要的。

三、双层股权结构中控制股东控制权私人利益的治理风险

在分散持股"一股一权"的上市公司中，表决权约束机制下的公司控制权市场和管理者职位替代约束公司内部人服务于公众股东利益。在集中持股"一股一权"的上市公司中，尽管控制权市场无法发挥约束机制，但是控制股东在上市公司占有多数权益，这意味着他自己要承担决策错误导致公司损失的主要部分，这为控制股东与公众股东利益的一致化提供了强有力的激励。相反，存在少数持股控制股东/管理者的DCS结构上市公司中，一方面，少数持股控制股东/管理者缺少控制权市场的外部约束；另一方面，自己又不承担自己决策错误导致公司损失的主要部分，承担的只是极少部分，实际由持股多数的公众股东承担主要不利影响。〔14〕 在DCS结构中，少数持股控制股东/管理者存在牺牲公众股东的利益为代价过度追求控制权私人利益的道德风险。在大众集团，实际控制人/管理者这一风险表现为公司战略选择和帝国建造。

---

〔13〕 参见［美］米尔顿·弗里德曼、［美］罗斯·弗里德曼：《自由选择：个人声明》，胡骑等译，商务印书馆1982年版，第118～119页。

〔14〕 参见章道润、张宇润、蒋辉宇：《双层股权结构上市公司普通股东权益保护制度研究》，载《财贸研究》2021年第8期。

(一)控制股东/管理者为控制权私人利益选择低业绩公司战略

在DCS结构中,控制股东/管理者的低持股比例与私人控制权利益相叠加可能诱发其过度追求控制权私人利益从而决策动机扭曲。为了更好地说明控制股东决策动机的扭曲是如何依赖于其持股比例,我们比较控制股东持股比例不同情形下的决策动机。假设控制股东的持股比例为25%,公司的价值为V,控制股东将在两项公司战略之间面临一种选择,采取低业绩战略C可能会导致公司出现损失△V,但控制股东将获得私人利益B为1亿美元,在损失的△V超过4亿美元时,控制股东才会放弃采取战略C。因为,此时控制股东获得的控制权私人利益小于其按持股比例25%分担公司的损失△V,即B < △V × 25%。假设同一控制股东的持股比例从25%减少到5%,仍然保留其对公司的控制权,控制权私人利益B为1亿美元不变,此时控制股东对公司采取同样的低业绩战略C的话,控制股东获得的控制权私人利益B将远远大于其按持股比例5%分担的公司损失△V,这时控制股东会选择低业绩战略C。控制股东只有在5% × △V >1亿美元,即△V超过20亿美元时才会放弃采取低业绩战略C。因此,在公司损失△V同为4亿美元的情况下,持股比例为25%的控制股东更愿意放弃导致公司价值贬值的低业绩战略,但持股比例5%的控制股东却会选择导致公司价值贬值的低业绩战略。由此可见,控制股东的持股比例越低,其以牺牲公司利益为代价追求控制权私人利益的风险越大,其选择错误的公司战略的可能性越大。[15]

控制权私人利益的驱使下,少数持股控制股东/管理者扭曲的决策动机将导致其作出不符合公司最佳利益的战略选择,并最终损害公司利益。其一,在过度追求控制权私人利益的驱使下,控制股东可能更愿意投资他个人更感兴趣但是风险较大的新业务,而放弃原来成功成熟的主营业务。其二,在过度追求控制权私人利益的驱使下,控制股东可能对公司现有的业务表现出过度、甚至冒进的投资倾向。其他的业务可能会带来更高的投资回报,投资其他的业务需要学习不同的管理技

---

〔15〕 See Lucian A. Bebchuk & Kobi Kastiel, *The Perils of Small - Minority Controllers*, 107 Georgetown Law Journal 1453, 1469(2019).

能，控制股东已经对现有的业务十分熟练，他们更愿意接受现有业务，并可能对现有业务过度投资，甚至选择风险巨大的冒进的公司战略。[16] 大众集团的实际控制人就是这一种情况的一个典型例子。作为保时捷和皮埃奇家族的后代，费迪南德·皮埃奇对于汽车制造业务可谓是十分娴熟，把大众集团打造成全球最大的汽车帝国是他的控制权私人利益的集中体现，为了追求这一非现金的控制权私人利益，他对现有业务发展呈现出强烈且过度，甚至是冒进的倾向。种种迹象指向，大众集团选择在汽车上安装作弊软件时确实是费迪南德·皮埃奇出于追求控制权私人利益而做出的决策，这恰恰反映出控制股东的过度自信和冒险导致了严重的决策动机扭曲，最终酿成代价巨大的后果。

大众集团为控制股东/管理者过度追求控制权私人利益作出的公司（违法）战略选择付出了惨重的代价。大众集团因"排放门"这一舞弊丑闻付出了经济和名誉的沉痛代价，各国针对大众集团的欺骗性行为进行调查，并要求大众集团作出赔偿，解决因排放污染带给民众及环境的影响。在刑事方面，大众集团及其相关高管分别被指控为单位犯罪和自然人犯罪。"单位犯罪方面，2017 年 1 月 11 日，大众集团因涉嫌对作弊事件知情、共谋欺骗美国，被美国密歇根州东区指控三项重罪，即违反清洁空气法阴谋欺骗美国和美国消费者罪、妨碍司法罪以及通过虚假陈述进口商品罪等。[17] 2017 年 3 月 10 日，大众集团承认了三项重罪指控，控辩双方达成辩诉交易。[18] 2017 年 4 月 21 日法院接受了控辩双方达成的辩诉交易，作出了有罪判决，根据答辩协议，大众集团同意向美国政府支付 28 亿美元的刑事罚金。"[19] 在民事赔偿方面，大众集团的欺骗性行为也引发了后续一连串的起诉和诉讼。2019 年 9 月，大众集团与澳大利亚车主就排放门达成和解协议，大众集团将向每位起诉大众、奥迪、斯柯达柴油车车主赔偿总额约 1.27 亿澳大利

---

〔16〕 See Ronald J. Gilson, *Controlling Shareholders and Corporate Governance: Complicating the Comparative Taxonomy*, 119 Harvard Law Review 1641, 1667 - 68 (2006).

〔17〕 See United States v. Liang, Case No. 16 - 20394 SFC (APPx), Dkt. 32, Third Superseding Information at p. 16 - 27 (E. D. Mich. 2016).

〔18〕 See Dkt. 71 - 4, Exh. 3, Plea Agreement.

〔19〕 See Dkt. 71 - 1, Stoller Decl. at 8.

亚元费用;2020 年 1 月波兰竞争和消费者保护局宣布对大众集团处以 1.206 亿兹罗提罚款;2020 年 2 月,大众集团因“排放门”问题向德国客户赔偿 8.3 亿欧元,以平息德国消费者对其提起的诉讼……[20]“大众排放门”还远远未结束。

(二)控制股东/管理者为控制权私人利益进行“帝国建造”

控制股东过度追求控制权私人利益会选择规模扩张进行帝国建造。在 DCS 结构公司中,控制股东的持股比例为 25%,公司的价值为 V,如果控制股东将进行一系列的收购,这些收购将会大幅增加公司的规模,同时将使所有股东的财富减少 △V。但是,通过这样的收购增加公司的规模和重要性,将会增加控制股东的影响力、权力和地位,从而为控制股东提供私人利益 B。假设持股 25% 的控制股东将获得的私人利益 B 为 1 亿美元,这种情况下,只有在 △V 的减少超过 4 亿美元时,控制股东才会避免选择规模扩张进行帝国建造,因为此时控制股东按比例分担的财务损失,即 △V 的 25%,超过 1 亿美元。假设同一控制股东的持股比例从 25% 减少到 5%,同时保留其对公司的控制权,DCS 结构可以实现这一效果,控制股东对公司采取上述同样的规模扩张,控制股东按比例分担的财务损失现在将只占 △V 的 5%,但该控制股东根据控制权仍将获得 1 亿美元的私人利益,此时控制股东只有在 5% 的 △V 超过 1 亿美元,即 △V 的减少超过 20 亿美元时才会避免进行收购扩大公司规模。因此,在 △V 的减少在 4 亿美元到 20 亿美元之间的情况下,控制股东在持股比例为 5% 而不是 25% 的时候,其更容易采取增加公司规模的收购行动。由此可见,控制股东的持股比例越低,其决策动机扭曲的风险越大,其扩大公司规模进行帝国建造的可能性越大。[21]

为建造帝国,控制股东会采取避免向股东分配现金或资产。例如,相对于有利可图投资机会所实际需要的资金,公司可能拥有远超过实际所需的资金储备,此时将过多的资金储备分配给其他股东本会增加

---

〔20〕 参见陈驰:《大众因排放门遭到德国逾 40 万名车主集体起诉:赔偿 8.3 亿欧元》,载快科技,https://news.mydrivers.com/1/672/672690.htm,2022 年 6 月 13 日访问。

〔21〕 See *The Perils of Small – Minority Controllers*. supra note 16, at 1470.

公司价值。又如,对于公司拥有的某些资产,将其剥离出去交给第三方管理或出售给第三方,并将现金收益分配给股东,这样会为公司和股东带来更大收益。但是在这种情况下,控制股东会拒绝这样做,继续维持庞大的资产规模以避免帝国缩小。控制股东之所以这样做,是因为拥有一个更大的帝国对控制股东的私人利益更加有利,经营一家大公司,控制股东可以获得更大的金钱和非金钱的私人利益。此外,保留未分配的流动资金("自由现金流")或可转化为流动资金的资产,可以增加控制股东对于资本市场的自主权,并增强其追求扩张计划的自由。综上,为了帝国建造,控制股东过度扩张和过度保留流动资金会扭曲其决策动机。[22]

大众集团是帝国建造的一个典型例子。费迪南德·皮埃奇为了将大众集团打造成为全球最大的汽车帝国,采取一切手段增加汽车销量、扩大大众集团的规模。为了提高产量,在 2011 年大众集团必须在全球至少再建立 5 家到 6 家装配厂,新的工厂又需要雇佣新的员工,大众集团的汽车面临着要为实现增长、扩大规模而牺牲利润的风险,这曾经受到了来自股东、工会和记者的强烈批评。[23]

双层股权似乎是一个双赢的治理结构,但存在特殊的控制权私人利益风险与治理成本。透过德国"大众排放门"不难发现,控制股东/管理者在过度追求控制权私人利益的驱使下,导致决策动机扭曲,从而选择低业绩战略,其经营决策不再是为了公司或所有股东利益的最大化,而是以牺牲公司或其他股东的利益为代价,过度追求控制权私人利益时,该结构特有的代理成本与治理风险就凸显了。我国上交所科创板、深交所创业板以及北京交易所均已经允许公司上市发行差异表决权股份形成 DCS 结构,并且我国立法也允许公众公司发行优先股从而形成 DCS 结构,这一结构在我国情境下的代理成本与治理风险值得警惕,并应进行相应的治理机制应对。

---

〔22〕 See Lucian Arye Bebchuk, *The Case for Increasing Shareholder Power*, 118 Harvard Law Review. 833, 903 - 04 (2005).

〔23〕 See Harald Hamprecht, *Volkswagen's No. 1 Ambition: How it Plans to Rule the World*, Autoweek, March 28, 2011.

四、双层股权结构中控制股东控制权私人利益风险的治理结构成因

DCS 结构是公司发展到一定阶段后,出于创始股东或家族对企业控制权保留、公司反收购的需求而产生的一种股权结构。DCS 结构中控制股东控制权私人利益治理风险在治理结构成因,根本上来源于控制股东现金流权与控制权分离导致的更加严重的代理成本,内部约束机制削弱、外部约束机制缺乏加剧了这一风险。[24]

(一)代理成本根源

DCS 结构中控制股东/管理者存在严重的潜在代理成本。在 DCS 结构下,投票权与现金流权分离使得控制股东的代理成本加大。控制股东/管理者持有的超高投票权比例与持股比例极不匹配,控制股东/管理者高度参与公司经营,但是其能从股东身份上获得的经济利益却极少。一方面,少数持股控制股东所拥有的超级投票权足以控制整个公司大大小小的决策与走向——或好或坏,却因持股比例小,只需要在经济利益上承担较小比例的风险责任。[25] 另一方面,控制权私人利益只有控制股东/管理者能够享有,少数股东并不享有。在维持控制权的条件下,控股股东持股越少,攫取控制权私人利益的动机就越大。提高公司业绩带来的收益是按持股比例来分配,但控制权私人利益是基于治理权力来分配的。当控制权私人利益充分增加时,DCS 结构的杠杆控制可能会促使控制股东/管理者采取降低公司业绩但有助于提供控制权私人利益的策略。[26] 在机会主义的驱动下,控制股东/管理者则极易诱发决策动机扭曲,趋向于牺牲其他股东甚至是公司整体的利益

〔24〕 参见谭婧:《双层股权结构下的利益冲突与平衡》,华东政法大学 2015 年博士学位论文。

〔25〕 参见张欣楚:《双层股权结构:演进、价值、风险及其应对进路》,载《西南金融》2019 年第 6 期。

〔26〕 *See Controlling Shareholders and Corporate Governance*:*Complicating the Comparative Taxonomy*. supra note 17, at 1651 - 52.

来追求控制权私人利益。[27]

大众集团存在DCS结构,其控制股东存在着严重的代理成本。大众集团的控制股东保时捷控股有限公司对大众集团只拥有31.5%的经济利益,但是却掌握50.7%的表决权。而控制保时捷控股有限公司的保时捷家族和皮埃奇家族对大众集团实际只拥有不到16%的经济利益,实际控制人费迪南德·皮埃奇更是对大众集团只拥有3.15%的经济利益,但是他作为最终的实际控制人却实际掌控着大众集团50.73%的投票权。经济利益比例与投票权比例相差如此悬殊,实际控制人费迪南德·皮埃奇过度追求控制权私人利益,因而决策动机扭曲就显得不足为奇了。

(二)内部约束机制严重削弱

DCS结构削弱了对管理者的内部约束机制。通常,对公司管理者的内部约束机制主要来源于两个方面:一个是来自股东大会的监督;另一个是来自董事会和监事会的监督。在DCS结构的安排下,这两方面的约束机制都被削弱了,从而增加了身为控制股东的管理者在过度追求控制权私人利益的驱使下,决策动机扭曲的潜在风险。

在DCS结构中,股东大会对管理者的监督功能被严重削弱了。具体而言,在股东大会层面,差异表决权会带来控制权的集中,持有高投票权股份的控制股东同时身为管理者,对股东大会拥有绝对的控制力,其他中小股东难以撼动身为控制股东的管理者的控制力。[28] 再者,实证证据表明,在"一股一权"结构的公司中,管理者的地位并不是根深蒂固的,如果他表现不佳或以其他方式损害其他公众投资者的利益,他随时可能被替换,被替换的威胁约束着管理者忠诚勤勉地做好本职工作。对在"一股一权"结构公司中的多数持股控制股东而言,虽然其不面临被取代的威胁,但是他持股多数,因此需要对其行为承担大部分的

〔27〕 参见冯果、诸培宁:《差异化表决权的公司法回应:制度检讨与规范设计》,载《江汉论坛》2020年第5期。

〔28〕 参见徐雅红:《表决权差异安排下的控制权约束规则研究》,华东政法大学2020年硕士学位论文。

经济成本,因此多数持股控制股东在作出任何决定时同样受到约束。[29] 然而,在 DCS 结构中,少数持股控制股东与管理者的身份合二为一,他们的控制权私人利益抵消了其持有少数股权的任何损失成本,与此同时,他们也不存在被替换的威胁。DCS 结构这种壁壕(entrenchment)防御和弱所有权激励(weak ownership incentives)的叠加,很可能导致少数持股控制股东/管理者做出各种动机扭曲的决策。[30]

在 DCS 结构中,董事会和监事会对身为控制股东的管理者的监督功能被严重削弱了。从董事会和监事会角度功能的角度出发,在 DCS 结构的公司中,董事会的董事和监事会的监事通过股东大会投票选举产生,而控制股东的表决权绝对优势决定了其在董事会、监事会形成中的控制能力,这就相当于控制股东拥有了董事、监事的任免权。在这种情况下,一方面,对于董事会来说,董事会难以对全体股东负责,控制股东通过掌控董事会成员的任免,进而把握对管理者的任免,董事会对管理者的监督失效,董事会内部相互的监督难以成行,董事会的监督功能被抑制了;另一方面,监事会同样常常受制于控制股东,监事会由股东大会选举,掌握控制权的控制股东更加能够把握监事人选,选择"自己人"担任,监事会难以保证独立性,监事的监督作用更是难以发挥。[31] 因此,在 DCS 结构中,董事会和监事会并不能很好地承担监督职能。

大众集团完全被实际控制人操控,对管理者的内部约束机制失效。保时捷控股有限公司作为大众集团的第一大股东,而保时捷家族和皮埃奇家族又控制了保时捷控股有限公司,费迪南德·皮埃奇作为保时捷和皮埃奇家族的领导者是大众集团的实际控制人,再加上其曾经又兼任 CEO,他对大众集团的股东大会拥有绝对的控制力。同时,通过 DCS 结构和金字塔持股结构的结构性手段,保时捷家族和皮埃奇家族可以控制 5 个监督董事会的席位,这占到监督董事会中股东董事的一

---

〔29〕 See Paul E. Fischer et al. , *Investor Perceptions of Board Performance: Evidence from Uncontested Director Elections*, 48 J. Acct. & Econ. 172, 180 – 82 (2009).

〔30〕 *See The Perils of Small – Minority Controllers.* supra note 16, at 1466.

〔31〕 参见欧阳鸣鹂:《双层股权结构代理成本问题与监管对策研究》,暨南大学 2020 年硕士学位论文。

半。因此，股东大会和监督董事会在很大程度上受控于控制股东/管理者，进而受控于实际控制人费迪南德·皮埃奇，它们的监督作用受到限制、难以有效发挥。

在“大众排放门”的指控与刑事调查中发现，公司的董事和高管完全受控于实际控制人费迪南德·皮埃奇，公司内部约束机制难以对扭曲决策进行监督和矫正。大众集团及其相关高管分别被指控为单位犯罪和自然人犯罪。在自然人犯罪方面，自“排放门事件”爆发之日起，大众集团的多位高管已先后被捕。前大众集团发动机研发主管詹姆斯·梁（James Liang）因参与排放作弊软件研发被判处40个月监禁。前大众集团美国环境工程办公室负责人奥利弗·施密特（Oliver Schmidt）因掩盖排放测试作弊事实，拒不配合美国监管部门调查，被底特律联邦法院判处7年监禁，并处以40万美元的罚款。2017年1月被捕前，检察机关从奥利弗·施密特的个人邮箱中恢复的邮件显示，施密特在2014年4月就已经发现，在西弗吉利亚大学的独立测试中，大众集团柴油车实际排放存在严重超标。施密特将问题上报给了公司高层，但最终被要求掩盖了事实，这足以证明大众集团董事会和高管对作弊事实早已知情，公司的内部约束机制未能对这一错误行为监督和矫正。[32]

大众集团首席执行官受控于实际控制人，其被刑事指控对作弊事实知情，并故意操控作弊。2015年9月23日，大众集团首席执行官马丁·文德恩辞职，原因是该公司被指控故意让其在柴油发动机排放测试中作弊，他将面临德国的刑事调查。[33] 2019年4月15日，德国检察官表示，他们正对大众集团前首席执行官文德恩（Martin Winterkorn）提起刑事诉讼，指控其涉嫌操控大众集团柴油车排放测试。检察官称，文德恩在2014年11月同意支付2300万欧元进行软件更新，而此举并无实际用处，只是为了进一步掩盖车辆排放不合格，因此这意味着文德恩

---

〔32〕 See Environmental Protection Agency, Former CEO of Volkswagen AG Charged With Conspiracy and Wire Fraud in Diesel Emissions Scandal (May 3, 2018).

〔33〕 *See The Volkswagen Air Pollution Emissions Litigation.* supra note 4, at 10569.

至少从2014年5月就知道排放测试作弊事实,并涉嫌操控这一事件。[34] 尽管文德恩一直声称,自己直到2015年9月东窗事发才被告知存在作弊装置,但作为大众集团8年的首席执行官,具有20年有影响力的高管,费迪南德·皮埃奇的门徒,其如果不是睁一只眼闭一只眼默许,下面的工作人员怎么可能如此胆大妄为。

综上所述,大众集团内部的约束机制显然难以约束管理者马丁·文德恩。在实际控制人费迪南德·皮埃奇的领导下,大众集团的首席执行官毫无疑问遵循并实现实际控制人的控制权私人利益,即帝国建造愿景——"使大众集团成为世界上最好、最大的汽车制造商",并在此道路上冒进。[35]

(三)外部约束机制缺乏

DCS结构缺乏控制权市场这一外部约束机制。控制权市场可以看作是外部管理团队与现任管理团队竞争公司资源控制权的一个竞技场。当现任的管理团队未能为股东创造最大价值时,股东可以替换管理团队,或者新的股东竞争获得公司的股权,获得股权后用新的管理团队替换现任管理团队。如果这样的控制权市场能很好地发挥作用,则管理团队会面临控制权市场的威胁而勤勉忠诚地工作,从而降低代理成本,起到外部治理的作用。[36] 在"一股一权"结构的公司中,控制权市场为公司的中小股东提供了强有力的保护。"但是在DCS结构中,载有高投票权的股份一般不上市流通,这使收购方即使买入全部在外流通的低投票权的普通股或者无表决权的优先股,也难以拥有足够的表决权。这就意味着,DCS结构上市公司中,只要控制股东/管理者不向外转让自己的高投票权股份,其对公司就拥有难以撼动的绝对控制力,外部收购始终无法威胁到控制股东/管理者对公司的控制

〔34〕 See McHugh, David, *Former Volkswagen CEO Charged with Fraud in Germany*, The Associated Press, Retrieved 27 April 2019.

〔35〕 William Boston, *At Volkswagen, a Game of Thrones as Chairman Ferdinand Piech Quits*, Wall Street Journal, April, 26, 2015.

〔36〕 参见陈玉罡、陈文婷、林静容:《控制权市场制度变革与公司治理和并购绩效研究》,载《证券市场导报》2017年第2期。

权。”[37]因此,在DCS结构的公司中,外部的控制权市场对控制股东/管理者根本构不成威胁,外部约束机制严重缺乏。

大众集团缺乏有效的外部约束机制。大众集团的控制股东为保时捷控股有限公司,后者的表决权股份由保时捷家族和皮埃奇家族的成员全部持有,家族成员以及实际控制人不可能向外转让有表决权的股份。大众集团的公众股东持有的主要是无表决权的优先股,因此,外部的控制权市场对管理者难以约束,管理者为大众集团的控制股东和实际控制人所选择。这种情况下,即使控制股东/管理者出于控制权私人利益的扭曲激励,做出损害公司和无表决权优先股的投资者的决策,因为控制权市场的外部约束机制无法有效发挥作用,控制股东/管理者没有外部约束机制的威慑从而没有顾忌。

我国已经引入差异表决权股和优先股,这会形成中国的DCS结构上市公司。如上所述,DCS结构由于其自身的结构特点,使得控制股东/管理者持有少数股份即可通过多数表决权控制上市公司,潜在代理成本趋高,控制股东/管理者的内外部监督机制被严重削弱,控制股东/管理者更容易过度追求控制权私人利益产生决策动机扭曲,从而使公司的决策与治理存在更大的风险。因此,为应对DCS结构中少数持股控制股东/管理者过度追求控制权私人利益从而损害公司和公众股东的风险,从内部治理和外部治理角度重构相应有效的治理机制就显得犹为必要。

五、双层股权结构中控制股东控制权私人利益风险的内部治理机制应对

在DCS结构中,对控制股东和管理者的传统内部约束机制严重削弱,缺乏有效监督而不能形成内部的权力制衡,存在治理与风险隐患,极易诱发控制股东/管理者过度追求控制权私人利益从而决策动机扭

〔37〕 参见刘立燕、方晓波:《科创板引入双层股权结构的制度保障研究》,载《武汉商学院学报》2019年第4期。

曲。正如保时捷汽车有限公司的创始人费迪南德·保时捷的孙子费迪南德·皮埃奇那样,一心只追求达到全球最大的汽车帝国这一控制权的非现金私人利益,而忽略关注大众集团整体的获利能力和公众股东的利益。因此,对于DCS结构中控制股东/管理者过度追求控制权私人利益损害公司的风险,如何从内部治理机制的完善进行探讨,对我国发行差异表决权股或无表决权优先股上市公司的治理具有重要的现实意义。

(一)完善低投票权股股东的提案权与无约束力表决

提案权有助于少数股东对DCS结构上市公司重大决策的参与和监督。[38] 我国《公司法》规定了股东提案权制度,符合条件的股东有权依照法定程序提出提案并要求将其列入股东大会会议审议事项。股东提案权彰显优先股股东的话语权,其可以作为平衡持高投票权股的控制股东与持低投票权股的公众股东之间利益的一种途径,在一定程度上避免持高投票权股的控制股东的独断专权。但是在DCS结构中,持无表决权优先股或低投票权股(以下统一简称为持低投票权股)的中小股东很难参与到公司治理中。

明确提案权制度行使以持股比例而非表决权比例计,促进持低投票权股的股东参与公司治理。[39] 首先,关于提案股东的持股要求方面,现行《公司法》要求行使提案权的股东应当"单独或者合计持有公司3%以上股份,"这一表述较为模糊,究竟是持有公司3%以上有表决权股份的股东有权提起,还是持股比例达到3%即可,《公司法》及相关司法解释并未明确。如果要求必须是表决权股份的3%,那么因DCS结构公司的多数表决权牢牢地掌握在普通股控制股东/管理者手中,低投票权股的股东的表决权严重不足,则持低投票权股股东的意见在DCS结构上市公司中无法通过提案表达。因此,我国股东提案权制度

[38] 参见梁上上、[日]加藤贵仁、朱大明:《中日股东提案权的剖析与借鉴——一种精细化比较的尝试》,载《清华法学》2019年第2期。

[39] 参见刘卫锋、周甜:《我国上市公司股东提案权制度的实证分析及完善路径》,载郭文英主编:《投资者》(第16辑),法律出版社2021年版。

应当明确,提案权的行权以持有的股份比例计,不宜以表决权计。[40]其次,针对控制股东/管理者过度追求控制权私人利益损害公司利益的提案,只有承认持低投票权股股东根据持股比例而不是表决权比例提出股东临时提案,后者才有机会对前者决策动机扭曲的提案提出反对议案的提案。只有这样,持低投票权股的投资者才可以在股东大会上表达自己的意见,维护公司和自己的根本利益。

在 DCS 结构中,持低投票权股股东行使提案权需要无约束力投票机制的加持。没有表决权或表决权远远不足以支持其提出的提案表达,其提出股东大会审议的提案到底有没有意义呢？本文认为,即使优先股股东在普通股东大会上无表决权,或者低投票权普通股股东的表决远不足以支持其提案通过,也应当允许其进行非约束性投票,并要求将优先股股东或低投票权股股东的投票情况单独记录,并予以信息披露。尽管他们的投票不具有约束力,但能够以此议案的投票记录与结果向 DCS 结构上市公司中的控制股东/管理者发出强烈的异议信号,并通过信息披露公示于公司外部,对控制股东/管理者形成一种心理压力,从而有助于约束控制股东/管理者。[41]

具体到"大众排放门",如果无表决权优先股股东有机会提案并以无约束力投票加持,将会影响控制股东/管理者选择过度扩张进行帝国建造的扭曲战略。对于控制股东/管理者选择过度扩张规模而牺牲利润的公司帝国建造战略,如果无表决权优先股的股东对于公司选择这样的战略有机会提出反对议案提案,并且其无约束性投票被强制单独记录和予以披露的话,费迪南德·皮埃奇基于优先股股东强烈的异议信号和自身产生的巨大心理压力,未必会做出这一动机扭曲的决策。在 DCS 结构中,控制股东/管理者一般需要公开承诺保护低投票权普通股或无表决权优先股的投资者,低投票权普通股或无表决权优先股的股东投资者的强烈异议,势必会引发监管者和资本市场对控制股东/管理者履行投资者保护公开承诺的关注,这将一定程度上缓和控制股

[40] See Benjamin J. Barocas, *The Corporate Practice of Gerrymandering the Voting Rights of Common Stockholders and the Case for Measured Reform*, 165 U. Pa. L. Rev. 497, 540 (2019).

[41] Ibid, at 538.

东/管理者过度追求控制权私人利益而作出扭曲决策的冲动。完善无表决权优先股股东或低投票权普通股股东的提案权与无约束力投票机制的分析与讨论,同样适用于中国情境下的DCS结构上市公司。

(二)加强独立董事的独立性

董事会作为上市公司的监督机构,董事会应承担监督DCS结构上市公司管理者的职责。针对DCS结构中控制股东/管理者掌控董事会成员的任免从而导致董事会监督机制失灵的问题,应当强化独立董事的独立性来保障董事会的监督功能发挥。为了促使DCS结构中独立董事履行其监督角色,应当对DCS结构公司独立董事的选举和任职规则改进,增强独立董事的独立性,确保独立董事真正地对公司和持低投票权股公众投资者的利益负责,脱离对少数持股控制股东/管理者事实上的依赖。

完善DCS结构上市公司独立董事的提名与任免的表决规则维护独立董事的独立性。其一,DCS结构上市公司应当设置董事会的提名委员会,并且为了完善这类公司的治理,应当要求提名委员会由独立董事多数构成,并且提名委员会的主席由独立董事担任。通过独立董事多数构成的提名委员会,来避免独立董事的提名被少数持股控制股东/管理者所操控。其二,独立董事任免事项应排除特别表决权的适用,按照一股一票的规则进行选举。例如,在2019年3月,上海证券交易所发布的《科创板股票上市规则》中就规定,将独立董事的选任排除出特别表决权的行使范围,强制纳入一股一票的投票规则之下。

采用持低投票权股的公众投资者否决规则来增强DCS结构公司中独立董事任职的独立性。DCS结构公司应采用低投票权股股东否决规则,即低投票权股股东可以根据该独立董事过去在董事会的表现,来投票决定他是否可以任职或连任,如果一个独立董事维护的是控制股东/管理者的利益而非公司和公众投资者的利益,那么低投票权股股东可以对该独立董事投反对票从而否决他的任职或连任。换句话说,低投票权股股东否决规则是独立董事任职的门槛要求。为了防止控制股东/管理者通过解雇不偏向自己利益的独立董事来绕过这一规则,低投票权股股东的否决权也应延伸到独立董事任职的终止。低投票权股股东的否决权可能是最有效的增强独立董事任职独立性的规则,这一制度有助于约束和激励独立董事考虑低投票权股的公众投资者利益，低投票权股股东应该至少对独立董事的首次任命和连任拥有否决权。[42]

在DCS结构中，应缩短任期来提升独立董事的独立性。独立董事长期任职将可能被公司内部人同化，与之形成合谋，对于存在少数持股控制股东/管理者的DCS结构上市公司来讲更是如此。部分法域的证券法或交易所规则对独立董事任期进行一定的限制。香港交易所要求DCS架构的上市公司的独立非执行董事应当至少每3年轮流退任。[43]轮流退任制加快了独立董事更换的频率，有助提升独立董事的独立性，让独立董事更好地监督控制股东/管理者。

在"大众排放门"中，大众集团是双层董事会，非英美法的单层董事会并通过其中的独立董事进行监督，其监督董事会中半数以上的股东监事被保时捷家族和皮埃奇家族所掌控，最终为实际控制人费迪南德·皮埃奇所控制。而大众集团中执行董事会中当时的CEO马丁·文恩德，如上文所述，又被两大家族及其最终的实际控制人费迪南德·皮埃奇所控制。综上，大众集团中监督董事会中一半股东监事为控制股东所控制，难以对执行董事会和管理者发挥监督作用。对于中国的DCS结构上市公司独立董事的监督来讲，康美药业证券虚假陈述特别代表人诉讼案件（以下简称"康美药业案"）中5位独立董事承担大额连带赔偿责任的判决，引发了上市公司独立董事群体的巨大震动，不少独立董事纷纷辞职。康美药业案的判决起到了极大的震慑作用，独立董事对自己的义务和责任有了更加清晰的认识，这将有利于促进中国的DCS结构上市公司中独立董事脱离对少数持股控制股东/管理者事实上的依赖，更加敬畏法律，对少数持股控制股东/管理者进行严格监督，保护持低投票权股的公众投资者。[44] 对DCS结构上市公司，我国应完善其独立董事的提名与任免的表决规则、低投票权股股东对独立董事任命的否决规则、独立董事任职期限规则，以此强化DCS结构上

---

〔42〕 See Lucian A. Bebchuk & Assaf Hamdani, *Independent Directors and Controlling Shareholders*, 165 U. PA. L. REV. 1271, 1296 (2017).

〔43〕 香港交易所《主板上市规则》第8A.29条。

〔44〕 参见余兴喜：《正确看待康美药业案和独立董事制度》，载《董事会》2021年第11期。

市公司独立董事的独立性,监督少数持股控制股东/管理者,维护公司整体利益和持低投票权股的公众投资者利益。

(三)督导公司治理创立董事会下的公司治理委员会

DCS 结构董事会监督功能的发挥有赖于董事会专门委员会制度的完善。DCS 结构上市公司,少数持股控制股东/管理者持股少,经济利益小,但是却掌握上市公司控制权,为降低代理成本和控制股东/管理者控制权私人利益风险,维护少数股东即公众股东利益,应当对董事会的治理进行特殊安排。

为了完善并督导 DCS 结构上市公司的治理,中国香港证券交易所要求"具有不同投票权架构的发行人必须设立企业管治委员会",其主席和所有成员须为独立非执行董事。企业管治委员会必须承担 9 项专有职能,包括审查监督关联交易、审查监督拥有超级投票权的管理层是否为全体股东利益而运营及管理、审查与 DCS 结构有关的风险与利益冲突管理、就委任或罢免合规顾问向董事会提出建议、力求确保发行人与股东之间的沟通有效及持续进行,等等。

中国内地证券交易所通过 DCS 结构上市公司监事会在公司内部督促特别表决权事项是否存在违反交易所规则,针对滥用特别表决权和损害投资者利益的情形在年度报告中发表意见。不过,内部监事会是否事实上能够督促并在年度报告中出具相关意见值得怀疑。

中国内地 DCS 结构上市公司的公司治理内部督导,是监事会路径更优,还是采取香港交易所的董事会下的企业管制委员会(实质是公司治理委员会)更优?从香港交易所对 DCS 结构上市公司的企业管制委员会的职能来看,企业管制委员会主要是 DCS 结构上市公司中的具体监督与执行相关规则的内设机构,是交易所关于 DCS 结构相关规则执行的内部第一道防线与预警,也是证券监管机构和交易所监管的抓手。个人认为,我国上市公司监事会中监事的独立性远不如独立董事,在公司治理委员会采取独立董事多数构成,并且主席(或召集人)为独立董事,无论从独立性来看,还是从监督功能上来看,DCS 结构上市公司中的董事会下负责公司治理内部督导的公司治理委员会更优,香港交易所规定的更值得借鉴。

中国内地 DCS 结构上市公司应设立类似于港交所要求的企业管

制委员会功能的公司治理委员会。为了防止 DCS 结构中少数持股控制股东/管理者控制公司治理委员会,证监会规章或交易所规则应当要求公司治理委员会主席由独立董事担任,并且由多数独立董事构成,以提高公司治理委员会履职的独立性。同时,允许此类委员向公司管理者索取所需信息,并聘请律师事务所和会计师事务所协助其进行决策,从而对控制股东/管理者的决策进行监管。只有兼具独立性和对信息的知情权,董事会下的公司治理委员会才能在发生少数持股控制股东/管理者决策动机扭曲或其他损害公众投资者合法权益的情形时发挥作用,以保护公司与公众投资者利益。[45]

六、双层股权结构中控制股东控制权私人利益风险的外部治理机制应对

DCS 作为我国资本市场上的新事物,控制权市场的传统外部约束机制不再有效。在这种条件下,DCS 结构易诱发控制股东/管理者过度追求控制权私人利益,决策动机扭曲,从而损害公司和中小股东利益。为保护 DCS 结构公司与公众投资者的利益,下文对 DCS 结构的外部治理机制完善进行探讨。[46]

(一)强化信息披露

针对 DCS 结构控制权私人利益及其带来的决策动机扭曲的特殊治理风险与成本,应强化其信息披露。正如我们在文章第二部分中所解释的,少数持股控制股东/管理者控制权私人利益的风险在很大程度上因为其持股比例与控制权严重背离,追求控制权私人利益而不必负担相应的成本。因此,为了评估 DCS 结构所带来的治理风险与成本,事先充分了解控制股东/管理者在公司中实际的经济利益份额,充分了解公司的治理安排允许控制股东/管理者在不放弃对公司控制权的情

---

〔45〕 参见李美慧:《差异化表决权结构在我国科创板的最新实践——兼论我国的监管应对》,载《上海市经济管理干部学院学报》2020 年第 2 期。

〔46〕 参见程即正:《我国引入双层股权结构的挑战与对策研究——以公司治理为视角》,载《南方金融》2020 年第 10 期。

况下允许其减少其股份的程度,这对公众投资者来说是非常必要的。

强化披露DCS结构中少数持股控制股东实际持股比例与经济利益。其一,少数持股控制股东/管理者还可以通过其他实体(例如有限合伙、信托)实际持有DCS结构上市公司股份,这一"倍减器"将进一步减少其在DCS结构中的经济利益比例,根据我国现有法律规定,少数持股控制股东/管理者事实上是没有义务披露其在这样实体中的份额及其对DCS结构实际的经济利益比例。公众投资者要了解少数持股控制股东/管理者在公司中的实际经济利益份额是非常困难的,交易成本极高。其二,少数持股控制股东通过其他实体持有的DCS结构上市公司的股份可能被重复计算。如果少数持股控股股东团体的不同成员通过不同的实体持有股份,这些少数持股控制股东团体成员持有的股权经常存在重叠,那么少数持股控制股东团体持有的DCS结构上市公司的股份可能被计算了两次,但是公司可能通常不会主动披露这些信息,此时公众投资者很难准确地得知少数持股控制股东/管理者在DCS结构上市公司中实际的经济利益比例。[47]

大众集团同时存在DCS结构和金字塔持股结构,公众投资者很难计算和了解控制股东/管理者对大众集团实际所有的持股比例(经济利益比例)和投票权比例,更无法想象实际控制人费迪南德·皮埃奇仅以对大众集团3.15%的经济利益比例却实际掌控了大众集团50.73%的投票权。因此,投资者应当有权利了解大众集团控制股东和实际控制人对大众集团的经济利益比例及其与表决权的分离程度,并对控制权私人利益及其带来决策动机扭曲的风险保持警醒。

我国DCS结构上市公司的信息披露存在类似的问题,现有规则允许创始股东/管理者通过自然人身份与其控制的持股实体来合计持有高投票权股,并且其在DCS结构上市公司中的持股情况可能被重复计算。因此,少数持股控制股东/管理者可能通过持股实体和金字塔持股结构放大其表决权比例并降低其在DCS结构上市公司中的经济利益比例。为了解决上述问题,使公众投资者了解少数持股控制股东/管理

〔47〕 See Kobi Kastiel, *Executive Compensation in Controlled Companies*, 90 Ind. L. J. 1131, 1174(2015).

者在 DCS 结构上市公司中的实际经济利益并避免其持股被重复计算，我国应当要求 DCS 结构上市公司披露其少数持股控制股东/管理者在其他持股实体中持股比例和投票权比例以及变动情况，提供的信息也应该消除少数持股控制股东/管理者股权的潜在重复计算，借此，投资者可以低成本地了解少数持股控制股东/管理者在 DCS 结构上市公司中的经济利益比例与表决权比例。这一强制披露事项将进一步有助于公众投资者评估少数持股控制股东/管理者在 DCS 结构上市公司现金流权与表决权之间的分离程度以及由此带来的治理风险与成本。

（二）放开股东集团诉讼的前置程序

我国现行《证券法》借鉴了美国的股东集团诉讼制度，规定了中国特色的股东集团诉讼，〔48〕2020 年最高人民法院发布的《关于证券纠纷代表人诉讼若干问题的规定》（以下简称《规定》）更是为此提供了具体的实施细则。2021 年，康美药业案一审的落槌，标志着我国新设的股东集团诉讼制度终于顺利落地。〔49〕作为少数股东的公众投资者的保护力度有了显著提高。

股东集团诉讼前置程序中过高的门槛不利于激励股东集团诉讼，不利于威慑和约束 DCS 结构中控制股东/管理者的过度追求控制权私人利益。根据《规定》中的前置程序，起诉上市公司虚假陈述的投资者除满足《民事诉讼法》第 108 条规定的起诉条件外，还必须持有“有关机关的行政处罚决定或者人民法院的刑事裁判文书”。〔50〕前置程序意味着要求原告在起诉时必须提交多种证据作为人民法院受理案件的条件，包括对上市公司作出的行政处罚决定书或刑事判决书、法人身份证

---

〔48〕 新《证券法》第 95 条第 3 款规定：“投资者保护机构受五十名以上投资者委托，可以作为代表人参加诉讼，并为经证券登记结算机构确认的权利人依照前款规定向人民法院登记，但投资者明确表示不愿意参加该诉讼的除外。”

〔49〕 参见冷静：《康美启示：证券集团诉讼首案的制度突破与未尽议题》，载《中国法律评论》2022 年第 1 期。

〔50〕 最高人民法院《关于证券纠纷代表人诉讼若干问题的规定》第 5 条第 1 款第 3 项规定：“原告提交有关行政处罚决定、刑事裁判文书、被告自认材料、证券交易所和国务院批准的其他全国性证券交易场所等给予的纪律处分或者采取的自律管理措施等证明证券侵权事实的初步证据。”

明文件、交易凭证等,这不符合诉讼法理,甚至是难以实现。[51] 康美药业案中,证监会对公司及负责的高管等作出了行政处罚,[52] 检察机关对以实控人马某田为首的一众高管追究刑事责任,[53] 这两个条件满足了这一前置程序。但是,在 DCS 结构的公司中,一则,过度追求控制权私人利益从而导致决策动机扭曲的控制股东/管理者并不必然构成犯罪,控制股东/管理者及其公司也不必然会因此而受到行政处罚;二则,股东集团诉讼制度设置的目的之一就是克服股东直接诉讼“集体行动”困难,如果在前置程序中需要提供如此困难又繁琐的初步证据,无疑会导致我国股东集团诉讼的门槛过高,难以发挥激励股东诉讼的作用,对于控制股东/管理者决策动机扭曲的震慑力较弱。

我国立案登记制改革以来,司法实践逐渐松动严格的立案条件,呈现出废止股东集团诉讼前置程序的未来趋势。[54] 至于为了防止滥诉的问题,我们可以借鉴美国《私人证券诉讼改革法案》中规定的案前初步举证程序,要求原告在案前举证能够有力地推断出控制股东/管理者存在过度追求控制权私人利益导致决策动机扭曲,从而损失公司和公众股东的特定事实。如果原告的指控是基于主观看法,还必须提供形成其看法所依据的所有事实。这样既能防止滥诉,又使我国股东集团诉讼的门槛维持在合理程度。[55] 这可以很好地解决中小股东在前置程序中初步举证困难、门槛过高的问题,更好发挥激励股东集团诉讼的作用,对 DCS 结构公司中的控制股东/管理者的滥权行为形成较强的震慑力,以应对其决策动机扭曲的潜在风险。

---

〔51〕 参见谭秋桂:《证券民事赔偿案件诉讼程序若干问题分析》,载《现代法学》2005 年第 1 期。

〔52〕 《中国证监会行政处罚决定书(康美药业股份有限公司、马某田、许某瑾等 22 名责任人员)》,载中国证券监督管理委员会官网,http://www.csrc.gov.cn/csrc/c101928/c1042341/content.shtml,2023 年 4 月 28 日访问。

〔53〕 《康美药业股份有限公司关于公司及原实际控制人相关刑事案件终审裁定的公告》,载上海证券交易所官网,http://www.sse.com.cn/disclosure/listedinfo/announcement/c/new/2022-01-13/600518_20220113_1_vZavckEB.pdf,2023 年 4 月 28 日访问。

〔54〕 参见毛立琦:《论中国式证券集体诉讼的功能定位》,载《南京大学学报(哲学·人文科学·社会科学)》2022 年第 1 期。

〔55〕 参见梁庆:《证券代表人诉讼构造之革新——兼评〈证券法〉第 95 条的完善》,载《社会科学战线》2021 年第 5 期。

(三)强化控制股东受信义务

受信义务是适用于基于"委托—代理"关系所发生的"代理人"对"委托人"事务的管理责任。[56] 受信义务不仅适用于股东与董事之间,还适用于少数股东与控制股东之间,控制股东被视为受信人,对少数股东负有受信义务。谁承担受信义务,应当根据功能来分析,谁管理公司,谁就承担受信义务。[57] 控制股东相比少数股东而言,享有更大的权力,被赋予影响公司交易、决定股票分红、干预员工薪酬的新权力。控制股东在公司中扮演着与董事一样的角色,同时也与董事一样,有代表其他股东行事的权利。因此,美国州立法机构和法院将更强大的控制股东与更大的股东责任,即受信义务结合起来。[58] 在 DCS 结构中,少数持股控制股东更应负有受信义务,为公司和全体股东利益最大化服务。一旦少数持股控制股东过度追求控制权私人利益,将控制权私人利益置于公司利益和全体股东利益纸上,决策动机扭曲,将存在损害公司和其他公众投资者的更大风险。

在 DCS 结构中,少数持股控制股东/管理者应当接受更加严格的注意义务审查。少数持股控制股东/管理者相对于"一股一权"公司中的控制股东来讲,其享有更大的控制权私人利益,但是承担的成本和风险更小,因此非常有必要对其进行更严格的注意义务审查。根据商业判断规则,只要是善意地并在合理的调查基础上所作出的诚实的商业决策就是不受指控的,即使该决策是错误的、不幸的甚至是灾难性的,不过这要满足注意义务的审查标准。注意义务的一般审查标准包括三个方面:(1)善意;(2)应当处于相似位置的普通谨慎人在类型的情况下所应尽到的注意;(3)须合理地相信是为了公司的最佳利益。在 DCS 结构中,控制股东持股比例少,在选择公司战略和帝国建造中,其为了过度追求控制权私人利益,可能作出的决策不是为了公司的最佳利益,甚至可能损害公司的利益。对"大众排放门"中少数持股控制股

---

〔56〕 参见施天涛:《公司法论》(第 4 版),法律出版社 2018 年版,第 394 页。

〔57〕 参见[美]理查德·D. 弗里尔:《美国公司法》,崔焕鹏、施汉博译,法律出版社 2021 年版,第 135 页。

〔58〕 See Hui Sun, *The Study on the Transplantation of Controlling Shareholders' Fiduciary Duty from U. S. to China*, 4 Peking U. Transnat'l L. Rev. 72, 89 (2016).

东/管理者选择作弊软件的决策行为来讲,其违反了注意义务。其一,通过作弊软件掩盖排放水平,其难以证明其是善意的,因为这一作弊行为本身是一个违法行为,而且其明知一旦该违法行为一旦被查出将对公司和其他股东严重不利益后果;其二,通过作弊软件掩盖排放水平来追求帝国建造,这是一个过度冒险的行为,根本上来讲,超出了一个处于相似位置的普通谨慎人在类型的情况下所应尽到的注意;其三,少数持股控制股东/管理者的行为不是为了公司的最佳利益,而是为了过度追求控制权私人利益进行的帝国建造,并且公司的最佳利益不应该是通过违法行为来追求。因此,本质上来讲,"大众排放门"中,少数持股控制股东/管理者选择作弊软件进行帝国建造的决策是损害公司的乱作为,存在重大过失或鲁莽,而不是一般过失,根据商业判断规则来看,是不可能通过主张适用商业判断规则(BJR)来免责的。

在 DCS 结构中,少数持股控制股东/管理者的决策存在利益冲突的话,应该接受更严格的忠实义务审查。如本文第二部分所述,少数持股控制股东在公司中的经济利益与表决权严重背离,更有可能为了过度追求控制权私人利益而将控制权私人利益置于公司整体利益之上,并不公平地对待公众股东。美国特拉华州法院明确并且不断重复确认,控制股东对少数股东负有忠实义务,Kahn v. Lynch Communications 案〔59〕和 Sinclair Oil Corp. v. Levien 案〔60〕就是两个典型判例确认控制股东对少数股东的忠实义务。在特拉华州另一个判例 Kahn v. Lynch Communication Systems, Inc〔61〕案中,控制股东企图挤出合并少数股东,该案中控制股东面对少数股东异议,需证明该挤出合并交易的整体公平(entire fairness),控制股东对少数股东负有公平对待的信义义务。从美国的经验来看,在 DCS 结构上市公司控制股东对于利益冲突的交易将接受更加严格的实质公平的审查标准。实质公平规则通常要求符合如下三种要求之一,决策才是有效的:(1)取得非利害关系董事同意;(2)取得股东会同意;(3)证明该交易是公平的。〔62〕 传统的实质公

〔59〕 See Kahn v. Lynch Communications. 669 A. 2d 79(Del. 1995).

〔60〕 See Sinclair Oil Corp. v. Levien. 280 A. 2d 720(Del. 1971).

〔61〕 See Kahn v. Lynch Communication Systems, Inc. 638 A. 2d 1110(Del. 1994).

〔62〕 同前注〔57〕,第 425 ~431 页。

平规则,只要控制股东或管理者证明交易经过董事会非利害关系董事多数同意,或股东会非关联股东多数通过,则在忠实义务之诉中,原告来承担交易不公平的举证责任。对DCS结构的控制股东/管理者适用更加严格的实质公平审查标准意味着,即使利益冲突交易获得董事会上无利害董事或股东大会上无利害股东批准,如果公众投资者提起诉讼,控制股东仍然需要举证证明交易的实质公平。

在DCS结构上市公司中存在少数持股控制股东,为了应对其过度追求控制权私人利益的决策动机扭曲,为了控制权私人利益损害公司整体利益和其他公众股东利益,我国可以借鉴美国的经验,采用严格的实质公平标准对少数持股控制股东/管理者的行为进行司法审查。即使交易经由股东会无利害关系股东多数通过,或者董事会无利害关系的董事多数通过,当被提起违反忠实义务之诉时,少数持制股东仍需举证证明其决策满足实质公平标准。当控制股东和董事身份合一时,对控制股东适用董事信义义务。对于发行低投票权普通股的DCS结构上市公司而言,我国交易所关于差异表决权安排的规则要求控制股东必须同时担任董事,这可以解决上述控制股东受信义务问题,但是对于发行优先股的DCS结构,我国相关法律和交易所规则并未要求控制股东必须同时担任董事,因此上述阐述的内容应该予以适用。

七、结语

大众集团在“大众排放门”中为控制股东过度追求控制权私人利益导致的扭曲决策和舞弊丑闻付出了沉痛的代价。“大众排放门”还远未结束,有关国家的刑事检察部门和行政机关对大众集团及其集团高管的调查还在进行,德国和其他国家车主和大众客户对大众集团提出的索赔请求程序还在进行中。追根溯源,大众集团独特的DCS结构使少数持股控制股东/管理者的控制权与现金流权极度分离,这一代理成本根源容易诱发控制股东/管理者过度追求控制权私人利益的风险,大大扭曲了其少数持股控制股东/管理者的经济动机。对少数持股控制股东/管理者而言,其更关注控制权私人利益,而非低业绩战略选择中公司潜在财富的牺牲，公司潜在财富的牺牲绝大部分将由其他股东承担。少数持股控制股东/管理者为了追求汽车帝国建造的这一控制权私人利益，选择了冒进、欺诈性的公司战略。大众集团内外部约束机制弱化、失效从而未能阻止这一严重错误决策的发生，导致公司和其他公众股东损失惨重。“大众排放门”丑闻看似是一个偶然，实则是少数持股控制股东/管理者过度追求控制权私人利益，导致 DCS 结构上市公司决策动机扭曲的必然产物。

我国各交易所均已逐步允许发行差异表决权股份的 DCS 结构公司上市。此外，2014 年开始我国也允许上市公司发行优先股形成 DCS 结构。因此，从德国“大众排放门”切入，探讨 DCS 结构少数持股控制股东/管理者的控制权私人利益的治理风险与应对，对我国具有重要的现实意义。少数持股控制股东/管理者的控制权私人利益的治理风险主要体现为少数持股控制股东/管理者过度追求控制权私人利益，错误选择公司战略和进行帝国建造，其治理结构上的成因在于与这一结构相关的代理成本根源、内外部约束机制削弱。在我国情境下，在 DCS 结构内部治理机制应对上，应当完善低投票权股股东的提案权，增设无约束力表决，维护和增强 DCS 结构独立董事的独立性，为督导 DCS 结构公司治理应创立董事会下的公司治理委员会；在外部治理机制应对上，应强化信息披露，放开我国股东集团诉讼的前置程序，强化和严格控制股东/管理者的受信义务。通过内外部治理机制的应对和完善，约束 DCS 结构汇总少数持股控制股东/管理者过度追求控制权私人利益，避免其扭曲决策动机损害公司利益和持低投票权股的公众投资者利益，以此实现双层股权结构的兴利除弊。

（编辑：宋　澜）

征 稿 启 事

《证券法苑》是上海证券交易所主办、面向国内外公开连续出版的法学学术著作,并已被中国社会科学评价中心收录为中文社会科学引文索引数据库(CSSCI)来源出版物。《证券法苑》致力于繁荣资本市场法治研究,弘扬资本市场法治理念,推动资本市场法治建设,促进资本市场健康稳定发展。

《证券法苑》坚持学术性与实践性并重、现实性和前瞻性兼顾,紧紧围绕我国资本市场的改革发展,密切关注资本市场法治动态,集中研究资本市场立法、监管执法和司法等法治活动,深入剖析资本市场法律制度和法律关系,积极探讨资本市场法治建设中的重点、难点、热点问题。

《证券法苑》设置"理论前沿""专题研究""名家论坛""热点追踪""制度研究""市场监管""域外法制""法学随笔""案例评析"等栏目,每卷根据实际情况略有不同。

2017 年起,《证券法苑》计划每季度出版 1 卷,视稿件质量全年出版 3 ~ 4 卷,诚邀各界惠赐稿件。现就征稿相关事项说明如下:

一、征稿范围

《证券法苑》选题范围包括:证券法、公司法、金融法等的法理研究,资本市场法治发展动态研究,资本市场监管的法律研究,资本市场创新的法律研究,资本市场典型法律案例研究,境外资本市场法律制度研究等。

参考选题如下(可不受此限):

1. 新《证券法》实施:我国新《证券法》实施的重大理论问题研究,《证券法》具体制度的实证研究,证券衍生品种、财资产管理产品、场外市场监管制度的完善,资本市场法律体系的构建与完善,境外资本市场法制动态及其对我国证券法制体系的借鉴意义。

2.《公司法》修订:优化营商环境背景下我国《公司法》修订的思路

与建议,上市公司控股股东、实际控制人等“关键少数”的规制路径,公司治理结构的职权与设置,非上市公众公司监管制度,股份发行与转让制度的改革方向,公司集团化趋势下的法律应对策略。

3. 注册制改革相关制度:各国(地区)证券发行注册制的比较研究,注册制的制度创新与实践评估,注册制下上市公司监管的制度实践、法律问题与对策,注册制司法保障的法律问题分析。

4. 信息披露制度:信息披露制度的完善方向,如何提高信息披露制度的有效性,如何界定信息披露的“重大性”,信息披露法律责任分配,自愿性信息披露制度的逻辑与建构。

5. 证券交易制度:多层次市场上市、交易、登记结算、转板制度的构建,错误交易撤销制度,交易技术发展(ATS、ECN、程序化交易、高频交易、暗池交易等)对传统证券交易制度的挑战与监管对策。

6. 证券监管执法:近年来境外资本市场监管体系与制度的发展变化,我国证券执法机制的完善,我国金融监管协调机制的完善,资本市场监管转型的配套制度建设。

7. 投资者保护:网络环境下的投资者保护,投资者适当性制度研究,新型证券违法行为研究,证券市场侵权民事责任与民事诉讼制度的完善,投资者保护基金制度的完善,证券市场多元化纠纷解决机制的完善。

8. 资本市场对外开放:红筹企业境内发行上市法律问题研究,证券法律冲突与法律适用,跨境监管协作机制的构建。

9. 资本市场创新法律制度:私募基金的法律规制,可交债的制度设计,市场创新对现有法律制度的冲击与立法完善。

10. 金融监管法律制度:金融业综合经营的法律问题,金融统合监管立法,全球金融监管法律制度的发展演变与最新动态,互联网金融的监管对策,金融消费者保护。

二、投稿要求

1. 论文应当立论科学、论据充足、论证严密、层次清晰、语言流畅,尤其欢迎贴近市场脉搏、具有学术深度和实践应用价值的文章。稿件篇幅以1万字左右为宜,特别优秀稿件不受此限。

2. 投稿请发送至以下电子邮箱:zqfy@ sse. com. cn(建议投稿后电话确认)。所有投稿应符合国家著作权规定、公认学术规范和本书“编辑体例”要求(详见上海证券交易所官方网站 http://www. sse. com. cn/“关于”栏目或《证券法苑》图书)。

3. 本书实行匿名审稿制度,作者投稿时请一律将作者简介(姓名、出生年月、工作单位、学位、职称、研究成果等)、通讯方式(地址、邮编、电话、电子信箱等)以及本文是否为何种课题成果等内容,另页单独注明,正文中不要出现任何个人信息。

4.《证券法苑》编辑部保留对来稿进行文字性和技术性修改的权利。《证券法苑》所载文章,均不代表上海证券交易所观点,文责由作者自负。除作者特别说明外,其文章均为其个人观点,与其所在单位、职务无关。

5. 向《证券法苑》投稿即视为授权本书将稿件纳入《中国学术期刊网络出版总库》及 CNKI 系列数据库、“北大法宝”(北大法律信息网)数据库、万方数据库以及本书确定的其他学术资源数据库,本书支付给作者的稿酬已包含上述数据库著作权使用费。如有异议,请在来稿时注明,本书将做适当处理。

6. 凡投给本书的稿件,请勿一稿多投。自投稿之日起 3 个月未接到本书用稿通知的,作者可以自行处理。稿件编辑过程中如拟被其他出版物采用的,请作者及时告知相关决定,以免重复出版。

7. 联系人:

姜沅伯　电话:021－68602370;

宋　澜　电话:021－68602679。

编辑体例

一、标题：宋体小三号字，居中。如有关于本篇文章的说明，注脚注，用上标（*）。

二、作者：宋体小四号字，居中，并用上标星号（*）作为介绍作者脚注的标志，在脚注中注明作者姓名、工作单位、职务、职称（为便于联系，另请作者向《证券法苑》联系邮箱提供通信地址、邮政编码、固定及移动电话、电子邮箱，本书对此予以保密）。如有两名作者，第二名作者用两枚上标星号（**），依此类推。

三、中文摘要、关键词：楷体 GB2312 小四号字，摘要 200 字以内、关键词 3～5 个。

四、英文标题、摘要、关键词："Times New Roman"字体，标题小三号字居中，摘要与关键词小四号字。

五、正文：宋体小四号字，首行缩进，行距 18 磅。区分标题和要点，标题层级依次为"一、……""（一）……""1. ……""（1）……"，要点层级依次为"1. ……""（1）……""①……"，一段之内的要点列举使用"（1）……"一级标题采用四号宋体加粗；二级标题采用黑体小四号字不加粗；三级标题宋体小四号字，不加粗。引用具体法律文件应加书名号，如《证券法》《上市公司收购管理办法》。法条序号（第×条、第×款、第×项）、时间（世纪、年代、年月日等）、数量金额等用阿拉伯数字，但直接引用原文的从原文。

六、注释：采用脚注，全文连续注码，注码放标点之后，注码符号为"1、2、3、……"非引用原文者，注释前加"参见"；引用资料非原始出处者，注明"转引自"；数个注释引自同一资料者，可合并同注某。宋体小五号字。

注释示例如下：

1. 著作类

（独著作品）史尚宽：《民法总论》，中国政法大学出版社 2000 年版，第19页、第22页。

(合著作品)崔建远、韩世远:《债权保障法律制度研究》,清华大学出版社2004年版,第10页。

(多人合著作品)蔡守秋等:《可持续发展与环境资源法制建设》,中国法制出版社2003年版,第214~216页。

(编辑作品)张文显主编:《法理学》,法律出版社2004年版,第65~67页。

2. 论文类

(期刊)俞荣根、刘霜:《立法助理制度述论》,载《法学杂志》2007年第2期。

(论文集)尹田:《论动产善意取得的理论基础及相关问题》,载梁慧星主编:《民商法论丛》(第29卷),法律出版社2004年版。

(学位论文)刘晓华:《私法上的信赖保护原则研究》,山东大学2013年博士学位论文。

3. 译作类

[英]亚当·斯密:《国富论》,唐日松等译,华夏出版社2005年版,第224页。

4. 报纸类

李希慧等:《"轻轻重重"应成为一项长期的刑事政策》,载《检察日报》2005年5月26日版。

5. 古籍类

《明太祖实录》卷二十六。

6. 辞书类

《牛津法律大辞典》,光明日报出版社1988年版,第68页。

7. 网络类

梁慧星:《关于中国物权法的起草》,载北大法律信息网,http://article.chinalawinfo.com/article/user/article_display.asp?ArticleID=29283,2009年8月8日访问。

8. 判决书类

最高人民法院:上海大智慧股份有限公司与冯某雄证券虚假陈述责任纠纷二审民事判决书,案号:(2018)沪民终28号,2018年9月17日。

9. 外文类

从该文种注释惯例。英文注释体例如下:

著作类:

Harold U. Faulkner, *American Economic History*, New York, Harper & Brothers Publishers, 1960, pp. 23 – 25.

论文类:

Gavin Goh & Andreas R. Iiegler, *Retrospective Remedies in the WTO after Automotive Leather*, Journal of International Economic Law, Vol. 6, 2003.

网络类:

Impact Exchange, *Impact Exchange Board Listing Guide: A Board of the Stock Exchange of Mauritius*, https://iixglobal.com/wp-content/uploads/2017/04/Impact_Exchange_Listing_Guide-2017-1.pdf, visited May 4, 2017.

证券法苑

Zheng Quan · Fa Yuan

独角兽工作室
平 面 设 计

上架建议 金融法·法律实务

ISBN 978-7-5197-8078-4

9 787519 780784 >

定价：102.00元